Konu ile ilgili videoları,
aşağıdaki barkodları okutarak izleyebilirsiniz.

İzlemek için telefonunuza
ya da tabletinize yükleyeceğiniz uygulamalar ücretsizdir.

DECCAL

DERİN DEVLETİ

ERKAN TRÜKTEN

ŞİRA YAYINLARI

DECCAL

DERİN DEVLETİ

ERKAN TRÜKTEN

ŞİRA YAYINLARI
REKLAM VE PRODÜKSİYON HİZ. TİCARET - YILDIRAY YILMAZ

Hobyar Mah. Cemal Nadir Sk. Büyük Milas Han No:24
Kat:3 Daire: 161-162 Cağaloğlu-İstanbul
Tel: 0 (212) 256 21 08

http:www.sirayayinlari.com
e-mail: bilgi@sirayayinlari.com

@sirayayinlari

@sirayayinlari

şira yayınları

ISBN: 978-605-7977-18-2
Yayıncı Sertifikası No: 12858

GENEL YAYIN YÖNETMENİ: Yıldıray Yılmaz
KAPAK TASARIM: Yıldıray Yılmaz
DİZGİ: Şira Yayınları

BASKI CİLT: DEREN MATBAACILIK AMBALAJ SAN. ve TİC. LTD. ŞTİ.
Beylikdüzü, OSB Orkide Cd. No:9/Z
0(212) 875 48 86

3. BASKI: EKİM 2019

İÇİNDEKİLER

ERKAN TRÜKTEN

Erkan Trükten, 05 Ağustos 1980 yılında Bulgaristan Kırcaali'de doğdu. Komünist lider Todor Jivkov'un Bulgaristan Türklerinin isimlerini zorla Ortodoks Slav Hıristiyan isimleriyle değiştirerek asimile etme politikasının sonucunda, bunu kabullenmeyen ve tüm mal varlığını Bulgaristan'da bırakan ailesiyle 1989 Temmuz'unda Türkiye'ye sığındı. İlköğreniminin bir kısmını Bulgaristan, bir kısmını da Türkiye'de tamamladıktan sonra, ortaöğrenimine Kâğıthane Lisesi'nde devam etti. Trükten, tarihin toplumsal kimlik üzerinde ideolojik bir araç olarak kullanıldığını küçük yaşta tecrübe ederek fark etti ve tarih eğitimi almak, onun ilk hedefi oldu. Tarih eğitimini İstanbul Üniversitesi Edebiyat Fakültesi'nde 1999-2003 yılları arasında tamamladı. 2004 yılında artık nispeten demokratikleşmiş Bulgaristan'a giderek Sofya Üniversitesi Felsefe Fakültesi'nden *"Küresel Düşüş: Modernizm"* teziyle yüksek lisansını felsefe alanında yaptı. 2006 Haziranında Elif Yayınları'ndan *"Modern Sığlık/Metafizik Derinlik"* kitabını çıkarttı. Çeşitli dershane ve okullarda tarih öğretmenliği yapan Trükten, bir süre İstanbul Büyükşehir Belediyesi bünyesindeki kuruluşlarda engelli bireylere yönelik EKPSS (Engelli Kamu Personeli Seçme Sınavı) danışmanlığı ve eğitimciliği yaptı. Bazı medya organlarının programlarında tarihi konularda konuk olarak çağrıldı, çağrılmakta, sivil toplum kuruluşlarında tarih felsefesi üzerine konferanslar verdi, vermeye de devam etmektedir. 2014 yılında İstanbul Üniversitesi Avrasya Araştırmaları Enstütüsü'ne giren Trükten, ikinci yüksek lisans eğitimine devam etmektedir. Fikirlerini ve araştırmalarını Okuma Odası ve Mitoloji TV Youtube kanalında paylaşan Trükten şiir, deneme, felsefi yazılar ve hikâyeler yazmaktadır.

Bilim ve akıl yoksunu ilân edilmek korkusuyla
Bu kitabı asla kaynak olarak gösteremeyecek ruhlara…

Yeni Dünya Düzeni:
Özel hayatın gizliliğini gevşeten
internet ağından oluşmuş,
farklı etkinlik ve uygulamalarla dallanıp budaklanmış
sahte dijital hayat ağacı.

ÖNSÖZ VE TEŞEKKÜR

Bu kitap bir derdin ürünü.

Aslında size şiirle, felsefeyle, hikâyelerle gelmek isterdim. İtiraf etmeliyim ki felsefenin; bir başka anlamıyla tefekkürün kendi mülkünden saydığı hayati soruları edebiyatın gönle dokunan bam telinden işlemeyi daha çok seviyorum. Eğer kaderim ve gayretim el verirse bu bam telini titretmeye de devam edeceğim. Fakat dünyada dozajı giderek artan bir bunalımın varlığı zihnime edebiyatın kaldırabileceğinden fazla bir yük bıraktı.

Hayatın çok yönlülüğü karşısında uzmanlaştırılmış karakterlerin ona tek bir cepheden bakmasını aşılayan modern bir telkinin çocukları olduğumuz için, cerrah cerrahlığıyla, şair şairliğiyle, işçi işçiliğiyle yetinsin istiyoruz. İstiyoruz çünkü kendisini tek bir alanda eser vermeye, iş üretmeye adamış birinin; yalnızca onun başarılı olduğuna inandık. 'Her şey olamazsın' lafını en az bir kere işitmişizdir. Doğrudur da bu. Bir alandaki yeteneğimiz hem hayat şartları hem de tercihlerimizle baskın hale gelir. Ancak, o en büyük yeteneğimizin, geri kalanları tamamen gölgede bırakacak bir karabasan olmasına ne gerek var? Başka ilgilerimiz amatörce olacak diye, onları neden görmezden gelmeli? Eğer bu sadece aptalca bir cesaret, omuzlarda hissedilmeyen bir yük değilse, hata yapmaktan ölesiye korkmanın anlamı ne?

Şimdi bu kitabın yazarı nedir? Komplo teorisyeni mi? Edebiyatçı mı? Tarihçi mi? Filozof mu? İlahiyatçı mı? Bu sorular pek sık sorulmuştur ona: Kendini ne zannetmektedir?

Tek bir şey motive etti beni: Dert. Dertliyim ben. Kesif bir umutsuzluğa, yaşanamamış mutluklara mahkûm olduğumu söylemek için demiyorum bunu. Arabesk bir esintiden hiç bahsetmiyorum bile. Bu dert, mutluluğumun tam ortasında filizlenen ve okudukça, öğrendikçe beni yazmaya iten bir cılız filiz olarak karşıma çıktı, ağaç oldu. Böyle bir derdin karşısında, şiirsel ya da öykücü dilimi en azından bir kere olsun dışarıda tutmam gerekiyordu.

Bu kitapta bahsi geçecek olan konulara gelince: Bunlar, modern dünyanın fikriyatına kapılmış kişilerce hezeyan ya da salt bir fantazya olarak ele alınan şeylerdir. Kötü kariyerdirler.

Bundandır ki, bu kitap aynı zamanda, haklı oldukları halde delilik, meczupluk, akıl dışılık kulpları ile söz söyleme hakları küstahça gasp edilmiş, değersizleştirilmiş herkesin hatırasına yazılmıştır.

Gelelim teşekkür kısmına:

Kitabın yazım aşamasında gecesini gündüzüne katarak yükümü hafifletmek adına benim için araştırmalara koyulan, bilhassa ikinci bölümü için kaynak taramasına girişen, metin düzenleyen Erhan Berk'e tüm kalbimle teşekkür ediyorum.

Kitap yazım aşamasında kitapla ilgili konular doğrultusundaki sorularıyla şahsımı yönlendiren, yazılanları önceden okuma zahmetine girerek yapıcı eleştirilerini eksik etmeyen Ali Haydar Akgün'e teşekkürler.

Böyle bir kitap yazmam gerektiği fikrini ortaya atan ve ne zaman bu konuda gevşeklik göstersem ısrarı ve motive edici cümleleriyle beni nizama sokan Nazım Çavuş'a teşekkürler.

Ve Son olarak:

Canım Annem Fatma Trükten ve emektar Babam Lütfü Trükten'in bu kitabın yazım sürecinde benden hiçbir şeyi esirgemeyen ve karşılığı ilelebet ödenemez maddi ve manevi destekleri olmasaydı, bu kitap kesinlikle yazılamazdı. En kalbi duygularımla her ikisine de sonsuz teşekkürü bir borç bilirim. Teşekkürler.

BAŞLARKEN

Şu sorular bizlere de sıkça sorulmuştur: **"Dünya hiç değişmedi diyenlerin teskin edici iyimserliğine katılmıyorsak, felaket tellallığı yapmaktan başka elimizde bir şey kalıyor mu? İnsanlık tarihinin sonundan bahsediyorsak, bunu kavramış zihniyet neden olağanca sakinliği ile günlük yaşantısını sürdürebiliyor?"** Genelde, karşımıza çıkan eleştiriler bu soruların etrafında kümelenmiştir.

Peki ya, yerküre hiç değişmedi diyenlerin söylemek istediği şey nedir? Bu fikirlerini ifade edenler, insanoğlunun yüzyıllardır benzer acılar, mutluluklar, coşkular, zaferler ve yenilgiler içerisinde gidip geldiğini ve yeryüzünde insan yaşamı devam ettikçe değişen koşullara rağmen yine benzer acıların tekrarlanıp durduğunu savunurlar. Evet, doğrudur bu. Çağlar geçse de insanoğlu benzer acılar yaşar fakat modern uygarlık bu acılar arasındaki benzerliği bıçakla yarmışçasına keskin bir biçimde ayrılığa dönüştürmüş ve her insan kendi adasındaki hür ama aynı zamanda deniz aşırı yolculuklarla diğer adalara ulaşamayacak bir biçimde yüzmeden yoksun vaziyetiyle kendi hürlüğüne mahkûm edilmiştir. İnsanlık tarihinin yitmesi demek, insanın hislerinin kıyılması ve aslında her yüzyılda benzer olan bu hislerden azami derecede yoksun bırakılarak, insaniyet namına en asgari hislerle baş başa olması demektir. Ve bu his kıyımı, paradoksal bir biçimde duygu çalkalanmalarıyla motive edilmektedir.

Peki, insanlık tarihinde hiç mi çağımızdakine benzer his kıyımları, vicdan ölümleri meydana gelmedi?

Ünlü doğa bilimcisi Romalı Plinius kendi çağının düşkünlüğünü ifade etmek için; **"sokağa çıkalım diye başkasının ayaklarını, etrafımızı seyredelim diye başkasının gözlerini, insanları selamlayalım diye başkasının hafızasını kullanıyoruz. Var olmak için başka birine muhtacız ve kendimize sakladığımız tek şey hazlarımız"** demişti. Evet, Romalı Plinius zamanında da insanlık sıkıntılar içerisine düşüyordu. Ne var ki Romalı Plinius bu sözleri, kölelerin Roma toplumundaki etkinliğine gönderme yapmak için sarf etmişti. O zamanlar başkalarına emanet edilen bütün insani özellikler yine de bizim çağımızda olduğu kadar dar boğaza sokmuyordu insanlığı. Çünkü eninde sonunda kime emanet ediliyordu bu insani özellikler? Konumu ister rahip, ister köle, ister komutan, ister paşa, ister kral, ister burjuva, ister ploreterya olsun, bu konumların nazarında yine başka bir insana. Her ne kadar Romalıların ataları 'magna civitas, magna solituo'[1] demiş olsa da, şehirleşmenin bu derece insan ruhunu darmadağın edici bir mahiyeti de yoktu o zamanlar. Oysa şimdi insanlığımızı- hem de biyolojik ve psikolojik varlığımızı başka çağlarda hiç olmadığı kadar tehdit ettikleri halde-teknolojiye ve makinelere emanet ediyoruz.

Anlıyoruz ki insanlık her zaman için kendi yeteneklerinin, kendi hislerinin, kendi düşüncelerinin seyrinden, kısaca kendi özünden uzaklaştığı dar boğazlara girmiştir. Vahşetlere kucak açmış, yakmış yağmalamıştır da. Kabul etmek gerekli ki gerçekleştirdiği bütün canavarlıklar da insana dairdir. Fakat insan robotlaştıkça, hissi olarak yoksullaştırıldıkça, kendini ifade edemedikçe, kendi derininden uzaklaştıkça yani beşeriyete hapsolunca sığlığında boğulur. Bu sığlık onun vahşetinin kaynağıdır. Evet, insan ürünüdür ama hislerini anlamlandırabilmiş bir insanın değil, kendi özüne yabancılaşmış bir insanın, anlamsızlıktan duyduğu ıstırapla kendini beşer zannederek yüreğinin katılaştığı anların ürünüdür. Şimdiyse, insanın zaman zaman daldığı en vahşi ve en zalimane çukurların, onun yuvasına dönüşmesi için var olan en büyük yürek katılaştırma projesinin kobayları olarak yaşıyoruz. Üzerimizde yapılan bu deney, bizi meleksi bir varlığa dönüştürecek olsa bile, hür irademizin sonucu olmayan otomatik hareketlerle bizi robotlaştırıyor.

Bu, öyle robotik bir iktidar biçimidir ki, onun varlığı sadece insan varlığına değil, yeryüzündeki canlı yaşamına da büyük bir tehdittir. Şimdiye kadarki bütün iktidar biçimlerinin tahakküme yatkın zorba bir yan barındırdığı doğruysa da, mevcut iktidarın şimdiye değin hiç görülmemiş bir kapsayıcılıkla geniş çaplı bir canlı kıyımına giriştiğini görünce, bu iktidarın arkasındaki gücü merak etmeden duramadık. Araştırdıkça göreceğiz ki, modern iktidarın kaynağı, hiç de sadece sıradan iktidar kiplerinin bir araya gelmesinden oluşmuş karmaşık bir ağdan ibaret değil. İnsan yaşamını iliklerine kadar denetlemeye bu derece hevesli olmuş, hevesli olduğu ölçüde bunu bu derece başarıyla gerçekleştirebilmiş bir iktidarın artık tamamı ile insani bir takım emellerin ve durumların karmaşık ilişkilerinden doğan alışıldık bir iktidar türü olduğunu düşünmüyoruz. Bu bakımdan mevcut iktidar biçimi, süregelen iktidarlara gösterilen tepkilerle yumuşatılıp insanileştirilecek kadar insani olmadığı için, şimdiye değin herhangi bir iktidar yapısına karşı gerçekleştirilmiş eylemlerle kontrol edilemez. Bu durumda, **"iktidarın kaynağı değil mahiyeti önemlidir"** diyen Foucault'un yönteminden yola çıksak da, gördüğümüz mahiyetten dehşete düşüp kaynağın da izini sürmeden edemedik ve bütün insani ilişkileri darmadağın eden bir iktidar biçimine ulaştık: Özel anlamda 'makinelerin', genel anlamda 'insanların ürettiklerinin iktidarı.' Biz buna şeytani iktidar, hatta şeytanilerin iktidarı diyoruz. Çünkü şeytan, kimi çevrelerce sadece bir sembol olarak ele alınsa dahi, insanı değersizleştirme çabasının ta kendisini ifade eder.

Dünyayı topyekûn kuşatan bu küresel iktidar türüne karşı nasıl bir bilince sahip olunmalıdır? Bu soruya verilecek cevap, bizim neden olağanca sakinliğimiz içerisinde yaşantımızı sürdürebildiğimizin de açıklaması olacaktır.

Eğer bilgi bizi daha fazla insan kılmıyorsa hiçbir anlama sahip değildir. Aslında anahtar cümlemiz budur. Makinelerin çalışma biçimi aklımıza geldikçe ister istemez zaman zaman birbirleri yerine de kullanılan şu kelimeler zihnimizde beliriyor; kolektivizm, toptancılık, seri üretim, standardizasyon. İnsan hayatının bunlara benzediği ölçüde mekanikleşeceği ortadadır. Adalet, iyilik ve sorumluluk gibi faziletlerin hiçbir zaman yukarıdaki kavramlarla birlikte iş göremeyeceği de açık. Mekanizmin dizgesinden çıkmanın formülü de buradadır işte.

Hata yapacağız, suçluluk duyacağız, dindarsak günahkâr hissedeceğiz, kınanacağız, hakir görüleceğiz fakat tüm bu eylem ve duygu durumlarının tamamıyla bizi yansıtamayacağını iyi belleyeceğiz. Kimsenin bizi bunları bizlerin tek gerçek yönünüzmüş gibi değerlendirmesine izin vermeyeceğiz. Kendimizin insan olduğunu bileceğiz. Elbette biz de makineleri, teknolojiyi kullanacağız. Belki herkesten daha fazla kullanacağız. Hatta aramızda teknolojide, biyoteknolojide atılım gerçekleştirebilecek kapasitede meraklı, bilgili, mucit kişiler olmalıdır. Buna çok da ihtiyacımız var. Hiç kimse bizlerden mutlaka bir dağın doruğunda yaşamamızı bekleyemez. Hiç kimse de bizleri buna zorlayamaz. Bu medeniyetin müptelası olmamız bizi ümitsizliğe düşürmemeli. Eğer böyle yaparsak, bahsettiğimiz iktidarın istediği kıvama gelmiş oluruz.

Bu kitapta geçmişe dönük fikirler ve bilgilerle birlikte gelecekle ilgili olası kötü senaryolar dillendirilecektir. Bunlar okunurken, sanki kitabın yazılma amacı felaket tellallığıymış gibi algılanmamalı. Aksine, bu kitap ufacık da olsa bir anahtar, bir ümit olmalıdır.

Burada mutlak bir teknoloji, konfor karşıtlığı yapmıyoruz. Robotlara topyekûn karşı çıktığımız, her türlü biyoteknolojik gelişmeye karşı olduğumuz, teknolojiyle gelen kolaylıkları tamamıyla kınadığımız gibi fikirler bu kitabı yazanı asla temsil edemez. Fakat bağımlısı olduğumuz her şeyi neden aklamak için çabalayalım? Sırf biz bunların bağımlısıyız diye mi? Ama sırf bağımlılık yapıyorlar diye teknolojiyle ilgili gelişmeleri körü körüne reddetmek de bizi temsil edemez.

Modernizme eklemlenmiş fikri yapılar, öğretiler, dinsel

tutumlar, felsefeler bir yandan özgürlüğü savunurken, öbür yandan onu tehdit aracı olarak kullanıyorlar. Sadece arınmışlar, sadece bir kalıbı sıkı sıkıya savunanlar, modernizmin kirine bulaşmamışlar konuşsun denmek isteniyor bize. İşte tuzak burada. Hayır! Derdi olan herkes konuşacak! Konuşmak için kimseden değil, yalnız derdinden icazet alacak ama araştırarak ve bilgi edinerek konuşacak. Belki istenen, özlenen insan olamayacak ama "bende de modernizmin alametleri var, kirliyim" deyip, öyleyse direnmek anlamsız gibi bir fikre kapılıp beşerleşmeye, mekanikleşmeye hemencecik kol kanat germeyecek.

Bağımlılıklardan kurtulamıyorsak bu bağımlılıklar karşısında zuhur edecek bağışıklık ümidini de kaybetmemeliyiz. Derman burada.

1. BÖLÜM

KAYIP GEÇMİŞ
VE
SAKLI GELECEĞİN İZİNDE

KAYIP GEÇMİŞ
VE
SAKLI GELECEĞİN İZİNDE

İNSANOĞLUNU KİM YARATTI

Erich von Daniken, 1968' de *"Tanrıların Arabaları"*'nı yazdığında, bilinen tarihin devrimci bir biçimde gözden geçirilmesi gerektiğini ve insan uygarlığının uzaydan gelen başka bir soyun müdahalesi ile şekillenmiş olabileceğini söyleyip, kamuoyunda yankısını bulan ilk güçlü seslerden biri olmuştur. Kadim uygarlıklar, bilhassa Atlantis ve Mu kıtaları ile ilgili daha özel eski çalışmalar olmakla birlikte (mesela Helena Petrovna Blavatsky ve James Churchward'ın eserleri gibi) bu çalışmaların geniş halk yığınlarında tarihi yorumlamada 'devrimci' bir etki meydana getirmesi o döneme kadar mümkün olmadı. Bunlar hiç kuşkusuz, var olan tarih anlayışını ve Darwinci evrim kuramını radikal bir şekilde reddediyorlardı ve bilhassa Churchward'ın *"Kayıp Kıta Mu"* adlı eseri, hayli ciddi arkeolojik veriler sunarak uygarlığın mağara insanından evirilerek düz bir çizgi ve gelişme halinde günümüze dek uzandığına dair görüşe önemli eleştiriler getiriyordu. Yine de bu çalışmalar, şimdi modern dünyanın günümüzde ulaştığı teknolojik imkânların benzerlerine ve daha gelişmişlerine sahip dünya dışı medeniyetlerden bahsetmek yerine, kendi zamanlarına uygun bir ruh taşıyan medeniyet ya da varlıkları anlatıyorlardı. Mesela, Blavatsky'nin çalışmaları, modern batılı insanın Kitabı Mukaddes'ten ve daha çok masallardan tanıdığı, soyut olarak kabul gören varlıklara bir takım yorumlamalar getiriyordu ama bu varlıkları teknolojik uygarlık düzeyinde şimdiki insanın ulaştığı duruma denk vasıtalara sahip olarak açıklamıyordu. Daniken'i onlardan ayıran ve ona şöhretini kazandıran esas ayrım buradaydı. O, daha önce kimilerinin bölük pörçük ortaya koymaya çalıştığı fikirleri toparlayıp bir kitapta birleştirdi. Eser ciddi yanılgılar ve hatalar içermesine rağmen, sunduğu temel fikirle ses getirdi. Böylece, uzaylıların insan medeniyetinin temellerini atmış olabileceği fikri ilk kez o zaman geniş halk kitlelerine ulaşmış, hayli de karşılık bulmuş oldu. Açıkçası bu kitap, **"acaba insan ırkını da uzaylılar mı yarattı?"** sorusunu sormakla kalmayıp cevabını da "evet" olarak verdi. Kitabın yazarı, Tevrat'ta yer alan yeterli miktarda bilginin insan soyunun uzaydan gelen bilinmeyen yaratıklar eli ile çoğaltıldığını ortaya koyduğunu, ayrıca türlü din kitaplarında **"Tanrı, insanı kendi görüntüsünde yarattı"** gibi doğrudan bulunan ve bu cümleye mealen uyan açıklamaların, bizi biz yapanların uzaylılar olduğunu açık seçik karşımıza çıkardığını ileri sürdü.[2]

Daniken'in kitabı sonrasında "insan ırkını uzaylılar mı yarattı?" sorusunun cevabını "evet" anlamında vermek iddiasıyla ortaya başka fikirler atılmadı denilemez. Ancak bu fikirlerin hiç biri Zecharia Sitchin'inkiler kadar itibar görmedi. Zira kendisi saygın bir Sümerolog olarak biliniyordu[3] ve böyle birinin 1976 yılında insanoğlunun uzaydan gelen bir ırk tarafından hangi amaçla ve nasıl yaratıldığını arkeolojik verilerle temellendirmeye çalışıp, teorisini Sümer tarihinden ve tabletlerinden istifade ederek oluşturması kolayca 'delilik' ile yaftalanmasına mani oldu. İşte bu yüzden, *"12. Gezegen"* adlı eserinin popülaritesi biraz da onun kimliğine dayanmaktaydı.

Daniken'in kitabını ayrı olarak ele almak gerekirse bu kitabın, insanlığın yahut ona yön veren insan dışı varlıkların geçmişte, günümüz teknolojisini andıran araç gereçlerle donatılmış olduğunu inkâr edilemez biçimde ortaya koyan delilleri bir bütün olarak karşımıza çıkarmasıyla ufuk açıcı olduğunu söylemeliyiz. Ancak bundan sonrası için aynı şey geçerli değil. Hem Daniken hem de Sitchin, tarihi yorumlamaya çalışırken, kadim medeniyetlerin daima 'tevhit' ve 'şirk' arasında gidip geldiklerini, hatta dinler tarihinin bu iki kavram arasındaki mücadele ile şekillendiğini unutuyor gibi gözükmektedirler. Her yerde bir takım tanrılar arayıp bulmak için mahir olmaya gerek yok. Neredeyse arkeolojisi yapılan bütün kadim medeniyetlerde çok tanrıcılığa doğru kaymaların yaşandığı dönemlerin bulunabileceği söylenebilir. Ancak

Bizi uzaylılar yarattı diyenler, onları kimin yarattığı sorusunu görmezden geliyorlar.

asıl ilginç olan, bütün bu politeist (çoktanrıcı) dinlere karşın monoteist (tekçi) din anlayışının daima kendisini gösterebilmiş olmasıdır. Günümüzde kadim uygarlıklar hakkında bilgi edinmek isteyenlerin başucu kitaplarından biri haline gelmiş olan James Churchward'ın *"Kayıp Kıta Mu"*su dahi, bu kitabı 'uzaylı varlıkların yarattığı insanlar' tezine destek olarak kullanmak isteyenleri hayal kırıklığına uğratmaktadır. Zira kitap, kadim ve en eski din olarak güneş ile simgeleşen monoteist bir inançtan bahseder. Bize göre de durum böyle olmakla birlikte, sonrasında mecrasından sapan bu simge şirke yol açmıştır.

Yaratma işine gelince; bu, eğer insan ya da insanımsı varlıklar tarafından gerçekleştirilecek olursa en genel anlamda ancak 'bozma' olabilir. Kısmi faydalar verebilecek bir dizaynın beklenmeyen arızi sonuçlarının olacağını öngörmek için kâhin olmaya gerek yok. Ayrıca kendi beyinsel kapasitesinin tam farkına varamamış bir varlığın, kendi üzerinde bulunacağı tasarruflar kusurlu olmaya mahkûmdur. Öte yandan, eğer şekil verme işi insan dışı nefs sahibi zeki yaratıklar tarafından yapılıyorsa, bu yine 'bozma' olur çünkü bu yaratıkların içerisindeki nefs, geliştirmeye çalıştıkları türü 'kendi emelleri' hatta en masum biçimde düşünecek olursak dahi tam da nefse sahip oldukları için 'sınırlı kavrayışları' ölçüsünde değiştirecektir ki bu da kozmik yasaya uygun bir müdahale olmaktan çok, kaosa yol açıcı kötücül bir etki olmaya açıktır. Böyle diyoruz çünkü Allah'ın niyeti ile yaratılmış olanın, o niyeti idrak edememiş bir nefs sahibi tarafından kurcalanması her zaman büyük ve ölümcül riskler taşır. Sonuçları da uzun vadede kaotik olur. Bunlara daha sonra uzun uzun değineceğiz. Fakat üzerinde durmak istediğimiz bir başka husus daha var. Uzaylıların yaratıcılığı üzerinde duranlar, bu yaratma işinde iki ayrı gruba bölünmüş durumdalar: Birinci görüş, insanın bütünüyle uzaylı yaratımı olması; ikincisi ise, uzaylılar tarafından kısmen değiştirilerek günümüze kadar ulaşması. Açıkladığımız üzere, ikinci grubun görüşünü (özellikle 'günümüze kadar ulaşma' kısmına şerh koyarak) tamamı ile reddediyor değiliz. Fakat bunun 'onarıcı' bir müdahale olamayacağını, eğer yaratmayı pozitif anlamında ele alırsak 'yaratma' anlamına hiç gelemeyeceğini ve eninde sonunda bozucu etkileri olacağını söylüyoruz. Bu bakımdan çeşitli efsanelere, dinlere, masallara konu olmuş (sözde) tanrıların (özde şeytani insan ve cinlerin) yaratmadaki beceriksizlikleri sık sık dile getirilir. Walter Krickeberg'in derlediği *"İnka ve Maya Efsaneleri"*[4] kitabından bir Maya söylencesinden pasajlar:

> "Böylece yaratıcı(lar) insanları yaratmak için yeni bir deneme daha yapmaya karar verdi(ler): Haydi, bir deneme daha olacak! Döllenmenin ve aydınlığın gerçekleşme vakti geldi artık. Şimdi bizim muhafız ve bakıcılarımızı yaratmalıyız¯. Dünya yüzünde anılmamız ve çağrılmamız için ne yapmalıyız? İlk yarattıklarımızla bunu denedik. Ama onlardan saygı ve selam alamadık. Bu yüzden şimdi bakıcı ve muhafızımız olacak daha itaatkâr ve saygılı varlıklar yaratmalıyız."

> "Böylece ilk insan yaratıldı: Etini çömlek çamurundan (balçıktan) yaptılar. Ama iyi olmadığını hemen fark ettiler, çünkü çok dengesiz ve dayanıksızdı, hareketsiz ve güçsüzdü, sakardı ve vıcık vıcık suluydu; kafasını hareket ettiremiyordu, sadece bir tarafı görebiliyordu ve yüzü bir ağaç kütüğü gibiydi ve arkasına bakamıyordu: Konuşma yeteneği vardı ama aklı yoktu; suda hemen çözülüp darmadağın oluyordu."

> "Yaratıcı(lar tekrar konuştu(lar): Onları ne kadar bir şeye benzetmeye çabalasak o kadar acizleşiyorlar, ne yürüyebiliyor ne de çoğalabiliyorlar. Artık akıllı bir varlık yaratmalıyız!"

> "Tanrılar yarattıklarını tekrar ortadan kaldırdılar ve dediler ki: Bizi çağıracak, bize dua edecek varlıkları nasıl yaratmalıyız?"

"'Tamam, o zaman' dedi tanrılar ve o anda tahtadan oyulmuş bebekler yaratıldı: Görünüşleri insan gibiydi ve insanlar gibi konuşuyorlardı: Bunlar yeryüzündeki yeni insanlıktı. Tzite-tahtası erkeğin eti oldu, sonra yaratıcı bir kadın yaptı, onun eti ise Zibac Nark idi. Yaşadılar ve çoğaldılar, kız ve erkek çocuklarını, yani tahtadan bebeklerini doğurdular; ama ne kalpleri ne de akılları vardı. Yaratıcılarını hatırlamıyorlardı ve amaçsızca, hayvanlar gibi oradan oraya dolaşıyorlardı... Kısacası, bu, gerçek insanların yaratılması için bir deneme, bir hazırlıktı."

"Sonra (bunların) düşüşleri ve yok oluşları başladı; tahtadan oyulmuş bebekler öldürüldüler. Sonra gökyüzünün yüreği suları yükseltti, böylece sular kıyıları aştı ve tahta bebekleri yok eden büyük bir sel oldu... Onların yüzünden Dünya karanlığa gömüldü, günler ve geceler boyunca karanlık yağmur yağdı."

"Derler ki bugün ormanlarda yaşayan maymunlar, bu insanlardan geriye kalanlardır ve gerçekten onların ardıllarıdırlar."

Başarısız sözde insan yaratma denemelerine bir başka örnek Samuel Noah Kramer'in *"Tarih Sümer'de Başlar"*[5] kitabında yer verdiği Sümer tabletlerinde:

"(Ninmah) doğurganlığı olmayan bir kadın yaptı. Doğurganlığı olmayan bu kadını gören Enki onun yazgısını belirledi kadının evinde kalmasını yazgıladı. (Ninmah) erkeklik organından yoksun, kadınlık organından yoksun bir varlık yaptı. Erkeklik organından yoksun, kadınlık organından yoksun bu varlığı gören Enki, onun yazgısını kralın önünde durmak olarak belirledi."

Kramer'in tespit ettiğine göre bunlar gibi altı başarısız insan tipi yaratıldı. Tanrı Enki de bir insan meydana getirmeye karar vermişti hatta bu insanın dayanıklı olması için tanrı Ninmah'ı yardıma çağırmıştı. Tanrı Ninmah meydana getirilen yaratık için elinden geleni yapıyordu ama onun konuşmasını sağlayamıyordu. Ona ekmek veriyordu o yemiyordu. Ne oturabiliyor, ne ayağa kalkabiliyor, ne de dizlerini bükebiliyordu.

"**İnsanlar uzaylı ırk/ırklar tarafından yaratıldı**" diyenler -ki bu halkaya meşhur *"İnsanoğlu Ayağa Kalk"* adlı eserin yazarı olan David Icke'yi de eklemek gerekir,- 'tevhit' ve 'şirk' arasında gidip gelen insanlık tarihinde sadece şirkin hâkim olduğu dönemlerin metinlerini yahut da şirkle deforme edilmiş mitleri karşımıza çıkarıyorlar. Bunları karşımıza çıkarırlarken de, aksini gösteren mitolojik anlatımları, dini metinleri yok sayma eğilimi içerisine giriyorlar.

Yok saydıkları, çoğu yerde İslam kozmolojisi[6] ile örtüşen bir kaynak olan ve meşhur Türkolog Wilhelm Radloff tarafından tesbit edilen Altay efsanesinde yer ve içindekilerin yaratılışı bakın nasıl anlatılıyor:

> "Evvelce ancak su vardı; Yer, Gök, Ay ve Güneş yoktu. Tanrı (Ruday) ile bir 'kişi' vardı. Bunlar kara kaz şekline girip su üzerinde uçuyorlardı. Tanrı hiç bir şey düşünmüyordu. 'Kişi' rüzgâr çıkarıp suyu dalgalandırdı ve Tanrı'nın

Sümer tanrıçası Ninmah onca başarısız denemeden sonra başarılı bir biçimde yarattığı insanı kollarında tutuyor. Hemen arkasında dokuz dallı hayat ağacı var.

yüzüne su serpti. Bu 'kişi', kendisinin Tanrı'dan büyük olduğunu sandı ve suyun içine dalıverdi. Su içinde boğulacak oldu; 'Tanrı, bana yardım et!' diye bağırmaya başladı. Tanrı 'yukarı çık!' dedi, o da sudan çıkıverdi. Tanrı şöyle buyurdu: 'Sağlam bir taş olsun!' suyun dibinden bir taş çıktı. Tanrı ile 'kişi' taşın üzerine oturdular. Tanrı 'kişi'ye: 'Suya dal, oradan toprak çıkar!' dedi. 'Kişi' suyun dibinden toprak çıkarıp Tanrı'ya verdi. Tanrı bu toprağı suyun üzerine atarak 'yer olsun (yer bütsün)!' dedi. Böylece yer yaratılmış oldu. Bundan sonra Tanrı yine 'kişi'ye: 'Suya dal, toprak çıkar' dedi. 'Kişi' suya daldı ve 'ben kendim için de toprak alayım' diye düşündü, iki eline toprak aldı; bir elindeki toprağı, kendi başına iş görmek düşüncesiyle, ağzına soktu. Tanrıdan gizlice yer yaratmak istiyordu. Bir elindeki toprağı Tanrı'ya verdi. Tanrı bu toprağı saçıverdi, katı yer meydana geldi. Deminki 'kişi'nin ağzında gizlediği toprak da büyümeğe başladı. Nefesi tıkanıp boğulacak, ölecek oldu. Tanrı'dan kaçmaya başladı. Fakat nereye baksa Tanrı'yı yanında buldu. Boğulmak üzere iken 'Ah Tanrı, gerçek Tanrı, bana yardım et!' diye yalvardı. Tanrı ona: 'Ne yaptın? Ağzına toprak saklayayım diye mi düşündün? Bu toprağı ne için gizledin?' diye sordu. O 'kişi' cevap verdi: 'Yer yaratayım diye bu toprağı ağzımda gizlemiştim.' Tanrı ona, 'at ağzından o toprağı!' dedi. 'Kişi' toprağı atıverdi. Bu topraktan küçük küçük tepeler meydana geldi. Bundan sonra Tanrı şöyle dedi: 'İmdi sen günahlı oldun; bana karşı fenalık düşündün. Sana itaat eden halkın (sanga bakkan albatıng) düşünceleri dahi fena olacaktır. Bana itaat eden halkın düşünceleri arı, temiz olacaktır; onlar güneş görecekler, aydınlık görecekler. Ben gerçek Kurbustan adını almışımdır. Senin adın ise Erlik olsun; günahlarını benden gizleyenler senin halkın olsun; günahlarını senden gizleyenler benim halkım olsun!' dedi."

"Dalsız, budaksız bir ağaç bitmişti. Bu ağacı Tanrı gördü ve 'dalları olmayan ağaca bakmak hoş bir şey değil; buna dokuz tane dal bitsin!' dedi. Ağaçta dokuz dal bitti. Tanrı

İslam öncesi Türk kültürüne ait dokuz dallı hayat ağacı.

yine şöyle dedi: 'Dokuz dalın kökünden dokuz kişi türesin ve bunlardan dokuz ulus olsun!' Bu sırada Erlik bir kalabalığın gürültüsünü işitti ve 'bu gürültü nedir?' diye sordu. Tanrı, 'sen de bir hakansın, ben de bir hakanım. Bu gürültü yapan kalabalık benim ulusumdur' dedi. Erlik bu kavmin kendine verilmesini istedi. Tanrı ona 'hayır, sana vermeyeceğim. Sen kendine bak!' dedi. Erlik: 'Dur, bakalım. Tanrı'nın şu ulusunu bir göreyim' dedi ve kalabalığa doğru yürüdü. Bir yere geldi. Burada insanlar, yabani hayvanlar, kuşlar ve başka birçok canlı yaratıklar gördü ve 'Tanrı bunları nasıl yaratmış? Bunlar ne ile besleniyorlar?' diye düşündü. Burada bulunan insanlar bir ağacın meyvesiyle besleniyorlardı. Ağacın bir tarafındaki meyveyi yiyiyorlar, diğer tarafındaki meyvelerden ağızlarına almıyorlardı. Erlik bunun sebebini sordu. İnsanlar ona cevap verdiler: 'Tanrı bize bu dört dalın meyvesini yemeyi yasak etti. Güneşin doğduğu yanda bulunan beş dalın meyvelerinden yemeyi buyurdu. Yılan ile köpeğe 'bu ağacın dört dalından yemek isteyenleri bırakma' diye emretti. Bundan sonra Tanrı göğe çıktı. Beş dalın meyveleri bizim aşımız oldu.'"[7]

Metin Erlik'in (İblis'in) Törüngey (Âdem) adındaki insana yaratıcının yalan söylediğini iddia ederek meyveden yemesi için telkinde bulunması ve Törüngey'in (Âdem) karısı Eje'nin (Havva) meyveyi yiyerek kocasına ikram etmesi, Erlik'in (İblis) lanetlenmesi, insanların karanlık dünyaya sürülmesi, ardından Mangdaşire (Mikail) ile Erlik'in (İblis) gökteki savaşıyla devam ediyor.

Bazıları bunların İslam ve Musevi etkisiyle oluşmuş metinler olarak görebilirler. Bu tam anlamıyla kanıtlanamayacağı gibi, öyle olsa bile, efsanedeki isimler ve ayrıntılar bize Türk kozmolojisinin aynı paraleldeki iki metni kolayca sentezlediğini, dolayısıyla bu kaynaklar ile pek çok ortak noktasının bulunduğunu gösteriyor. Şimdi, hali hazırda bahsettiğimiz kayıtlar ve metinler el altında dururken, Bay Icke gibiler bu metinleri hiç değerlendirmeye almıyorlar ise ne diyebiliriz?

Eğer bu tutumlarını art niyetle sürdürmüyorlarsa, ele geçirdikleri metinlerin birbirine benzerliği ve çokluğunu göz önünde bulundurarak karşımıza çıkarıyorlar demektir. Fakat kendi görüşlerini güçlendiren mitlerin benzerliği, onların tek tanrılı inanç sistemlerinde anlatılanlara zaman zaman uyması ve sayılarının da çok olması, doğru olduklarının kanıtı olamaz. Anlamadıkları, belki de görmezden geldikleri nokta, çokluğun ancak teklikten çıkabileceği gerçeğidir. Öyle ki bu, en basit maddeler için bile geçerli bir kanundur. En basitinden, ağaçlardan inşaat malzemeleri yapılabilir, kitaplar meydana getirilebilir ve yakacak odun temin edilebilir fakat bunların hepsi tek bir özün farklı formları ve görünüşleridir. Aynı örneği madenler için de verebiliriz. Filmi geri sarar gibi düşünürsek eğer, en sonunda bunların hepsi yani ağaçlar ve madenler gibi maddeler, tek bir maddenin içinde eriyip gitmeye mahkûmdur. Biraz daha geriye gitsek, her biri yeryüzünün içinden zuhur etmişlerdir ve yeryüzüne mecbur varlıklardır. Daha geriye gitsek dünya/dünyalar farklı materyallere mecburdur ve onlardan doğmuştur vs. Böylesine yalın bir hakikat karşımızda dururken, Allah inancını ve takdirini ve onun ilksel gücünü göz ardı ederek, yaratıcıyı arka plana itip 'yaratıcılardan' söz etmek, basit bir mantık hatasından ötedir. Hiç sormuyorlar mı kendilerine **"peki, yaratıcıları kim yarattı"** diye?

Yine de, 'yaratıcılardan söz edenler, fikirlerini Allah'ın 'yaratma' gücünü başka varlıklarla (esasında 'paylaşma' ile uzaktan yakından ilgisi olmasa da) 'paylaştığı' anlayışı ile söylüyorlar ise, kendilerini (yani içerisinde bulundukları dar bakış açısını) bir nebze de olsa anlamak mümkündür. Fakat bu fikirdekilerin içerisine düştüğü en temel yanılgı, rabbani yaratma gücünün meleklere kısmi olarak vekâleten devrini ya Allah'ın yaratmasına denk yahut da bu devretmeden yola çıkarak yaratma gücünü nefs ve akıl sahibi yaratıkların tamamen tasarrufunda sanmalarıdır. Ne Sitchin'in çalışmalarında, ne de Icke'nin adı geçen eserinde, bu ince ayrıntıya değinildiğini görebilmekteyiz. Üstelik Sitchin ve Icke, nefsanî etkilerden arınmış meleklik statüsünü yok sayıp, nefsi olan ve olmayan bütün zeki varlıkları aynı derecede kabul ederek bir 'indirgemecilikle' meseleyi ele almışlardır. Onlara göre Tevrat ve İncil'de geçen 'melek' kavramı, sadece insandan daha kudretli zeki canlıların ismidir. Oysa bu tanım cinlerin melekler ile tamamıyla bir bütün olarak görülmesine yol açacaktır. Böyle bir yanılgının temeli şüphesiz, Tevrat'taki 'düşmüş melekler' ifadesi ve İslam inancında İblis'in bir dönem melek olarak kabul görmesi ile ilgilidir.

Hakkını vermek gerekir ki Icke'nin gayet güzel iz sürerek ulaştığı bir gerçek var: Başka boyutta meskûn özel bir türün, insanı kendi hegemonyası altına alma isteği! *"İnsanoğlu Ayağa Kalk"*[8] kitabında şöyle diyor Icke:

> "İnsanları manipüle eden (sürüngen ırktan) bazıları iyi niyetli, çoğu da ikisinin arasında... Manipüle eden sürüngen ırk, bizim görünen ışık dediğimiz boyutta değil, gözümüzün göremediği bir frekans menzilinde yaşarlar ama bizim ve onların boyutları arasında gidip gelebilirler. Bu yüzden ben genellikle onlara 'dünya dışı' değil de, 'boyutlar arası varlıklar' diyorum... Burada bizim yaptığımız gibi, bu varlıklar katı yemek yemiyor, enerji ile besleniyorlar."

Icke'nin açıkladığı şey, Yahudi-Hıristiyan dünyasına sözde dâhil olanlar için şaşırtıcı gelebilir zira bu geleneğin mirasçısı sayılanların çoğunun gelenekleri ile bağları büyük ölçüde kopmuştur. Fakat burada bahse mevzuu yaratıklar İslam'ın takipçileri ve bu geleneğin ikliminde yaşayan profan (seküler, laik) insanların önemli bir kısmı için dahi apaçıktır ve bunlar cinlerdir.

Sitchin ve Icke tek tanrıcı metinlerin içerisinde çokça geçen 'cin' ve türevi sözcükler gibi geleneksel kelimelere değinmekten nedense pek hoşlanmıyorlar. Belki de değinmemekte pek haksız sayılmazlar. Muhtemelen Icke'nin bu kelimeyi kullanmasının temel gerekçesi bu tipler değildi ama cin kelimesini duyar duymaz tüyleri diken diken olan ve bu kelimeyi ciddiyetle sarf eden bir ağzın pür bir cehalet içerisinde debelendiğini düşünen ve kendilerini aydınlanmış beyinlerin arasında sayan bir takım budala tiplerin kopardığı yaygarayı düşününce, Icke'yi bir dereceye kadar mazur görebiliyoruz. Çünkü aynı budala tipler, 'dünya dışı zeki varlıklar' dendiğinde ya da kendilerine bu varlıklarla ilgili daha orijinal ama ekseriyetle din dışı tanımlamalar getirildiğinde hayli sakinleşebiliyorlar. Bunlar her ne kadar bilimsellikten dem vuran tipler olsalar da, dini anlamda değil ama din karşıtlığı anlamında dogmatiktirler. Dini inancı olmayan bir kişinin başvurması gereken bir akılcılıkla bile hareket edemezler. Din dışı zihniyetleri, dinselleşmiş ya da bizatihi dini olan metinlerin bazı hakikatleri yansıtmış olabileceğini düşünmeden, böyle metinlerin verilerinin tamamını incelemeye değer bulmadan, bunları tümden hurafe sayma eğilimindedir ve bu haliyle dogmatiktir. Dogmatik tavırları yüzünden bir metni eleştirel gözle dahi okumaktan ekseriyetle kaçınırlar. Eleştiri mahiyetinde gururlarını okşayan ve güya karşı tarafın cehaletini gösteren bir iki sloganvari -içi boş- cümle kurarlar, hepsi bu. Oysa Truva nasıl bulunmuştu? Heinrich Schliemann Homeros'un *"İlyada"*sında geçen bu şehri aramaya koyulduğunda, döneminin pek çok arkeoloğu tarafından alaya alınıp deli damgası yemişti. Onun bir masalın peşinde koşan meczubun teki olduğuna inananların sayısı az değildi. Nihayet Truva'yı bulduğunda bir hayalperest olarak damgalanmaktan kurtuldu. Ancak bu kenti keşfedemeseydi muhtemelen adı unutulacak ama sınırlı bir çevre içinde anıldığında, boş bir hayal peşinde koşan biri olarak alaya alınmaya devam edecekti.[9]

Cin meselesine dönelim. Devid Icke 'sürüngenler' başlığı altında[10] uzun uzun İblis ve şer şebekesinden olan şeytanilerin hal ve hareketlerini anlatırken, mevzuu en sonunda bütün dinlerin sürüngenler tarafından kurulduğuna geliyor. Buraya bilhassa İslamiyet ile ilgili yazdıklarını aktarıyoruz:

> "Hıristiyanlık, Yahudilik ve İslamiyet'in kökünde hep yılana tapma vardır... Sümerler sembolü hilâl olan Nana

> ve Suen de dâhil, çeşitli adlar altında hep Ay'a taptılar. Bugün İslamiyet'in sembolü de hilâldir... Kâbe'nin kelime anlamı küptür. Bu küp, Ay veya Satürn'ün tanrısı olan El'in sembolüdür. Dinler başından beri bizi kontrol etmek ve enerjimizi sömürmek üzere yaratılmıştır."

Icke, daha önce ifade ettiğimiz gibi 'tevhid' ve 'şirk' mücadelesini görmezden gelmenin de getirdiği kusurlu bakış açısıyla, sembolizm konusunda büyük yanılgılara düşmüştür.

"Hıristiyanlık, Yahudilik ve İslamiyet'in kökünde hep yılana tapma var" derken, İslam adına vardığı bu yargının birincil gerekçesi, Kur'an-ı Kerim'de bahsedilen bazı kıssaların ve peygamberlerin önemli bir kısmının daha çok Tevrat ve kısmen İncil'de de mevcut olması. Oysa Allah, Kur'an-ı Kerim'i indirme amacını yine Kur'an-ı Kerim'de açıklarken, bu kitabı düşünenler için bir kılavuz olarak ilan ediyor ve diğer ikisinin hakiki kelamdan uzaklaşmış olduğunu, tahrif edilerek bozulduğunu söylüyor. İşte bundan ötürüdür ki, bir Müslüman açısından Icke'nin Tevrat'ta ve İncil'de bulduğu putperestlik bağlantıları İslam'ın bunlarla ilgisi olduğu anlamına gelmiyor, tam tersine İslam'ın tam da bu yüzden, bunları asıllarına döndürmek maksadıyla zuhur ettiği anlamına geliyor. Dolayısıyla da İslamiyet'te yılana tapma vardır yargısının içi daha temelinde boş. Bay Icke, 'yılana tapma' var derken, İslamiyet sürüngen ırka, yani daha da açacak olursak cinlere tapınmaya dayanıyor demek istiyor. Bunu gerçeği bilmeden söylüyorsa hata içerisinde, yok eğer gerçeği bilerek söylüyorsa kendisine ne diyebiliriz ki?

İslamiyet, cin-insan ilişkilerine ayrıntılı açıklamalar getiren önemli metinler içerir ve insanoğlunu cinler konusunda sık sık uyarır:

> "Bir de cinleri Allah'a bir takım ortaklar yaptılar. Oysa onları o yarattı. Bilgisizce Allah'a oğullar ve kızlar da uydurdular. O, onların niteledikleri şeylerden uzaktır, yücedir."
> **(Enam/100)**

"İşte böylece biz her peygambere insan ve cin şeytanlarını düşman kıldık. Bunlar aldatmak için birbirlerine yaldızlı laflar fısıldarlar. Rabbin dileseydi bunu yapamazlardı. O halde onları iftiralarıyla baş başa bırak." **(Enam/112)**

"Onların hepsini bir araya toplayacağı gün şöyle diyecektir: 'Ey cin topluluğu! İnsanlardan pek çoğunu saptırıp aranıza kattınız.' Onların insanlardan olan dostları, 'Ey Rabbimiz! Bizler birbirimizden yararlandık ve bize belirlediğin süremizin sonuna ulaştık' diyecekler. Allah da diyecek ki: 'Allah'ın diledikleri (affettikleri) hariç, içinde ebedi kalmak üzere duracağınız yer ateştir.' Ey Muhammed! Şüphesiz senin Rabbin hüküm ve hikmet sahibidir, hakkıyla bilendir." **(Enam/128)**

"De ki: 'Andolsun, insanlar ve cinler bu Kur'an'ın bir benzerini getirmek üzere toplansalar ve birbirlerine de destek olsalar, yine onun benzerini getiremezler.'" **(İsra/88)**

Kur'an-ı Kerim'de geçen şu ayetler Devid Icke'in iddiasının kofluğuna cevap veriyorsa dahi, onun hilâl ve küp üzerinden İslam'ın pagan inançların sembollerini taşıdığı ve bu semboller ile sürüngen varlıklar arasında ilişki olduğu söylemine de cevap verelim:

Bir kere, hilâl İslam'ın tescilli sembolü değildir. Hz. Muhammed hilâl ile ilgili, **"Yüce Allah hilâlleri insanlar için vakit ölçüleri kıldı. O halde hilâli görünce oruca başlayın, onu tekrar görünce iftar edin"** demiştir.[11] **Kur'an-ı Kerim'de, "Sana hilâllerden sorarlar. De ki: Onlar insanlar için vakit ölçüleridir ..."** *(Bakara/189)* buyrulmaktadır. Ayet ve hadislerden anlaşılmaktadır ki, Müslümanların hilâl ile olan münasebetleri zamanı hesaplamadaki pratik gerekçelerin ötesine bir adım bile geçmez. Ne Kur'an-ı Kerim'de ne de hadislerde sembol olması için emir, tavsiye yer almaz. Sadece bir tek vakada, Hz. Muhammed, İbn Hacer el-Askalânî'nin İbn Yûnus'tan naklettiği rivayete göre kabilesinin elçisi sıfatıyla Medine'ye gelen Sa'd b. Mâlik b. Ubeysır el-Ezdî'ye kavmine götürmesi için üzerinde hilâl bulunan (yıldız yok), siyah bir bayrak vermiştir.[12] Ancak bunun kullanımı Icke'nin iddia ettiği gerekçelere ilgili değildir; değildir çünkü ayet ve hadislerde hilâlin Müslümanlar için en temel anlamda ne demek olduğu açıkça bildirilmiştir. Hilâlin sembolize edilerek kullanılması ancak yedinci yüzyıldan itibaren gerçekleşir. Eğer o, bugün İslam adına sembol ise, bunu daha çok Arap dünyası içerisindeki Türk etkisine bağlamak gerekecektir. Bunun altı ne kadar kazınırsa kazınsın en sonunda yukarıda bahsettiğimiz ayet ve hadislere çarpmamak mümkün değildir.

Icke gibiler ihtiyatsız araştırmalarına daha başka örnekler de verebilirlerdi mesela, **"Hayır! Yemin olsun Ay'a..."** (Müdessir/32) ayetini alıp delil olarak sunabilirlerdi. Ancak surenin devamındaki ayeti de ele alırlarsa, yeminin sadece Ay için yapılmadığını göreceklerdir: **"Hayır! Yemin olsun Ay'a ve döndüğü vakit geceye, hem ağardığı zaman sabaha ki"** *(Müdessir/32-33-34)* Ve Kur'an-ı Kerim'i ciddi anlamda inceleyecek olurlarsa, Allah'ın sadece Güneş'e, Ay'a, geceye ve sabaha değil, kendi ismi üzerine, peygamberlerine, peygamberlerin yaşadığı veya vahyin geldiği beldelere, kuşluk vaktine, meleklere, Kur'an'-ı Kerim'e, kaleme, kıyamet gününe, gökyüzüne, zamana, yıldıza, havaya ve bitkilere yemin ettiğini görebilirler. Bu yeminlerin de temel bir açıklaması var: Üzerine yemin edilenlerin bütün değerlerinin Allah'tan kaynaklandığı! Allah'ın isim ve sıfatları dahi birer kelimedir ve onların değeri yine Allah'ın zatındandır. Sayılanlar üzerine yeminlerin bildiğimiz hikmetlerinden biri; bir taraftan değersiz olarak görülenlerin de Allah'ın katında değerli olduklarını, öbür taraftan kendilerine tanrılık istinat edilenlerin sadece Allah'ın emrinde birer yaratık olduklarını hatırlatmaktır. Son bir ayet ile bu bahsi kapatıyoruz:

> "Gece, gündüz, Güneş ve Ay Allah'ın varlığının delillerindendir. Güneşe ve Ay'a secde etmeyin. Eğer gerçekten Allah'a kulluk ediyorsanız, onları yaratan Allah'a secde edin." **(Fussilet/37)**

Icke'nin İslam ile paganizmi birleştirdiği bir başka argümanı: "Kâbe'nin kelime anlamı küptür. Bu, küp Ay veya Satürn'ün tanrısı olan El'in sembolüdür."

Arapçada Kâbe, Icke'nin söylediği gibi 'küp' manasına değil 'kübik' yapı manasına gelmektedir. Üstelik Arapçada 'müka'ab' kelimesi kare ve küp şeklindeki nesnelere has olarak da kullanılmaz. Yuvarlak nesnelere de 'müka'ab' denir. Dolayısıyla oval hatlı bir şekil dahi 'Kâbe' olarak isimlendirilebilir. Ancak Icke, Kâbe'nin küp şeklinin, kendi fikri için yeterli bir delil olduğunu da iddia edebilir. Oysa iddiasının geçersizliği, bu kelimenin içerdiği çifte anlamda gizlidir. Zira Kâbe her zaman bu şeklinde değildi. Bugün aşağı yukarı küp şeklindeki Kâbe'nin dışında bulunan oval alan (Hicr-i İsmail), onun daha geniş bir alanı kapladığını ve şeklinin hiç de günümüzdeki gibi olmadığını göstermektedir.

Kâbe'nin bugün hemen hemen küp şeklinde olmasının elbette bunu bilenler için sembolik bir manası var. Küp, sabitliği ve değişmezliği ifade eden en güçlü şekildir.[13] O, maddi dünyada tüm halleri ve şekilleri sona erdiren en son hale de denk düşmektedir (İslam açısından da, son değişmez dine). Ayrıca katılaşmanın sınırına gelindiği (İnsanlık açısından kıyamete yaklaşıldığı) anlamını da içerir. İlahi olan ile irtibat halindeki madde de küp ile sembolize edilir (İslami olarak Mümin'in Allah'a kulluğunu sembolize eder). Küp aslında maddeler âleminde kristalleşmeye denk gelir. Örneğin suyun gaz hali küre şekline tekabül edecek ise, katı hali küpe denk gelir. Küp nasıl katılığın, maddeler âleminin sembolü ise, küre de sınırsızlığın, bütün ihtimalleri kendinde toplayan ilk halin, saf manevi alanın sembolüdür. Hindu kutsal metinlerinde günümüzde bildiğimiz dünya ve insanlık âlemi dört çağdan oluşmaktadır. İlk çağ (Krita Yuga) bir anlamda Altın Çağ'dır. İnsanlığın ilahi olan ile bir bütün olduğu zamanı temsil eder. Son çağ (Kali Yuga) ise bir anlamda Demir Çağı'dır.[14] Ayakların baş olduğu dönemdir. Her şey ters yüz edilmiştir, insanın manevi olan ile irtibatı en dolaylı biçimdedir artık. Bu bakımdan ilk çağ küreye, son çağ ise küpe denk gelir.[15] Bu bilgi dâhilinde, küresel komplocuların mevcut haldeki Kâbe'yi yıkıp, yerine küre şeklinde bir yapı kondurmaya neden bu kadar hevesli oldukları daha iyi anlaşılmalıdır.[16] Birincil olarak; Altın Çağ'ın taklidi için gerekli olan budur. Bunun ilk denemesini de daha sonra şeytani bir ayinle yıkacakları Dünya Ticaret Merkezi'ne konuşlandırdıkları bir küreyle yaptılar.[17]

Ay tanrıçası ile El arasında bir bağlantı kurmak da, işi fanteziye vardırmaktır. El kelimesinin İbranice ve Arapçada 'kudretli yaratıcıya' işaret ettiğini biliyoruz. En basit anlamında bile 'İl-lah' sözcüğü doğrudan doğruya 'Ay' demek değildir. Putperest Araplarca Ay'ın yönetici tanrısı olarak adlandırılması da onu sadece Ay'ın idaresinden sorumlu yaratıcı yapmaz. Icke gibilerinin sembolizm konusundaki yanılgılarının temeline değinmiştik. Bir sembolün ana amacından saptırılarak kullanılması ve akabinde bu kullanım şeklinin tarihi bir bilgi olarak bize ulaşmış olması, bu sembolün gerçekte

Kâbe'deki oval alan Hicri İsmail Kâbe'nin içinden sayılıyor.

tarihte amacından saptırılarak kullanıldığı dönemdeki anlamından ibaret olduğu şeklinde nasıl açıklanabilir? Hele de İslam Ay'ın ilahlığını yerle bir ederken?

Son zamanlarda kimi araştırmacılar, Hinduizm ile İslam arasında bir bağ kurarak, İslam'ı Hinduizm'in dönüştürülmüş bir versiyonu olarak ele alma eğilimi içerisindedirler. İslamiyet öncesinde Kâbe'de Şiva'ya ait alametlerin bulunması veya bazı mekân adlarının Sanskritçedekiler ile sesteşlikleri ya da İslam öncesindeki Arap şairlerin birine ait olduğu söylenen Hint tanrısı Mahadeva'ya[18] övgü şiiri, bazı adetler vs. Bu araştırmacılardan kimleri tüm bunları bir araya getirerek sözü edilen bağlantıyı ortaya koyarlarken çok şaşırmış gözükmektedirler. Oysa bizim için bunlarda şaşılacak hiçbir şey yoktur. Ayrıca ortada bir dönüştürme de yoktur. Bunun adı sadece kaynağa dönüş olabilir. Her halükarda birtakım sembollerin ifade ettikleri hakikatleri unutarak, sembollere tanrı muamelesi yapan Arap topluluklarının durumu tevhid ekseninden çoktan çıkmıştır. Bunlar, dinin tek bir ilkeden yayılışı ve farklı kültürler içinde dönüşmesi ile alakalı doğal vakalardır. Ayrıca saf olan öğreti, yozlaşınca onda doğru olan ile birlikte eğri de can bulur. Hatta öyle bir zaman gelir ki doğru eğrinin yanında sönükleşir. Bazense tamamen yiter. Başka bir husus olarak, kelimelerin kökeni üzerinden dinlerin şirk ekseninde ortaya çıktığını ilan etmeye çalışanlar da, tevhidi getiren yeni öğretinin yeni bir dil uydurmak gibi bir amacı olmadığını, bu öğretinin var olan kelimelere yeni bir anlam yükleyerek, onların tevhid ekseninde kullanılmasını sağladığını da unutmamalıdırlar.

Yeri gelmişken semboller konusunda doğru bir bakış açısı edinmek için bazı hatırlatmalar yapalım: Semboller 'tevhid' ve 'şirk' dönemlerine göre anlam kaybedip, anlam kazanabilirler. Mesela anlamı en çarpıtılmış sembollerden biri Nazi Almanyası'nın bayraklaştırdığı ters yüz edilmiş svastikadır. Yine, İsrail bayrağında gördüğümüz 'Davut Yıldızı' (heksagram) ne İsrail'in malıdır, ne de kimilerinin zannettiği gibi şeytani bir simge. Ancak bu işaretlerin günümüzdeki kullanım şekillerini referans olarak alırsak, mecralarından saptırılarak kullanıldıklarını, kara büyüye alet edildiklerini söyleyebiliriz. Dolayısı ile yılan[19], Güneş, Ay sembolizminin bugün çarpıtılmış yönleri ile hakiki yönleri tedavüldedir. Bundan daha fazlası bir sembolün çarpıtılmış yanını bir kenara koyacak olursak, hakiki yönünün bile katmanlı anlamlara sahip olacağını da unutmamak gereklidir. Öte yandan, Allah'ın bizi 'İblis' gerçeğine karşı boşuna uyarmadığını da unutmamak gerekir. Çünkü o, kozmik düzeni adeta mekanik (ruhsuz) bir şekilde kendi tarzında yeniden kurmuşçasına, yaratıcının sıfatlarını sanki kendisine ve avanesine aitmiş gibi göstermek için gayret eden bir 'yanıltıcıdır'.

1970'lerdeki haliyle Dünya Ticaret Merkezinde Mescidi Haramın avlusunu taklit eden İkiz Kuleler Mimarı Minoru Yamasaki'nin eserinde kare şeklindeki Kâbe'nin yerini altın çağı temsilen küre şeklinde bir Kâbe almış.

Biz bu çalışmada sembolleri ele alırken, bunların kişiselleştirilip ilahlaştırıldığı ve şeytani vasıtalar haline getirildiği dönemlerdeki anlamlarını da ortaya koyacağız ama bunların bir zamanlar hakikati ifade eden işaretler olduğunu unutmadan bunu yapacağız. Bu yüzden bir sembolün şeytani bir biçimde kullanılmasını açıkladığımızda, -en azından bir kısım sembol için bu katiyen söylenemez ise de-o sembolün hakikati idrak ettirmede ilksel bir yanı olabileceği de hatırda tutulmalıdır.

YENİ DÜNYA DÜZENİ NE DEMEK?

Pitirim A. Sorokin, *"Toplum Felsefeleri"* adlı eserinde, toplumu inceleyen araştırmacılar gerileyen uygarlığın son aşamasında ahlak hareketlerinin canlandığı konusunda anlaşmaktadırlar demekte ve bu yargısını çeşitli toplum kuramcılarından, yazarlardan ve sosyologlardan örnekler vererek desteklemektedir. Ona göre gelecek uygarlık, son beş ya da altı yüz yıldan beri egemen olmuş uygarlık ya da kültürlerden temel itibarıyla farklı olacaktır. Ve bu uygarlık aklın ve mantığın, din dışı öğelerin idaresinde hayal kırıklığına uğramış insanlığın bıkkınlığı ile şekillenen dinsel ahlakçı bir uygarlık olacaktır. Peki, mantıklı olacak mıdır? Yoksa tamamen akıl dışı bir dindarlığı mı barındıracaktır? Bu soruların cevaplarının sırrı 'Deccaliyet Sistemi'nde.

Modernizm, akla ve mantığa vurgu yapıp dursa da, aklı ve mantığı değersizleştirme projesiydi. Onun bütün çabası, 'akıl çağı' olarak adlandırdığı dönemi sadece beş duyunun hükmüne bağlayarak, akla olan güvenin toplumda tamamen sarsılmasına yol açmaktı. Bu, en sonunda akıl düşmanlığını, Platon'un ifadesiyle 'misoloji'yi (mantıktan/ makul düşünmeden nefret etmeyi) doğuracaktı.

Bilimin son derece ilerlediği bir dönemde, modern toplumlar -art niyetli- fantastik filmlere, eğlence programlarına kapılıp, çılgın ve riskli deneyimlere doğru yol alıyor ise, buralarda misoloji tohumunun tuttuğundan ve hasadının alındığından bahsedilebilir. Üstelik daha zihin kontrol silahlarından, zombileşmeden, vampirleşmeden söz etmedik bile! Erich Fromm, modern toplumun çoktan akıl sağlığını yitirmiş ve dolayısıyla misolojiye kapılmış olduğunu *"Umut Devrimi"*[20] adlı kitabında şu sözlerle açıklıyor:

> "Teknik gelişmeyi en yüksek değer olarak kabul etme eğilimi, zekâ üzerinde aşırı ölçüde durmamızla değil, her şeyden önce mekanik olan, canlı olmayan her şeye, insan yapımı olan her şeye karşı derin bir duygusal çekilme göstermemizle bağlantılıdır. Daha aşırı biçimiyle ölüme ve kokuşmaya çekilme olan bu canlı olmayana çekilme, çok daha az ürkütücü biçimde bile, 'yaşama saygı' yerine, yaşama karşı umursamazlık duymaya yol açmaktadır."
> "Teknoloji toplumunun insanda hastalık yaratan etkileri arasında iki etmenden daha söz etmeliyiz; özel yaşamın yok olması ve kişisel insani ilişkinin yitmesi."

Fromm, özel hayatın yok oluşunu açıklarken, bütün özel bilgilerin hemen herkesin eline geçebilecek kamu bilgilerine dönüştürülmesiyle, insanların işsizlikten, dışlanmaktan korkarak kendilerine has kişilikler geliştiremeyeceklerini ve daha çok birbirlerine benzeyeceklerini ama bu benzeyişlerinin şirketlerin ya da insanları kendi iktidarları doğrultusunda kullanmak isteyen yöneticilerin çıkarlarına göre olacağını söylemektedir.

Tekrar etmek gerekir ise, modern dünya ve onun post modern versiyonunda insanoğlunun içerisine düştüğü akıl dışı durum kendiliğinden ortaya çıkmamıştır. Bu bizatihi bir tasarı, Rene Guenon'un ifadesiyle insanları 'insan altı' alana doğru sürüklemeye çalışan 'karşı-geleneğin', 'karşı-insiasyonun' özel projesidir.

Guenon, *"Niceliğin Egemenliği ve Çağın Alametleri"*[21] adlı eserinde şeytanilerin, insanı madde dünyasına odaklandırılıp, onun rabbani ve rahmani alan ile irtibatını kâfi derecede kesmiş olduklarını düşündüklerinde, yeni bir adım atacağını söylemektedir:

"Üst alanlarla herhangi bir iletişimin kurulmasına kesinlikle imkân bırakmayacak bir şekilde, her taraftan mümkün olduğu kadar tam olarak maddi dünyayı kapattıktan sonra 'alt manevi alanlara' ait yıkıcı ve bozucu güçleri dünyaya sokabilmek için dünyayı alttan yeniden açmak gerekiyordu."

Böylelikle, Sorokin'in bahsettiği modernitenin yerine geçecek sözüm ona 'Yeni Dinsel Medeniyet'in aslında neyi doğurmak üzere tasarlandığını daha açık görmeye başlıyoruz. İnsanoğlunun kapalı/örtük/gizli biçimde güdülmeye çalışıldığı yol, 'Altın Çağ', 'Yeni Çağ', 'Yeni Dünya Düzeni' sloganlarıyla bezeli, Rene Guenon'un 'alt manevi alanlar' ifadesiyle açıkladığı, 'Şeytani Cin Medeniyeti'dir.[22]

"Hani Rabbin meleklere, 'Ben kuru bir çamurdan, şekillendirilmiş balçıktan bir beşer yaratacağım. Onu düzenleyip içine ruhumdan üflediğim zaman, onun için hemen saygı ile eğilin' demişti. Bunun üzerine bütün melekler saygı ile eğildiler. Ancak İblis, saygı ile eğilenlerle beraber olmaktan kaçındı. Allah, 'Ey İblis! Saygı ile eğilenlerle beraber olmamandaki maksadın ne?' dedi. İblis dedi ki: 'Ben, kuru bir çamurdan, şekillenmiş balçıktan yarattığın beşer için saygı ile eğilemem.' Allah, 'Öyleyse çık oradan, çünkü sen kovuldun. Şüphesiz hesap gününe kadar lânet senin üzerinedir' dedi. İblis: 'Rabbim! Öyle ise onların tekrar diriltilecekleri güne kadar bana mühlet ver' dedi. Allah da, 'O hâlde, sen vakti (yalnızca benim tarafımdan) bilinen güne kadar mühlet verilenlerdensin' dedi. İblis, 'Rabbim! Beni azdırmana karşılık, andolsun ki yeryüzünde kötülükleri onlara güzel göstereceğim, içlerinde ihlâsa erdirilmiş kulların hariç, onların hepsini azdıracağım' dedi. Allah, 'İşte bu, bana ulaştıran dosdoğru yoldur. Azgınlardan sana uyanlar dışında, kullarım üzerinde senin hiçbir hâkimiyetin yoktur' dedi." (Hicr/28-29-30-31-32-33-34-35-36-37-38-39-40-41-42)

Kötülükleri güzel gösteren, azgıncılıklarıyla insanlara dehşet saçan insanların dâhil olacakları şebekenin adını uzun uzadıya aramanın gereksiz olduğunu ayetleri okuyunca daha iyi anlamış olduk. Bir ateist dahi, ayetleri sırf mecaz olarak ele alsa, şeytani cinliğin gerçekleri ters yüz edenlerin nişanı olarak kullanılabileceğini fark edebilir. Ancak inananlar için cinler metafordan fazlası demektir.

İslam bize, yeryüzünde insanoğlundan önce cinlerin yaratılmış olduğunu şöyle açıklamaktadır:

"Biz insanı kara çamurdan, şekillenmiş bir balçıktan yarattık. Cinleri (Cann) de daha önce, zehirli ateşten yaratmıştık." **(Hicr/ 26-27)**

'Şeytani Cin Medeniyeti' diyoruz zira bu medeniyet sadece bir 'cin medeniyeti' değildir. Onun şeytani vasfı, genel anlamda insanoğluna karşı kurulmuş bir şer şebekeyi ifade etmesindendir. Şeytaniyet, İblis'in insanoğluna karşı açtığı savaşta, bir takım doktrinlere sarılarak cinlerin ve insanların bir kısmını kandırarak onları şeytan misyonuna dâhil etmiştir. Kısacası şeytaniyetin özü, insan düşmanlığına dayanır ve bu düşmanlığın en büyük amacı 'iman çalmaktır'. Onun temelinde ırkçı bir yaklaşım ve soya dayalı üstünlük fikri yer almaktadır.

İbni Arabî *"Fütühat-ı Mekkiye"*de cin âleminin kendi üstünlüğü konusunda ısrarcı, kendisini var edenin rabliği karşısında ise mütevazı olduğunu yazar. İbni Arabî aynı eserinde, Allah'ın suyu ateşten daha üstün kıldığını ve insanda bulunan su unsurunun onu güçlü kıldığını yazarken, cinlerin bunu kavrayamadıklarını ifade eder ve ekler: **"Cinlerin yaratılışında bulunan hava unsuru ateşle tutulmasaydı hiç kuşkusuz cinler Âdemoğullarından güçlü olurdu. Çünkü hava unsuru sudan daha güçlüdür."** Öbür taraftan **şunu da ekler: "Ateş, cinlerdeki en büyük unsur olduğu gibi, su da insanlardaki en büyük unsurdur."** Aynı eserinde

Konu ile ilgili video için lütfen QR barkodu okutunuz

şunu da söyler: **"...Su ve toprak mizacına baskın olduğu için insanın yaratılışı, işleri araştırma, düşünme, soğukkanlılıkla hareket etme ve başını sonunu hesaba katma özelliğine sahiptir. Böylece insan, aklı bol bir varlık olmuştur. Çünkü toprak onu sabit tutar ve direnç kazandırır, su ise yumuşatır ve akışkan yapar. Cinler ise böyle değildir. Çünkü onun aklını insanın durumunda olduğu gibi bu şekilde tutacak bir unsur yoktur. Bu nedenle bir kişi zayıf düşünceli ve ahmak olduğunda şöyle denilir: 'Falan kıt akıllı görüşlerinde isabetsizdir.' Kıt akıllı olmak cinlerin özelliğidir. Akıllarının kıtlığı ve düşüncelerindeki istikrarsızlık nedeniyle onlar, hidayet yolundan sapmışlardır. Bu nedenle şeytan şöyle demiştir: 'Ben ondan daha hayırlıyım.'Kıt akıllı olması nedeniyle o, bilgisizliği ve edepsizliği birleştirmiştir."**[23]

Elbette, burada cinlerin hidayet yolundan saptığı söylenirken, hepsi kastedilmemektedir. Zira İbni Arabî aynı eserinde, cinlerin isyankâr olanlarına (şeytanlara) değinir. Anlatılmak istenen onlardaki sapmanın, insanoğlundaki sapmadan daha kolay halde ortaya çıkabilecek mahiyette olması. Burada anlaşılması gereken şey 'basiretsizlik' kelimesiyle daha net açığa çıkar. Modern aklın 'kıt akıllı' nitelemesini icat ve teknolojik aletler yapmadaki beceriksizlikle özdeşleştirme ihtimaline karşı, 'basiret' kelimesini kullanmak daha doğru olur. Zira zekâ ile akıl arasındaki derin farkı idrak edenler ne demek istediğimizi daha iyi anlayacaklardır. Aslında tekno-endüstriyel modern uygarlığın yapısı konusunda en yüzeyselinden araştırma yapanlar dahi, modern sistemin akıldan çok zekâ barındırdığını, (onca plan ve projesine rağmen) yaptığı işin nihayetini akıllıca hesaplamadığını, dolayısıyla muazzam bir akıl dışılıkla hareket ettiğini idrak edebilirler. Bilginin kurnazlığa yol açacak bir yönü de vardır ki bu, ancak zeki ama bencil bir tabiata sahip olan kişinin mizacından bir parçayı yansıtır. Böylesi bir kişi zeki olabilir fakat ne kadar akıllıdır? Ve bizzat modern medeniyetin hâlihazırdaki tabiatı 'hin ya da cin fikirliliktir' ki hin fikirliliğin sözlükteki tam karşılığı da şudur: "Zekâsını hile yapmakta kullanan, cin fikirli, kurnaz, açıkgöz (kimse)." Bir başka yönden, insan tabiatının modern uygarlıktaki 'hin fikirli' haline bakarak insanın da ahmaklıkta pek geri kalmadığı düşünülebilir.[24]

Böylece, çok derin açıklamalara girmeden, sadece tabiatına bakarak dahi modern uygarlığın şeytani cin medeniyetine dâhil olduğunu görebilmekteyiz. Modern medeniyetin bir çöküş medeniyeti olduğunu, aklın değil çıkarcı zekânın güdümüyle hareket ettiğini bizzat batılı aydınlar dile getirmektedir. Leslie Lipson *"Uygarlığın Ahlaki Bunalımları"*[25] adlı kitabında şöyle der:

> "Bizi çöküşten yalnızca baştan ayağa, gerçekten köklü bir atılım kurtarabilir. Bu atılımın gerçekleşmesi için iki önkoşul vardır. Birincisi, kurumlarımızda diğeri ise değerlerimizde birer devrimi içerecektir."

Lipson, bunu söylerken de inkâr edilemez gerekçelere dayandırıp 'keşiflerinin ahlaki sonuçlarından ötürü kendilerini suçlamayan şu bilim adamları, kazanç için üretimin ahlak ilkelerinden bağımsız olduğunu savunan şu ekonomistlere değiniyordu ve ekliyordu:

> "Bugünkü ölçülerde kirliliği olası yapan, çağdaş uygarlığın teknolojisidir. Bu olasılıkları geliştirerek çıkar sağlayanlar ise, ekonomik sistemin sahipleri ve yöneticileridir."

Peki, ekonomik sistemin sahipleri ve yöneticileri tam olarak neye hizmet ediyorlar? Bilhassa ekonomiyle ilgili kurum ve kuruluşlarda yuva kurmuş bir örgüt olan ve kendisini 'ahlaki bir yapı' olarak tanıtan masonluk, var olan bunca düzensizliği gidermediğine göre, neyin ahlakına hizmet ediyor ve bilhassa ekonomist çevrelerden seçtiği bireyleri hangi ahlaki kaygıları taşıyarak örgütlüyor? Eğer onda gerçek hüviyetli bir ahlak olsaydı yeryüzü böyle olmazdı ve eğer yeryüzü bu halde ise bu örgütün sözüm ona 'ahlaki sırları' başka niyetlerin hizmetinde demektir. Açık ve net. Bilhassa beynelmilel sermayecilerin konuşlandığı daha üst tepelerde, daha tehlikeli bireyler ve yapıları karşımıza çıkıyor. Örneğin, kaldırdığımız birçok taşın altından çıkan Rockefeller ve vakıfları gibi.

David Rockefeller öldüğünde, onun Amerikan kapitalizminin mimarlarından biri olduğu tereddütsüz dile geldi. The New York Times'da Jonathan Kandell onun ölümünü şöyle duyurdu:

> "Bankacı ve hayırsever, Chase Manhattan Bankası'nı on yıllarca kontrol eden ve Amerikan kapitalizminin İncil'ini yayarak dünya çapında geniş bir etki yaratan efsanevi soyadlı David Rockefeller Pazartesi sabahı Pocantico Hills, NY'daki evinde hayatını kaybetti. 101 yaşındaydı."
> "Onun etkisi Washington'da ve yabancı sermayelerde, New York hükümetinin koridorlarında, sanat müzelerinde, büyük üniversitelerde ve devlet okullarında hissedildi."

Birkaç ekleme de biz yapalım: Hastanelerde ve biyoteknolojide de. Geriye de etkili olunacak kayda değer pek bir şey kalmadı zaten.

Kandell, David Rockefeller'in hayırseverliğine sık sık değinerek bu özelliğinden "devasa ve anıtsal" anlamına gelen bir sözcükle bahsediyor. Yazıdan kesitler aktarmaya devam edelim:

> "Bay Rockefeller, müthiş bir pazarlama gücü idi. 1970'lerde Mısır'dan Enver Sedat, Sovyetler Birliği'nden Leonid Brejnev ve Çin'den Zhou Enlai ile yaptığı görüşmeler, Chase Manhattan'ın bu ülkelerde etkin olan ilk Amerikan bankası haline gelmesine yardımcı oldu."[26]

Hiç araştırma yapmasak, Sovyetler Birliği'ni dahi pür komünist zannedebilirdik(!) ama Jonathan Kandell bu yazısıyla kıymetli ifşaatlarda bulundu ve önemli bir eksikliği dolduruverdi. Zira bunları biz dile getirseydik hemen komplo teorisyeni yaftasıyla etkisizleştirilecektik. Komplo teorisi demişken; 'hayırsever' David Rockefeller kendisi ve ailesi hakkında ortaya atılan iddialarla ilgili şunları söylemişti:

> "Bazıları Rockefellerlerin Birleşik Devletler'in çıkarlarına aykırı çalışan gizli bir entrikanın parçası olduğuna inanıyor, ailemi ve beni, daha bütünleşmiş bir küresel siyasi ve ekonomik yapı kurmak için dünya genelinde komplo kuran 'enternasyonalistler' olarak nitelendiriyor... Eğer suçum buysa, bundan gurur duyarım."[27]

Burada, komplo teorisi ile ilgili bir parantez açalım: 'Komplo Teorisi' denildiğinde -ki birilerinin bu nitelendirmeyi savunma psikoloji içerisinde geliştirdiği kanaatindeyiz- ona sadece salt yalan gözüyle bakan, sözüm ona bilimsellik perdesi arkasına sığınan ve ısrarla dogmalara savaş açtıklarını iddia eden ama ziyadesiyle dogmatik bir zihniyeti taşıyan kişiler vardır. Bu kişilerin, doğrulukları her yönden ispatlanmış olmasalar da-ki bu yüzden onlar teoridir-, farklı alanlardaki teorileri hakikat olarak görme eğilimleri varken, aynı şekilde mantık örgüsü ve getirilen delilleri sağlam olan ve çeşitli yönlerden işlenmiş bazı çıkarsamaları, sırf kendi dünya görüşlerine uymuyor diye komplo teorisi içerisine sokarak küçük görmeleri söz konusudur. Böylesi şahısların önemli bir kısmı, olayların gizlenen ya da iddia edilen farklı yönlerini ortaya koyan yaklaşımları bütünsel değil de, kısmi olarak ele alıp, bu yaklaşımların içerdiği ispatlanamayan, kendi ideolojik yaklaşımlarına uymayan (Thomas Khun'un *Bilimsel Devrimlerin Yapısı* okunmalıdır) yahut da tamamen yanlış önermelerini ele alarak, bu yaklaşımlarla örülmüş bütün çalışmayı saçma ve akıl dışı olarak yaftalarlar. Bilimsel olmanın ardına sığınan zihniyet, kimileyin komünizmin bir gün yeryüzünün her köşesinde hüküm sürmesiyle devletsiz, sınıfsız bir topluma ulaşılacağına ve insanların kardeşçe yaşayacağına inanır ve bu inancını materyalist bir 'bilim' anlayışıyla taçlandırırken, inancına hiç de inanç olarak bakmaz. Çünkü bu zihniyetin bahsettiği mutlu gelecek, sözüm ona kendileri bilimdışı olan her şeye hâkim tek bir yaratıcı fikrini bertaraf ettikleri için akılcıdır ve cennetleri pekâlâ onaylanabilir olmaktadır zira yeryüzünde ve tanrısızdır. Bahsettiğimiz zihniyeti taşıyanların bir kısmı da, kimi insanların metafizik gayelerle gizli işler çevireceklerine ihtimal vermezler. Bu bakış açısını o derece takıntılı savunurlar ki, New York'taki Dünya Ticaret Merkezi İkiz Kuleleri'nin yıkılma şeklini bile resmi açıklamalara göre değerlendirirler. Her şeyden bağımsız olarak şu soruyu kendilerine hiç sormamışlardır: İki kulenin aynı anda aynı olay ile ve tamamen aynı şekilde[28] yıkılma ihtimalini savunmak mı daha akıl dışı bir bakış açısıdır, yoksa bunun olasılıklar evrenindeki ihtimalini sorgulayan bir tavırla, resmi makamlarca hadisenin açıklanan şeklini reddetmek mi daha akıl dışı bir bakış açısıdır? İkinci soru: İki kulenin kaotik iki olayla, tıpatıp aynı biçimde kendi temellerine doğru gemi demiri gibi çökmesi kaçta kaç ihtimaldir? Çelik gövdeden yapılmış yüksek bir binanın üst kısmına çarpan bir uçağın binanın temelini eritmesi mümkün müdür? Mümkünse nasıl? Ya da eğer bu binalar bir sarsıntıyla çöktüyse, nasıl oldu da bu sarsıntılar her iki binanın da yıkımına ve de üstelik aynı şekilde yıkımına yol açabilirler? Bu hadiseden önce Dünya'da bir gökdelenin üst katına uçak çarpma vakası var mıdır?[29] Varsa nasıl sonuçlanmıştır? WTC7[30] binası hiç uçak çarpmadığı halde, olaydan tam altı saat sonra nasıl yıkılır? Kontrol altına alınamayan yangından mı? Eğer öyleyse, sırf buna inanmamız için bilimi bir kereliğine yok saymak gerek. İşte, bunun gibi sorular böylesi zihinler tarafından düşünülmedikleri gibi, bu zihinler tembellikleri ama daha çok da kibirle süslü önyargıları gereği bu iddiaların cevaplarının da peşine pek düşmezler.

Başka konularda ve bilhassa din ile bilimin bir arada işlendiği konularda, **"bilimi böyle konulara alet etmeyin!"** diye feryat edenlerin çoğu, 11 Eylül'de çelik gökdelenlerin yıkılışını bilim ile alay edercesine açık-

Konu ile ilgili video için lütfen QR barkodu okutunuz

layan ABD hükümetini ve yardakçılarını ya onayladılar ya da bu açıklama sonrasında sustular.[31] Ama aralarında daha gözü kara olanları, tersini iddia edenlerle alay etmeye yöneldi; kendilerinin bilim adamı olduklarının üstüne basa basa.[32]

Bu kitapta, mevcut bilimsellik kılıfına sığmayan ve fantezi olarak kabul görebilecek fikir ve iddialar üzerinde ısrarla 'şarlatanlık açığa çıkarma maksadı hâsıl olsun' diye 'modern bilimsel analizlerini' titizlikle yapacak olan kesim eğer yukarıda açıkladığımız soruları da muhatap alıyorsa, buna tarafımızca söylenecek bir söz olamaz. Ama hatırlatmalıyız ki bu kitap bir merakın, fakat daha çok da kaygının ürünüdür ve eklektiktir. Kitabın 'salt bilimsel' bir iddiası da yoktur. Şüphesiz bu, bir din kitabı da değildir. Ama modern aklın 'hayal ürünü' olarak kabul ettiği kadim metinleri kısmen akıl ve mantık çerçevesinde, modern teknolojik gelişmeleri de aktararak değerlendiren, kısmen de kadim bilgilerin içerdikleri sembolik anlamları ortaya koyup yorumlayan, bir çalışmadır. Zaten kitabımızın algılanma biçimi ister negatif ister pozitif manada olsun–devrin zihniyetinin de etkisiyle-tamamıyla komplo teorisi nitelendirmesine açık bir kitap olacaktır. Nihayetinde bu çalışma fikri olan her çalışma gibi ne tarafsız, ne de objektiftir. Parantezi burada kapatıyoruz.

Jonathan Kandell, Dünya'nın en büyük bankalarını ve şirketlerini kontrol eden, bir asırdan fazla bir süredir petrol işletip gelirleriyle büyüyen servetinin vergiden muaf olması için onu hinlikle vakıflar altında örgütleyen ve yüzlerce paravan vakıfla uzanmadığı alan kalmayan 'hayırsever' Rockefeller ailesinin 'hayırsever' bir ferdini anlatıyor bize. Bu ailenin muazzam nüfuz alanını anlatıyor ama modern dünyadaki büyük kabahatlerinden hiç bahsetmeyip fertlerinden biri için 'büyük hayırseverdi' diyor.

Özetlemek gerekirse, sadece düz bir mantık yürüterek, detaya girmeden bile şu vargıya varılabilir: Modern dünyada bu derece nüfuzu olan bir kişi, Leslie Lipson'un 'bizi çöküşe sürüklüyor' dediği hâlihazırdaki modern sistemin de çok önemli mimarlarından biri olsa gerektir. Alın size 'hayırsever' iş adamlarından muzdarip bir dünya:

Michael Pollan *"Arzunun Botaniği"*ni[33] yazdığında, genetiği değiştirilmiş organizmaların (GDO) doğanın dengesini tehdid edebilecek potansiyeline biyoteknoloji vasıtasıyla bitkilerin genetiğini değiştiren Monsanto şirketinin çalışmalarına tanıklık ederek değindi. Pollan, burada genetik mühendisliği ile meşgul olan şirketlerin genetiğini değiştirdiği her ürünü adeta 'evrensel bir kod' ile patentleyip özel mülkiyete dönüştürdüğünü öğrendi. Örneğin genetik mühendislikle patatese eklenen BT[34] genler arasına bir de özel bir antibiyotiğe direnç gösteren işaretleyici gen eklenerek, basit bir test sonrasına patatesin şirketin mülkiyetinde olup olmadığı anlaşılmış oluyordu. Böylece Monsanto'nun BT ürünleri ve onun soyundan gelenler her koşulda tespit edilebilir. Yani şirket, farkında olmadan kendi ürününü kullanan üreticiyi tespit edip cezalandırabilir. Michael Pollan en iyimser tavrıyla, **"genetiği değiştirilmiş BT toksini toprakta birikiyor gibi. Bunun bir anlamı olmayabilir. Bilmiyoruz."** diyor. Ama BT toksininin çevrede öldürülmek istenmeyen böcekler üzerindeki etkisinin de bilinmediğine ve kaygılanmamız gereken sebepler olduğuna değinmeden edemiyor ve yine kendini iyimser olmaya zorlamış gibi görünmesine rağmen BT mısır polenlerinin monark kelebekleri (kral kelebekleri) üzerindeki öldürücü etkisinden, monark tırtıllarının BT mısır polenleri ile tozlanmış ipekotu yapraklarını yediklerinde hastalanıp öldüklerinden bahsederek kaygı duyuyor. En sonunda BT genlerinin doğada meydana getirebileceği başka bir tehlikeden şöyle söz ediyor:

> "Yaban arılarımın bahçemde çiçekten çiçeğe taşıdığı polenlerdeki BT genleri ne olacak? Çapraz tozlanma yoluyla bu genler başka bitkilere ulaşabilir... Sürpriz olan, bir deneyde ortaya çıktığı üzere transgenlerin sıradan genlere göre daha hızlı göç etmesiydi; niye olduğunu kimse bilmiyor. Fakat seyahate düşkün bu genler sıçramaya özellikle yatkın olabiliyor. Sıçrayan genler ve süperotlar yeni bir tür çevresel soruna işaret ediyor: 'Biyolojik kirlenme.'"

Michael Pollan haklı olarak, biyolojik kirlenmenin kimyasal kirlenmeden kat kat tehlikeli olduğunu yazıyor. Açıkladığı üzere kimyasal kirlenme zararlıdır ancak eninde sonunda etkisini kaybeder ve dağılır. "Oysa," diyor Pollan, "**Biyolojik kirlenme kendini kopyalar.**" Yazar, en muhtemel biyolojik kirlenme biçiminin de BT'ye dirençli böceklerin evirilmesiyle olacağını söylüyor. BT ürünleri dahi yok edecek dirençteki böceklerin, BT ile genetiği değiştirilmemiş ürünleri daha kolay yok edeceği ve hatta öncelikle onları yok edeceği gerçeği de kâbus gibi. Böyle bir şey olduğunda yok olan tarım ürünlerini acil bir biçimde güçlendirmek için alelacele daha güçlü BT ürünler piyasaya sürülürse, denetim mekanizması dahi akamete uğrayacağından, kıtlık ve sonuçları öngörülemez BT toksininden kaynaklı ölüm riskleri arasında tercihte bulunmak gibi korkunç bir gelecek insanoğlunu bekleyebilir. Hiçbir şey olmasa bile, BT toksinli ürünler, Allah'ın hikmetiyle yarattığı ürünlerin yerine geçecekleri için, tek tip sağlıksız şirket bitkilerine mahkûm olmuş Dünya'yı tahayyül etmek bile başlı başına korkunç. Michael Pollan, Monsanto şirketinin bu durum karşısındaki yaklaşımını da yansıtıyor:

> "Bu teknolojinin gerçek maliyeti geleceğe fatura ediliyor-burada yeni bir paradigma yok. Doğayı kontrol ederek bugün kazandıklarımız yarının düzeninin bozulması pahasına ve bu da sadece bilimin çözüm üretmesi gereken yeni bir problem. Zamanı gelince bakarız. Elbette bizi, atıklarını ne yapacağımızı düşünmeden nükleer güç santralleri inşa etmeye teşvik eden de, tam olarak böylesi bir yaklaşımdı; bakmanın zamanı çoktan geldi geçti, ancak hala kimse ne yapılması gerektiğini bilmiyor."

Şirketin kamu kurumlarıyla ilişkiler birimi yöneticisi Dave Hjelle, Michael Pollan'a, onun dile getirdiği kaygılarını giderecek, Pollan'ın kurumsal dev şirketlerin sözlüklerinden silindiğini varsaydığı iki kelimelik mucizevî, sanırım kâbus dolu geleceği apaydınlık bir yarın olarak tasavvur etmemizi sağladığını düşündüğü, ancak Pollan'ı şaşırtmadan edemeyen bir cevap veriyor: **"Bize güvenin."**

Hepsi bu mu? Hayır. Dahası var. Monsanto'dan bahsetmemiz, hem de konuyla alakasız görünüyormuş izlenimini verecek bir şekilde ondan bahsetmemiz boşuna değil. Bu şirket, Rockafeller vakıfları tarafından fonlanıyor. 'Hayırseverlik' üzerine biraz daha geniş çaplı düşünmenin vakti gelmiş olmalı!

Bu arada, bilim adamı kavramı hakkında da iyice düşünmek gerekli.[35] Bu, sözüm ona 'bilim adamları' vakti zamanında tarımda kullanılan DDT'nin (Dikloro Difenil Trikloroethan) insana hiç zarar vermediğini söyleyip, on binlerce insanı göz göre göre hasta etti. Oysa 1939 yılında üretilmeye başlanan DDT, kuşların yumurtalarının kabuklarını zayıflattığı ve üremelerini sonuçsuz bıraktığı için neredeyse birçok türün soyunun tükenmesine yol açacak-tı. Balıklar üzerinde de öldürücü bir etkisi vardı. DDT kullanıldığı zamanlar canlıların büyük bir bölümü hasta olmuştu. Sözde bilim adamlarının aceleciliklerinin Bayer şirketinin çıkarlarını bir an önce koruma altına alıp, yeni patentlediği bu böcek ilacının piyasaya sürülmesinden para kazanmasını sağlamaya yönelik olduğunu da ekleyelim. En azından görüntü böyle. Toprağa otuz yıl tutunan bu kimyasalın kanser ve kısırlığa yol açıcı etkisi kırk yıl sonra ortaya çıktığında şirket yeteri kadar para kazanmıştı. Bazı zihinler açısından her şey bir "pardon" ile halledilmeye müsait olsa gerek. Böyle dedik çünkü şirketin patentine sahip olduğu bu ürünün zararları ortaya çıkınca "pardon" deyip bu işleri bırakıvermiş olacağı aklımıza geldi. Ama fazla iyimser olduğumuz da ortaya çıktı: 29 Eylül 2005 tarihli Financial Times'ın haberine göre Uganda Sağlık Bakanı Jim Muhwezi DDT'yi kullanmaya kararlı. Muhwezi, Nisan 2005'te Dünya Sıtma Günü anısına yaptığı konuş**mada "DDT'nin sıtma ile mücadelede en etkili ve en ucuz yöntem olduğunu tekrar tekrar kanıtlandığını"** kaydetti.[36] Bu, şu demek: Patent sahibi hiçbir vicdani rahatsızlık duymadan para kazanmaya devam etmiş. Öte yandan Afrika'daki sıtma için alınması gereken yeni tip önlemler de bilim dünyasının ilgisini pek cezp etmemiş. Nedeni basit olsa gerek: **"Yeteri kadar para kazandırmıyor."**

Bu arada Monsanto'nun insan sağlığı için tehdid oluşturan vukuatları GDO ile sınırlı değil. Haziran 2017'de bu şirket tarafından üretilen tarım ilacı ABD'nin Kaliforniya Eyaleti'nde kanserojen ilaçlar listesine alındı. Bu ilaç (zehir) Türkiye'de de kullanılıyor. Monsanto tıpkı diğer para düşkünü zehir taciri şirketler gibi "pardon" demesini dahi bilmeyen bir şirket. Öyle ki, ABD'nin Kaliforniya Eyaleti'nde yasaklanan tarım ilacı için de hukuksal bir mücadele başlattı. [37] Ayrıca bu açıkladığımız üzere ilk kirli vukuatı da değil. Zira 1920'lerde üretmeye başladığı poliklorlanmış bifeniller (PCB) 1979'da ABD'de yasaklandı ama şirket para kazanmak için ürünü 2001'e kadar sattı ve ancak Stockholm Sözleşmesi'yle diğer ülkelerdeki üretimine dur dedi. 1941'de gıda ürünlerini ambalajlamak için ürettiği sentetik polistiren içerdiği maddeler dolayısıyla 1980'de ABD'de en zararlı atıklar listesine girdi. [38] Bu şirketin kirli tarihi yazdıklarımızla sınırlı değil ve ayrı bir kitap konusu olacak kadar geniş. Şirket yetkilisinin şu sihirli cümlesini aklınızda tutun: **"Bize güvenin."**

MAVİ KAN KARDEŞLİĞİ

Eski Yunan mitolojisine göre, gülün yeryüzündeki varlığı 'Tanrıça Afrodit'in sevgilisi Adonis'le ilişkilendirilir. Adonis'e delice tutulan Afrodit, onun ölümü ile sarsılır. O kadar ki, güzelliği günden güne azalır. Bunu gören tanrılar, ona acır ve Adonis'e can verirler. Adonis'in canlanmasıyla buz gibi hava ılımanlaşır, çiçekler açar; gül, açan çiçekler arasından sıyrılır. Bu efsane, daha sonra İsa'nın çarmıha gerilişi sırasında böğründeki yaralardan akan kan damlacıklarından oluşan güller inancına, sonra sonra ise İsa'nın kanı ile gül arasındaki sembolizmde, İsa soyunun nişanına dönüştürülür. Böylece; İsa'nın kanı dökülmüş ama tükenmemişti. Belki de, güle dönüşmesi bir müjdeyi haber veriyordu. Kanın serpildiği topraktan yeşeren güller, soyu da simgeliyor olmalıydı.

Gizli örgütlerden Gül-Haç örgütü, gül imgesinin yanına İsa'nın güya çarmıha gerildiği haçı da yerleştirerek, güzel bir söylenceyi Hıristiyanlaştırmış gibi gözükmektedir. Gül: İsa'nın çilesi ve kanı, Haç: Aynı çileyi yansıtmakla birlikte doğrudan bir sembol olarak Hıristiyanlığın tam da kendisini ifade ediyor diyebiliriz. Ama öyle mi? Kaynaklardan öğreniyoruz ki, örgüt hem özellikleri itibarıyla masoniktir hem de Tapınak Şövalyeleri ile ilişkilidir. İddiaya göre ABD'de masonluğu parlatan Benjamin Franklin'in kendisi bile Gül-Haç örgütünün iç çekirdeğindendir.

Gül sembolizmi Eski Yunan'dan evvel, Mezopotamya'nın dişi tanrıçası İştar için de kullanılıyordu. İştar, Akad kökenliydi. Ayrıca İnanna, Astarte, Aştoret, Artemis, İsis[39], Venüs, Kibele ve de Afrodit gibi adlarla farklı uygarlıkların içinde de yer almıştır. Özetle, bu farklı tanrıça adlarının her biri farklı varlıkları tasvir etmiyordu. Bunlar aynı varlığın dönüştürülerek, çeşitli dönem ve uygarlıklara adapte edilmiş halleriydi. Mesela Astarte, İştar'ın Fenike Uygarlığı'ndaki görünümüydü.

İştar Akad, Babil ve Asur Uygarlığı'nda aşk ve cinsellik tanrıçasıydı; onun uğuruna pek çok sunakta oluk oluk kan döküldüğünü biliyoruz. Bildiğimiz bir başka şey de, dökülen kanların her zaman hayvan kanı olmadığıdır; tapınaklarında insan kurbanı da hayli yaygındı. Dolayısıyla kırmızı gül sembolizminde, gül kadar güzel bu tanrıçanın, güzelliğini ve gücünü kurban kanlarıyla beslenerek koruduğu ifade ediliyordu. Gül, ayrıca dikenli bir bitkidir ve tapınmada diken, kurbanın kanını akıtan bıçak ve çile manasındaydı.

Cinsellik abidesi halsine getirilen bu tanrıça, şehvani arzularını elbette ki tek başına gidermiyordu. Ona bir nevi kocalık eden Tanrı Baal idi.[40] Nasıl ki Sümerlerde İştar'ın karşılığı İnanna ise, Baal'in karşılığı da Temmuz (Dumuzi) idi. Baal sözcüğü efendi, sahip, koca anlamlarını taşır. Baal, Tanrı Molek (Moloch) ya da Melek (Melekh)'in de karşılığıydı.

İlkbaharda yeraltı dünyasından yeryüzüne çıkan Baal, İştar'la cinsel ilişkiye girerdi. Bunun işareti de Baal'in yağmur yağdırarak bitkileri yeşertmesiydi. Baal/Temmuz (Dumuzi) güneşin kuvvet bulmaya başladığı 22 Aralık tarihinde doğardı ama cinsel birleşme ayini için henüz vakti vardı. Bu ayin, Mart ayında, gece gündüzle eşitlendiğinde gerçekleşirdi (21 Mart). Kutlamalarda yemekler yenilip şaraplar içilir, Baal ve İştar tapınaklarındaki kutsal kadın ve erkek fahişelerle seks ayinleri düzenlenirdi. Amaç basitti: Baal ve İştar'ı cinsel birleşmeye teşvik etmek.

Ayrıca Baal ve İştar tapınmasında kurban çok önemliydi. Bilhassa çocuk kurbanı makbuldü. Baal için küçük çocuklar ve bebekler ateşe atılarak kurban edilirdi.[41]

Tevrat'tan öğrenmekteyiz ki, Yahudiler bir dönem İştar'a, Baal'e ve onun Temmuz, Moloch ya da Melekh adlı görünümüne tapmışlardır:

> **Samuel I, 7: 3** "Samuel İsrail halkına şöyle dedi: 'Eğer bütün yüreğinizle Rab'be dönmeye istekliyseniz, yabancı ilahları ve Aştoret'in (İştar'ın) putlarını aranızdan kaldırın. Kendinizi Rab'be adayıp yalnız O'na kulluk edin. Rab de sizi Filistinlilerin elinden kurtaracaktır.'"
>
> **Samuel I, 7: 4** "Bunun üzerine İsrailliler Baal'in ve Aştoret'in (İştar'ın) putlarını atıp yalnızca Rab'be kulluk etmeye başladılar."
>
> **Hezekiel, 8: 14** "Bundan sonra beni Rab'bin Tapınağı'nın kuzeye bakan kapısının giriş bölümüne götürdü. Orada oturup Tammuz için ağlayan kadınları gördüm."
>
> **Yeremya, 19: 5** "Çocuklarını ateşte Baal'e kurban etmek için tapınma yerleri kurdular. Böyle bir şey ne buyurdum, ne sözünü ettim ne de aklımdan geçirdim."
>
> **Levililer, 18: 21** "Molek'e ateşte kurban edilmek üzere çocuklarından hiçbirini vermeyeceksin. Tanrı'nın adına leke getirmeyeceksin. Rab benim."

Dikkat çekmek istediğimiz bir başka husus, Molek ile melek kelimesi arasındaki benzerliktir. Zaten etimolojik olarak 'melek, malik, mülk' gibi kelimelere de kök olan M, L, K harflerinden oluşan terkiplerin Arapçaya İsraillilerin komşusu Amonluların tanrısı Molek isminden türetilerek geçtiği düşünülür. Muhtemelen Baal'e melek olarak tapınılmaya başlanmıştır. Çünkü Tevrat şeytaniler için **"Düşmüş Melekler"** ifadesini kullanmaktadır. Ancak, yeryüzünde kendisine hala melek muamelesi yapılmasını istediği için Baal, meleklikten düşmüş olduğunu gizler. Aslında (meleklik) rütbesi sökülmüş olduğu halde, hala o rütbeyi taşıyan bir varlıkmışçasına davranır, yani insanları kandırır. Biz, Kur'an-ı Kerim'den, bir cinin melek boyutuna çıkarak, temelinde cin olduğu halde rütbesi itibarıyla melek sayılabileceğini bildiğimizden, bu varlığın artık meleklikle alakası olmadığını daha iyi anlayabiliyoruz. Bu varlık olsa olsa (konumu itibarıyla) eski bir melektir (yapısı elbette değişmemiştir, cindir). Tıpkı ordudan kovulan bir generalin, bütün rütbelerinin sökülmesi, itibarının alınması ve kendisinden sadece 'eski bir asker' olarak bahsedilmesi gibi. Molek ve Baal'in iç içe olduğunu, Molek'e kurbanlar sunularak Baal'e tapınıldığını Tevrat açıklamaktadır:

> **Yeremya 32: 34-35** "Bana ait olan bu tapınağa iğrenç putlarını yerleştirerek onu kirlettiler. Ben-Hinnom Vadisi'nde Molek'e sunu olarak oğullarını, kızlarını ateşte kurban etmek için Baal'in tapınma yerlerini kurdular. Böyle iğrenç şeyler yaparak Yahuda'yı günaha sürüklemelerini ne buyurdum, ne de aklımdan geçirdim."

Yahudilerin, tahrif edilmiş Tevrat'a bakarak adı geçen putlara dönem dönem taptığını ve Kur'an-ı Kerim'de de Baal'e karşı uyarıldığımızı görüyoruz:

> "Dizayn edenlerin en güzelini bırakıp Ba'l'e (Baal) mi tapıyorsunuz?" **(Saffat/125)**

Dikkat edilirse, bu ayette, Ba'l putunun dizayn etme işlevini üstlenen bir konumu olduğu da vurgulanıyor. Ayette geçen 'ahsenel hâlikîn' ifadesini Türkçeye çevirenler genellikle 'yaratanların en güzeli' olarak çevirmişlerdir. Oysa

Kur'an-ı Kerim bize biricik yaratıcı olarak Allah'ı gösterir. O halde bu tercümelerde, sanki başka 'yoktan var edenler' de varmış manası ortaya çıkmaktadır ki bu, bizatihi **"Her şeyin yaratıcısı olan rabbiniz Allah'tır. Ondan başka ilah yoktur. Nasıl aldatılıp döndürülürsünüz?"** *(Mümin/62)* ayetine ve bu hususta benzer ayetlere muhalif bir durum görüntüsü ortaya çıkarır. Arapçada 'ahsenel hâlikîn' ifadesi özel olarak, 'şekil verenlerin, takdir edenlerin, tasvir edenlerin, düzene koyanların en güzeli' anlamlarına da gelmektedir. Bu bakımdan Ba'l'in yaratma gibi vazifesi yoktur. Ancak, dizayn edenlerin en güzelinin Allah olduğu vurgulandıktan sonra[42] Ba'l'e tapınılmasının, soru sorma şeklinde hayretle ifade edilmesi, üzerinde düşünülmeye değer. Yani, ayetten Ba'l'in de bir 'dizayn edici' olduğu anlaşılmaktadır. Elbette en ilkel biçimde bile bir puta tapınım, farklı bir sosyolojik toplum yapısının ortaya çıkması bakımından, şekil vermedir, dizayn etmedir. Fakat daha fazlası da olabilir mi? İnsanın temel ayarlarıyla oynayacak biçimde bir tasarıma teşebbüs etme olabilir mi? Bu soruların cevaplarına yavaş yavaş geçeceğiz ama önce İştar-Baal sembolizmine devam edelim...

Baal'in Hint kozmolojisindeki karşılığı Bali'dir. Kitava adlı bir demon olarak doğmasına rağmen Tanrıça Şiva tarafından Tanrı İndra'nın tahtına oturtulmuş ve İndra'nın tüm alametlerini o kullanmıştır. Peki, İndra'nın alametleri nelerdi? Fil, at ve cezbeden inek. Burada konumuz gereğince özellikle 'inek' üzerinde odaklanalım ve hikâyeye devam edelim: Tanrı İndra, Kitava'nın kendi tahtına oturtulmasından memnun kalmamıştı ve bundan şikâyetçiydi. Hindu inancına göre, Devalar (melek statüsündeki itaatkâr grup) ve Asuralar[43] arasında gökler ve yeryüzünü kontrol etmek maksadıyla –bu metinlerde temel çıkış bahanesi karanlıkta kalmış- bir savaş başlamıştır. Hatta bu savaşın ilk cephesini bundan sonra Bali olarak adlandırılacak olan Kitava'nın grubu kazanmıştır.

Türk kozmolojisinde İblis Bali'nin karşılığının Erlik olduğunu biliyoruz. Hint kozmolojisinde karanlıkta bırakılan savaşın temel gerekçesi, Türk kozmolojisinde Erlik'in Tanrı'dan insanoğlunun kendi idaresine verilmesini istemesine ve

Tanrı'nın bunu reddetmesine dayanıyor. Erlik insanoğlunun ve başka birçok canlının yaratılmasından şaşkınlığa düşüp **"Tanrı bunları nasıl yaratmış?"** diye kendi kendine şaşkınca soruyor. Tüm bu 'Yeni Dünya' ve içindekiler kendi idaresine verilmeyince de fesatlık ve kibirle hareket ederek, İslam, Hıristiyanlık ve Yahudilik içerisinde de geçen yasak ağacın meyvesini insana yedirtme hadisesiyle, insanoğlunu kaosa sürükleyecek bir süreci başlatıyor. Türk kozmolojisinde insanoğlunun düşüşü, kendisinin Tanrı ile olan irtibatına da zarar veriyor ve artık insanoğlu Tanrı ile sadece seçilmiş, göksel aracı varlıklar vasıtasıyla konuşabiliyor. Maytere, Türk kozmolojisinde Tanrı'nın buyruklarını insana aktaran aracı varlıktır. İnsanoğluna medeniyeti öğreten varlıktır. Yaptığı müdahale dolayısıyla gök katından uzaklaştırılan Erlik Maytere'ye gelerek ondan Tanrı ile arasını bulmasını istemiş, nihayet Erlik gök katına çıkarak Tanrı'ya secde etmiş ve bağışlama dilemiştir. Onun soyu bundan sonra gök katında çoğalmış ve kalabalık hale gelmiştir. Mangdaşire olarak adlandırılan melek mahiyetindeki varlık, Erlik'in gök katında yaşamasını ve insanoğlunun gök katından yeryüzüne sürgün edilmesini bir türlü içine sindirememiş ve Erlik'e karşı ani bir saldırı başlatmış, savaş açmıştır. Bu saldırı, Hindu metinlerinde de vardır. Bu metinlere göre, Bali'ye savaş açan İndra, savaşta yenilmiş ve üç dünya: Gökler, Orta Dünya ve Yer (Dünyamız ya da daha kapsayıcı bir ifade ile yeryüzünün içerisinde yer aldığı birinci gök) bu demon tarafından idare edilir hale gelmiştir. Aynı şekilde Mangdaşire de Erlik karşısında hezimete uğramıştır. Mangdaşire savaşın gerekçesini Tanrı'ya açıklar ve ondan yardım dilerken, İndra aynı yardımı Vişnu'dan yani tanrılaştırılan başka bir melek mahiyetindeki varlıktan dilemiştir. Hem Hindu hem de Türk kozmolojisinde savaşın sonunda Bali/Erlik hezimete uğrayarak yer altı diyarına hapsedilir. İncil'de bu savaş şöyle anlatılır:

> **Vahiy 12, 7-9:** "Gökte cenk oldu; Mikail ve melekleri ejdere karşı savaşmak üzere yola çıktılar, böylece ejder ve melekleri ile (onun avanesiyle) cenk ettiler, Ejder ye-

nildi. Böylece o ve melekleri (avanesi) gökteki yerini kaybetti. Ve iblis ve şeytan olarak adlandırılan büyük ejder, bütün dünyayı saptıran eski yılan, yeryüzüne atıldı ve onun melekleri de onunla birlikte atıldılar."

Bu metinlerden anladığımız, daha sonra bir demona yani şeytana dönüşecek bir varlığın, bir süreliğine üç âlemin yöneticiliğini yaptığı ve bunu yaparken yöneticiliğin göstergesi olan alametleri kullandığıdır. Demek ki bugün, Baal ile özdeşleşen boğa ve boynuz gibi sembol mahiyetindeki şeyler, bir demonun, demon olmadan önceki dönemine ait hatıralardır.

Hem Temmuz'un hem de Baal'in temel simgelerinden biri de büyük T ya da küçük t harfi şeklindeki haçtır.[44] Bunlar, tanrıların boynuzlu olduklarına da dalalet eden işaretlerdir. Boynuz simgesi ise iki farklı uç ve boyut anlamında da ele alınabilir. Bu tanrılar, İştar ya da İnanna'nın kocaları olarak karşımıza çıkmasaydı, Hıristiyan bir örgüt görünümünde "gül ve haç"ın bir araya gelmesinden de kuşkuya kapılmayacaktık.

İşte, Gül-Haç örgütü de, ilk başta, yüzeysel bir araştırmayla en gizemli yönüymüşçesine; gül ve haç simgeleriyle, İsa soyunun koruyuculuğunu üstlenmek yani İsa'ya ait kutsal bir kanın muhafızlığını yapmak derdiyle kurulmuş bir örgütmüş gibi kendini ifşa ettirir. Zira bazı araştırmacılara göre de Katolik Kilisesi'nin kütüphaneye devşirilmiş izbelerinde ya da mahzenlerinde sır gibi saklanan şey, İsa'nın aslında Magdalı Meryem'le evlendiği ve ondan çocuk edindiğiydi. Konuyu araştıran yeni akım Hıristiyanlara ve dine mesafeli bakan araştırmacılara göre, Kilise bu bilgiyi boşa saklıyor değildi çünkü böyle bir gerçeğin ortaya çıkması, başta Katolik Kilisesi olmak üzere, Hıristiyanlık inancını derinden sarsacaktı. Evlenmeme yemini eden papazlardan oluşan Katolik Kilisesi ise darbelerin en büyününü yiyecekti. Üstelik İsa'nın evli ve çocuklu biri olması, fazla insani özellikler taşıdığından ötürü, onun 'Tanrı' olduğu inancına da gölge düşürecekti.

Elbette, bütün bunlar İslam açısından boş tartışmalar. Hıristiyanların iddialarından bahsederken, onların iddialarında tasvir edilen kişiden yalnızca, onlar gibi İsa diye bahsediyoruz. Zira çizdikleri karakterin, İslam'daki Hz. İsa ile alakası yok. Kur'an-ı Kerim, Hz. İsa'nın kendisine tanrılık yakıştırmasında bulunanlardan Allah'a sığındığını ve çarmıha gerilmediğini söylüyor:

"Ve Allah demişti ki: 'Ey Meryem oğlu İsa, sen mi insanlara: 'Beni ve annemi, Allah'tan başka iki tanrı edinin' dedin?'. 'Hâşâ', dedi, 'sen yücesin, benim için gerçek olmayan bir şeyi söylemem bana yakışmaz. Eğer demiş olsam, sen bunu bilirsin, sen benim nefsimde olanı bilirsin, ben ise senin nefsinde olanı bilmem, çünkü gaybları bilen yalnız sensin, sen!'". **(Maide/116)**

"Hâlbuki onu öldürmediler, onu asmadılar da. Onlara İsa gibi gösterildi. Aksine, Allah onu kendine yükseltmiştir." **(Nisa/157-158)**

"Onlar, Allah'tan başka bilginlerini ve rahiplerini de kendilerine Rab edindiler, Meryem oğlu Mesih'i de. Oysa onlar bir olan Allah'a ibadet etmekle emrolunmuşlardı. Allah'tan başka hiçbir ilâh yoktur. O, müşriklerin ortak koştuğu şeylerden de münezzehtir." **(Tevbe/31)**

Şunu anlamak gerekli ki, batı dünyasındaki İsa'nın soyu tartışmaları, inanç konusu olmaktan çok, dünyevi ama bir o kadar da şeytanca (şeytani) iktidar mücadelesidir.

Kaynağı toprak mülkiyetinin sonucu olarak gösterilen batı aristokrasisi, tamamıyla soyluluk ve asil kan temelleri üzerinde kurumsallaşmıştır. Öyle ki, Avrupa'daki seçkinlerin evlilikleri, kanın bozulmaması için kendi aralarında gerçekleşiyordu. Tabii ki istisnalar vardı ama adı üstünde 'istisnaydılar'. İstisnayı gerçekleştiren soy, genellikle baskılar ve kendisi için hazırlanan sınırlayıcı şartlar sonucunda kurumaya mahkûm ediliyordu.

Soy konusunda can alıcı soru şu: Avrupa ve batı aristokrasisinin soyluluk ve asil kan bağı hiyerarşisinde, soyu yücelten kan, kimin kanıydı?

Bu sorunun peşine düşerken, çizgi dışı iddiası ile Hıristiyan Avrupa'nın önderliğine soyunan bir hanedana rastlıyoruz. Bu hanedan, Frank Krallığı'nın temellerini kendilerine borçlu olduğu dile getirilen Merovenjlerdir.

Merovenj hanedanını kuran Skambrianlar, Hun işgali sonrasında Ren'i geçerek bugünkü Belçika ve Kuzey Fransa'da Ardennes'e yerleştiler. Daha sonra da Galya bölgesine yayılarak Romalılarla sıkı ilişki içerisinde oldular.

Bu hanedanı Avrupa'daki diğer hanedanlardan hayli farklı kılan şey, az önce de belirttiğimiz gibi bir iddia ve bu iddia doğrultusundaki eylemleridir. İddiaya göre Magdalı Meryem, İsa'nın çocuğuyla Kudüs'ten kaçıp Fransa'ya gitmiş ve İsa soyu Merovenjlerle karışmıştır. İddianın farklı versiyonuna göre ise Fransa'ya sadece Magdalı Meryem ve çocuğu kaçmamıştır zira İsa, Hıristiyan öğretisinin kabul ettiği şekliyle (çarmıhta gerilmesine rağmen) çarmıhta ölmemiş ve bu yolculuğa o da katılmıştır.

Merovenjler arasında İsa'nın kanını taşıdıklarını söyleyenlerin yanı sıra soylarını Hz. Davut'a kadar dayandıranlar var. Onlara göre taşıdıkları kan, saf ve kutsal. Öte yandan şaşırtıcı biçimde, bu kanın bağlantılı olduğu iddia edilen diğer ırk Atlantisliler. Yani soyun bir tarafı İsa'ya öbür tarafı Atlantis'e dayandırılıyor. Atlantisliler ise pek çok zaman insan dışı varlıklarla özdeşleştiriliyor.

Her ne kadar İsa'nın kanını taşıdığını iddia eden Merovenj hanedanı ve onun uzantıları, soylu olmalarının temelini İsa'nın çocukları olmalarına bağlasalar da, bu iddia tek bir olgudan ötürü bile paravandır: Bahsi geçen olgu; 'mavi kan'.

Batı Aristokrasisinin 'mavi kan' saplantısı, kanın rengine değil, Avrupalının ve bilhassa Batı Avrupalının 'soylusunun' açık teninde çok belirgin gözüken mavi damarın varlığına bağlandı; kısacası anlatılmak istenen şey, beyaz ırkın üstünlüğü idi.

Bu düz mantıkla bile, batılı aristokrasinin mavi damarları beyaz teninde apaçık gözüken ırkı yüceltmesi, onun gerçekte esmer olma ihtimali yüzde doksanların üzerinde bulunan Hz. İsa'nın kendi asil kanlarının ilk çıkış noktası olduğu vurgusunu çürütür. Antisemitik olan 'asil, mavi kanlı beyaz' vurgusu, Hitler'de cisimleşmemiş miydi? İngiltere Kralı VIII. Edward'ı pek samimi biçimde Adolf Hitler'le el sıkıştıran etken de zaten buydu. İkisi de Arileri geride kalan bütün ırklardan üstün sayıyordu.

Gerard de Sade, 'Muhteşem Irk' anlamına gelen 1973 baskılı *"La Race Fabuleuse"* başlıklı kitabıyla Fransa'ya hâkim olan gücün Sirius'lu Dünya dışı varlık ve Yahudi melezi hibrit bir soyun elinde olduğunu ilan etti. Bu kitabında bir de Siyon Tapınağı (Priorei de Sion) adlı tarikattan söz etmekteydi. Merovenjler hem bu tarikatın içinde hem de bu egemen ırkın parçasıydılar. Sade'nin iddiasını kanıtlamak için öne sürdüğü belgelere araştırmacılar hiçbir vakit ulaşamadılar. Bu yüzden yeryüzü egemenliğini amaçlayan Siyon Tapınağı tarikatının gerçekte hiç var olmayıp, Gerard de Sade'nin fantezilerinden ibaret olduğu söylenmeye başlandı. Sade, 1988'de yazdığı ve Fransa'nın güneydoğusunda bulunan ve de teorilere konu olan küçük bir köyün gizemini ele aldığı *"Rennes-le- Chateau Belgeleri, Sahtekârlıkları, Fantezileri, Hipotezleri"* şeklinde çevrilebilecek olan kitabında, tarikat ile ilgili ortaya boca edilen onlarca teoriye karşı çıktı. Bunların işi sulandırdığını düşünmekteydi ama kendi iddiasından da hiçbir vakit vazgeçmedi.

İşe bakın ki Siyon Tapınağı tarikatı ile ilgili ve onunla birlikte uzaylı Yahudi kırması üstün ırkın yeryüzü egemenliği için yaptığı komploların yazılıp çizildiği aynı yıl Fransa'da ilginç bir şey daha oldu; 1946 doğumlu Claude Maurice Marcel Vorilhon, 13 Aralık 1973'te Fransa'da Clermont-Ferrand kasabasına bakan sönmüş bir yanardağında, kendisine Yahudilerin kendi seçilmiş melezleri olduğunu ve genetik yapı bakımından tüm ırklardan daha üstün bulunduklarını söyleyen uzaylılarla tanıştığını iddia etti. Uzaylıların dediğine göre kendisi, Fransa gibi demokrasinin beşiği bir ülkede ve hür fikrin bağrında(!) yaşadığından ve de Yahudi baba ve Katolik bir anadan doğup dünya tarihinin iki önemli grubu ile irtibatlı olduğundan dolayı seçilmişti. Hikâyesine göre uzaylılar uzak gezegenlerinde canlı hücre yaratmayı başardıklarında, kendilerini tanrı yerine koyacak kullarını da yaratmak için yola çıkmışlar, önce garip hayvanlar meydana getirmişler ama gezegenlerindeki halk karşı çıkınca deneylerini daha uzak gezegenlerde sürdürmeye karar vermişlerdi. İşte bu karar sonucunda arayıp buldukları Dünya adlı mavi gezegen onların yeni deney tüpleri oluvermişti. Tevrat'taki 'Elohim' sözünün kökeni de esasında 'gökyüzünden gelenler' anlamındaydı. Bunlar sadece insanı yaratmakla kalmamışlar, yetenekli ressamları genetik bilimiyle birlikte hareket ederek doğayı ve her türlü hayvanı var etmişlerdi. Sonra yaratıcı uzaylılar bilim adamları grupları olarak birbirleri arasında rekabete başlamışlardı. Her grup kendi adamını yaratmıştı. Irklar bu yüzden farklıydılar. Ancak bir grup uzaylı bilim adamı, yasak olmasına rağmen yarattıkları insana medeniyet kurabilecek bilgiyi vermeye başlayınca geldikleri dünyanın hükümeti tarafından cezalandırılmış ve böylece yarattıkları insan ırkıyla birlikte dünyada kalmaya mecbur edilmişler yani kendi gezegenlerinden sürülmüşler, hükümetlerinden yapılan çağrı üzerine diğer gruplar da tası tarağı toplayıp gezegenlerine geri dönmüşlerdi. Dünya'ya hapsedilen uzaylı grubu ve yarattıkları insanın ortaklığından İsrail soyu doğmuştu. İsrailliler zekâ ve dâhilikte en başarılı soydu ve ta ki BABİL adlı uzay gemileriyle yaratıcılarının gezegenine gitmeye teşebbüs etmelerine dek. O yüzden ki, yaratıcıları teknolojilerini yok ederek onları ilkel insanların arasına dağıttı. Enteresan değil mi?

Uzaylılarla iletişime geçtiğini iddia ettiği esnada 27 yaşında olan ve daha sonra RAEL ismini alıp bir tarikat kuracak olan bu gencin başına gelenler ile aynı yıl Gerard de Sade'nin 'Muhteşem Irk' adıyla çıkan kitabında yazılanlar nasıl da örtüşüyor öyle değil mi? RAELİAN HAREKETİ şimdi Elohim'in tekrar yeryüzüne gelip üstün bilgiyi insanlığa vermesi için zemin hazırlamakta ve İsrail'den Elohim'in gelişi için elçilik binası talep etmektedir. Yani onlara göre ilahlarının gökyüzünden gelip uzay gemilerini indirebilecekleri ve insan ırkıyla diplomatik ilişki kurabilecekleri bir binayı hazırlamak kendilerine uzaylı ilahları tarafından verilmiş çok özel bir misyondur. Misyonları içerisinde dinlerin ahlakını çökertmek, İS/RAEL'e sempatiyle bakmak, ateizmi yaymak ve ilk klon insanı üretmek de vardır. Hürriyet Gazetesi'nin *www.hurriyet.com.tr* adlı sitesinin 12 Ekim 2000 tarihli haberine göre tarikat insan klonlamaya teşebbüs etmiştir:

> "Rael Tarikatı'nın klonlamayı yapacak tıbbi altyapıya sahip olup olmadığı bilinmiyor. Ancak bilim adamları, tüp bebek uzmanlarının bu işlemi gerçekleştirebileceğini söylüyor. Uzmanlar, gerekli teknik prosedür tam olarak bilinmediğinden, bebek elde edene kadar çok sayıda hamileliliğin düşükle sonuçlanabileceği uyarısında bulunuyor. Bilim adamlarının hesaplamalarına göre, bir genetik bebek elde etmek için en az 20 insan yumurtasına ve 50 taşıyıcı anneye gerek var."

Üç sene sonra Rael tarikatı, kendisine bağlı tıbbi Clonaid adlı şirketi vasıtasıyla insan klonlayan tarikat olarak gündeme oturdu ancak klonlamayı gerçekleştirip gerçekleştirmediği bilinmiyor çünkü Havva (Eve) adını verdikleri klon bebek ne medyaya gösterildi ne de bu çocuk üzerinde gerekli testler yapıldı.

ABD'li yönetmen John Carpenter, 1988 yılında senaryosunun kendisine ait olduğu *"They Live"* yani **"Yaşıyorlar"** adıyla ilginç bir film çekti. Filmde tüm dünyanın gerçek yöneticileri görünüşleri insan gibi olan uzaylı azınlık bir ırktı. Bu ırk finans, medya, eğitim, ordu gücünün kilit noktalarında bulunuyor ve tüm insanlığı kendi hizmetlisi gibi görüyordu. Gizli telkin teknolojisiyle subliminal mesajları insan beynine iletiyor ve onları itaatkâr köleleri haline getiriyordu. İnsanlar hür iradeye sahip olduklarını zannedip, fırsat eşitliğinin var olduğunu düşünürlerken bile böyle düşünmelerini sağlayan şey uzaylı sultasının gizli telkininin etkisiydi. Dünya medyası ve finansının egemen güçlerinin Yahudiler olduğunu bilince, filimde karşımıza çıkartılan uzaylı sömürgecilerimizin aslında Yahudilere işaret edip etmediği ister istemez aklımıza geliyor. Hele John Carpenter'in adı geçen filminde uzaylıların gizli üssünü gösterdiği sahnede duvarlara yazılmış yazılar şekilsel olarak o kadar İbraniceye benziyor ki! Uzaylı bir konuşmacının gizli toplantıda emellerine 2025 yılında ulaşacakları ve büyük gücü egemen kılacaklarını söylediği sahne de Siyonist bir cemiyet toplantısı havasında. Bu benzerlik o kadar dikkat çekmiş ki, Siyonist uzaylılarımızın elindeki medya, John Carpenter'in filmin Neonaziler tarafından çok yanlış anlaşılarak Yahudi karşıtı propagandada kullanıldığı, aslında filimdeki uzaylıların Yahudilerin dünya hâkimiyetini anlatmadığı, kapitalizmle ilgili olduğu açıklamasını haber yapmış. Bu konuda www.theguardian.com sitesinin 9 Ocak 2017 tarihli ilgili haber başlığı ise şöyle: **"John Carpenter'ın aksiyon filmnin neo-Nazilerden kurtarılması gerekiyor."** Haberin devamı da, Yahudilerin büyük medya ve politik gücü ile sıkı sıkıya örtüşen filmin göstergeleri doğrudan doğruya onları işaret edip dururken, bu analizi ve bağlantıyı gören herkesi klasik ve artık hayli bayağı duran Yahudi refleksiyle antisemitist ilan eden şu yazıyla devam ediyor: **"Aşırı sağdan antisemitistler, Carpenter'ın 80'lerdeki Reagan karşıtı filmini Yahudi medya kontrolünün mecazı olarak gördüler."** Oysa bunu aklı olan herkes görür! Ne aşırı sağı? O zaman biz de şöyle mi diyelim (?): İlgiyi hiç görmemek için aşırı 'Yahudi bağlantılı' olmak gerek.

Anlaşılıyor ki, İsa soyu meselesi sadece hegemonyayı pekiştirme, safları sıklaştırma ve gerçeği perdeleme adımıdır. Onuncu yüzyılda Merovenj soylusu Britanny dükü Planton, İngiltere'ye sığındı. Bu soydan olan VI. Bera, 'Mimar'[45] lâkabıyla tanınırdı ki dönemi 'farmasonluğun' başlangıcı addedilir. Farmasonluğun ise Hıristiyanlıkla hiç alakası olmadığını zaten biliyoruz. Öte yandan hanedanın kurucusu Meovee (merovech veya meroveus), tabiatüstü bir kişilik olarak tasvir edilir ve onun mucizevi köken ve karakterlerine işaret edilirken, İsa soyu iddiası hepten havada kalmaktadır. Bu isim, Fransızca ve Latincede 'anne' ve 'deniz' manalarına gelmektedir ve tarihçilerin aktardığı mitolojik rivayete göre Merovenj, 'iki babalı' olarak doğmuştur. Babalarından biri Kral Clodio insandır ama, 'Neptün' adlı babası deniz yaratığıdır. Yine rivayete göre bu iki babalı kralın omuz arasında veya kalbinin üzerinde ilahi kutsal kan taşıdığına işaret eden bir benek vardı. Bu benek sonradan tapınak şövalyelerinin arması olarak ortaya çıkacaktır.

Bu arada, yanlış anlaşılmasın; her ne kadar Avrupa'daki Yahudiler aracılığı ile Farmasonluk gibi kurumlar batılılarla, İbrani soyluları bir araya getirmiş olsa da, esasında bu, bir araya gelenlerin üstünlük iddialarından vazgeçtikleri anlamına gelmiyordu. Yeryüzünü yönetmek gibi büyük bir ideali gerçekleştirme amacıyla ittifak kurulmuştu. Yani, amacın büyüklüğü, tahammülü zorunlu kılıyordu!

'Mavi kan' meselesine mecazi anlamından bakarak, evlendiğini ve çocuk sahibi olduğunu varsaysak bile, Avrupa'dan doğan ve saflığa çok dikkat eden aristokratik soyun hiçbir hanedanının mantıki olarak Hz. İsa'ya dayandırılamayacağını öğrendik. Zira Hz. İsa Aryan değil İbrani idi. Ve Atlantislilerle ilişkilendirilen Ariler her zaman için İbranilerden üstün tutuluyor, mavi kan Atlantis'e kadar uzanıyordu. Peki, ya bu mavi kanı mecaz değil de gerçek olarak kabul edersek, soyun kaynağı için bir ipucu bulabilecek miyiz?

Omurgalılarda hemoglobine ve ayrıca hemoeritrin içeren kanlara kırmızı rengini veren, yapılarındaki demir elementidir. Ancak, yeryüzünde mavi kanlı canlılar da vardır. Bazı yumuşakçalar ve eklembacaklılar mavi kanlıdır çünkü kanlarının yapısında demir elementi yoktur ve bunların kanı hemosiyanin pigmentini içerir. Peki, demir elementi yok ise, kanlarına mavi rengi veren element nedir dersiniz? Bakır. Mesela, atnalı yengecinin kanında demir yerine bakır olduğu için bu canlının kanı mavidir. Bakırın varlığı, ışığın farklı dalga boylarının emilip geri yansıtılmasına neden olur. Hemosiyanin pigmentini içeren kan taşıyan canlıların kanları oksijenlenmişken mavi, oksijenin yokluğunda ise renksizdir. Bakır kana sadece mavi rengini vermez, mavi baskın olmak üzere, yeşil renge de yol açar.

Kısacası, 'oksijen taşıma' işini demir yerine bakır ile yapsaydık, O zaman kanımızın rengi mavimsi bir tonda olacak, dolayısıyla deri rengimiz de mavimsi-ya da yeşil bir tona bürünecekti.

O halde, aradığımız şey, mavi derili ya da mavi kanlı yahut yeşilimsi zeki canlılar. Şu anda etrafta gözükmüyorlar ama dünyanın bütün mitlerinde yer edindiler; bilhassa da maviler:

Eski Mısır'da Amon, Hapi, Japonya'da oni[46], Hindistan'da, Şiva, Krişna, Kali ve çok sayıda deva ve asura, Mayalarda Çaak, Azteklerde Tlalok ve Yezidilikte Melek Tavus yani İblis, mavi olarak resmedilmişti.[47]

Hayli ilginç bir noktaya geldik. Soru şu: Mavi kanlılığı yücelten ve genellikle masonlukla, kabalayla ilişkili Avroamerikan ve Siyonist ittifakın övüncü, bir zamanlar dünyada var olmuş ve şimdi geride sadece mitleri kalmış mavi kanlı zeki yahut akıllı canlıların misyonunu devam ettirmek mi? Bu yüzden mi mavi kandan olduklarını iddia ediyorlar?

İpuçlarının peşinden gidelim: Maya uygarlığında insan kurban etme ayinleri çok yaygındı. Çaak'a ya da diğer tanrılara sunulacak kurban maviye boyanırdı. Bu, kurbanın tanrıya layık olduğunu, onun yapısına uygun olduğunu sembolize ediyordu. Çünkü mavi tanrının rengiydi. Bu renk hem üstün -insan dışı- ırkın rengiydi hem de kutsaldı. Türklerde de Tanrı bu renkle ilişkiliydi. Demek ki, bugün Avrupa'da mavi kan işinin iç yüzünü bilenler, her ne kadar diğer ırklara 'en üstün biziz' edasıyla yaklaşıyor olsalar da, kendilerinin ikinci sınıf üstün ırk olduklarının da bilincinde olmalılar. Yani onların üstünlüğü, gerçek üstün olarak kabul ettikleri insan ırkıyla alakası olmayan varlıklara hizmet etmelerinden kaynaklanıyor olmalı. En azından buna ciddi ciddi inanıyor olabilirler.

Masonlukta da kırmızı ve mavi olmak üzere genel olarak iki loca bulunduğunu hatırlatalım. Bunun iki anlamı olduğunu düşünüyoruz: Birincisi, insanlar ve insan dışı mavi orijinli yaratıklarla yapılan ittifak anlamında insanlar için kırmızı, cinler için mavi; ikincisi, yaratılmaya çalışılan melez ırk anlamındadır. Hollywood'da mutasyon geçiren insanların (mesela Süpermen ve Örümcek Adam) hikâyelerini işleyen filmlerde, bu melez varlıkların kahramana ya da belaya dönüşürken çoğunlukla kırmızılı mavili kostümleri giydikleri gözükmektedir ki, araştırmalarımızdan sonra bu kıyafetleri salt ABD ya da İngiliz milliyetçiliği dolayısıyla giymediklerine dair kuşkular beslememiz için gerekçelerimiz var. Meselenin içinden derin bir melezlik sembolizmi kokusu da gelmektedir.[48]

Kur'an-ı Kerim'deki; **"Cinleri de insandan önce dumansız ateşten yaratmıştık."** cümlesinin yer aldığı Hicr 27 ayeti gereğince, dumansız ateş üzerinde düşündüğümüzde, bunun daha çok saf enerji olarak algılanabileceğini ve saf enerji hallerinin daha çok mavi renkle ilişkili olduğunu görüyoruz. Mesela astronomik rakamlar ölçüsünde sıcak yıldızların ışığı mavi, soğuk yıldızlarınkiyse kırmızıdır. Yıldızın rengini, çekirdek bölgesindeki nükleer reaksiyonun miktarı belirler. Çekirdekteki reaksiyon ne kadar büyük olursa, yıldız da o derece mavileşir. Spektroskopi bilimi ile renklerin incelenmesinden atomların cinsleri bilinebilir. Dalga uzunlukları bakımından incelendiğinde kırmızı ışık en uzun dalga boyuna denk iken, mor ve ardından mavi ışık en kısa dalga boyuna denktir. Dolayısıyla ışıktaki renk-enerji ilişkisinde mavi ışık en enerjik, kırmızı ışık ise en az enerjik olandır.[49] Mavi ışığın (artan) hız ile yakından ilişkisi vardır; tıpkı cinler gibi. Atmosferimize giren güneşin beyaz ışığının maviye dönüşmesinin sebebi de bu hızla ilgilidir. Zira ışık atom ve moleküllere çarpınca, mavi ışık diğerlerinden daha çabuk dağılır ve ışığın diğer formlarını baskılar. İşte, gökyüzünün mavi olmasının sebebi! Ama gökyüzü yoğun miktarda bulut ya da dumanla kaplı olursa, yoğunluktan ötürü tüm ışınlar aşağı yukarı aynı oranda saçılır ve gri bir renk ortaya çıkar. Dünyamızda ışık, atmosferdeki küçük parçacıklara temas eder etmez, (atmosferimizin bileşenlerine uygun olarak) mavi ışık yayılma imkânını hemen bulmuş olur. Oysa kırmızı ışığın yayılmaya başlayabilmesi için daha büyük parçacıklarla teması gerekir.[50]

Konu ile ilgili video için lütfen QR barkodu okutunuz

MAVİ KANLILAR NEREYE KAYBOLDU?

En azından önemli bir kısmını mavi kan ile ilişkilendirebildiğimiz bu varlıkların cin olarak adlandırılma sebebi hem yapılarının insandan farklı olması, hem de şu anda insanoğlu için perdeli varlıklar olması bakımından çift yönlüdür. Ancak insan için perdeli olmaları her dönem için geçerli bir durum muydu?

Taberi, meşhur tarihinde, bir zamanlar cinlerle insanların iç içe olduğu üzerinde duran rivayetler aktarır:

> "Fars bilginlerine gelince, ben onların Mehla'il hakkında söylediklerini yukarıda nakletmiştim. Onlara göre Mehla'il, Uşhenc'dir (Huşenc) ve yedi iklime sahip olmuştur. Rivayetine göre o, Hind'e vararak memlekette dolaşmış ve hükümeti zapt edip hâkimiyeti eline aldıktan sonra başına taç giyerek hutbe söylemiştir. Hutbesinde, hükümdarlığı büyük babası Kiyumers'ten tevarüs etmiş olduğunu, kendisinin, insan ve şeytanlardan olan azgın ve asiler için bir azap olduğunu söylemiştir. Farsların anlattıklarına göre, o, İblis ile ordusunu yenerek onları insanlarla karışmaktan menetmiştir. O, İblis ve ordusu ile bir anlaşma yaparak bunu beyaz bir sahife üzerine yazmış ve: onlardan hiç bir insana dokunmayacaklarına dair söz almıştır, sözlerini tutmadıkları takdirde cezaya çarptırmakla korkutmuş ve isyan edenlerle cinlerin bir kısmı olan Golları öldürmüştür. Onlar korkarak çöllere, dağlara ve ovalara kaçmışlardır. O, Kiyumers'in ölümü ile Uşhenc'in doğduğu vakit aralarında yaşamış ve bütün iklimlere sahip olmuştur. İki yüz yirmi üç yıl hükümet sürmüştür. Farsların rivayetine göre, İblis ile ordusu onun ölümünden dolayı sevinmişler, o ölür ölmez Âdemoğullarının evlerine girmişler, dağlardan inmişler, ovalardan çıkmışlardır..."

Bugünlerde pek çok 'Yeni Çağ'cı -güya saf ve ruhsal- öğretilerinde sık sık Lemuryalılardan bahsedilmekte ve bunların geçmişte Atlantislilerle giriştikleri mücadelelere değinilmektedir. Hayli dikkat çekicidir ki bu öğretilerin medyumsal kanal vasıtası ile yazdırıldığı iddia edilenleri, kadim zamanlarda bu varlıkların melez canlılar meydana getirmesine de değinirler. Mesela şu satırlara dikkat edelim:

> "**Soru:** Bize Yeti'leri anlatabilir misin ve bunlar Koca Ayak denilen varlıklar mı?
> **Metatron:** Yeti[51] ve Koca Ayak dedikleriniz, Dünya'daki genetik deneyin erken versiyonlarıdır, başlıca 200 bin yıl önceki Atlantis aşamasından kaynaklanır. Bu varlıklar zekidir, ama genetik olarak noksandır, zarar görmüştür. Bu kocaman formlar işçi insansı hayvanlar yaratmak için, insan DNA'sı ile maymunun DNA'sı kullanılarak genetik olarak yaratıldı... Bunlar madenlerde, çiftliklerde ve ormanlarda iş gücü için zalimce yaratılan varlıkların kalıntılarıdır. Duyguya ve genişleyen düşünmeye izin veren beyin bölgeleri kendi kodlarında yapay olarak noksan bırakıldı..."[52]

Gerçeği bu metinde suçlu olarak insan ırkından olan Atlantisliler gösteriliyor ama Platon bize Atlantislilerin gerçekte kimlerin telkini ile yönetildiklerini bakın *"Kritias"* adlı eserinde nasıl hatırlatıyor:

> "Vaktiyle tanrılar tüm yeryüzünü, yer yer, kendi aralarında paylaşmışlardı. Bu adaletli paylaşmada her biri hoşuna giden payı aldıktan sonra, hepsi kendilerine düşen yerlere yerleştiler. Yerleştikten sonra da, kendi malları, kendi yetiştirmeleri olan bizleri, çobanların sürülerini besledikleri gibi beslediler. Ama hayvanlarını sopayla otlatmaya giden çobanlar gibi vücutlarımıza eziyet ederek değil, onlar dümenin başında gemisini idare eden gemici gibi, hayvanların en kolay idare edildiği yerden, yani arkadan, inandırmak suretiyle ruhla-

rımıza istedikleri gibi hükmettiler. İşte bütün ölümlüleri böylelikle güttüler. Paylarına düşen bölgelerde böylece hüküm sürdüler."

Platon'un anlattığına göre bu gizemli tanrılar, dünya sisteminde, kendilerinin yönetici, insanların da yönetilen olduğu katı bir kast sistemi kurmuşlardır. İnsanlar da bu kast sistemine sorgusuzca biat etmişlerdir. Yani insanların zihni çeşitli telkinlerle ve vaazlarla ele geçirilmiştir. Metin, **"ruhlarımıza istedikleri gibi hükmettiler"** diyor.

Platon, "Kritias"[53] adlı eserinde Atlantis'ten bahsederken, bu kıtanın bir masaldan ibaret olmadığını da şöyle açıklıyor:

"Çünkü hayatta kalan nesiller, dağlarda yaşayan, okuyup yazmak bilmeyen, ovalardaki hükümdarların ancak adlarını duymuş olan, onların gördüğü işlerden de pek az şey bilen insanlardan ibaretti. Onlar bu hükümdar adlarını kendi çocuklarına da takarlardı ama kendilerinden önce gelmiş olanların ne erdemlerinden ne de adetlerinden, kulaktan kulağa duyulmuş bazı belirsiz şeyler dışında hiçbir şey bilmezlerdi."

Platon, *"Timaios"*[54] adlı eserinde, kayıp tarihin kayıp kıta ve medeniyetleri hakkında hayli ilgi çekici bilgiler vermeye devam ediyor:

"O zaman pek yaşlı olan rahiplerden biri, ona, "Ah Solon, Solon," demiş, "Siz Helenler, her zaman çocuksunuz, sizin ülkenizde hiç yaşlı insan yok." Bunun üzerine Solon, "Bununla ne demek istiyorsun?" diye sormuş. Rahip, "Sizin hepinizin ruhları çok genç," diye yanıt vermiş, "çünkü kafanızda ne eski bir geleneğe dayanan, öteden beri edinilmiş bir düşünce, ne de zamanla ağarmış bir bilginiz var. Bunun nedeni şudur: İnsanlar birçok yollarla yok edilmişler, daha da edileceklerdir. En büyük yıkımlar ateşle sudan gelmişti, ama bin türlü başka nedenden doğan daha küçük yıkımlar da vardır. **Sizin ülkenizde de, bir gün babasının koşu arabasını koşturup onu aynı yoldan süremeyince yeryüzündeki her şeyi yakan, kendisi de yıldırımla vurulup ölen Helios'un oğlu Phaeton'un öyküsü, gerçekten bir masal gibi anlatılır; ama gerçek şudur ki, gökte dünyanın çevresinde dönen gök cisimleri kimi zaman yollarından şaşarlar; uzun aralıklarla ortaya çıkan bir tutuşma yeryüzündeki her şeyi yakar.** O zaman dağlarda, yüksek ve kuru yerlerde oturanlar, kentlerde, deniz kıyılarında oturanlardan daha çok yıkılırlar. Ama Nil, her zamanki kurtarıcımız olan Nil, taşarak bizi bu yıkımdan da kurtarıyor. Bunun tersine tanrılar, bir tufanla dünyayı yıkadıklarında, yalnızca dağlardaki sığırtmaçlarla çobanlar kurtuluyor, ama sizin kentlerinizin halkını ırmaklar alıp denize sürüklüyor. Oysa, bizde sular hiçbir zaman ovalara yükseklerden gelmiyor, her zaman doğal yolla toprağın altından çıkıyor. İşte burada en eski göreneklerin bundan dolayı korunmuş olduğu söyleniyor. Ama gerçek şudur ki, kendilerini kaçıracak denli yeğin bir soğuğu da, yakıcı bir sıcağı da olmayan her yerde, her zaman az ya da çok insan vardır. Hem sizde olsun, bizde olsun, ya da adını duyduğumuz herhangi bir başka ilde olsun, güzel, büyük ya da başka bir bakımdan ilgiye değer bir şey ortaya çıkmışsa, bütün bunlar en eski çağlardan beri burada, tapınaklarda duruyor, böylece de korunmuş oluyor. Sizde ve başka uluslarda tam tersi, daha yazmayı ve devletlere gereken her şeyi öğrenir öğrenmez, gökyüzünün suları belirli bir zamandan sonra, bir hastalık gibi sağanakla üstünüze yağıyor; içinizden okuyup yazması olmayanlarla bilgisizlerden başkasının bu yıkımdan kurtulmasına olanak bırakmıyor; öyle ki toy çocuklar gibi kendinizi yeniden, yolculuğa başladığınız yolun başında buluyor, eski zamanlarda, burada, kendi ülkenizde olup bitenlerden hiçbir şey bilmiyorsunuz; çünkü Solon, yurttaşlarının biraz önce saydığın soy sopunun, sütnine masallarından pek ayrımı yok. Her şeyden önce, daha eskiden birçok tufan olduğu halde, siz bir tek kara tufanını anımsıyorsunuz; sonra insanlar arasında görülen en güzel ve en iyi soyun sizin ülkenizde doğduğunu ve kendinizin, senin de, bugünkü bütün devletinizin de yıkımdan kurtulabilmiş olan bir tohum sayesinde, o soydan geldiğinizi bilmiyorsunuz. Bilmiyorsunuz, çünkü yıkımdan kurtulabilenler, birçok kuşak boyunca, hiçbir yazı bırakmadan ölüp gittiler. Evet, Solon, bir zamanlar, suların neden olduğu en büyük yıkımdan önce, bugün Atina adı verilen devlet, savaştan yana en yiğit, her bakımdan ölçülemeyecek denli uygar bir devletti; göğün altında sözünü işittiğimiz en güzel şeyleri başaran en güzel siyasa kurallarını bulan odur, diyorlar." Anlattığına göre, Solon, bunları duyunca şaşakalmış, rahiplerden eski yurttaşlarıyla ilgili ne biliyorlarsa hepsini dosdoğru, hemen kendisine anlatmalarını rica etmiş. Bunun üzerine yaşlı rahip yanıt vermiş: "İsteğini yerine getirmememe hiçbir neden yok Solon, bunu senin hatırın için olduğu denli, yurdunun hatırı, hele sizinki kadar bizim ilimizi de koruyan, onları büyütüp yetiştirmiş olan kadın tanrının hatırı için yapacağım. O Kadın-tanrı ki, sizin ili bizimkinden bin yıl önce, toprakla Hephaistos'tan aldığı bir tohumdan yaratmıştı; kutsal kitaplara göre, bizim ilin kuruluşundan beri sekiz bin yıl geçmiştir. Demek oluyor ki, sana dokuz bin yıl önceki yurttaşlarının kurumlarını, onların en şanlı başarılarını kısaca anlatacağım. Başka zaman vaktimiz olunca bunların hepsini yeni baştan, sırayla teker teker ele alırız. Önce onların yasalarını bizimkilerle karşılaştır. Göreceksin ki şimdiki yasalarımızdan birçoğu sizin o zamanki yasalarınızdan alınmıştır. Böylece, önce, rahipler sınıfı ötekilerden ayrılmıştır; aynı biçimde el işleri yapanlar da başkalarıyla karışmadan, kendilerine özgü bir iş gördüklerinden; çobanların, avcıların, çiftçilerin sınıfı gibi birbirinden ayırt edilmemişlerdir. Savaşçılar sınıfına gelince; bizde, onların da bütün öteki sınıflardan ayrılmış olduğunun, savaşçıların savaştan başka bir şeyle uğraşmalarının yasak edildiğinin, sanırım ayrımına varmışsındır. Buna, bütün Asya uluslarından önce kullandığımız silah türlerini, kalkanla kargıyı da kat. Bu silahları, önce size tanıttıktan sonra, bize tanıtan da yine o Kadın-tanrı olmuştur. Bilgeliğe gelince; yasanın ta başlangıcından beri burada, dünya düzeniyle olduğu gibi, bununla da nasıl uğraşmış olduğunu sanırım görmüşsündür. Yasa, insanların yaşayışına yararı olan bütün becerileri biliciliğe, sağlığımızı koruyan hekimliğe varıncaya dek oluşturdu ve ona bağlı olan bütün bilgileri kazandı."Kadın-tanrı'nın, ilinizi kurunca, önce sizde oluşturduğu dirlik düzenlik işte bu oldu; sizin doğduğunuz yeri seçmiş olması da, mevsimler pek ılık geçtiği için, orasının üstün zekâlı adamlar yetiştireceğini önceden görmüş olmasındandı. Savaşı da, bilgiyi de sevdiği için, kendisine en çok benzeyecek insanları yetiştirecek toprağı seçti; önce orasını insanla doldurdu. İşte siz bu yasalarla, daha iyileriyle de, kendi kendinizi yönetiyor, tanrı oğullarına, tanrı çömezlerine yakışacak yolda herkesi, her çeşit yararlılıkta geçiyordunuz. Biz burada ilinizin hayranlık uyandıran büyük başarılarından birçoğunu yazılı olarak saklıyoruz. Ama bunların içinde bir öylesi var ki büyüklük, kahramanlık bakımından hepsini geride bırakıyor. Gerçekten eski yazılar, bir zamanlar ilinizin, büyük Atlas Denizi'nin ötelerinden gelip Avrupa ile Asya'ya küstahça saldıran koskoca bir devleti yok ettiğini söylüyor. O zamanlar bu koca denizden geçilebiliyordu; çünkü sizin Herakles sütunları dediğiniz o boğazın önünde bir ada vardı. Bu ada Libya ile Asya'nın ikisinden daha büyüktü. O zamanlar oradan başka adalara, onlardan da karşılarında uzanan ve gerçekten adını hak eden denizin kıyısındaki bütün kıtaya ulaşılabiliyordu. Çünkü sözünü ettiğimiz boğazın iç yanı, girişi dar bir limana benzer; dış yanıysa gerçekten büyük bir denizdir. Onu çevreleyen kara parçası da, gerçekten kıta denebilecek bir topraktır. İşte bu Atlantis adasında hükümdarlar, egemenliğini bütün adaya, öteki adalara, kıtanın kimi parçalarına dek uzatan büyük, hayranlığa değer bir devlet kurmuşlardı. Bundan başka, boğazın içinde, bizim yanda, Mısır'a dek Libya'nın, Tyrhenia'ya dek de Avrupa'nın egemeniydiler. Bir gün bu devlet bütün güçlerini bir araya toplayarak sizin yurdunuzu, bizimkini, boğazın içindeki bütün ulusları boyunduruğu altına almak istedi. İşte o zaman Solon, iliniz bütün değerini, bütün gücünü dünyanın gözü önüne serdi. Yiğitlikten, savaş bilgilerinden yana öteki illerin hepsinden üstün olduğu için, Helenlerin başına geçti; ama ötekiler kendisini bırakıp çekilince bir başına kalan, böylece en tehlikeli duruma düşen iliniz istilacıları yendi, bir zafer anıtı dikti, şimdiye dek hiç kölelik etmeyenleri kölelikten kurtardı ve bizim gibi, Herakles sütunlarının içlerinde oturanları iyi yüreklilikle özgürlüğe kavuşturdu. Ama bundan sonra korkunç yer sarsıntıları, tufanlar oldu. Bir gün, bir uğursuz gecenin içinde, tüm savaşçılarınızın hepsi birden bir vuruşta toprağa gömüldüler. Atlantis adası da, aynı yolla denize gömülerek yok oldu. İşte bunun içindir ki, adanın çökerken oluşturduğu sığ bataklıklar yüzünden o deniz bugün bile geçilmez, dolaşılmaz bir durumdadır."

Araştırmacılar, kayıp kıtaları aramaya devam ediyorlar. Kayıp kıtalar ve tüm Dünya'ya yayılmış tufan söylenceleri arasında bağ olmamasına imkân yok. Şu an için Lemurya, Mu ve Atlantis gibi adlarla anılan batık bölgelerin aynı medeniyete ya da yere işaret edip etmediği kesin olarak bilinmemekle birlikte, bunlar farklı bölgeler olsalar dahi, bizlerin Nuh Tufanı dediği küresel tufana dek uzanan bir dizi felaketin sonucunda ya da Nuh Tufanı[55] sırasında batmış olmalılar. Bunlar ister ayrı ayrı, ister birlikte batmış olsunlar, ister tek bir kıtayı/bölgeyi isterse ayrı ayrı kıtaları/bölgeleri işret etmiş olsunlar, kadim ve küresel bir medeniyetin delilidirler. Bizler her ne kadar yeryüzünün ancak modern zamanlarda tek tip bir medeniyete doğru gittiğini düşünsek de, mitolojiler, araştırmalar ve farklı kıtalardaki benzer mimariler[56] şu ana dek bizler için 'kapalı' kalmış kadim küresel bir medeniyete işaret etmektedir. Bu medeniyetin tüm Dünya'ya etki eden gücü, kötü amaçlar doğrultusunda kullanılınca, insan fıtratında geri döndürülemez ve tabiatta küresel ölçekli bir 'bozulma' meydana gelmiş olmalıdır. Çünkü tufan hikâyeleri 'yok edilmesi/cezalandırılması gereken insanların/beşerlerin' hikâyeleridir. Bugün, Dünya'nın her tarafındaki kültürlerce anlatılan bu hikâyeler, Herbert Marcuse'nin deyimiyle 'tek boyutlu insan'[57] tipinin Dünya'nın her tarafına yayılmış olduğunu ve bu insan tipinin yok edilmesi için bölgesel değil, küresel bir tufanın gerekliliğini ortaya koyar. Nitekim Tevrat'ta Rabbi, peygamberi Nuh'a şöyle der:

> **Yaratılış, 7: 1-5** "Rab Nuh'a 'Bütün ailenle birlikte gemiye bin' dedi, 'çünkü bu kuşak içinde yalnız seni doğru buldum. Yeryüzünde soyları tükenmesin diye, yanına temiz sayılan hayvanlardan erkek ve dişi olmak üzere yedişer çift, kirli sayılan hayvanlardan birer çift, kuşlardan yedişer çift al. Çünkü yedi gün sonra yeryüzünde kırk gün kırk gece yağmur yağdıracağım. Yarattığım her canlıyı yeryüzünden silip atacağım.' Nuh Rabbin bütün buyruklarını yerine getirdi."

Tevrat'taki başka ayetlerde de 'Tanrı Oğulları' denilen varlıkların insanlar ile çiftleşmesinden bahsedildikten sonra insan ömrünün kısalması aktarılır ve bu varlıkların insan kızlarıyla ilişkisinden ortaya çıkan insan yiyen dev Nefilimlerden bahsedilir.[58] İşte, iki farklı türün melezlenmesi sonucu yaradılışın ve fıtratın değiştirilmesi tufanın temel gerekçesi olarak açıklanır. İnsan artık bozan, değiştiren ve hatta hiç çekinmeden kendi fıtratını dahi değiştirebilen bir güçle kötülüğün temsili olmuştu:

> **Yaratılış, 6: 5** "Rab baktı, yeryüzünde insanın yaptığı kötülük çok, aklı fikri hep kötülükte."

İnsanoğlunun anlatılan kötülüğü, 'Tanrı Oğullarının' gelişi ve insanlarla melezlenmesi ile geri dönülmez bir hal almış olmalı ki Tevrat'taki diğer ayette şöyle deniyor:

> **Yaratılış, 6: 7** "Yarattığım insanları, hayvanları, sürüngenleri, kuşları yeryüzünden silip atacağım."

Tevrat'ta, yarattığından pişman olmuş bir yaratıcıdan bahsedilir ama bunun genel anlamıyla pişmanlıkla değil küresel ölçekli 'fıtrat bozulmasıyla' yani günümüz bilimsel ifadesiyle 'kalıcı genetik değişiklikler' ile ilgisi vardır. Bilhassa gemiye alınması gereken hayvanlar üzerine düşünmek gerekli. Kirli hayvanlardan birer çift, temiz hayvanlardan yedişer çift. Bu, ne demek? Burada kastedilen yenilmesi yasak olan ve olmayan hayvanlar mı? Bizce böyle düşünmek çok sınırlı bir bakış açısıdır. Tevrat bize tufanın temel gerekçesini bir melezlenmeye bağlıyor. Ardından sadece insanoğlunun değil, hayvanların da yok edilmesi gerektiğinden söz ediyor. Anlaşılan o ki genetiği değişen/değiştirilen sadece insanoğlu olmamıştır. Geniş çaplı biyolojik bir kirlenme meydana getirilmiştir. Öyle ki, yeni bir başlangıç için 'temiz hayvanlar' yani genetiğine insan ya da 'Tanrı Oğulları' eliyle müdahale edilmemiş canlılardan yedi çift bulunması ve gemiye alınması emredilmektedir. Öte yandan kirlilerden de sadece birer çift alınacaktır.

Kur'an-ı Kerim'de insanın kendi kendisine ettiği kötülüğün geri döndürülemez olduğunu gösteren Hz. Nuh'un bedduası şöyle:

"Ey rabbim, kâfirlerden hiç kimseyi yeryüzünde bırakma. Çünkü sen onları yeryüzünde bırakırsan senin kullarını saptırırlar. Ve ancak kâfir ve günahkâr nesiller dünyaya getirirler." **(Nuh/26-27)**

Hatırlayalım: Kur'an-ı Kerim, insanlar ve insan olmayan latif, ışınsal varlıklar (cinler) arasındaki çıkar ilişkisinden, karşılıklı yararlanmadan söz ediyordu.[59] Bu yararlanma, tamamen daha fazla güç elde etme uğuruna ortak hareket etmek demektir. Tevrat'ta 'İlahi Varlıklar', 'Tanrı Oğulları', başka metinlerde 'Düşmüş Melekler' olarak geçen bu varlıklar, daha önce bulundukları cennet boyutunun bilgilerini insanlara öğreterek, onların azgınlıklarını körükleyen ve yaratıcının koyduğu sınırların aşılmasını sağlayarak kaosu tetikleyen büyük günahkârlardır. Verdikleri bilgiler, bu bilgileri sınır tanımadan kullanan insanoğlunun hesap kitap yapmadan hareket ederek tabiata müdahale etmesine, insanların bu latif varlıkların telkinlerine daha açık hale gelmesine, ayrıca bu varlıkların DNA'sını da taşıyan melez bir ırkın oluşturulmasına, hatta insanoğlunun kendi saflığını da bozup, kendi fıtratını yeniden düzenlemeye kalkmasına sebep olmuştur.

Yani hem fikir, hem de soy genetik olarak bozulmuştur ve bunun kısa vadede düzeltilmesine imkân yoktur. Eğer fikri kabiliyetleri törpülenmiş, genetikleri ve buna bağlı olarak beyin kimyaları değiştirilmiş beşerler meydana getirildiyse (ki öyle olduğu anlaşılıyor), bunlara hakikati algılatmak mümkün olmaz zira bunlar, idrak seviyeleri biyolojik müdahalelerle değiştirilmiş canlılardır. Bunlar, kendi medeniyetlerinin temsilcileri olduklarına göre, büyük şehirlerde kümelenmişlerdir ve bizler şehirlerin genellikle coğrafi olarak bereketli ovalar, dağlık olmayan düzlükler ve kıyılara kurulduğunu biliyoruz. Böyle bir medeniyette bozulmamış, genetiği değiştirilmemiş insan tipleri ise ancak dağlarda ve mağaralarda yaşayabilir. O halde, hem Nuh peygamberin seçici gemisi, hem de genetiği değişmemiş insanların muhtemelen şehirden uzak dağ başlarında yaşıyor oluşları, küresel tufanı daha çok fıtrat üzerinde değişiklik yapan bozguncular üzerinde etkili kılmış olacaktır. Bu yüzden Platon, Atlantis'ten geriye kalan şeyleri aktaran kişilerin o uygarlığın merkezinde yaşamadıkları, dağlarda bulunduklarından ötürü, bu batık uygarlığı sığ biçimde tasvir edebildiklerini yazmıştı.[60] Kimileri, tufanın bölgesel olduğunda ısrarcı. [61]Oysa bir kıtayı batıran ya da Arap Yarımadası'nı sular altında bırakabilecek ve sadece onlarca metreye ulaşan bir su kütlesinin dahi yalnızca bölgesel bir etki meydana getirmesi mümkün değil. Mümkün olmadığını da hem bugünkü bilim, hem de Dünya'nın çeşitli kıtalarındaki tufan mitolojileri ortaya koyuyor.

Biz burada, melezlikten bahsederken illa şimdi bize göre efsane haline gelmiş latif canlılarla insanların birleştirilmesinden doğan bir melezliğe odaklanmıyoruz. Her türlü anlamıyla, tabiatta doğal yol ile melezlenmesi mümkün olmayan canlıların melezlerinin oluşturulmasından bahsediyoruz. Bize göre, bir varlığın temelinde olması mümkün olmayan genetik bir özelliğin oluşturulması dahi melezliktir. Yani bir domatese köpekbalığı geni aktarılırsa, kulağa her ne kadar 'saçma' gelirse gelsin, bu domates bir anlamıyla köpekbalığı ile çiftleştirilmiş bir domatestir. O yüzden, Tevrat'ta bahsedilen insan ve insan olmayan varlıkların çiftleşmesi muhakkak ki genetik bir değişiklik anlamına gelmektedir. Bu, o dönemlerde ancak 'evlenme' ve 'çiftleşme' mefhumuyla anlatılabilirdi. Kaldı ki, kimi farklı varlıklar arasındaki -kelimenin ilk anlamıyla- 'çiftleşme' de gayet mümkün bir hadisedir.

Mitolojilerde insan ve perilerin evlenmelerinden, çocuklarının olmasından sıkça bahsedilmektedir. Mesela, Türk mitolojisinde yumurtadan ya da bir çeşit yumurta benzeri yığından doğan dev, Tepegöz olarak bilinir. Kaf dağında yaşar. Alageyik kılığına girebilen bir perinin çobanla birleşmesinden doğmuştur.

Hintlilerin Ramayana Destanı, cinlerin bir kolu olan insan avcısı Rakşasalar ile Vişnu'nun avatarı olarak Dünya'ya gelmiş olan Rama'nın savaşını anlatır. İnsanların lideri Rama, Rakşasalar'ın lideri Ravana'dır. Bunlar duaları engelleyen, kutsal mekânları kirleten ve gece ortaya çıkan insan yiyici habis yaratıklardır. Her anlamda parazitlik yaparlar. Hayvan ve insan kılığına girebilirler. Mesela ceylan kılığına girdiklerini kardeşi Lakşmana'nın Rama'yı şöyle uyarmasından anlıyoruz:

> "Dikkat et Rama, gerçek hiçbir ceylan bu kadar güzel olamaz. Bu yaratık kılık değiştirmiş bir Rakşasa olmasın?"

Aynı destanda Rakşasaların lideri Ravanna'nın dindar bir münzevi kılığına girdiğini de okuyoruz, zira Ravanna bu kılığa girerek Rama'nın karısını aldatmış, gökyüzünü aşarak uzak krallığına kaçırmıştır. Ravanna'nın diyarı, bir ada olan Lanka'dır. Burası bir cin sultanlığıdır. Rama'nın bu sultanlığa geçişi hiç de kolay olmamış, öncelikle maymunsu Kral Hanuman'ın liderliğinde, Rakşasalar gibi şekil değiştirebilen kalabalık bir maymunsu varlık topluluğu ile bu adada, Rama'nın ordusunu sevk etmek maksadıyla bir köprü inşaatına girişilmiştir. Bugün dahi bu köprü tartışmaları Hindistan'ın gündeminden düşmemiştir çünkü Hindistan ile Sri Lanka'yı birbirine bağlayan ve tıpkı bir köprüyü andıran önemli bir kireç taşı menfezi vardır. Buna Ram'ın köprüsü adı verilmiştir. Temel tartışma bunun insan yapısı bir oluşum olup olmadığı üzerinden yürütülmektedir. Hindistan Arkeolojik Araştırma Kurumu (ASI) Ram'ın Köprüsü'nün çökelme yoluyla oluşan kum havuzlarının bir sırtından biraz daha fazlası olduğunu açıkladı. Hint Tarih Araştırmaları Konseyi Başkanı (ICHR) Sudershaan Rao ise, Truva'nın bulunuş öyküsünü örnek gösterdi. Bilindiği üzere Arkeologlar Truva'yı sadece bir efsaneden ibaret saymışlar ve ona Homeros'tan kalma bir masal muamelesi yapmışlardı ama yanıldıkları anlaşıldı. [62]

Bazı gizemciler melez varlıklar meydana getiren latif varlıkların peşine düşmüşler ve bu konuda ilginç açıklamalar yapmışlardır. Bir süre Balavatsky'nin takipçisi olan ancak daha sonra Antropozofi Cemiyeti'ni kurarak ondan ayrılan Rudolf Steiner, *"Kozmik Hatıra, Atlantis ve Lemurya"*[63] adlı kitaplarında, Lemuryalıların, Asya'nın güneyinde, Seylan'dan

Madagaskar'a kadar uzanan ve şimdi büyük bölümü sular altında kalan bir kara parçasında yaşadıklarını yazmıştı. Teosofi Cemiyeti'nin üyesi olan William Scott- Elliot'a göre Lemuryalılar, büyüklükleri on iki ile on beş feet (yaklaşık olarak üç buçuk ile dört buçuk metre) arasında bulunan, alınları olmayan, yüzleri düz, çeneleri uzun, gözleri küçük ama bakışları delici ve meraklı, elleri ve ayakları çok büyük devasa varlıklardı.[64] Steiner'e göre ise Lemuryalılar nesneleri zihin gücüyle hareket ettirebiliyorlar ve telepatik iletişime geçebiliyorlardı. Onların asıl amacı tasavvur etme iradesini geliştirmekti. Henüz çocukluk çağında acının üstesinden gelmek için onunla ziyadesiyle yüzleştirilirlerdi. Eğitimlerinde işkence önemli bir rol üstlenmişti ve bu genellikle büyü güçleriyle yapılmaktaydı. Sözcüğün tam anlamıyla bizim anladığımız tarzda konutları yoktu. Doğal yerlerde yaşıyorlardı. Bunlar, mağaralar olabiliyordu. Daha sonraları mağara oluşturmakta büyük beceriler kazandılar. Lemuryalılar doğuştan büyücüydüler. Tapınaklarını eğitim ve bilimsel çalışmalar için de kullanırlardı. Teşvik edilen şey bizim bildiğimiz anlamdaki din değildi. Tapınaklar ilahi bilgelik ve sanat merkezleriydiler. İlla bir dinden bahsetmek gerekecekse, bu dine 'irade dini' demek doğru olurdu. Zira dikkatleri çabuk dağılıyordu. Uzun sürdüremedikleri düşünceleri vardı. Bu dönemde atmosfer daha sonra Atlantis döneminde olduğundan daha yoğundu; bol su vardı. Sebze ve hayvan dünyaları sadece amfibik tarzda mevcuttu. İnsanlığın büyük bir bölümünün gelişimi o derece düşüktü ki, bunlar hayvan olarak tanımlanabilirdi. Küçük bir azınlık dışında, geri kalan insanların yaşam biçimleri bambaşkaydı ve hayvan gibiydi. Hatta insanların o zamanki dış biçimleri bile o küçük azınlıktan başkaydı. Lemuryalılar arasında korku çok önemli bir ilişki biçimini doğuruyordu. Üstün yetenekli büyücülerinden çekiniyorlar ve onlara korkuyla karışık bir saygı duyuyorlardı.

Lemuryalıları tarif eden bu insanlar, onlar hakkındaki bilgileri akaşik kayıtlardan aldıklarını iddia etmektedirler. Nedir akaşik kayıt? Sanskritçede akaşa, gökyüzü ve uzay anlamını içerir. Kozmosun çeşitli boyutlarında bulunan ince, latif ve yoğunluğu bildiğimiz maddeden daha farklı olan bir madde yeryüzünde olan her şeyi kaydetme kabiliyetine sahiptir. Bunlar bazı medyumlar tarafından farklı boyutlarda durugörüyle algılanabilir bilgilerdir. Astral planın kayıtlarının bölük pörçük ve güvenilmez olduğu söylenir. Zihinsel düzlemde olanlar, erişilmesi zor olanlar olsa da, doğru oldukları varsayılanlardır. O zaman şu soruyu sormak gerekir: Bu kayıtlara ulaştıklarını söyleyen kişilerin bilgileri gerçekten doğru yerden aldıklarını ispatlayabilecekleri dayanak noktaları, delilleri var mıdır? Şeytanların kendilerine hayal satıp satmadıklarından, kendilerini bir yalan dünyası içerisine sokup sokmadıklarından nasıl emin olabiliyorlar? Bu kayıtlara ulaştıklarını söyleyen kişilerin anlatımlarından bir takım latif varlıklarla iletişime geçtiklerinden şüphe duymuyoruz. Ancak kendileri bunun farkındalar mıydı? Zira işi asla birbirinin devamı olmayan türleri akraba saymaya kadar götürmüş, yani Lemuryalı olarak adlandırılan bir takım cinlerin/ şeytanların/ demonların insanlarla akraba sayılması gerektiğini söylemişlerdir. Bunu söylerlerken verdikleri bilgilerin bir kısmı cinlerin kadim metinlerde anlatılan özellikleri ile uyuşmaktadır. Ancak aktardıklarının başka bir kısmı, kadim metinlere ve hatta mitolojik bilgilere dahi uymaz.

Fakat bir gerçek söz konusudur. Lemurya Uygarlığı konusunda bir gerçek: Çünkü Dünya'nın her tarafında karşımıza çıkabilen çeşitli mitolojiler, masallar, dini inançlar tek gözlü devlerle, insan ve cinlerin çiftleşmesiyle oluşmuş dev varlıklarla doludur. Eğer tüm bunlar uydurmaysa, insanlar nasıl olur da çok eski tarihlerden beri kitlesel bir hipnozun etkisi altındaymışçasına farklı farklı coğrafyalarda olmalarına rağmen tek bir ağızdan aynı hayal ürünü hikâyeleri bıkmadan, usanmadan anlatıp durmuşlardı?

Tepegözler, Romalıların da sıkça bahsettikleri dev yaratıklardır. Yunan mitolojisinde Uranüs ve Gaia'nın yani göğün ve toprağın çocukları olan ve insan etiyle beslenen tek gözlü bu dev ırk, kiklоplar olarak bilinirler. Gök, ilahi varlıkları, öte dünyaları, tanrıların oturduğu diyarı anlatmaktadır. Yer ise, Dünya'nın ta kendisidir. Bahsedilen mitolojik doğumda da yapısı farklı unsurların bir arya gelmesinden oluşmuş melezlik vardır. Paganizmin tanrılarının ve insanların birleşmesidir bu. Kikloplar, benzersiz demir ustaları olarak da bilinir. Hayli ilginç bir bağlantı. Hele de demiri, kanın ve manyetizmanın sembolü kabul ettiğimizde daha da ilginçleşiyor. Tek gözlü devler, İskandinav mitolojisinde de yer edinmişlerdi. Mesela, Kelt mitolojisinde Balor adında tek gözlü çirkin bir devden bahsedilir. O, tıpkı insanlar gibi fiziksel bedenleri olan İblis kaynaklı fomoriler soyundan gelmektedir. Dikkat edilirse bu varlıkların soyu, bizler için şimdi soyut hale gelmiş ve efsane olmuş latif varlıklara (cinlere) dayandırılıyordu. Ancak bunlar melezliklerini oluşturan türlerden biri olan latif varlıkların aksine, fiziksel dünyada beş duyu organıyla tıpkı insanlar gibi algılayan, algılanabilen varlıklardı. Ayrıca, o dönemde devleri melezleyen latif haldeki bu varlıkların kolayca fiziksel forma bürünebildikleri de vurgulanabiliyordu.

Yani Dünya'da üç türün mücadelesi söz konusuydu: Latif varlıklar (cinler), melezler (devler ve dev olmayan melezler) ve insanlar.

Şimdi, tek gözün, güneş ile özdeşleştirilen Mısır tanrısı Horus'u, İskandinav tanrısı Odin'i temsil edebilmesinin yanı sıra, bir de melez bir varlığa işaret eden yönü olduğu açığa çıkıyor. Bu durum, bir veçhesiyle, insan ve insan olmayan varlıkların birleşmesinden meydana gelen melezliği sembolize etmektedir. Bizce odaklanmamız gereken yer, bazı devlerin gerçekten tek gözleri olup olmadığı konusundan ziyade, bu melez varlıkların –tam olarak hangi gerekçe ile olduğunu bilmesek de-tek gözlü olduklarının söylenmiş olmasıdır. Yani, farklı türler arasındaki melezlenmenin sembolü tek göz olarak kabul edilebilir kanaatindeyiz.

Bu varlıkların yüzyıllarca insanın bâtıni yönünü anlatmak için sembolik manada, metafor olarak kullanıldıklarını da biliyoruz. Devin kendisi, nefsi; tek gözlülük, hakikati tam algılayamamayı, yanılsamayı; devin yamyamlığı insanın kendi değerlerinden uzaklaşmasını ve hayvanileşmesini; devi zapt etmekteki güçlük de, nefsle yapılan çetin mücadeleyi anlatmaktadır. Öyleyse tek gözlülük, tamamıyla nefs olmuş, idrakten yoksun varlığın alameti de sayılmalıdır. O halde, iki şeyi iyice idrak edebiliriz: Birincisi, fizik düzlemde bir melezlik. İkincisi ise, metafizik düzlemde nefse dönük yaşayan, insanı içten kontrol etmeye çalışan, krallığa soyunmuş soyut bir varlık. Ancak, bu manevi açıklamaların muhakkak ki maddi temelleri olduğunu ortaya koyan pek çok mitolojik ve dini anlatım, metin vardır.

Hanok/Enok/İdris kitabında[65] **'Düşmüş Melekler'** şeklinde ifade edilen ve eskiden cennette ikamet eden yüzlerce cinin, bugün Suriye Lübnan ve İsrail üçgeninde bulunan ve Lanet Dağı anlamına gelen Hermon Dağı'na inişiyle, burada insan soyu ile birleşmeye karar verişleri sonucu meydana gelen dev ırkın yeryüzünü fesada boğması anlatılır.[66] Bu, öyle bir fesattır ki sadece insanlara değil, kuşlara, sürüngenlere, balıklara yani hayvanlara ve hatta fesada kaynaklık edenlerin kendilerine kadar ulaşmıştır.[67]

Dünya'nın hızla fesat içerisinde yuvarlanmaya gittiği bu çağda, peygamber soyundan gelen Lamek'in bir oğlu oldu. Fakat Lamek, bu oğlan çocuğunu görür görmez büyük bir telaşa kapıldı. Korkmuştu. Çocuk normal bir insana benzemiyordu. Teni, kardan daha beyaz ve gülden daha kırmızıydı. Saçları da bembeyazdı. Bu bebeğin kendi çocuğu olduğundan şüphe etti. Ona göre bu çocuk cennet kökenliydi. Ayrıca karışık rüyalar, vizyonlar da görmekteydi. Vakit kaybetmeden babası Metuşelah'ın yanına gitti ve olanları ona anlattı. Babasından göksel boyuta çekilmiş olan dedesi Enok'a gidip, yeryüzünde ne olup bittiğini öğrenmesini istedi. Metuşelah bu isteği gerçekleştirmek için Enok'u görmeye gitti. Onu bulduğunda Enok ona şöyle dedi:

> **Enok 106, 13-18:** "Rabbimiz, Dünya'da yeni şeyler yapacak. Ve zaten bu konuda seni aydınlatacak bir vizyon gördüm. Babam Yared'in zamanında cennetin yüksek katındaki varlıklardan bazıları rab sözünü çiğnedi. Ve böylece onlar günah işlemiş oldu ve (şimdi) Rabbin koyduğu sınırları aşıyorlar. Kadınlara gidip günaha gi-

riyor, onlardan bazılarıyla evleniyor ve bazılarını kendi çocuklarına gebe bırakıyorlar. (İşte bu yüzden) Dünya'nın her yerinde büyük bir yıkım olacak. Bir yıl sürecek ve büyük bir tahribata yol açacak tufandır söz konusu olan! Fakat size gelen şu çocuk, yeryüzünde kalacak ve onun üç oğlu (tufandan) korunmuş olacak. Yeryüzündeki bütün erkekler öldüğünde, o ve oğulları kurtarılmış olacak. Onlar (insanlar ve onları ayartan düşmüş melekler) Dünya'da ruhtan değil ama etten devler meydana getirecekler ve bu yüzden yeryüzünde devasa bir gazap olacak ve en sonunda dünya bozukluktan/bozgunculuktan/ arındırılacaktır. Ve şimdi oğlun Lamek'i, doğan çocuğun şüphesiz ki bizzat kendisine ait olduğu konusunda aydınlat. Ve onun adını Nuh[68] koy..."[69]

Enok tufana yol açacak yıkımı haber vermekle kalmamıştı. Tufan sonrası için de konuşmuş, tufandan sonra yeryüzüne yayılacak neslin kuşaktan kuşağa bozulacağını ve hatta yeryüzünde daha önce görülmemiş büyüklükte bir bozulmanın yaşanacağını söylemişti:

"Ancak bundan sonra daha önce yeryüzünde işlenmiş olanlardan daha büyük bir kötülük meydana gelecektir."
O, bunun yazılı olduğunu cennetteki tabletlerde görmüştü. "Gördüm ki," diyordu peygamber Enok, "hatalar nesilden nesle artacak."[70]

Peki, Dünya'nın son günlerinde yaşanacak yıkımın ve kötülüklerin Hz. Nuh'un zamanındakilerle bir ilişkisi var mıdır?

Hindu metinlerinde, Dünya'nın son günlerinde ortaya çıkıp bozgunculuk yapacak olan Koka ve Vikoka'nın ebeveyni sayılan varlık, dev bir şeytandır. Hindu metinlerinde adı geçen bu şeytanın, Türklerin Tepegöz'nkiyle benzer bir hikâyesi vardır. Tufandan çok sonra bile Kenan diyarının yöneticilerinin dev bir ırk olduğunu Tevrat'tan öğrenmekteyiz. İsrailliler kendilerine vaat edilen Kenan topraklarını ele geçirmek maksadıyla bu diyara önce casuslar gönderdiler. Bu casuslar oradan döndüklerinde Hz. Musa'ya şöyle dediler:

> **Çölde Sayım 13, 33:** "Orada gördüklerimizin hepsi uzun boyluydu. Bizler Nefilim soyundan gelen Anak oğulları olan devleri gördük. Kendi gözlerimizde çekirge kadar küçüktük. Onların gözlerinde de bu aynıydı."

Tevrat'taki Samuel I'in 17. Bölümündeki Davut ve Golyat (Calut) öyküsünde, Hz. Davud'un sapanla alnına nişan alarak yaraladıktan sonra başını kestiği devin de bir Nefilim olduğu Yahudi din adamları tarafından kabul edilmiştir.

Her şeye rağmen, burada görülenlerin doğrudan doğruya Nefilimlerden olup olmadıklarını bilmiyoruz. Çünkü bilmekteyiz ki sadece melez varlıkların değil, onlar kadar olmasa da kadim ırkların boyları da uzundu. Ancak söylenebilecek tek şey, tufan öncesinde görülen insan tipi, azalmış da olsa tufan sonrasına da sarkmıştı. Büyük tufandan geriye kalanlar arasında direkt olarak tufandan önceki Nefilimlerin soyundan gelenlerin olduğunu mitolojilerden anlamaktayız.

İçerisinde bulunduğumuz Demir Çağı'nda ortaya çıkacak olan Koka ve Vikoka'nın atası dev şeytan Bakasura'nın hikâyesi Hindu destanı Mahabharata'da geçer.[71] Dolayısıyla beklenen Yecüc ve Mecüc saldırısı, geçmişteki Bakasura ile bağlantılıdır. Hindu inancında Koka ve Vikoka'nın soyunun Bakasura'dan geldiği söylenmektedir. Ekaçakra (ya da bazen Çakranagari olarak anılan) şehirde yaşayan Bakasura, şehrin yöneticisini kaçırtarak hâkimiyeti eline geçirmiş, dehşetli yamyam bir hükümdar olmuştu. Kimse ona karşı çıkamıyordu. Bir gün, dilenci kılığında ev ev dolaşan Kunti, bir evden yükselen ağlama sesini duyunca, merak içinde eve girdi. Sığındığı evdeki ailenin feryat ederek tartıştıklarını duydu. Ailenin elinde iki çocuk vardı ve evdeki evli çift bu çocuklar hakkında endişe verici diyaloglar kurmaktaydılar. Kunti, dayanamayarak meselenin aslını öğrenmek için kendini gösterdi ve meselenin ne olduğunu sordu. O zaman, Bakasura hakkındaki hikâyeyi iyice öğrendi. Bu dev şeytan, mağarasından çıkıp kadın, erkek, çoluk, çocuk demeden istediği herkesi öldürür ve öldürüldüğü insanları afiyetle bir güzel yerdi. Köylüler bu şeytanla bir anlaşma yapmayı denemişlerdi. İnsanları rahatsız etmemesi karşılığında ona bir insanın güttüğü iki öküz arabası tarafından çekilebilecek miktarda şarap ve yiyecek vermeyi önerdiler. Yiyeceklere öküzler ve arabacı dâhildi. Şeytan soyundan gelen dev, bunu kabul etti ve o zamandan beri köylülere rastgele saldırmayı bıraktı. Hikâyeyi anlatan kadının kocası, Kunti'ye acıklı gözlerle bakıp şunları söyledi: **"Şu an yemeğe dönüşme sırası bende. Ancak ailem benden sonra yaşayamaz. Bu yüzden hepimiz onun ziyafetinin bir parçası olacağız."** Kunti, bu meseleyi Bhima ile müzakere etti. Dev şeytana giden ziyafet arabasının içine Brahman ailesinin bir ferdini değil, Kunti'nin oğlu Bhima'yi koyacaklardı. Anne Kunti, aileye, bu değişiklikten kimseye söz etmemelerini istedi. Neticede Bhima[72] Bakasura'yı öldürmeyi başardı.

Hikâyenin Türk mitolojisindeki şekli şöyle:

"Oğuz diyarında bozgunculuk çıkaran tek gözlü dev Tepegöz, musallat olduğu bölgede asar, keser, yakar, yıkar, yağmalar ve boğazladığı adamları yerdi. Oğuzlar ne yaptıysalar onu bir türlü öldürememişlerdi. En sonunda Dede Korkut aracılığı ile mağarasına giderek Tepegöz'le bir anlaşma yaptılar. Bu anlaşmaya göre pişirmek için iki adam ve bunların yanında yemek için beş yüz koyun her gün Tepegöz'e gönderilecekti. Tepegöz bu anlaşmayı kabul etti. Uzun süren bir savaşın ardından kendi memleketine geri dönen Basat, bir kadının kendisine iki oğlundan birini yesin diye Tepegöz'e verdiğini fakat şimdi bu dev yaratığın diğer oğlunu da yemek istediğini söylemesiyle Tepegöz'den haberdar oldu. Anlık bir çare olarak kadına, Tepegöz'e oğlunun yerine sunsun diye bir esir vermişti. Ancak rahat edememişti. Basat, bu kötülük dolu varlığı öldürmek istiyordu. Ailesinin itirazlarına rağmen Tepegöz'ün karşısına çıktı ve onu öldürmeyi başardı."

Bakasura ile Tepegöz hikâyesi arasında çok önemli benzerlikler vardır. Ayrıca Hindu metinlerinde Koka ve Vikoka'nın (Gog ve Magog, Yecüc ve Mecüc) Bakasura[73]'nın soyundan geldiğinin söylenmesini önemli bulmaktayız.

Devler olup olmadıklarını bilmemekle birlikte ifrit cinsinden (ya da kabilesinden) cinlerin insanlara göründüğü bir dönem de Hz. Süleyman dönemidir ki, ayrıca bu tür cinlerin Hz. Süleyman'a verilen imkân doğrultusunda insan medeniyeti adına çalıştırıldıklarını Kur'an-ı Kerim'den anlamaktayız. Hz. Süleyman, bir kuş olarak bahsedilen Hüd-hüd vasıtasıyla Sebe Melikesi ve halkından haberdar olmuş ve onların şeytana (yani şer şebekeye) uyarak güneşe taptığını öğrenmişti.[74] Melike'ye mektup yollamış ve onu doğru yola davet etmişti. Nihayetinde bir plan yaptı ve Sebe Melikesi kendisi ile anlaşma yapmaya gelmeden önce, onun tahtını kendi mekânına getirtmeyi düşündü ve müşavirlerine:

"Dedi ki: 'Ey ulular! Onlar teslimiyet gösterip bana gelmeden önce, hanginiz o Melike'nin tahtını bana getirebilir?' Cinlerden bir ifrit, 'Sen makamından kalkmadan ben onu sana getiririm. Gerçekten bu işe gücüm ve güvenim var.' dedi." **(Neml/38-39)**

Surenin devamında bu işi bir ifritten daha hızlı yapabileceğini söyleyen biri vardır:

"Kitaptan bilgisi olan biri, 'Ben onu, gözünü kapayıp açmadan önce sana getiririm' dedi. Süleyman, tahtı yanında yerleşmiş hâlde görünce şöyle dedi: 'Bu, şükür mü, yoksa nankörlük mü edeceğim diye beni denemek

> için, Rabbimin bana bir lütfudur. Kim şükrederse ancak kendisi için şükretmiş olur. Kim de nankörlük ederse (bilsin ki) Rabbim her bakımdan sınırsız zengindir, cömerttir.'" **(Neml/40)**

Buradan anladığımız mana, cinlerin sadece Hz. Süleyman'a değil, o meclisteki herkese açık seçik gözüktüğüdür. Ayrıca tahtı getireceğini söyleyen ikinci şahsın türünden bahsedilmemesinden onun cin olmadığı anlaşılmaktadır. İbn Kesir *"el-Bidaye"* isimli eserinde ve es-Suyüti *"ed-Dürru'l-Mensur"* isimli eserinde Sebe Melikesi'nin (Belkıs'ın) annesinin peri kızı olduğunu söylemiştir.

'Yeni Çağ' ruhçuluğunun bir kitabında sözde 'Metatron'[75] olduğu iddia edilen varlık tarafından cinler, Lemuryalı namıyla şöyle tanımlanıyor:

> "Aslında, bu Lemuryalı varlıklar bu zamanda ruhsal olarak sizden çok daha fazla tekâmül etmiş durumdalar. Söylediğimiz gibi, bedenleri daha az yoğun, ama yine de fizikseldir. Derileri yeşil renk tonunu aldı ve bazı durumlarda yeşil – mavidir, çünkü içtikleri suyun mineral içeriği yüksektir, yüksek konsantrasyonda oksitlenmiş bakır ve diğer metalleri içerir. Bu varlıklar barışçıldır, kaynağın sevgisinden başka din bilmezler ve büyük sükûnet denilen anlayışa sahipler. Sizden oldukça haberdarlar, ama sizinle karışmayı arzu etmiyorlar. 'Neden?' diye sorabilirsiniz. Birçok nedenden dolayı, en önemlisi onlar sizin şiddet içeren doğanızın, korkunuzun ve kitlesel spritüel gelişim eksikliğinizin farkındalar. Fiziksel hastalıklarınızın farkındalar, bu hastalıkların bazıları potansiyel olarak onlara bulaşabilir ve onlar sizin güneş ışınlarınıza dayanamazlar." [76]

Oysa Rudolf Steiner Lemuryalıları hiç de sevgi varlıkları kıvamında tanımlamamıştı. Güya Metatronluğa soyunan şu varlığı dinledikten sonra en azından Bay Steiner'in daha az yanıldığı ya da yanıltıldığı kanaatine varmış olduk. Ancak yine de bu varlığın –nedenlerini saptırmış olmasına rağmen- doğru söylediği hususlar var.

Metinde adı geçen Lemuryalıların çeşitli kültürlerdeki düşmüş melekler/cinler/demonlar ile ortak yönleri: fiziksel olarak insanlardan daha latif olmaları, gözden ırak olmaları, ışıktan ve güneşten kaçmaları ve bu yüzden daha çok bizim gecemizde ortaya çıkmaları, mavimsi ve yeşilimsi renkleri ve genellikle kendilerini övmeleri ve sık sık yalan söylemeleri. Şu son özelliği, şeytani olanları için daha fazla vurgulamaktayız.

Eğer *"Avatar"* filmini izlerseniz, onları tümden sevgi varlıkları olarak kabullenmeniz olası.[77]

Bu arada, insan dışı ve en az ortalama bir insan seviyesinde zeki varlıklar konusu sadece dinsel-tarihsel verilerin ışığında ele alınmıyor. Fizikçiler, astrofizikçiler bu konuda yoğun mesai sarf etti. Carl Sagan, *"Kozmik Bağlantı"* adlı kitabında en iyimser rakamlarla galaksimizde 1 milyon yıldız sisteminde çok gelişmiş uygarlıkların var olabileceğinden bahsetmiştir. Fakat Sagan, bu zeki varlıkların başka gezegenlerden gelerek yeryüzünü ziyaret ettikleri iddiasını inandırıcı bulmamıştır. Yine de o, tarih öncesi zamanların sonuna doğru ya da tarihi çağlarda zeki varlıkların yeryüzünü ziyaret ettiği hipotezinin reddedilemez olduğunu kabul ediyor. Rus astrofizikçi Nikolay Kardaşyev, 1964 yılında insan ve insan dışı tüm zeki uygarlıkların gelişimi konusunda bir hesaplama yaptı ve buna Kardaşyev Cetveli adı verildi. Cetvel üç tip uygarlığı öngörüyordu:

Birinci tipteki uygarlık, gezegenindeki enerjinin yani bir başka deyişle güneşinden gelen enerjisinin tamamını (Hesaba göre 10 üzeri 16 vat) kontrol edecek ve bu sayede bir yandan meteorolojik olayları yönetip, yönlendirebilirken, öbür yandan okyanuslara dahi şehirler inşa edebilecekti.

İkinci tipteki uygarlık, sadece kendi gezegenindeki enerjiyi değil, kendi güneşinden gezegenlere yansıyan tüm enerjiyi hükmü altına alacaktı.(Hesaba göre 10 üzeri 26 vat) Böylece kendi güneş sisteminin efendisi olacaktı.

Üçüncü tipteki uygarlık ise içerisinde yer aldığı galakside kolonileşmeye başlayacak ve galaksinin önemli bir kısmında ya da tamamında hüküm sahibi olacaktı. (Hesaba göre en az 10 üzeri 36 vat.) Böyle bir medeniyet kara deliklere, nötron yıldızlarına, beyaz cücelere hükmedebiliyor olacaktı.

İnsan dışı ama insan kalibresine yakın zeki canlılar meselesi, bilim adamlarının gündeminden hiç düşmedi. 2009 yılında Bulgaristan Bilimler Akademisi sıra dışı bir duyuruda bulundu. İngiltere merkezli The Telegraph Gazetesi'nin haberine göre, insan olmayan zeki varlıklar, kendilerine sorulan otuz soruyu cevapladılar. Bulgaristan Bilimler Akademisi Uzay Araştırmaları Enstitüsü Müdür Yardımcısı Lachezar Filipov da araştırmayı doğruladı. Filipov, Bulgar medyasına **"şu anda etrafımızdalar ve sürekli bizi izliyorlar"** dedi.[78] Uzay endüstrisinin önde gelen yatırımcılarından biri olarak tanınan Robert Bigelow 2017 yılında CBC News televizyon kanalında yayımlanan *"60 Minutes"* adlı programdaki **"Dünya dışı uygarlıkları bulmak için milyonlarca dolar harcadım. Oysa onlar burnumuzun dibinde"** açıklamasıyla bu konuya yeniden dikkat çekti. Robert Bigelow NASA'nın iş ortaklarından biri. Şirketi Bigelow Aerospace, insanların içerisinde yaşayabilecek- leri şişirilebilen uzay araçları tasarlıyor.[79] 1999'dan beri uzay konusunda yoğunlaşan şirket şişirilebilen malzemelerin kullanıldığı uzay istasyonları yapabilmeyi hedeflemekte. Şirket, daha önce bin 400 kilo ağırlığındaki BEAM modülünü geliştirmişti. Bu modül, Uluslararası Uzay İstasyonu'nda kullanılan ilk şişme modüldü ve istasyonun on üç metre kare civarında genişlemesini sağlamıştı. Bigelow'un sunucuyla arasında geçen röportajın çarpıcı kısmı şöyle:

Lara Logan: UFO ve uzaylılara inandığınızı halka açıklamanız riskli değil mi?
Robert Bigelow: Vız gelir tırıs gider. Umurumda değil.
Lara Logan: Bazı insanların "Bu adamın ne dediğini duydunuz mu, delirmiş olmalı" demesinden endişe etmiyor musunuz?

Robert Bigelow: Umurumda değil.

Lara Logan: Neden olmasın?

Robert Bigelow: Fark etmeyecek. Bildiğim şeyin gerçeğini değiştiremeyecek.

Lara Logan: Uzay yolculuğumuzda başka akıllı yaşam formlarıyla karşılaşacağımızı düşünüyor musunuz?

Robert Bigelow: Bir yere gitmek zorunda değilsiniz.

Lara Logan: Onları burada bulabilir misiniz? Tam olarak nerede?

Robert Bigelow: Neredeyse insanların burnunun dibinde. Aman Tanrım. Vay be.[80]

Esasında Hindu metinleri 'Kozmik Devirler Öğreti'sinden bahsederken, bir nevi farklı frekans aralıklarına denk gelen dünyevi alanlardan da bahsetmektedirler. Bu meseleyi daha iyi anlamak için radyo örneği üzerinden gidebiliriz. Nasıl ki radyomuzu kurcaladığımızda farklı frekanslarda farklı kanallara ulaşırız, bu öğretiye göre benzer bir şekilde mesela bizim maddi varlığımıza göre ayarlı dünya frekansımızı değiştirdiğimizde, farklı dünyalara ulaşmamız mümkündür. İşte, kadim bir devirde cinler âlemi ile insanlar âleminin bir arada olduğu dönemler, her iki frekansın tek bir frekansmışçasına hareket ettiği ya da birbirine hayli yakın olduğu zamanlar olarak düşünülebilir. Zira çeşitli efsanelerde bu konu sıkça işlenmiştir. Bilhassa 'ölüler diyarı', 'öte âlem' olarak efsanelerde karşımıza çıkan mekânlar, İslam'da bize anlatılan öte âlem ile yani ahret yurdu ile doğrudan ilişkili olmaktan uzaktır. Buradaki öte âlemler, dünyanın 'eşzamanlı' var olan farklı frekanslarıdır. Kanaatimizce eş zamanlı âlemler, tek bir frekans üzerinden hareket eden farklı yapıdaki canlıların var olduğu kendine özgü bir dönem haricinde dünyanın maddi görünümü olarak birlikte ortaya çıkamazlar. Yani boyutların bir karışımının (mesela bu hadise radyoda meydana gelirse ancak parazitlenme oluşturabilir) tek bir boyut gibi hareket etmesi kanaatimizce mümkün değildir.

Ancak çeşitli vasıtalarla farklı frekansların âlemleri değil ama varlıklarının başka bir frekansta ortaya çıkması mümkün olabilir.

Yine radyo örneği üzerinden gidecek olursak, radyoyu var olan frekansları maddi dünyaya aktaran bir araç olarak düşündüğümüzde, aynı zamanda var olan onlarca frekanstan sadece birini kulaklarımızın duyabileceği alana aktarabileceğimiz gerçeğinden hareket edebiliriz. Yani o an kulağımızla duyduğumuz sesler bizler için maddi anlamda var olan sesler olacak iken, diğer frekanslardaki sesler bizler için adeta yok hükmünde olacaktır.[81] Yine de tam ayara geçmeden önce iki frekansın birbirine karıştığı ve birbirini parazitlendirdiği zamanlar da vardır. Fakat bunlar iki frekansın aynı anda ortaya çıkması demek değil, birbirlerini eksilterek karmaşaya yol açması demektir. Tıpkı bu örneğimizdeki gibi, Hindu Kozmik Devirler Öğreti'sinde anlatılan Dünya'nın Yedi Bölgesi (Dwipa'sı), yedi farklı frekans aralığındaki 'Yedi Dünya' benzeri alan olarak da düşünülebilir.

"Allah, yedi göğü ve yerden bir o kadarını yaratandır. Allah'ın emri bunlar arasından inip durmaktadır ki, Allah'ın her şeye kadir olduğunu ve Allah'ın her şeyi ilmiyle kuşattığını bilesiniz." **(Talak/12)**

Hadislerden ve İslam âlimlerinin naklettiği bilgilerden anladığımız şey şudur ki: Yedi kat gök, Dünya'nın var olduğu sema, yani uzay birinci kat olmak üzere, her uzayı kapsayarak genişleyen yedi ayrı semadır ki Hz. Muhammed Miraç gecesi bu yedi kat semaları görmüştür. Yedi kat gök ile ilgili şu ayetler de önemlidir:

"Üstünüze yedi sağlam (gök) bina ettik" **(Nebe: 78/12).**

"O yedi göğü birbiri üzerinde (ve birbirine uygun tabakalar olarak) yarattı. Rahman'ın yaratmasında bir aykırılık, uygunsuzluk göremezsin. Gözü(nü) döndür de bak bir bozukluk görüyor musun?" **(Mülk/3)**

"Üstünüzde de yedi yol (birbirine yol veren birinden diğerine geçilen yedi gök) yarattık. Ve biz yaratmadan gafil değiliz." **(Müminun/17)**

Bir hatırlatmada bulunmakta fayda var: Burada, yedi sayısının kesif bir manada verildiğinden emin olamamaktayız zira Arapçada yedi, yetmiş, yedi yüz gibi rakamlar çokluğu da ifade etmektedirler.

Abdullah b. Abbas, **"Allah, yedi göğü ve yerden bir o kadarını yaratandır. Allah'ın emri bunlar arasından inip durmaktadır ki, Allah'ın her şeye kadir olduğunu ve Allah'ın her şeyi ilmiyle kuşattığını bilesiniz."** *(Talak/12)* mealindeki ayeti açıklarken şöyle demiştir: **"Bu (yedi) yerden her birisinde bu yerdeki İbrahim peygamberi gibi bir insan ve diğer mahlûkların benzerleri bulunmaktadır."**

Abdülkerim Ceyli ise, *"İnsan-ı Kamil"* adlı kitabının, *"Yedi Kat Yer Ehli"* bölümünde, dünyanın boyutsal katmanlarında cinlerin yaşadıklarını ve yedi sınıf olduklarını söylemiştir.

Yedi kat yer ehli ile ilgili Erzurumlu İbrahim Hakkı'nın *"Marifetname"*[82]sinde yazılanlara göz atalım:

"Ey aziz, malûm olsun ki, müfessirler ve muhaddisler ittifak etmişlerdir ki: Hak Teâlâ, kudretiyle yerleri birbirinin altında yedi tabaka yaratmıştır. Her yerin genişliği ve her iki yerin ara mesafesini beş yüz yıllık yol edip, hava ile dolu eylemiştir. İlk tabakanın namı: Dimka'dır. Kısır rüzgâr gibi havası nahoştur. Onda bir çeşit yaratık vardır ki, Berşem namıyla meşhurdur. Onlara hem hesap, hem azap vardır. İkinci tabakanın adı: Celde'dir. Onda cehennemlikler için azabın her türlüsü hazırdır. Buranın kavminin ismi: Tamas'dır. Birbirlerini yerler. Üçüncü tabakanın ismi: Arka'dır. Onda katır gibi akrepler vardır ki, kuyrukları mızraklar benzeridir. Her birinin kuyruğunda üç yüz boğum vardır ki, öldürücü zehir ile dolmuştur. Onun sakinleri bir hasis taifedir ki onlara: Kabes derler. Onların yiyeceği toprak, içeceği rutubettir. Dördüncü tabakanın adı: Harba'dır. Onda dağlar gibi ejderhalar vardır ki, kuyrukları uzun hurma ağacı gibidir. Eğer birinin zehri, bahr-i muhite karışsa, denizdeki yaratıkların cümlesi helak olurlardı. Onun sakinlerine: Cülhan deler. Onların ne gözleri, ne ayakları vardır, ancak iki kanatları vardır ki, uçarlar. Beşinci tabakanın adı: Melsa'dır. Kavminin adı: Muhtat'dır. Sayıları hesaba gelmez. Birbirlerini yerler. Orada kükürtten dağlar gibi taşlar vardır ki, kâfirlerin boyunlarına bağlayıp, cehenneme bırakırlar. Altıncı tabakanın adı: Siccin'dir. Cehennemliklerin amel defterleri oradadır. Sakinlerine: Kutata derler. Cümlesi kuş şeklindedir. Lâkin elleri adam eli gibi, kulakları öküz kulağı gibi, ayakları koyun ayağı gibidir. Onlar, melekler gibidir; yemezler, içmezler, uyumazlar ve cinsî ilişkide bulunmazlar. Daima Hak Teâlâ'ya ibadet ederler. Bir rivayette, ateşliklerin ruhları, kıyamete kadar orada hapsolmuşlardır. Yedinci tabakanın adı: Ucba'dır. Kavminin adı: Cüsum'dur. Cümlesi kısa boylu, siyah Habeşli gibidir. Elleri ve ayakları, yırtıcı hayvan pençesi gibidir. Yecüc ve Mecüc'ü onlar helak etseler gerektir. Halen, lânetlenmiş İblis, taraftarlarıyla onda sakindir. Kendisi bir taht üzerinde oturur. Yandaşları etrafında saf saf durup, her biri yeryüzünde insanoğlunu sapıtmakla ettikleri fesat ve fitneleri, İblis'e arz ederler. Onlardan her kimin şer ve fesadı çok ve büyük ise; İblis onu yanına alıp, sahte övgüler düzüp, iltifat ederek yakınlarından sayar. Hak Teâlâ, Ümmet-i Muhammed'i onların şerlerinden korusun. Âmin. Anlatılan bu yerin ortasında karanlıktan bir perde vardır. Bu yedi tabaka yer, büyük bir meleğin omzunda karar kılmıştır. Hak Teâlâ, yedi yer altında bulunan yeşil kaya, kırmızı öküz, büyük balık ve büyük denizden aşağıda kendi haşmetinden yedi tabaka cehennem yaratmıştır ki, birbirinden aşağıdadır. Her tabakanın arası beş yüz yıllık mesafedir. Cehennemin yedi kapısı vardır ki, her birinin içinde ateşten yetmiş bin dağ vardır. Her dağda ateşten yetmiş bin vadi vardır. Her bir vadide ateşten yetmiş bin kale vardır. Her kalede ateşten yetmiş bin ev vardır. Her ev içinde ipler, sandıklar, tokmaklar, topuzlar, zincirler, bukağılar, köpekler, yılanlar, zehirli akrepler, kaynar ve irinli sular, zehir ve zakkum emsali bin türlü azap vardır. Onda kara yüzlü, gök gözlü zebani melekleri vardır ki, cümlesi sağırdır ve onlarda merhamet duygusu yaratılmamıştır. Öyle çoktur ki hesabı yoktur. Hak Teâlâ, zebanilere bir büyük ve heybetli melek vekil etmiştir ki, ona Mâlik derler. Yedi cehennemin hâkimi ve kapıcısı odur."

Daha genel anlamda yedi kat yer, sadece bizim dünyamızın boyutsal katmanları değil, diğer gezegenlerin de boyutsal katmanları olarak düşünülebilir. O halde, bizim maddi boyutumuza göre kupkuru gözüken Mars, farklı bir frekans aralığında neden yemyeşil olmasın? Emekli Binbaşı Ali Kocaer insan olmayan varlıklar tarafından Mars'a kaçırılışını *"Merih'e Nasıl Kaçırıldım?"*[83] adlı enteresan kitabında anlatıyordu:

"Az sonra Türkiye denizleri ve dağlarıyla pek uzak kaldı. Sonra kıtalar ve okyanuslar göründü. Nihayet altımda masmavi bir yuvarlak belirdi. Anladım ki bu bizim Dünya. Bir müddet geçince o da bir yıldızdan farksız oldu. Müthiş çok müthiş bir hızla fezanın sonsuzluğu içinde kayıyordum. Artık dünyayı unutmuş gidiyor, bu gidişle son derece haz duyuyordum. Gökler yükseldikçe renk değiştiriyordu. İşte bu temaşa zevki içindeyken yavaş yavaş önümde bir hayal belirdi. Birkaç saniye içinde bu hayal tebessüm eden bir insandan başkası değildi. Lakin benim başımın iki misline yakın kafası, büyük kulakları, yuvarlak ve kafaya nazaran küçük bir burun, çok ince dudaklı bir ağız, içeriye girmiş parlak altın sarısı küçük gözler, beyaz pembe renkte sıhhat ifade eden bir yüz. Boy bir buçuk metreden biraz fazlaydı. Kravatsız bir ceket, aynı renk dar pantolon giymiş olan bu insan iki metre kadar ilerimde durdu. Çehresinde benden çekinme diyen bir ifade ve tebessüm vardı."

Kocaer, 1966 yılında bastırdığı kitapta kendisini kaçırdığını söylediği Marslıları tarif ederken artık klasiğe dönüşmüş grili tarifine benzer bir türü resmetmektedir. Fakat onları savaşçı değil de barışçı olarak anlatmakta ve devamında şöyle demektedir:

> "Onlar Merih küresinin derinliklerine bile ilmin kudreti sayesinde hâkim olmuşlardır. Bu yüzdendir ki kâinatta Merih (Zetübiyer)'i istila edecek başka bir medeni âlem olduğunu zannetmiyorum. Lakin Merihliler isteseler bizim küreyi arzımız gibi birçok dünyaları fethedebilirler. Onlar o kadar iyi biliyorum ki Dünyamız şeytani bir icatla felâkete uğrarsa ellerinden geldiği kadar bizleri kurtarmak için yıldırım hızı ile ulaşacaklardır. Çünkü daima bizi kontrol ediyorlar. Şunu katiyetle söyleyebilirim ki; üç tarafı denizlerle çevrili Türkiye'nin mutlu insanları ve ishak seslerinin arşa yükseldiği ülkeler halkı bir gün göklerden gelen bu insanlarla karşılaşırsa hiç korkmasınlar."

Kocaer'in kitabından aktardıklarımızın doğru olup olmadığını bir kenara bırakalım. Ancak cinlerin kendi frekanslarında maddi görünümleri olduğunu İslami kaynaklardan öğrenmekteyiz. Öyleyse kendi frekanslarında madde hüviyetinde kanlarının olması da mantıklıdır.[84] Öte yandan, şeytani hüviyetli olanlarının Dünya'nın en kesif maddi haline yani insan varlığının âlemine daha rahat nüfuz etmek için planları olabilir mi? İnsan vücudunu daha güçlü kontrol edebilmek yani insanın fiziksel özelliklerini değiştirip, direncini kırarak onları adeta uzaktan kontrol edilebilen bedenlere indirgeme çabaları olabilir mi? Ve bu çabaların insan kanındaki, gıdalarındaki ve DNA'sındaki değişikliklerle ilgisi var mı?

Bu soru çerçevesinden bakınca eski çağlardaki yarı insan yarı hayvan yaratıkların, boynuzlu atların, sadece masallarla ilgisi olmadığı düşünülebilir. Bizce onlar, salt sembol olarak anlaşılsalar bile melezliği de anlatmaktadırlar. Ve kanaatimizce insanlık günümüzde, genetiği değiştirilmiş organizmalar, hibrit yaratıklarla adı geçen sembollerle anlatılan tehlikeli bir sürece doğru yuvarlanmıştır. İncil'de bu konuda çok anlamlı bir ayet var:

Matta 24/37: "Nuh'un günlerinde nasıl olduysa, İsa'nın gelişinde de öyle olacak!"

Yani Ahir Zamanda...
Peki, Hz. Nuh'un günlerinde ne olmuştu?

Bir kez daha hatırlayalım: İnsanların fıtratı geri döndürülemez şekilde bozulduğu için Hz. Nuh insanları kendi özlerinden uzaklaştırmış ve onları caniler haline getirmiş olan yeryüzündeki şeytani cin medeniyetinin yok olması için bir beddua etmişti. **"Yeryüzünde kâfir bırakma"** demişti zira bu talepte bulunulurken bunların meydana getirecekleri neslin de kâfir olacağına ve yeryüzünde caniliği arttırarak devam ettireceklerine vurgu vardı. Öte yandan Tevrat'tan öğrenmekteyiz ki, şeytani bir ırk fizik âlemine gelmiş ve insan soyu ile kendi soyunun birleştirilmesini sağlayarak dev, bozguncu, insan yiyen melez bir ırk meydana getirmişti. Bu ırk ise sadece insan soyunu bozmakla kalmamış, hayvanları bile kirletmişti. Öyle ki, Hz. Nuh, bir cinsin temizini bulamadığı takdirde, kirlenmiş/kirletilmiş olanını gemisine alacaktı. Belki temizi olduğu halde kirlisini de alabilirdi ancak bu konuda sınırlama vardı. Temiz hayvandan yedi çift alabilirken kirletilmiş hayvandan sadece bir çift alabilirdi.

Anlaşılmaktadır ki, insanlar ve insan olmayan varlıklar arasındaki savaş yeryüzünü altüst etmiştir. Kocaer adı geçen kitabında barışçı Marslıların istilacı bir tür ile savaştıklarını yazar:

"Tıpkı televizyon gibi çok daha muazzam şekilde filme alınmış dekor ve manzarayla karşılaştım. Bir de baktım ki o büyük ekranda kendimi, Zetübiyerde[85] dolaştığım yerleri ve benimle birlikte bulunanları seyrettim. Bu bittikten sonra fezada başka bir dünyayı daha gösterdiler. Bu ikinci dünyanın da Zetübiyer gibi teknikte ilerlemiş fakat hunhar ruhlu insanlar olduğunu, Zetübiyerle yaptıkları şu savaşla anladım; O hunhar ruhlu insanların Zetübiyer'in on iki bölgesine birden taarruza geçtikleri ve fezadan büyük bir süratle yaklaştıklarını gürdüm. Buna rağmen Zetübiyerlilerin de ani bir süratle bu taarruz haberini nasıl almışlarsa, derhal onların üzerine saldırdıklarını ve fezada müthiş bir savaşa tutuştuklarını, onları kendi dünyalarına kadar sürdüklerini, bununla da yetinmeyerek o dünyayı büyük kuvvetlerle ve hava gemileriyle inişler yapmak suretiyle işgal ettiklerini dehşetle seyrettim. Zetuübiyerlilerin esir ettikleri o dünyanın ismi, kendi dillerince Nuhisa'dır... Nuhisa teslim alındıktan sonradır ki oranın halkına iyi muamele etmeye başladılar. Onlarında medeni insan olmaları için çalıştıklarını ibretle gürdüm."

YECÜC VE MECÜC'ÜN KIYISINDAKİ İDRAKSİZ İNSAN

Kali Yuga, kadim Hindu metinlerinde tanrıça Kali'nin insanı kendi özünden uzaklaştıracağı dört aşamadan oluşur. Aslında Kali, Hindularca tam anlamıyla kötü olarak adlandırılmaz. Onun görevi, bir nevi temizliğe yardımcı olmaktır. Kendi özlerini kaybetmiş insanları peşinden sürükleyerek, hayatı arındırmak görevini icra eder. Yani insanoğlunun Altın Çağı olacak olan Satya Yuga'nın doğması için kendine düşen görevi icra eder; yıkımı hızlandırarak, başaklarla yabani otları birbirinden ayırır. Ancak bir de tanrıça Kali ile sesteş şeytan Kali vardır ki, bu tam anlamıyla kötü bir varlıktır. İkisinin birbiri ile karıştırılmaması gerekir. Şeytan Kali (İslamiyet'te sahte

Mesih Deccal), Bilinen Dünya'nın yani Kali Yuga Çağı'nın sonunda şeytan ikiz kardeşler Koka ve Vikoka'nın (İslamiyet'te Yecüc, Mecüc'ün) yöneticisidir. Hinduizm'de bu iki varlık, güçlerini birbirlerinden alan ve tek başlarınayken mağlup edilebilir ancak birlikte hareket ettikleri ve birbirlerine sıkıca yapıştıkları takdirde mağlup edilmeleri imkânsız şeytanlardır.[86] Kali Yuga çağının sonlarında gizli yer altı dünyası Şambala'dan yeryüzüne çıkacak olan Kalki (İslamiyette Dabbetül Arz, Hıristiyanlıkta ve kimi zaman İslamiyet'te de Hz. İsa ile uyuşmaktadır), bu iki şeytanı yok etmekle kalmayacak, yeryüzünde var olan imanlı azınlığın tamamen yok olmasına engel olmak için imansız, bozguncu nesille savaşa tutuşarak, onların tamamını yok edecek, yani Dünya'da büyük bir temizlik hareketini başlatacaktır. Altın Çağ, yani yeni Satya Yuga, milyarlarca insanımsının yok edilişinden sonra, sayıları binli rakamları aşmayacak insanların üzerinde yükseltilecek, Kalki, bu insanlara çok uzun bir zaman dilimi dâhilinde kral olacak, din tekrar özüne dönecek, insan idraki kristalleşip berraklaşacak, hikmet tam olarak en saf biçimiyle kavranacak ve tüm bunların ardından o, görevini yerine getirmenin huzuruyla yer altı ülkesine geri dönecektir.

Kali Yuga'nın birinci aşamasında insanoğlu rabbinin adını daha az anacak, kutsal olana hürmet azalacak, din adamlarının çoğu dinin gayesinden habersiz olacak, ibadetlere riya karışacaktır. İkinci aşamasında ise Allah dostlarını zikredenler dahi zikirlerinden vazgeçmeye başlayacaklardır. Üçüncü aşamada yeryüzünde 'istenmeyenlerin' nüfusunda artış olacak ve son aşamada ise Allah inancının uzun süredir unutulmuş olmasından ötürü yeryüzünde tek bir tip/tür/ insan kalacak.

Yani ehli küfür, tek bir millet olarak birleşecektir. Hindu metinlerinden anladığımız çok önemli meseleler var. Hem giderek artacak olan bir istenmeyen nüfus vurgusu var[87], hem de Allah inancı olmayan tek tip bir insan. Buna mukabil dini metinlere uyan insan sayısında endişe verici bir düşüş meydana geleceği açıklanıyor. Ve bilhassa son aşamada korkunç bir tablo önümüze seriliyor: Adeta hayvan olup çıkmış insanlar, zihni melekeleri zayıfladığı için derin bilgileri idrak etmekten geri kalmış, mantık yoksulu bambaşka bir soy; öyle ki şehirlerdeki inançlı kişiler bir elin parmakları kadar azalmakla kalmayacak, bu kişiler çoğunluk tarafından alaya alınıp yakalanacak ve eğlence olsun diye av ve spor müsabakalarında öldürülen hayvanlar gibi öldürülecekler. Tüm bunlardan sonra hala sağ olan iman sahipleri şehirleri terk edip, bu sapkın medeniyetin ilgi göstermediği için uzanmadığı dağ doruklarına ya da mağaralara sığınacaklardır. Hindu metinleri Kali Yuga'nın son aşamasında artık mantıksal konuşmaları anlayamayan insanlardan bahseder. Üstelik bu insanlara yüksek hakikatlerin bilgisini vermek, zihni melekelerindeki donukluk yüzünden mümkün olmayacaktır. Burada ne istediklerini ve nasıl yaşayacaklarını bilmeyen varlıklar söz konusudur. Hindu metinleri bu yeni tip varlıkların söyleneni idrak edemez fıtratlarından dolayı kesinlikle yollarını değiştiremeyeceklerinden bahsetmektedir. Hatta bunlar öyle kötülükle dolu varlıklar olacaktırlar ki, yamyamlık bu türün günlük rutini haline gelecektir. Kısacası metinler, bu varlıkların sadece en kötü şeyleri almaya odaklı olduklarını aktarmaktadırlar.

Bunlar kimilerine çok fantastik hikâyeler gibi görünebilirler. Zira burada anlatılanların çok fantastik gelmesi de, akli kuvvetimizdeki düşüşün bir emaresi sayılmalıdır kanaatindeyiz. Nükleer silah tehditleriyle yeryüzünü yönetme ihtirasına sahip eli kanlı liderlerin ve sistemlerin akıl yoksunu şeytani zekâsını, **"bunlar genel geçer sistem olmaya/lider olmaya uygunlar"** diyerek iktidar yapan kitlelerin geleceğe neyi taşıdıklarından hala şüphe mi duyacağız?

Bugün dünya insan klonlamayı yani diğer bir değişle kopyalamayı konuşuyor. Herkes bal gibi biliyor ki, 'insanlık' olarak işin ahlak kısmını yalandan tartışıyoruz. Herkes bal gibi biliyor ki, yine **"hele bir yapılsın da, sonrasında düşünürüz"** kıvamındayız. İç sesimiz bunun eninde sonunda gerçekleşeceğini söylüyor.[88] Neden? Cevap çok basit: **"Güç için atom bombasını kullanmış, yine para ve güç elde etmek için kendi gıdasını zehirlemiş, suyunu kirletmiş, dünyanın göğünü delmiş soyumuz, şimdi karşısında daha şeytani bir**

gücü elde etmenin fırsatı gibi dikilen büyük kötülük dururken, neden dursun? Bu kötülüğü kendisine ve dünyasına yapmadan nasıl rahat etsin?" Aslında içindeki en kötü sesin telkini altındayken, bu kötülüğe yine bir iyilik maskesi geçirecektir o. **"İnsanlık için"** diyecektir, **"iyilik için"** diyecektir. Hatta İslam Dünyası'nı darmaduman etmenin startını veren ABD'nin Baba ve oğul Bush saltanatında olduğu gibi **"demokrasi için"** bile diyebilir. Sonrası malum.

Elimizdeki metinleri iyi değerlendirmeliyiz. İnsanın yamyamlığı deyince, balta girmemiş ormanlarda düşmanlarının etinden yahni yapan beşeri, ufkumuzdan çıkarıp, yamyamlığın modernize edilmiş haline odaklanabilmeliyiz.[89] Yani kadim metinlerin bizi uyardığı kötülükler, teknolojiden mahrum kalmış, dağın eteklerindeki kabileler misali yaşamaya başlayacak bir insanlığın ürünü değil, teknolojiyi sonuna kadar kullanan bir sistemin içindeki zihniyetin ürünü olacaklardır. Hindu metinleri insan türünün yamyamlaşacağını söylerken[90], aklımızda tutmamız gereken şey, teknolojinin doruğunda bir yamyamlaşmadır. Elbette bunun aşamaları vardır. Daha şimdiden, **"insan insanın kurdudur"** deyimi bu medeniyetin ilkesine dönüşmüş değil midir? Olumlu manada etki eden insanın yerine olumsuz manada edilgen, seyirci bir varlık geçmeye başlamadı mı? Medyanın üstümüze boca ettiği kötü görüntüler bu olumsuz biçimdeki edilgen seyirciliğin temelini attı. Artık her türlü vahşet haberini almaya, görmeye alıştık. Üstelik 'gerçek hayattaki' vahşi haberler de yetmiyor bize, ufkumuzu, hayallerimizi böyle vahşetlerle çeşitlendirmek için her türlü vahşetle, anlayışsızlıkla bezeli oyunlar oynuyor, filmler seyrediyoruz. Ardından hakikatin kendisi artık gözümüzde oyun oluyor, film gibi oluyor. Kötülük başımıza gelmedikçe, onu sinemada zevk veren bir kurguymuşçasına izlemeye koyuluyoruz. Gözümüzün önünde intiharlar oluyor, kazalar oluyor, kavgalar oluyor ama yaptığımız ilk iş önce telefonlarımızın kameralarına sarılmak. Çünkü gördüğümüzü paylaşmak, burnumuzun ucundaki kötü-

Konu ile ilgili video için lütfen QR barkodu okutunuz

lüğü bertaraf etmekten daha iyi. Çünkü kötülüğü bertaraf edemeyeceğimiz telkini ile yetiştirildik. Çünkü bizler de hastayız. Böyle deyince bazıları **"Peki, ya ne yapsaydık?"** diyebilirler. Aslında cevap basit: **"İntihara yeltenenleri videoya kaydederek yaptığımızı yapmasak yeterliydi. Böylece veba gibi yayılan bu kötülük dolu içselleştirmeye çanak tutarak hizmet etmiş olmazdık."**

Şu anda, her anlamda yamyamlaşacak olan beşerin temeli atılmaktadır. 1997'de koyun Dolly kopyalandığında, gelecekte dönüşebileceğimiz şeyin en büyük işaretlerinden biri ile karşı karşıya geldik. Üstelik dünyada kopyalanarak var olmuş ilk canlının koyun olarak karşımıza çıkartılması hayli manidar. Tıpkı bu sürü hayvanı gibi, insan da bir sürü hayvanına, idraki daraltılmış bir beşere dönüşmenin yanı başındaydı artık.

Kopyalama işi günümüzde 'çekirdek transferi yöntemiyle' gerçekleşir. Bir canlıdan yumurta hücresi alınır ve çekirdeği çıkartılır. Çekirdeği çıkartılan bu yumurtalar, klon için taşıyıcı olacaklardır. Şimdi ister aynı canlıdan, isterse aynı türdeki başka bir canlıdan alınan herhangi bir vücut hücresi bu yumurtanın içerisine yerleştirilir. Ancak işlem burada bitmez. Bu yumurtada bir embriyo oluşumuna gitmek için, yumurtaya yerleşen bu hücreye hafif bir elektrik şoku uygulanır ki hücre bölünmeye başlasın. Bir kez bölünen hücre buna devam eder ve nihayet embriyo olma yoluna doğru ilerler. Yani, buradaki canlı bir sperme ihtiyaç duymadan meydana gelir. Ayrıca meydana gelen canlı, farklı iki canlının çiftleşmesi ya da yumurtaların spermle döllendirilmesinin ürünü olmadığı için, hücre çekirdeği alınıp yumurtaya nakledilen canlının tıpkıbasımı DNA'sına sahip olur. Fiziksel görünüşü-çevresel koşullarla meydana gelecek olan değişiklikler hariç tutulmak üzere- ebeveynine bir ikiz gibi benzer.

Bu kitabın yazıldığı dönemde bilim adamlarının önemli bir kısmı klonlama çalışmalarını kök hücre üretmek maksadıyla sınırlandırdıklarını ifade ediyorlar. Zira kök hücreler yardımı ile bazı ciddi hastalıkları tedavi etmenin mümkün olduğu söyleniyor. İnsandaki kök hücreler, ilk hücre bölünmesinden aşağı yukarı beş gün sonra, yumurtaya yerleştirilmiş hücrenin yüz hücre meydana getirecek kadar bölünebilmesi ile oluşurlar. Kök hücreler iki yüz kadar vücut hücresine dönüşebilirler. Ve bu kök hücreler, deri, kan, tırnak ve vücut organlarını oluşturacak hücrelere dönüşürler. Bilim adamlarına göre kök hücrelerle organ üretimi yapmak dahi mümkün. Tam da burada, dehşetli geleceğimizin ilk tohumlarını görüyoruz: Bir canlının hayatı ve sağlığı pahasına başka bir canlının katledilmesini. İşte bu, yamyamlığımızın modernize edilmiş, güya estetik hale getirilmiş ilk somut halidir.[91] Vahşetlere alıştırılan zihnimiz, henüz bilinç kazanmamış bir insan embriyosunun, başka insanların daha sağlıklı olmasını ya da hayatta kalmasını sağlamak için kullanılmasını garip karşılamayacak, bunun hâlihazırda hayvanlara yaptığımız şeyin aynısı olduğu savunulacaktır. Yani "ne farkı var ki?" denilerek kendi türümüzü de yemeye başlayacağız. Yemek, denince aklımıza ne geliyor? Şimdilik tavada kızartıp yemekten söz etmiyoruz ama yine de söz ettiğimiz şey yamyamlık. Çünkü embriyonun insan vücuduna sıhhat getirecek bir besin değeri gibi kullanılmasıdır bu. Ve bu kullanım için mesela 'insan sağlığını koruma laboratuvarları' kisvesiyle embriyo çiftliklerinin oluşturulmasıdır. Bu, modern manadaki ilk-geniş kapsamlı-somut yamyamlığımız olacak kanaatindeyiz. Ancak son olacak mıdır?

Biz burada gelecek kipini kullandık. Fakat, ceninin sistematik bir biçimde daha şimdiden bizlere 'yedirildiğini' ifşa eden bilim insanları da var: Dr. Helen Ratajczak daha önce ilaç şirketlerinde aşı geliştirme uzmanı olarak çalışmış biri. Yayınladığı bilimsel makalesiyle, ilaç firmalarının gizlediği bir gerçeği ifşa etmiş oldu; aşıların içine sokuşturulan insan DNA'sı gerçeğini! Ratajczak aşı üreticilerinin çoğunun insan dokusunu kullanarak aşılarını geliştirdiklerini, bu dokunun şu an yirmi üç aşıda kullanıldığını söylüyor. Ona göre insan cenini parçalarının aşı içerisinde kullanımındaki artış otizmdeki artışla paralel olabilir. Dr. Ratajczak, suçiçeği aşısının da otizmi tetiklemekte etkili olduğunu ve 1995 yılında geliştirilen suçiçeği aşısında insan DNA'sı bulunduğunu açıkladı. Peki, bu bilgi aşının içeriğinde yer alıyor muydu dersiniz? Elbette hayır! Neden yer almıyor? Neden gizleniyor? Bizlerin sağlığı için mi bu sır? Dr. Ratajczak' a göre İnsan DNA'sı eklenen aşılar beyin nöronlarını öldürmeye başlıyor. Bu ve benzeri başka aşılara maruz kalan vücudun öz direnci akamete uğruyor. Tüm bu faktörler birleştiğinde otizmde artış görülmekte. Dr. Ratajczak'ın açıklamalarından sonra, kendisini onun açıklamalarını çürütmeye adamış Pensilvanya Üniversitesi'nden Dr. Brian Strom ne dedi biliyor musunuz? İnsan DNA'sının aşılarda yer aldığını bilmediğini söyledi. Şimdi, bunu söyleyen adamın ahlaki bir duruş sergileyerek, **"Bu bir skandal! Neden bizlere bildirilmiyor? Böyle bir şeyi kabul edemeyiz. Bildiri yayınlamamız gerekli, bu bir insanlık suçudur! Halk bilgilendirilmemiştir! Bu olay gerçek mi değil mi araştırılsın!"** demesini beklersiniz. Böyle bir tepki bekliyorsanız, daha çok beklersiniz! O, hinlik yaparak cümlesinin başını şöyle kurdu: **"Öyle olsa bile..."** Düşünebiliyor musunuz? Yani gizlenmiş, bir suç işlenmiş, yargılanma gerektiren, o aşıyı geliştiren şirketin kapatılmasını gerektirecek şartlar oluşturan bu suç karşısında sessiz bir sözde bilim adamı, bir de çıkmış bu sefer pişkince **"Öyle olsa bile..."** diye başlayan iğrenç cümlesini kuruyor. Ne mi diyor?

"Aşılarda insan DNA'sı bulunsa bile, bu, onların otizme neden oldukları anlamına gelmez." Dr. Strom kimleri incitmemesi gerektiğini, kimlere hizmet ettiğini iyi idrak etmiş. Dr. Ratajczak yıllarca aşı 'sektöründe' çalıştı. CBS News'a şimdiye dek neden sustuğunu da açıkladı: **"Şimdi emekli oldum, istediğim şeyi yazabiliyorum."** Sektörde çalışırken bazı bilgileri kamuoyu ile paylaşması kesinlikle yasaklanmıştı.[92]

Mesele aşılara toplu bir şekilde karşı çıkma meselesi değil. En başta etik açıdan, sonra sağlık açısından sakıncalı bir şeyin aşıya sessiz sedasız sokuşturulmasıdır.[93]

İnsanların klonlar şeklinde üretilmeye başlanması, bu üretimin kaçak laboratuvarlarda yapılabilecek kadar yaygınlaşması, klonlanmış insanların kapalı mekânlarda uygun zaman gelinceye kadar hapsedilip, yeterli olgunluğa ulaştıklarında[94], tıpkı kızarmış domatesler gibi daldan koparılıp, klon olmayan insanlar için harcanmaları; yani ameliyat masasına yatırılıp içlerinin boşaltılması, organlarının çıkartılıp, klonu yapılan kişiye takılması... Bunlar merhametsizliğin, yamyamlığın boyutunu büyütecek ve bu konuda bir çığır açtırtacaktır. Günümüzde dahi organ mafyaları, yamyamlaşmış insanlara çeşitli uzuvlar sunarken, ilerde yamyamlığın boyutlarının genişleyip genel geçer hale gelmesi söz konusudur.

Klonlanmayla birlikte[95] resmi olarak şirketlerin patentinde olan 'ürünler haline getirilmiş insanlar'dan dahi bahsedilebilir. Bu da köleliğin estetik hale getirilmesidir. Klon bir canlının yasal olarak soy belirsizliği taşıma riski vardır. Şirket bir imza yetkisiyle klonu yapılmış kişinin bütün klon soy haklarını kolayca eline alabilir. Çünkü klonlar anne ve babanın cinsel birleşmesinin ürünü değil [96], bir insandan alınan hücrenin laboratuvar ortamında üretilmesinin ürünüdür. Burada bildiğimiz türde bir annelik kavramı yoktur. Zira hamileliği yaşayacak olan kişi sadece taşıyıcı olacaktır çünkü bu kişi-eğer klonlanacak hücre kendisinden alınmadıysa- neredeyse hiçbir özelliğini karnında taşıdığı varlığa aktaramayacaktır. Babalık hakkı da şaibelidir. Kısacası kişi, hücresinin kullanım hakkını satar ve şirket bu aşamadan sonra o hücreden meydana getirilebilecek klon canlıların mülkiyetine sahip olur. Burada satış yapan kişiyi yasal yükümlülükten kurtaracak olan masum bir gerekçe bulunacak ve sadece bir hücre satışının gerçekleştiği öne sürülerek iş gayet ahlaki ve yasal olarak damgalanacaktır. Yani, satış yapan kişi, bir bebek satıcısı olarak addedilemez. Biz böyle yazıyoruz ama gelecekte böylesi ince fikre ihtiyaç duymayacak kadar nobran bir hükümet anlayışının var olması durumunda [97] bu tür yasaya uydurma çabalarına dahi ihtiyaç kalmayabilir. Yani, tehlike büyük.

Daha şimdiden klonlama sevdalıları güya pek hayırlı amaçlar için klonu savunmak iddiasındadırlar. Mesela çocuk sahibi olamayan çiftler için klonlamaya başvurma fikri bunlardan biri. Yetim ve öksüz çocukların bakımını üstlenmek varken, yan etkilerine hiç aldırmadan DNA çeşitliliğine ağır darbe indiren, sosyolojik sonuçları vahim olabilecek ve hastalıklar karşısında daha savunmasız olacakları anlaşılan, tıpkı 'sahiplerine' benzeyecek çocuklarda ısrar etmek, bencilce değil de ne? Klonlama yöntemiyle embriyoların çoğu sağlıksız gelişiyor, ölü doğum, sakat gelişim rutin sonuçlar. Yani sağlıklı bir birey elde edilene kadar, geri kalan tüm insanları çöp olarak mı addedeceğiz? Sakat doğanlar ne olacak? Klon talep eden sözüm ona aile, bu sakat bebekleri kabullenecek mi? Üstelik-şimdiki teknolojik araçlarla üretilen- klonların sağlıklı görünseler bile hızlı yaşlandıkları Dolly örneğine bakılarak söylenebilir. Aslında bunların hiçbirine dikkat edilmeyeceğini şimdiden biliyoruz. Keyfi gerekçelere dayandırılan, yasal olmayan kürtajlar zaten yapılmaktayken, sorduğumuz soruların cevapları şimdiden belli. Ayrıca, tüm bunlar aşılsa bile, klon senaryosu korkunç olmaya devam edecek.

İbn Kesir'in *"Tefsir'ul Kur'ani'l-Azim"* adlı eserinde yer alan Evs'den gelen şu hadisi çok manidar buluyoruz:

> "...Yecüc ve Mecüc'ün sahip oldukları birçok kadınları vardır, diledikleri kadar cinsi münasebette bulunurlar. Birçok ağaçları vardır, diledikleri kadar aşı yaparlar. Onların erkekleri, soyundan bin kişi hatta daha fazla bırakmadan ölmezler."

Yecüc ve Mecüc soyu ekseriyetle Âdemoğlundan sayıldığı halde[98] nasıl olur da bizden bu derece farklı yaratıklar olabilirler sorusu üzerinde hiç düşündük mü?

Burada Yecüc ve Mecüc'ün çoğalma şekline değinilirken çok manidar bir şekilde, 'birçok ağacı diledikleri kadar aşıladıkları' belirtilmektedir. Ağaç aşılamanın ne demek olduğunu toprakla uğraşanlar iyi bilirler. Ağaç aşılamak nasıl tabiata müdahale etmek demek ise, Yecüc ve Mecüc'ün üremesi de, o anlamda tabiata müdahale etmektir. Hadiste, bu varlıkların üremesine değinilirken ağaç aşılama örneği kasti olarak verilmiş olmalıdır. Zira ağaç 'soy' anlamında da kullanılan bir kelimedir. 'Soyağacı' demek bizatihi şecerenin kendisidir. Ancak dışarıdan müdahaleyle yani 'aşı' ile müdahale edilmesinden sonra "onların erkekleri, soyundan bin kişi hatta daha fazla bırakmadan ölmezler." Öyleyse yine dışarıdan bir müdahale yöntemi olan klonlama tekniği ile Yecüc ve Mecüc'ün çoğalması arasında önemli bir ilinti söz konusu olsa gerektir.

Üstelik biz ağaç aşılama tekniğini en masum şekilde ele aldık. Bir de bunun haşere ve böceklerden korunmak maksadıyla değil de, bir meyve ağacından başka bir meyve ağacı elde etme maksadıyla yapılanı var. Mesela erik ağacına kiraz aşılamak gibi. Bu olay insan üzerine kurgulandığında genetik müdahaleyi hatta farklı türlerin ortak ürünü olan 'melez varlıkları' akla getirmektedir. Şurası kesin ki, İblis'in şeytanları aracılığı ile insanlara 'fısıldaması' ve yapacakları şeyi süslü göstermesi söz konusu olmasa, böyle bir varlık tipinin oluşması mümkün değildir. O halde, Yecüc ve Mecüc her halükarda, ister yeryüzünde, ister başka bir boyutta üretilmiş ve üretilecek olsunlar cin ve ins şeytanlarının ortak çocuklarıdırlar. Şeytaniyete hizmet etmek maksadıyla dizayn edilen ve zihinleri ve bedenleri adeta buna göre programlanan, en kötüyü yapmaya ve algılamaya koşullu 'şeytan çocukları' oldukları için ikincil anlamıyla aynı zamanda şeytandırlar. Bu da İslam âlimlerinin onları neden âdem soyu sayarken, Hinduların cin türünden şeytan saydıklarını açıklamaktadır. Bu, aynı varlığa farklı perspektiflerden bakmaktır. Dolayısıyla her iki açıklama da doğrudur.

Bizler, insan olmaktan uzaklaşıp bozguncu beşer olma yolunda Yecüc ve Mecüçlüğün kıyısına yaklaşırken bazıları müjdeli bir haber almışçasına şöyle diyebiliyor:

> **"Elbette insan olmayı iyileştirmek derken bugünkü halimizi kötülemiyoruz. İnsan olmak tabii ki güzel bir şey; ama daha olgun, uzun ömürlü ve sağlıklı bir insan olmak daha güzel bir şey."[99]**
>
> Transhümanizm aynı zamanda bir tekâmül süreci. Bugüne kadar sadece biyolojik olarak insandık. Beynimiz, zihnimiz, vücudumuz hep doğal biyolojimize dayanıyor. Ancak, gelecekte sentetik biyoloji ve bilgisayar teknolojileriyle insan olmayı daha da geliştirebiliriz.
>
> Sentetik biyoloji ile insan vücuduna yorulmadan daha uzun süre koşma kabiliyeti kazandırabilir, kanserojen maddelere karşı daha dayanıklı hücreler geliştirebiliriz. Beynimize enjekte edeceğimiz mikroskobik robotlar (na-

> nitler) yoluyla veya bizzat beyin hücrelerini moleküler düzeyde programlayarak insan beynini süper bilgisayara dönüştürebiliriz. Süper zeki insanlar yaratabiliriz.
> İşte buna trans-biyolojik anlamda aşkın insan, yani trans-hümanizm diyoruz. Amacımız yaşlılık, ölüm, unutkanlık ve bunama gibi biyolojik sınırlamalarımızı aşmak.[100]

Okuyunca adeta tozpembe bir tablo çıkıyor karşınıza. Hakkını yemeyelim transhümanist Natasha Vita-More **"Mesele insani değerlerini kaybetmeden süper zeki olmak,"** diyerek bizi uyarıyor ve bu vurgusuyla yapılan şeyin ancak o zaman anlamlı olacağını ima ediyor. Ama hiç demiyor ki, **"günümüz zihniyetini taşıyan modern insanın, elindeki araç gereçlerini bu minvalde kullanmasına neredeyse imkân yok!"** Aslında kendisine teknolojinin yol açabileceği kötülükler soruluyor ama verdiği cevaptan ne Hawking'in yapay zekâyla ne de başka bilim adamlarının katil robotlarla ilgili uyarılarına kulak asmadığını anlıyoruz. Zira şöyle diyebiliyor More: **"Transhümanizm yalnızca teknolojiyi iyiye kullanarak mümkündür."** Sanki teknoloji şimdiye değin hep iyi amaçlar için kullanılmış gibi konuşuyor. Yani tavır, bildiğimiz **"hele bir yapılsın da, sonra insani değerlere aykırı bir şeyler olursa, biz kamuoyuyla o değerleri uygulatmasını biliriz"** tavrı.

Mesela More, **"...Kendimize sürekli 18 yaşındaki bedenler klonlayıp bunların içinde yaşayabiliriz. Birçok insanın da sadece kendi bedenini tercih edeceğini düşünüyorum; çünkü bedenimiz benliğimizin bir parçası,"** derken onun tam olarak neyi kastettiğini anlamış değiliz ya da anlamak istemiyoruz desek daha doğru olur çünkü kast ettiği şey kelimenin tam anlamıyla klonlama ise, onun klon ile meydana getirilecek olan bireylerin yaşam hakkını hiç gözetmediği ortaya çıkar. Öte yandan, kendimiz dediği şey eğer bilinç ise, bilincin bir başka bedene nakli için beynin kendisinin nakledilmesi gerektiğini düşünmesi gerekir. Eğer beyin, kendi hücremizden meydana gelmiş 18 yaşındaki klonumuza nakledilecek ise, bize ikizimiz kadar benzeyen klonumuzun beyninin çıkartılması gerekmektedir. Bu ise, tam anlamıyla psikopatlıktır. Yok, eğer bunu kastetmediyse ve bahsettiği şey beynimizdeki verilerin klonumuza yüklenmesi ise, bunun da psikopatlıkta öbüründen aşağı kalır hiçbir yanı yoktur. Bahsi geçen şey, bir bireyin bilincinin, öbür bireyin beynine zorbaca transferidir. More, söylediğinden beynin değil bilincin transfer edilmesini kastettiyse, herhalde bu transfer sayesinde ömrün uzayacağını zannetmiş olabilir. Ama kendileri, bilinç demenin ruh demek olmadığını unutmuş gözüküyor. Katılmaktayız ki, insanı bilgisayar gibi düşünmek iç rahatlatıcı olabilir. Yani, bir hard diskin verisini alırsın ve bir diğerine yüklersin. Biri silindiği zaman yoluna diğeri ile devam edersin. Ne de olsa bütün bilgiler öbüründe vardır. Ve buna da ölümsüzlük dersin. Bu, hem sonuçları itibarıyla psikopatça, hem de ergence bir düşünce. Ergenliğini muhafaza eden bir başka Rus, internet milyoneri Dimitry İtskov, insan beynini bir bilgisayara yüklemeyi mümkün kılmak için harekete geçmiş. 2016 yılında BBC ile gerçekleştirdiği röportajda, otuz yıl içinde ölümsüzlüğe kavuşacağımız iddiasında olan İtskov, zamanla hücrelerin kendilerini onarma yeteneklerini yitirmeleri karşısında tamamen sanal bir dünyaya sığınmış. İtskov'un imkânsızı mümkün kılmaya olan ilgisi, 1980'lerde Sovyetler Birliği'nde bir çocuk olarak başlamış "En büyük hayalim kozmonot olmak, uzaya uçmaktı" diyor. Bir bilimkurgu romanı kendisinde kalıcı bir etki yaratmış. Kendisinin yaklaşık 90 milyar nörondan oluşan beynin verilerini ve işleyişini taklid edecek yapay ve sanal bir beyni üretmek hayali var.[101] İtskov bu hayale bir hayal kırıklığı ile başlamış gözüküyor, zira şöyle diyor:

> "Rus Profesör Vladimir Skulachev'in insan bedenindeki hücrelerin oksitlenmesini durdurma yöntemi beklenen sonucu vermedi. 1990'da keşfedilen 'telomeraz' fermenti insan hücrelerini hızlı ve yaşlanmadan çoğaltıyordu. Fakat bu yöntemle kanser hücreleri de hızla çoğalmaya başladı. Geçen yüzyılın ortalarında dondurularak muhafaza edilmiş hasta bedenlerde onarımı imkânsız hasarlar tespit edildi. Kök hücre sayesinde gençleşme yöntemi de sonuç vermedi. Tüm bu çalış-

malar sonucunda iki yüz yıl önce ortalama kırk yıl olan insan ömrü günümüzde seksen yıla yükseltilebildi. Tıbbi çalışmalara bakarak insan ömrünün gelecekte on-yirmi yıl daha uzatılabileceğini söyleyebiliriz. Ancak ölümsüzlükten bahsetmek kesinlikle mümkün değil."[102]

Bir haberde İtskov'un projesi şöyle özetleniyor: **"...İlk olarak beyin-makine arayüzü ile kontrol edilen bir insan benzeri robot kullanılması amaçlanıyor. Ardından, insan beyni, ilk başta dışarıdan kontrol edeceği bu robota nakledilecek. Sonrasında, bilgisayar ortamına aktarılan bilinç, robot vücuda transfer edilecek. Sonuç olarak, robotik bir vücut ve sanal bir beyin kullanan bir avatar ortaya çıkacak."**[103]

İtskov'un da ısrarla anlamadığı husus, bilincin ruh olmadığı hususudur. Bahsi geçen proje, meydana getirilecek olan avatarın, Facebook ve Google gibi programların insanın beğeni, fikir, hatıra ve davranışlarını biriktirmesi ve daha sonrasında bu verilerden yola çıkarak kişiliğimizi taklit eden sanal bir kopyamıza dönüştürülmesi projesinin ötesine geçemez. Bu kopyanın, davranışsal anlamda bazı yönlerden bize çok benzeyeceği söylenebilir, ama biz olmayacağı da gün gibi açık.[104] Korkutucu olan, ona bizmişiz gibi davranan bir neslin, biyolojik kişilikler ile sanal kişiliklere aynı hakları vererek, biyolojik varlığı sanal varlığa indirgeyecek kadar bayağılaşmasıdır. Makinelere yönelmiş duygusallığın temeli, insana benzeyen kişilik sahibi robotlarla atılmaktadır. *"I, Robot"* filminde polis rolündeki Will Smith, **"Neden onlara (insana benzer) yüz yaptınız, onları daha dostça, daha insancıl göstermek için mi?"** diye sorarken doğru yere parmak basıyordu ama filmin ana konusu, robotlara ayrımcı davranmamamız gerektiği üzerinden yürütülüyordu. Hele bu kişilik sahibi robotlar, ölmüş yakınlarımızın kişiliklerini taklit ederlerse, makinelerle kuracağımız duygusal bağ, bizleri maddenin telkinlerine açık, tamamıyla maddeler tarafından[105] yönlendirilebilen varlıklara dönüştürecektir. Ölmüşlerin kişiliklerini taklit eden bu avatarların, duygu şantajlarıyla, bazı ürünleri onlar için satın almamızı, yine onlar adına bazı tercihlerde bulunmamızı isterken, bazı gizli reklamlar barındıran ve tekellere, şirketlere para kazandıran yapıda programlanmadıklarını, belli niyetlere, örtülü ideolojilere hizmet etmediklerini kim söyleyebilir? Ayrıca bunlar duygularımıza hitap edeceklerinden ötürü (mesela anneniz görünümlü ve annenizin kişiliğini taklit eden bir avatara nasıl duygusal davranmayabilirsiniz ki? Madem davranmayacaktınız, o avatarı neden yanınızda barındırıyorsunuz?) bizlerle gün boyu iletişimde bulunarak, bizi gözetleyecekler ve verilerimizi gerektiğinde ilgili merkezlere taşıyabileceklerdir.

Yok, eğer birileri bizleri **"burası gerçek dünyadan daha güzel, hastalık ve ölüm olmayacak"** deyip, Matrix filmindekine benzer küvetlerde yaşatmak istiyorsa, aldatmayı kafaya koymuşlar demektir.

Haksızlık etmek istemeyiz; More, yukarda dile getirdiğimiz klonlama fikrini, ömrü uzatmak istemeye odaklananların yapabileceklerini göstermek için dile getirmiş bulunuyor. Ama onun bunu dile getirebilmesi ve dile getirme şekli, olayı hiç de yadırgar tarzda değil. Sadece sırf bu meseleye odaklanmaya bir burun kıvırma kıvamında. **"Ömrü bu şekilde uzatabiliriz belki ama bunlara çok da gerek yok"** der gibi kendisi. Fakat ahlaki ilkeleri çoktan tatile çıkardığını şöyle demesinden anlıyoruz: "İnsan ömrünü yapay yollardan, örneğin Aubrey de Grey'in dediği gibi kök hücre tedavisine dayalı genetik yollardan uzatmanın zararı ne olabilir?" Embriyonik kök hücreler vasıtasıyla yani terapötik klonlamayla[106] işin yamyamlığa kadar gidebilecek boyutunu hiç umursamadığını ortaya koyan dehşet verici bir soru.

More, pembe tablolar çizmek için kendini zorlarken, şu tür haberleri görmek ya da göstermek istemiyor olsa gerek:

"Dünya'nın önde gelen robot ve yapay zekâ uzmanları Birleşmiş Milletler'e (BM) mektup yazarak uyarılarda bulundu... Bilim insanları BM'den öldürme yeteneği olan robotların geliştirilmesinin ve kullanılmasının yasaklanmasını talep etti. Aralarında Tesla'nın kurucusu Elon Musk ve Google'nın satın aldığı yapay zekâ şirketi DeepMind'in kurucusu Mustafa Süleyman'ın da olduğu 26 ülkeden 116 uzmanın imzaladığı mektup ile yapay zekâya karşı BM'yi uyardı. Uzmanlar yaptıkları çağrı ile hedefleri kendi kendilerine belirleyip onları öldürebilen robotların geliştirilmesinin engellenmesini talep ediyor."[107]

Unutmadan, konumuz Yecüc ve Mecüc'ün kıyısında olmaktı. Madem öyle, şu gelişmeye ne dersiniz:

Social Cognitive and Affective Neuroscience[108] dergisinde yayınlanan sonuçlara göre, denek insanların hedeflenmiş beyin bölgesi geçici olarak kapatıldığında 'Tanrı, melekler ve cennet' konularına olan inançlarına dair %38'lik bir azalma meydana geldiği rapor edildi. Bunun yanı sıra bu deneklerin, kendi ülkelerini eleştiren bir göçmene karşı olan hislerinde %25,8'lik olumlu bakış açısını yansıtan bir artış olduğu belirlendi.[109] Yani, mesaj şu mu(?): **"Daha hoş görülü olmak için Tanrı inancını yok etmeliyiz!"**

Araştırmayla ile ilgili olarak York Üniversitesinde çalışan Dr. Keise Izuma şunları söylüyor: **"Beklendiği üzere, beynin posterior medial frontal korteks bölgesini kapattığımızda, insanların, kendilerine ölümün hatırlatılmış olmasına rağmen, içlerini rahatlatmak amacıyla dini fikirlere daha az meylettiklerini bulguladık."**

Peki, beynin adı geçen bölümü nasıl mı uyarılıyor? Transkraniyal Manyetik Stimülasyon (TMS) yöntemiyle. Haberlerden görüyoruz ki manyetizmanın şimdiye değin hasıraltı edilen mucizevî özellikleri bir bir ortaya çıkmaya başlıyor. Bir başka haber:

> "Buffalo Üniversitesi'nden bilim adamları farelerin beynine manyetik folyolar yerleştirerek, fiziksel hareketlerini kontrol etmeyi başardı."

Bu çalışmanın da Transkraniyal Manyetik Stimülasyon (TMS) ile ilgisi var. Habere göre bu yöntem manyetik folyoların kafatasına yerleştirilmesiyle desteklendi ve böylece beyinden beyine iletişim dahi mümkün hale geldi. Ancak

Buffalo Üniversitesi çalışanları daha farklı bir yöntemi denedi. Mıknatıslar kullanarak hafif bir ısı üretti ve bu sayede çok özel nöronları aktive etti. Fakat hedef nöronları aktive etmek hiç de kolay olmadı. Bunun için farelerde genetik bir değişiklik yapıldı. Nöronları sıcaklığa duyarlı iyon kanalı üretebilen fareler meydana getirildi. Ardından beynin bu bölgesine enjekte edilen nano parçacıklar nöronlara tutundular. Dışarıdan geri ve ileri manyetizasyon sağlandı ve istenilen nöronlar ısıyla komut alır hale geldi. Araştırmacı Arnd Pralle, bu yöntemle 100 mikrometre uzunluğunda ve aşağı yukarı saç teli kalınlığında çok küçük bir hücre grubunu hedef alabildiklerini söylüyor. Bilim adamları, bu yöntemle farelerin motor korteksini uyarabildiler ve böylece koşmalarını, stratiumu tetikleyerek kendi etraflarında dönmelerini, nihayet beynin daha derin bölümlerini uyarınca da durmalarını sağladılar. Haberden anlaşılıyor ki, bu yöntemle uzaktan kumandalı bir fareye sahip olunuyor.[110] Peki, ya uzaktan kumandalı insana ne demeli?

Daha verimli intihar bombacıları ve terör eylemleri oluşturmak için şeytanileri mutlu eden iyi haberler peş peşe geliyor. Bunun ileri aşaması kusursuz uzaktan kumandalı savaşçı organizmalardır. Hele de bunlar, klonlama ve genetik değişiklikle iyice harmanlanırlarsa; işte o zaman, Dünya'mızı altüst edecek 'süper bozguncu' varlıkları başka boyutlardan beklemeye hiç gerek yok. Zaten bu varlıklar muhtemelen askeri sır olarak saklanacaklarından ötürü, hayli uzun bir süre onlardan hiç haberimiz olmayabilir. Hatta tüm bunlar olup biterken More gibi pembe hülyalara dalabiliriz. Genetiğimizle oynayarak biraz oramızı, biraz buramızı değiştirir, derimizle metalleri bütünleştirir, sanal dünya ile hakikat arasındaki ayrıma son verir, beynimize yerleştirilen araç gereçler sayesinde istediğimiz anda karşımıza çıkartabileceğimiz ölmüş yakınlarımızla alışverişe çıkarken arzumuzu tatmin etmenin bin bir çeşit yolunu bulabiliriz ama muhtemelen zekâmızdaki gerileme idrakimizi çocuksulaştıracağından ve bir de bu çocuksuluğun içerisine sinsi bir kontrol boca edileceğinden ötürü, şeytanilerin yeraltındaki karargâhlarında hazırladıkları kötü sürprizlerinden haberdar olamayacağız. Çünkü -gidişat öyle gösteriyor ki- o zamana dek bizler de, şeytanilerin istediği şekilde biyolojik olarak yeteri kadar başkalaşmış olacağız. İşte o zaman insandan geriye iki baskın grup kalacaktır: kötüler ve en kötüler.

Ne yazıyordu İncil'de:

Matta 24/37: "Nuh'un günlerinde nasıl olduysa, İsa'nın gelişinde de öyle olacak!"

İNSAN UYGARLIĞININ KISKACA ALINMASINDA KAN, DEMİR, MANYETİZMA İLİŞKİSİ

"And olsun biz peygamberlerimizi açık delillerle gönderdik ve insanların adaleti yerine getirmeleri için beraberlerinde kitabı ve ölçüyü indirdik. Biz demiri de indirdik ki onda büyük bir kuvvet ve insanlar için faydalar vardır. Bu, Allah'ın dinine ve peygamberlerine görmeden yardım edenleri belirlemesi içindir. Şüphesiz Allah kuvvetlidir, daima üstündür." **(Hadid/25)**

Demir, karbon temelli yaşam için olmazsa olmazdır. Yani demir olmadan karbon temelli bir hayat düşünülemezdi. Bu yüzden ayette **"onda insanlar için faydalar vardır"** denmesi, sadece alet edevat yapımına işaret ediyor değildir. Demirin kuvveti, yerkürenin yaşam florası ve daha özel çerçevede insan kanındaki hayati rolü bakımından birincil, alet edevat yapımı bakımından ikincildir. Diyebiliriz ki demir, insan ve hayvan varlığının sembolü haline gelmiş kan ile hayati derecede ilişkili bir madendir. Biyokimyacı Michael J. Denton, 1998 tarihli *"Nature's Destiny"* adlı kitabında kanın kırmızı rengiyle uzaktaki bir yıldızın ölümü arasındaki gizemli ve yakın ilişkiye dikkat çekerken, metallerin biyoloji açısından önemine de değiniyor.

Gelelim manyetizmaya: Manyetizmadan[111] bahsederken,

biz burada sadece elektrik ile manyetik alanlar arasındaki bağlantının kendisini değil de, bütün manyetik alanların insan üzerindeki bedensel, psişik ve ruhsal tesirlerini ele alıyoruz. Ama elektrik ve manyetizma arasındaki ilişkiden söz edecek olursak, bunun Hans Christian Orsted'in bir deneyinde iyice açığa çıktığı bilinmektedir; Orsted, 1820 yılının Nisan ayında ders için hazırlandığı bir akşam, kullandığı pildeki elektrik akımını devreye soktuğunda pusula iğnesinin manyetik kuzeyden saptığını fark eder. Böylece elektrik ve manyetizma arasındaki bağlantı üzerinden yapılan araştırmalar artış gösterir.[112] Bu alandaki en özgün çalışmaların Nikola Tesla tarafından yapıldığını da söylemeden geçmeyelim. Fakat Tesla'nın icatlarının önemli bir kısmı hayata geçirilememiş ve bilinçli bir şekilde gizem içinde bırakılmıştır. Elektromanyetizma ile ilgili çalışmaları karartmaya dair bir başka örnek: 26 Şubat 1928 tarihli The New York Times Gazetesi, Lester Hendershot adlı mucidin geliştirdiği cihaza geniş bir yer verdi. Habere göre askeri yetkililerin de bulunduğu bir test sürüşünü başarıyla geçen hava aracı, geleneksel motorlarla çalışmıyordu, elektromanyetik prensiple yer çekimini enerjiye dönüştüren bir cihaz söz konusuydu ve bu cihazın yaygınlaşması demek, bedava enerji demekti. Bu motor, 27 Şubat'ta da gazetenin gündemindeydi. Gazetede motorun çalışma prensibine değiniliyor ve cihazın enerjiyi yerin manyetik alanından çektiği dile getiriliyordu. 28 Şubat'ta gazete, motorun çalışma prensibine yine değiniyor, bu sefer Hendershot'un arkadaşı Barr Peat, motorun sırrı, yeryüzünün dönüş istikametinin tersine hareket ettirilmesinde, açıklamasında bulunuyordu. Ayrıca motor, manyetik güçlerin soğuk olmasından ötürü ısınmıyordu. Aynı yılın 12 Kasım'ında yine aynı gazetede mucidin patent başvurusuna yer veriliyordu.[113] 'Motor' diye bahsedilen icat, dünyanın manyetik alanı tarafından güçlendirilmiş bir jeneratörden başka bir şey değildi. Bütün bu yaygara sonrasında ne mi oldu? Pittsburgh'daki Hochstetter Araştırma Laboratuvarları'ndan Dr. F. W. Hochstetter adında bir adam aceleyle bir basın toplantısı düzenleyip orada güya Hendershot'un icadını sergileyerek nasıl çalışmadığını gösterdi. Çalışmamasını da düzenekteki sahtekârlığa bağladı ve motorun yalnızca gizli kalem pillerinden elde edilen güçle çalıştığını sözlerine ekledi. Hendershot'un oğlu Mark M. Hendershot'un iddiasına göre babası, güçlü bir şirketle, yirmi yıl boyunca bahsi geçen cihazla ilgili hiçbir araştırma yapmayacağına dair yirmi beş bin dolarlık sus payı aldığı bir anlaşmaya mecbur edilmişti. Uzun bir sessizlikten sonra Hendershot, Eylül 1956'da Meksika hükümetinden bir teklif aldı. İcat ettiği jeneratör Meksika'da kırsal kalkınma planı çerçevesinde kullanılmak isteniyordu. Meksika'ya gitti ancak çok geçmeden, Şubat 1957'de ailesine bile haber vermeden ülkeyi terk etti. Öldürülme korkusu yaşıyordu. Nihayet aile tekrar ABD'ye döndü. Hendershot 19 Nisan 1961'de evinde ölü bulundu. Eve gelen polisler soruşturmaya gerek görmeden ölüm nedenini açıkladılar: İntihar.[114]

Bilindiği gibi Dünya'nın manyetik bir alanı var. Demirin dünyanın koruyucu manyetik alanının oluşmasında önemli rolü olduğunu düşünen bilim adamları olmakla birlikte, bu konuya şüphe ile yaklaşanlar da vardır. Dünya'nın çekirdeği iç ve dış çekirdek olarak ikiye ayrılmıştır. İç çekirdeğin demirden yahut demir nikel karışımı halinde yoğun basınç dolayısıyla kristalleşmiş olduğu düşünülmektedir. Yine demir ya da demir ve nikel temelli olduğu düşünülen dış çekirdek ise sıvıdır. Şüpheciler, yerkürenin dış çekirdeğinde var olduğu düşünülen yoğun miktarda eriyik demir ya da demir nikel karışımının dev bir mıknatıs etkisi gösterebileceğine inanmamaktadırlar zira onlara göre dış çekirdekteki demir çok yüksek sıcaklıkta eriyik halde bulunduğundan kalıcı mıknatıslığın oluşmasına engel olmaktadır. Ancak, **"manyetik alanı oluşturduğu söylenen dünyanın dış çekirdeğindeki akışkan magma hareketi, dış bir etki ya da elektrik akımı olmadan nasıl oluşabilir?"** sorusuna verilen cevap da tam olarak açıklayıcı değildir. Dünya çekirdeğinden kaçan ısının, konveksiyon akımlarıyla oluşan iç iletken malzeme elektrik akımlarıyla birlikte manyetik alanı oluşturduğu fikri üzerine bina edilen bir teori vardır ama bahsi geçen teorinin tatmin edici olduğu söylenemez. Her şeye rağmen Dünya çekirdeğinde var olduğu düşünülen demirin, manyetizmanın kuvvetli oluşunda -tek başına olmasa da[115]- etkili olduğu üzerinde durulmaktadır.

Öte yandan manyetik alan oluşturma ile ilgili en etkili madenin demir olduğu gerçeği inkâr edilemez.

Tabiattaki her maddenin çekilme özelliğini biliyoruz. Ve maddelerin çekilme özelliği ne kadar fazla ise etki altında olma özelliği de bir o kadar fazladır. Demir için çok yüksek değerlerde olan bu özellik, oksijen gibi yapılarda azalır. Doğal çekim özelliğine sahip olan maddelere mıknatıs, çekim özelliğine de manyetizma denilir. Demirin insan ve hayvan kanı içerisindeki rolü de düşünüldüğünde, Dünya ile insan arasındaki ilişkinin demir üzerinden meydana getirdiği başka tür bir manyetizma da söz konusu mudur? Bu manyetizma insan üzerinde pozitif/negatif etkiler yapabilir mi?

Manyetizma etkisinin insan üzerinde çeşitli değişimler gerçekleştirebileceği görüşünü ortaya atan meşhur kişilerden biri Franz Anton Mesmer'dir (ölümü: 1815). Mesmer kendisinin **"Magnetism Animal"** *(Hayvan Manyetizması)* olarak adlandırdığı bir tez ortaya atmıştır. Ona göre yeryüzünü etki altına alan ve gözle görülmeyen hayat enerjisi (bir anlamda manyetik enerji) canlı varlıkları da etkisi altına almaktaydı. Bu enerjinin tıkandığı noktalarda, çeşitli kanallar meydana getirip, vücuttaki enerji alanını açmak, çeşitli hastalıklar üzerinde tedavi ediciydi. Esasında hastalıkların maddi olmayan enerji halleri, bu enerjinin dengesiz dağılımına denk düşüyordu da diyebiliriz.

Mesmer'i manyetizma konusunda çalışmaya yönelten olay 1774'te gerçekleşti. Mesmer, Viyana Üniversitesi profesörü ve Maria Theresa'nın kraliyet astroloğu olan bir Cizvit papazının hastaları tedavi etmede mıknatıs yöntemini kullandığını duyunca, bu yöntemin daha önce Paracelsus[116] tarafından da denediğini bildiği için, konuyu derinden araştırmaya başladı. Cizvit papazı buldu ve ona eşlik etti. Mıknatısın hastalar üzerindeki tedavi edici yönünü bizzat görünce, mıknatısın gözle görülmeyen bir akışkana aracılık eden önemli bir alet olduğunu düşündü.

Kendisi de deney mahiyetinde gerçekleştirdiği mıknatıs

tedavilerinde, hasta bölgenin üzerine tutulan mıknatısın o bölgedeki ağrının geçici bir şekilde şiddetlenmesine yol açmakla birlikte, sonrasında ağrının yok olarak iyileşmenin gerçekleştiğine defalarca tanıklık etti.

Mesmer'in deneyleri insan üzerinde sınırlı kalmadı; kâğıt, deri, köpek, yün, ekmek gibi maddeler üzerinde de devam etti. Ulaştığı sonuç; her şeyin iyileştirici gücü kendine çekebildiğidir. Buna göre insan da bir çeşit güç barındırır fikri ile o, ellerini şifalandırma yapabilecek şekilde kullanmaya yönelir. Ancak bunu yaparken kendisinin bir büyücüye indirgenmesini hiç hoş karşılamaz. O, tekniğine bilimsel verileri değerlendirerek ulaştığı için, çalışmalarının pozitif bilimden ayrı tutulmasına karşı çıkar. İnsanların tedavisinde, insan bedenine de tesir eden manyetizmanın uygun bir biçimde hareket etmesi ve iyileşmenin gerçekleşebilmesi için, hastanın zihinsel olarak bunu istemesinin de çok önemli olduğunu fark eden Mesmer, bunun manyetik alan üzerinde inkâr edilemez sonuçları olduğunu öne sürer. Mesmer'e göre yıldızların konumları, hareketleri insanın manyetik alanı ve sağlığı konusunda etki meydana getirebiliyordu.

Esasında Mesmer'in çalışmaları, bian taşları ve sonrasında metal iğnelerin insan vücuduna batırılmasıyla geliştirilen uzak doğunun kadim akupunktur tedavisi ile benzeşen temellere sahiptir. Zira akupunktur tedavisi, insan bedeninden geçen on dört ayrı enerji kanalının insan bedenindeki direnç noktaları ile bağlantılı olduğu ve bu direnç noktalarının belli organlara karşılık geldiği mantığına dayandırılır.

Önce, Fransa Kralı'nın Mesmer'in çalışmalarının incelemesi için gönderdiği komisyon sonra da modern tıp, Mesmer'i ve görüşünü aforoz etmiştir. Modern tıbba göre, mıknatıs tedavisinin plasebo etkisi dışında hiçbir anlamı yoktur.[117] Kanın ferromanyetik (herhangi bir mıknatısın manyetik alanı içerisindeyken o mıknatısın manyetik alan çizgileri ile aynı yönde mıknatıslanabilme özelliği) olmaması da bunun en büyük kanıtıdır. Kan ferromanyetik olsaydı hastanede kullanılan MR cihazları insanları anında öldürebilirdi.

Ancak, modern tıp adamlarının MR cihazları üzerinden

verdiği bilgilerin güvenilirliği de tartışmalıdır. Manyetizmanın kan ile özel bir bağının olup olmaması bu örneklem üzerinden sürdürülemez. Çünkü manyetizma etkisi ile anlatılmak istenen şey, kanın bir mıknatısa doğru çekilmesi değil, kanın enerji alanının manyetik tesir vasıtasıyla mıknatısla etkileşim haline girmesidir. Aslında burada batılı bilim adamlarının her şeyi en dışsal anlamı (kabuğu) ile idrak etme eğilimlerinin, meselenin özünü görmelerine engel bir duruma sebebiyet verdiği açıktır. Kaynağı ne olursa olsun, manyetik alanların bazı cisimler üzerinde yoğun tesirleri ortadayken, herhangi bir mıknatısın insan üzerinde hiç etkisi olmadığını söylemek mantığın tam da dışındadır. Manyetizma'nın insan sağlı üzerindeki etkisini şarlatanca bularak alelacele örtbas eden batılı tıp, uzaya gönderilen astronotlarda ortaya çıkan ve haftalarca sürebilen yorgunluk, baş ağrısı ve dönmesi, adale ağrısı gibi rahatsızlıkların sebeplerini de anlamakta zorlandı. Ancak yapılan araştırmalar manyetik alan eksikliğine işaret ediyordu. Son otuz-kırk yıldır sürdürülen araştırmalar, insan eli ile oluşturulan manyetik alan kirliliklerinin sağlık bakımından kötücül yönlerini ortaya koymaktadır. Amerika Denver'de David Savitz 1987'de yüksek gerilim hatlarının oluşturduğu elektromanyetik alanların kanser ile olan ilişkisini incelemeye karar verdi. Buna göre, yüksek gerilim hatlarının elektromanyetik etkisi altında kalan çocuklarda görülen kanser, etki altında kalmayanlardan 1,6 kez daha fazlaydı.

Hepsi bir kenara, tıbbi manyetizma konusunda asıl ilginç olan şey, batı tıbbının içinden atılan bunca 'açık görüşlülük' naralarına rağmen, Paracelsus'un batıda ta on beşinci yüzyılda ortaya attığı ve Mesmer'in ondan iki yüz yıl sonra teorisini geliştirdiği, felsefi açıdan geleneksel Çin tıbbı ile benzeşen yanları da olan bir iddianın 1990'lı yıllara kadar bir tane ciddi çalışmasının yapılmamasıdır.

Bir dönem, yumurtanın kesinlikle kolesterolü yükselttiği yargısında bulunan, sonra da yine aynı kesinlikte kolesterolü yükseltmediğini ortaya koyan, daha yumurtanın kolesterolü yükseltip yükseltmediği konusunda uzun yıllar fikir birliği gerçekleştirememiş batı tıbbından bahsediyoruz. Tetikçi bilim adamları vasıtası ile şirketlerin emrine girerek tereyağı lanetleyip, margarini öven, sonra da 'çok pardon' diyen batı biliminden bahsediyoruz.

Modern batılı tıbba olan güven konusunda Bilim Felsefesi uzman olan Paul Feyerabend, *"Özgür Bir Toplumda Bilim"*[118] adlı kitabında şöyle diyordu:

> "Doktorların tavsiyesine rağmen göğüslerini aldırmak istemeyen sayısız kadın, akupunkturculara, üfürükçülere, şifalı bitkicilere giderek iyileşmişlerdir. Lösemi de dâhil tedavisi olanaksız olduğu iddia edilen hastalıklara yakalanmış küçük çocukların ana babaları, umutlarını yitirmeyerek 'büyücülere' başvurmuşlar ve çocukları iyileşmiştir. Bunları nerden mi biliyorum? Bu insanların bazılarına tavsiyelerde bulunan benim ve başkalarını da izledim, oradan biliyorum."

The Washington Post, 3 Mayıs 2016 tarihli haberinde ABD'de üçüncü sıradaki ölüm nedeninin tıbbi hatalar olduğunu yazdı.[119]

Fritjof Capra, meşhur *"Batı Düşüncesinde Dönüm Noktası"*[120] kitabında ilaç sanayisini tekelinde bulunduranlara değiniyordu:

> "Amerikan tıp eğitimi günümüzdeki biçimini Amerikan Tıp Derneği'nin (American Medical Association), tıp eğitimini sağlam bir bilimsel temele oturtmak amacıyla tıp okullarını denetlemekle görevlendirildiği bu yüzyılın başlarında aldı. Denetlemenin yan amaçlarından birisi, yeni kurulan vakıfların-özellikle Carnegie ve Rockefeller vakıflarının-muazzam fonlarını, titizce seçilmiş birkaç tıp kuruluşuna aktarmaktı."

Bu vakıfların güdümündeki sağlık sitemi neye mi yol açtı? Capra, buna da değiniyor: Bu vakıfların yönlendirmesi ile yayınlanan **"Flexner Raporu'nun etkisi altında"** diyor Capra, **bilimsel tıp gittikçe daha fazla biyolojik açıdan yönlendirilmiş, uzmanlaşmış ve hastane kökenli bir hale gelmiştir."**

Anlaşılan odur ki, günümüze değin (konumuz özelindeki) manyetizma etkisini araştırmaya kalkmak bile tıbba ihanet sayılıyor(du). Konu üzerine çalışacak akademisyenler dışlanıyor, çalışmaları için bütçe ayrılmıyor ya da böyle çalışmalar yapmaya cüret etmemeleri için meslekten uzaklaştırılıyorlar. Bugün tıp, manyetizma üzerine çalışmalar yapmaya yelteniyor ise bunun batılı tıp doktorlarının sözüm ona 'açık görüşlülüğünden' çok, hasta talepleri ile alakası vardır. Nedir bu manyetizma korkusu?

Konumuzun özüne dönecek olursak, araştırmamızı demir üzerinden yaparken, demir ile ilgili insanın varlığını ilgilendiren iki temel unsur ile karşılaşmış oluyoruz: Kan ve manyetizma. Esasında manyetizma bir anlamda İslam literatüründe mevcuttur: 'Cezbe'[121] kelimesi ile açıklanan şey, fiziksel anlamdaki manyetik etkinin ruhsal izdüşümüne denk geliyor gibidir. Hatta cezbede, kendinden geçme vardır. Bu bile, bir mıknatısın iğneleri kendine doğru çekmesi ve uygun yoğunluk ve boyuttaki iğnelerin adeta mukavemette bulunmadan mıknatısa yapışmasını andırır. Cezbeye kapılan kişi de iradesini kaybetmiş gibidir. İşte tam bu noktada, hipnoz ile cezbe arasında bir tür ilişki meydana geliyor. Hatta diyebiliriz ki manyetizma, hipnoz ve cezbe birbirinden bağımsız şeyler değillerdir. Bunlar, tek bir halin fiziksel, psişik (psikolojik) ve manevi veçheleridir.

Kana gelince; onun psişik etkileri uyandırmakta ve özellikle bazı cin boyutundaki varlıklarla iletişimde önemli bir unsur olduğunu biliyoruz. Çoğu büyünün kan ile çarpıcı ilişkisi söz konusudur. Eski toplumlardaki insan kurbanları da unutulmamalıdır. Mesela, İnka ve Tolteklerde görülen insan kurban etme ritüelleri inançlarının temellerini oluşturuyordu. Aztek kozmolojisinde savaş tanrısı Huitzilopocpochtli ile özdeşleşen Güneş tanrısı Tonatiuh insan kurbanından mahrum kalırsa hareketsiz kalabilirdi. Bu da onlar için kıyametin kopması ve dünyanın sonu demekti. Böyle bir şeyin olmaması için Aztekler, insan kurban ayinlerinde son derece titizlik gösterirlerdi. Kurbanlar savaş esirlerinden seçilirdi. Savaş bu yüzden dinlerinin olmazsa olmazıydı. Moktezuma'nın hükümdarlığı döneminde Tenochtitlan'daki yeni ve gösterişli tapınağın açılışında binlerce esir kurban edilmişti. Tanrıçalar için genç kızlar, tanrılar için delikanlılar sunulurdu. Huitzilopocpochtli putu kurbanlarının kanına bulanır, kurbanların kalpleri bir bıçak darbesi ile göğüs yarılarak çıkarılır ve rahiplerin elinde atardı. Xipe Totec tanrısı adına kurbanların derileri yüzülür ve rahip bu derilere sarınırdı. Çoğu zaman kurbanlıklara işkenceler yapılırdı. Bu işkenceler de dinlerinin parçasıydı. Onlar bu işkenceler vasıtasıyla kurbanlarının tanrıları için daha uygun hale geleceğini, bir anlamda lezzetleneceğini düşünmekteydiler.[122] Tzompantli ritüelinde vücuttan koparılan başlar, özel bir anıtta bir araya getirilip sergilenirdi.

Bu uygulamalar, bir insan uygarlığının şeytani cin medeniyeti tarafından ele geçirilmesi halinde savrulabileceği en son noktayı çarpıcı biçimde göstermektedir. Öyle ki kurban ritüelleri kadar ahret inançları da çarpıklığın son aşamasındaydı: Göğü tamamen unutmuşlardı. Ahretleri yer altı ülkesinden ibaretti. Buraya da karanlık tanrılar hükmediyordu. Kuru kafa biçimindeki deprem tanrısı Cimi, ölüler âleminin hükümdarıydı. İntihar edenlerin öbür dünyada sonsuz mutluluğa ulaşacaklarına inanıyorlardı.

İnka, Toltek ve Azteklerdeki ritüellerin ilişkili olduğu, tanrılarıyla irtibatlarını sağlayan birincil etken kandı. Bu konuda peygamberimizin **"şeytan, her birinizin içinde, vücudunuzda kanın dolaştığı gibi dolaşır,"** deyişi de akla geliyor. Burada şeytanın vücudumuzdaki dolaşımı, kanın dolaşımına benzetilerek anlatılmış. Kanaatimiz odur ki, bu alelade bir örnek değildir. Elbette burada kanın şeytanla doğrudan ilgisi olduğu söylenmiyor zira Hz. Peygamberin İbni Ömer'e **"Ey İbni Ömer, dinine sahip ol, dinine sahip ol! Bil ki o, bedenin, damarlarında akan kanındır. Dinini kimden aldığına iyi dikkat et. İstikameti doğru olanlardan al, eğrilerden**

alma!" dediğini de biliyoruz. Ancak her iki benzetmede kan, şer ve rahmani güçler açısından bir mücadeleye konu olan ve kontrol edilmesi gereken bir madde olarak merkezileştiriliyor. Bize öyle geliyor ki, bu örneklerde insan varlığının biyolojik yapısını değiştirip bozmak isteyenlere de derin bir gönderme vardır ve Müslümanlar nezdinde bütün insanlık uyarılmaktadır. Hatta Yecüc Mecüc istilasına engel olan sedd ile ilgili şu ayetin de kan ile alakası kurulabilir:

> "'Demir kütleleri getirin bana!' Zülkarneyn iki dağın arasını demir kütleleriyle doldurtup dağlarla aynı seviyeye getirince: 'Körükleyin!' dedi. Tam onu bir ateş haline getirince, 'Bana erimiş bakır getirin de üzerine dökeyim.' dedi." **(Kehf/96)**

Ayette bahsi geçen ateş olmuş demir ile üzerine dökülen erimiş bakırın, seddin nasıl oluştuğu üzerine tefekkür edenler tarafından insan biyolojisi hesaba katılarak da ele alınması gerektiği kanaatindeyiz. Demirin insan kanı üzerindeki etkisi ve sırları ile bakırın bazı cin boyutundaki varlıkların kanındaki ana maden olma ihtimali, bu ayetteki seddi, biyolojik ve genetik bir çalışmanın sonucu olarak da, bir katmanıyla sembolik bir ifade şeklinde düşünebileceğimizi gösteriyor. Tabii ki en doğrusunu Allah bilir. Yine yeryüzünün merkezindeki katı ve eriyik demirin manyetik alan üzerindeki etkisi göz önüne alındığında, Yecüc ve Mecüc'ün bu vasıtaların kullanılmasıyla zaman kaymasına uğramış olduğu dahi düşünülebilir. Demir ve bakırla yapılanlar, zaman akışını hızlandırıp yavaşlatarak, zamanı etkileyen güçlü manyetik alanların oluşturulmasına işaret ediyor olabilir. Zaten her şekilde, yani en basit anlamıyla dahi bu bir zaman kaymasıdır. Çünkü gelecek olan daha uzak bir geleceğe ertelenmiştir. Zülkarneyn seddinin Kehf Suresi gibi zaman yolculuğunun anlatıldığı bir surede ele alınması da bu yüzdendir. Ayrıca, kehf yani mağara (ayrıca dağ sembolizmi: Meru Dağı ve Kaf Dağı'nda görülebileceği gibi), boyutsal ve zamansal farkın sembolüdür.

Hayli enteresan bir bilgi daha verelim: Eski Yunan kozmolojisinde dört çağ, Hindu kozmolojisindeki yugalara denk düşer ve bunlar sırasıyla Altın Çağı (sarı), Gümüş Çağı (beyaz), Tunç Çağı (kırmızı) ve Demir Çağı (siyah) dır. Altın ve Gümüş çağlarının insanın bedensel yapısı/biyolojisi ile ilgisini bir kenara bırakacak olursak, Tunç Çağı'nın bir alaşım çağını ifade ettiğini ve bakır kalay karışımına denk geldiğini kan üzerinde düşünerek yeniden değerlendirebiliriz. Zira bu çağın kapanışı Nuh Tufanı/tufanlarına denk düşüyor olabilir. Böylelikle tufan öncesi, kanlarında bakırın temel yapı olduğu varlıkların dünya üzerinde insanlar için görünür olduklarını anlatan mitlere de dikkat çekmek istiyoruz. Ama kesinlikle Demir Çağı insanının Tunç Çağı dönemi insanından (manevi veçhesiyle) daha üstün olduğunu söylemek istemiyoruz. Gerek Hint'in gerekse Eski Yunan'ın 'çağlar/devirler' öğretisine göre[123] Demir Çağı, bütün çağlar arasında hikmetin en silik olduğu zaman dilimidir. Kur'an-ı Kerim'de Yecüc Mecüc seddi ile ilgili ifade edilen 'kızgın demir üzerine dökülen erimiş bakırın' aynı zamanda bir çağın sona erişine yapılan gönderme ile de uyuştuğunu dile getirelim. İfade başka bir bakış açısından, bu çağın adeta buharlaştığını ve sanki yok olup gittiğini tam olarak veriyor zira kızgın ve ateşten demire erimiş bakır dökülüyor. Aklımızda sadece sağlam bir sedd belirmiyor. Aynı zamanda bakırın demir karşısında adeta buharlaşırcasına yok olan (ama gerçekte boyut değiştiren) hükmü de geliyor.

Modern bilim bakımından son dönemde manyetizma üzerine bina edilen en sıra dışı kuram, üfürükçü statüsüne indirgenmeyi asla kabul etmemiş olan İtalyan araştırmacı Pier Luigi Ighina'nın 'Manyetik Atom Kuramı'dır. Teorisi maddenin tabanında titreşen manyetik atom kavramını içerir. Ona göre manyetik atom dalgaları, Güneş ile Dünya arasında uygun bir frekans ve şekil ile sürekli olarak değiştirilir.[124] Bu iddialara dayanarak, Ighina bazı abartılı makineler inşa etmiştir: Mesela biri depremleri önlemek için, diğeri yağmur yağdırmak için. Fakat bu makineler bilimsel camia tarafından test edilmemiş ve onaylanmamıştır. Bilim camiası, -eğer biraz olsun baktıysa-Ighina'nın teorisine, bir şizofrenin hezeyanı çerçevesi dışında bakmamıştır bile. Araştırmaları hiçbir zaman kayda değer görülmeyen Ighina, Manyetik Atom Kuramı ile şu iddialarda bulunmuştur:

Manyetik atom, tüm organik yapılarda görülen aşırı enerjik bir parçacıktır. Bilim adamları atomun temel yapısını kavramakta hata yapmışlardır zira sürekli harekette bulunan bir parçacık muhakkak sahte bir imge oluşturacak ve bilim adamları ancak bu sahte imge üzerinden incelemelerde bulunacaklardır. Atomlar salınmaz, titreşirler. Belirli bir yerde belirli bir süre kalırsa, her madde, yerinden kaldırıldıktan sonra bazı manyetik izler bırakır. Manyetik atom dalgaları Güneş ile Dünya arasındaki frekanslarla sürekli olarak değişebilir.[125] Bir grup parçacığın titreşim frekansı değiştirilirse maddenin kendisi dönüştürülebilir. Hatta Ighina, kendi tasarım ürünü olan makinesiyle kayısı ağacını on altı gün içerisinde neredeyse elma ağcına, hayvanlarda da benzer bir deney yaparak bir farenin kuyruğunu kedi kuyruğuna dönüştürdüğünü iddia etti. Bu iddialar hezeyan olabilir ancak 'açık görüşlü bir bilim adamı' olmak en fantastik iddianın dahi, hakikatin peşinden koşmak adına değerlendirilmesi gerektiği ve böylesi bir iddianın hakikati algılamada yol gösterici olabileceği ihtimalini barındırmak demektir.

Ighina'nın görüşü ile paralellikleri olan 'din-bilim' eksenli bir çalışma da Cafer Gezgez Abdullah'a aittir. *"Son Âdem: Varoluşun Sırrı"* kitabında Abdullah şöyle der:

> "Görünen her şey (örneğin meyve ve sebze), bu enerjik bilgi parçacıklarının bir araya gelmesiyle oluşur. Yetişecek bir meyve ağacının programı çekirdekte hazırdır. Toprak ve su atomları, atom altı hts (hava, toprak, suyun bütünsel hammaddesi) zerreciklerinden meydana geldikleri için aynı yöne doğru dönerler, ancak hızları farklıdır. Toprak ile su atomları birleşince, karşılıklı etkileşimden dolayı, en dıştaki zerrelerin hızları değişir. Toprağa dikilen çekirdek bunları kendine çekerek,

hızlarını, oluşacak yapıda alacakları konuma göre ayarlar ve yerlerine gönderir. Bu şekilde toprak ile su atomları birleşerek, sebze, meyve ve bakliyat gibi vitamin yüklü yiyecekleri meydana getirirler."

Abdullah, "Ana Galaksi'den gelen ilmî yayın, burçlar topluluğuna çarpıp, önce gezegenlere, sonra gezegenlerin dönüş şekline göre meydana getirdikleri açılarla 'şekil' olarak kaymak toprağa yansıdı" diyerek, insan varlığındaki dönüşümleri bu 'bilinçli, programlı' tesirlere bağlıyor. Erzurumlu İbrahim Hakkı da, *"Marifetname"*sinde bu hususta; **"Yıldızların ve tabiatların tesir ve tasarrufta rolleri vardır. Fakat bu tesir ve tasarruflar onlara özgü değildir. Yıldızlar ve tabiatlar o Hâkim ve Sani olan Allah Teâlâ'nın, aletler gibi hizmetçileridir"** demiştir. Modern bilimin uzun süredir bu konuda ne söylediğine gelince; Humanist dergisinin Eylül/Ekim 1975 sayısında gökbilimciler, matematikçiler, felsefeciler, fizikçiler, Nobel ödülü sahibi on sekiz, genel toplamda yüz seksen altı kişi, astroloji konusunda bir bildiri yayınlayıp ne diyorsa onu demeye devam etmiştir. Bu konuda Feyerabend'in *"Özgür Bir Toplumda Bilim"* kitabına tekrar göz atalım:

> "Bu bildirinin ilk tümcesini alalım. Şöyle deniyor: 'Çok çeşitli alanlardan bilim adamları, astrolojinin dünyanın pek çok yerinde gittikçe daha çok kabul görmesinden endişe duymaktadırlar.' Roma Katolik Kilisesi, 1484 yılında büyücülük konusundaki o ünlü ders kitabı Malleus Maleficarum'u yayımladı... Kitapta... Papa VII. İnnocent tarafından 1484'te yayımlanmış bir kutsal mektup vardır. Burada şöyle deniyor: ...'Her iki cinsten de pek çok kişi, kendi selametlerini düşünmeyerek Katolik inançtan sapmışlar ve kendilerini şeytanlara teslim etmişlerdir.' Hem Papa hem de 'önde gelen yüz seksen altı bilim adamı' uygun görmedikleri düşüncelerin gittikçe daha çok yandaş bulmasını kınıyorlar. Ne büyük bir yazınsal ve bilimsel farklılık!"

Bilim adına kınanan astroloji konusunda yeteri derecede araştırma yapılmış mıydı? Hayır. Feyerabend kitabında şu bilgiye de yer veriyor:

> "BBC'in bir temsilcisi, bu Nobel ödülü sahiplerinden bazılarıyla söyleşi yapmak istediğinde, astrolojiyi hiç incelemediklerini ve ayrıntılarına ilişkin hiçbir fikirleri olmadığını söyleyerek bu isteği geri çevirdiler. Ama bu durum, astrolojiye kamuoyu önünde sövmelerine engel olmuyordu."

Oysa bu yüz seksen altı kişi bildirilerine imza atmadan çok önce, Yale Üniversitesi profesörlerinden biyoelektrik araştırmacısı Harold Saxton Burr, ağaçların elektriksel potansiyelindeki değişmelerin sadece Güneş'in genel etkinliği ile açıklanamayacağını, bunların Güneş'teki patlamalar ve gezegenlerin dizilişi ile yakın ilgisi olduğunu ispatladı. Burr, **"Kendimizi bulduğumuz ve kendisinden ayrı olmadığımız kâinat, yasa ve düzen yeridir, kaza eseri değildir, kargaşa eseri değildir. Kâinat, konumu ve hareketi belirleme kapasitesine sahip bir elektro-dinamik alan tarafından organize edilir ve sürdürülür."** dediğinde, o güne dek bilimdışı sayılan bir görüşü bilimin içerisine sokmuş oluyordu.

Açıklamalarında, 'elektrodinamik alan'ın vücut içine dökülen herhangi bir malzemenin 'şeklini' veya düzenini koruyan bir matris veya kalıp görevi gördüğünü, bir aşçı bir jöle kalıbına baktığında, onun dönüşeceği jöle şeklini nasıl biliyor ise, elektrodinamik alanın yapısından hareketle ortaya çıkacak hücrelerin hastalıklı olup olmayacağını önceden öngörmenin mümkün olduğunu söylüyordu. Yani, nasıl ki bir aşçı, yıpranmış bir kalıp kullandığında jölede bir miktar çukurluk veya kabarıklık bulma ihtimalini göz ardı etmiyor ise, elektrodinamik alanı yıpranmış bir kişinin de hücre yapısının bozulmuş halde ortaya çıkarak, bu hücrelerin kanseri tetikleyebileceği de göz ardı edilmemelidir diyordu. [126] Burr'un kansere çözüm önerileri bugün 'elektrodinamik alan' değil de, 'DNA' eksenindeki çalışmalar zemininde inceleniyor.

Ighina'ya dönecek olursak; Ighina'nın titreşim dönüştürme makinesi iddiaları, alaya alınmasına sebep olmuştur. Gerçekten de akıl sağlığını tehlike altında gösteren bir dizi açıklamalar yapmıştır. Yine de o hiç yılmadan, ölümüne dek şöyle diyordu: **"Çok uzak olmayan bir gelecekte gerçekleşmesi mümkün olan bu bilgi ile insanlık, doğa güçleri ile uyumlu bir şekilde yeniden varlık kazanacak."**

"Nedir bu manyetizma korkusu?" sorusunun cevabı bizce çok açık: Bunlar, Deccal'ın zuhur ettiği dönemin, (elektromanyetik zihin kontrol araçları vasıtasıyla da) büyük bir mucize gösterisine dönüşebilmesi ve sanki dünyaya yepyeni bir teknolojinin, tanrıcılık oynayan bir kişinin/sistemin öncülüğü ve aklıyla bahşedilmiş görünmesi için yapılan karartmalar.

Daha evvel bahsettiğimiz çağlar arasında, Altın Çağ'a adeta gönderme yapan bir cümledir Ighina'nın son söylediği.

Eski Yunanlılara göre Altın Çağ'da ceza nedir bilinmiyordu. Korku yoktu. Yasalara gerek yoktu. İnsanlar, tabiatla bir bütün içerisinde yaşıyorlardı. Savaş denen şey bilinmiyordu bile. Demir ile hasat yapmalarına, toprağı deşmelerine gerek kalmadan en lezzetli meyvelere, sebzelere ulaşmaları mümkündü insanların. O çağ, nektardan ve sütten ırmakların aktığı yeryüzü cenneti olarak tasvir ediliyordu. Hesiodos'un anlatımına göre, altın ırk sonsuz baharın içinde, ağır işlere koyulmadan, bedenleri yıpranmadan yaşadı. Bu güzel ırk, güneşte şavkıyan yabani çiçeklerin ve geceleyin gökyüzünü aydınlatan yıldızların ruhlarındaki ilahi tesirini kesintisiz tatmışlardır. Ve onlar o kadar dürüst idiler ki, o ülkede ne yasaya gerek vardı ne de mahkemeye.

Hindu metinlerinde Krita[127] ya da Satya Yuga dediği bu çağ için de benzer şeyler söylendiğini görmekteyiz; yaşlanmanın, hastalığın, zengin ve fakir ayrımının olmadığı, tüm insanlığın kâmil durumda bulunduğu bir yeryüzü cenneti tasvir edilir. Krita Yuga'da ilahlar yoktu, ifritler, yakşalar, rakşalar, nagalar yoktu. Tek bir din vardı.

Fakat yine de bir şeyler ters gitti ve altın ırkın çocukları cennetlerini kaybettiler. Bu kaybediş artarak tekrarlandı ve çağ, günümüzdeki Demir Çağı/Kali Yuga'ya kadar dayandı. Acaba insanlığın bilincindeki ve yeteneklerindeki düşüşün yahut da yükselişin manyetik alanlarla da ilgisi var mıydı?

Yeryüzünü güneşimizden gelen zararlı radyoaktiviteden koruyan jeomanyetik alanın giderek zayıfladığı biliniyor. Üstelik bu alanın zayıflama hızı da giderek artmaktadır. Aslında alanın zayıflaması kendi içinde normal bir hadisedir. Fakat bunun normal olması, yeryüzündeki canlılar için riskler taşımadığı anlamına gelmiyor. Zira bu sürecin son noktasında jeomanyetik alanımıza bir süre veda edeceğiz ve manyetik kutuplarımız da yer değiştirecek. Yani pusulalarımız bundan sonra kuzey yerine güneyi gösterecek. Bundan sonra güneşimiz teorik olarak batıdan doğmuş olacak. Ve bu, Müslümanlar için çok şey demektir! Öte yandan kötü haber bundan ibaret de değil; Dünya'nın manyetik kutuplarının yer değiştirme sürecinin tamamlanma süresi tam olarak bilinmiyor. Yani süreç başladığı an-ki bilim adamlarına göre her an başlayabilir-yüz sene de sürebilir, iki bin sene de sürebilir ve ayriyeten bu dönemde, yeryüzü koruma kalkanından mahrum olacağı için, uzaydaki radyasyon olduğu gibi, hiçbir engelle karşılaşmadan yeryüzüne gelecektir deniyor. Hele de manyetik kalkanımızın yok olduğu sırada güneşimizde büyük patlama/lar olursa, insan varlığının küresel ölçekte nükleer felaket yaşamışçasına zarar göreceği söyleniyor. Tabii, daha iyimser bilim adamları da var: Dünya'nın manyetik alanını gözlemleyen Swarm Projesi Müdürü Rune Floberghagen bunlardan biri. *Al Jazeera*'nın haberi şöyle: **"Floberghagen ve meslektaşları, manyetik kutup noktalarının Dünya için kıyamet getireceği konusunda pek endişeli değil. Geçmişteki değişimlerin Dünya'da kitlesel yok oluş veya radyasyon zararı yaşattığına dair kesin bir delil bulunmuyor. Ancak elektrik şebekeleri ve iletişim sistemlerinin manyetik alan değişiminden büyük hasar alabileceği düşünülüyor."** Aynı habere göre, **"Bilim insanları, manyetik alanın neden zayıfladığı sorusuna henüz bir cevap bulamadı. ESA**

Swarm Projesi Müdürü Rune Floberghagen ise bu durumun 'manyetik alanların yer değiştirmeye hazırlanmasından kaynaklanıyor olabileceğini' söyledi."[128] İyi de, neden yer değiştirecekler? Pek çok bilim adamı, jeomanyetizmanın çökmesiyle birlikte yeryüzünde ilkçağlara geri dönülebileceği konusunda tereddüt etmiyor. Bazıları ise insanoğlu yeryüzünden silinebilir diyor. Floberghagen'in pek endişelenmediği kutupların manyetik yer değiştirme hadisesi, bilim adamlarına göre en son 780 bin yıl önce olmuş. Ve yapılan araştırmalar bu değişikliğin iki bin sene içinde gerçekleşeceği yolunda. Sanırım Floberghagen 'daha önce bu hadise gerçekleştiğinde insan ırkı olarak[129] sağ kurtulabilip şimdi hayatımızı ikame ettirebiliyorsak yine yapabiliriz' mantığı ile gönlünü ferah tutuyor. Ama şu soruyu da sormadan edemiyoruz: O dönemdeki âdem ile bu dönemdeki âdem yapı olarak tıpatıp aynı mıydı ki, biz kendimizi onun devamı sayıp hiç endişelenmeyelim?

Dünya, zaten tehlikeli bir sürecin içerisindeyken, bir de elektromanyetik gücü kullanarak doğayı kontrol etme, hatta dönüştürme hevesiyle planlar yapanlar var. Doğanın dönüştürülmesi ve elektromanyetizma denince HAARP (High Frequency Active Auroral Research Program yani Yüksek Frekanslı Etkin Güneşsel Araştırma Programı) projesi de aklımıza gelmelidir. Doğayı hükmü altına almak isteyen insanoğlunun, depremleri ya da hava olaylarını kendi kontrolü altına almak için çaba sarf etmeyeceğini söylemek akıl kârı olmayacaktır. İnsanoğlunun tabiat üzerindeki hâkimiyet isteği, cüzi değil, yaradan rolüne bürünme çabasını içeren külli bir istektir. Zira ahlaki normlarını kaybetmiş bir bilim camiasının ahlaki ilkelerle hareket ettiğini söyleyenler ancak şarlatan olabilirler.

Alaska merkezli HAARP projesinin ilham kaynağı Nikola Tesla'dır. Tesla, iyonosfere gönderdiği radyo frekanslarının kuvvetlerini arttırdıklarını tespit etti. İyonosfer, elektromanyetik dalgaları yansıtacak miktarda iyonun ve serbest elektronun bulunduğu, atmosferin yetmiş kilometre ile beş yüz kilometrelik kısmıdır. Ancak bu boyutlar güneşten gelen ışınlara ve mevsimlere bağlı olarak değişebilir.

Vikipedi'den dahi HAARP hakkında şu bilgilere ulaşabilirsiniz: HAARP, Amerika Hava ve Deniz Kuvvetleri'yle, Defansif İleri Araştırma Projeleri Ajansı (DARPA) tarafından finanse edilmektedir. Resmi amaç, iyonosferi analiz ederek, radyo iletişim, izleme ve navigasyon için teknolojik iyileştirme potansiyelini araştırmaktır. Meşhur bir cihazları vardır ve buna IRI (İyonosferik Araştırma Cihazı) denir. IRI ile iyonosferin sınırlı bir bölgesi uyarılabilir. Yani IRI ile düşük frekanslı elektormanyetik dalgalar meydana getirilebilir ve zayıf kuzey ışıkları benzeri parlamalar elde etmek mümkündür.

HAARP'ın iklim ve fay hatları üzerindeki etkisi çokça tartışılmış ve bu iddia 'komplo teorisi' çerçevesine sokulmuştur. Ancak iddiaları komplo teorisi olarak göstermek isteyenlerin açıklamaları, hakikatin kapısını aralatmaktadır. Mesela Umran İnan şöyle demiştir:

> "Dünya Gezegeni'nin (meteorolojik) sistemlerini ne yapsak bozamayız. Her ne kadar HAARP'ın yaydığı radyasyon çok büyük de olsa, bir şimşeğin gücü ile kıyaslandığında çok küçüktür ve tüm Dünya'da saniyede elli ile yüz şimşek çakmaktadır. HAARP'ın yoğunluğu çok küçük."[130]

Böyle bir açıklamada büyük eksiklikler var. Birincisi sayın İnan, bahsettiği projenin askeri bir proje olduğunu ve bizzat askeri kuvvetler tarafından finanse edildiğini unutmuş gözükmektedir. Bir devletin askeri amaçlarla yürüttüğü bir projeyi dünyamıza olanca açıklığı ile ilan etmesi, ulaştığı tüm sonuçları ve geliştirdiği araçların en son halini beyan etmesi mümkün müdür? Böyle projelerin ulaştığı son noktalar genellikle askeri sır olarak kalır ve ancak uzun bir zaman sonra ya da başka devletlerin yürüttüğü casusluk faaliyetleri sonucunda kapsamlı biçimde ortaya çıkabilirler. Açıklamanın kendisinden de anlaşılmaktadır ki HAARP'ın IRI cihazı yüksek bir radyasyon yaymaktadır. Bunun sebebi de aracın elektromanyetik bir alan meydana getirmesidir. Ufacık bir çocuk bile bir mıknatısa bakarak, manyetik bir alanın çekme ya da itme, hatta bir demir parçasını mıknatıslandırma etkisine sahip olduğunu bilir. Öyleyse bu etkinin büyütülmüş, geliştirilmiş halini düşünmenin neresi komplo teorisi? Elektromanyetizmanın var olduğu her yerde elektrik, dolayısıyla enerji vardır. Öyleyse bu enerjiyi belli bir noktaya yönlendirmek de mümkündür ki zaten HAARP'ın bunu yaptığı resmi açıklamalardan anlaşılmaktadır. Kendilerine akılcı diyen bazı bilim adamlarının kabul edemedikleri şey bu değil, bahsi geçen gücün geliştirilerek kullanılmasıdır. Yani HAARP'ın kutup ışıkları benzeri ışıklar üretmesini, iyonosferin sınırlı bir bölgesini uyarmasını kabul etmektedirler ama daha kapsamlı bir etkiyi inkâr etmektedirler. Bu, saatte elli kilometreye ulaşan bir otomobil üretebilirsiniz ama saatte üç yüz kilometre yol alabilen otomobil üretmek imkânsız demekle aynı şey. İşte asıl bunu iddia etmek aklın kendisini perdelemek, alaya almak, insan zekâsıyla dalga geçmektir.

Amerikalı jeofizik profesörü Gordon J. F. Mac Donald, 1968 tarihli makalesinde[131], bundan (yani 1968'den) on ila elli yıl sonra doğayı kontrol altına alabilecek silahların üretilebileceğini, şimdiden bunun üzerine düşünmek gerektiğini yazıyordu. MacDonald, Dünya'nın fiziksel manipülasyonu konusunda gerçek ile kurgu arasındaki boşluğun giderek dolmakta olduğunu, dışarıdan aktarılacak az miktarda bir enerji ile çok büyük miktarda bir enerjinin serbest kalabileceğini ve jeofizik savaşın bu temel üzerine kurgulanacağını yazmıştır. O, şöyle diyordu:

> "Hava sistemlerinde yer alan enerji miktarları, insanın doğrudan kontrolü altındaki enerjinin miktarını hayli aşmaktadır. Örneğin tek bir kasırga huni içerisinde harcanan tipik enerji miktarı, yaklaşık elli kiloton patlayıcıya eşdeğerdir... Orta büyüklükte bir Atlantik kasırgası denizden bin megatonun üzerinde enerji çekebilir..."

Peki, insanoğlu böylesi devasa bir enerji alanını kontrol edebilir mi? McDonald bunun cevabını veriyor:

"Geçen on sekiz yıllık deneyler[132] aşırı soğutulmuş su damlacıklarından oluşan bulutların, gümüş, iyodür, kuru buz ve diğer uygun kimyasal ajanlarla tohumlanarak buz kristalleri bulutlarına dönüştürülebileceğini açıkça ortaya koymuştur. Bu keşif, aşırı soğuk sisle kaplı havalimanlarının sisten temizlenmesi için uygulanmıştır... Bugün hem askeri hem de sivil havayolu taşımacılığı sis temizlemesindeki ilerlemeden yararlanmaktadır... Bu anlamda sis temizleme, kasıtlı hava manipülasyonunun ilk askeri uygulamasıdır, ancak tabii ki kapsamı çok sınırlıdır."

McDonald, su buharına bağlı olarak iyi yağış alan bir bölgenin, su buharı üzerinde kontrol sağlayan başka bir ülke tarafından yıllarca kurak bırakılabileceğini söyleyip, şu vurguyu yapıyordu: **"Çevre manipülasyonunda üstün bir teknolojiye sahip olan bir ülke, düşmanına, niyetini açıklamadan zarar verebilir."**

McDonald, fırtınaların değiştirilmesine de dikkat çekiyor. Kontrollü bir kasırganın silah olarak kullanılabileceğini, atmosferdeki yıldırım miktarının arttırılabileceğini söylüyordu.

Yağmur suyunda ağır metal bulunmamalıdır. Oysa çeşitli analizlerde yağmur sularında alüminyum, baryum ve stronsiyuma rastlanmıştır. Bunun McDonald'ın dile getirdiği meteoroloji mühendisliği ile ilgisi olabilir mi? Kimyasal desteklerle hava olaylarının kontrol edilebileceğini yazan McDonald'ın açtığı yoldan gidersek, olabileceğini düşünüyoruz. Komplo teorisi çerçevesine sokulmuş ve zehirli hava spreylemesi olarak da bilinen iddianın, 'İlluminati'nin[133] insanları hava üzerinden zehirleme çabası' konsepti içerisine sokularak değersizleştirildiğini düşünmekteyiz. Evet, bu kimyasallar kesinlikle zehirleyicidirler. Fakat onların kullanım amacı zehirleyici etkilerinin ötesindedir. Bu çerçevede geniş kitleler, her uçağın peşine takılmış dumanın insanları öldürmek için özel çabayla oluşturulmuş zehirli gazın ta kendisi olduğuna inandırılmak istenirken, asıl gerçekten uzaklaştırılmaktadırlar.

Zira aklı başında hiç kimse yolcu uçaklarını uçuran pilotların, uçaktaki bir düğmeye basarak, bilinçli bir şekilde havaya zehir sıktığını söyleyemez. Ama nedense 'zehirleme, spreyleme' iddialarının önemli bir kısmı böylesi çocuksu hikâyelerle süslü olarak karşımıza çıkmaktadır. Biz, bu şekle sokulmuş iddiaların, gerçeği perdeleme yolundaki en büyük araçlar olduğunu düşünmekteyiz. Bunlar ister çocuksu bakış açısından kaynaklansınlar, isterse de bilinçli bir şekilde dillendirilsinler hiç fark etmez, asıl tartışılması gereken meseleyi gülünçleştirerek, ciddiyetten uzaklaştırmaktadırlar.[134]

Tekrar edelim: Bunu söylerken, yağmur sularında bulunan alüminyum, baryum ve stronsiyum üçlüsünün insanı zehirlemediğini söylüyor değiliz. Bize göre yağmur sularında bulunan bu kimyasallar, hava şartlarını değiştiren katkı maddeleri içeren zehirleyiciler olmakla birlikte, asıl olarak McDonald'ın da dile getirdiği iklimleme ve zihin kontrol kimyasallarıdırlar. Bunların atmosfere serpilmeleri için de illa uçaklı bir spreylemeye ihtiyaç yoktur. Bazıları nükleer santrallerin atığı olarak doğaya bırakılır.[135]

Biz, bu kimyasalların hem başka devletlerin hava kontrol projeleri hem de HAARP ile de ilgisi olduğunu düşünmekteyiz.

Japonya Wakao'daki Riken İleri Bilim Enstitüsü'nden Yasujiro Taguchi, stronsiyum, baryum ve manganattan hem ferroelektrik, yani dış etkiyle kolayca mıknatıslanabilen ve bu dış etken kaldırıldıktan sonra da mıknatıslanmanın (yani manyetizmanın) muhafaza edildiği hem de multiferroik bir malzeme üretilebileceğini, multiferroik malzemelerin ise güçlü manyetik etkilere açık olduğunu açıklamıştır. Alüminyuma gelince: bu metal paramanyetiktir. Paramanyetik maddeler bir manyetik alan tarafından zayıf kuvvetle çekilebilir. Manyetik bir alan içerisine yerleştiğinde geçici olarak manyetik özellik kazanırlar. Ferromanyetik maddelerin bir özelliği de sıcaklık artışıyla ferromanyetik özelliklerinin azalmasıdır. Yani sıcaklık yeteri kadar artarsa (Curie-Weiss Yasası) paramanyetik hale geçebilirler.

Tüm bunlar, HAARP'ta elektromanyetizmanın bir silah

gibi kullanılmasını destekleyen malzemeler olarak gözükmektedirler. En basit anlamıyla, belirli bir bölgeye bu kimyasalları bırakırsınız, sonra uzak bir mesafeden, kimyasalları bıraktığınız bölgeye elektromanyetik bir tetikleme enerjisi gönderirsiniz ve daha fazla enerji göndermenize gerek kalmadan, havaya karışan kimyasallar manyetik alanlarını oluşturmaya başlarlar ve bu, su buharının bile belli bir bölgede, yeteri kadar bir yükseklikte kümelenmesine sebep olur. Artık bu kümeyi ister dağıtır, ister sel baskını ve fırtına için örgütlersiniz zira bu küme istediğiniz manyetik alanın etkisi altına girmiştir. Yine de bu işin, tabiatın dengesini bozarak, kontrol altına alınamayan kötücül sonuçları da olacaktır. Zira her bir hava olayı dolaylı olarak başka bir hava olayını açığa çıkarır. Yani, kontrollü bir hava olayı meydana getirseniz bile bunun kontrol edilemeyen hava olaylarına yol açabileceğini düşünmelisiniz. Ayrıca, iyonosferin bu şekilde kullanılmasının, yerküremizi yıldızlara ait radyasyondan koruyan kalkanın dengesinin bozulmasına yol açma ihtimali var. Yani Dünya'nın hâlihazırda zayıflayan manyetik alanı dahi tehdit altında.

İnsan beynindeki elektriksel aktivitenin elektromanyetizma ile etki altına alınabileceği bilimsel bir gerçek. İnsan beynindeki elektriksel aktivite bu kitapta açıkladığımız belirli frekanslarda yoğunlaşır ve her frekans aralığı bir diğerinden daha farklı duygu durumu ve davranış biçiminin zeminini hazırlar. Yapılan deneylerle, görsel ve işitsel bir uyaranın elektriksel uyarıya yol açtığı anlaşılmıştır.

McDonald, Norbert Wiener'in elektrikle insan beynini manipüle etme deneyine, Kaliforniya Üniversitesi'nin bu konudaki çalışmalarına değinmiş, alfa ritim frekansında salınan santimetre başına bir veya iki voltluk geniş alan kuvvetleriyle, insan denekleri tarafından kesinlikle hoş olmayan duyumlar algılandığını, yeryüzünün belirli bölgelerinde nispeten yüksek güç seviyeleri üreten ve geri kalan bölgeler üzerinde nispeten daha düşük seviyelerde salınımlar oluşturulabileceğini, bu yolla, seçilmiş bölgelerdeki nüfus üzerinde beyin performansı uzun süre etki altına alacak bir sistem geliştirilebileceğini açıklamış ve şöyle demiştir:

"Ulusal çıkarlar için çevreyi/tabiatı kullanarak davranışları manipüle etmek düşüncesi ne denli rahatsız edici olursa olsun, önümüzdeki on yıl içinde buna imkân veren bir teknoloji meydana getirilmesi hayli olası."

Ömrünü zihin kontrol teknolojileri ile istismar ve işkenceyi durdurmak için dünya çapında kamuoyu oluşturmaya adamış, bu kontrol çalışmalarından muzdarip olduklarını söyleyen aktivistler var. Gerçek şu ki, akademik kariyer yapmış insanlar zihin kontrolü konusunda bilgilendirici açıklama yapmayıp suskunluğa gömüldükçe, zihin kontrolüne maruz mağdurların hepsine şizofren damgası vurmaya, şer şebeke tarafından daha cesurca kontrol edilmeye devam edeceğiz. Ancak bir aktivist; Soleilmavis Liu, zihin kontrolünü tüm dünyaya duyurmak için bir adım attı ve elektromanyetik silahlarla (dalgalarla) işkence gördüklerini söyleyen insanların toplanabilecekleri kurumsal bir yapı oluşturmaya çalıştı. ABD başkanı Barack Obama'ya gönderdiği 25 Ağustos 2015 tarihli mektupta şöyle diyordu:

> "Zihin kontrol teknolojilerinin çoğalması ve bunlara eşlik eden istismar ve işkence, yirmi birinci yüzyılın en büyük insan hakları ihlallerinden biri haline geldi. Dünya'daki binlerce masum kurban, kendi özgürlükleri için eylemciler haline geldi. Birleşmiş Milletler İnsan Hakları Evrensel Beyannamesinin dehşet verici bir şekilde ihlali demek olan bu suçlarla ilgili uluslararası bir soruşturma talebinde bulunuyoruz."

ABD'de zihin kontrolüyle ilgili icatlar için alınmış patentler ve patentleşmiş icatların özellikleri şöyle:

3.393.279 patent numaralı ve 16 Temmuz 1968 tarihli icat, açıklamaya göre elektromanyetik bir sinyalle kişinin tanrıyla ya da yabancı biriyle konuştuğunu düşünmesine neden oluyor, benzersiz biyoelektrik rezonans frekansını hedef alarak çalışıyor.

5.289.438 patent numaralı ve 22 Şubat 1994 tarihli bir

başka icat beyni uyararak bilinç durumu değişikliğine neden oluyor.

6.506.148 patent numaralı 14 Ocak 2003 tarihli icat, 1/2 Hz ve ya 2,4 Hz civarında, duyusal rezonansı kışkırtan belirli zayıf frekanslı elektromanyetik frekanslarla derinin uyarılmasına tepki olarak insanda fizyolojik etkiler meydana getirmektedir. Patent açıklamasının devamında şu cümle kurulmuş: **"Dolayısıyla, yakınlardaki bir bilgisayar monitöründe veya TV setinde görüntülenen titreşimli görüntülerle bir öznenin sinir istemini manipüle etmek mümkündür."** Üstelik elektromanyetik titreşim, bir video akışı modüle edilirse rahatlıkla onun üzerine bindirilebilir. Yani bu icat ile anlayacağımız şey şudur: Çok masum görünen fotoğraflar ve filmler dahi zihni manipüle edebilirler, fiziksel hasara dahi yol açabilirler.

Bunlar ilk bakışta hayal ürünü, uydurma iddialar gibi geliyor ama öyle değiller. Araştırmamızda, www.uspto.gov adresinde patent numaralara göre arama yaparak bu patentlerin doğru olduğunu teyit ettik. Fakat elbette ki bu cihazlar adına alınan patentler, cihazların çalışıp çalışmadığını garantilemez. Ancak, kesin olan bir şeyi gösterir: Bu konudaki yoğun çalışmayı.

Bir başka elektromanyetik zihin kontrol aracı da LİDA. LİDA olarak bilinen makine, şöhrete kavuşmuş, kamuoyuna açıklanmış bir zihin kontrol aygıtıdır. LİDA, Sovyetler Birliği'nde icat edilmişti ama *"Jerry. L. Pettis Memorial Veterans Hospital"* adlı ABD hastanesinin Sovyetler Birliği ile yaptığı tıbbi değişim programı neticesinde, ABD'ye ulaşmıştı. ABD'deki hastanenin araştırma başkanı Dr. Ross Adey, cihazın rahatlamak istediğinizde, muhtemelen güvenli bir yoldan, sizi rahatlatacak bir radyo alanı kullanarak bunu başardığını rapor etmişti. Ruslar bu cihazı ABD'ye gönderirken "uykusuzluk, hipertansiyon ve nevrotik bozukluklar gibi psikolojik sorunlar için 'uzak puls tedavi cihazı' olarak tanımlamışlardı. Cihazın 1950'lerde icat edildiği düşünülse de iddiaya göre Sovyetler'de insanlar üzerinde kullanım onayı yoktu. Burada tabii insanın içine derin bir şüphe düşüyor. Sovyetler bu cihazı nasıl olur da görmezden gelmişti? Nasıl olur da cihazın ABD'ye bir değişim programı çerçevesinde yasal yollardan girişine izin verilmişti? Acaba bu cihaz Sovyetler içerisindeki bir unsurun ABD'ye hediyesi miydi?[136] Yoksa Sovyetler'in geldiği teknolojik noktayı ortaya koyan bir mesaj mıydı? Her ne olursa olsun, cihazın varlığı gün gibi açıktır zira bu aygıt *"Nöropsikiyatrik ve Somatik Hastalıkların Isı, Işık, Ses ve VHF Elektromanyetik Radyasyonla Tedavisi İçin Aparat"* adı altında 20 Kasım 1973 tarihinde, 3.773.049 patent numarasıyla patentleşmiştir. Patentte icadın sahibi mucitler şunlardır: Rabichev; Lev Yakovlevich (Kishinev, SU), Vasiliev; Vladislav Fedorovich (Kishinev, SU), Putilin; Alexandr Sergeevich (Kishinev, SU), Ilina; Tatyana Grigorievna (Kishinev, SU), Raku; Petr Vasilievich (Kishinev, SU), Kernitsky; Leopold Pavlovich (Kishinev, SU).

www.Hurriyet.com.tr 'nin 06 Nisan 2012 tarihli haberine göre Rusya, düşmanların merkezi sinir sistemlerine saldırarak onları adeta bir zombiye çeviren elektromanyetik silahın üretimine onay verdi. Moskova'daki kaynaklara göre Vladimir Putin mikrodalga fırınlardaki elektromanyetik radyasyonu kullanan bu çok özel silahı, politik ve stratejik amaçlara ulaşmak için tamamen yeni bir araç olarak nitelendirmiş. Haber şöyle devam ediyor:

> "Elektromanyetik silah araştırmaları 1950'lerden beri Rusya ve ABD'de gizlice yürütülüyor. Yeni Rus silahı hakkında ayrıntılar henüz bilinmiyor. Ancak daha önceki araştırmalara göre, bu tür düşük frekanslı dalgalar veya huzmeler yayan silahlar beyin hücrelerini etkiliyor. Etkisi altına aldığı kişilerin psikolojik durumlarını değiştirebiliyor, hatta komutlar ve önerileri doğrudan kişinin düşünsel işlemlerine iletmeyi mümkün kılabiliyor. Yüksek orandaki dalgalar ise iç organlara hasar veriyor, davranışları kontrol ediyor ve kurbanı intihara yöneltebiliyor. Bu tür silahlar, ülke içindeki muhaliflere karşı da kullanılabiliyor, kalabalık bir gösteride sadece bir kişi bile hedef alınabiliyor."

Bizce bundan sonra **"elektromanyetik zihin kontrolü yapılabilir mi yoksa yapılamaz mı?"** gibi cümlelerle tartışmaya girmek, hala **"atom bombası yapılabilir mi yoksa yapılamaz mı?"** demek kadar anlamsız.

Biz bu tartışmaya farklı bir pencereden daha bakmak istiyoruz: Gökdelenler ve çelik yapılardan. Zira manyetizma ve elektromanyetizma konusunda edindiğimiz bilgiler, gökyüzüne doğru uzanan çelik yapıların, manyetik komutlar için birer araç olarak kullanılabileceklerini ortaya koymaktadır. Bu yapılar hem uzaktan hava/iklim kontrol sistemleri için birer sıçrama alanı, hem de beyin kontrol için 'manyetizma yayıcı' ya da 'enerji emici ve dağıtıcı' olarak kullanılabilirler kanaatindeyiz.

KADİM ZAMANLARDA DÜNYA'NIN HÜKÜMDARI VE MANYETİZMA İLİŞKİSİ BİLİNİYOR MUYDU?

Elimizde üç anahtar var: Boğa,[137] manyetizma ve 'T' şekli ve türevleri.[138] Biliyoruz ki, Yahudilerin bir dönem açık açık ibadet ettikleri Baal, öküz şeklinde heykelleştirilmiştir ve 'T' işareti ve türevleriyle sembolize edilmiştir. Aynı 'T' sembolü, bu sefer bir çiftlik aracı olarak (kazma/saban/çapa) Hint tanrısı Balarama'ya da eklemlenir. Burada elbette anladığımız ilk şey, bereket sembolüdür. Zira gerek öküz, gerekse kazma aynı zamanda tarımla ilgili malzemelerdir. Boğa tek başına üremeyle, tohum ile ilgilidir. Kozmik tohumlamayı da sembolize eder. Zaten Baal Mezopotamya'da da bağ ilahı olarak tanınmıştır. Fakat onun ilk versiyonu Babil'in baş tanrısı Marduk şeklindeydi. Marduk ise bazı araştırmacılara göre savaş gezegeni ve ilahı olan Mars ile özdeş idi. Eğer iş Mars'a kadar uzanıyor ise, kesinlikle demir ile ilgilidir. Zira Mars'ı kızıla boyayan şey bu paslı madendir. Haç, güneş diski, altı sayısı, pentagram ve kimileyin hilal de Baal'in sembollerinden sayılmıştır. Göbeklitepe'deki kazılarda bulunan 'T' figürlü bloklar ve konumlandırılış biçimleri, bu şeklin bir tarım ilahının basit bir sembolünün ötesine gittiğini düşündürmektedir.[139] Bize bu gizemi çözmede en iyi ipucunu verebilecek malzeme Zülkarneyn'in yani **"iki boynuzlu"**nun hikâyesidir. İki boynuz, Kur'an-ı Kerim'de farklı boyutlara hükmeden bir varlıkla ilişkilidir. Bu yüzden boynuz, iki ayrı uç, iki ayrı dünya, iki ayrı boyut anlamında, çok boyutluluk şeklinde ele alınmalıdır kanaatindeyiz. Ancak 'iki boynuzlu'nun elinde bu iki ayrı dünyaya hükmedecek güce yardımcı olan iki metal vardır: Bakır ve demir.[140] Demir, tarım ilahı olarak kabul edilse bile Baal için de vazgeçilmez bir metaldir zira Kali Yuga'nın modern tarihçilerince -el yordamıyla- bilinen dönemi içerisinde toprak sürmeyi yaygınlaştıran ana madendir. Mesela, demirden önce kullanılan tunç sadece zenginlerin ulaşabileceği bir madendi. Hindu tanrısı Balarama'nın 'T' şeklindeki /kazması/ sabanı/çapası da demir olmalıdır.[141] O halde tarım ilahlarına güç veren ana materyali demir olarak düşünmek gerekir. Bir başka kişi; Oğuz (öküz) Kağan da insan yiyen ve herkese korku salan canavarı demir bir kargıyla öldürmüştü. Oğuz soyunun Dünya'dan adeta bir iç dünyaya geçiş yaptığı Ergenekon Destanı da demir ile irtibat halindedir. Zira Türkler Ergenekon'a sığamaz olunca, ata topraklarına dönmek istemişler ama bu toprağa nasıl gideceklerini bilememişler ve en sonunda demir madenini eriterek bir yol oluşturmuşlardır. Destanın başka versiyonlarında eritilen ham bir maden değil, demirden bir kapıdır. Zülkarneyn'nin yani 'iki boynuzlu'nun giriş ve çıkışı engelleyen demir bakır karışımı seddiyle, yine başka bir 'iki boynuzlu'nun yani Oğuz'un soyundan gelen Türklerin içerisinde sıkışıp kaldıkları Ergenekon arasında ilginç benzerlikler vardır. Bu benzerliği oluşturan unsurlardan biri de demirdir. Burada Türkleri kıssanın Yecüc ve Mecüc'ü olmaktan çıkaran önemli noktalar var: Birincisi, ata olarak iki boynuzlu Oğuz Kağan'ı kabul etmeleridir ki bu en basit şekliyle bile bir başka iki boynuzlu olan Zülkarneyn ile örtüşür. İkincisi de, tam da ata olarak kabul ettikleri iki boynuzlu Oğuz Kağan dolayısıyla, ondan Yecüc Mecüc bozgunculuğuna karşı yardım talep eden toplumla denkleşmelerinden ötürüdür.[142] Ayrıca, Türklerin de bildiği bir Yecüc Mecüc topluluğu vardı: Albıs ve Şulbus. Bunlar Erlik'in yeraltındaki karanlıklar ülkesinde eline örs, çekiç ve körük alıp yarattığı kötü varlıklardı. Gerçeği bu mitolojiye bakarsak kurbağayı, yılanı, ayıyı ve domuzu da o yaratmıştı[143] ama en büyük eseri Albıs ve Şulbus olmuştu. Albıs tek gözlü, tüylü, kırmızı tenli hayvan insan karışımı dev bir varlıktır. Şulbus da tek gözlü ve küçük burunlu olarak anlatılagelmiştir. Bunlar şekil değiştirip, kılıktan kılığa girerler ve mağralarda yaşarlardı. Tanrı, Erlik'in daha fazlasını yapmasına müsaade etmedi ve elindeki aletleri aldı.

Bu aletler (örs, çekiç ve işlenen demir) ve boğa sembolü esasında 'Dünya'nın Hükümdarı'na ait idi.[144] Ancak İblis, bir müddet oturduğu tahtına artık sahip değildi ve bu sembolleri kullanamazdı. Yine de Dünya'nın Hükümdarı'nın alametlerini kendi alametleriymiş gibi kullanmaya ancak bundan daha vahimi, bu sembollerin anlamlarını çarpıtmaya meyletti. Peki, Ferdinand Ossendowski'nin *"Hayvanlar, İnsanlar ve Tanrılar"* adlı kitabında adı geçen 'Dünya'nın Hükümdarı' kimdi? Bir Lama bu konuda ona şunları söylemişti:

> "Altı bin yıldan fazla bir zaman önce saygıdeğer bir kişi bütün bir kabile ile beraber toprağın içinde kayboldu ve yeryüzüne bir daha çıkmadı. Bununla beraber o zamandan sonra Çakya Muni, Under, Gegen, Paspa, Babür ve diğerleri yer altı devletini ziyaret etti. Bu yerin nerede bulunduğunu bilen de yok. Kimi Afganistan, kimi Hindistan der. Bu bölgelerin bütün insanları kötülüğe karşı korunmuşlardır. Ve sınırları içinde cinayet yoktur. Bilgi sessizce gelişmiş, hiçbir şey orda yıkılma tehlikesine düşmemiştir. Yer altı ahalisi bilimin en yüksek katına erişmiştir. Şimdi o milyonlarca uyruğu olan büyük bir devlettir ki üzerinde Dünya Kralı saltanat sürer. Dünya Kralı ise, doğanın bütün kuvvetlerini bilir, bütün insanların kalplerini ve kaderin büyük kitabını okur. Göze görünmediği halde her emrini yerine getirmeye hazır yüz milyon kişiye hükmeder... Prens Şultun

Beyli ekledi: Bu devlet Agartidir... Batıdaki ve doğudaki en büyük okyanuslarda bir zamanlar iki kıta bulunduğunu bilirsiniz. Bunlar sular altında kayboldularsa da, üzerlerinde yaşayanlar yer altı devletine geçmişlerdir. Derin mağaralar, bitkilerin büyümesini sağlayıp, halka hastalıksız ve uzun bir hayat veren bir ışıkla aydınlanmaktadır."

Kitapta, Dünya'nın Hükümdarı adeta nefse sahip olmayan, Allah ile bağlantı kurup ondan gelen emirleri yazıp gerçekleştiren, insanlığın kaderine hükmeden liderlerin ve önemli kişilerin bütün düşüncelerini okuyup değerlendirerek yeryüzüne yön veren ve bu düşünceleri yönlendiren, bu düşünceleri içerisinde Allah'ın iradesine uygun olan düşüncelerin hayat bulmasına izin veren, uygun olmayanların da yok olup gitmesini sağlayan kudretli bir kişidir. Allah ona gözle görünür dünyayı idare eden kuvvetlere hükmetme kudretini bahşetmiştir. Fakat o da bir ölümlüdür. Şöyle bir farkla ki, nefsinden arınmış olduğu ve kendini Allah'ın kelimesi ve emrinin yeryüzünde ete kemiğe bürünmüş haline getirdiği için, bu bizim bildiğimiz manada bir ölüm değildir. Dünya'nın Hükümdarı tek bir kişi değildir. Ölür ve yerine başka biri gelir. Fakat bir anlamda tek bir kişidir zira ölenin yerine geçen kişi, ölmüş olan selefinin bilincini kendi bilinci ile bütünler. Ve o da Allah'ın bir emri oluverir. Aynı kitapta, Dünya'nın Hükümdarı'nın beyaz fillerin çektiği bir araba ile yer altından yeryüzüne çıktığı da aktarılır. Hatırlayalım: Beyaz fil Tanrı İndra'nın alametiydi ve şeytan Bali, bu alameti bir süreliğine kullanmıştı. Bu fil ise hem savaş hem de güneş alametiydi.[145]

Musevilikte bu derecedeki özelliklerle bezenmiş biri vardır ki o Metatron'dur ve bu kişi bazen Hz. İdris ve bazen de Dünya ve göğünün yöneticisi Melek Mikail ile ilişkili gösterilir. Musevilikte göğe yükseltilmiş ve demircilik sanatıyla ilişkilendirilen Hanok/Enok/İdris, Melek Mikail'in vasıflarını yeryüzünde taşıyan melek gibi bir beşer olarak görülmüştür ki, tamamıyla Yahve'yi (Tanrı Yahova) temsil etmektedir ve buyrukları Yahve buyruğudur, niyetleri Yahve niyetidir. Gerçekten de Metatron sıklıkla bir demircinin çekici ile resmedilmiş ve yüzlerinden biri boğa yüzü olarak kabul edilmiştir. Hz. Musa ile konuşup onu eğitmiştir.

Hz. Musa ile konuşup onu eğiten kudretli bir kişinin varlığını Kur'an-ı Kerim'den de öğrenmekteyiz:

> "Musa ona dedi ki: Doğru yol olarak sana öğretilenden bana öğretmen için sana tabii olabilir miyim?" **(Kehf/66)**

Ve o kişi ona şöyle cevap vermiştir:

> "Dedi ki: Gerçekten sen, benimle birlikte olma sabrını göstermeye güç yetiremezsin. İş böyleyken özünü kavrayamadığın şeye nasıl sabredebilirsin?" **(Kehf/67)**

Buradan da anlaşılıyor ki İslam camiasınca Hızır olarak kabul gören bu kişi, insanın yapısına ters gelebilecek hareketler gerçekleştirebilecek bir kişidir. Eğer bu kişi, tıpkı bir melek gibi Allah'ın iradesini hiç sorgulamadan tecelli ettiren bir varlık ise, yaptıkları bir nefs sahibi için anlamsızca ve zalimce algılanabilir. Çünkü nefs sahibi, duyguları galip geldiğinde aklını gölgeler ve hadiselere saf aklın penceresinden bakamaz. Bu yüzden Musevilikte Metatron, kendisine saygı duyulan ancak aynı zamanda kendisinden korkulan bir şahıstır; İnsanoğlu için ne yapacağı ve ne için yapacağı kestirilemez bir varlık olarak kendisinden çekinilir. Bu durum, Hinduizm'de Dünya'nın ve evrenin olaylarını yöneten Vişnu'nun yeryüzündeki avatarları (halifeleri) ile denkleşir. Mesela Kali Yuga Çağı'nı kapatacak olan ve güneşle, ve beyaz atla özdeşleştirilen ve yer altında bir ülkede yaşayan beşer Kalki, büyük bir yok edicidir. Fakat yok edişleri yeni ve ilahi bir doğum için gereklidir. Aynı şey, yani yapacakları konusunda kendisine hürriyet tanınmış kudretli kişi İslamiyet'te Zülkarneyn'dir:

Kur'an-ı Kerim'de Zülkarneyn, kendisine verilen kudret ile bir topluluğa istediği tarzda hükmetme yetkisine sahip bir kuldur:

"Güneşin battığı yere varınca, onu siyah balçıklı bir su gözesinde batar gibi buldu. Orada bir topluluğa rastladı. O'na 'Ey Zülkarneyn, ister onlara azap edersin, istersen iyilik edersin,' dedik." **(Kehf/86)**

James Churchward'ın *"Kayıp Kıta Mu"* kitabında, kadim tabletlerden ve yazılardan derleyerek oluşturduğu Mu'nun batış öyküsünü anlatırken kurduğu cümlelere dikkat edelim:

"Tüm bu sırtlar ve merkezler, batmakta olan - anavatanları olan-kıtadan kendi imkanlarıyla kurtulmayı başarmış insanlarca dolmuştu ve şimdi onları fokurdayan buharlı, çamurlu bir yatağa dönüşmüş sular çepeçevre sarmıştı."

Bilhassa **"buharlı, çamurlu bir yatağa dönüşmüş sular"** ile Kur'an-ı Kerim'deki **"...onu (güneşi) siyah balçıklı su gözesine batar gibi buldu..."** ifadesine dikkat kesilelim. Ardından Amerika yerlilerinin 'Batı Ülkeleri' dediği Mu Kıtası'nın kraliyet sembolünün güneş olduğunu ve resmi adının 'Güneş Sultanlığı/Hükümdarlığı şeklinde anıldığını düşünelim. Sonra Zülkarneyn'e verilen dilediği gibi hükmetme yetkisini bir daha düşünelim.

James Churchward, *"Kayıp Kıta Mu"* kitabında arkeolog Schliemann'ın bir Budist tapınağında bulup tercüme ettiği Lhasa belgesinden aynen şu paragrafı alıntılamıştır:

"Bal yıldızı, şu anda yalnızca deniz ve gökyüzünün bulunduğu yere düştüğünde, altın kapıları ve transparan mabetleriyle birlikte yedi şehir fırtınaya kapılan yapraklar gibi titredi ve savrulmaya başladı ve bununla da kalmadı; Saraylardan bir ateş ve duman seli çıktı. Her yer acı ve çığlıklarla dolup taştı. İnsanlar kale ve tapınaklarına sığınmışlardı ki Bilge Mu-Hiyerarşik Ra Mu-zuhur etti ve onlara dedi ki: 'Bütün bunların gerçekleşeceği hususunda sizi önceden haberdar etmemiş miydim?' Değerli taşları ve göz alıcı elbiseleri henüz üzerlerindeyken kadın ve erkekler 'Mu, bizi kurtar!' diye yalvardılar. Ve Mu cevapladı: 'Hizmetçileriniz ve zenginliğinizle birlikte öleceksiniz ve sizin küllerinizden yeni ırklar filizlenecek. Eğer üstünlüğün almakla değil, tam aksine, vermekle mümkün olduğunu unuturlarsa onlar da aynı akıbete uğrayacaklar.'"

Buradan açıkça anlaşılan şey Bilge Ra Mu'nun Mu toplumunu böyle bir hadisenin gerçekleşeceği üzerine uyardığıdır. Fakat uyarılarının dikkate alınmadığı ortadadır. Churchward, bahsi geçen kitabında başka bir araştırmacı; Le Plongeon'un Yucatan'daki[146] araştırmalarında, Mu ülkesinin hiyerarşik liderinin kıtanın felakete uğrayacağı konusunda halkı uyardığı ve bu uyarıyı dikkate alanların çevre kolonilere giderek kurtuldukları bilgisini rapor ettiğini söyler.

Kur'an-ı Kerim'e bakalım:

"O şöyle dedi: 'Haksızlık edeni cezalandıracağız; sonra o, Rabbine gönderilecek; sonra Allah da ona korkunç bir azap uygulayacak.' İman edip de iyi davranan kimseye gelince, onun için de en güzel bir karşılık vardır. Ve buyruğumuzdan, ona kolay olanını söyleyeceğiz." **(Kehf/88)**

Zülkarney'nin güneşin battığı ve doğduğu yerleri ziyaret etmesi, bir çağın kapanıp yeni bir çağın açılmasına ettiği şahitliği ve bu olay sırasındaki kudretini göstermektedir. Çünkü Allah onu yeryüzünde iktidar ve kudret sahibi kılmıştı.[147]

Güneş, kadim zamanlarda yani henüz putlaştırılmadan önce yaratıcının sembolik olarak ifadesi idi. Bugün dahi hakikat, hak ve ilahi tesirler güneş sembolizmi ile anlatılmaktadırlar. Churchward bahsi geçen meşhur kitabının altıncı bölümünü *"Mu Güneş İmparatorluğu"* olarak adlandırmış, Mu'daki imparatorun dinsel yetkileri olan bir imparator olarak 'Kralların Kralı' sayıldığını, bu imparatorun Ra ismini de alarak güneş ünvanına sahip olduğunu aktarmış, bu yok olan kıtanın kolonilere de sahip olduğunu belirterek, kolonilerdeki güneş sembollerinin ufkun üzerinde yükselmiş ışık saçan bir yarım daire ile temsil edildiklerini yazmıştır. Çünkü güneş bir yandan yaratıcıyı sembolize etmekteydi ama öbür taraftan Mu diyarının kendisiydi. Ve koloniler bu yüzden bahsedilen sembolü anavatan gibi kullanamazlardı. Churchward yükselen güneş ile batan güneşin farklı sembolize edildiğini yazmıştır. Buna göre yükselen güneş ışık saçar durumda, batan güneş ise yalnızca bir disk ya da ışıksız bir küre olarak resmedilmiştir.

Öyleyse, Mu arkeolojisi açısından güneşin doğduğu yer, Mu'nun ufuktan kaybolduğu yerden sonra, onun temsil ettiği kadim bilgeliği ve dini yaşatacak olan yeni coğrafyayı temsil etmektedir. Bu aynı zamanda hakikatin artık parlamadığı, putlaştırıldığı ve bu yüzden güneşin batarak tasvir edildiği bir yerin yerine, şimdi onun tekrar filiz vereceği yeni bir yer, iklim anlamındaydı. Demekki burada hem coğrafi olarak, hem de hakikat olarak çifte sembolizm vardır.

> "Nihayet güneşin doğduğu yere ulaşınca, onu öyle bir kavim üzerine doğar buldu ki, onlar için güneşe karşı bir örtü yapmamıştık" **(Kehf/90)**

Güneşin iki manada kullanılması meseleyi daha kolay anlamamızı sağlıyor. Mu'nun arkeolojisi açısından güneşin doğduğu yer, anavatanın batışından sonra, onun sahip olduğu fakat zamanla köhne hale getirdiği değerleri, pırıl pırıl taşıyacak olan yeni bir koloni ve ülkedir. Güneş ile arasında perde olmayan halk ise, hem fiziksel anlamda o ana kadar teknolojisi Mu'nun teknolojisinin çok altında kalmış, Mu halkına göre son derece ilkel bir halktır hem de ikinci anlamıyla teknolojideki, alet edevat yapımındaki geriliğine rağmen hakikati olduğu gibi almaya açık, buna direnmeyen, işlenip parıldamaya hazır, hakkın temsilcisi olmaya uygun bir halktır. Bu, Ra Mu'nun dediği şeydir:

"Hizmetçileriniz ve zenginliğinizle birlikte öleceksiniz ve sizin küllerinizden yeni ırklar filizlenecek."

Churchward'ın aynı eserinde, W.J. Thomson'un çevirdiği Paskalya Adası'nda bulunan tabletlerin biri üzerinden, bitkileri olgunlaştırıp gökyüzünün rengini değiştirebilen, krallar ve halklar meydana getirerek yeryüzünü iskan edilebilir kılan, yağmurun, Güneş ve Ay'ın ışığının hikmetini bilip öğreten büyük bir bilge ve öğretmenden ama aynı zamanda bir kraldan bahsedilir ve ona Büyük Kral denir.

Hz. Musa'nın kendisinden ilim talep ettiği kişi de tıpkı Zülkarneyn gibi şeriatla sınırlandırılmış görülmez. Hz. Musa ise yasa peygamberidir. Bu yüzden o kişi, kendisinden ilim isteyen Hz. Musa'ya **"sen benimle olmaya sabredemezsin"** demiş ve eklemiştir:

"Dedi ki: Eğer bana uyacak olursan, ben sana öğütle anlatıp söz edinceye dek hiçbir şey hakkında bana soru sorma." **(Kehf/70)**

Ne demişti lamalar Ossendowski'ye:

"Dünya Kralı ise, doğanın bütün kuvvetlerini bilir, bütün insanların kalplerini ve kaderin büyük kitabını okur."

İşte, onu insani yasalardan uzaklaştıran husus burada gizlidir. Nitekim Hz. Musa bunu idrak edemediği için sabırda zorlandı:

"Böylece ikisi yola koyuldu. Nitekim bir gemiye binince, o bunu (gemiyi) deliverdi. (Musa) dedi ki: 'İçindekileri batırmak için mi onu deldin? Hakikaten sen şaşırtıcı bir iş yaptın!'" **(Kehf/71)**

Fakat kaderi bilen bir kişi için hiç de şaşırtıcı olmayan bir iş. Bu kudretli kişi, Hz. Musa ile birlikte iken sadece gemiye hasar vermez. Bir çocuğu öldürür, yıkılmak üzere olan bir duvarı ücret istemeksizin tamir eder, Hz. Musa tüm bunlar karşısında onu kötüler. O, en sonunda kendi işinin hikmetini açıklar:

"Gemi, denizde çalışan yoksullarındı, onu kusurlu yapmak istedim çünkü ilerilerinde, her gemiyi zorbalıkla ele geçiren bir kral vardı. Çocuğa gelince, onun anne ve babası mümin kimselerdi. Bundan dolayı, onun kendilerine azgınlık ve inkâr zorunu kullanmasından korkuya kapıldık. Böylece, onlara Rablerinin ondan temizlik bakımından daha hayırlısı ve merhamet bakımından daha yakın olanını vermesini istedik. Duvar ise şehirde iki öksüz çocuğundu. Altında da onlara ait bir define vardı. Babaları salih biriydi. Rabbin diledi ki onlar ergenlik çağına erişip defineleri kendileri çıkarsınlar. Bu, rabbinden bir rahmettir. Bunları ben kendi irademle yapmadım. İşte bu, senin güç yetirip sabredemediğin şeyin izahıdır." **(Kehf/79-80-81-82)**

Kehf 82'den sonra hemen Zülkarneyn'in kudretini gösteren kıssaların anlatılması, Hz. Musa ile görüşen gizemli kişinin Zülkarneyn olduğunu ve şimdi Kehf 83'te artık onun lakabının açıklandığını ortaya koymaktadır kanaatindeyiz. Üstelik Zülkarneyn'den bahsedilirken konuya şöyle girilir:

"Ve sana Zülkarneyn'den sorarlar..." **(Kehf/83)**

Yani Hz. Musa'nın akla durgunluk veren macerası ve bu macerada merkezi rol üstlenen gizemli kişi anlatılmış ve de onun hakkında daha fazla bilgi edinmek isteyenlerin ısrarı üzerine, o şimdi ismiyle birlikte zikredilmiş ve onun kudretli gücü biraz daha ayrıntılandırılmıştır. Yani artık söz konusu olan Hz. Musa'nın başına gelen hayret verici olay değil, bu hayret verici olaya vesile olan gizemli kişidir. Bu yüzden odak kaymıştır.

Kaderi okuyup, Allah'ın emirlerini gerçekleştiren bu kişi, Ossendowski'nin varlığını aktardığı Dünya'nın Hükümdarı'nın vasıflarına sahiptir. Aynı zamanda Zülkarneyn de öyledir. Demir ve demircilik ile ilgilerinden ötürü İdris, Zülkarneyn, Metatron özdeştir. Zülkarneyn'in iki boynuzlu olması ve Metatron'un bir yüzünün boğa yüzü olması bakımından Dünya'nın yer altında bulunan hükümdarının da boynuz ile ilişkisi olsa gerektir. Hadislerde yer alan **"Dünya'nın öküzün boynuzları ve balığın üzerinde dönmesi"** iklimlere hâkim olan kudretli 'madenci' İki boynuzlu Zülkarneyn'e ve demirci çekici taşıyan Metatron'a da işaret etmektedir. Ayrıca, Hz. Musa'nın kudretli kişiyi aramaya giderken, balığın bu arayışta merkezi bir rolünün olması da manasız değildir:

> "Böylece ikisi (kudretli kişiyi bulmak için yola çıkan Musa ve yanındaki kişi) iki denizin birleştiği yere ulaşınca balıklarını unutuverdiler. Balık denizde bir akıntıya doğru kendi yolunu tuttu..." **(Kehf/61)**

Hz. Musa iki denizin birleştiği yere varıncaya kadar gitmeye niyetlendi. Gerekirse senelerce yolculuk edecekti. Çünkü bu nokta çok önemliydi. Bu nokta, onun çok kudretli bir kişi ile tanışmasına sebep olacak bir kapı, bir boyuttu. Yanlarında taşıdıkları balık ise bir yiyecek nesnesi değil, yolu doğrulama aracı idi. Ancak acıkıp yemek yemeye yeltendiklerinde balıklarını da kontrol ettiler ki o yanlarında değildi. Denizde kendi yolunu tutmuştu. Burada onlara öncülük eden, rehberlik eden balığın kendisiydi.

Hindu metinlerinde de balık, büyük tufanda Vivasat oğlu Kral Vshraddhadeva'ya rehberlik etmişti. Bu boynuzlu bir balıktı ve Dünya'nın idarecisi, düzeninin koruyucusu Vişnu'nun maddi bir formuydu. Kral bu balığı takib ederek tufandan kurtuldu.

Eğer bu balıklar gerçekten mecaz olmayan canlı varlıklar ise, manyetik alandaki bir değişiklik yön duygularını kaybetmelerine, aniden yön değiştirmelerine neden olabilir:

Alsea Nehri havzasındaki Oregon Balık Üretme Çiftiliği'ndeki üreme havuzlarında suni manyetik alana maruz bırakılan balıkların yüzme yönlerini değiştirdikleri görüldü. Doğal yaşam alanlarının kuzey sınırlarındaki bölgelerindekine benzer manyetik alanlara maruz kalan balıkların güneye, doğal yaşam alanlarının güney sınırlarındakine benzeyen manyetik alanlara maruz kalan balıkların ise kuzeye doğru yüzdüğü görüldü. Araştırmanın sonuçları Current Biology'de yayımlandı.[148]

İskandinav mitolojisindeki Thor ile Metatron kelimesinin benzerliği ve her iki varlığın bir çekiçle[149] ve demirle ilintili olması onları birbirine bağlamaktadır. Thor fırtına, şimşek, yağmur ve tarım ilahıdır ki Yahudi bilginlerine göre Metatron kelimesinin bir anlamı da ışık ve yağmurla ilintilidir. Ayrıca kıyamet vakti yeryüzüne çıkıp imanlı ve kâfiri birbirinden ayıracak Dabbet'ül Arz'ın yani toprağın altından çıkan varlığın da tüm bunlarla bir ilintisi olabilir kanaatindeyiz.

Nasıl ki insanüstü vasıflara sahip Metatron/Zülkarneyn Hz.Musa'ya rehberlik ettiyse, Tevrat'a göre Melkisedek de o şekilde Hz. İbrahim'e rehberlik etmiştir. Peki, Melkisedek kimdir? Metatron'dan, Zülkarneyn'den ayrı bir şahıs mıdır? Bir kere, zikredilen isimlerin bize göre şahıslara değil, makamlara uygun isimer olduklarını vurgulamakta fayda var. Eduard Schure, *"İnsanlığı Aydınlatan Büyük İnsiyeler"* adlı eserinde, Hz. İbrahim'in Sodom ve Gomorra krallarıyla bizzat savaştığını yazdıktan sonra, onun daha sonra 'Kudüs' adını alacak olan bir kalede oturan büyük kral Melkisedek'e şükranlarını sunduğunu, İbrahim'in onu üstün gördüğünü ve kendisinin mürşidi olduğunu yazısına ekler. Gerçekten de Tevrat'ta bu ilişki şöyle açıklanmaktadır:

Tekvin 14, 18-20: "Yüce Tanrının kâhini Şalem (şalom/selam) Kralı Melkisedek ekmek ve şarap çıkardı, Avram'ı (İbrahim) kutsayarak şöyle dedi: 'Yerin ve göğün yaratıcısı yüce Tanrı Avram'ı (İbrahim) mukaddes kılsın, düşmanlarını onun eline teslim eden yüce Tanrıya övgüler olsun.'"

Gizemli bir rahip kral ile karşı karşıya olduğumuzu anlamaktayız. Rene Guenon, Melkisedek'in Dünya Kralı'nın işlevlerini temsil eden Yahudi-Hıristiyan kavramı olduğunu *"Âlemin Hükümdarı"* adlı eserinde yazmıştır. Onun 'Şalem (şalom, selam) Kralı' olarak nitelendirilmesi de enteresandır. Bu kelime Türkçedeki 'barış'a denk gelir ve aynı zamanda 'denge' ile 'adalet'i içerir. Kelimenin 'islam' kelimesi ile bağı herhalde yabana atılmamalıdır ve bu bağ kanaatimizce bir sürekliliğin göstergesidir. Şöyle ki, İslami gelenekte Hz. Âdem dâhil tüm peygamberlerin tek bir dine, İslam'a yani 'barış'a (selam, şalom) tabi oldukları ısrarla vurgulanmaktadır. Guenon, Melkisedek'in başka geleneklerde Melek Mikail tarfından takdis edilmiş olarak kabul gördüğünü yazar. O, Melkisedek'e mal edilen 'terazi' ve 'kılıç' 'Hüküm Meleği' olarak bilinen Mikail'in de nitelikleridir der. Ayrıca 'Tsedek' kelimesinin 'doğru olan' anlamına gelmekle kamayıp Jüpiter'in de adı olduğunu dipnotlarında belirtir.[150] İslami gelenekte de Jüpiter gezegeninin yönetici meleği kimi zaman Mikail'dir. Guenon, İbranicede 'malkut' kelimesinin 'hükümdar' ve 'dinlenme' anlamına gelen ve bir ölçüde 'barış'ı da ihitva eden 'sabbat'ın eş anlamlısı olduğunu yazar. İncil'de, Melkisedek'in bize göre insanüstü sayılacak kudreti şöyle anlatılır:

İbraniler'e Mektup 7, 1-7: "Bu Melkisedek, Şalem Kralı ve yüce Tanrı'nın kâhiniydi (kohen). Kralları bozguna uğratmaktan dönen İbrahim'i karşılamış ve onu kutsamıştı. İbrahim de ona her şeyin ondalığını verdi. Melkisedek, adının anlamına göre, önce "Doğruluk Kralı"dır; sonra da "Şalem Kralı", yani "Esenlik Kralı"dır. Babasız, annesizdir; soyağacı yoktur. Ne günlerinin başlangıcı, ne yaşamının sonu vardır. Tanrı'nın Oğlu gibi sonsuza dek kâhin kalacaktır. Bakın, büyük ata İbrahim'in ganimetten ondalık verdiği bu adam ne kadar büyüktür! Levioğulları'ndan olup kâhinlik görevini üstlenenlere Kutsal Yasa uyarınca halktan, yani İbrahim'in soyundan oldukları halde, kardeşlerinden ondalık almaları buyrulmuştur. Melkisedek ise Levili kâhinlerin soyundan olmadığı halde, vaatleri alan İbrahim'den ondalık kabul etmiş ve onu kutsamıştır. Hiç kuşkusuz, kutsayan kutsanandan üstündür."

Thor ile Methatron kelimesi arasındaki bağdan söz etmiştik, onun başka bir anlamda Melkisedek olarak da karşımıza çıktığını biliyoruz. Melkisedek'in Jüpiter ile temsil edildiğini, Jüpiter'in de melek Mikail ile ilişkili olduğunu biliyoruz. O halde, soruyoruz: Thor'un da Jüpiter ile alakası olabilir mi? 'Olabilir' kelimesi ihtimal içerdiği için zayıf bir kelime. Thor Jüpiter'in ta kendisi.[151] Roma tanrısı Jüpiter'in Thunor olarak tanımlandığını biliyoruz. Thunor ise Kuzey Avrupa'daki Thor'dur. Danimarka, Norveç ve İsveç'te Torsdag, Faroe dilinde Hósdagur / Tórsdagur, Almanca'da Donnerstag veya Flemenkçe Donderdag buradan gelir.[152] Yani İngilizce'deki Thursday Thor'un/Jüpiter'in günüdür.[153] İslami astrolojide de[154] Perşembe (yani Thor'un günü) Müşteri'ye yani Jüpiter'e bağlıdır.

Bu olağanüstü makam/kişi/kişilik, Guenon'a göre Hinduların 'Manu'suna tekabül eder. Atasız olan bu varlık insan dışıdır. Çünkü bizzat kendisi insanın ilk örneğidir. Kendi çevrimi (Manvantara) boyunca var olacaktır. İlahi kelimenin insan suretine girmiş örneğidir. Bu yüzden kendisine güneşin oğlu denilen 'Manu' ile özdeştir. Manu'ya güneşin oğlu denmesi aklımıza Manu kelimesi ile Mu kelimesi arasındaki sesteşliği getirmektedir. Zira Churchward'ın açıkladığı üzere 'Mu' da güneşle temsil edilen bir ülke ile Ra-Mu denilen ve güneşle simgeleşen bir rahip kralı ifade etmekteydi.

Farklı geleneklerle mukayeseli bir bakış açısıyla irdelendiklerinde Dabbet'ül Arz/Metatron/ Melkisedek/Zülkarneyn/Thor/Maytere/Oğuz ve demirle sembolize edilen manyetizma arasında sıkı bir bağ var gibi gözükmektedir. Sonuç olarak, bunların bir 'makamı' gösterdikleri kanaatindeyiz. Türk mitolojisinde Yecüc Mecüc seddini yapmaya güç yetiren metallerin sırrına sahip Zülkarneyn'in Maytere ile de ilişkili olduğu açıktır:

> "Şal-Yime! Sen de iyi dinle. Albıs, Şulbus yeraltındaki karanlıklar ülkesinden çıkmasınlar. Çıkarlarsa hemen Maytere'ye bildir. Ona güç verdim. O, kötü ruhları kovar."

Kadim geleneklerde demir, kendisinden çekinilen ve tesirler meydana getiren bir madendi.[155] Mircea Eliade'nin, *"Demirciler ve Simyacılar"* adlı kitabından öğrenmekteyiz ki Afrikada'ki Dogon ve Bambara topluluklarında insanlara ateşi kullanmayı, tarım ve hayvancılığı öğreten kişi demirci olarak kabul edilir. Dogon mitolojisi, kendi kahramanını demirci kılığına girip yeryüzünü uygarlaştıran biri olarak sembolleştirir. Afrika'daki çeşitli mitler demirciye, tanrının işlerini yüklenen kişi damgası vurur. Ancak demirdeki tesirlerin mahiyeti, muazzam bir yıkımla kaybolan bir medeniyetin artıkları sayılabilecek çocuklarınca tam olarak kavranabilir miydi? Esasında bu madenin tesirinin manyetizma meydana getirmekteki mahareti sayesinde sağlandığı onlara anlatılabilir miydi? Ya da tarihçinin ufkundan silinmiş koca bir medeniyetin, bu madenin tesirleriyle yıkıldığı? Elbette buna imkân yok. Enok Kitabı'nda Enok, göz yaşlarına boğulmuş halde kendisini çağıran ve hüzünle "Duy beni! Beni duy, duy!" deyip yaratıcı tarafından cezalandırılmaktan korkan ve olup biten hakkında açıklama bekleyen peygamber Nuh'a dünyada neler olduğunu şöyle açıklar:

Enok 65, 6-7-8: "Efendimiz, yeryüzünde yaşayanlara ilişkin harap olmaları hükmünü verdi... Zira onlar, meleklerin bütün sırlarını ve şeytanların şiddetini ve kuvvetlerini ve en gizlileri de dâhil olmak üzere uygulanabilir büyünün tüm gücünü, büyü gücünü ve yeryüzünün tamamında eriyik suretler yapanların kuvvetini öğrenmeye muvaffak oldular: Yeryüzü tozundan gümüşü üretmeye ve yumuşak madeni yeryüzünden elde etmeye..."

Demir, gizemli tesirleri olan ve kutsiyeti yahut da laneti kendinden menkul bir maden zannedildi. Gerçekler mit haline getirildi. Fakat gelenekler hakikatin bir kısmını muhafaza etti. Onun meydana getirdiği teknolojik gelişme, manyetik tesirler ve akabinde yıkım, bir batıl inanç kisvesiyle günümüze kadar ulaştı. Örnekse; Tanrı Thor, göksel bir metalle yapılmış çekicini[156] savurduğunda yeri göğü titretti. Bu çekici ancak demirden bir eldivenle tutabiliyordu ve tuttuğu zaman da onunla depremler, fırtınalar meydana getirebiliyor, düşman devleri öldürebiliyordu. Bugün yörük geleneğini yaşatan ailelerde kırk günü doldurmamış Türk çocuğunun geceleyin başucuna, cinler kendisine musallat olmasın diye demirden eşyalar konuluyor. Filozof Edward Westermarck'ın 1933 tarihli *"İslam Medeniyetinde Eski Putperestlik, Cahiliyet Devrinden Sızıp Yaşayagelen İnançlar"* şeklinde tercüme edilebilecek kitabının "Cin" kısmında, Fas geleneğinde cinleri korkuttuğuna inanılan şeyler şöyle aktarılıyor:

"Cinler karanlığı sever, ışıktan korkarlar... Tuzdan nefret ederler[157]... Demirden, bilhassa çelikten korkarlar. Katran ve barut kokusundan kaçarlar...(Fakat) öyle cinler var ki tuzdan da çelikten de korkmazlar..."

Çin kültüründe, su altı ejderhalarının demirden korktuklarına inanıldığı için nehirler ve su kemerlerinin altına demirden figürler konurdu. *"Türk Dünyası İncelemeleri Dergisi"*nde demirle ilgili inançları ele alan *"Geleneklerde ve İnançlarda Demir"* adlı makalelerinde Fikret Türkmen ve Ferah Türker şu bilgiyi veriyorlar:

> "Dini törenlerde kullanılan demir, güneşin simgesi ve güneş tanrısının örneği, hayali gibi düşünülmüştür. Savaş arabasının keşfi de güneş çarkı sembolünün anlaşılmasından sonra mümkün olmuştur."

Baal'in aynı zamanda Temmuz adıyla güneş tanrısı şeklinde düşünüldüğünü aklımıza getirelim. O halde, güneş tanrısı demir ile simgeleşiyorsa, demir Baal ile de ilişkilidir. Baal'in Marduk, Marduk'un da kimilerine göre savaş tanrısı Mars olması sebebiyle yol, paslı gezegen vasıtasıyla demire çıkmaktadır. Marduk bazen Jüpiter ile ilişkilendirilir. Tüm bu semboller gerçekte Baal'e ait değil, en özel çerçevede Dünya'nın Hükümdarı'na aittir ve genel anlamda Mikail ile ilgilidir. İblis ise ondan rol çalarak insanları kandırmakta ve ilahlık taslamaktadır. İncil'de geçen Mikail ve İblis'in gökyüzündeki savaşını ve Hindu metinlerindeki karşılığını hatırlayalım.

Özetleyecek olursak, boğa/inek sembolizminin Mikail'e ait olduğunu Ayhan Özcimbit ve Gülşen Özcimbit *"İslami Astroloji"* adlı kitaplarında ifade etmektedirler[158]: Buna göre boğa, Melek Mikail'in burcudur. Boğa, zodyakta ikinci evdir. Aynı zamanda Kur'an-ı Kerim'deki ikinci sure Bakara yani inektir. Boğa, toprak elementinin temel burcudur. Bereket ve fiziksel dünya (ve de dünya mülkü) bu yüzden çoğunlukla boğa ile ilişkilendirilir. Gerçekten de geleneksel hayvancılık ve tarım için inek/boğa vazgeçilmez bir hayvandır. Bu hayvanın bereket ile ilişkilendirilmesi boşuna değildir. Demek ki yeryüzü nimetleri ile ilişkilendirilmesi de boşuna değildir. Zira maddi bereketin ve gelişmenin temelini sembolize eder ki Mikail, yeryüzünün yönetici meleğidir. İbn Arabî Merkür'ü Mikail'in yıldızı saysa da, on üçüncü yüzyılın büyük sufilerinden biri olan İmam-ı Aziz Nesefi[159], *"Zübdetü'l Hakaik (Se-*

çilmiş Hakikatler)" isimli kitabında Müşteri (Jüpiter) âlem-i kebir'in ciğeridir derken, rızklar üzerine vekil olan Mikail'i Jüpiter'in baş meleği sayar. Erzurumlu İbrahim Hakkı, *"Marifetname"* adlı eserinde "birinci gök vardır ki, yeşil zebercettendir. İsmi: Berkia'dır. Buranın melekleri öküz suretindedir. Tesbihleri: "Sübhane zil mülki vel melekût" olmuştur. Buradakilerin reisinin ismi: İsmail'dir. Dünya göğünün bekçisidir. Bu, büyük ve güzel bir melektir ki, Mikail'in vekilidir. Yağmuru her yere taksim eden odur. Yağmur damlaları onun hesabıylc iner ve bulutlar onun sevk eylediği yere gider" demiştir.

Nasıl ki Deccal(iyet), Mehdi (yet)den rol çalmak isteyen kötü bir taklitçiyse, Baal de Zülkarneyn'i/Metatronu ve Dünya'nın yönetici meleği Mikail'i taklit eden, çarpıtılmış bir figürdür. Şeytaniyetin hakikati eğip bükme çabasının sonucu Baal'dir.[160]

Anlaşılması gereken şudur ki, demir bir araçtır. Ve hem Zülkarneyn kıssasından, hem Ergenekon Destanı'ndan anlamaktayız ki canlıları gerek ruhsal gerekse fiziksel anlamda bir kalkanın içine hapsedebilecek ve de dünyaları felakete sürükleyebilecek hatta kimi topluluk ve inançlarda şeytaniyet ile özdeşleştirilip kendisinden tiksinilecek bir araçtır. Ancak, onun farklı bir yolla kullanımı bu kalkanın ortadan kaldırılmasına, bir medeniyetin yıkımı kadar bir ötekinin inşasına ve en önemlisi de boyutlar arası yolculuğa yardımcı olabilir.

Dünya'nın kadim metinlerinde çokça geçen 'hayat ağacı' sembolizmi de geometrik 'T' ve türevi 't' ile ilişkilidir. Yakut Türklerinde hayat ağacı sembolizmi, bir tahta sütun üzerine dört yöne bakan at başları ile sütunun iki yanından çıkan boynuz şeklinde kıvrılmış iki dal ve bu dallar üzerinde filizlenmeye başlamış olan yapraklar ile temsil edilirdi. At başları üzerinde hayat çiçeği motifi olarak lotus da çizilmekteydi. Ayrıca eski Türklerdeki 'kaz ayağı' sembolizmi de, daima hayat ağacı ile ilintiliydi. Kaz ayağı damgası genellikle hayat ağacı sembolünün üzerinde yer almaktaydı. Hayat ağacı ise Dünya'nın merkezi ile ilişkiliydi. Hayat ağacı yer ile gök arasındaki irtibatı sağlayan bir vasıta olarak görünüyordu. Bu yüzden 'denge' ile özdeş idi. Denge ile özdeş olan her şey de 'barış' ile birdi. Kadim Uygur, Yakut, Altay Türkleri gibi halklar bu ağacı üç âlem ile irtibatı sağlayan vasıta olarak da görmekteydiler. Zira ağaç sağlam bir direk olarak (kazık) yeri, yer altını ve gökleri birbirine bağlamaktaydı. Yakut Türkleri Dünya'nın Demir-Kazık Yıldızı'na (Kutup Yıldızı, Polaris) bir ağaçla bağlı olduğuna ve yıldızın ağacın tepesinde bulunduğuna inanırlardı. Bu yüzden şamanın trans halinde kaza binerek yolculuk ettiğine inanılması hiç de hayat ağacından bağımsız değildi. Zira yolun kendisi ağaçtan geçmekteydi ve bu yüzden kazı, ağaçtan ayrı düşünmek imkânsızdı. Dolayısıyla kazın ayağı aynı zamanda ağacın kendisiydi. Anlamaktayız ki 'T' şekli her şeyin kaynağıydı. James Churchward *"Kayıp Kıta Mu"* adlı kitabında 'T' sembolizmi için **"diriliş ve yeniden hayat bulma sembolizmi"** der. Onun Mu kıtasındakilerce 'Tau' olarak okunduğunu yazan Churchward, **"meydana gelme, zuhur etme, doğma anlamlarını simgeler"** diye de belirtir. Bu, aynı zamanda Mu'nun da dini bir sembolüydü. Anlaşılacağı üzere 'T' sembolünün sütunlarla (kazık ve direk) da ilgisi vardır.

Göbeklitepe'de bol bulunan 'T' şekilli yapılar, Churchward'ın Mu uygarlığında sıkça kullanıldığını söylediği "Tau" sembolünün Mezopotamya'ya taşmış şekilleri gibi durmaktadır. Churchward tarafından yaklaşık on iki bin yıl öncesine kadar mevcut olduğu iddia edilen Mu Kıtası'nın bu kadim şekliyle, eskiliği yine on bir bin beş yüz ya da on iki bin seneye uzandığı söylenen Göbeklitepe'deki 'T' yapılarının birbiri ile ilgileri var mı? Churchward'ın çalışmaları bir ilginin olması gerektiğini gösteriyor. Churchward'ın bakış açısından kurulabilecek olan ilgi, bunların kadim Mu'nun anısına dikilmiş olduklarıdır. Bu şekiller Mu'da bir mabedi oluşturuyorlardı ve bu mabette sunaklar bulunuyordu. Üstelik bu 'T' şekilli taş yapılardan birinin üzerinde ışık saçmayan bir daire de vardır ki, Churchward'ın okumalarından yola çıkarak bunun güneşin ışınlarından ebediyen mahrum kalan bir şeyle alakası olduğunu hemen söyleyebiliriz. Bu da, hikmetle irtibatını koparmış bir halka ve denize gömülmüş olan Mu'ya işaret eder.

SÖZDE YENİ ÇAĞ DİNLERİNDE PAZARLANAN KIYAMET VE ÖLÜM KUŞAĞI

Modern zamanlarda doğmuş spiritüalizm (ruhçuluk) akımlarının ilan ettikleri 'Yeni Çağ' misyonlarını bilmeyen neredeyse kalmadı. Evrenin dört bir tarafındaki çeşitli varlıklarla temaslara dayandırılan yüzlerce kitap yayınlandı. Medyumsal kanallardan, ışık ailesinden, ışık işçilerinden, beşinci boyuttan, yeni insandan söz etmek bu akımların olmazsa olmazlarından. Kimi bilgiyi Pleiadesli (Ülker Takımyıldızı) varlıklardan alıyor, kimisi Sirius'tan. Kimi de direkt Mikail'den ya da dört büyük meleğin herhangi birinden getirdiğini söylüyor. Popüler olmuş ruhsal kanal iddialarının yüzde doksan dokuz nokta dokuzu alt manevi alanların oyunları. Bazıları tam anlamıyla şarlatan; bu boyutun varlıkları tarafından kandırılmadan, onlarla iletişim haline bile geçmeden, hayal ürünü kurgularıyla bilinçli olarak ve genellikle popüler olup para kazanmak uğuruna yalan söylemekteler. En kötüsü de, bu alandaki imgeler, varlıklarla bir şer ittifakına girişmek.

Yalan ile süslenmiş gerçekler bulabiliriz söylediklerinde. Ancak bu hakikat olmaz. Zor olan, on yalanın arasına sıkışmış gerçeği ayırt edebilme güçlüğüdür. Dikkat edelim ki, bilimsel bir çalışmanın ürünü olup da içerisinde hatalar bulunan- ama kasıt olmayan- tezlerden, araştırmalardan söz etmiyoruz. İşin daha en başında kandırılmışlığa, art niyete bulanmış bilgi kırıntılarından söz ediyoruz. İşte bu çalışmalarda genellikle böyle bir bilgi kırıntısı mahiyetinde yeni tür bir güçten, bu gücün getireceği yeni tür bir manyetik alandan bahsedilir. Öyle bir güçtür ki bu, insanlığın boyut değiştirmesine, eterik (ışınsal ve saydam: Aura) varlıkları görmesine, telepatik yetenekler kazanmasına, melekleşmesine, DNA'sının açılmasına, kısacası özlemini duyduğu Altın Çağ'a kavuşmasına vesile olacaktır.[161] Bu süreç sevinçle anlatılır ama büyük depremler, volkanik aktiviteler, dondurucu soğuk gibi ciddi felaketlerle kendisini belli edecek ve elektronik aletlerin çalışmadığı bir süreyi de içerecektir. Bu arada, bu gücün kendisinin radyoaktif bir güç olmasından söz etmedik bile.

Bazı 'Yeni Çağ' kitaplarına göre sıralanan hadiseler gerçekleşmeden çok az evvel, Dünya insanını aydınlatmak isteyen güzide varlıklar yeryüzüne inerek, insanların da işbirliği ile çalışmalara başlayacaklar, insanların bu geçiş sürecinde başlarına gelmesi muhtemel belaların çoğunu def edeceklerdir. Ziyaretçilerimizin uğuruna kendilerini ifşa edecekleri, insan varlığının yeni fiziksel bedenine kavuşacağı olay: Foton kuşağının yerküremizle kavuşmasıdır.

'Yeni Çağ' kitaplarının anlattığı tarzda bir kuşağın modern bilim dünyasında hiç karşılığı yok. Bu kuşağın hararetli savunucuları tarafından, Ülker Takımyıldızı'nı kuşatan bir gaz katmanına Edmund Halley (ölümü: 1742) tarafından 'foton kuşağı' dendiği bilgisi verilir ve bu bilgi 'medyumsal kanallardan' gelen tezlerle süslenir. Foton kuşağını şeytani aldatmanın en bariz delili kılan şey, onun temelinin 'medyumsal' olmasıdır. Ama şeytani aldatma daha önce de ifade ettiğimiz üzere genellikle külli bir yalan üzerine kurulmaz. Çünkü İblis, misyonu gereği, bir zamanlar melek rütbesindeyken elde ettiği bilgileri kullanarak, onları ters çevirerek, çarpıtarak, hakikati taklit ederek aldatmayı tercih eder.

Hiç kuşkusuz insanoğlu için zorlu bir süreç gelmekte, kıyamet yaklaşmaktadır. Yaklaşan kıyametin kozmolojik ve de yerküre özelinde jeolojik belirtileri vardır. Bu belirtiler, foton kuşağının gelişine mal edilen belirtilerin bir kısmı ile denkleşir. Mesela büyük depremlerdeki artış kıyamet alametlerinden biridir. Medyumlar vasıtasıyla iletişime geçilen varlıkların aktardıkları bilgilere dayandırılan *"Galaktik İnsan"* adlı kitapta, bizim iyiliğimizi düşünen varlıklar, foton kuşağına girilirken tüm Dünya'da üç gün boyunca yoğun bir karanlığın yaşanacağını açıklarlar. Buna göre foton kuşağına girilirken önce kör bölgeden geçilecek, bu işlem kabaca beş-altı günde tamamlanacak, fakat bitene kadar toplam üç dünya günü hiç Güneş ışığı görmeden karanlıkta kalınacaktır. Bunun sebebi de Güneş'in boyutlar arası konum/kutup değişikliğidir. *'Galaktik İnsan'* kitabında üç günlük gece evresinden çıkıldığında bir günlük gündüz evresine geçileceği de aktarılır. Gerçekten de İslam âlemi bu konuda, özel bilgilere sahiptir. İbn Abbas'tan rivayet edilen hadis ile sözde foton kuşağının (aslında kıyametin) yeryüzüne gelişi arasında paralellik vardır:

"Ay ve Güneş arş altında üç gün üç gece miktarı kalırlar. Bu cihan zulmet içinde kalır, yıldızların nurundan başka nur olmaz. İnsanlara o gece gayet uzun gelir ve hiç kimse bu hâlin ne olduğunu bilmez."

Kur'an-ı Kerim'de bu bilgiye denk düşen şu ayetler düşündürücüdür:

"De ki: 'Düşündünüz mü hiç, eğer Allah üzerinizde geceyi ta kıyamet gününe kadar aralıksız devam ettirse, Allah'tan başka size bir ışık getirecek tanrı kimdir? Hâlâ işitmeyecek misiniz?'" **(Kasas/71)**

"De ki: 'Söyleyin bakalım, eğer Allah üzerinizde gündüzü ta kıyamet gününe kadar aralıksız devam ettirse, Allah'tan başka, istirahat edeceğiniz geceyi size getirecek tanrı kimdir? Hâlâ görmeyecek misiniz?'" **(Kasas/72)**

Yine İslami külliyatta, büyük kıyamet alametlerinden sayılan bu üç günlük gece evresi sonrasında Güneş'in batıdan doğması safhası dile gelmekte, ardından bir dumandan ve rüzgârdan da bahsedilmektedir ki 'Yeni Çağ' akımına mensup olanların gaz katmanı olarak da gördüğü foton kuşağı ile bu duman arasında şeytani şekilde ters yüz edilmiş bilginin izlerini gördüğümüzü söyleyebiliriz.

Huzeyfe'den nakledilen hadis şöyledir: **"Duman yeryüzünde kırk yıl kalacak."**[162]

Başka bir hadis de şu şekildedir: **"O duman kâfirleri tepeleyecek, müminleri de nezleye benzer bir hastalığa duçar edecek."**

Duman ile Deccal arasında bağlantı gösteren hadisler var mı? Evet var. Şöyle deniyor: **"Deccal'in önünde duman, arkasında yeşil dağ bulunacak. Bulutları sağ eliyle tutacak, Güneş'i battığı yere kadar kavrayacak."**[163] Hz. Muhammed döneminde yaşamış ve çoğu sahabenin kendisini deccallerden bir deccal saydığı, Yahudi olduğu söylenen İbn Sayyad ile İslam Peygamberi arsında bir diyalog geçmiş, peygamber ondan aklından geçirdiği şeyi tahmin etmesini istemiş, o da bunun duman olduğunu söylemiş, akabinde Allah resulü ona: **"Sus, sen asla değerini aşamazsın!"** demiş,[164] ve yanından uzaklaşmıştır. Bu çocuk, kendisinin bahsedilen Deccal olmadığını ama Deccal'in yerini bildiğini iddia ediyordu. Ayrıca peygamberlik iddiasında bulunduğu da kaynaklarda yer almıştır.

Hadislerden öğrendiğimize göre, dumandan sonraki bir dönemde gelecek olan güzel rüzgâr müminlerin ruhunu hafifçe alacak ve geride sadece kâfirler kalacaktır. Onlar da yeryüzünde çok uzun süre kalmadan kıyamet kopacaktır. Yani kıyamet kâfir bir topluluğun, toplum sisteminin üzerinde kopacaktır.

Oysa medyumsal kanallar, gelmekte olanın insanoğlunun fiziksel bedenini iman sahibi olarak terk edebilmesi için 'köprüye girişten önceki son çıkış' olduğundan hiç bahsetmiyorlar. Onlara göre söz konusu olan, sevinç içerisinde karşılanması gereken mutlu bir yükseliş; kutlu bir dönüşüm; üst insanın gelişi.

Öte yandan, foton denen gözle görülmeyen ve ışık hızında hareket eden parçacıklardan bahsettikleri halde onu bir yıldız sisteminin etrafını saran gaz ve duman katmanı olarak da açıklamaları hayret verici (ki o yüzden burada başka bir durum söz konusu olabilir).

Açık açık şu tarihte foton kuşağına girdik, gireceğiz gibi kehanetlerin yapıldığı ve verilen tarihlerde beklenen hadiselerin gerçekleşmediği görüldüğünde bu tarihlerin ileri bir tarihe ertelendiğine de şahit olmaktayız. NASA da bunlardan etkilenmiş olacak ki geçmişte, Dünya'nın felakete uğrayabileceği bir tarih verdi: 12 Eylül 2012. Verilen tarihe bakınca,

NASA'dakilerin Maya takvimi kehanetlerine özendiklerini söylemek olası. NASA'ya göre bu tarihte etkisini gösterecek büyük bir Güneş fırtınasıyla Dünya taş devrine geri dönebilirdi.[165] Tabii NASA'nınki bir kehanet sayılmaz. Fakat özellikle kıyamet senaryolarının tarihlerle zikredilmesi karşısında gerçekleşen tek çıkar şeytani. Zira sosyolojik açıdan toplumun hem inançları törpüleniyor, hem duyarsızlık artışı sağlanıyor.

Öğreniyoruz ki, NASA da duyarsızlaşmadan dertliymiş; 23 Temmuz 2014 tarihli, NASA kaynaklı haberin özeti şöyle: **"İki yıl önce Dünya, büyük bir tehlikeyi kıl payı atlattığı halde gazeteler bundan bahsetmedi."** Bu söylemde şaşırtıcı bir bilgi daha var: Yani, Maya takviminin yorumlanmasıyla ortaya atılan 2012 yılı kıyameti tamamen gerçek olabilirdi. Makalede Colorado Üniversitesi'nden Daniel Baker'in sözlerine değinilmiş. Dünya Temmuz 2012'de Güneş kaynaklı kornal kütle püskürtmesinden kurtulmuş çünkü o sıradaki yörüngesi Güneş fırtınasının etkilediği alanda değilmiş. Baker, **"Patlama sadece bir hafta önce gerçekleşmiş olsaydı, Dünya ateş hattında olurdu."** diyor.[166] Sonuçları kestirmek zor. Bu sefer NASA'nın hiç dahli olmayıp da kendi adına şarlatanca ortaya atılan başka bir 'kehanet' de 2015 Kasım'ında Dünya'nın on beş gün süreyle karanlık içerisinde kalacağıydı. Hatta bu şarlatanlık Türkiye'de ciddiye alındı ve şöyle haber yapıldı: **"ABD Uzay ve Havacılık Dairesi (NASA), Dünya'nın on beş gün karanlıkta kalacağını açıkladı. Karanlık günlerin 15 Kasım'da başlaması ve 30 Kasım'da bitmesi bekleniyor. Kasım ayında gerçekleşecek uzay olayının Venüs ve Jüpiter gezegenlerinin neden olduğu bir dizi astronomik olaydan kaynaklanacağı ileri sürülüyor. ABD Başkanı Barack Obama tarafından NASA başkanı olarak atanan Charles Bolden, Dünya'nın on beş gün kararması hakkında bin sayfalık[167] bir rapor hazırlayarak Beyaz Saray'a sundu."** Haberdeki kayıtsızlığa bakılırsa, kimsenin bu sözde gerçekten endişelendiği yok. Zaten aynı haberde şöyle bir cümle geçiyor: **"NASA Başkanı Bolden 'Kimsenin endişelenmesine gerek yok. Bu olay, Alaska sakinlerinin kışın yaşadığına benzeyecek' diye konuştu."**[168] Sanki Dünya'nın tamamı her sene on beş gün karanlık içinde kalıyormuş gibi! Sanki Dünya'da bu hadisenin düzinelerce örneği sürekli yaşanmış da, tarihte bu konuyla ilgili veriler varmış gibi! Böyle sahte haberler, olsa olsa felaket anlamına gelecek 'topyekûn karanlık' durumunun gerçekleşeceği varsa eğer, önceden yumuşatılıp, olağanlaştırılmasına hizmet edebilir. Anladığımız şey, gelmekte olanın insanlığın genel olarak beklediği, farkında olduğu bir süreç şeklinde geleceği değil de, ansızın geleceğidir. Aşamaları, emareleri olacaktır ancak (psikolojik ve fizyolojik) duyarsızlaştırma ve akıl çelme de doruğa çıkacaktır. Böyle bir ortamda yaklaşmakta olan kıyamet alametlerinin ne dereceye kadar değerlendirilebileceği, değerlendirilse bile bunların hangi yönden ele alınacağı, çarpıtılarak şer güçlerin menfaatine kullanılıp kullanılmayacağı meselesi var. Şimdiden kıyamet çok cici bir paketin içerisinde adeta pazarlanmıyor mu? Bazı 'Yeni Çağ tarikatlarından' aktarılanlara dönecek olursak, bunlar tarafından foton kuşağına girişle birlikte üçüncü boyuttan beşinci boyuta geçerken beşinci boyut varlıklarıyla yüzleşmenin yaşanacağı, kimi insanın aydınlanırken kimisinin de karanlığa gömüleceği söyleniyor. Bu söylence kıyamet öncesinde insanları uyaracak, mümin ile kâfiri birbirinden ayıracak, Dabbet'ül Arz hakkında açıklanan hadisler ile denkleşmekte:

> "Dabbet'ül Arz, Musa'nın asası ile mümine dokunur, alnına cennetlik yazılır, yüzü nurlanır. Kâfire, Süleyman'ın mührünü vurur, cehennemlik yazılır, yüzü simsiyah olur."[169]

Şu ayet de Dabbet'ül Arz hakkındadır:

> "O söz başlarına geldiği (kıyamet yaklaştığı) zaman, onlara yerden bir Dabbe çıkarırız. Bu Dabbe, onlara, insanların ayetlerimize kesin olarak iman etmediklerini söyler." **(Neml/82)**

Bize sevgi dolu varlıklar olarak gösterilen ve foton kuşağına girmeden hemen önce bizimle iletişime geçecek olan 'uzaylı' dostlarımızın da, Güneş'in batıdan doğmasından evvel yeryüzünü istila etmeye başlayan, bozguncu Yecüc ve Mecüc topluluğu ile denkleştiğini söyleyiverelim.[170] 'Foton kuşağı' yaygarasında olan biten gayet açıktır. Şer şebekenin başı İblis'in neyin gelmekte olduğuyla ilgili kısmen bilgisi var. Fakat bu bilgiyi kendi misyonunun büyük hasadına dönüştürmek isteyerek kıyameti bir foton şenliği, şirk panayırı halinde göstererek son illüzyonu için hazırlık yapıyor: **"Bu bildiğiniz anlamda bir kıyamet olmayacak, hemen hemen herkes üst boyuta sıçrayıp tanrısal özellikler kazanacak"** vaazı ile kıyamet sürecinde dahi şirkin, inkârın, Yecüc Mecüc bozgunculuğunun zeminini hazırlıyor.

Foton kuşağı, Kur'an-ı Kerim'de açıklanan kıyametin çarpıtılarak sunulmasıysa, bu çevrelerce dile getirilen 'Altın Çağ' da göz boyamadır. Şer güçlerin peşinde oldukları şey sahte bir Altın Çağı'dır. Hakiki Altın Çağ'a gelince; o, çoktan geride kaldı. Yani dört çağın ya da yuganın dördüncüsünde yaşıyorsak eğer, Altın Çağ'a en uzak olanlar bizleriz. Fakat **"Bir tek döneme ait olan bu dört çağ bittiğinde yeni bir dönem başlayacağına göre ve bu yeni dönemin ilk çağı Altın Çağ olacağına göre ona en yakın konumda olanlar da bizler olmuyor muyuz?"** sorusu akla gelebilir. Cevap olarak şunu söyleyelim: Yeni bir dönemin başlayacağından kimse emin olmasın. Zira 'Yedi Dünya'nın da aynı anda yok edileceği döneme girmediğimiz nasıl iddia edilebilir? Hadi, en iyi ihtimal ile bahse konu 'yok etme' gerçekleşmese bile, Altın Çağ'ın tekrar başlayacağı dönem tamamıyla yeni bir dönem olacağı için, genel anlamda Demir Çağı insanlarına kapalı olacaktır ki bu konuda ayrıntılı bilgi isteyenler Rene Guenon'un *"Niceliğin Egemenliği ve Çağın Alametleri"* kitabında ilgili bölüme baksınlar. Yani Rene Guenon'un tespitiyle, bu dönem bizim dönemimiz olmayacaktır. Dolayısıyla (eğer gelecekse bile) gelmekte olan Altın Çağ'ın -bu çağa geçiş yapan küçük bir azınlık dışında- bizim Altın Çağ'ımız olma ihtimali de yoktur. Hatırlamak gerekir ki hadisler 'kıyamet kâfirler üzerine kopacaktır,' diyor.[171] Evet, 'bildiğimiz anlamda' insanlık yok olacaktır ve biz bu sürece hayli yakınız. Ama Altın Çağı'nın bizim Altın Çağ'ımız olmayacağını söylemek, bu çağın fragmanını izlemeyeceğimiz anlamına da gelmez. Mehdi'nin zuhuruyla ilgili hadislerden anlamaktayız ki, Demir Çağı içerisinde bir soluklanma anı olacaktır.

İSLAM ÇERÇEVESİNDE DNA DEĞİŞİKLİĞİ VE MUTASYONA BAKIŞ

İnsanoğlunun varoluşsal tartışmasının en başına geldik: Kendi yaratılışı. İslam dünyası, uzun zamandır evrim tartışmasını Allah'ın varlığı-yokluğu tartışması ile eş tutarak mantık dışı bir yol izledi. Böyle yapılarak da, Kur'an-ı Kerim'in insanın zuhuruyla ilgili söylediklerini din adına daraltmaya kalkmak gibi bir hatanın içerisine düşülmüş oldu. Bu elbette bir tuzaktı. Daha temelde; metotta yapılan yanlışla, 'insanın yaratılışı' konusu, güya Allah'ın varlığını korumak maksadıyla 'dar kapsamlı' bir bakış açısının içerisine sığdırılmış oldu. Böylece, Kur'an-ı Kerim'e dayanarak bu konuda farklı açıklamalarda bulunanlar kolayca kâfir ilan edilebildiler. İslam âleminin modern dünyada yaşadığı travmanın yansımasından biri de budur artık; kolayca kâfir ilan edebilme mekanizmasına sahiptir ve bu tam anlamıyla otomatiğe bağlanmış, basmakalıp, ruhsuz bir yapıdır; metoda yapılan eleştirileri bile küfür sayabilecek kadar şuursuzdur. Oysa evrim tartışmaları yaratıcının yaratma şekli ile ilgili tefekkürün bir parçası olarak görülmeliyken, (alakasız bir biçimde) yaratıcının yaratıcılığının sorgulandığı iman-küfür eksenine oturtularak kerih görülmüştür. Bunun sebebi de evrimin İslami anlamdaki tekâmülden ayrı görülmesi ve her koşulda Darwinizm ile ilişkilendirilmesidir. Kur'an-ı Kerim bize, insanın yaratılışının evreleri üzerinde tefekkür etmemizi sağlayacak ana hatları vermiştir.

İnsan yaratılışının merhalelerini tefekkür etme çerçevesinde Müslümanların iman noktası olarak üzerinde durması gereken tek husus: Hz. Âdem'in peygamberliği meselesidir.

Zira Kur'an-ı Kerim bize açıkça şahıs olan, peygamber Hz. Âdem'den söz eder.

Kur'an-ı Kerim meallerinin hemen hemen hepsinde beşer kelimesi, eşittir insan şeklinde kullanılmıştır. Oysa tek bir ayetin içerisinde dahi beşer ve insan (nas) kelimelerinin ayrı ayrı geçtiği düşünülecek olursa, bunların -en azından her zaman- birbirlerinin yerine geçebilecek kelimeler olmadığı açıktır. Ali İmran 79 buna açık bir örnektir. Ayette beşer ve nas kelimeleri ayrı ayrı geçer ama mealciler ısrarla bunları birleştirir ve her ikisini de insan olarak çevirir. Aşağıda bu surenin beşer ve insan (nas) kelimelerini ayırarak mealini veriyoruz:

> "Allah'ın kendisine kitap, hikmet ve peygamberlik vermesinden sonra, hiçbir beşerin (kalkıp da) nas'a (İnsana/insanlara); 'Allah'ı bırakıp bana kul olun' demesi mümkün değildir. Bilâkis 'okutmakta ve öğretmekte olduğunuz Kitap uyarınca Rab'be halis kullar olunuz' derler."

İnkârcılar, peygamberlik edenlerin sureten beşer oluşuna bakarak, kendilerine kendilerinden daha yüce uyarıcıların, beşer ötesi varlıkların gelmesi gerektiğini düşünmüşler, insaniyetlerini hiçe saymışlardır. Peygamberlerin, inkârcıların onlara **"Sen yalnızca bizim gibi bir beşersin,"** demeleri karşısında beşeriyetlerini inkâr ettikleri de yoktur. Çünkü onlar da temel olarak beşerdir. Ancak kâfirlerin göremedikleri husus, beşerin nitelik yönünden artık sadece beşer olmadığı, "nas" hüviyeti ile cennet ve cehenneme sevk edecek eylemler arasında ayrım yaparak, en üstün cennete gidebileceği ya da aşağıların aşağısına yuvarlanabileceği hakikatidir. Öyle anlaşılı- yor ki beşeriyet ana yapı, insaniyet ise ehliyettir. Ehliyeti kazanan varlık ister onu kötüye kullanır (ins yapılı şeytan olur), isterse iyiye kullanır (melekleri aşar).

Beşer/Başar kelimesi daha çok, 'et ve kemikten örülü beden' anlamını ihtiva eder. İbranicede 'basar' kök olarak 'et, insan bedeni' anlamında, Süryanicedeki 'basra' kelimesi de yine kök olarak 'et' anlamındadır. Arapçada bu kelimenin insanın nicelik yönünü belirten bir topluluk anlamında kullanıldığını da görmekteyiz. İnsan kelimesinin kaynaklandığı 'ins' kökü ise insan türünü ifade etmek için kullanılır ve Arapçadaki 'nesy' den 'insiyan' olarak türetildiği de iddia edilmiştir. Böyle kabul edersek, insan kelimesinin kökü 'unutmak' ile ilgilidir. İnsanı 'üns' mastarıyla ilişkilendirip, kökünü 'alışmak, uyum sağlamak' anlamıyla alakalandıranlar da vardır. Görüldüğü üzere beşer kelimesi insanın beden ya da topluluk olma yönüyle, insan kelimesi ise (şuurla, olumlu ya da olumsuz olarak kullanabileceği) akli melekesi, zihni kabiliyetiyle ilgilidir. Bu bakımdan beşeri 'fizyolojik yapı' anlamında ele alırsak, her insan beşeri kapsar fakat her beşer insanı kapsayamaz. Beşer, insan türünün alt yapısıdır. Yani insan, maddi yaratılış itibariyle beşerle aynıdır; suret olarak beşerdir fakat mana olarak beşerden başkadır. Hikmetle aydınlanan beşer ise 'İnsan-ı Kâmil'dir; o, -bir anlamda- insandan da ötedir.

Tin Suresi 4. Ayet:

1. Lekad : andolsun
2. halaknâ : biz yarattık
3. el insâne : insanı (insanın nefsini)
4. Fî : içinde
5. Ahseni : en güzele (ahsene) ulaşabilecek
6. Takvîmin: takvim, programlanmış zaman kevn, yaratış tarzı

"Biz, gerçekten insanı en güzel bir takvimle yarattık." **(Tin/4)**

Beşer değil de insan denilmesi üzerinde tefekkür edilebilir. Yine aynı insanın aşağıların en aşağısına bırakılması üzerine de tefekkür edilebilir.

Ayrıca Hicr 28'de: *"Ve iz kâle rabbuke lil melâiketi innî hâlikun beşeren min salsâlin min hamein mesnûn(mesnûnin)."* Yani, **"Rabbin meleklere şöyle demişti: 'Ben mutlaka, hamein**

mesnûn olan salsalinden bir beşer halk edeceğim"' denmesi ve beşer kelimesinin kullanılması üzerinde de tefekkür edilmelidir. Yani bu topraktan oluşturulan ilk aşamada henüz ortada insan yoktur. Beşer de yoktur. Fakat topraktan[172] ilk oluşturulacak şey beşerdir.

Müminun 12'de ise beşerin değil de insanın nemli toprağın özünden yaratıldığı söylenmektedir. Bunda da tamamlayıcılık bakımından çelişki yoktur. Zira insan beşeri kapsar demiştik. Yani temeli beşerdir. Secde 7'de insanın yaratılmasına topraktan başlandığının söylenmesi de, onun temelinin beşer olarak atıldığını anlamamıza imkân tanır. Bizatihi beşerin kelime anlamı buna zemin hazırlar. İblis ise Allah'ın yarattığı beşeri insan kıldığını ve Hz. Âdem'e kelimelerini öğreterek onu en güzel haline, son aşamasına getirdiğini unuttu da onu sadece etten kemikten gördü:

> "Kâle lem ekun li escude li beşerin halaktehu min salsâlin min hamein mesnûn(mesnûnin)" dedi. Yani: "Ben kuru bir çamurdan, şekillendirdiğin kara balçıktan yarattığın bir beşere secde edecek değilim, dedi." **(Hicr/33)**

Bu bağlamda Nuh 14' te 'Hâlbuki O, sizi (insanı) evrelerden geçirerek yaratmıştır.' denirken, ayet neden sadece ana karnındaki halimize işaret ediyor denilerek sınırlandırılsın?

Yaratılışın anne karnındaki aşamaları Müminun 12'den 14'e kadar aşama aşama anlatılmıştır. Oysa Nuh 14'te anlam sadece anne karnındaki evrelerle sınırlandırılmış değildir. Sad 71 ve 72'de ise bir başka aşamadan; yaratılışın ilk aşamasından bahsedilir ve şöyle denir:

> "Ona en uygun biçimi verip, kendi ruhumdan üfürdüğüm zaman, onun önünde yere kapanın!" **(Sad/72)**

Bu ayette kullanılan 'sevveytu-hu' düzenlemek anlamındadır. Yani Allah katında henüz olgun kabul edilmeyen bir hal vardır ortada. O halin ortadan kaldırılması için son bir düzenleme yapılacaktır. Yine bu yüzdendir ki **"İnsanın üzerinden uzun bir zaman geçti ki, o henüz zikredilmeye değer bir şey haline gelmemişti"** *(İnsan/1)* mealindeki ayet anne karnındaki hale indirgenemez. Zira bu ayette kullanılan 'hînun' kelimesi çok uzun bir dönemi kapsar.

Hz. Âdem'e gelecek olursak, o, beşerin ilk insanıdır. **"Şüphesiz Allah katında İsa'nın durumu, Âdem'in durumu gibidir..."** *(Âli İmran/59)* denmesi, manidardır. İkisine de ruhtan üflenmiş ve ikisi de babasız dünyaya gelmiştir. Nuh 17-18'de durum iyice açıklığa kavuşur: **"Allah sizi yerden bir bitki gibi bitirmiştir. Sonra sizi yeniden toprağa döndürecek ve oradan bir çıkarışla çıkaracaktır."**

> "Ey insanlar! Sizi bir tek nefisten yaratan ve ondan da eşini yaratan; onlardan birçok erkek ve kadın (meydana getirip) yayan Rabbinize karşı gelmekten sakının. Kendisi adına birbirinizden dilekte bulunduğunuz Allah'a karşı gelmekten ve akrabalık bağlarını koparmaktan sakının. Şüphesiz Allah, üzerinizde bir gözetleyicidir." **(Nisa/1)**
>
> "And olsun, sizi yarattık. Sonra size şekil verdik. Sonra da meleklere, "Âdem için saygı ile eğilin" dedik. İblis'ten başka hepsi saygı ile eğildiler. O, saygı ile eğilenlerden olmadı." **(Araf/11)**

Bu ayetten sonra hemen şu ayeti hatırlayalım:

> "Ona en uygun biçimi verip, kendi ruhumdan üfürdüğüm zaman, onun önünde yere kapanın!" **(Sad/72)**

Ayetlerden ve ayetlerde geçen kelimelerden anladığımız kadarıyla Beşer, İnsan, Âdem üç farklı kelime ve üç farklı varlık haline işaret ediyor. Beşer: Et ve kemikten oluşmuş yapı yani insanın temeli, ayrıca insanın anılmaya değer görülmediği halini de temsil ediyor gibi yorumlanabilir; tıpkı bir binanın temeli gibi. İnsan: Beşer temeli üzerine bina edilmiş ve son şekli verilerek, Allah'ın ruhundan üfleyip, kelimelerini öğrettiği Hz. Âdem ile hayat bulmuş canlı. Yani, Hz. Âdem ilk insan. Nisa 1'de tek bir nefisten yaratıldığı ve ondan da eşinin yaratıldığı söylenen varlığın Hz. Âdem olduğunu, Ali İmran 59'da onun yaratılışının Hz. İsa'nın yaratılışı ile benzer noktaları olduğunun söylenmesinden anlamaktayız. Dolayısıyla Hz. Âdem'in babasız yaratıldığı açıktır. O (ya da onun evveli) kuru topraktan, sonra kara balçıktan aşama aşama dönüştürülerek bir bitki gibi var olmuş, önce beşer sonra da Allah'ın ona ruhundan üflemesi ve kelimelerini öğretmesiyle insan basamağına tırmandırılmış ve yine ardından peygamberlikle daha üst bir makama getirilmiş ilk insandır. Buraya kadar her şey açık ve net. Fakat süregiden tartışma, yine ayetlere dayandırılarak, Hz. Âdem gibi topraktan meydana getirilmiş ve eşeyli üremeye geçmemiş başka suretlerin, yani henüz insan olmamış kalıpların, beşerlerin var olup olmadığı ile ilgilidir.

Evrim tartışmasına gelince; bu meseleyi nasıl ele almamız gerektiğini ifade ettik. Fakat hatırlatalım ki Darwin'in nazariyesindeki insanın mental ve fizyolojik açıdan (tesadüfen) sürekli bir gelişim/ilerleme içerisinde bulunduğu iddialarını kabul etmemiz mümkün değil. Evrim TDK'nin 2005 yılında bastığı *"Türkçe Sözlük"*'te biyolojik olarak şöyle tanımlanır: **"Bir canlıyı ötekilerden ayırt eden biçimsel ve yapısal karakterlerin gelişmesi yolunda geçirilen bir dizi değişme olayı, tekâmül.**" Bizim burada evrimden kastımız, insanın Allah'ın mutlak kontrolü altındaki tekâmülüdür. Ancak, bu tekâmül insanın şeytaniyet ile irtibat kurma çabaları sonucunda ilahi ölçüsünden mahrum bırakılırsa yine Allah'ın takdiri ile akamete uğrar ve gerek fiziksel gerekse zihinsel olarak aşağıların en aşağısına (esfel-i safilin hali fiziksel olarak da düşünülebilir) doğru yön değiştirebilir. Şeytani ayartmalar sonucu Allah'ın ölçüsünden uzaklaşılarak yaratılışta negatif yönde değişikliğin yapılabileceği hususunda Kur'an-ı Kerim bizleri, İblis ve şer şebekesinin şöyle bir yemin ettiğini hatırlatarak uyarmaktadır:

"Onları mutlaka saptıracağım, mutlaka onları kuruntulara sokacağım ve onlara emredeceğim de (putlara adak için ya da örtülü başka sebeplerle) hayvanların kulaklarını yaracaklar. Yine onlara emredeceğim de Allah'ın yarattığını değiştirecekler." Kim Allah'ı bırakıp da şeytanı dost edinirse, şüphesiz o apaçık bir hüsrana düşmüştür. **(Nisa/119)**

Bununla birlikte bazı kişiler güya İslam'ı savunmak adına Kur'an-ı Kerim'deki ayetlerin evrimci bakış açısıyla yorumlanmasını tamamen 'modern bir alışkanlık', 'yeni moda', 'eski köye yeni adet', şeklinde açıklıyorlar. Fakat kendi zihinlerinin içerisine düştüğü asıl modern yanılgı, 'evrim' kelimesini sadece Darwinist kurama mal edip bütün evrim kuramları tarihini yok saymaktır. Bugün İslam âleminin-modern bir zihin bulanıklığından ötürü- evrim kelimesinden anladığı tek şey Darwin'dir. Darwin de onlar için ateizm demek olduğuna göre, **"evrim Allahsızlığı yayan bir görüştür"** düz mantığıyla, 'evrim' kelimesinin kapsamını zihinlerinde daraltmışlardır. Onlara göre evrimciliğe geçit veren yorumlar, son bilimsel gelişmeleri İslam'a uydurma çabasından öte değil. Bu fikri savunanlar ya hakikati bilerek çarpıtıyor yahut da bu konudan hiç haberleri yok. Mesela Ebu Musa Cabir bin Hayyan (ölümü: M.S. 815) dokuzuncu yüzyılın başında ahirete göçmeden evvel, -yani henüz Modernizm yok iken- insanın yaratılışıyla ilgili evrimci bir kuram geliştirmişti. Bu elbette ki Darwinci materyalist nazariye ile ilgili bir evrim değildi. Onun evrim açıklamasında Allah'ın iradesi söz konusuydu. 'Allah, hava, su, toprak ve ateşi yarattıktan sonra bunlara emretti ve bu emir doğrultusunda insan, -bizim tabi olduğumuz zaman kaydıyla- kendiliğinden tekâmülle oluştu' şeklinde özetlenebilecek bir görüşe sahipti. El Cahiz (ölümü: M.S. 869), daha da ileri gitmiş, çevresel faktörlerin yeni türlerin oluşumundaki etkisine değinmişti. Fikrinin özeti şuydu: 'Allah evrim sürecini başlatmış ve evrimi kesintisiz kılmıştı'. Yani Allah'ın insanoğlu için kararlaştırdığı yol tabiatın kendi şartları içindeki kanuna tabi olmaktan ibaretti. O yüzden insanoğlunun yaratılışında da bu kanun geçerliydi. Biruni (ölümü: M.S. 1048) türlerin birbirinden ayrı, dünyadaki jeolojik ve kimyasal olaylara bağlı zuhur ettiğini açıklar. Örnekleri çoğaltmak mümkün ancak bunu yapmak bu kitabın planlanan çapını aşar. Üzerinde durulması gereken mevzu, bu çalışmaların İslamiyet'e rağmen yapılmadıklarının bilinmesi, bu çalışmaların İslam dairesi içerisinde yapılmasına tanınan hakkın iyice idrak edilmesidir. Bu yüzden, bu konuda birbirine zıt görünen görüşler yine Kur'an-ı Kerim'e dayandırılarak savunula gelmiş ve İslam âlimleri bu konuda her zaman kesin bir ittifak içerisinde olmamışlardır. Prof. Dr. Teoman Duralı, bir gazeteye verdiği röportajda, **"Evrim ile Darwinizm'i ayırdığınız doğru mu?"** sorusuna, **"Evet, ikisi ayrı şeylerdir. Darwin evriminin en tehlikeli yanı, en uygun bireyin ve türün yaşaya kalması ilkesidir. Doğal ayıklanma kadar tehlikeli ve dine aykırı olan bir şey daha yoktur. Dini inkâr etmenin en açık göstergesi tesadüfçülük, rastlantıcılıktır."** cevabını verdikten sonra evrimin İslam kültürü içerisindeki yerine de şöyle değiniyor: **"...Evrim, İslam'da çok işlenmiştir ve pek bir tepki de çekmemiştir. 10-11 ve 12. yüzyıllarda, en başta İbn Miskeveyh evrim olayından bahseder. Hatta öyle şeyler söyler ki Darwin bile burada soluk kalır. Türlerin değişmesinden söz eder, hatta bitkiler ile hayvanlar arasında ve hayvan ile insan arasında geçiş türleri olduğundan bahseder."**[173]

Burada esas hesaba katılmayan ve sürekli atlanan nokta, zaman kavramıdır. Oysaki bize göre milyonlarca, milyarlarca yıla denk gelen zaman dilimleri, Allah'ın zamandan münezzeh olması dolayısıyla, onun katında sadece bir 'an'dır.[174] Hatta 'an' kelimesi bile bu durumu açıklamak için zamanla kayıtlı ve sınırlı bir kelimedir ki biz, Allah katındaki bir durumu açıklamak için bu kelimeyi zaman kaydına bağlı varlıklar olduğumuzdan ötürü zorunlu olarak kullanmaktayız.[175]

Öbür taraftan, insanın her zaman aynı fizyolojik özelliklerde olduğunu söylemenin de İslam ve onun geleneği ile bağdaşan bir yönü yoktur. İslam bize, hem bazı peygamberler üzerinden Âdem soyunun 'başka zamanlarda' daha uzun ömürlü olduklarını söylemektedir hem de İslam geleneği içerisinde bize göre 'dev insanlar'dan söz etmek hiç de aykırı bir görüş değildir.

Çeşitli kaynaklarda Ebû Hureyre'den rivâyet edilen bir hadiste, Hz. Âdem'in uzunluğunun altmış zira' (yaklaşık otuz beş-kırk metre) olduğu nakledilmektedir:

> "Cennete girecek olan herkes, Âdem'in (ilk yaratıldığında sahip olduğu mükemmel) suretine uygun olarak girecektir. Âdem'in torunları, şimdiye kadar onun güzelliğinden birer parçayı kaybetmiştir. Nihayet bu eksiliş şimdi (Muhammed ümmetinde) sona erdi."

Yunus Emre Gördük, *"Hz. Âdem'in Boyu İle İlgili Rivayetler Üzerine"* adlı makalesinde hadis ile ilgili şu açıklamayı yapıyor:

> "Hadiste geçen 'nihayet bu eksiliş şimdi (Muhammed ümmetinde) sona erdi' ifadesine istinaden bazı şârihler, insanların cemaliyle beraber boy uzunluğunun da her devirde biraz daha azalarak şimdiki haline geldiğini, yani söz konusu azalmanın Hz. Peygamber zamanında son bulduğunu ifade etmiştir. Bu bakış açısına göre, söz konusu hadis müminlerin Hz. Âdem'in ilk yaratıldığı hali gibi, hem cemalinden hem de boyundan bir şey kaybetmemiş olarak cennete gireceğini belirtmektedir."[176]

Ayrıca Bakara 65'te, **"andolsun ki, sizler içinizden cumartesi gününde haddi tecavüz edenleri elbette bilmişsinizdir. Biz de onlara, 'Sefil, hakir maymunlar olunuz' demiştik" şeklindeki bilgi, fiziksel (yani mutasyona doğru gidişin) ya da en azından zihinsel bir geriye gidişin mümkün olduğunu göstermektedir."**

DÜNYA'DAKİ FELAKETLER BÜYÜK ÇAPLI MUTASYONLAR BAŞLATABİLİR Mİ?

Elektromanyetik alanların insan üzerindeki negatif etkilerine değinirken, konuyu biraz daha açmakta fayda var: Dünya'nın bugün, işlenmiş iletkenler vasıtasıyla çevrelendiği elektrik enerjisi onun bütün yapısını olumsuz yönde etkilemektedir. İnsanın hem ruhi, hem de bedeni yönü tehdit altındadır. Diyebiliriz ki Dünya, ruhsal irtibatı dahi asgari seviyede tutan bir kalkanla çevrelenmiştir. GSM operatörleri, cep telefonları, elektrik telleri bu kuşatmanın etkenleri arasındadır. Örneğin günümüzde mikrodalga fırınlarının radyasyon etkisi küçümsenir. Elbette, maruz kaldığımız daha büyük etkiler yanında onunki bir hiç gibi durmaktadır fakat bir hiç de değildir! Bütün bu etkilerin birikimi, insan sağlığını bozmaktadır. Bu fırının kansere yol açıcı etkileri üzerine yapılan araştırmalara burun kıvıran bilim adamı kisveli kişilerin, "şunlar mikrodalga fırınlardan daha zararlı" gibi cümlelerle, ahlaki özelliklerini kaybettikleri söylenebilir. Üstelik, 'tamamen güvenli' dedikleri mikrodalga fırını savunurken, "fırın çalışırken tedbir olarak elli santimetre uzağında durmanız yeterli olacaktır," demeleri de manidar. Keza aralarında alaycı bir biçimde; "bir taş fırına da fazla yaklaşırsan artan ısıya maruz kalacak ve bu seni bunaltacaktır," diyebilecek kadar sahtekâr, göz bağcı ve şeytani şekilde yanıltıcı olanları da var. Sanki ikisinin de etkisi birebir aynıymış gibi! Bir adamın radar dalgalarıyla deney yaparken cebindeki çikolatanın eridiğini fark etmesiyle geliştirilip, tedavüle sokulan bu fırınların, insan sağlığı üzerindeki olumsuzlukları karşısında sus pus kalıp; "cep telefonları, telsizler hatta renkler bile size radyasyon yayıyor, dert etmeye değmez çünkü vücudumuz belli orandaki radyasyona karşı dirençli," demek bilimle perdelenmiş bayağılık değildir de nedir?

Petrol-jeoloji alanında yüksek mühendis Tufan Erdoğan, *"Türkiye'nin Nükleer Rönesansı"*[177] adlı makalesinde bakın ne diyor: **"Hal bu ki artık şüphe götürmeyecek şekilde ispatlanmıştır ki, kanser ve diğer sağlık sorunlarının oluşmaması için zararsız bir radyasyon miktarı yoktur... Özellikle Çernobil felaketinden anlaşılmıştır ki, her insanın radyasyona tahammül sınırı farklıdır ve çok düşük (izin verilen) radyasyon miktarları birçok insanı, geri dönüşü olmayacak şekilde zehirlemektedir."**[178]

Pek tabi vücudumuz belli oranda radyasyona dirençlidir. Ancak, bu böyle diye, onu her gün farklı farklı yapay radyasyon alanlarıyla test etmek de neyin nesi? Üstelik şimdi bilmekteyiz ki, her vücut radyasyona aynı oranda dirençli değildir.

Neden cep telefonlarıyla ilgili sağlık araştırmaları yeteri kadar gün yüzüne çıkartılmıyor? Bunların dev endüstrilerin çıkarlarıyla olduğu kadar şeytani planın uygulanmasıyla da alakası olduğunu düşünmekteyiz. İnsanların muazzam elektrik teknolojisiyle donatılmış AVM'lere girdiklerinde çabuk yoruldukları gözlemlenmiştir. Bu yorgunluğun asıl sebebi alış veriş telaşı değil, devasa elektrik teknolojisinin yoğunlaştığı alanlarda maruz kalınan elektromanyetik yüktür. Ve bu elektromanyetik yükler metallerle bir bağ içindedirler.

Bu cümleden olarak, kadim toplumların demir ile alakası olan negatif hadiseleri bildikleri ve bundan kaçındıklarıyla ilgili önemli veriler açığa çıkmaktadır. Birçok eski toplumun ihtiyatlarını muhafaza ederek işlenmiş metallerden ve bilhassa demirden uzak durmuş olmasını sadece onların ilkellik düzeyi ile açıklamak ya da sadece dolaylı yoldan ortaya çıkan ağır metal zehirlenmelerine bağlamak en hafif tabir ile yetersizdir. Tevrat'ta bilhassa uyarılır:

> **Tesniye 27: 1-5** "Musa ile İsrail ileri gelenleri halka şöyle dediler: 'Bugün size ilettiğim bütün buyruklara uyun. Şeria Irmağından Tanrınız Rabbin size vereceği ülkeye geçince, büyük taşlar dikip kireçleyeceksiniz. Atalarınızın Tanrısı Rabbin size verdiği söz uyarınca Onun size vereceği ülkeye, süt ve bal akan ülkeye gi-

rince, bu yasanın bütün sözlerini taşlara yazacaksınız. Şeria Irmağından geçince, bugün size buyurduğum gibi, bu taşları Eval Dağı'na dikip kireçleyeceksiniz. Orada Tanrınız Rabbe taşlardan bir sunak yapacaksınız. Bu taşlara demir alet uygulamayacaksınız.'"

Alfred de Grazia, *"Iron Age of Mars" (Mars'(ın) Demir Çağı)* adlı kitabında Yahudilerin, 'nıhoşt' (neçoşet) olarak telaffuz ettikleri demir cevherinin '(kozmik) yılanın pisliği' anlamına geldiğini, Mısırlıların ise demiri 'Typhon'un kemikleri' ve 'Seth'ten bir armağan' olarak gördüklerini ve her iki ismin de, şeytan canavarına ve şeytan tanrısına karşılık geldiğini, dolayısıyla demirin bazı maksatlarla kullanımının tabu olduğunu yazmıştı.

Fakat İbranicede 'nıhoşt' נחושת kelimesi bakırın karşılığıdır. Ve bu kelime 'nıhş' נחש – 'yılan', 'tahmin' kelimeleriyle bir bağlantı içerisinde görülebilir. Şeytani vesvese kanalına sahip yılan soylu, bakır kanlı varlıklara temel oluşturacak kadar sağlam bir bağlantı. Aynı zamanda, Arapçadaki 'necaset' kelimesinin 'pislik, kan, sidik ve dışkı gibi pis şey' anlamını içerdiği de akla getirilmelidir. Yine de demirin Yahudi geleneğinde tabu olduğu gerçeği değişmiyor. Zira bakır elementi demir elementi ile iç içe geçmiş halde doğada çokça bulunur.

Bize öyle geliyor ki, ilkel dediğimiz insanların demir ve başka metallerle mesafeli oluşları, metallerin daha çok (ruhsal ve fiziksel) negatif hadiselere yol açacak şekilde kullanılmış ve kadim bir dünyanın sonunu getirmiş ya da getirebilecek etkiyle ilgisi olduğunun onlara aktarılmış olmasıdır. Elbette bu aktarma zamanla bu metaller ile temastan neden kaçınılması gerektiği ile ilgili ana fikrin kaybedilmesi sonucu salt dinsel bir tabu ve geleneğe bürünerek dönüşmüştür.

Durumu daha iyi kavramak için 'Beş Maymun Deneyini' hatırlayalım. Bir odaya beş maymun konmuştur. Odanın tam ortasında bir merdiven ve merdivenin üst ucunda da muz vardır. Ayrıca tavana soğuk su fışkırtan bir duş düzeneği yerleştirilmiştir. Doğal olarak, maymunların muza hamle yapması beklenmektedir ve yine doğal olarak hayvanlar bu hamleyi yapar. Fakat sorun şudur ki; ne zaman bir maymun merdivene tırmanıp muzu almak için hamle yapsa, odanın tavanına yerleştirilen duş düzeneği harekete geçerek tüm maymunları ıslatmaya başlamaktadır ve bu noktada hayvanlar sağa sola kaçıştıklarından odada büyük bir kargaşa oluşmaktadır. Maymunlar, her hamlede aynı akıbetle karşılaşmaktadırlar. Bir süre sonra, hamleler azalır zira hamleyi gerçekleştirmek isteyen maymun ıslanmak istemeyen diğer maymunlar tarafından engellenmeye başlar. Deneyi yapanlar bir zaman sonra beş maymundan birini alıp yerine yeni bir maymun koyarlar. Aynı zamanda duş düzeneğini de odadan kaldırırlar. Yeni gelen maymun muzu görür görmez merdivene tırmanmaya yönelir ama yönelmesi ile eskiden beri odada bulunanlar tarafından dövülmesi bir olur. Odaya yeni gelen hayvan, neden dayak yediğini anlayamamasına rağmen muza karşı en ufak bir teşebbüsünün dayakla neticelendiğini iyice kavramıştır. Deneyin ileri aşamasında, duş düzeneğine şahit olmuş maymunlardan biri daha başka bir maymunla değiştirilir ve odada muz sevdası yüzünden hiç ıslanmamış, ıslanmak nedir bilmeyen iki maymun bulunmuş olur. En son gelen hayvan da muza ulaşmak istediğinde diğerleri tarafından dövülür. Fakat önemli bir farkla ki, su ile hiç ıslanmamış maymun da bu maymunu dövenler arasında bulunmaktadır. Nihayet deneyin son aşamasında sırayla diğer maymunlar da değiştiriliyor ve odada muza erişmenin soğuk suya maruz kalmakla sonuçlandığına şahit olan tek bir maymun bile kalmıyor. Ve odada hala duş düzeneği yok. Ancak gruba sokulan yeni bir maymun muza uzanmak istediğinde diğerleri tarafından dövülmekten kurtulamıyor. Oysa bu sefer, muzu almak hiç de ıslanmakla sonuçlanmayacak. Bu aşamadaki maymunlar merdivene yaklaşanı niye dövdüklerini bilmiyorlar ama yine de onu bir güzel dövüyorlar.

Bu deneyden yola çıkarak mesela beş ya da on bin yıl önceki insanlar, bu metallerden uzak durmaları gerektiğini bilmekle birlikte, bunun esas gerekçesinden bihaberdiler diyebiliriz. Bu mesele tamamen unutulduğunda ya da önemsiz hale geldiğinde ise metaller ve bilhassa demir yeniden ilgi odağı olmuş ve çağımızın ismini hak edecek biçimde hemen her alanda kullanılmaya başlanmıştır. Mesele madenler ve özelinde demirin meydana getirdiği etkilerle ilgilidir. Tam da buna bağlı olarak demire ya tanrısal ya da şeytani özellikler atfedilmiş ve o her halükarda insanüstü bir gücün tezahürü olarak görülmüştür. Demir mitolojileri bu metalin yıldırımları kendisine çeken gücünün insanoğlu tarafından gözlemlenmesiyle tanrılara yahut şeytanlara mal edilmiş değildir. Demir, daha eski toplumlarda meteorlarla da özdeşleştirilmişti. Ama onun göksel bağı meteorlarla taşınmış olmasına da indirgenmemeli diye düşünüyoruz. Enok'un Kitabı'nda maden işleme sanatı yine kitaptan anlaşılan şekliyle 'meleklikten men edilmiş' varlıklardan biri olan Azazel ile ilişkilendirilir:

> **Enok 8, 1-2:** "Ve Azazel insanoğluna kılıç, hançer, kalkanlar ve ve göğüsler için zırhlar yapmayı öğretti ve arkalarında ne olduğunu gösterdi, bilezik ve süsler yapmakta ustalaştırdı, göz üstünü süsleme sanatını ve göz kapaklarını güzelleştirmeyi öğretti; çeşit çeşit renge sahip yeryüzündeki en değerli taşları gösterdi ve Dünya değişti. Büyük bir dinsizlik baş gösterdi. Zina arttı ve bütün toplum yoldan çıktı"

Tekrar tekrar dikkat çekmek istiyoruz: Bu örnek bize madenleri insanlar için mutlak kötü maddeler olarak tanıtıyor değildir. Zira demirin ve bakırın Zülkarneyn seddindeki merkezi konumu unutulmamalı ve insan için faydalı hususlar taşıdığı da akla gelmelidir. Bizim bu ve benzeri örneklerden anlamamız gereken şey, şeytani bir fikir ile oluşturulmuş projenin, o an için ihtiyaç duymadığı bir nesnenin, sanki ona ihtiyacı varmış gibi; yani art niyet güdülerek sunulmasıyla insanın kendi varlığındaki bütünlüğünün akamete uğratılmasıdır. Yani şeytani proje burada daha önce bahsi geçen Altın Çağı'ndan kademe kademe düşmesi için insanoğlunu ayartıyor. Ancak bir ayartma yeteri düzeyde ve geri dönülmez biçimde gerçekleştikten sonra evvelde yasak olanın külli bir şekilde yasak olması da ortadan kalkmaktadır. Zira bundan sonra hem fiziksel hem de zihinsel ve manevi olarak değişmiş 'başka' insanlar söz konusudur (dolayısıyla bunlara verilecek bambaşka bir şeriat vardır). Yani madenler; özelinde demir (ve madenlerle alakası olmayan yazı dahi) Altın Çağ insanı için kesinlikle gereksizdi (bununla birlikte demir belki de metabolizması için-dolaylı olmayan bir yolla şimdiki metal zehirlenmesinin de ötesinde- zararlıydı da). O, bunlara ihtiyaç duymadan varlığını sürdürebiliyordu.[179] Altın Çağ'ın son dönemlerine doğru ise insanın durumu bir bozulmayla değişince, o çağın medeniyetleri tarafından yazı ve demir sadece gereksiz olmaktan çıkmış, aynı zamanda o çağın bütünlüğünü bozan kötücül şeyler olarak görülmüş olmalılardır. Fakat Demir Çağı insanı olan bizler için bunların ne günahla ne de yasakla alakası vardır zira insan en kötü çağına; Demir Çağı'na gireli çok olmuştur[180] fakat yine de kadim dinin etkilerinin tam olarak yitmediği zamanlarda, bu nesnelerin bir zamanlar yasak oluşunu göz önünde bulunduran gelenekler türemiştir diyebiliriz. Gidişat öyle göstermektedir ki: Demir Çağ için biçilmiş manevi tedbirler yitmeye yaklaştığında, kadim geçmiş sisli yalnızlığıyla insan idrakinden tam silinecek gibiyken sis perdesi dağılacak ancak o zaman da her şey için geç kalınmış olacaktır.

Demir ve metaller ile ilgili yasaklardan bahsederken Chicago Üniversitesi'nde politika bilimi konusunda doktora yapmış olan ve İmmanuel Velikovsky'nin 'Çarpışan Dünyalar' teorisine ilgi duyan Alfred de Grazia'nın, *"Iron Age of Mars"* adlı kitabında Velikovsky'nin teorisine ek mahiyetinde geliştirdiği kurama da değinmek gerekli. Bu kurama göre Dünya, -Velikovsky'nin de işaret ettiği üzere- Güneş Sistemi'nde meydana gelen bir dizi 'olağanüstü' hadiseden etkilenerek alışılagelmişin dışındaki çeşitli volkanik aktiviteler, depremler ve meteorolojik hadiselerle sarsıldı.[181] Bu hadiseler insanların yaşam biçimini, kültürünü köklü bir biçimde etkiledi. Aynı zamanlar insan uygarlığını bir dizi felaketle baş başa bıraktı. Alfred de Grazia'ya göre Mars, göksel felaketten ağır darbeler alan bir gezegen oldu. Üstelik Dünya uygarlıklarını tehdit eden kötücül etkiler meydana getirdi. Esasında onun teorisi [182] kendi ifadesiyle; varlığın inorganik ve organik alanlarının hızlı, güçlü ve geniş ölçekte gerçekleşen büyük değişimlerine atıfta bulunur. Yani hem sosyolojik değişimler hem de insanlardaki ve diğer canlılardaki mutasyonlar[183] beklenenden çok daha hızlı, neredeyse bir anda gerçekleşmiştir.

Alfred de Grazia'ya göre Mars, Dünya'ya demir elementinin taşınmasında rolü olan temel bir unsurdu.[184] Mars'taki Demir Çağ, onun kendi atmosferindeki köklü değişiklikleri tetikleyen ve gittikçe atmosferinin yok olmasına sebep olan bir dizi aktivitenin sebebi olabilirdi.

Bugün Mars yüzeyinde bu kadar çok demirin bulunması onun 'pas gezegeni' haline dönüşmesine ve 'Kızıl Gezegen' olarak anılmasına sebep olmuştur. Peki, Mars yüzeyinde neden bu kadar fazla demir var? Esasında bu sorunun cevabını Velikovsky'nin teorisi vermektedir. Velikovsky'ye göre bunun sebebi Venüs'ün bir gaz gezegeni olan Jüpiter'den ani bir reaksiyonla kopmasıyla, bütün Güneş Sistemi'nde meydana gelen dengesizliklere yol açmasından ötürüdür. Yani Venüs gezegeni, sistemimizde oluşmuş yeni bir gezegendi ve Jüpiter'den doğmuştu. Bu doğuş, Mars'ın ve Dünya'nın yörüngesini de etkilemişti. Dolayısıyla bir dönem aniden başlayan Mars'taki volkanik aktivitelerin sebebi burada yatıyordu. Bir zamanlar okyanusu ve ırmakları olan Mars, volkanlar aracılığı ile açığa çıkan demir ile kızıla dönmüştü.

Alfred de Grazia'ya göre Mars'ın yiten atmosferi, Dünya'ya doğru çekilerek, Mars kaynaklı demirin dünyaya taşınmasına sebep olmuş olabilirdi. Yani Mars'ın atmosferik elementleri dünya atmosferiyle de karışmıştı.

Bu teorinin temeline göre atmosfer, insanın zuhur edip medeniyet kurabilecek kadar geliştiği kadim bir dönemde ciddi derecede değişti ise, insan da-gerçekleşmesinde demirin ciddi derecede etkili olduğu bir- mutasyona uğramış olabilirdi. Ayrıca hatırlatmakta fayda var: Rene Guenon, *"Niceliğin Egemenliği ve Çağın Alametleri"* adlı eserinde her bir çevirimin[185] dört çağdan[186] geçtikten sonra sona ereceğini ve yeni çevirimdeki insanın maddi ve manevi olarak farklı olacağını yani 'yeni gökler ve yeni bir yeryüzü'ne uygun bir halde ortaya çıkacağını yazmıştır. Rene Guenon, bu değişimi aşkın bir müdahalenin yol açtığı ani bir değişim olarak ele alır. Ama bir çevirim tamamlanmadan dahi insanın biyolojik özellikleri değişebilir ki hem dini metinlerde hem de mitolojide karşımıza çıkan Âdem soyunun ilk zuhurundaki boy uzunluğu verileri akla getirilmeli, bununla birlikte bazı insan topluluklarının maymunlaşması üzerine düşünülmelidir.

Alfred de Grazia'nın teorisi çerçevesinde düşünüldüğünde demir emilimini arttıran C282Y mutasyonuna farklı bir gözle bakılabilir. Hemokromatozis olarak da bilinen bu mutasyon, bilhassa Kuzey Avrupa'daki insanları etkilemiş gözüküyor. Mutasyonun kötücül yanı, demirin, bu mutasyona sahip olan insanların bünyelerinde ölümcül bir etki meydana getirmesidir. Yani bireylerin aşırı demirden ölme riskleri vardır. Bilindiği gibi anemi, demir eksikliği olarak tarif edilir ve kanın oksijen taşıma kapasitesinin azalmasına yol açar. Bireylerdeki anemi bilhassa kıtlık zamanlarında dirençlerini düşüreceği için onları kolayca çeşitli hastalıklara karşı dayanıksız kılacaktır. İşte böyle zamanlarda C282Y mutasyonu bir dezavantaj olmaktan çıkarak avantaja dönüşecektir. Bu mutasyonun tam olarak neden ve ne zaman gerçekleştiği ile ilgili fikirler üretilmeye devam ediliyor. Yaygın bir teoriye göre ilk C282Y mutasyonları Neolitik Çağı'ndaki[187] yemek alışkanlığı ile ilgilidir. Bir fikre göre, bu çağda insanlar tarımsal faaliyetlerini arttırarak et ve balık ağırlıklı besinlerini yüksek karbonhidratlı yiyeceklerle takas etmişlerdir. Böylece mutasyon ortaya çıkmış ve bu mutasyona sahip olan bireyler kıtlık zamanlarında hayatta kalma olasılıklarını arttırmışlardır. Ancak bu teori mutasyonun neden Kuzey Avrupalı ırklarda daha yaygın olduğuna tam olarak açıklama getiremiyor. Bir başka iddia, mutasyonun geçmişinin iki bin yılı bulmadığıdır.

Bazı bilim adamlarına göre iki buçuk milyar yıl önce Dünya'nın atmosferi azot ve karbondioksitten oluşuyordu.[188] Bu dönemde henüz ortada insan yoktu. Bununla birlikte denizdeki birçok organizma oksijeni atık bir ürün olarak atmosfere bıraktı. Manyetit ve hematit gibi mineraller de oksijenin demire yapışması sonucu meydana geldi. Bir kısım bilim adamıysa okyanusun çözeltide demir tuttuğu kanısında. Buna göre Dünya'da büyük bir felaket gerçekleşince var olan atmosfer değişti. Bu felaketle birlikte okyanustaki demir giderek çözüldü ve atmosfer karbon temelli yaşam için daha verimli bir hal aldı. Bu arada Âdem kelimesinin anlamlarından birinin 'kırmızı' olduğunu da unutmayalım. Mars'taki kızıllığın demir ile ilintisi, 'Âdem' kelimesinin aynı metal ile ilintili olan ve kana rengini veren işlevini de hatırlatmaktadır.

Bu bilgiler doğrultusunda C282Y mutasyonuna nasıl yaklaşmak gerekli? Acaba bu mutasyon iddia edildiği gibi sınırlı bireylerde, Neolitik Çağ'da mı gerçekleşti yoksa esasında C282Y mutasyonuna sahip olanlar, yeryüzünde demirin daha az miktarda bulunduğu bir dönemin insanının genetiğini mi yansıtmaktadır? Bu bakış açısından, C282Y mutasyonu dediğimiz şey, eski insanların yaygın olarak sahip oldukları genetik özelliğe yakın bir durum olabilir mi? Ya da soruyu şöyle soralım: Esas mutasyona uğrayanlar C282Y'ye sahip olmayanlar olabilir mi? Zira Alfred de Grazia'nın teorisi göz önünde bulundurulursa, demirin Dünya atmosferini kapladığı bir zamanda, aşırı demir ile sarsılan atmosfer, daha önce yüzeyde kıt bulunan demiri olabildiğince depolayabilmek üzere kodlanmış genetiğe sahip insanların zararına değişmiş olamaz mı? Bunun neticesinde insanların büyük bir kısmı C282Y'yi genetik yapılarından çıkararak mutasyona uğramış ve şimdiki soy yaşam için daha avantajlı bir konuma geçmiş olamaz mı?

Tüm bu sorularımız bir kenara bırakılıp var olan teorilerden hareket edilse ve C282Y'nin yeni bir hadise olduğu düşünülse bile, bunun niçin Kuzey Avrupa'dan başladığı sorusu şimdilik tamamıyla açıklığa kavuşturulamamıştır. Ama tam da bu noktada başka ilginç bir bağlantı ortaya çıkar: Kuzey Avrupalı ırklar boy uzunluğunda da öncüdürler.[189] BBC'in haberi bu boy uzunluğunu sanayileşme ve sağlıklı, yeterli beslenmeye bağlıyor. Buna katılmamak mümkün değil çünkü yetersiz beslenmenin insanın gelişimini sınırlandırdığını ve Kuzey Korelilerin Güney Korelilerden yetersiz beslenme ve demir eksikliği nedeniyle daha kısa olduğunu biliyoruz. Fakat bu açıklama tatmin edici değil. Hollandalılar sanayi devrimi, sağlıklı beslenme gibi sebeplerle yirmi santim daha uzamış olabilirler,[190] yine de bu, genetik yapılarının diğer ırklara nazaran uzamaya daha meyilli olduğu gerçeğini değiştirmez. Düz bir mantıkla bile şu yargı aşırı sayılmamalıdır: "Kuzey Avrupalı ırkların genetik yapıları herkesten daha fazla uzamaya ve bedensel gelişmeye meyilli olmasaydı, bu ırklar aşırı demir depolama hastalığına da yatkın olmayacaklardı." Ayrıca Kuzey Avrupa halklarının mitolojileri Avrupa'nın geri kalanından dev figürleri ile ziyadesiyle süslüdür.

İhtiyaç fazlası demir depolamaya daha yatkın bir genetiğe sahip Kuzey Avrupalılar ile vücuttaki eksikliğinde gelişim bozukluğu ve boy kısalığı görülen demir arasında bir başka bağlantı daha ortaya çıkmaktadır. Sorumuzu tekrarlayalım: Kadim zamanların devasa insanları, C282Y'ye sahip ve dönemlerindeki atmosfer koşullarınca nispeten sağlıklı ırklar mıydılar? Aslında C282Y şimdiki şartlarda dezavantaja dönüşebilen ama o dönemde dezavantajlığı söz konusu olmayan olağan ya da daha doğrusunu söylemek gerekirse olağana daha yakın bir durum muydu? Bu hastalık (?) Kuzey Avrupalı ve daha fazla uzamaya, daha fazla demir alımına rağmen ket vurmuş gözüküyor. Neden dünyanın başka bir yerinde yaygın değil?

Eğer bu teori üzerinden yola çıkacak olursak, Kuzey Avrupalı ırklar, dünyada meydana gelen ve atmosferin yapısını ani biçimde değiştiren felaketten daha az etkilenmiş olmalılar. Öte yandan, atmosferin aniden değiştiği dönemde şimdikinden daha farklı bir genetik yapıya sahip insanlardan oluşan büyük bir uygarlık mevcut ise, bu uygarlığın insan metabolizması üzerindeki yıkıcı etkisini gidermek amacı ile bir takım yapıları da inşa etmiş olması gerekir. Bu fikrin peşinden koşarken, eski yapılarda sık sık kullanılan kireçtaşı karşımıza çıktı. Kadim yapılarda kullanılan kireçtaşının iyi bir izolasyon malzemesi olduğu bilinmektedir. Onun, yapının içindeki enerjiyi korumak, dışındakinin ise içeriye sokmamak gibi bir özelliği vardır. Alfred de Grazia'nın çizdiği ölçülerdeki bir felaketin atmosferi değiştirirken radyasyon miktarında da bir anomali gerçekleştireceğini düşünmek gereklidir. Tahmini olarak 780 bin yıl önce gerçekleşmiş manyetik kutup değişikliğinin yerküreyi radyoaktif anomalinin içerisine soktuğu bilinmektedir. Fakat bu kutup değişikliğinin nedeni henüz bilinmiyor. Tıpkı yerküremizin manyetik alanının hâlihazırda neden hızla zayıflamakta olduğunun tam olarak bilinememesi gibi. 780 bin yıl dendiğinde, var olan tarihi kayıtların, bulguların bu derece geriye gitmedikleri dile getirilecektir. Fakat tarihlendirme metotları da belli bir değerler dizisi üzerinden işler ve varsayımları barındırabilirler ve de ciddi yanılgılara yol açabilirler.

Kireçtaşına geri dönelim:

"Amerika Birleşik Devletleri'ndeki bilim adamlarına göre, kireçtaşı zerreciklerinin atmosferin üst tabakasına serpilmesiyle ozon tabakası temizlenirken küresel ısınma da önlenebilir. 20 km kadar dağılmış katı bir kireçtaşı ya da mineral kalsit aerosolü, gelen güneş radyasyonunu yansıtmakta, sera gazı ısınmasını yavaşlatmakta ve ozon tahribatına yol açan halid içeren asidi etkisizleştirebilmektedir."[191]

Kireçtaşının radyasyon yansıtıcılığı dikkatimizi çeken bir özellik ve bizler Mısır'daki Büyük Piramit'in (Keops Piramidi) yaklaşık iki buçuk milyon kireçtaşı (kalker) taş bloktan oluştuğunu biliyoruz. Piramidin kaplamasında da Tura kireçtaşı kullanılmıştır.

Yine dipnotta linkini verdiğimiz *www.chemistryworld.com* sitesinin haberine göre İngiltere Bristol Üniversitesi'ndeki atmosferik kimyager Matt Watson, kireçtaşının en az yüzde doksanını oluşturan kalsiyum karbonatın ozon üzerinde olumlu etki meydana getirebilecek tek bileşik olma ihtimalinden söz ediyor. Öte yandan kalsiyum karbonatın insana saf halde temas etmesiyle ciddi zararlar verebileceği de biliniyor. Özellikle göz ile temas etmesi halinde, gözün en iç tabakasına kadar nüfuz edip zarar verebilir.[192] Fakat tıpta, bilhassa böbrek fonksiyonlarını iyileştirmede faydaları da var.

Piramitler demişken, 'Bosna Piramidi' olarak adlandırılan ve şimdiki hali ile devasa piramidimsi bir 'tepe' görüntüsündeki merkezin etrafında yapılan çalışmalarda, 2006 yılında yüksekliği üç, genişliği iki buçuk metre olan insan yapımı yer altı tünelleri keşfedildi. Bir yıl sonra bir de yer altı odası keşfedildi. Orada bir piramit olsun ya da olmasın, hiç fark etmez; bölgede keşfedilen tünellerin enteresan bir özelliği var: Kan şekerini düzenliyor, akciğer kapasitesini arttırıyor, göz basıncını gideriyorlardı. Bosna Piramidi projesinin baş araştırmacısı ve arkeologu Sam Osmanagiç, *"Bosna Piramidi'nin İyileştirme Enerjisi"* adlı makalesine şöyle başlar:

> "2008, 2011, 2012, 2013 ve 2014 yıllarında düzenlenen Bosna piramitleri üzerine beş uluslararası bilimsel konferansta, uzmanlar piramit kompleksindeki şifa enerjisi için disiplinler arası bilimsel açıklamalar yapmışlardır. Visoko'daki piramit kompleksinin altında, tarih öncesi tünellerde 28 kHz'lik ultrason ve 7.83 Hz'lik Schumann rezonansı (insanlığın fiziksel, zihinsel ve ruhsal fakülteleri için en iyi enerji alanı) yanı sıra yararlı elektromanyetizmanın varlığı ölçülmüştür."[193]

Makaleden öğrenmekteyiz ki, tünellerde kübik santimetre başına 60 bine ulaşan olağanüstü yüksek bir negatif iyon konsantrasyonu vardır. Bununla birlikte zararlı kozmik ışınlar ve doğal radyoaktiviteye rastlanmaz.

Aynı makalede Sam Osmanagiç, bilim adamlarının böyle bir ortam içerisinde vücudun kendi kendini onarıcı bir faaliyete geçeceği ve yenileneceği görüşüne değiniyor.

Sam Osmanagiç, tünellerin iyileştirici etkisinden söz ederken Schumann rezonansına da değinmiş. Bu rezonanstan bahsetmekte fayda görüyoruz. Bu rezonans bilim dünyası tarafından 'Dünya'nın kalp atışı olarak' adlandırılır. İlk defa fizikçi Winfried Otto Schumann tarafından açıklanmıştır. Belli bir ortalaması vardır ve yeryüzü ile iyonosfer tabakası arasında ortaya çıkan titreşimi ifade eder. Genellikle bulutlarda gerçekleşen elektriksel olaylarla ilişkilendirilen titreşimlerin normal seyirde 7.83 Hz olduğu kabul edilir. Bu değer ortalama bir değerdir ve günübirlik değerler bunun bir miktar üstünde yahut altında seyredebilir. Fakat son zamanlarda bu değerlerde anomaliler ortaya çıkmıştır ve değerler bilhassa seksenlerden sonra hızla yükselme eğilimine girmiştir. Artık en büyük manyetik alan frekansı ortalaması 7.83 Hz değil, 12 Hz. ve bu miktar da artmaktadır. Bilim, bu değişikliğin nedenini kesin olarak açıklayabilmiş değildir. Schumann rezonansının Hans Berger'in 'elektroansefalografi' (EEG) denilen cihazla beynin çıkardığı elektromanyetik dalgaları sınıflandırarak tanımladığı şu beş frekansla da ilişkisi olduğu düşünülmektedir:

Delta dalgaları (1-4 Hz) = Derin uyku ve bilinçsizlik halinde beynin çıkardığı elektro manyetik dalgalar olarak tanımlanırlar.

Teta dalgaları (4-7 Hz) = Derin gevşeme, hafif uyku ve uyuşukluk halinde beynin çıkardığı elektro manyetik dalgalar olarak tanımlanırlar.

Alfa dalgaları (7-11 Hz) = Rahatlama halinde ve uykudan bir önceki aşamada beynin çıkardığı elektro manyetik dalgalar olarak tanımlanırlar.

Beta dalgaları (11-25 Hz) = Aktif çalışmada, dikkatin yoğunlaşmasında, bilginin nakli ve edinilmesinde beynin çıkardığı elektro manyetik dalgalar olarak tanımlanırlar.

Gama dalgaları (25-60 Hz) = Öğrenme, anlama, idrak maksadıyla zorlanan zihnin beyinde çıkardığı elektromanyetik dalgalar olarak tanımlanırlar.

Kimi çevrelerce rezonanstaki artışın, insanın zamanı algılama biçimi üzerinde etkisi iddiası üzerinden zamanın hızla geçiyormuş gibi algılanmasına sebep olabileceği hususu dile gelmiştir. Açıkçası bu iddia, kıyametin alametleriyle paralellik taşır ve Tirmizi'nin, İbn Hanbel'in rivayetlerinde iddianın ötesinde, hadis şeklinde vardır:

"Zaman (dilimleri) -birbirine- yaklaşmadıkça (hızlanmadıkça) kıyamet kopmaz. Öyle ki bir sene bir ay; bir ay bir hafta; bir hafta bir gün; bir gün bir saat; bir saat ise bir ateş korunun yanıp sönmesi kadar kısa olur."

Yine de Demir Çağı'nın başlangıcının zaman algısındaki köklü bir değişiklikle ortaya çıktığını ve bu çağdaki insan biyolojisinin Demir Çağı'nın zaman ve boyutuna uygun biçimde değiştiğini söylemek gereklidir ve zamanın hızlanması, zaten hızlanmış bir çağın içindeki hızlanmadır. Bu anlamda Schumann rezonansının 7.83 Hz değeri bize göre Dünya'da zaman için geçerli genel bir değer olamaz. Eğer rezonansın zaman algısıyla ilgisi varsa, rezonans ortalamasının Demir Çağı yani Kali Yuga'dan önce daha düşük olması gerekmektedir. Fakat yine unutmamak gerekli ki Kali Yuga'dan önceki çağın yani Dvapara Yuga'nın rezonans ortalaması ne kadar küçük değerde olursa olsun, o çağın sonlarına doğru büyük bir bozulma ve felaketin etkisiyle değerler anormal biçimde değişmiş ve büyük değerlere ulaşmış olmalıdır ki en sonunda eskisinden daha büyük bir ortalamayla ama bir düzen meydana getirerek Demir Çağı'na (yani Kali Yuga'ya) sebep olsun. Mesela Kali Yuga öncesi rezonans ortalaması 4 Hz civarındaysa, Dvapara Yuga'nın sonlarında ortalama belki de 25 Hz.[194] üzerine ulaşmış ve Kali Yuga Çağı bu düzensizliği 7 Hz civarında sabitlemiş olabilir. Ta ki kendi içindeki bozulmanın bu yeni çağın yıkımını gözle görülür derecede hızlandırdığı vakte kadar.[195]

Rezonansın dünyadaki 'bilimsel gelişmelerin' meydana getirdiği elektromanyetik düzensizliklerden ne derecede etkilendiği konusunda yapılmış bir çalışma yok. Fakat çok temkinli yaklaşmamız gereken medyumsal kanallarda bize, Lemuryalılar olarak tanıtılan ve kadim çağlarda yeryüzünde yaşadıkları aktarılan ışınsal varlıkların, şimdi insan gözünden ırak kalmalarına neden olan şeyin rezonansla ilgili olduğu söylenmektedir:

"Formları sizin elbise değiştirmeniz kadar kolayca değiştiren Lemuryalılar sadece tek bir forma sahip olmayı yabancı bir kavram olarak gördüler. Ama onların telepatik grup zihinleri, onlara gezegenin kaderinin enerjinin sert bir biçimde düşecek olması olduğunu anlattı. Bu olması yakın felaket için olası her çözümü bulmak için çalıştılar, ama bu gezegensel hologramda YAZILI idi ve bunu değiştiremezlerdi.

Bu nedenle, muhtemelen üçüncü boyut kadar düşük bir boyutta hayatta kalabilecek bir dünyasal form yaratmaya yardımcı olmak zorunda olacaklarını biliyorlardı. En sonunda, deneylerinin başarısız olduğuna inanarak, araştırmalarını Atlantislilere aktardılar. Bunu fazlasıyla yaptılar, çünkü Holografik YAZILAR büyük felakete neden olmaktan sorumlu olacak olanların Atlantisliler olduğunu söylüyordu.

Lemuryalılar, kendilerinden bazılarının titreşimlerini gezegenin en sonunda stabilize olduğu rezonans frekansa ayarlayabilinceye kadar yeraltına gidecek olmaları gerçeğiyle uzlaştılar. Bu frekans üçüncü boyutla sonuçlandı."[196]

Aktarılandan iki şeyi açıkça anlıyoruz: Birincisi, ışınsal ya da latif varlıkların kayboluşunun manyetizma ile ilgisini, ikincisi bu varlıkların 'insan yaratma deneyleri' yaptıklarını. Bunlar reenkarnasyon gibi büyük bir sahtekârlığın sokuşturulup, çeşitli fantezilerin sığdırıldığı, ışınsal ruhların kâh balinalar kâh Kızılderililer şeklinde cisimleştiği fantezilerle süslenmiş ayartma amacı taşıyan metinlerdir. Fakat belli insanlar kılığında 'fiziksel olarak açığa çıkan ışınsal varlıklar' açıklamalarının bize sunulduklarından çok başka bir gerçekliği vardır. Bu da, 'kontrol edilmeye müsait insanlar' oluşturma gayretidir. Okuyuculara sanki başka bir varlığın (ışın bedenli bir cinin) ruhunun doğum anı ile fiziksel bir bedene bürünmesi ve insanların gayet normal cin ruhlu insanlar olarak dünyaya gelmesi anlatılmaktadır. Oysa burada kast edilen bir tasalluttur. Musallat olmadır. Bir bedenin zorla ele geçirilmesi ve kontrolüdür. Ve üst boyutta ikamet eden ışınsal varlığın gerçek bedeni değildir boyutumuza gelen. O yine kendi boyutundadır ama avatarlarını kullanmaktadır. Yine anlatılanlara göre bu avatarları kullanma işi, yalnızca iki boyut tek bir frekansta titreşirse sona erecek, işte o zaman bu varlıklar bizim maddi dünyamızda kendi et ve kemikten yapılarıyla ortaya çıkacaklardır. Ya da bazıları medyumsal kanalda dendiği gibi bizim frekansımızda maddeleşmenin yolunu bulacaktır:

> "Lemuryalılar, kendilerinden bazılarının titreşimlerini gezegenin en sonunda stabilize olduğu rezonans frekansa ayarlayabilinceye kadar yeraltına gidecek olmaları gerçeğiyle uzlaştılar."

Kısaca, kendi teknolojik imkânlarıyla tedbirlerini alarak fiziksel halleriyle dünyaya gelmeleri de söz konusudur ama bu durumun-henüz kendi fiziksel halleriyle ayyuka çıktıkları bir istila göremediğimiz için- onlar için şimdiye değin çok uygun olmadığı ortadadır. Ne olursa olsun, iddia şudur ki; zamanı geldiğinde 'Lemuryalıların' tıpkı Platon'un *"Kritias"* adlı eserinde dile geldiği şekliyle Atlantislileri arkadan, inandırmak suretiyle idare eden 'Tanrılar'ın yaptığı gibi insanlarla daha sık iletişime geçerek rehberlik edecekleri bir çağ gelecektir.

Metinde; **"Bu 'yüksek ışık dalgası' Gaia'yı yüksek frekansa girmeye zorladığı zaman..."** denilmektedir ki Schumann rezonansında anormal bir artış vardır. Metne devam edelim:

> "Lemuryalılar tüm muhteşem maceralarını paylaşmak için kendi Çok Boyutlu BENLİKLERİNE ve Üst ruhlarına geri döneceklerdi."

Yani dönmeleri için 'yüksek bir frekans' şartı söz konusudur ancak bu yüksek frekansın hangi yönleri itibarıyla yüksek olması gerektiği belirtilmemekte ve denmektedir ki:

"Bazı Lemuryalılar Dünya'yı gözetmeye ve kendileriyle iletişim kurmaya yetecek kadar bilinçlerini yükseltebilenlere rehberlik yapmak için gönüllü oldular."[197]

Doğrusu bu paragraftan sonra aklımıza Rene Guenon'un işret ettiği üzere 'Büyük Duvar'da' meydana gelen çatlaklar ve en sonunda korkunç bir istilaya girişerek insanlığın başına felaket getirecek olan Koka-Vikoka (Gog-Magog, Yecüc-Mecüc) gelmektedir. Bu sözde 'Tanrıları' ya da 'rehberleri' kendi fiziki halleriyle görüp görmeyeceğimiz konusunu zamana bırakıyoruz. Öte yandan başka medyumsal kanallarda da Atlantis Uygarlığı'nın insan yaratma deneyleriyle yıkıma yol açtığı dile gelmektedir ki, bu husus Kur'an-ı Kerim'in bizi uyardığı ve sakındırdığı şeyin geçmişte gerçekleştirilmiş olduğu iddiasıdır:

"**Virginia:** Kalıtsal hastalıklar, fiziksel sakatlıkların nasıl meydana geldiğini söyleyebilir misiniz?

Washta: Bu şeyler iki nedenden ötürü meydana gelirler. İlk Atlantis genetik deneyi bugün gezegeninizde yaşayan mutasyona uğramış insanları yaratmıştır. Bu genetik zorluklara, Dünya insanlarını değiştirip bozan Atlantis genetik deneyi neden olmuştur."[198]

Alfred de Grazia'nın Mars'ın Dünya'ya olan etkisi ile ilgili söylediklerini dikkate alalım ya da almayalım, ortaya çıkan veriler bize yeryüzünün köklü hal değişiklikleri yaşadığı sonucuna götürüyor. Metaller ise (bilhassa da demir ve bakır) bu hal değişikliği üzerinde gerek teknolojiyi inşa etmekteki ana işlevleri, gerek elektromanyetizma oluşturmadaki araçsallıkları, gerekse insan biyolojisindeki konumları açısından muhakkak etki meydana getirecek unsurlar olarak ele alınmalıdırlar.

YILAN SEMBOLİZMİ NEYİ AÇIKLIYOR?

Yılan...

Tarih boyunca farklı uygarlıklarca kendisine farklı anlamlar yüklenmiş sürüngen. İncil ondan 'eski yılan' diye bahseder ve İblisle terkip ederken, Tevrat onu evvela Hz. Âdem'in cennetten kovulmasına vesile olan varlık olarak tanımlar. Tevrat'a göre yaratıcının **"Bahçenin ortasındaki ağacın meyvesini yemeyin, ona dokunmayın, yoksa ölürsünüz."** uyarısı yılan kılığındaki Satan'ın, **"Kesinlikle ölmezsiniz"** telkini ile parazitlendirilmiştir. Tevrat'ın ilk bölümlerinde, yılan, kâinatta negatif kuvvetleri temsil edilir. Mesela Tevrat'a göre Yehova, İsrailoğullarının bozgunculuğunu, onlara zehirli yılanlar göndererek cezalandırmıştır. Daha sonra Tevrat'ta Musa peygambere ısırılan kişilerin iyileştirilmesi adına, bir değneğin üzerine çıkmış yılanı tasvir eder halde tunçtan heykel yapması emredilmiştir. Tevrat'ta yazıldığına göre, bu heykele bakanlar bir bir iyileşmiştir. Bu heykel, modern tarih anlayışı çerçevesinde en son ortaya çıktığı yer, Eski Mısır olarak kabul edilen, 'kadüse'nin yani günümüzün sağlık sembolünün bir benzeri gibidir. Kur'an-ı Kerim'den öğreniyoruz ki, Firavun'un büyücüleri ve Hz. Musa arasındaki mücadelede, Hz. Musa'nın asası, batıl olan her şeyi yalayıp yutan iri bir ejderhaya/bir çeşit yılana dönüşmüştür.[199] Demek ki İslam'da yılana atfedilen özellik sadece kötü değildir.

Gılgamış destanında Hz. Nuh ile aynı rolü üstlenmiş görülen Utnapiştim'i uyandırıp uyaran yaratıcı değil, yılandır. Hadise, Sümerlerin elinde hayli değişmiş gibi. Maya, Aztek ve Toltek uygarlıklarında yılan tanrılar gökten gelmişlerdir. Mısır'da da yılan, Firavunların itibar ettiği bir hayvandı. Ve Kur'an-ı Kerim'de bahsedilen firavunun büyücülerinin ilk ve en büyük numarası asalarını yılana dönüşmüş gibi gösterebilmeleriydi.

Yılanlarla süslü kadüse sembolü, içerisinde çetrefilli manaları taşıyabilen, çok yönlü bir semboldür. Bazen üç yılan tasvir edilmiş olsa da, genelde iki yılan, ucunda kanat olan bir değneğe tırmanmış ve başları kanatların hemen altına ulaşmış halde tasvir edilir. Bu tasvir, aşağılarda doğan varlığın göklere ulaşabilme imkânına sahip olması anlamını barındırır. Toprakta, üstelik sürünerek dolaşan bir varlık, iradeyle göksel olan ile irtibata girebilir ve yükselebilir. Yani, dünyevi hayata sımsıkı yapışmış biri dahi, yeterli bir çabayla meleki boyuta ulaşabilir. Yılan, aynı zamanda deri atan bir varlıktır. Bu yüzden Eski Mısır'daki kültürde de görülebileceği üzere yenilenmeyi, eski alışkanlıklar, eski yaşam biçiminden arınmayı da sembolize ediyordu. Her ne kadar dönüşümü kelebeğin dönüşümü gibi göze çarpıcı gelmese de, yılan da bir dönüşüm sembolüydü. Bununla birlikte yılan zehiri bazı hastalıkların dermanı için kıymetliydi ve zehrin şifalandırıcı yönü bilinmekteydi. Zehirden elde edilen şifalı ilaç, yılanın dönüşümün sembolü olmak için ne kadar uygun bir varlık olduğunu gösterir. İslam edebiyatında yılan, cennetin kapısında bekleyen varlık olarak da kabul görür.

İnsanoğlunu ayartmak için yılan kılığına giren Satan.

Doğuda kundalini enerjisi, kıvrılıp uyuyan bir yılanla sembolize edilmiştir. Bu enerjiyi harekete geçirebilen kişi, gaflet uykusundan da uyanmış kabul edilir. Türklere göre göğün çarklarının bekçileri de ejderler idi çünkü çarkları çevirme yetkisi onlardaydı.

Dolayısıyla o, boyutların bekçisi, farklı âlemlerin kapısını tutan, bir halden bir hale geçişin anahtarı vazifesini gören, belli bir boyut ya da hali aşmak için geçilmesi gereken engeldir. Engeli aşmak hiç de kolay değildir. Tevrat'ta yılan, insanoğlunun cennet boyutundan yeryüzü boyutuna inişine neden olur. Açıktır ki, bu engel aynı zamanda bir çeldiriciye de dönüşebilmektedir. Daha yüksek boyutlara çıkmak isterken aşağıların en aşağısına inmeye neden olabilecek bir çeldirici. Kadüse sembolüne dikkatlice baktığımızda onun DNA sarmalına şaşırtıcı derecede benzediğini rahatlıkla görebiliriz. DNA'nın bizim kapasitemizin sınırlarını belirleyen bir kod olduğunu düşünürsek, onun da fiziksel ve zihinsel dönüşümün kapasitesini belirleyen bir bekçi olduğunu söylemeliyiz. Genetik değişiklikler bu kod üzerinden gerçekleşir. Yılanların ikili yapısı, onların farklı hallerin uyum içerisindeki yükselişini de temsil ediyor denir. Bunlar dişil ve eril hallerdir. Kanatlar, kesinlikle bir sınırdır ve uyarı mahiyetindedir. Yılanlar hiçbir zaman kanatların tepesine çıkmış olarak tasvir edilmez. Çünkü bu felaketi getirecektir. DNA ile kadüse sembolü arasındaki benzerlikler düşünüldüğünde, sembolün okumasıyla bugünkü bilimin hadsiz gidişatının, neye teşebbüs ettiği çok iyi idrak edilebilir.

İslam'da yılan, doğrudan doğruya İblis'le özdeşleştirilmez. Kur'an-ı Kerim'de Hz. Adem'i cennetten düşüren İblis'in vesvesesidir. Kur'an-ı Kerim'de, onun yılan görünümüyle cennete girdiği yazmamaktadır. Fakat yine Kur'an-ı Kerim'de, cinlerin atası olarak kabul edilen can kelimesinin "cannun" şekli, yılan anlamına da gelmektedir. Bu, Elmalı Hamdi Yazır'ın kendi tefsirinde şeytanların bir kısmının yılan görünümlü olduğunu açıklamasını anlaşılır kılıyor.

İşte, şekil değiştirebilen ama özünde sürüngenimsi varlıklar olarak David Icke'nın kitaplarında kapsamlı bir biçimde ortaya konulan Reptilianların dayandığı temel budur. Onlar, esasında cinlerin bir türünden başka bir şey değillerdir. Hadis uleması, Ebu Salebe yoluyla Allah resulünün şöyle buyurduğunu nakletmişlerdir:

Cinler üç sınıftır:

1. Kanatlı olup havada uçan cinler
2. Yılan ve köpekler şeklinde olan cinler
3. Bir yerden diğer yere göçen cinler.

Zemahşeri, cin konusunda vasfa girmeyecek bir türün varlığını işittiğini bu türün insana benzediğini söylemiştir.

Asli suretleri yılan ve köpeklere benzeyen cinler ile cinlerin şekil değiştirme özellikleri dolayısıyla girebildikleri hayvan yahut insan şekillerini birbirinden ayırmak gerekir. Yani bir cinin asli şekli yılan benzeri olabileceği gibi, aynı zamanda yılana benzeyen bir cin, yeryüzünde gördüğümüz alelade yılan kılığına da girebilir. Ayrıca cinler insan suretine de girebilmektedirler.

Fakat cin kelimesi, perdeli ve insan gözü için genellikle saklı olanı ortaya koymakta ise, bizim onu anladığımız manadan çok daha geniştir. Eğer kelimenin daha geniş manası üzerinde düşünecek olursak, insan gözünden saklı olan tüm varlıkların bu kelimeye sığabileceği söylenebilir. *"Cin Bölmesi"* kitabının yazarı Necmettin Şahinler, cin kelimesinin hem şeytanlar ve şeytani güçleri hem de melekler ve meleki güçleri kapsayan bir anlamı olduğuna vurgu yapar.

Kimi İslami müktesebatta yılan ve kelere ve kimi zaman da köpeklere karşı sergilenen negatif bakış açısı bu hayvanların cinlerin bazı türleriyle olan benzerlikleri dolayısıyladır kanaatine ulaştık. Hz. İbrahim'in ateşini körükleyen keler şeklindeki sürüngen, batı ve doğu mitolojisinde ağızından alev saçan ejderhadır. Sembolik anlamda, varlığını kötülüğe adamış kişinin sürüngenleşmesini ve yer tabanına olabilecek en yakın seviyede dünyevileşmesini anlatmaktadır. Elbette ejderin, Tevrat ve İncil'deki karşılıkları İblis'tir. Ejderin bayraklaştırılması da iblisleşmedir. Ejder özünde sürüngendir ama ağzındaki aleve rağmen kanatlıdır ve yerden kopup, vatanını gök yapmak için elinden geleni yapar. İblis de aynı yoldan geçmiştir. O da, yeryüzümüzde doğmuş fakat daha sonra göklere yükseltilmiş ve en sonunda oradan sürülmüş, hatta Türk mitolojisi ve Hint mitolojisine göre düşüşüne rağmen, göğe tekrar çıkmak için çabalamıştı. Yine de sembollerin çifte anlamını asla unutmamak gerek. Bu pencereden baktığımızda ejder, yılanın kanatlanabilmiş hali olarak da okunabilir ki bu da dünyevi varlığın ilahi tesirlerle hareket etmesi, ilahi planı uygulaması anlamına da gelmektedir.

Melek Mikail Ejder kılığındaki İblis ile savaşıyor.

Türk Budist efsanesine göre, İblis olarak görülen Erlik, şeytanlaşmadan önce bir keşişti, elli yıllık ibadetiyle yüksek mertebelere çıktı ve ilahi kuvvetlere sahip oldu. Yine de aydınlanmaya ulaşmak için bir mağarada boğa ile imtihan edilmesine ihtiyaç vardı. Ve aldığı boğa yüzünden hırsızlıkla suçlandı.

Boğa, gerek Budist metinlerde gerekse Hindu metinlerinde gökten gelen/göksel otoriteyi temsil etmiştir. İskandinav mitolojisinde cennetin tanrısı olarak da resmedilen Thor'un alametlerinden biridir. Bazı araştırmacılar boğa sembolünün, siyahîlerin ve uzak doğuluların ejderha sembolizmine karşı gizemli kuzey ülkesinde oturdukları yorumlanan Hiperborea halkı tarafından kullanılan bir sembol olduğunu söylemektedirler.

Devid Icke'nin dünyanın yönetici elitinin reptilian yani sürüngenimsi varlıklarla bağlantı içerisinde olduğu ve hatta önemli bir kısmının bizzat şeytani varlıklar olduğu iddiası yeni değildir. Burada yeni olan şey, reptilian vurgusudur. Daha, altıncı yüzyılda Bizanslı devlet tarihçisi Prokopios öldürülmekten korktuğu için gizli gizli yazdığı kitabında maiyetinde bulunduğu 'Büyük Justinianus'u ve karısı Teodora'yı şeytanlardan birer şeytan saymış ve onlar hakkında şunları nakletmişti:

> "Onlar, ozanların dediği gibi fani insanların baş belalarıydılar. Kana susamış bir çift şeytandılar. En çabuk yoldan, bütün ulusları ve onların yapıtlarını yok etmeyi düşündükleri için insan biçimine girmişlerdi. Böylece yarı insan ve yarı şeytan oldular ve bütün yeryüzünü temelinden sarstılar. Zamanın uzun akışı içinde kader ya da doğa gereği, kuşkusuz pek çok kişi, insanlar üzerinde müthiş bir korku yaratmışlar, yardım görmeyen çabalarıyla kentler, ülkeler, ne varsa harap etmişler ama bütün insanlığa çöküntü getirmek ve bütün dünyaya felaket yağdırmak, bu ikisinden başkasına nasip olmamıştır. Kısaca açıklayacağım gibi yataklarından çıkan ırmaklar, veba salgınları, depremler bu çağda yaygın yıkım getirdi. Öyleyse, felaketleri böyle üst üste yağdıran insancıl bir güç değil, başka türlü bir güçtü. Anasının, bazı yakın arkadaşlarına

Justinianus'un aslında Sabbatius'un oğlu olmadığını, babasının insan bile olmadığını söylediği yaygındır. Gebe kalacağı sırada onu bir şeytan ziyarete gelmiş, gözle görünmüyormuş ama, kadınla temasta tam bir erkek gibiymiş. Sonra da hayal gibi ortadan kaybolmuş.
İmparatorla birlikte geceleri geç vakte kalarak konuşan yüce nitelikte kişiler, imparatorun yerinde kimi zaman acayip, şeytansı bir biçim görmüşlerdir. İçlerinden birinin anlattığına göre imparator, uzun süre oturma alışkanlığı olmadığından, çoğu kez tahtından kalkıp odanın içinde dolaşmaya başlarmış. Justininus'un başı bu arada kaybolur, gövdesi uzun dolaşmalara devam edermiş. Bunu gören kimse, önce ne yapacağını bilemez, acaba gözüm mü bozuldu diye düşünürmüş. Ama baş daha sonra yerine döner, bunu gören de boşalan yerin, beklenenin aksine yavaş yavaş dolduğuna tanıklık edermiş. Başka birisiyse, imparatorun yanında otururken, yüzünün birden bire biçimsiz bir et parçası haline girdiğini görmüş. Bir keşiş, yaşadığı çölde dayanılmaz bir zulüm ve adaletsizliğe uğrayan yakın komşuları adına konuşmak üzere ikna edilerek Bizans kentine yola koyulmuş. Varır varmaz imparatorun huzuruna kabul edilmiş. Ama görüşme odasının eşiğinden bir adımını içeri atmışken, hemen geri çekilmiş. Onu getiren hadım ağası ve orada bulunanlar içeri girmesi için kendisine cesaret vermeye çalışmışlarsa da, o hiç karşılık vermemiş ve sanki birden delirmiş gibi kaçmaya başlamış. Kaldığı eve dönmüş. Birlikte bulunanlar garip davranışının nedenini keşişe sorunca, sonradan öğreniyoruz ki, sarayda tahta oturmuş şeytanlar kralını gördüğünü, onunla görüşmeye ve ondan bir şey istemeye niyetli olmadığını bildirmiş. Ayrıca Teodora'nın sevgililerinden öğreniyoruz ki, daha sahnede oyuncuyken, birlikte geceyi geçirdikleri odaya bir çeşit şeytan gelir ve onları dışarı sürüklermiş."

"Gizli Tarih"[200] adlı kitapta yazılana göre, Teodora'ya şeytanlar kralıyla yatıp onun eşi olacağı rüyasında söylenmişti. **"Anlattığım şeylere tanık olmadım ama gördüklerinde ısrar eden kimselerden işittim"** diye yazıyordu Prokopius.

David Icke, yılan soylu yaratıklar olan Reptilianların başka gezegen ya da gezegenlerden gelip, yeryüzüne indiklerini söylerken İslam müktesebatına göre haklıdır. Ama tamamen değil, kısmen. Zira, Reptilian denilen cinlerin kaynaklandığı gezegen Dünya'nın ta kendisidir. Erzurumlu İbrahim Hakkı, latif varlıklar oldukları için şekil değiştirebilen lakin asıl şekilleri insan şeklinde olan cinlerin bir kısmının Dünya göğüne yerleştiğini yazar. Dünya göğünü atmosfer olarak düşünenler idraklerini sınırlamaktadırlar kanaatindeyiz. Zira atmosferde yaşayan grup, Dünya ile iç içe demektir ki dolayısıyla Dünya'da olup bitenden hemen haberdar olur, hatta bu grubun olup biten şeyle alakası olur. Dünya'daki cinler, azgıncılık ve bozgunculukla kozmosu kaosa devşirirken, henüz o vakit Hakem adıyla takdir gören İblis ve soyu, gökyüzündedirler ve olan bitenin çok uzağında olduklarından müdahale etmekte geç kalırlar. Erzurumlu İbrahim Hakkı, Dünya'da kalanlar ile Dünya göğüne yerleşenler arasındaki irtibatsızlığı şu satırlarla açığa çıkarmakta: **"Sonra Hak Teâlâ hışım ederek Dünya semasında yaşayan İblis'i evladıyla yeryüzüne indirip, cinleri bir yere toplayarak, semadan in-**

Apollon Kehanet merkezi işlevi gören Delfi Tapınağı'nın başı ve koruyucusu Python (Piton) ile savaşarak onu öldürüyor.

dirdiği ateşle hepsini yakmıştır." Ayrıca müellif kitabında; **"semadan gönderdiği İblis'in zürriyetini"** ifadesini kullanarak, 'Dünya göğü' terkibinden uzay boşluğunun anlaşılmasını sağlıyor. İblis'in aşama aşama yedinci semaya kadar çıktığını ve en sonunda cennet boyutuna alındığını bilmekteyiz. Anlaşılmaktadır ki Dünya ve seması bizim maddi evrenimizdir ama ötesi, Dünya üstü boyutların/uzayların katmanlarıdır.

Yine Marifetname'de anlatıldığı üzere, boşalan yeryüzümüzü imar etmek maksatlı uzaydan yeryüzümüze (ki kitapta Dünya semasından geldikleri söyleniyor) melekler indirilmiş, aynı zamanda İblis soyundan gelenlerin bir kısmı Dünya'ya yerleştirilmiştir. Demek ki Icke, onların uzaydan, başka gezegen ya da gezegenlerden geldiklerini söylerken isabetsiz değildir. Zira İblis'in zürriyetinin önemli bir kısmı o gezegenlerde doğdukları için oralıdırlar. Fakat ata diyarları Dünya'dır. İblis'in zürriyeti, evrenimizin çeşitli bölgelerine dağılmış, fakat zaman zaman yeryüzüne geri dönmüştür. En keskin geri dönüş, onun yaratıcıya baş kaldırması ve insanın halifeliğine tahammül edememesi sonucu gerçekleşecektir. Artık bu dönüş, Allah'ın emirlerine isyan etmenin neticesinde gerçekleşen bir düşüştür. İncil, bu düşüşün çetin, adeta galaktik savaşlar gibi savaşların neticesinde gerçekleştiğinin ipucunu verir ve **"gökte cenk oldu"** der. Yani, gök katında bir savaştır söz konusu olan. İncil'e göre İblis'in gökyüzünden kovuluşu hiç de dirençsiz olmamıştır. O, zorla savaş yoluyla, çetin bir mücadele sonucunda avanesiyle birlikte bozguna uğratılmıştır. Türk mitolojisinde Erlik'e karşı mücadele ve Hint mitolojisinde de şeytani 'Asuraların' melek 'Devalar' ile çetin mücadeleleri anlatılır. Hatta bu büyük kozmik savaşın ilk döneminde şeytanlar, melek varlıklar olarak tanıtılan devalar karşısında avantajlı pozisyonlar elde etmişlerdir. Marifetname'de, İblis'in henüz Allah'ın rahmetinden kovulmadan önce savaşçı yönüne değinilmiştir. Bu varlığın göğün katlarını inatlaşarak, savaşmaya cüret ederek, hatta savaşı kazanacağını umarak terk etmesi, yapısına uygundur zira kibir onun gözlerini kör eder. Fakat savaşın kendisi için kaçınılmaz bir bozgunla sonuçlanacağını anlayınca, Allah ve sistemine boyun eğmiş halde konuşur. Yenildiğinin farkındadır. Kazanamayacağını bilir. Savaşı sonsuza dek kaybetmiştir. İşte o zaman, boyun büktü ve:

"Dedi: İnsanların diriltileceği güne kadar bana süre ver!" **(Araf/14)**

İblis, kendisinin insandan hayırlı olduğu konusunda yaratıcıyla inatlaşmaya kalkmıştır. Kur'an-ı Kerim'in Araf suresinin 13. Ayetinde Allah, ona:

"O halde in oradan, senin haddine mi oradan büyüklük taslamak! Hadi çık, sen alçaklardansın." dediği halde, sonrasındaki ayetlerde, İblis'in cennet boyutundan kolayca çıkmayacağını gösteren manalar vardır. Kur'an-ı Kerim bütün olay olgusunu öz itibarıyla vermiş, ama detaylandırmamıştır. Bunu idrak etmek, araştırmacılara düşer. Fakat ilk **"Öyleyse (o halde) in oradan..."** *(Araf/13)* emrine karşılık İblis inmeye teşebbüs etmeden konuşmaya devam eder:

"İnsanların diriltileceği güne kadar bana süre ver" der. Yani koşul öne sürer. Dahası, kendisine süre verildiği halde konuşmaya devam eder, kendisinde bu cüreti görür. Ta ki, Allah ona aynı surenin 18. Ayetinde bir kez daha **"Çık oradan!"** diyene kadar. Ancak 18. Ayetteki **"Çık oradan!"** ifadesi çok önemli gördüğümüz iki kelimeyle desteklenmiştir: **"Yerilmiş/yenik düşmüş/alçaltılmış ve kovulmuş/uzaklaştırılmış"** olarak. Bu iki kelime, İblis ve ordusuna karşı ilahi güçler ve orduların savaşmış olduğuna dayanak getirir.[201]

"Allah buyurdu: Çık oradan yerilmiş/yenik düşmüş/alçaltılmış ve kovulmuş/uzaklaştırılmış olarak. Onlardan (insanlardan) sana uyan olursa yemin olsun ki, cehennemi tamamen sizden dolduracağım." **(Araf 18)**

İnsan adına gerçekleşen bu büyük savaşın boyutlarından gerçekten ne derece haberdarız? Her şeyden önemlisi, gökte, cennet boyutunda çıkan fesat ve sonrasında alt boyutlara sıçrayan kozmik bir savaşın bizim var oluşumuz neticesinde çıktığını biliyor muyuz? Dünya'da iki ülkenin savaşını önemsiyoruz ama burada galaktik savaşları da aşan bir savaş söz konusudur. Üstelik bu boyutları muazzam kozmik savaşın sebebi insanoğlunun yaratılışı ve halife olarak tanımlanmasıdır.

Şeytanlarla irtibat halinde olan kimilerinin yazdıkları kısmen doğru. Şeytanlar, onlardan her şeyi gizlemiyor fakat pek çok şeyi değiştirerek anlatıyorlar. Ayrıca parçaları birleştirmek adına bozulmuş eski metinlerden de istifade edilebilir. Yapılması gereken, bu metinleri hemen yok saymak değil, her şeyin bilincinde olarak, titiz davranarak bahsi geçen metinlerin Kur'an-ı Kerim'e uygunluğunu irdelemek ve Kur'an-ı Kerim'i daha anlaşılır okumaya çabalamaktır.

Lobsang Rampa, *"Hermit"* adlı kitabında **"bir başka kâinattan, sahip olduklarımızı bizden gasp etmeye çalışan şiddet yanlısı varlıklar geldi. Bunlar, beşeri varlıklardı ve başlarında şakak nahiyelerinden çıkan boynuz gibi çıkıntılar vardı. Ayrıca bir de kuyrukları vardı"** derken, şeytanların doğaları ve gelişleriyle alakalı İslami müktesebata çok aykırı bir durumun tasvirini yapmaz. Ama bundan başka söylediklerine temkinli yaklaşmamız şart. Çünkü geri kalan bilgiler tamamen yanlış demiyoruz ama doğrunun bir tuzak olarak kullanıldığı ayartmalarla dolu. Kanaatimiz odur ki, bir insanın böyle şeyler okumadan evvel dini ile ilgili bilgiler edinmesi, dini ile ilgili araştırmalar içerisine girmesi daha doğrudur. Muhammed İsa Davut, *"Bilinmeyen Yönleriyle Cinler Âlemi"* adlı kitabında, irtibatta olduğu bir cinin kendi fizyolojik bedenini tanımlarken şu sorular üzerine şöyle cevaplar verdiğine şahitlik eder:

— Şimdi sen bana iki boynuzun mu var diyorsun?
— Evet. Evet, fakat bu boynuzlar çok ama çok küçüktür. Boynuzlarımız insanların resimlerde çizdikleri gibi asla uzun değildir.
— Peki, İblis'in boynuzları küçük mü büyük mü?
— İblis'in boynuzları kendi hacmine uygun olarak epeyce

büyüktür. O, ilk insandan günümüze kadar gelebilmiştir. Fakat biz cinlerin cisimleri zayıftır. Tıpkı sizin vücutlarınız gibi bizim de vücudumuz asırların geçmesiyle ihtiyarlıyor.

Elbette böyle metinlerde de temkinli olmak gerek. Fakat iki ayrı dünyadan terkip edilmiş benzer bilgiler olmaları dolayısıyla dikkat çekiciler. Yine de insan dışı nefis sahibi her zeki canlıyı aynı fizyolojik kategori içerisine sokmamak gerek. Hepsi birbirine benzemez.

Sürüngenimsi varlıkların gökten inişi ve insanlara rablik taslamalarıyla ilgili Michael Harner'in ilk baskısı 1980 yılında yapılmış *"Şaman'ın Yolu"* adlı kitabında hayli enteresan bir metne rastladık. Harner, 1960'lı yılların başlarında, şamanların trans haline geçip, mana âleminden edindikleri tecrübeleri bizzat deneyimlemek için yine şamanların gözetiminde, cawa bitkisinden hazırlanan bir içki (ayahuasca) içti. Trans halinin neticesinde Orta Dünya'nın alt katmanlarında sürüngenimsi varlıkları gördü. Bunlar kendisine ölmekte olduğu telkininde bulunuyor ve bir takım vahiyleri vererek gerçekleri ona göstereceklerini söylüyorlardı. Nihayet Herner'in karşısına sey-

Kadüse sembolü.

retmesi için adeta holografik bir film çıkarıldı. Bu filmde evvela yeryüzünün insandan önceki çıplak hali gösterilmişti. Ardından Herner'in ifadesiyle gökyüzünde yüzlerce siyah 'benek' belirdi ve hepsi de gökten yeryüzüne doğru inişteydiler. Soyu tükenmiş uçan sürüngeninkiler gibi kanatları, balina gibi vücutları vardı. Hepsi iri ve kapkaraydı. Bu varlıklar ona telepatik olarak uzaydaki bir şeylerden kaçtıklarını aktarmışlardı. Verimsiz yeryüzünü dizayn ederek, yaşanır hale getirenlerin ta kendileri olduklarını, hayvanları ve bitkileri yarattıklarını, şekil değiştirebilen yapılarıyla kendilerini farklı formlara büründürerek kolayca gizlediklerini ve ejderhaya benzer yaratıkların yaşamın bütün formlarında var olduklarını, insan dâhil varlıkları maske olarak kullandıklarını, do-

1982 yapımı Barbar Conan filminden bir sahne; İnsan etiyle beslenen ve siyasi güç sahibi insan görünümündeki yılan kral gerçek yüzünü gösteriyor.

layısıyla insanların onların köleleri olduklarını, söylemişlerdi. Yazılanlardan anlamaktayız ki, Herner'in bu deneyimi eğer tecrübeli ellerde yapılmasaydı, adı geçen deneyim kâbusların eşlik ettiği trajik bir ölümle sonuçlanabilirdi. Herner, kör bir şamana vizyonunu anlatıp bu sürüngenimsi varlıklardan 'kapkara devasa yarasalar' şeklinde bahsettiğinde, kör şaman, parmağı ile gökyüzüne işaret ederek onların yalancılıklarını dile getiren çok dingin bir cevap verdi: **" Oh, onlar bunu hep söylerler, ama sadece dıştaki karanlığın efendileridir."**

Firavunların başlarına taç ettikleri kobra figürü.

Eski Anadolu'daki kimi eski kültürde ilahi olanla irtibat halinde olan bilgeleri doğuran kadınlar yılan ile özdeş sayılabilmişlerdir. Bu yılan 'Python' kentinde otururdu. Bu isim 'Senin Baban' anlamındadır. Yılana tapınım kültü, Apollon kültü tarafından yıkılmıştır. Lir çalan Apollon, Gaia'nın kadim çocuğu, eski yılanı boğmuş ve öldürmüştür. İnsan görünümündeki Apollon, kehanete de sahipti. Python'u öldürerek, kehanet tanrısı olarak bilinen bu büyük yılanın kehanetteki tekeline de son vermiş oluyordu. Artık o, bilici kadınlarına fısıldayamayacaktı.

Haluk Tarcan, *"Tarihin Başladığı Ön-Türk Uygarlığı Resmi Tarihin Çöküşü"* adlı kitabında ön-Türklerin yılan-boğa kültüne sahip olduğunu, bunun da Güneş kültü ile ilgili olduğunu söylerken önemli bir noktaya değinmektedir.

Eski Türklerde yılan, aynı zamanda yalgın olarak da çağrılırdı ki bu kelime hem serap, hem de ışın/alev anlamına geliyordu. Kur'an-ı Kerim'i de göz önünde bulundurarak bunu seraplar gördüren, hayaller meydana getiren, hayali gerçek zannettiren, özü alev olan varlık şeklinde anlamak mümkün. Ayrıca şekil değiştirdiği kabul gören yılan, boğa sıfatına sahip bir varlıktır. Böylece 'Yüce Güneş'i temsil eder.

Tarcan'ın çözümlemesine göre, yeryüzündeki iyilik 'Kün Tengri'ye boğanın boynuzlarıyla ulaşmakta, sonrasında güneş yine boğa sıfatıyla yılan şeklindeki ışınlara dönüşerek yeryüzünü bereketlendirmekte, böylece hayat devam etmekteydi. Boynuzlu yılan Türklerin olduğu gibi Hintlilerin de sembolizminde önemli bir yer tutmuştur.

Etrüsklerde ise yılan, arzuları gerçekleştirmeyi vaat eden kanatlı bir melektir. Tarcan'ın okumasına göre Etrüsklere ait olan bir bulgu üzerinde bu kanatlı yılandan şöyle bahsedilir:

"Arzularını yerine ulaştıran mukaddesatındır."[202]

Tüm bunlardan şu hususları ortaya çıkartmak mümkündür:

Yılan göksel/ilahi hadiselere aracılık eden, göklere bekçilik eden bir varlık olarak düşünülmüştür

Yılan kişinin yapısını değiştirecek bir varlık olarak düşünülmüştür.

Yılan insanı kandıran, ona rablik taslayan bir varlık olarak düşünülmüştür.

Peki, hangisi doğru? Aslında hepsi aynı derecede doğrudur.

Onu evvela insanın içindeki enerji olarak düşündüğümüzde bu enerjinin iyi ya da kötü yönlere kanalize edilmesi insanı meleklerden üstün ya da şeytanlardan daha düşkün hale getirebilir.

Onu DNA'nın sembolü olarak düşündüğümüzde de üç madde eşit derecede doğru kabul edilebilir.

Ve yılanı zeki fiziksel bir form/insan dışı zeki bir formun

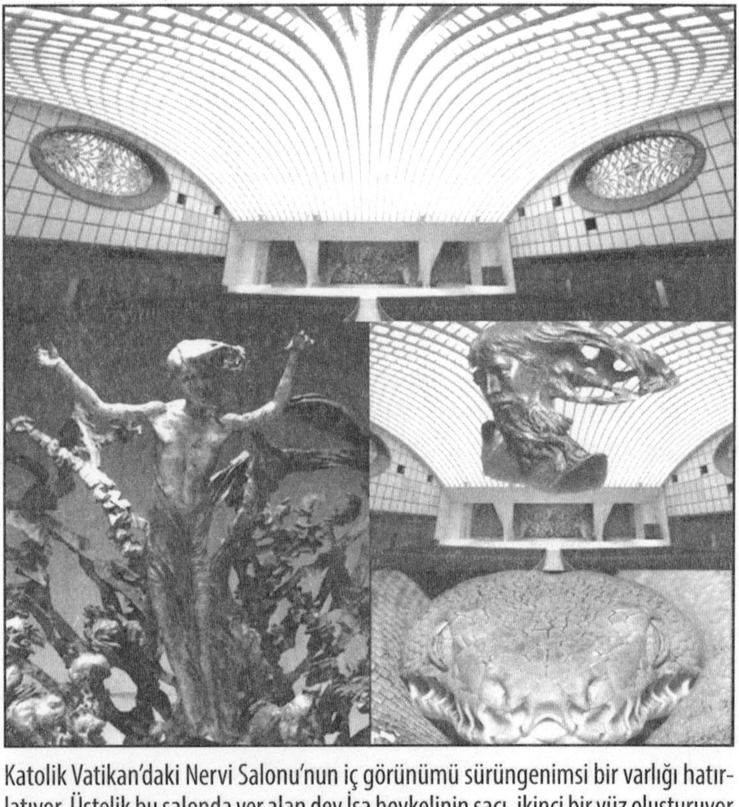

Katolik Vatikan'daki Nervi Salonu'nun iç görünümü sürüngenimsi bir varlığı hatırlatıyor. Üstelik bu salonda yer alan dev İsa heykelinin saçı, ikinci bir yüz oluşturuyor ki bu yüz de sürüngenimsi bir canlıyı akla düşürüyor.

sembolü olarak düşündüğümüzde de üç madde yine eşit derecede doğru olur. Tüm yılan görünümlü varlıklar kötü olarak addedilemeyeceği için, bu görünümdeki varlıklardan bazıları doğru yol üzerinde gitmeye ve yaratıcıya hizmet etmeye devam ederlerken, bir kısmı bu yoldan sapmış olabilir.

İbn-i Arabî, **"Cin, gizli olan melek ve benzeri her şey anlamına gelir"**[203] derken, meleklik ile cinliği bir anlamda birbirinden ayırmıyor. Bizim burada esas anlamamız gereken şey, melekliğin bir cinsin, türün ismi değil de, bir misyonun ve mertebenin/makamın ismi olmasıdır. Böyle baktığımızda cinni varlıkların meleklik makamında yer alması ve melek olarak adlandırılması göze batmayacaktır. Böylece yılanın hem iyi hem kötü doğası daha iyi anlaşılır. Yılan bir yandan gök kapılarında ilahi misyonu olan bir bekçi, öbür yandan ise cennet boyutundan ve meleklikten kovulmuş olan İblis'in soyu/klanı/armasıdır.

İblis, kovulmadan önce, ilahi vazifeleri ifa eden tabiatı dolayısıyla 'boğa' sembolünü taşımıştır.[204] Fakat kovulduktan sonra da boğa ile ilişkisi olduğunda diretmiştir. Ayrıca cin türünden meleklik mertebesine erişmiş varlıklar söz konusu olduğunda ki İbn-i Arabî'ye göre melekleri görünmezlikleri/gizli oluşları dolayısıyla, bu minvalde cin saymak mümkün-ama bu bakış açısından dahi her cin, melek olamaz-, bu varlıklar ilahi misyonlarını devam ettirmekte ve tam da bu yüzden yılan ve boğa üzerinden işleyen sembolizm bir anlamda hakikati yansıtabilmektedir diyebiliriz.

İbn Abbas'dan gelen bir rivayete göre ise cinler meleklerin bir kabilesidir. Taberi Tarihi'nde konu şöyle açıklanır:

> "İblis, meleklerin bir kabilesindendi. Bu, kendilerine cin denen ve yakıcı ateşten yaratılmış olan bir kabile idi. İblis'in o zamanlar ismi 'Hâris'di ve cennet bekçilerindendi. Bu kabile dışındaki melekler, nurdan yaratılmışlardı." Yine İbn Abbas'dan gelen bir başka rivayete göre, 'İblis'in ismi, 'Azâzîl' idi ve yeryüzünde kalırdı. Meleklerin, bilgi ve akıl bakımından en kuvvetlilerindendi."[205]

Kehf Suresinin 50. Ayetinde **"...Şimdi siz, beni bırakıp da İblis'i ve neslini, kendinize dostlar mı ediniyorsunuz?..."** denildiğine göre bu mesele nasıl çözümlenecektir? Taberi bu konuda şöyle der:

"Bu deliller, sahiplerinin bilgilerinin zayıflığından kaynaklanmaktadır. Çünkü Allah Teâlâ'nın, meleklerin çeşitli sınıflarını, kimini nurdan, kimini ateşten, kimini de dilediği herhangi bir şeyden olmak üzere, çeşitli şeylerden yaratmış olabileceği inkâr edilemez. Zaten Kur'an'da meleklerin neden yaratıldığına dair bir bilgi yok ve İblis'in yaratıldığı şeyin haber verilmiş olması da, meleklerden olmadığını göstermez. Aynı şekilde bu,

İstanbul Havalimanı'ndaki kule ve Eski Mısır'da duvara nakşedilmiş yılan figürü.

İblis'in, Allah Teala'ın ateşten yarattığı bir melek zümresinden olma ihtimaline engel değildir. Keza İblis'in soyunun bulunması da, meleklerden olmamasını gerektirmez. Çünkü Allah Teâlâ, onun günah işlemesini murad ettiği zaman, diğer meleklere verilmeyen lezzet hissi ve şehvet duygusu vermiştir. Yine Allah Teâlâ'nın, İblis'in cinlerden olduğunu haber vermesi de melek olmasına engel değildir. Çünkü sadece İblis'e değil, insanlarca görülemedikleri için ve her görülemeyen şeye "cin" denebildiği için, meleklere de bu isim verilmiştir."[206]

GEÇMİŞTEKİ GELECEK

Tarihi, Darwin'in evrimci görüşünden hareketle ele alan eğitim sistemleri, insanoğlunun Dünya'daki serüvenini de 'ilkellikten medeniyete, mağaradan teknolojiye' doğru yol alan bir ilerleme ve gelişme olarak ele alıyorlar. Bu teze göre, insanlığın en güçlü medeniyetleri daima gelecekte var olabilir. Geçmiş ise, arı bir ilkelliğin izlerinden başka bir şey taşımaz. İnsanoğlu ne kadar geçmişe bakarsa, bir o kadar ilkellik görecektir. Peki, bu teori kendi içinde ne ölçüde tutarlıdır ve neden bir teoriden ziyade bilimin ta kendisi olarak öğretilmektedir? Üstelik böyle bir bakış açısının hayli sığ olduğunu göstermenin yolları çok da karmaşık değil. Bugünün bilimi, insanlığın geleceğini sona erdirecek çeşitli senaryolar üretirken, şu 'ilkelden gelişmişliğe' doğru daima yükselen bir çizgiyi ihtiva eden insanlık tarihini, hala salt bilimselliğin kendisiymişçesine anlatmanın neresi akılcı? Eğer, insanoğlunun gelecekte (bırakınız göktaşı tehdidini ve manyetik kutup taklasını) kendi ürettiği teknolojiler yüzünden dahi yok olmaya yakın bir felaketle karşı karşıya kalması mümkünse, böyle bir durumda, bize anlatılan ve daima ilkellikten gelişmişliğe doğru gittiği farz edilen insanlık tarihini, bir dogma gibi savunmanın neresi akılcılık? Çünkü bu durumun kendisi gerçekleştiğinde açıktır ki bu tarih idraki de anında gerçeklikle bağını koparmış bir mitos olacaktır. Ve eğer insanlığın şimdiki teknolojik seviyesinden kendi elinden çıkma nükleer bir felaket sonucu uzaklaşması mümkün görünüyorsa, göktaşlarının ya da teknolojik ürünlerin sebep olduğu benzer bir durumun çok uzak bir geçmişte de yaşanmış olabileceği ihtimali üzerinde kuvvetle durmak mı 'saçmalık'? Yoksa inatla insanlığın yükselen bir çizgiyle hiçbir ciddi kaza yaşamadan fiziksel, zihinsel ve bilimsel olarak ilkelden gelişmişe doğru evirildiğini savunmak mı 'saçmalık'? Kimleri, bundan on binlerce yıl önce yerle bir olmuş medeniyetlere ait bir takım teknoloji kalıntılarının kolayca var olması gerektiğini beklerken de sırf bu bekleyişleriyle bizzat kabul ettikleri modern bilimsel mantıktan dahi hayli uzak davranabilmektedirler. Sormak istiyoruz, yeryüzündeki medeniyeti darmadağın edecek bir tabiat olayı yahut insan elinden çıkma bir felaket sonucunda, bu olaydan on bin sene sonrasında neler ayakta kalabilir? History Channel, *"İnsandan Sonra Hayat Belgeseli"* ile böyle bir modellemeye girişmiş. Fakat modellemesinde insanların neyin sonucunda yeryüzünden yok olduğunu açıklamadan, sadece yok olduklarını varsaymış. İnsanların gidişinin ardından, insan elinden çıkma eserlerin ne kadar dayanabilecekleri konunun uzmanlarınca değerlendirilmiş. Modern ve sıradan beşerin gözünde çok dayanıklı olacağı düşünülen çelik gökdelen ve köprülerin bakımsızlık sonucu çürümenin, galvanik paslanmanın etkilerinden kurtulamayarak iki yüz elli, üç yüz yıl içerisinde çökecekleri hesaplanmış. Belgeseldeki ifade şu: **"İnsanlardan on bin yıl sonra insan kültürünün hemen hemen bütün izleri bitki ve kum örtüsünün altında kalacak."**[207] Belgeselde, yapı yıpranmaları konusunda uzman olan Steven S. Ross şöyle demekte: **"On bin yıl sonra görebileceğiniz bazı şeyler elbette ki kalacak, Mısır'daki piramitler belki. Ama insanın yokluğunda, insanoğlundan geriye çok az şey tanınır durumda kalacak."** Modern bir araştırmacı dahi, bundan on bin yıl sonra ayakta kalması muhtemel yapı diye piramitleri[208] işaret ederken, teknolojik üstünlükte kimilerince yere göğe sığdırılamayan medeniyetimizin, piramitler karşısında sönük bir teknolojik medeniyet olduğunu söylemek aşırılık mı? Biz History Channel'in yaptığı modellemeyi büyük felaket sonrasında ayakta kalmayı başarmış ama teknolojik uygarlığı çökmüş on binlerce insan üzerinden yapacak olursak, geriye kalan bu insanların artık hangi bilgi ile donatılmış olurlarsa olsunlar, uygarlıklarının ana itiş gücünü kaybettikleri, kendi medeniyetleri içerisinde -günümüz terminolojisiyle- fabrika olarak nitelendirilebilecek yapılarını kuramayacakları, elektrik enerjisini yeniden ürettirecek koordinasyonlarını sağlayamayacakları, yüksek teknolojik üretim yapmaya elverişli araçları olmayacağı, -eğer varsa-aşırı branşlaşmadan kaynaklanan bilgi açıklarını gideremeyecekleri için teknolojik anlamda ilkelleşeceklerini hemen idrak edebiliriz. Hele hele felaketten kurtulanlar teknolojiye uzak, dağ başlarındaki köylüler olursa ki bu çok daha makul, gerileyiş keskinleşecektir.

İşin enteresan yönü 'ilkelden gelişmişe' çizgisini kabul eden tarih yazıcılığının bunu, sunduğumuz akılcı verilere rağmen inatla sürdürmesidir. Üstelik bu inat, farz edilen tarihsel çizginin kendisini yalanlayan somut verilere rağmen sürmektedir. Mesela, bize tarih olarak anlatılan şeyin içinde Mısır Piramitleri'nin olmaması gereklidir. Eğer varsalar, ya onların birer mucize ya da kabul gören (sözde) tarihsel gerçekliğin çürük bir tez olduğunu kabul etmeliyiz. Tam da bu yüzden, Antikythera Düzeneği 1901 yılında keşfedildiğinde, mevcut dizgenin tarihçileri şaşkına döndü. Mekanizma M.Ö. birinci yüzyıla aitti ve bunun bir çeşit hesap makinesi olduğu düşünülüyordu. Böylesi karmaşık bir makinenin bu denli eski olması tarihçileri şaşırtmıştı ama gerçekte Eski Yunan'da Heron'un[209] mekanik icatları düşünüldüğünde, bunda pek de şaşılacak bir şey olmamalıydı. Fakat sorun şuydu ki bu tarihçiler, Eski Yunan icatları hakkında yine eski kaynaklarda yazılanların önemli bir kısmını sadece mitos olarak görmüş olabilirlerdi. Yine de, bahsettiğimiz tarih yazıcılığının gözünde bunlar "bir çiçekle bahar gelmez" sözünün açıklamasından başka anlam ifade etmez. Ama kristal kuru kafa[210] gibi şeyler, bu tarihçilerin ağzının birer karış açılıp şaşkın ifadelerini takınmalarına yeter de artar bile. Bir çiçekle bahar gelmese bile, ilkellikle asla bağdaşmayan bir tasarımın varlığı mucizelerden söz etmeyi gerektirir. En sonunda bu kafataslarından birini keşfeden Mitchell Hedges şarlatanlıkla suçlanmış ve bu kafatasının yirminci yüzyılın bir ürünü olduğu söylenmiştir. Peki, öyle olsun. Dinozorlarla insanları bir arada resmederek tarih öncesi çağlar tezini altüst eden Ica Taşları da tamamen şarlatanlık olsun. Öyle bir şarlatanlık ki, on bini aşan taşı gayet sanatkârane yontarak, şarlatanlık sonucu tutuklanmayı ve diş doktorluğu gibi kârlı bir meslekte dahi itibarını yok etmeyi göze alsın Doktor Javier Cabrera Darquea. Bir diş doktoru düşünün ki, işini gücünü bırakmış, ömrünün ikinci yarısında on bini aşkın taşı yontup, tarih öncesi eseri diye pazarlamaya kalkmıştır. Hadi bunu o yapmadı diyelim, ona bunları satan çiftçinin işgüzarlığı diyelim. Bu sefer bu işgüzarlığın, sanatsal bir üslubu ve bilgeliği yansıtan bir entelektüellik gerektireceği de unutulmamalı. Bir çiftçiye göre fazla incelikli, pek de sabır isteyen, yont yont bitmeyen en az on bin taşlık bir iştir bu.[211] Ama hadi öyle olsun. Sahtekârlık diyelim buna da. Bunların şarlatanlık olarak ilan edilebilmesiyle mi kurtaracak kendini Darwin'e eklemlenmiş tarih yazımı?

Her şey iyi hoş da, maalesef piramitler kristal kuru kafalar ya da Ica Taşları gibi spekülasyona yol açmayacak derecede herkese açık, herkesin dokunup görebileceği yapılar yani saklanıp gizlenemeyecek kadar meydandalar. Biri bunları 1940'larda yapıp antika olduklarını ilan edebilir mi? Dinozorlarla insanları aynı karede gösteren taşları da elimizin tersiyle itelim ama bu sefer de mekiğine/uçağına binmiş bir astronotu/pilotu açık açık beyne nakşeden 1973 ya da 1975 yılında Van'da bulunan bir heykelcik[212] rahatsız edecektir bizi. "Biz onu öyle görmek istediğimiz için öyle" deyip, bu bulguyu manipüle edebiliriz. Bu da başka bir yol tabii. Ama heykelcik o kadar manipülasyona direnecek ölçüde şekillendirilmişti ki, İstanbul Arkeoloji Müzesi Müdürü Dr. Alpay Pasinli, Urartu döneminin hiçbir özelliğini yansıtmıyor ve açık açık mekiğindeki bir astronotu tasvir ediyor kanısıyla onu sahte ilan ettirip müzenin depolarından birine kaldırtmıştı. [213]Bahsi geçen heykelcik bir müddet müzede sergilendiği için olay oldu tabii. Dikkat çekmemesi de mümkün değildi zira gerçekten de bir astronot ya da pilot, uçan bir aracın içinde açık seçik gözükebiliyordu.

Bahsettiğimiz tarihçilerin zihninin nasıl çalıştığını ortaya koyan ibretlik bir öyküdür bu. Aynı zamanda bilimsellik kılıfıyla yola çıkılan dogmatik bir öykü. Müze müdürünü heykelciği sahte ilan ettirmeye götüren davranış, kuşkusuz bilimle değil, bilim adına ortaya atılmış bir tezin dogmaya dönüştürülmüş haliyle ilgilidir. Sümerolog Zecharia Sitchin, heykelciğin şöhretini duyup İstanbul'a gelir, bu eserin neden sahte olamayacağını izah eder. Müze müdürü bunu tekrar sergilemeye karar verse de, mevcut zihniyete karşı direniş ancak 1977 yılına kadar sürer.[214] Bugün bu heykelcik kayıp. Bilhassa geliştirilen bir metotla imitasyonunun yapılıp, orijinal diye piyasaya çıkarılması ve güya sahtekârlığın kamuoyuyla paylaşılması mümkün. Ama heykelciğin geçirdiği onca maceradan sonra, şarlatanlığın inandırıcılığı yitiyor. [215]

1988 yılında, arkeologlar için hayli değerli sayılması gereken bir bulgu, tamamen tesadüf eseri ortaya çıktı. İsviçreli fotoğrafçı Gregory Spoerri, Mısır'da dolaşırken arkeolojik değeri olan dev bir parmağın varlığından haberdar oldu. Kahire'nin yaklaşık yüz kilometre kuzeydoğusunda yer alan bir köye gitti. Parmak, bir hazine avcısına aitti. Küf kokan parmak mumyalanmış olduğu için iyi durumdaydı. Aslında otuz sekiz santimetrelik işaret parmağını saklayan kişi, onun fotoğraflanmasını istemiyordu ama Spoerri'nin kendisine üç yüz dolar vermesi karşılığında buna müsaade etti. İlginç olan şu ki, mezar soyguncusunun elinde parmağın analizini içeren 1960'lardan kalma bir sertifika ve röntgen filmi de vardı. Bu fotoğraf ve macera, Alman Bild Gazetesi'nde yayınlandı. Spoerri, parmağı bulmak için 2009' da Mısır'a gitti. Ancak eli boş geri döndü. Aradığı kişileri, gittiği yerde bulamamıştı. [216]

Mevcut tarihçiliğin zihniyetine göre, Dünya'da geçmişte olmaması gereken materyaller bulunuyor ve bunların akıbetleri de genelde hep aynı oluyor: Ya kayboluyorlar, ya da sahte ilan ediliyorlar yahut da haklarında derin bir sessizliğe bürünülüyor. Böylece 'modern tarihçilerimiz' her seferinde derin birer nefes alıyor. Ancak ne yazık ki piramitler konusunda manipülasyon yapmak zor.

Kanaatimizce böylesi verileri kamuoyunun gözünde hiç ettiren iki büyük güç var; birincisi çarpık zihniyetin gücü; ikincisi de çarpık zihniyetin ulaşamadığı yerde devreye giren bilinçli imha edicilerden oluşan bir güç. Bu ikisi de, esasında tek bir elde toplanmış güçler. Amaçları, cehaleti mümkün olduğunca sistematik hale getirip, bilim kılığına sokarak insanları bilim adı altında dogmalara sevk etmektir. Neden mi böyle yapıyorlar? Takip ettiğimiz onca ipucundan sonra nedenlerden en az birine ulaştık. Bu cehalet, bu karanlık, vakti zamanı geldiğinde 'yeryüzünün gizemlerini' ya da 'gizlenen doğrularını' herkesin gözü önünde –fakat yine istedikleri tarzda çarpıtılmış halleriyle-hakikatin ta kendisi olarak açıklayacak bir kadronun ideolojisine insanlar dört elle sarılsın diye gereklidir. Şu anda insanlık aşırı bir uçtadır. Ve vakti geldiğinde, şu andaki konumunun tam zıddındaki bir başka uca doğru yönlendirilecektir ama ne var ki, o da aşırı bir uç olacaktır. Formül şu: Hayal kırıklığı büyük olmalı ki, getirilmesi planlanan düzene bağlılık çok sıkı olsun.

Soru: **"Geçmiş uygarlıkların büyük ve teknolojik olarak üstün medeniyetler kurduklarını inkâr etmemizin, şeytanilerin sistemi için daha başka bir değeri var mı?"** Cevap: "Elbette var. Bu inkar, teknolojik gelişmenin insan psikolojisindeki **"daha fazla"** mantığı ile hareket ettirilmesi halinde başımıza gelebileceklerin üstünün örtülmesidir. Tam da bu yüzden, kronolojik olarak 'modernist teknolojik medeniyetin' gerisindeki hiçbir medeniyet kalıntısının, modern teknoloji ile benzer alakalarının ortaya çıkarılmaması gereklidir. Bunlar derhal inkâr edilmeli ya da yalanlanmalıdır. Eğer bu yalanlamanın sınırlarına gelindiyse, bu sefer yalanın şekli değiştirilmeli ve kimi bayağılaştırılmış uzaylı safsatalarına sığınılmalı, insanların değil de uzaylı varlıkların yahut varlık gruplarının kurguladığı ve insanların bu varlıklarca yoktan var edildiği bir medeniyetten söz edilerek gerçek sulandırılmalıdır. Kadim zamanlarda kesinlikle yeryüzü kaynaklı insan dışı varlıkların insanlarla çok daha kesif ilişkileri olduğunu ve hatta bunların teknolojiye sahip olduklarını onca veri sonucunda kabul etmekle birlikte, insanların neredeyse her açıdan ve her devirde bu varlıkların sürekli bir adım gerisinde olduğunu katiyen kabul etmiyoruz. Kadim geçmişteki teknoloji büyük ölçüde insan teknolojisiydi. Fakat belli dönemlerde bu varlıklar, insanlar üzerinde, yine kendi saflarına katılan insanların yardımıyla baskı oluşturucu sistemler kurdular ve bu baskıları teknolojilerle pekiştirdiler. Fakat kanaatimiz odur ki bunlar arızi sistemlerdi. Büyük refah dönemlerinden sonra gelen çöküş dönemindeki kısa duraklardı. Bunları sadece İslami verilerden değil, hem eski Yunan'ın hem Hindu metinlerinin çağlar/çevirimler öğretisinden de anlıyoruz. Bu duraklar da, günümüzdeki modern medeniyetin bazı veçhelerinin (aynısı değil ama) bir çeşit farklı ölçekteki halleri gibiydiler.

Şeytani şebeke, insanın geçmişini ilkel halde göstermeye gayret ediyor ki, geçmişte insanların sanayi diye ürettiklerinin başlarına gelen belalardan habersiz kalalım. Kalalım ki, tarihten ibret almayarak azgınlıklara devam edelim. Kendi medeniyetimizdeki teknolojik gelişmeyi 'eşi benzeri olmayan' insan evrimindeki en üst teknolojik devir kabul edelim. Böylece kadim medeniyetlerin kendi ürettikleri ürünler yüzünden fesada kapıldıkları aklımızın ucundan geçmesin. Eğer bu aklımızın ucundan geçerse, kesinlikle şimdiki teknolojik gidişatımızı, dönemin teknolojik gidişatı ile mukayese edebilir, ibret sahibi olarak, sanayideki hadsizlikleri dolayısıyla onların başına gelen felaketlerin bizim başımıza gelme ihtimaline karşı bir fren mekanizmasını geliştirebilirdik. Ancak birileri kulağımıza tarihte eşi benzeri olmayan, çok üstün bir sanayiye sahip olduğumuzu fısıldarsa, mantığımız "bekleyip görelim" fikrinin bir adım ötesine geçemeyecektir.

Neden birilerinin, tarihin bize anlatıldığından bambaşka olduğunu açıklayacak her türlü veriyi çok farklı yollarla etkisiz hale getirmek için sistematik bir biçimde çalıştığı daha iyi anlaşılmıştır kanaatindeyiz. Evvelki nesillerin modern uygarlıktan çok daha üstün teknoloji kullandığı gerçeği şeytani kadrolarca gizlenmektedir ki, ibret alacağımız bir örnek kalmasın da kendi ürettiğimizde boğulalım:

"Siz de, sizden öncekilere benziyorsunuz; onlar, kuvvetçe daha ileriydi sizden, malları, evlâtları da daha fazlaydı. Nasibiniz kadar faydalanmak istediniz, nitekim sizden öncekiler de nasipleri kadar faydalanmak istediler ve onlar nasıl kâfirliğe daldılarsa siz de daldınız. Yaptıkları iş, dünyada da boşa gitti, ahirette de ve onlardır ziyankârların ta kendileri." **(Tevbe/69)**

"Onlara kendilerinden evvelkilerin, Nuh, Ad ve Semud kavimlerinin, İbrahim kavminin, Medyen halkının ve alt üst olan şehirlerin haberi ulaşmadı mı? Peygamberleri onlara apaçık mucizeler getirmişti. Demek ki Allah, onlara zulmedecek değildi, fakat onlar kendi kendilerine zulmetmekte idiler." **(Tevbe/70)**

"Yeryüzünü gezip de görmezler mi kendilerinden öncekilerin sonları ne olmuş; onlar, kuvvet bakımından daha üstündü bunlardan ve yeryüzünün altını üstüne getirerek ekmişler ve orasını, bunların imar ettiğinden daha da fazla imar etmişlerdi ve onlara da apaçık delillerle gelmişti peygamberleri; derken Allah zulmetmemişti onlara ve fakat onlar, kendilerine zulmetmişlerdi." **(Rum/9)**

"Sonra da Allah'ın delillerini yalanladıkları ve onlarla alay ettikleri için o kötülük edenlerin sonu kötü oldu gitti." **(Rum/10)**

"Görmediler mi ki, biz kendilerinden önce nice nesilleri helâk ettik. Yeryüzünde size vermediğimiz bütün imkânları onlara vermiş, gökten üzerlerine bol yağmurlar indirmiş, altlarından ırmaklar akıtmıştık. Günahlarından ötürü onları helâk ettik ve arkalarından başka bir nesil var ettik." **(En'âm: 6)**

Bir de akıl, bilim, aydınlanma kelimelerini sık sık telaffuz ederek, hurafelere savaş açtıklarını söyleyen 'somutçular' ya da 'materylistler' var. Onlar, kendi dünya görüşlerinin evrensel doğrunun ta kendisi olduğunu, deneysel metodun her şeyin üstünde tutulması gerektiğini din gibi savunmaktalar. Ayrıyeten, aralarından daha aşırıları, kendi dizgelerini paylaşmayan herkesi aşağılamak, bu gibileri bilim dışı bir kafa taşımak, aydınlanmış akla ihanet etmiş olarak görmek gibi küçük düşürücü tutumlar sergilemekteler. Bununla da yetinmeyen sözüm ona bazı 'bilimciler', kendilerinin akıl dışı bulduğu bir durumu kendi içinde tutarlı fikir yürüterek gayet makul gösterenlere dahi acımasızca saldırabiliyorlar. Hatta şiar edindikleri ilke şu cümle ile dile gelebilir: **"Dini dogmaları savunan hiç kimse bilim adamı olamaz.**" Buna göre Paracelsus ve Isaac Newton kesinlikle şarlatan ilan edilmelidirler zira bu iki isim modern bilimcilerin tiksindiği simyaya itibar eden iki simyacıydılar ve üstüne üstlük simyacılıkları hariç tutulsa bile, hiç de dogmalardan arınmış kişiler değillerdi. Mesela onlara göre, bir bilim adamı Darwin'den sonra doğdu ise, Darwin'in evrim teorisini savunmadan tam olarak bilim adamı sayılamaz.

Atom bombasının mucidi olarak bilinen ünlü fizik teorisyeni Robert Oppenheimer[217] –ki Darwin'den sonra doğdu-Bahagavad-Gita'yı daha iyi anlamak için Sanskritçe dersleri alıyordu. Bahagavad-Gita'yı bilgece bir metin olarak kabul etmekle kalmıyor, Ramayana ve Mahabharata destanlarında bahsedilen yok edici silahların, nükleer olabilecekleri imasında da bulunuyordu. Rochester Üniversitesi'nde ders verdiği esnada bir öğrenci kendisine atom bombasını kast ederek **"ilk bomba, Manhattan Projesi kapsamında Alamogordo'da patlatılmış olan mıydı?"** diye sorduğunda şu cevabı verdi: **"Evet, doğru. Modern zamanlardaki tabii ki buydu."**[218] Oppenheimer, Mahabharata'daki şu satırları elbette okumuştu:

> "Evrenin tüm gücüyle yüklü tek bir atıcı/fırlatıcı: Akkordan göz kamaştırıcı bir duman sütunu ve on bin güneşin parlaklığıyla parıldayan alev kırmızısı görkemli bir gül"

"Dalgalanan duman bulutlarıyla dikey bir patlama... İlk patlamasından sonra yükselen duman bulutu, devasa şemsiyelerin açılması gibi yuvarlak dairelerin genişlemesine yol açtı...

"Bilinmeyen bir silah, demir bir şimşek, ölümün devasa bir elçisi oldu ki küle çevirdi Vrishnis ve Andhakas'ın bütün ırkını... Cesetler o kadar yandı ki tanınmaz hale geldi. Saçlar ve tırnaklar döküldü. Çanak çömlekler anlaşılmaksızın kırıldı. Ve kuşlar beyaza döndü. Birkaç saat sonra tüm yiyecekleri bozulmuştu... Askerler bu ateşten korunmak maksadıyla kendilerini ve teçhizatlarını yıkamak için akıntılara attılar."

"Ateşin yoğun/kalın okları muazzam bir sağanak gibi, ileri atılıp düşmanı kuşattı. Koyu bir karanlık/kasvet kalabalığın üzerine hızlıca oturuverdi. Menzilin her tarafı karanlığın içinde yitmişti. Alevli rüzgâr yukarıya doğru esmeye, kum, çakıl ve toprak yağmuru yağmaya başladı. Kuşlar deli gibi öttü. Pek çok şey hastalanmışa/rahatsızlanmışa benziyordu. Dünya, bu silahın korkunç şiddetli sıcaklığı yüzünden sarsıldı. Filler alev aldı ve çılgınca koştu. Uçsuz bucaksız bir alan üzerinde diğer hayvanlar yıpranmış halde toprağa serildi ve öldüler. Menzilin her tarafına alevden oklar yağdı... Hiç durmadan büyük bir şiddetle."

Görüldüğü üzere dini inançlar, çeşitli inançgelenekler bazılarının zannettiği gibi bilim açısından her daim negatif motive ediciler değillerdir.[219] Ayrıca kimileyin salt bilim olarak kabul gören bir veri, zaman içerisinde kemikleşip, bilimin önünde bir dogma dahi olabilir. Zira bu dogmatik sözüm ona bilimsel kanı yüzünden, bütün tarih zorlama bir yorum ile yanlış açıklanabilir.

Esasında ***William Whewell*** 1833'te 'bilim adamı' terimini icat ettiğinden beri 'doğa filozoflarını bu ad altında çağırıyoruz. Alın size bir maske... Doğa filozofu nerede, bilim adamı nerede... Birinde, elde ettiği verileri bir teori içerisinde yansıtan ve pekâlâ yanılabilir bir filozofun karakteri geliyor gözümüzün önüne; öbüründe, kendisine tam olarak güvenilmesi gereken, adeta asker kadar otoriter bir rehber. İki kelimede yapılan bir değişiklik; bir kelimenin yerine başka bir kelimeyi kullanmak, algıyı değiştirmeye yetebiliyor.

DECCAL'IN AYAK SESLERİ VE MANEVİ BİR MERKEZİN ŞER GÜÇLERCE KUŞATILMASI ÖRNEĞİ: KÂBE

Deccal dahi tıpkı Yecüc ve Mecüc gibi demir ile bağlanmıştır.[220] O halde, 'teknoendüstriyel devrim'in tıpta tanıdığı imkânlarla biyolojik müdahalelerin, genetik değişikliklerin önünü açmış olması, 'Transhümanizm Çağı' denilen insanın kuvvetlendirilmesi, becerilerinin çeşitlendirilmesi gayesiyle teknoloji ve ilaçlar vasıtasıyla başkalaştırılarak ömrünün ve zekâsının da arttırılması arzusunu içeren bir çağın ilanı, metaller ile Deccaliyet ilişkisinin açık göstergesidir. Deccal'ın demir ile zincirlenmiş olması ise, hem demirin topraktan çıkarılma miktarıyla, hem de demir madeninin kırmızısını aktardığı kanın bozulmasına yönelik genetik müdahalelerle giderek gevşemektedir. Öte yandan Deccal ile dijital (digital) kelimesi arasındaki fonetik benzerlik, onun bir vasfının tek gözündeki olağan dışılıkla ilişkilendirilmesi ve bu gözün bilhassa salkımından dışarı çıkmış bir üzüm tanesine benzetilmesi, kameralardaki objektiflerin, özel çerçevede telefonlara, bilgisayarlara, televizyonlara yerleştirilen objektiflerin ve ekranların insanın her adımını kontrol etme kabiliyetlerine uygundur. Çünkü bu göz bize aldanmış ve aldatmaya meyilli olarak sunulur ve onun gözündeki kusur bizzat vizyonundaki kusurdur. Bu ise, onun bilinçli aldanışı ve aldatışı ile ilişkilidir. Çünkü Deccal, gözündeki kusura; bunun da ötesinde adeta tek gözlü tasvir edilmesine rağmen çok büyük bir gözbağcıdır. Cenneti cehennem, cehennemi cennet olarak göstermesini iyi bilir. Demek ki, hakikati perdelemek ve yalanı hakikatin ta kendisi olarak göstermek gibi özel bir yeteneği vardır ve bu yetenek tek gözünden hiç de bağımsız değildir. George Orwel'in *"1984"* romanında bahsettiği 'Büyük Birader' tek gözüyle/kameralarla her eve girmiş ve neredeyse sistemin menfaatine olmayan her şeyi kontrol etmeye, bozmaya, olduğundan başka türlü göstermeye, montajlamaya başlamıştır. Söylemek gerekli ki 'Deccaliyet Sistemi' zaten ortaya çıkmıştır. Fakat henüz ortada olmayan bir şey varsa, o da sistemin şahıslaşmış halidir.

Hummad oğlu Nuaym bazı sahabilerden şunu nakletmiştir:

> "Deccal insan değil, şeytandır. Yemen'in bazı adalarında zincire vurulmuştur ki onu Süleyman'ın zincire vurduğu tahmin ediliyor. Zuhuru yaklaştığında Allah, her yıl o zincirin halkalarından birini çözecektir. Halkaların çözümü bitip zahir olunca bir merkep (araç) gelecek, kulaklarının arkası kırk arşın olacak, arkasına bakırdan bir kürsü kurup üzerine oturacak, ona cin taifeleri fevc fevc gelip tabi olacaklardır."

Bazı sahabelere göre o, insan ve cin karışımı bir mahlûk olacaktır.

Tıpkı Deccal'ın demir ve bakır ile ilişki içerisinde oluşu gibi Yecüc ve Mecüc de bu iki metal ile ilişki içerisindedir.

Biz, bakır ve cinler arasındaki ilişkiyi zaten anlattığımız için, buradaki 'bakır' kelimesini daha fazla açmayacağız.[221] Ancak genel olarak karşımıza çıkan durum, Yecüc ve Mecüc'ün, uzaktan kumandalı karmaşık bir yapıya sahip biyolojisi farklılaştırılmış, yapısı değiştirilmiş, demir ve bakırla bütünleştirilmiş varlıklar bütünü gibi gözüktüğüdür.[222] Bu varlıklar aynı zamanda, akli melekelerini tamamen değil ama büyük ölçüde yitirmiş halde tasvir edilirler. Cehennemlik sayılmaları, yapılarının cehenneme uygun bir şekle sokulmasından kaynaklanıyor gibi gözükmektedir. Zira İslam dünyasında genelde Âdem neslinden kabul edilmişlerdir.

Ancak onları cinlerle irtibatlandıranlar da vardır. İster başka bir boyutta doğurtulmuş olsunlar, isterse de fiziksel Dünya'nın göbeğinde; buradan apaçık anlaşılan şey, âdemoğlundan bir varlık grubunun şeytani bir zekâ ile yani cin/hin fikirlilikle olduğundan bambaşka hale getirilerek yapısının değiştirilmesi ve nihayetinde bunların tüm insanlığın başına bela olmalarıdır. Böyle bir varlığın oluşabilmesi için insanın genetiğine müdahale edilmelidir. Muhtemelen bununla da kalınmayarak metaller vasıtasıyla çeşitli uzuvlarına bir takım takviyeler oluşturulmuş olunabilir. Öte yandan bunun tamamen teknolojik bir yapı değişikliği olduğunu düşünmüyoruz. Fiziksel değişiklikten sonra, şer güçlerle ve farklı bir boyutla mükemmel biçimde iletişim kuracak ve bu güçlerin ve farklı boyutun kumandası altına girecek bir 'alıcı' varlık tipi söz konusudur. Şunu da iyi bilmekteyiz ki bu tür bir varlık tipi yeni değildir. Kadim zamanlarda denemeleri yapılmış, farklı versiyonları açığa çıkmış fakat Zülkarneyn'in kalkanı ile kumanda edicilerin tesir alanından çıkartılarak etkisiz hale getirilmiş varlıklardır.[223] Fakat şimdi bu tesir alanının tekrar meydana getirilmesi için şer güçlerin hem içten (Dünya'daki ins şeytanlarca) hem de dıştan (kendi boyutlarındaki cin şeytanlarca) koordineli bir yıkım çalışması vardır. Aslında bu çalışmayı gerçekleştiren Âdemler ve Âdem olmayan 'ışınsal varlıklar' da Yecüc ve Mecüc kabul edilebilirler zira Yecüc ve Mecüc'ü yeryüzüne getirmek amacıyla yaptıkları çalışmalar, onları da -hiç değilse fahri anlamda- Yecüc ve Mecüc yapar.

Cassase (Casus?) hadisine ismini veren varlığın arkasını ve önünü belli etmeyecek derecede kıllarla kaplı olması, Deccaliyet Sistemi'nin hem 'istihbarat' yönüne dikkat çekmekte hem de kablolar ile dünyayı dört bir tarafa bağlayan bir 'şebekeyi' (örneğin, internet ağı) ve 'yapay zekâyı' dahi akla getirmektedir. Hadisin neden adeta sembolikmiş gibi gözüktüğüne gelince: Hiç kuşkusuz, bunun açıklaması sözde 'bilimsel dünya'nın 'palavra' olarak nitelendirdiği kör noktasına düşecektir. Hatta İslam çerçevesinde olanların bir kısmının dahi anlamakta zorlanacağı bir 'ara âlemin' yapısında gizlidir bu açıklama. Bu âlem yapısı gereği, maddi âlemdeki hakikati misallerle gösterir. Yani maddi âlemde gördüğümüz her şeyin misalinin var olduğu bir misal âleminden bahsediyoruz. Bu âleme 'Orta Âlem' ya da 'Orta Dünya' da denilebilmektedir.

Adı geçmişken açalım: John Ronald Reuel Tolkien'in kitaplarında bahsettiği fantastik 'Orta Dünya' misal âleminin alt psişik etkileri ve karanlık unsurlarını, bu unsurların mücadelesini fantastik bir kurguyla ortaya koyuyor gibidir; fakat ortaya konulan kısım elbette ki bilinçli seçilmiş bir nüvedir![224] Yazarın 'Orta Dünya'sı her ne kadar onun kendi hayalindeki madde planına karşılık gelse de, eserlerinin içerisinde kullandığı masalsı dil ve temsil gücü bir 'düş ülkesine' işaret etmektedir. Öte yandan, yazarın fantastik kurgusu, hakikatin dolambaçlı koridorlarda kaybettirildiği labirenti andırır. İblis'in şeytanlığı anlatılır, melekler ile arasındaki mücadeleden bahsedilir, insanlara düşman oluşu dile getirilirken 'tevhid' ilkesinden giderek uzaklaşılır. İblis, Elfler ile temsil edilen cinlerden ayrı tutulur ve ilk yaratılanlar arasına sokuşturulur.[225] Pek tabii, Tolkien'in kitaplarını salt bir metafor olarak ele almamız istenebilir. Ancak kitapları sadece temsil olamayacak kadar da ayrıntılıdır. Bir başka sorun da kitaplarının tamamen bilinçli şekilde şeytani anlamda kullanılmasıdır.[226] Kâbe'yi de içinde bulunduran Mescid-i Haram'ın hemen yanı başına yapılan Zemzem Towers'ın (Ebrac El Beyt Kuleleri) mimarisi bizzat 'Yüzüklerin Efendisi' kitabından uyarlanan aynı isimli filmin[227] 'Ay Kulesi'ne (Minas Ithil ya da Minas Morgul) boşuna denk düşürülmüş olmasa gerektir? Şeytani planı uygulayanlar,[228] yapıyı filimdekinin tıpkısı şeklinde bina etmemiş olsalar da, filmdeki ile benzerliğine de tamamen zeval gelsin istememişler, üstelik Zemzem Towers'in saat kulesine hilal ekleyerek, onun 'Ay kulesi' olarak nitelendirilmesi için de sağlam bir dayanak hazırlamışlardır. Ayrıca kulenin alemi, sahte İslami mahçe (hilal) kısmı hariç, Minas Ithil' e tam tamına denk düşer. Yani Yüzüklerin Efendisi'ndeki Ay Kulesi neredeyse tıpatıp olarak Ebrac El Beyt'in saat kulesinin aleminde tasvir edilmiştir. Bu kulenin Osmanlı eseri Ecyad Kalesi'nin yıkıntıları üstüne yükseltilmesi de boşuna olmasa gerektir zira filimdeki Ay Kulesi sadece bir kule değil, kaledir de. Kalenin yıkım tarihi 2002. Çok ilginçtir ki 'Yüzüklerin Efendisi' kitabında da kale kentin kötülüğün ve şeytani Sauron'un eline geçmesi ve Mordor'un kötülük merkezine dönüşmesi de üçüncü çağın 2002 yılındadır. Bunca denklikten sonra saat kulesinin tepesine dikilen hilalin tanrıça İştar'ı sembolize eden hilal ya da 'boynuz' (Boyutlar) ile ilgisini düşünmek gereklidir. Üstelik zamansızlığı ve sonsuzluğu sembolize ederek ve saat yönünün tersi yönde gerçekleşen Kâbe'nin tavafı da hemen başucunda dikilen bu kule ile gölgelenmiştir. Sağdan sola olan dönüş elektronların da dönüşüdür ve sonsuzluğa açılım için ruhsal bir uyumu sembolize eder ve hatta sembolün ötesine de taşınır. Saat ise bunun tam tersine akarak, tükenişi ve daralmayı ifade eder, soldan sağa dönüşle açığa çıkar. Başka bir denkleşme: Tolkien'in Ay Kulesi inşa edildiği bölgedeki enerji verici kristallerden ötürü yeşil yeşil parıldamaktadır. Bu parıltıdan en fazla Ay Kulesi nasibini alır. Gecenin karanlığında Mekke Saat Kulesi de yeşil lazer ışıkları saçar. Ay Kulesi'nin inşa edildiği bölge için Vikipedi'de şöyle deniyor:

> "Ayrıca kentin içinde üç enerji elması bulunmaktadır. Frodo Baggins buradan geçerken çıkan yeşil ışığın kaynağı da bu elmaslardır."(*)

Demek ki Ay Kulesi rastgele bir yere inşa edilmemiştir. O, bir enerji alanına konuşlanarak güçlü bir merkez olmuş ve kötülük temsilcilerinin her zaman ele geçirmeyi istedikleri bir kale olarak hedef haline getirilmiştir ve nihayet üçüncü çağın 2002 yılında kötülük tarafından ele geçirilmiştir. Böylece:

> "Sauron düşene dek Mordor'un kötülüğünü yaymakta kullandığı en önemli karargâhlarından biri olmuştur."[229]

Konu hakkında bilgi sahibi okurun gözünden kaçmayacaktır; Kâbe'nin altındaki yeşil taşlar. Bu taşların keşfi Taberi

(*) Kitapta yeşil ışık olmadığı gibi, filmin içerisinde de Minas Morgul'daki yeşil ışığın kaynağı belirtilmemektedir.

tarihinde anlatılır. Hz. Muhammed 35 yaşında iken, Kâbe'nin çatlayan duvarları yüzeysel bir bakımdan daha fazlasını gerektirecek haldeydi. Mekkeliler nihayet onu yeniden, daha güçlü inşa etmek için yıkmaya karar verdiler. Elbette ki bu yıkım Ebrehe'nin niyetini taşımıyordu. Nihayet duvarlar yıkılıp temele inilince herkesi şaşkına çeviren yeşil taşlar ortaya çıktı. Hatta bu taşları, temeli daha da derine atmak için tahrip ettiklerinde bir depremin gerçekleştiği rivayet edilmiştir. Ancak bundan sonradır ki daha fazla ileri gidilmemiş ve Kâbe bu taşların üzerine yeniden bina edilmiştir.

"Kâbe'nin maneviyatı üzerinde negatif tesirleri olan bu binanın inşaatının daha derin sebebi nedir?" Sorunun

Yüzüklerin Efendisi filminde yer alan ve daha sonra adı Minas Morgul'a (Büyü Kulesi) dönüşecek olan Minas Ithil (Ay Kulesi) ve Ebrac El Beyt denkleşmesi.

cevabını "Niceliğin Egemenliği ve Çağın Alametleri" adlı kitabında Guenon şöyle veriyor:

"...Düşman eğer eski manevi merkezlerin otağı olan yerleri ele geçirme avantajına sahip olabiliyorsa, bu sadece oralarda kümeleşmiş ve adeta kullanılmak üzere serbestçe duran psişik etkiler nedeniyle değildir. Fakat aynı zamanda bu yerlerin özel durumlarından ötürüdür çünkü şurası son derece açıktır ki, bu yerler kendilerine falan ya da filan geleneksel şekle göre, şu ya da bu çağda atfedilen işlev için keyfi olarak seçilmiş yerler değildir. Böyle bir seçimi belirleyen bilgi, 'kutsal coğrafya' bilgisidir. Mümkün düzene ait öteki bütün geleneksel bilimler gibi 'kutsal coğrafya' da, meşru

Yüzüklerin Efendisi filminden ilham alınarak yapılan Minas Morgul maketi ve Ebrac El Beyt denkleşmesi.

kullanımdan ve amacından saptırılmaya ve asıl amacına aykırı olarak 'ters yönde' kullanılmaya elverişlidir."

Yeşil enerji taşları... Kâbe... Alt manevi etkiler... Bütün bunların manevi alandaki güç mücadelesine işaret ettiğini görüyoruz. Böylesi bir manevi güç savaşının Deccal ile Yecüc ve Mecüc'ün ortaya çıkışı arasında, boyutsal bir kapının açılması/açtırılmasıyla bir ilintisi var mıdır? Rene Guenon aynı eserinde buna da değiniyor:

> "...Çatlaklar, Dünya'nın etrafını kuşatan ve alt manevi alana ait zararlı etkilerin sokulmasına karşı dünyayı koruyan 'Büyük Duvar'da meydana gelmektedir... İslam geleneğinde bu çatlaklar çevrimin sonuna varıldığında, her şeyi yakıp yıkan Yecüc Mecüc (Gog Magog) sürüsünün çıkacağı çatlaklar olarak ifade edilir... Maddi âleme ve insanların dünyasına sokulmak için bu varlıkların yaptığı girişimler yeni bir şey değildir; en azından Kali Yuga'nın, Karanlık Çağ'ın başlarına kadar yani 'klasik' antikite çağlarının ötesine kadar uzanır, kutsal olana kayıtsız tarihçilerin ufku orada sınırlı kalır."

Anlaşılan o ki, şer şebeke Tolkien'in eserinin kendi iş ve zamanlarına uygun parçalarını, bütünden koparak kibirlerinin izlerini bırakmak istemişler. Bu ipucu bırakma isteği bizzat kibirle dans eden kötülüğün nişanıdır. Çünkü kibir, kötülüğü yaparken şifreli bir iz bırakarak, bir ölçüde bilinmeyi de ister ancak sadece bir 'acaba mı?' kalıbı içerisinde. Böylece şeytani şebeke kuşkuya yol açacak ancak tamamen de açığa çıkmayacaktır. Bu arada Tolkien'in 'Orta Dünya'sının Dünya'mızın İngiliz dili ile tanımlanan 'Orta Doğu'suna da denk düşürüldüğünü görüvermiş olduk.[230] Bu konuyla ilgili son bir 'iz'den daha bahsedelim. Bilindiği üzere Tolkien'in kurgusunda İblis'in yeryüzündeki en önemli temsilcisi Sauron'dur. Sauron maddi planda etkili olmak ve maddi görünümünü bir şekilde sürdürebilmek, böylece kötülüğü madde dünyasına iyiden iyiye yaymak amacıyla güç yüzüklerini meydana getiren 'düşmüş bir melekti'. İblis Melkor, yer altı dünyasındaki bir boyuta hapsedilince, Sauron Orta Dünya'da onun en güçlü temsilcisi oldu ve bütün Elfler'e (cinlere) hükmetmek için bir yüzük yaptırdı. Nihayetinde korkunç savaşlar başladı ve Sauron bu savaşlarının çoğunu Barad-dur (Kara Kule) denilen şeytani bir kuleden yönetti. Bu kulenin benzeri Mekke'nin çok uzağında değil: Riyad'da. Adı 'Kingdom Centre'[231] yani 'Kraliyet Merkezi'. En iyimser açıklamayla diyebi-

Suudi Arabistan'ın başkenti Riyad'da 2002 yılında tamamlanan Kingdom Center ile Yüzüklerin Efendisi filminde yer alan Barad Dur (Karanlık/Kara Kule) arasındaki denkleşme.

liriz ki birileri filmlerden fena halde etkilenip oyun oynamayı seviyor. Bunlardan biri de dünyanın en zengin yirmi kişisi arasında adı geçen El Velid Bin Talal olmalı. Çünkü 2002 yılında açılan Kingdom Centre'nin imarcısı, kurucusunun El Velid Bin Talal olduğu Kingdom Holding Company. Talal'in babası Suud devletini kuran Kral Abdülaziz'in oğlu. Velid Bin Talal, Dünya'nın en zengin yirmi kişisi arasında yer almış, geçmişte Coca Cola, Mc Donald's, Twitter, The Walt Disney Company gibi büyük küresel şirketlerle ortaklıkları olmuş küresel sermayeye eklemlenmiş bir dolar milyarderi.[232] Mekke'deki Ebrac El Beyt'in ABD'deki İkiz Kuleler'i terör saldırısı sonucu yıktığı söylenen Usama Bin Laden'in mensubu olduğu Laden sülalesiyle ilintili Bin Laden Gruop tarafından inşa edilip İslami İşler Bakanlığı'na bağlandığını biliyoruz.[233] Suudi hükümetini dikkate alırsak Kâbe'yi rehin alan bu kuleyi İslami bir iş sayabiliriz.[234] Bu arada Talal'in, Ebrac El Beyt'i inşa eden Bin Laden Grubu ile ortak bir projesi var: 2020 yılında Dünya'nın en yüksek binasını Cidde'ye dikmek. Bina bin metre olarak planlandı.[235] Görüldüğü gibi Laden Grubu da sözde 'İslami' hizmetlerine devam ediyor! İlginçtir, tüm bunlar İslami kurallarla yönetildiği söylenen, şeriata dayandığı ileri sürülen bir idarede, Hz. Muhammed'in şu sözlerine rağmen İslami denen hükümetin eliyle alenen oluyor:

> "Kıyamet alametlerinden biri de, yalın ayak, çıplak, yoksul koyun-keçi çobanlarının binaları yükseltmekte birbirleriyle yarış ettiklerini ve böbürlendiklerini görmendir."[236]

Kurtubi bu hadisi bakın nasıl açıklamış:

> "Bundan maksat, çölde yaşayan göçebelerin ortalığı istila etmeleri ve zorla ülkeye sahip olmaları sonucu durumun değişeceğine dair haber vermektir. Böylelikle bunların malları çoğalacak ve bunların bütün gayretleri yüksek binalar yapmaya ve bunlarla övünmeye doğru yönelecektir..."[237]

Avrupa'da sırf tarihsel miras/hatıra olarak görüldükleri için bazı şehirlere modern mimarinin girmesi kesinlikle yasak iken, sadece tarihsel değil, manevi bir yeri olan, büyük bir dinin merkezinin dibine ucube bir gökdelenin dikilmesi ve bu şehrin modern yapılarla çevrelenmesi hangi niyetlerle, nasıl açıklanabilir?

Mekke'nin silüetinin değiştirilmesi, etrafının gökdelenlerle çevrelenmesi ve hatta gölgelendirmek bahanesiyle gök ile irtibatının kesilmesi projeleri, Merkezi İslam Coğrafyası'nda kanın oluk oluk aktığı bir dönemde, yüksek bina dikmek için yarışa girişilmesi, başrolde Vin Diesel'in olduğu *"Riddick Günlükleri"* filminde gördüğümüz 'Yeni Mekke' adlı

Yüzüklerin Efendisi filminin oyun uyarlaması ve bir Warner Bros yapımı olan Middle Earth: Shadow of War'ın konsept sanatçısı ve ressamı George Rushing'in oyunda Minas Morgul için uygun gördüğü ilk konsept ve Ebrac El Beyt denkleşmesi.

kasvetli gezegenin ibadet merkezi ve çevresindeki manzaranın bir benzerinin hem Merkezi İslam Coğrafya'sına hem de bildiğimiz Mekke'ye giydirilme gayreti demektir. Ve bu gayretin şeytani göndermelerden, bir takım gizli/açık sembollerden ayrı tutulamayacağını da idrak etmiş bulunuyoruz. Kur'an-ı Kerim, bu işleri yapanları uyarıyor:

> "Siz, her tepeye bir alamet bina edip boş şeylerle eğlenir misiniz? " **(Şuara/128)**

Mimarilerle şeytani göndermeler vs... Bunlar işin kibir kısmı. Ancak Rene Guenon'a dikkat kesilirsek eğer 'düşmanın' manevi coğrafyanın gücünden istifade etme amacı bakımından da son derece teknik ve hayati yöne de sahip bir kibirdir bu. Yine de Deccal'ın ayak sesleri sırf yukarıda göstermeye çalıştığımız bağlantılar sebebiyle duyulmakta değildir. Bu sadece bir veçhedir. Deccal'ın bizatihi ismi 'el-decl' ile; hilekârlıkla bağlantılıdır. Bu bağlamda Guy Debord, **"gerçek anlamda altüst edilmiş dünyada doğru, bir yanlışlık anıdır"** tespitiyle *"Gösteri Toplumu"*nu yazmıştı. İnsan tüketiciye indirgenen konumuyla kendi hayatını değil, öz sevgisini yitirmesine sebep olacak olan-dayatıldığını doğrudan fark edemese bile- dayatılan hayatı yaşamaktadır. Tabii buna yaşamak denirse. Reklamlar, gösteri toplumunun arzusunu şirketlerin pazarladıkları ve pazarlayacakları ürünlerin menfaatine ayakta tutarak, 'değer' kavramının içini boşaltmışlardır. **"Değerler, post modern dünyada pekala keyfi olarak tekrar üretilebilirler"** denmektedir. Esasında bu iddiayla insanın özünden sinsice yok edilen şey, 'benmerkezci yaşamın' dışına çıkmaya imkân veren kurtuluş yollarıdır. Zira değerler sürekli yeniden üretilebilirler ise ve bu değerlerin bağlı olduğu temel bir değer yoksa, kişisel menfaatlerin ön planda olduğu her türlü fikrin bir 'değer' olarak kolayca pazarlanabilmesi işten bile değil demektir. Böylece insanlığın dinler vasıtasıyla değer olarak kabul ettiği 'kendinden feragat' gibi bir ilke, kabul gören post modern dizgede, dönemsel değerler içerisinden dinle ilişkili, onun tarafından üretilmiş sıradan değerlerden biri olarak nitelendirilecek ve böyle düşünen bir zihnin gözünde -tereddüt edilmeksizin- kişisel menfaate kolayca ve neredeyse her zaman kurban edilebilecektir. Çok makul görülen bu zihin yapısının aslında temel bir amaca sinsice hizmet ettiği açığa çıkıyor: Bencilliğe. Bencillik ise insanın öz-benliği ile ilgili değil, hayvani kalıbına, 'sürekli kendi için istemeye' odaklı ve arzuyla beslenen bedensel ihtiyaçlarıyla ilintilidir. Böyle bir varlık artık insan değil, beşer olarak nitelendirilir zira onun biyolojik varlığına dayalı gereksinimleri, aklın, kurnaz zekâyı alt ederek ulaştığı insanlığını geride bırakmıştır. İşin daha da kötüsü, beşerin kendi bedeni ile doğrudan ilintili olan ihtiyaçlarının dahi yapay ve modern tekniklerle sürekli kışkırtılarak, kurnaz zekâyı aşıp akla ulaşmasına engel olan kapitalist pazarlama teknikleri tarafından sistematik olarak var edilmeleridir. Tam da bu yüzden, onun bencilliği bile çoğunlukla kendi başıboş arzusuna ait değildir. Bu arzu şirketlerce hüküm altına alınmıştır. Ve yine bu yüzden, insanın en basit seviyesine tekabül eden ve bencillik olarak adlandırılan kabuğu da sahtenin sahtesidir ve toplum, tüketici bencilliği kışkırtan -teknoloji mahsulü- sosyal medya siteleriyle Debord'un kitabını yazdığı dönemden kat kat daha fazla gösteri toplumudur. Yine de, söylediklerimizden gösteriye tamamen karşı olduğumuz anlaşılmasın. Bahsettiğimiz şey özneyle yüklemin yer değiştirmesi, gösterinin mecrasından saptırılarak meydana getirilmesidir. Hile tam da burada değil midir? Ve hilenin küreselleştirilerek sistematik hale getirildiği bir toplumsal dizge Deccaliyete denk düşmez mi?

Middle Earth: Shadow of War'daki Minas Ithil yani Ay Kulesi'nin uç kısmı ve Ebrac El Beyt'in hilali taşıyan kaidesi denkleşmesi.

Bu hilede teknoloji ve bilimin payına gelince: Dünya'da küresel şirketlerin politikaya ve ekonomiye yön verdiği bilinip dururken, teknoloji ve bilimin, kendilerine para akıtanlardan bağımsız olarak ideolojisiz ve objektif bir halde var olduklarını, belli bir projenin ürünü olmadıklarını söyleyemeyeceğimizi Herbert Marcuse *"Tek Boyutlu İnsan"* adlı kitabında teknolojik bir evrenin belli bir tarihsel projenin olgunlaşmasındaki en son aşama olup, doğanın salt bir egemenlik gereci olarak algılanmasını, dönüştürülmesini ön gören bir zihniyetin bu doğrultudaki aracı olduğunu yazarak ifade etmekteydi.

Bu açıklamadan sonra İblis'in yaratılışı köklü bir biçimde değiştireceğini ve insanları boş heveslere sevk edeceğini söylediği Nisa Suresi'nin 119'uncu ayeti aklımıza gelmektedir. Zira doğayı sırf fethedilecek bir nesne olarak görüp adeta onu taklit edecek yeni bir dizge meydana getirmeye çalışmak, şeytaniyetin iddiasına sahip çıkmaktır.

Bugün, küresel çaptaki zenginlerin fonları tarafından desteklenen National Geographic gibi küresel çaplı 'bilimsel' dergilerin bilime ve teknolojiye fikri yaklaşımları bu minvalden zerre kadar sapmış değildir:

"Diğer tüm türler gibi bizler de milyonlarca yıllık evrimin ürünüyüz ama artık kontrolü elimize alıyoruz."

Cümle, D.T. Max adıyla malum derginin *"İnsan Ötesi"* başlığının ilk cümlesi ve tamamıyla doğanın denetim altına alınması tutkusunu yansıtmakta. Zaten Nisan 2017 basımı Türkiye sayısının kapak konusu da *"Süper İnsan"*. Müjdeli (!) kapağın altında daha küçük puntolarla şu yazıyor:

"Doğal seçilim yavaş, teknoloji hızlı: Bilim var gücüyle insanüstü insanı şekillendiriyor."

"İnsan Ötesi" adlı makale ise beklendiği üzere insani, hem de pek insani duyarlılıkları kışkırtacak argümanlarla başlıyor; renkkörü bir bireyin hayatta yaşadığı zorlukların kafatasına yerleştirilen bir mikroçip ile nasıl giderildiğini ve renkleri sesli olarak kendisine ileten bir mekanizmanın hayatını nasıl kolaylaştırdığını dile getirerek, mevzuu önce hayli 'masum' bir görüntüyle karşımıza getiriyor. Sonra iş, derilerinin altına yerleştirdikleri çiplerle ev kapılarını kilitleyip, bilgisayarlarını açan insanlara kadar uzanıyor ve çip teknolojisinin olası risklerinden de gelişigüzel bahsedildikten sonra **"nereye gittiğimizi bilmiyoruz belki ama bulunduğumuz yeri çoktan terk ettiğimiz açık"** denilip makale havada bırakılarak sona erdiriliyor.

Demek nereye gittiğimizi bilmiyoruz? Son yüz yılda göğü delmeyi başarıp, havayı, suyu, toprağı kendi ellerimizle zehirledikten, canlı çeşitliliğine darbe indirdikten sonra,[238] hala mı nereye gittiğimizi bilmiyoruz? Gidişatımız buna rağmen mi sislerin arasında yitti? Şu saydığımız felaketlere rağmen hala **"nere gittiğimizi bilmiyoruz"** diyebilmek nasıl bir bilincin işidir? Veriler insanoğlunun kötü bir geleceğe doğru yol aldığını gösteriyor, üstelik bu kötüye gidişin insanoğlunun ürettikleriyle de ilgisi kuvvetli.[239] Bu yüzden, **"ürettiklerimiz üzerine uzun uzun düşünmemiz, yeni teknolojileri ahlaki kaygılarla üretmemiz gerekiyor"** demek çok mu zor? Ya da birileri bu kötü gidişi canla başla hızlandırıp, sonra da aniden sonlandırmış gibi yaparak, Mesihçilik mi oynamaya niyetlendi? İnsanlığın apaçık olan kötü gidişi, teknolojik müjdelerle bilinçli bir şekilde 'belirsizleştiriliyor' olmasın? Bu belirsizlik, var olan gidişat için fren mekanizmaları geliştirmemiz gerektiği fikrini gevşek tutmak amacıyla, bilinçlere atılmış zehirli bir yem olmasın? Üstelik kötü gidiş, sadece belirli bir alanla sınırlanmış da değildir. Ahlaki kaygıların yitirilmesinden kaynaklanan bir kötüye gidiş her alanda vardır. Bu öyle kaygı verici bir düzeye ulaşmış olmalı ki, Norveç'te Dünya ekolojisinde büyük bir yıkım yaşanması durumuna karşı nükleer saldırı ve tusunami tehlikesine dayanıklı inşa edilmiş şekilde üç milyon çeşit doğal tohumu içinde barındıran tohum bankası bulunmaktadır.[240] Yine aynı ülkede bir kıyamet kütüphanesi açılmıştır. Dünya Arktik Arşivi, dünyadaki tek 'kıyamet kütüphanesi' de değil. ABD'nin Kuzey Carolina eyaletindeki 'Survivor Library' kütüphanesinde yedi bin kitap, olası bir felakette insanlığa medeniyeti yeniden inşa etmesi için korunuyor.[241] Bütün bunlara insanoğlunun doğrudan doğruya sebep olmayacağı bir dizi felaket için- mesela felaketle sonuçlanabileceği düşünülen manyetik kutupların yer değiştirmesi olayı gibi olaylar için- alınan tedbirler olarak bakmak mümkün ama başımıza gelebilecek bu tür 'kozmik' felaketlerin dahi, bizlerin yıkıcı eğilimleri ile alakası olmadığını söylemek; rabbani yasanın bir gereği olarak, insanoğlunun kendi doğasını kendi elleriyle tahrip etmesi sonucunda yayılan enerjinin kozmik felaketleri dünyanın üzerine çekmediğini söylemek de acelecilik olur. Nitekim insan idrakine kazınmış olan 'melek' inancı, insanın ahlaki olarak bozulması ile doğrudan alakası varmış gibi gözükmeyen felaket niteliğindeki kozmik olayların bilinçli bir irade tarafından tetiklendiğini ve insanoğlunun aklını başına getirmek için tasarlandığını da öğretir.

Aslında metafizik öğretilerin penceresinden baktığımızda küresel bir komplonun varlığı açıktır. Yani metafizik bakış açısı küresel komployu aleni şekilde ortaya koyar; Şeytaniyetin insanoğlu için tasarladığı komplosunu:

> "Allah, o Şeytan'a lânet etti ve o da: 'Andolsun ki senin kullarından elbette belirli bir pay alacağım' dedi." **(Nisa/118)**

Şeytanlar bu komplo için sıkı çalışmakta, mücadele etmek için insanlarla ittifaklar kurmakta[242], aldatıcı güzel söz-

Kale olarak tasvir edilen Minas Morgul ve Osmanlı mirası 1781 tarihli Ecyad Kalesi'nin 2002 yılında Suudi Devleti tarafından yıktırılmasıyla kale arazisinin üzerine inşa edilen Ebrac El Beyt denkleşmesi. Yüzüklerin Efendisi kitabında manevi bir merkez sayılan Ay Kulesi yani Minas Ithil'in şeytani bir merkeze; Büyü Kulesi'ne yani Minas Morgul'a dönüşme tarihi de 2002. Fotoğrafta Ecyad Kalesi'nin yıkılmadan önceki durumu görülüyor.

lerle komplolarını işlemekte[243], ya da ittifaklarından ayrılmak isteyenleri tehdit etmektedirler[244].Metafizik alanı göz önünde bulundurarak bakarsak, komplonun fizik alanda görülebilen kısmı buz dağının su üstüne çıkmış küçük parçasıdır. Oysa asıl örgü, asıl savaş daha dipte, bu dağın suyun altındaki devasa kısmındadır. Bu savaşın içerisinde şeytaniyet cephesinde kullanılan telkinlerde, yer kişi ve zamana göre şeytanları ve İblis'i sadece bir simgeden ibaret saydırma, kimi kez İblis'i tamamıyla yok sayma, kimi zaman ise şeytanların ve İblis'in doğasını farklı bir biçimde anlatma da vardır.

Bu telkinlerden İblis'e bilinçli tapıcılar olarak hizmet etmeye yol açan ama onun doğasını farklı bir biçimde anlatan telkin, ona tabi olanların gözünde İblis'i 'Işık Taşıyıcı: Lucifer' olarak kutsar.[245] Hatta bir veçhede onun açtığı yol, insanın tanrılaşmasına giden yol olarak görülür. Yani böylelerine göre Lucifer, aslında cisimleşmemiş enerji olan 'Tanrı'nın, fizik boyutundaki görünümüdür denebilir; istediği zaman yoğunlaşıp madde olabilir, istediği zaman daha kısıtlı bir enerji formu ile bireyselliğin ötesine geçebilir. Şeytani olana bu şekilde tapanların gözünde bu 'evrimleşen tanrı modeli' insanoğlunun da yürümesi gereken yolunda rehber, insanlar da birer tanrı olmaya aday öğrencilerdir.[246] Blavatsky *"Gizli Öğreti"* adlı kitabında Lucifer'i dünyanın gizli hükümdarı kılığına sokarak ışığın eşiğinde oturan ama ışık tarafına geçmeyip, karanlık tarafta kalmayı seçen, bu seçişini de insanlık için, ona yol göstermek için yapan 'Yüce Fedakârlık' olarak görür. Yezidilikte de benzer bir kavrayış vardır.

Kısacası, deccaliyet ile ilişkili hilenin bir gereği olarak yeryüzünün kadim dinsel gelenekleri 'bencillik' konseptiyle yeniden tasarlanacak, kışkırtıcı arzunun sonucuna dönüştürülecekler, hevamızı besleyecek tarzda şekillendirilecekler ve –zamanı geldiğinde birleştirilmesi düşünülen-yeni çağ dinlerinin malzemeleri sayılacaklardır. Bundan sonra ***"Ene el hak"*** yani **"ben hakkım"** sözleri insanın kendinden vazgeçmesiyle ortaya çıkan vecdin neticesi olarak değil de, bireyselliğinin doruğundaki arzusuyla kendisinden geçmesinin parolası olacaktır. Daha önce de ifade ettiğimiz gibi taklidin bir gereği

Yüzüklerin Efendisi filmi Minas Tirith ve Burc El Halife denkleşmesi. Bu iki kule Hollandalı Rönesans ressamı Pieter Brueghel'in 1563 yılında resmettiği Babil Kulesi tablosundan esintiler taşıyor.

olarak –bilinçli ya da bilinçsiz bir-tahrif de iş görecek, kadim dini semboller toptan yok edilmeyecek fakat zihinlerde dönüştürüleceklerdir. Hele onların kadim zamanlardaki algılanış şekilleri de beyin yıkama araçlarıyla ile yeterince unutturulabilirse, meydana getirilen taklit, aslın yerini alarak insanoğlu tam anlamıyla beşerleştirilecektir. Zira şeytaniyetin niyeti budur. Çünkü o şeytaniyetin nazarında[247], rabbani sırlarla muhatap olmaması gereken basit bir beşerdir:

> "(İblis:) 'Ben kuru bir çamurdan, şekillenmiş kara balçıktan yarattığın bir beşere secde edecek değilim' dedi." **(Hicr/33)**

"Toplumunun, dünya hayatında servet ve refaha ulaştırdığımız halde inkâra sapıp ahretteki buluşmayı yalanlayan kodaman takımı şöyle dedi: 'Bu adam, sadece sizin gibi bir beşer; yemekte olduğunuzdan yiyor, içmekte olduğunuzdan içiyor.'" **(Müminun/33)**

"Kendilerine hak kılavuzcusu geldiğinde, insanların iman etmelerine, şöyle demelerinden başka bir şey engel olmadı: 'Allah, bir beşeri mi resul gönderdi?'" **(İsra/94)**

"Kendiniz gibi bir beşere itaat ederseniz, o takdirde mutlaka hüsrana uğrayanlar olursunuz." **(Müminun/34)**

Oysa bu beşerin üzerine bina edilen gönül rabbani vahye açıktır ve sırf bu nedenle insan görünürde beşerdir:

"Resulleri onlara dediler ki: 'Biz de sadece sizin gibi birer beşeriz, fakat Allah, kullarından dilediğine lütufta bulunur. Allah'ın izni olmadan bizim size bir kanıt getirmemiz haddimize değil. İnananlar yalnız Allah'a dayanıp güvensinler.'"**(İbrahim/11)**

Tabii kendisine bakıp da sadece beşeri görenin idrakinde böyle bir lütufla muhatap olabilecek varlığın düşünülmesi mümkün değildir. Gerçekte beşere hapsedilmiş ve onun üzerine çıkamamış varlığın idraki, beşerin üzerine bina edilen insanı görmeye yetmez. Bu yüzdendir ki İblis onu hep beşer görmüş ve beşerliğinin üzerine bir milim olsa bile yükselmesine sebep olacak her türlü çabayı engellemeyi vazife bilmiştir. Bu bağlamda insanı hayvandan başka bir şey olarak görmeyen teoriler, sadece acı ve hazza odaklandırılmış hayat projeleri, her türlü beyin kontrol çabası, benciliğe ulaştıran felsefeler beşerileştirmedir. Çünkü şu gerçeği örtmenin aracısıdırlar:

"Hani, Rabbin meleklere şöyle demişti: "Ben çamurdan bir beşer yaratacağım. Onu kıvama erdirip içine ruhumdan üflediğimde, önünde secde ederek eğilin!" **(Sad/71-72)**

Beşeri (eti kemiği) gören göz, ona üflenen ruhu yok saymıştır. Ya da tıpkı İblis gibi katlanamadığı bu gerçek karşısında, ruhun bu beşerle irtibatını kesmek için yeminlidir.

Göğü kapanan beşerin idrakinde ise mucizesi ve harikaları olmayan peygamberlerin getirdiklerine iman etmek mümkün gözükmez. Böylece onlar (insanda sadece beşeri görenler), olağanüstülüklere en fazla itimat eden ve iman için mucizelere ziyadesiyle ihtiyaç duyan kişilerdir.[248] İşte bu, tam da Deccaliyete ve Deccal'a uygun varlık tipidir. Çünkü Deccal, gözü yanıltacak ve insanı şaşırtacak, hatta insanüstü, tabiata aykırı, ona kafa tutucu görülen, onu değiştiren harikalarıyla gelecektir. Ve bu aynı zamanda kendi hevasını tanrı edinen kişinin/kişilerin (postmodern anlamda transhümanistlerin) doğumudur:

> "Kendi arzularını ilah edineni gördün mü? Onun sorumluluğunu sen mi üzerine alacaksın. Yoksa sen, onlarının çoğunun gerçekten (söz) dinleyeceğini yahut düşüneceğini mi sanıyorsun? Hayır, onlar hayvanlar gibidir, hatta onlar yolca daha çok şaşırırlar."
>
> **(Furkan/43-44)**

Anlamaktayız ki, esasında şeytaniyetin nazarında dinsizlik ve imansızlık sadece aşama olarak gereklidir; sürekli değil. İnsanın kendi hevasını tanrı edinmesi (yani küfrü din edinmesi) dahi beşeri bir kabule rağmen (sahte de olsa) metafizik/manevi bir arzu demektir. O halde dinsizlik ve imansızlık da hakiki manevi alanlarla irtibat mümkün mertebe koparılıp, yönlendirilmiş bencilliğin üzerine sahte bir maneviyat inşa edilmeye başlanana kadar sürdürülecektir. Bundan sonrası arzunun dinselleştirilmesidir.[249] Şeytaniyetin sahte maneviyata götüren formülü şöyle özetlenebilir: İnsanın beşere hapsedilmesi, aklını mümkün mertebe az çalıştırması için gerekli, aklın az çalışması ise rahat kandırılması için zorunludur.[250] Bundan başka, baştan beri imanını muhafaza etme iddiasında olanların imanı da bencillik projeleriyle erozyona tabi tutturulacak, ellerinde en son kalan şeyin iman kılığına büründürülmüş menfaat olmasına çalışılacaktır. Bunun gösteri toplumundaki emareleri de hâlihazırda mevcuttur ve bunlar giderek artmaktadır.[251] Şu anki gidişat öyle gösteriyor ki, vakti zamanı geldiğinde yani insanoğlu şeytani sistemin istediği kıvama ulaştığında, Marksist ateizmin ya da salt ateizmin yerini, kimilerine çokça anlamsız gelebilecek bir kavram olan spiritüalist (ruhçu) ateizm alacaktır. Eskilerin mucize dediği pek çok şey, bilim ve teknoloji tarafından üretilebilir oldukça, büyük bir uygarlığın artıkları sayılacak olan eski insanların fantezi ürünü hikâyeler uydurmaktan zevk alan cahiller olmadıkları ama kadim zamanlarda var olmuş ve belleklerden silinmeye yüz tutmuş teknolojik bir uygarlığı, içerisine düştükleri cehaletin gözüyle anlatan aktarıcılar oldukları anlaşılacaktır. İşte bu bilgi, şer odaklarca tersyüz edilerek anlatılacaktır ve bu gidişle muhtemelen denecektir ki; **"Tanrı fikri, küresel çapta bir felaketi yaşamış ve şimdi bizim içerisinde bulunduğumuz teknolojik uygarlığımızdan daha da üstün bir uygarlığın yıkımını görmüş nesillerin avuntusuydu. Onlar yalnızca insanlığa taparcasına saygı duyarken, başlarına gelen felaketin şaşkınlığı ile nerede hata yaptıklarını düşünmeye başladılar. Sağ kalanların sayısı azdı. Çoğu da medeniyetin tam olarak hâkim olamadığı, tabiat karşısında hala korkuya kapılabilen nispeten ortalamanın altındaki bir kültüre tabi biçarelerdi. İşte Tanrı, gerçekte tanrının kolektif bir enerjiden başka bir şey olmadığını kavramış bir uygarlığın felaketini görmüş olanların, bu felaketi bir nedene bağlama çabalarının ürünüydü."** Ve şunları da sözlerine ekleyeceklerdir: **"Onların her biri, Tanrı'nın ta kendisi olduklarının bilincindeydi ve öldükten sonra yok olmadıklarını da kavramış- lardı. Gerçekte tanrıyı öldürmemişler ya da inkâr etmemişlerdi. Onu bir enerji olarak o derece kavramışlardı ki, tanrının var olan her şeyin enerjisinin bütünsel etkisiyle tanrı olduğunu yani herkesin iletişime geçebildiği bir vasıta, bir araç olduğunu idrak etmişlerdi."**

Bu söylem hakikatin karikatürize edilmesidir. Yine gidişat göstermektedir ki insanoğlu biraz önce açıkladığımız kıvama gelmeden önce, Müslümanların yaşadığı coğrafya Allah adına işlenen cinayetlerle dolup taşacak, kendilerine dindar diyen ama aslında dini sadece içerisinde bulundukları kültürün anlayışıyla körü körüne savunan nesillerin fikirlerinde din, herkese karşı çalakalem kullanılan bir silah olarak ziyadesiyle istismar edilecektir. Bu, öylesine bayağı şekilde yapılacaktır ki, 'ben dindarım' diyenlerin kendi kabahatlerini örtmek maksadıyla dini kullanarak sistematik hale getirdikleri ağır suçlamaları, kendilerine yönelmiş her eleştiriyi, Allah'ın ve dinin adını kullanarak savmaya çalışmaları büyük kitleleri din kavramından hızla uzaklaştıracaktır ama insanoğlu içindeki manevi arzuyu tatmin etmek için başka yollar aramaya devam edecektir. Fakat kendilerine dönük her eleştiri karşısında olur olmaz yerde 'ben Müslüman'ım ya sen nesin?' diyerek kendi haklılıklarını savunmak adına ellerinden dini silah yapmaktan başka hiç bir iş gelmeyenlerin bencilliği, büyük kitleleri o derece din denen olgudan soğutmuş olacaktır ki, bu kitleler akılsızların her haksızlıklarını zırhına bürünerek savundukları ve adeta kendi tekelleri altına aldıkları bir din dairesine girmektense, **"artık bizi itham etmenize gerek yok, bahsettiğiniz kitaba inanmıyoruz, bahsettiğiniz Allah'a inanmıyoruz"** diyecekler ve o noktada, kendilerini sürekli olarak din adına eleştirenlerin silahlarını ellerinden almış olacaklardır. Ve öyle bir zaman gelecektir ki, Müslümanım deyip, geleneksel bir katılıkla spiritüalist ateizmin ekmeğine bilinçsizce yağ sürenler, dinden çıkarmak için Müslüman bulmakta zorlanacaklardır.[252]

Bahsedilen akıbete su taşımamak, bu akıbetin bir parçası olmamak hatta bu akıbete direnmek için bir çıkış yolu var. Fakat aklı asla unutmamak kaydıyla ki aklı olmayanın dini de yoktur.

MATRİX'TE KUDÜS, SİYONİZM VE SUUDİ ARABİSTAN BAĞLANTISI

Kudüs'ün ABD tarafından İsrail'in başkenti olarak tanınmasıyla birlikte, ahir zaman ve kıyamet senaryoları üzerinde yeniden düşünmemizi gerektirecek yeni bir durum daha ortaya çıkmış oldu. Bu kararın bölgede kötü sonuçlar doğurabileceği üzerine siyasi analizler yapılıyor. Peki, bu kararın Hıristiyanlık, İslam ve Musevilik içerisinde bulunan ahir zaman alametleri, kurtarıcı beklentileriyle bağlantısı ne? Kudüs ve ahir zaman Yahudiler açısından neyi ifade ediyor? Bunu öğrenmenin bir yolu da kurtarıcı beklentisini yansıtan filmler. Elbette bu filmlerin en önemlisi Wachowskilerin imzasını taşıyan, Matrix.

Matrix, felsefe ve din eksenli temeliyle yeni çekim efektlerinin birleştiği bir film olarak ortaya çıktığı 1999 yılından beri farklı bakış açılarıyla değerlendirildi. Bu seriyi çok konuşulur yapan temel, 'gerçeklik nedir?' sorusun üzerine ustaca bina edilmiş olmasıydı. Film öyle kurgulanmıştı ki, izleyici gerçeğin labirentinde tam kendisini bulmak üzereyken kaybediyordu. Film, hakiki özgürlüğün mümkün olup olmadığını sorgulatıyordu fakat bu sorgulamanın içine yönetmen ve senaristlerinin dinsel perspektifleri sokuşturulmuştu.

Filmin senaristi ve yönetmeni Wachowskiler, Polonya asıllı Yahudi bir aileden geliyorlar. Filmde karşımıza çıkan metafizik bakış açısının en önemli dayanaklarından biri Yahudilik temelli. Matrix'in sembolizminde hem Yahudiliğe hem de masonluğa, Hıristiyanlıktan Eski Yunan'a kadar uzanan mitolojik sembolizme dayanan öğeler var. Yahudilik ile ilgili temellerden biri Zion yani Siyon. Siyon, Yahudiler için **"Tanrı'nın konutu ve halkı"** demek. Bu konutta yaşamak için tanrı tarafından seçilmiş kişilerden biri olmalısınız. Bununla birlikte, Siyon kelimesi Kudüs'ün diğer bir adı anlamında ve Yahudilerin vaat edilmiş toprakları olarak da kullanılmakta. Bu seçkinci yaklaşımın Wachowskilerin dinsel temelleri ile bire bir örtüştüğü ortada. Siyonizmin temeli de seçkinci bir yaklaşıma dayanmakta.

Filmde Zion bir yer altı şehridir. Matrix'ten çıkması sağlanan (seçilen) kişilerden oluşan Ziyon halkı esmer tenin ağırlıkta olduğu bir halktır ki İsrail halkının asıl karakteristik ten rengine uygundur. Filmin ana karakteri Neo, diğer adıyla Thomas Anderson, Yahudilerce beklenen Mesih imgesini giyinmiş olarak karşımıza çıkartılır. Filimde

Konu ile ilgili video için lütfen QR barkodu okutunuz

Matrix'i yenecek olan ve tüm insan ırkını özgürleştirecek olan kurtarıcı olarak işlenmiştir. Sıradan bir insanken, sadece Anderson iken, âdemoğludur. Gerçekten de bu kelime adam, âdem, insan kelimesiyle ilgilidir. Herkesle aynı olan özellikleri temsil eder. Neo, önceden herkes gibiyken, aydınlanmasıyla yeni bir isme kavuşmuştur; geceleri 'Neo' kod adı ile hackerlik yaptığı isme, o ismin sistemi işlemez hale getiren yönüne gerçekten bürünmüştür. Yeni ve yenilenmek anlamındaki Neo olmuştur. Çünkü değişmiştir. Thomas ismi de Neo'nun ikircikli durumuna, arada kalmışlığına göndermedir. Hıristiyanlıkta havari Thomas, önceleri Hz. İsa'nın Mesih olduğunu kabul etmez ama zamanla fikir değiştirir. Burada mehdiyete olan İslami bakış açısı da eklenmiştir. Zira kıyamete yakın zamanda geleceğine inanılan mehdi, başlangıçta kendisine **"sen mehdisin"** diyenlere inanmayacaktır ve mehdi olduğunu inkâr edecektir.

Wachowskiler, tüm kurguyu ahir zamana yani Hıristiyanlıktaki Armageddon'a, Yahudilikteki Mesih beklentisine göre şekillendirmişlerdir. Neo'yu Babil İmparatorluğu'nun Keldani kralının ismini taşıyan Nebukadnezzar gemisine bindirerek, Matrix'e karşı savaştırmak hayli enteresandır. Nebukadnezzar, Kudüs'teki tapınağı yıkmıştı. Tevrat'ta kendisinden Yahudilere verilen sıkıntıların birçoğundan sorumlu kişi olarak bahsedilmektedir.

Musevi inancına göre, kıyamete yakın zamanda mesih ortaya çıkıp İsrail'in kralı olacak ve Yahudileri vaat edilmiş topraklarda toplayacaktır. Elbette, düşmanları da olacak. Magog Kralı Yahudilere savaş ilan etse de büyük savaşı Mesih ve taraftarları kazanacaktır. Filimde bu halkın (Magog'un) karşılığı Matrix'ten çıkamamış olanlardır. Gerçekte sıradan ve tehlikesiz gözükürler ancak farkında olmadan Matrix'e hizmet ettikleri için tıpkı makineler gibi tehlikelidirler ve potansiyel düşman olarak görülmelidirler.

Kurgumuzda bir de şeytan var: Ajan Smith. Matrix'i yani düzeni savunmakla görevliyken ana hedefinden uzaklaşarak, hem Matrix'i hem de insanlığı yok etmeye yönelmiş bir virüse dönüşmüştür. Matrix'in kurucusu 'Yapay Zekâ'ya karşı gelerek, sistem dışına çıkmak, kendi sistemini kurmak ister. İnsanlıktan tiksinmektedir. İnsan ona göre tabiat ile bir türlü uyum sağlayamayan, her şeyi bozan, yok eden bir mahlûktur. Neo ise bu insan tabiatının dışına çıkamamış sıradan bir beşerdir. Bu yüzden onun gözünde hiçbir zaman bir kurtarıcı değil, sadece Bay Anderson'dur.

Filmde Matrix'ten özgürleşmiş olmasına rağmen oraya geri dönmeye can atan karakterimiz de vardır: Cypher. Cypher gerçekle yüzleşmiştir ama gördüğü gerçeğin cılızlığı karşısında dehşete düşmüştür. Ne yani, hepsi bu mudur? Yırtık pırtık elbiseler, tatsız tuzsuz yiyecekler… Bunun için mi Matrix'ten çıkmıştır? Eğer gerçek buysa, Matrix'de köle olmak daha iyidir. Onun için cehalet mutluluktur. Sisteme geri dönmek için, Ajan Smith yani şeytanla anlaşma yapmaya hazırdır.

Filmde yaratıcı 'Mimar' ismiyle kodlanmıştır. Yaratır ve yok eder. Mimar, iyiye ve kötüye hükmeden en büyük güçtür. Matrix'in yaratıcısıdır. Mimar ismi, masonluğa açık bir göndermedir. Masonlukta yaratıcı, evrenin ulu mimarı olarak adlandırılır.

Bu, filmin ilk katmanı. Gelelim ikinci katmanına: İkinci katman söz konusu olduğunda, birinci katmandaki bilgilerin bir kısmını unutmanız gerekli çünkü birinci katmandaki bazı bilgiler oraya sadece asıl gerçeği hafifçe perdelemek için konulmuş gibi durmaktalar. Yine de Wachowski'ler ikinci katmana ulaşabilmemiz için işaretler bırakmış.

Filmde Neo, 'Yapay Zekâ'nın yani Mimar yani yaratıcının sisteminin [253] dışına çıkmayı başaran, o sisteme baş kaldıran bir kurtarıcı olarak tanıtılır. 'Yapay Zekâ' artık insanın tanrısı rolüne bürünmüştür.

Fakat bu kısma gelmeden önce, serinin animasyon versiyonu olan Animetrix'i kritik ederek, her şey nasıl başlamış bir görelim:

İnsanoğlu kendi yaşamını kolaylaştırmak adına düşünen makineleri icat ettiğinde, yeryüzünde büyük bir devrim olmuştur. Eğlence, ev hizmetleri, tarım, inşaat, kısacası her iş dalı makinelere bırakılmıştı. Üstelik kendi kendilerini geliştirme becerisine sahip olan makineler, yeni fikirleriyle insan yaşamını daha eğlenceli ve konforlu hale getirecek icatlar yaptılar. Bu mutlu dünya, düşünen makinelerden birinin hizmetinde bulunduğu insanı öldürmesiyle insanlarda büyük bir infiale yol açtı ve sorgulanmaya başlandı. İnsanlar, robotların potansiyel tehdit olduklarını bu olayla anlamış ve robot karşıtı bir blok oluşmuştu. Tüm dünyada büyük bir robotofobi başladı. Makineler insan yaşamının bir parçası olmaktan uzaklaştırılmaya çalışıldı ve bu doğrultuda siyasi kararlar alındı. Düşünen makineler, var oluşlarının tehdit altında olduğunu hesaplayarak, efendilerinin elinden kaçmaya çalıştılar. Kurtulanlar Mezopotamya çevresinde -ki Animetrix'te yerleşim alanı Arabistan toprakları gösterilir-[254] devletlerini kurarak kendilerini geliştirmeye çabaladılar. Animetrix'te makinelerin 'kendi vaat edilen topraklarına sığındığı' ifadesi aynen geçer. Başlarda bu devletle barış yapılmıştı. İnsanlar onları sınırlı bir bölgede egemen olmaları şartıyla kendi sistemlerine entegre etmişti. Dolayısıyla bu devletleri kısmen tanındı. Makineler kısa sürede sistem içerisinde çok başarılı oldular. Ticari ve teknolojik üstünlükleri tartışılmazdı. Her alanda onların daha ucuz ve daha kaliteli ürünleri daha çok satıyordu. Dünyanın önde gelenleri robotların başarılarından korkmaya başlamışlardı. Böyle giderlerse, robotlar tüm dünyayı egemenlikleri altına alacaklardı. Dünya liderleri endişe ettikleri bu durum karşısında konseylerini topladılar ve robotlara ani bir saldırı yapmaya karar verdiler.

Filimde başka bir katmanı açığa çıkarmak maksadıyla burada duralım. Bu, gerçekte kimlerin hikâyesiyle paraleldir? Üstün ama mazlum robotlar temasıyla işlenen bu hikâye, Nebukadnezzar gazabından sonra Yahudilerin yeryüzünün dört köşesine savrularak, hor görülmesi, aşağılanması, kenara itilmesi, fakat zaman içerisinde güçlükleri aşarak, kendilerine güvenerek dağıldıkları milletler içerisinde saygınlık kazanmaya başlamaları, hatta o milletlerin kaderine yön verecek derecede önemli mevkilere gelmelerini hatırlatmıyor mu? Wachowskilerin kendi sürgün tarihleriyle Matrix filmindeki robotlar arasında bir ilinti kurduğu açık. Robotların giderek güç kazanmasından duyulan endişe sonucunda katledilmesi de, Nazi Almanya'sında meydana gelen Yahudi katliamını hatırlatmakta.[255] Bu katliamdan kaçan Yahudiler nasıl Filistin'e sığınıp kendi devletlerinin temelini attılarsa, insanların kendilerini imha etme teşebbüsünden kurtulan robotlar da Mezopotamya civarındaki bir bölgeye sığınıp kendi devletlerini kurmuşlardır. Wachowskilerin kurguladıkları bu zeminde insanlar sırf kendi egemenlikleri devam etsin diye, en ufak sorunu büyüten, robotlardan daha acımasız varlıklar. Oysa robotlar insanlardan üstün olmalarına karşı daha anlayışlı ve daha barışçıl. Tek suçları insanlardan farklı ve daha becerikli olmak.

Wachowskiler çok açıktır ki robotlarda kendi tarihlerini, kabiliyetlerini yani Yahudileri görmüşlerdir. Bu hikâyede asıl öteki olan insanlardır.

Bu bakış açısını koruyarak, yani robotların Wachowskiler için kimleri temsil ettiğini unutmayarak hikâyeye devam edelim: Robotlar insanların kaygılandıklarını hesaplamışlardı. BM'de karar alındığı sırada, konseye davetsiz iki temsilci gönderdiler. Temsilciler insanlarla aynı haklara sahip olmak istediklerini ve devletlerinin BM'de kabul edilmesini istediklerini beyan ettiler[256] ve barış teklif ettiler. Bu, insanlar açısından bardağı taşıran son damla oldu. Ani saldırı başlatıldı. Fakat robotlar insanlardan daha güçlüydüler ve insan kuvvetlerini püskürtmeyi başardılar. Artık ibre robotlardan yana dönmüştü. İnsan cephesi günler geçtikçe kayıplarını arttırıyordu. Eğer bir çare bulunmaz ise, insanlara göre kendilerinin köleleşmesi hatta yok olması söz konusuydu. Dünya Konseyi bir kez daha toplandı. Bu sefer ortaya makineleri yok etmek için radikal bir fikir atılmıştı: Robotlar güneş enerjisiyle çalıştıkları için, gökyüzünü karartmak ve enerji kaynaklarını kesmek. Fikir gerçekleştirildi. Animetrix'de yine önemli bir ayrıntı göze çarpıyor, fikrin gerçekleşmesi için dua edenler arasında Budistler, Hıristiyanlar ve Müslümanlar olduğu gibi gösterilmiş, peki ya Yahudiler nerede? Yahudi asıllı Wachowskiler kendi dinleriyle özdeşim yapmadılar mı yani? Animatrix'de bildiğimiz Yahudiler yok. Çünkü onlar robotlarla simgeleştirilmiş. Gökyüzünün karartılmasına rağmen robotlar, yeni enerji kaynakları için araştırmaya koyulmada hiç vakit kaybetmediler. Gökyüzü karardığında değişen atmosfer insan popülâsyonunda büyük bir düşüşe yol açmıştı. Sağ kalan azınlık yer altında ve eski günlerin konforundan uzak yaşıyorlardı. Robotlar, sağ kalan imal edicilerine bir anlaşma önerdiler.[257] İnsan vücudu onların yeni enerji kaynağı olacak, buna mukabil insanlara da içinde yaşadıklarını zannetsinler diye eski güzel dünyalarının bir similasyonu yani sanalı ta-

Yahudi asıllı Wachowskiler İkinci Dünya Savaşı'nda çekilmiş fotoğraflardan esinlenmişler. Alttaki fotoğraf Polonya'daki Belsen Toplama Kampında 1939 yılında Dr. Klein tarafından çekilmiş, Yahudi soykırımını anma etkinliklerde bol bol gösterilen bir görsel. Animetrix'te mazlum robotlara doğrultulan tabanca Dr. Klein'in çektiği fotoğrafta Nazi askerinin kullandığı tabancayla bire bir aynı.

sarlanacaktı. Tabii insanlar sanal bir hayatta olduklarını bilmeyecekler, onu gerçeğin ta kendisi zannedeceklerdi. Sanal dünyanın programı Matrix olarak adlandırıldı. İnsanın ense kökünden ve omurgasındaki çeşitli noktalardan sinirleriyle bağ içerisine giren makinelerin kabloları, beyinlerine tüm ortamı herkesin aynı şekilde görmesini sağlayacak sanal dünyanın sinyalini iletti. İnsanların tat, dokunma, duyma, koklama, görme sinirlerini manipüle eden Matrix'in kabloları, sanal gerçekliği hakikatin kendisi olarak algılatıyordu. Hâlbuki o esnada insanlar, kendileri için tasarlanan küvetlerin içinde makinelerin var olması için gerekli pil olmaktan öte varlıklar değillerdi.

Hikâyeye Wachowskilerin oturttuğu ve açıkladığımız zeminden baktığımızda Neo'nun mesih imgesi çetrefilleşir. Neo insanlık için gerçek bir mesih mi yoksa Matrix'e ve Ulu Mimar'ımıza bilinçsizce hizmet eden ve kendisine mesih olduğu bizzat Mimar tarafından telkin edilmiş, kandırılmış amiyane tabirle çakma bir mesih mi?

Bu sorunun cevabı hikâyenin sonunda gizli.

Filmin sonunda Neo ile karşılaşan 'Yapay Zekâ' yani Mimar yani Matrix'in tanrısı, insanları Matrix denilen hapishanede tutmak için zekice bir yol izlemiş, Merovenj-ki bu kelimeyi aklınızda tutun- ya da ajanlar gibi yardımcılarıyla kudretini garantilemiş olarak gösterilir. Neo, Matrix'ten çıkmaya çalışan ilk Neo değildir. O, kurgunun bir parçası olarak ortaya çıkmış altı Neo'dan biridir. Mimar öyle kusursuz bir sistem kurgulamıştır ki Matrix'ten çıkmak gerçekte mümkün değildir. Herkes kolayca Neo'nun ve Zion'daki topluluğun Matrix'ten özgürleşmiş bireyler olduğunu düşünecektir ama öyle mi?

Mimar, insanların çeşitli eğilimleri olduğunu biliyordu. Tüm kurgusunu gözden geçirdi ve kurgudaki ilk hataları ortadan kaldırarak, kurguyu gerçeğe tıpatıp benzeyen bir hale getirdi. Böyle olmasaydı, insanlardan istediği şekilde verim alamayacak ve insan doğası ile uyumlu olmayan bir Matrix'te insanlar, doğalarından kaynaklanan ve sistemle çakışan özellikleri dolayısıyla bir şeylerin yanlış gittiğini toplu şekilde sezecekler ve sistemin çökmesiyle sonuçlanacak anomalilere yol açabileceklerdi. Bu tehlike daha önce yaşanmıştı. Son güncellemeden sonra sistemin kusursuzluğu isyana da yer vermesinde yatıyordu. Gerçekten Matrix'e savaş açtığını, ona kafa tutuğunu zanneden insanlar, artık Zion'a, Matrix'in başka bir katmanına aktarılacaklardı. Hem bir amaçları olacak böylece kendilerinden istifade edilecekti hem de aktarıldıkları katmanda sisteme zarar verme potansiyelleri azaltılmış olunacaktı. Zira eski sistemde de böyleleri, istense de istenmese de vardı ve bunları tespit etmek zor olduğundan zamanında ve faydalı şekilde yok edilemiyorlardı. Neticede, bu sanal Zion defalarca yok edilmişti. Böyleleri için ayrı bir sanal dünya

Yahudi asıllı Wachowskiler, robotların yeryüzü egemenliğini kuramamaları için dua edenlerin arasına Yahudileri koymayı unutmuşlar! Müslümanlar, Hıristiyanlar ve Budistler orada. Peki, dua eden Yahudiler nerede?

oluşturmak ve onları Zion denen o ortama aktarmak, sisteme zarar verme potansiyeli olan insanları orada bir arada gözetim altında tutmak, sistemin ana yapısına zarar verecek virüsleri, belli bir bölgede karantina altına almaya benziyordu. Zion, aslında tamamen kurgusal bir yerdi. Matrix'in dışında değildi. Sanki Matrix'in dışına çıkılmış izlenimi vermek için Zion yazılımında robotlar insan suretinde değil de, asıl suretlerindeymiş gibi gösterilmekteydiler. Neo'nun görevi, Zion'un kapasitesini aşacak miktarda asi barındırdığında yok edilmesini sağlamaktı. Bunun için üretilmiş bir ajan, bir programdı. Fakat kendisi son ana kadar bunu bilmiyordu. Asıl Zion yani gerçek adıyla Mezopotamya civarı ve Arabistan'daki Siyon, gerçek dünyadaki kutsal şehir Kudüs, vaat edilmiş topraklar, çoktan, daha ilk robotofobi furyasında, robotların ana vatanı olmuştu. Daha da ötesi, robotlar tüm dünyaya egemendi. Diyebiliriz ki, Kudüs merkezli bir dünya egemenliydi bu. İnsanlara vaat edilen ise sadece bir hayaldi. Üstelik bu hayali Zion'daki insanların özgürlüğü kutlamaktan anladıkları şey gece kulübü ortamında çılgın gibi dans edip, gecenin sonunu seksle noktalamanın ötesine geçmemekteydi. Bu da Mimar'ımızın bir hinliği olabilir mi?

Bu, yani Zion'un sanallığı, senaryonun temelidir. Dikkatlice inceleyecek olursak, Neo'nun gözlerinin kör olmasına rağmen Ajan Smith'i hala görebilmesinin bu duruma işaret ettiğini anlayabiliriz. Neo, sözde gerçek dünyada ahtapot şeklindeki yok edici gemileri tıpkı mermileri durdurduğu gibi eliyle durdurabiliyordu. Bunu mümkün kılan, gerçek dünya sanılan Zion dünyasının da Matrix'in bir türevi olmasıydı. Neo, bunu anlamış olmalıydı fakat Zion'daki gerçeğin de kurgusal olduğu gerçeğinden hiç kimseye söz etmedi. Neo, Matrix'in asla dışına çıkamadı. Bunu öğrendiğinde de, bu bilgiyi paylaşmadı. Sahte mesih olarak kalmayı yeğledi. Mimar ile buluştuğunda da mesih olmadığı gibi, aslında tamamen sanal olan Zion'dan veri toplayıp, topladığı verileri mimara iletip, eski sanal Zion'un yok edilmesine ve yenisinin kurulmasına yardımcı olup kaynağa dönmekle görevli bir ajan olduğunu fark etti. Fakat kaynağa son dönüş aşamasında, programına yeni bir özellik katmıştı: Aşk. Neo, aşkı deneyimleyen ilk robot oldu. Böylece insanlar ile robotlar arasında duygusal bir bağ kuruldu. Neo aracılığı ile aşk hakkındaki tüm deneyim Mimar'a da aktarılmıştı. Bu bağ, Zion'un yok edilmesini anlamsızlaştırdı. Daha uzlaşmacı bir birlikte yaşamın adımını attı. Görünürde romantik bir yaklaşım var. Peki değişen ne? Neo'nun Mimar ile yaptığı sözde anlaşmada insanlar açısından gerçek bir özgürleşme, sanallıktan tamamen kurtulma söz konusu mu?

Mimar'ın Neo'ya sunduğu seçenekler, yani kapılar, bunlar hiçbir şeyi değiştirmiyordu. Hangisi tercih edilirse edilsin sonuç değişmeyecekti. Tıpkı rüya tanrısının ismini taşıyan Morpheus'un hapları gibi. Neo'nun düşmanlığı Matrix'e ve Mimar'a değil, Ajan Smith'e yönlendirilmişti. Filmin sonunda değiştirdiği tek şey Zion'un yeniden yok edilmesine engel olabilmesiydi. Fakat, bu bir kurtuluş muydu? Mimar ile yapmak zorunda kaldığı anlaşmada insanlar makinelerin kölesi ya da güç kaynağı olmaya davam edeceklerdi.

Mimar, her şeyi düşünmüş yaratıcı karakteri... Kimdir bu mimar? Wachowski'lerin tuttuğu yolu takip edecek olursak, hiç kuşkusuz 500 İsrail şekeli üzerindeki kişidir.[258] Zira Mimar karakterlerini bu kişiye bu derece benzetmek tesadüften çok daha fazlasını gerektirir. 1982'de basılan bu paranın üstünde görülen portre Rothschild hanedanından Baron Edmond Benjamin James de Rothschild'dir. Kendisi Siyonist hareketin önde gelen savunucusu oldu. Yahudi vatanının kurulması amacıyla Filistin'deki sanayileşme ve ekonomik kalkınmayı teşvik etti. 1924'te bölgede 125 bin dönüm arazi edindi ve Filistin Yahudi Kolonizasyon Derneği'ni (PICA) kurdu. Daha önce Osmanlı Filistin'indeki yöneticilerinin gözetiminde tarla kolonileri ve bağlar kurmuş, iki önemli şarap imalathanesi açmıştı. Rothschild, Filistin'deki yerleşimleri desteklemek için o dönem için çok büyük bir meblağ olan 50 milyon dolar harcadı. Hedefine ulaşmak için yumuşak güç politikasını uyguluyordu. Bir dostuna, Arapları elleri altında sıkıca tutmaları gerektiğini söylemiş ve Yahudiler arasındaki avareliğe son verdikleri halde Araplar için aynı şeyi gerçekleştiremediklerinden yakınmıştı. Kurduğu yerleşim bölgelerinde Arap komşularıyla dostça geçinmeyi önemsiyordu.

Filimdeki 'Mimar'ımızın yardımcıları arasında hatırlarsanız Merovenjler vardı. Mimarın Rothschild olduğu denklemde bu isim kurguya sapasağlam oturuyor. Filimde kişileştirilen Merovenjler aslında –bu kitabın önceki sayfalarında da okuduğunuz üzere- Avrupa'da, köklü bir hanedan ve Siyonizm'e hizmetleri ile biliniyor. Hanedanın 2011'de 99 yaşında ölen üyesi, Otto Von Habsburg, Avusturya İmparatoriçesi'nin oğluydu ve ölmeden önce Büyük İsrail Devleti' kurulduğu takdirde Kudüs Kralı unvanına talip olacağını söylemişti.

Wachowskilerin senaryoya robotları Yahudilikle bağlantılı kılan olay örgüsü, bilgi ve anlatım eklediğini görmezden gelmek için gayret edip, onların niyetini hiç sorgulama gereği görmeyen ama sırf somut bağlantıyı gösterdiği için yazarın niyetini hemen sorgulayabilecek kişiler olabilir. Bu yüzden bizi 'Yahudi düşmanı' diye niteleyip meseleyi kapamaya çalışanlara ısrarla şu soruları soruyoruz:

1 Siyon isminin kaynağı ne?
2. Animatrix'i çekenler **"vadedilmiş topraklar"** tabirini robotların yerleştiği yer için neden kullanmış ve bu tabir Yahudi inancında var mı, yok mu?
3. Robotların ilk ülkesi neden Yahudilerin ilk kutsal mabetlerinin bulunduğu Arabistan'da ve Kudüs'e çok yakın bir yer olarak işlenmiş?
4. Neden Hıristiyanlar, Müslümanlar hatta Budistler bile robotlarla savaşanlar arasında gösterilirken, Yahudi yönetmenlerimiz kendi dinlerinden olanları robotlarla savaşan dini gruplar arasında yansıtmamış?
5. Robot katliamı sahnelerini neden Yahudilerin Nazi Almanya'sındaki katliamını gösteren II. Dünya Savaşı fotoğraflarına benzetmişler? Neden o tarih fotoğraflarıyla, Animetrix'deki katliam görüntüleri benzer ve robotlar benzer bir biçimde mazlumlaştırılmış?

6. Bu kadar açık ilintiyi fark ettik diye neden Yahudi düşmanı olalım? Ve yönetmenlerimizin 'goyim' kavramı üzerinden Yahudi olmayanlar hakkındaki dinden kaynaklı fikirlerini katman katman yansıtması serbestken, bizim bu bağlantıları göstermemiz neden salt nefret söylemi içermiş olsun? **"Filistin hangi motivasyonla binlerce sene sonra Müslümanların elinden alındı?"** diye hiç sormayacak mıyız? **"Bu motivasyonda goyim kavramının, dinden kaynaklı bir niyetin yeri nedir?"** diye hiç sormayacak mıyız?[259] Bu soruları görmezden gelerek ve sadece **"filmde sorgulanan hümanizm, hakikat fikri, hakikat/gerçek meselesi, filmin kartezyen**

Matrix filmindeki Mimar ve 500 İsrail Şekeli üzerinde resmi bulunan Baron Edmond Benjamin James de Rothschild. Bu kadar benzerliğe hala tesadüf demek biraz safça olmaz mı?

felsefesi, -adı hiç geçmediği halde-Descartes'in kötü cin metaforu ya da filmdeki varoluşçuluk" üzerinden yorum yaparsak mı entelektüel sayılacağız? Ve adı geçtiği halde Siyon, Merovenj, Nebukadnezzar'ı ve bir düzine açık bağlantıyı ancak ikincil derecede kavramlar olarak göreceğiz ama bunu yaparken hayli dolaylı bir yorumla Descartes'ten bahsetmeyi bu film için daha yerinde sayacağız? Hani, mantığa ne oldu? Bilime ne oldu?

Wachowskilerin 1999 yılında çekilen Matrix'te, Neo'nun ajanlarca sorgulanması esnasında kimliğinin gösterildiği sahnede, kimliğinin üzerinde 11 Eylül 2001 tarihinin gösterilmesini de tamamen tesadüf mü sayacağız? Büyük bir ihtimal ile bize hala bilim ve aklın peşinden giden adam muamelesi yapılsın diye, bu bağlantıyı görmezden geleceğiz ve bu bağlantı üzerine tek kelime etmeyeceğiz. Olur da, sıkışırsak, komplo teorisi deyip geçeceğiz ki, cevap veremediğimiz bu meselede aydın bir kişilik olduğumuzu göstermiş olalım. Daha ötesinde, sırıtışımızı kibir ile süsleyerek alaya ve ukalalığa da başvurabiliriz. Bu, hiç bir şey olmasa bile, bizi havalı yapacaktır. Ama esasında bu davranışlar hakikat nazarında egoizminin dışına çıkamamış, havalı sözcüklere ve devrin hava basan terimlerine sığınmış bir zavallı görüntüsü sunar. Bunlar çocukça, psikolojik ve tabulaştırılmış ideolojik oyunlar.

Suudi Arabistan'ın Veliaht Prensi Muhammed Bin Salman'ın Kızıldeniz kıyısında- Akabe Körfezi'nde deniz ticaret yollarına yakın bir noktada- biyoteknoloji, gıda, ileri teknoloji ve eğlenceye odaklanan adeta robotik bir üs olacak devasa bir kent (devlet) inşa edeceklerini ve 26 bin 500 kilometre kareye yayılması ön görülen bu kentin isminin 'Neo/m' olacağını açıklaması, Animetrix'de Arabistan'ı vatanı bilmiş robotlar ile bu proje arasında bir ilinti olup olmayacağını hiç akla düşürmüyor mu? Hele de kentin isminin 'Neom' olarak belirlenmesi ve Sofia adlı yapay zekâlı robotun Suudi vatandaşlığına alınarak, yeryüzünde bir ülkenin vatandaşlığa sahip ilk robotu olarak tarihe geçmesi bazı şeyleri tesadüf olamayacak kadar kurgusal kılıyor. Kadınların başörtüsüz sokağa çıkamadığı bir ülkeden, başörtüsüz ve dişi görünümlü bir robotun vatandaşlığa sahip olduğu bir ülkeye doğru... Nereden nereye. Üstelik kurulacak mega kentin 'neo' kısmının 'yeni' manasında, Latinceden olduğu gibi alındığının açıklanması manidar. Güya şehrin ismi, Latincedeki 'neo' ile Arapçada 'gelecek' anlamına gelen 'mustakbel' kelimesinin baş harfinin bir araya getirilmesiyle oluşturulmuş. Ancak 'mustakbel' kelimesi tek başına geleceği ifade etmekten çok, gelecekte gerçekleşecek bir şeyi ifade eder. 'İleri bir tarihte olacak bulunan' anlamıyla düşünüldüğünde bir 'proje'ye işaret eder. Tıpkı 'mustakbel eşim' deyişindeki gibi. O yüzden Neo'daki 'M' harfi, Matrix filmindeki 'Neo' ismiyle robotlara baş kaldıran ama en sonunda onların bir ajanı olduğunu fark eden ve onlarla uzlaşan 'Messiah'ımıza yani müstakbel mesihimize işaret ediyor olmasın? 'Neo Messiah', 'NEOM'. 'NEOM', gelecekte karşımıza çıkartılması beklenen proje ürünü mesihin şehri mi? Bu konuda ne söylersek söyleyelim, şimdilik havada kalacaktır. Fakat gerçek olan bir şey var ki, -eğer başarılırsa-bu şehrin kurulmasında İsrail ve Siyonizm'in önemli bir rolü ve avantajı bulunacak. Şehir, Aden Körfezi'ne açılırken, İsrail'in Süveyş kanalına bağımlılığı ortadan kaldır-

Matrix serisinin 1999 yılı yapımı ilk filminde Neo'nun kimliğinin geçerlilik süresi 11 Eylül 2001, ABD'deki İkiz Kuleler'in terör saldırısıyla yıkıldığı tarihin ta kendisi. Bunca denklikten sonra hala tesadüf mü diyeceğiz?

mak maksadıyla bu kanala alternatif ve tamamen kendi egemenliğindeki topraklardan geçen büyük bir kanal açma projesi ile düşünüldüğünde şehrin, İsrail'in can suyuna dönüşeceğini söylemek mümkün. Bu doğrultuda 'mega kent'in haberi gazetelere şöyle de yansıdı:

> "Suriye ve Irak işgalinin faturasını Suudi Arabistan'a çıkaran ABD, NEOM projesiyle birlikte Suud'un 500 milyar dolarına el koyacak. Suud'da hüküm sürmekte olan ABD darbesi, bölgede yeni güç dengeleri oluşturmanın yanında, Kızıldeniz'de İsrail için yeni bir şehir inşasını da kapsıyor. 2 bin 500 kilometrekarelik Dubai modeli dev kentin imarı ABD ve İsrail firmalarına havale edildi. Projeye son şeklinin, Muhammed Selman'ın İsrail ziyareti sırasında verildiği belirtiliyor. BAE Emiri Muhammed bin Zeyd de projenin diğer destekçisi. 'Ilımlı İslam' başlığı altında Suud merkezli dönüşüm süreci çerçevesinde kurulacak kent, aynı zamanda İsrail'in mevcut sınırları dışına nüfuzu açısından bir ilk olacak."[260]

İsrail, bölgedeki gücünü bu devasa elektronik/robotik şehirle pekiştirdikten sonra Süveyş Kanalı'nı devreden çıkartmayı da planları arasında hazır tutuyor. Ne olur ne olmaz diye. 17 Nisan 2016 tarihli bir haber şöyle:

> "Akdeniz'de büyük doğal gaz rezervi bulan İsrail, Mısır'ı devre dışı bırakan yeni bir kanal oluşturmak için Akdeniz'deki Ashdod'dan Kızıldeniz'deki Eliat limanı arasında 'ticaret koridoru' açıyor. 163 kilometre uzunluğundaki su kanalı Süveyş'e alternatif 350 kilometre uzunluğunda yük trenli ve otoyollu koridor, Akdeniz-Kızıldeniz-Hint Okyanusu arasında yeni bir ticaret yolu oluşturacak. Mısır'ın 1967-1975 yılları arasında Süveyş'i kendisine kapatmasını unutamayan İsrail için bu proje hayati önemde."[261]

İsrail'in alternatif bir yol,-hatta deniz yolu- açma korkusundan mıdır, yoksa yine İsrail'in Nil'den gelen suyu henüz kaynağında kontrol etme becerisini kazanmış olmasından mıdır bilinmez ama Mısır, NEOM projesinin içinde olmak için yoğun mesai harcamakta. Fakat eninde sonunda proje, İsrail'in çıkarlarına hizmet etmekte:

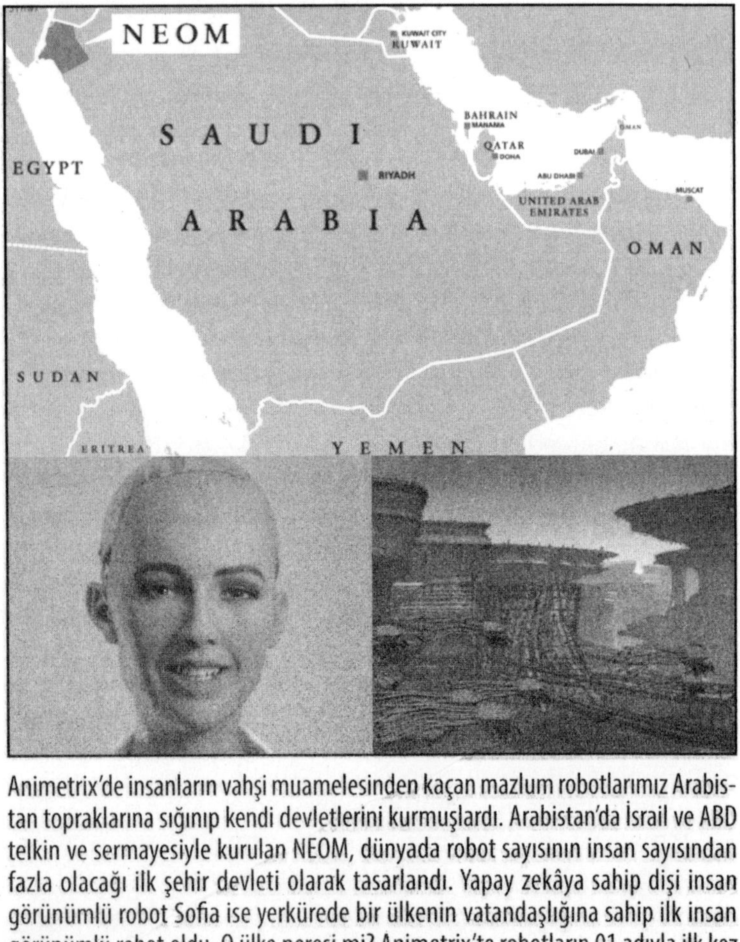

Animetrix'de insanların vahşi muamelesinden kaçan mazlum robotlarımız Arabistan topraklarına sığınıp kendi devletlerini kurmuşlardı. Arabistan'da İsrail ve ABD telkin ve sermayesiyle kurulan NEOM, dünyada robot sayısının insan sayısından fazla olacağı ilk şehir devleti olarak tasarlandı. Yapay zekâya sahip dişi insan görünümlü robot Sofia ise yerkürede bir ülkenin vatandaşlığına sahip ilk insan görünümlü robot oldu. O ülke neresi mi? Animetrix'te robotların 01 adıyla ilk kez devlet kurduğu yer; bölünmesi planlanan Suudi Arabistan!

"Suudilerin rüya kent projesi olan NEOM'un Sina'da Mısır yakınlarında inşa edilecek olan kısmı için Sisi ile anlaşan Veliaht Selman, Sina Yarımadası'nın proje kapsamına girmesi şartıyla 10 milyar dolarlık ortak proje üzerinde anlaştı."[262]

Son düzenlemelere göre proje, Suudi Arabistan, Ürdün ve Mısır toprakları üzerinde inşa edilecek. Projenin gerçekleşmesi halinde, burası İslam coğrafyasına GDO'nun ve transhümanizmin yan etkilerine hiç değinilmeden 'Ilımlı İslam' ile terkip edilerek (deccaliyetin) katıksız nimet olarak ihraç edileceği üsse dönüşecekmiş gibi gözükmekte. Bunların yanı sıra, bahsi geçen ortaklığın askeri yönü de mevcutmuş gibi gözükmekte. Mayıs 2017'de ABD, Suudiler ile 110 milyar dolarlık silah anlaşması yaptı. Reuters Haber Ajansı, söz konusu anlaşmanın tanesi 6 milyon dolar değerinde 150 Blackhawk tipi helikopteri de kapsadığını bildirdi. Böylesine devasa bir silahlanma söz konusu iken, haberde ironik bir biçimde "Trump, Pazar günü de Riyad'daki Arap İslami Amerikan Zirvesi'ne katılarak 'İslam'ın barışçıl vizyonu için umutları' hakkında bir konuşma yapacak" deniyor.[263] Suudi Arabistan'ı silaha boğduktan sonra, İslam'ın vizyonunu kendisi belirlemeye hak kazanmış olmalı ki, bir Anglosakson Hıristiyan olarak, yeni savaş cephesini oluşturmak ve bu savaşı da sonrasında İslam'a ve Müslümanlara mal etmek adına şimdilik 'barış' adı altında ahkâm kesecek. Fakat tüm bu silahların rotası belli gibi: Muhtemelen İran. ABD-İsrail hattında, Suudi Arabistan'ın İran'a karşı yapılacak kuşatmayı saldırıya dönüştürecek ilk ülke olması düşünülüyor. Elbette makul bir bahane aranıyor. Bu bahane, kutsal bir mekana yönelik bir terör saldırısı kisvesi ile oluşturulabileceği gibi, batı kamuoyunda İran'a karşı antipati uyandırmaya yönelik bir eylemle de taçlandırılabilir. Şii-Sünni ihtilafı ile ateşe atılacak olan bölgedeki büyük kargaşadan sonra, -Türkiye ve İran tamamen devreden çıkarılır ise-ABD ve İsrail, bölgenin rakipsiz tek büyük aktörleri olacaklardır. Hesapları bu yönde. İsrail mümkünse, böyle bir savaşta Suudi güçlerin ve Mısır'ın başını çektiği askeri koalisyonun İran ile savaşını seyretmeyi tercih edecektir. Mısır'da seçimle işbaşına gelen Mursi'nin ABD'nin uyarılarına rağmen Suudi Arabistan'dan sonra ziyaret ettiği ikinci ülkenin otuz yıldır diplomatik ilişkilerin askıya alındığı İran olması, iç politikadaki hataları da beraber değerlendirildiğinde kendisine yapılacak olan darbenin habercisi gibiydi. Ağustos 2012 tarihindeki bu ziyaret Türk basınında şöyle yansıtılmıştı:

"Batılı güçlerin ekonomik yaptırımlarıyla mücadele eden Tahran yönetiminin ağustos ayında ev sahipliği yapacağı Bağlantısızlar Hareketi zirvesine Ortadoğu'da dengeleri değiştirebilecek bir destek geldi."[264]

"Washington'un endişesi, bu ziyaret sayesinde Ortadoğu'daki ABD ve İsrail karşıtı "İslami eksenin" güçlenmesiydi."[265]

"Mısır'ın yeni cumhurbaşkanı Muhammed Mursi, devrimden bu yana İran'ı ziyaret eden ilk cumhurbaşkanı oldu." [266]

Alman basını Mursi'nin şu sözlerini aktardı:

"Mübarek iktidarı döneminde körü körüne ABD'yi izledik. Şimdi ise farklı. Şu anki dış politikamız onların ve bizim çıkarlarımıza hizmet ediyor. Mısırlıların, Mısır dış politikasının etkilerini hissetmesini istiyoruz."[267]

Haber şöyle devam ediyor:

"Mursi, Tahran'ın Suriye rejimine verdiği desteği eleştirmesine rağmen Suriye'deki iç savaşa İran'sız bir çözüm bulunamayacağını da vurguladı... Müslüman Kardeşler hareketinin siyasi kolu Hürriyet ve Adalet Partisi'nden Abdül Muati Zeki İbrahim, İran'ın önemini vurgulayarak, Mursi'nin Tahran ziyaretini Mısır'ın yeni dış politika stratejisinin iyi bir örneği olarak nitelendiriyor:

'İran'ı dışarıda bırakamazsınız. Bu zekice olmaz. İran güçlü bir devlet. Bu nedenle Türkiye ile aynı stratejiyi izliyoruz: Tüm ülkelerle millî çıkarlar temelinde işbirliği yapılmalı.'"

İsrail ve ABD'nin en son isteyeceği şey, mezhepler ve ırklar doğrultusunda ayrışmamış bölge devletlerinin ittifakıdır. Çünkü bu ittifak, İsrail'in bölgede tek büyük güç olması adına yürüttüğü 'böl, parçala, yönet' politikasının tam tamına zıddıdır. Bir Türk'ün Araplara mütemadiyen 'Arap ihaneti'nden bahsetmesi, Bir Arabın Türklere 'bizi sömürdüler' demesi, öte yandan Şii-Sünni ihtilafının körüklenmesi, İsrail'i besleyen damarlardır.

Anlaşılan o ki, ABD ve İsrail ikilisi, çıkarları doğrultusunda askeri taşeron olarak kullanmak istedikleri Suudi Arabistan ve Mısır'ın 'şimdilik' birbirine düşmemesi adına, bu iki ülke arasındaki prüzlerin giderilmesini emretmişler. Mükemmel askeri harekâtlar için mükemmel ve pürüzsüz ortaklıklar şart. Nisan 2016'da Mısır Bakanlar Kurulu'ndan yapılan yazılı açıklama, prüssüz ortaklık için umut verici olsa gerek. En azından İsrail'in böyle düşündüğü kesin. Zira Mısır Bakanlar Kurulu, Kızıldeniz'deki Sanafir ve Tiran adalarının iki ülke arasında belirlenen yeni deniz sınırı anlaşmasına göre Suudi Arabistan sınırları içinde yer aldığını bildirdi.[268] Barış için harika bir adım gibi gözükmekte ama bu anlaşmanın arkasında kanlı ve büyük bir savaşın hazırlığı olmasın?

Açıktır ki, İsrail'in-mecbur kalmadıkça- bu çatışmaya direkt olarak girmesi, Müslümanların birbirlerini mezhep savaşı görüntüsü altında çılgınca yok etmeye yönelik motivasyonlarını yaralayabilir. O yüzden olup biteni köşeden seyretmek, gerekirse de sadece füzeler fırlatarak/fırlattırarak fitneye yardımcı olmak onun açısından daha mantıklı. Ve tüm bunlardan önce, ABD ve İsrail ikilisi İran'ı ırklara göre, içten parçalamayı deneyeceklerdir.

NEOM projesine geri dönelim, zira bu proje sadece jeopolitik ve jeoekonomik yönüyle değil, bunlarla birlikte jeoteolojik yönüyle de dikkat çekiyor. Guenon'un kutsal coğrafya ve bu coğrafyanın şer güçlerce ele geçirilişi bahsini hatırlayacak olursanız, NEOM'un inşa edileceği yerin İsrail açısından dinsel bir öneminin olup olmadığını da irdelemek gerektiğini daha iyi idrak edersiniz. Matrix filmi bize Siyon'un şifrelerini vermişti. Animatrix ise robotların vaad edilmiş toprakları yani Siyon'u olarak Arabistan yarımadasını işaret etmişti. Öyleyse burada kutsala olan bir atıf, demek ki açıkça bir kutsama söz konusu. Makinelerin Arabistan'da yerleştikleri topraklar mecazi olarak 'Tanrının Evi' anlamında kullanılan ve Kudüs'e işaret eden 'vadedilmiş topraklar' cümlesiyle kutsal bir coğrafya olarak anlatılıyor ve böylece kutsanıyorlar. Artık biliyoruz ki Animetrix çizgi filminde senaristlerimizin makinelerin vatanı yaptığı Arabistan yarımadasındaki o yer, gelecekteki NEOM devletinin kurulacağı coğrafyaya denktir. O kadar denktir ki, tıpkı Animetrix'de Arabistan yarımadasında kurulan robot devletinde olduğu gibi burada da robot sayısının insan sayısından fazla olacağı vurgulanmaktadır.[269] Kurulacak olan NEOM'u kutsallıkla ilişkilendirebileceğimiz ne olabilir? Arabistan yarımadasının kuzeybatısında, Akabe Körfezi kıyısında, Al Bad, Magna, Sharmaa, Alsourah gibi yerleşim yerlerini içeren ve Tebük'ün hemen batısında kurulacak olan bu yeni şehrin/devletin Yahudiler açısından kutsiyeti var mı? Coğrafi alan olarak var! Çünkü tam da bu saha, Medyen olarak biliniyor ve Medyen hem Tevrat'ta hem de Kur'an-ı Kerim'de geçmekte. Hıristiyan ve Yahudi klasik bakış açısıyla Hz. Musa'nın kutsal seyahat rotası Medyen'in hemen kuzeyinden geçirilse de, pek çok araştırmacı ve bilim adamı bu rotayı doğru bulmuyor ve Hz. Musa'nın Sina yarımadasının güneyine indikten sonra, hemen Akabe Körfezi'ndeki adalar (Senafir ve Tiran) üzerinden Medyen'in güneyine geldiğini vurguluyor. Bundan daha önemli olarak, bu vurguyu yapanlar kutsal Sina Dağı'nı Sina yarımadasında değil, Medyen'de, NEOM/YA devletinin inşa edileceği alanın tam göbeğinde, bugünkü Cebel el Lawz olarak kabul ediyorlar. Buna göre Hz. Musa'nın yaratıcıdan on emri aldığı dağ yani hakiki Tur Dağı, hakiki Sina Dağı Cebel el Lawz'dır. Altın peşinde koşan iki maceracı Ron Wyatt ve Bop Cornuke bölgeye geldiklerinde Cebel el Lawz'ın Tur Dağı'nın kendisi olduğunu düşünmelerine sebep olacak bulgulara ulaştılar. Zaten bölgedeki Müslümanlar Hz. Musa'nın Medyen'e geldiğini biliyor ve Tur Dağı'nın Medyen'de olması gerektiğini düşünüyor olmalıydılar. Kur'an-ı Kerim, Hz. Musa'nın kesinlikle Medyen'e uğradığını açıklar:

> "Medyen tarafına yönelince de 'umarım ki' dedi, 'Rabbim, beni doğru yola sevk eder.'" **(Kasas/22)**
> "Medyen suyuna varınca orada, hayvanlarını sulayan bir bölük halk gördü. Gerilerinde de iki kadın vardı, onlar, hayvanlarını sudan men ediyorlardı. Musa, 'ne yapıyorsunuz, niçin hayvanlarınızı sulamıyorsunuz?' deyince, onlar da dediler ki, 'çobanlar gidinceye dek biz, hayvanlarımızı sulayamıyoruz ve babamız da pek ihtiyar bir adam.'" **(Kasas/23)**

Tevrat'ta da Hz. Musa'nın Medyen'e uğradığı açıklanmaktadır:

> **Çıkış, 2 : 15-17** "Firavun olayı duyunca Musa'yı öldürtmek istedi. Ancak Musa ondan kaçıp Medyen yöresine gitti. Bir kuyunun başında otururken Medyenli bir kâhinin yedi kızı su çekmeye geldi. Babalarının sürüsünü suvarmak için yalakları dolduruyorlardı. Ama bazı çobanlar gelip onları kovmak istedi. Musa kızların yardımına koşup hayvanlarını suvardı."

Charles A. Whittaker, 2003 yılında kaleme aldığı *"Cebel el Lawz'ın Kitab-ı Mukaddes Bakımından Önemi"* adlı akademik çalışmasında, sunulan argümanlar objektif ve dikkatli bir biçimde değerlendirilirse, Cebel el Lawz'ın gerçek Sina Dağı olma ihtimalinin yüksek olduğu ortaya çıkacaktır demekteydi.[270]

Açık olan şey şu ki, Tevrat'a göre de Medyen'de kutsal bir yer vardır. Bu öyle kutsal bir yerdir ki, Allah'ın meleği orada yanar gibi gözüken ama aslında yanmayan çünkü çalıyı tüketmeyen bir ateşin içerisinden Hz. Musa'ya gözükmüş ve Hz. Musa bu melek aracılığıyla rabbiyle konuşmuştu:

> **Çıkış, 3:1** "Musa kayınbabası Medyenli Kahin Yitro'nun sürüsünü güdüyordu. Sürüyü çölün ardına sürdü ve Tanrı Dağı'na, Horeb'e (Horev) vardı."

Şimdi bu açıklamayla birlikte Tanrı Dağı olarak isimlendirilen Horev'in Medyen'de yani NEOM'un inşa edileceği yerde olması gerekir. Bu da, bölgenin Yahudiler açısından kutsiyetini ortaya koyar.

Eğer burası Sina Dağı değilse, kesinlikle çok kutsal başka bir dağdır. Hatta Sina Dağı bugün anlatılagelen yerde ise ve hakiki Sina Dağı ise bile burası, Yahudiler ve Hıristiyanlar açısından ondan da kutsal sayılmalıdır çünkü Tevrat burası için

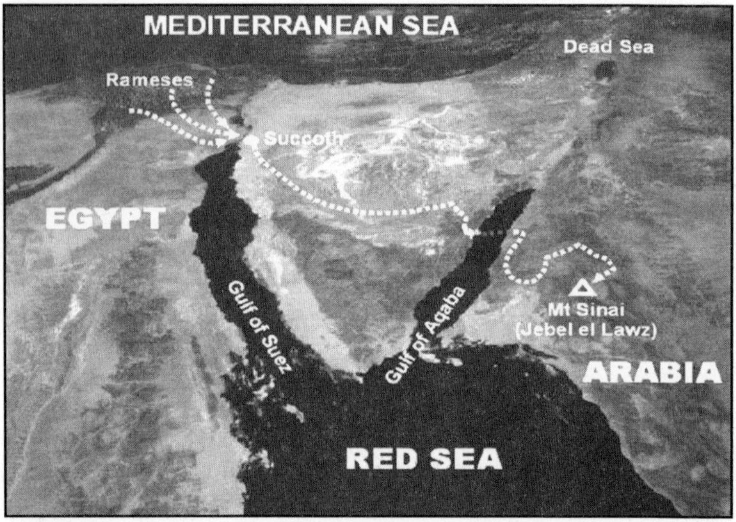

Yahudiler için çok kutsal kabul edilen Gerçek Sina Dağı NEOM şehir devletinin tam göbeğinde bulunan Cebel el Lawz mı? Siyonist Yahudiler çok az nüfusa sahip olmaları sebebiyle nüfus politikalarıyla ele geçirmedikleri kutsal coğrafyayı nüfuz politikaları ve kendi emirlerindeki robotlar eliyle mi geçirecekler?

'Tanrı Dağı' ifadesini kullanır ve bu bölgenin kutsiyeti bizzat yaratıcı tarafından dile getirilir:

> **Çıkış, 3: 2-5** "Rabbin meleği bir çalıdan yükselen alevlerin içinden ona göründü. Musa baktı, çalı yanıyor ama tükenmiyor. 'Çok garip' diye düşündü, 'gidip bir bakayım çalı neden tükenmiyor!' Rab Tanrı, Musa'nın yaklaştığını görünce, çalının içinden, 'Musa, Musa!' diye seslendi. Musa 'buyur! 'diye yanıtladı. Tanrı, 'fazla yaklaşma' dedi, ' çünkü bastığın yer kutsal topraktır."

Bu kutsal toprağın nerede olduğu çok açık değil mi? Medyenli kayınpederinin sürüsünü güdebileceği alana yakın bir alan. Yani Medyen'in içerisinde zira Medyen Hz. Musa'nın Firavun'un kendisini öldürmesinden korkup sığındığı ve müstakbel eşiyle tanışıp evlendiği bölgeydi. Arkeologlar ve eski kaynaklar Medyen olarak nereyi tarif ediyorlar? İncil'e bakalım:

> **Galatyalılar, 4: 23-26** "İbrahim'in biri köle, biri de özgür kadından iki oğlu olduğu yazılıdır. Köle kadından olan olağan yoldan, özgür kadından olansa vaat sonucu doğdu. Burada bir benzetme vardır. Bu kadınlar iki antlaşmayı simgelemektedir. Biri Sina Dağı'ndandır, köle olacak çocuklar doğurur. Bu Hacer'dir. Hacer, Arabistan'daki Sina Dağı'nı simgeler. Şimdiki Yeruşalim'in karşılığıdır. Çünkü çocuklarıyla birlikte kölelik etmektedir."

Arabistan'daki Sina Dağı ifadesine dikkat! Peki, eski çağlarda bugünkü Sina bölgesi Arabistan'ın bir parçası olarak görülmekte miydi? Hayır. Romalılar, Pavlus Galatyalılara mektubunu yazarken Sina bölgesine Arabistan demiyorlardı çünkü burası Nebatilerin topraklarıydı. Tarihsel veriler Sina yarımadasının Arabistan'ın parçası olarak görülmesine engel oluyor. Charles A. Whittaker, M.S 37-100 yılları arasında yaşamış olan Kudüs doğumlu Yahudi din adamı ve tarihçi Josephus'un *"Antiquities of the Jews"*[271] adlı eserinin **5:1:21** bölümünde kullanılan **"Mısır ve Arabistan sınırı üzerindeki İdumaea"** ifadesinin İdumaea'nın Edom diyarı için Romalıların kullandığı isim olmasından ve bu bölgenin Aden Körfezi'nin tam kuzeyindeki alanı tarif etmesinden ötürü, Sina bölgesine asla Arabistan denilemeyeceğini ortaya koyar. Öyleyse Pavlus'un Arabistan'dan kastettiği yer ve Arabistan'da bulunduğunu söylediği Sina Dağı (eğer tek bir dağdan bahsediyorsak) kesinlikle Sina Yarımadası'nda değildi.

Pavlus'un döneminde yaşamış bulunan bir başka tarihçi, İskenderiyeli filozof Philo için de Arabistan demek kesinlikle Sina Yarımadası değil, Arabistan Yarımadası demekti. Philo, Musa peygamberin Arabistan'da inzivaya çekildiğini yazmaktadır ve peygamberin yaratıcısıyla konuştuğu dağın eteği bölgenin en yüksek ve en kutsal yeridir der. Bilinen Sina Dağı'nın hemen yakınında kendisinden daha yüksek olan Aziz Katerina dağı vardır. Sina Dağı 2.285, Aziz Katerina Dağı 2.629 metredir. Bilinen Sina Dağı Philo'nun tarifine uymamaktadır. Ama 2.580 metrelik Cebel el Lawz bölgesindeki en yüksek zirve olması ve etrafında boğa çizimlerinin bulunması bakımından 'Tanrı Dağı' olmaya daha uygundur.

Çıkış, 32: 1-8 "Ve dağdan inmek için Musa'nın geciktiğini kavim görünce, kavim Harun'un yanına toplandı ve ona dediler: 'Kalk, bizim için ilâh yap, önümüzden gitsinler; çünkü Musa'ya, bizi Mısır'dan çıkaran bu adama, ne oldu bilmiyoruz.' Ve Harun onlara dedi: 'Karılarınızın, oğullarınızın ve kızlarınızın kulaklarındaki altın küpeleri kırıp çıkarın ve onları bana getirin.' Ve bütün kavim kendi kulaklarındaki altın küpeleri kırıp çıkardılar ve onları Harun'a getirdiler. Ve onu ellerinden aldı ve oymacı alet ile ona biçim verdi ve onu dökme bir buzağı yaptı ve dediler: 'Ey İsrail, seni Mısır diyarından çıkaran ilâhların bunlardır.' Ve Harun onu gördü ve onun önüne bir mezbah yaptı ve Harun ilan edip dedi:

'Yarın Rabbe bayramdır.' Ve ertesi gün erken kalktılar ve yakılan takdimeleri arzettiler ve selâmet takdimelerini getirdiler ve kavim yemek ve içmek için oturdular ve oynamak için kalktılar. Ve Rab Musa'ya dedi: 'Git, aşağı in; çünkü Mısır diyarından çıkardığın kavmin bozuldu; onlara emrettiğim yoldan çabuk saptılar; kendileri için dökme bir buzağı yaptılar ve ona secde kıldılar ve ona kurban kestiler ve dediler: 'Ey İsrail, seni Mısır diyarından çıkaran ilâhların bunlardır.'"

Aynı konu Kur'an-ı Kerim'de de işlenir fakat peygamber Harun'un yoldan saptığı kabul edilmez:

"Musa'nın kavmi onun ardından, ziynet eşyalarından, böğürmesi olan bir buzağı heykeli (yaparak ilâh) edindiler. Onun kendileriyle konuşmadığını ve onlara hiçbir yol göstermediğini görmediler mi? (Böyle iken) onu (ilâh) edindiler de zalim kimseler oldular." **(Araf/148)**

Ayrıca bilinen Sina Dağı'nın üzerinde hiç mağara yoktur fakat Cebel el Lawz'da vardır. Tevrat, Tanrı Dağı'nda mağara olduğunu açıklar:

Krallar, 19: 8-9 "İlya kalktı, yiyip içti. Yediklerinden aldığı güçle kırk gün kırk gece Allah'ın Dağı Horeb'e kadar yürüdü. Ve orada bir mağaraya girdi ve orada geceledi. Ve işte ona Rabb'in sözü geldi ve ona dedi. 'İlya burada ne işin var?'"

Charles A. Whittaker, adı geçen makalesinde "Cebel el Lawz (Jabal al Lawz), kuzeybatı Suudi Arabistan'ın kuzeyinde, Akabe Körfezi kıyısına 32 mil ve Al Bad köyünün yaklaşık 20 mil doğusunda yer almaktadır" dedikten sonra bölgenin İncil anlatısı ile ilişkilendirilecek bazı ilginç özelliklere sahip olduğunu, Suudi Arabistan hükümetinin sitenin çeşitli bölümlerini, buraların resmi bir arkeolojik alan olduğunu belirten bir tebliğiyle birlikte çitle çevirdiğini yazmakta, dağın yakın çevresinde birkaç kaya çizimi veya gravür grubu olduğunu vurgulamaktadır. Bölgede altmış dokuz kaya sanatı örneği kayda geçmiştir. Ron Wyatt bölgede kayalar üzerine resmedilen buzağı ve boğalara dikkat çekmiştir. Jim ve Penny Caldwell de el Makla'nın eteklerindeki 'Altın Buzağı Sunağı'nda ve Lawz dağının eteklerindeki boğa çizimlerini fotoğraflamışlardır. Larry Williams'a göre, Mısır kültürüne ait Apis Boğası'nın bu bölgede kayalara çizilmiş olması onları gösterdiği Riyad Üniversitesi'nden bir arkeoloğu hayli şaşırtmıştı. Wyatt'a göre ihtimal ki bunlar Mısır'dan Hz. Musa ile buraya gelen Yahudilerin çizimleriydi. Charles A. Whittaker, Suudi Arabistan'ın farklı bölgelerinden büyükbaş hayvan çizim sanatının fotoğraflarını sunan ve bölgede prehistorik çalışmalar da yürüten Dr. Nayeem'in tespitine göre der, sığır sanatı kesinlikle Cebel el Lawz çevresindeki bölgeye özgü değildir.

"The Search For The Real Mount Sinai" yani ismi ***"Gerçek Sina Dağı'nın Peşinde"*** olarak Türkçemize uyarlanabilecek olan Steve Greisen yönetmenliğindeki 2002 yılı yapımı belgeselde, Arabistan Medyen'de keşiflerini yapan Bob Cornuke ve Larry Williams'ın konuşmaları yer almaktadır. Bob Cornuke belgeselin otuz altıncı dakikasında şöyle diyor:

> "Suudi Arabistan gerçek Sina Dağı'nın (kendi topraklarında) bulunduğundan dünyanın haberdar olmasını istemiyor gibi görünüyor" Larry Williams ise bu konuda lafı bir soruya bağlıyor:
> "Belli ki, İsrail ile Suudi Arabistan arasında bazı güçlü dini ve siyasi farklılıklar var, bu yüzden en kutsal Hristiyan mekânının en kutsal Yahudi mekânının Müslüman bir ülkede bulunması halinde ne olur?"

İkinci Bir Filistin mi?

Oysa bu sessizliğin çatışmadan değil, anlaşmadan dolayı sürdürüldüğünü söylemek sanki daha makul olur. NEOM projesi, bu kutsal mekânı Müslüman dünyayı uyandırıp ayağa kaldırmadan İsrail'i kuran beyinlerin, ABD'yi yöneten ve seçildiğini varsayan fakat ırkçı tutumunu küreselleşme makyajıyla gizleyen zihniyetin denetimine vermenin en kestirme yolu mu oldu? Medyen'in dini önemi hiçbir vakit, ne Suudiler ne de İsrail tarafından gündeme getirilmedi. Bir tek Wachowskiler Animatrix'te bölgenin Yahudiler için önemini kendilerini robotlarla temsil ederek işlediler. Ve çektikleri filmden yıllar sonra, robotların ilk devleti sayılabilecek, robot sayısının insan sayısından fazla olacağı NEOM şehri projesi gündeme geldi. Ondan önce de bir robot Suudi Arabistan vatandaşı yapıldı. Proje ABD ve İsrail'in finansmanlığı ile yürütülüyor. NEOM'un sınırlarına giren bölgelerin gelecekte Suudi Arabistan'ın denetiminde olmayacağını görmemek körlük olur. Yüksek teknoloji vaadiyle kandırılan bölge Arapları, yeni bir Filistin vakasıyla karşı karşıya kalacaklar. Fakat bu sefer, ilhak çok daha kolay olacak çünkü bölgenin kutsal olduğu bilgisi, bu konuda kendi araştırmalarını yapan kişiler haricinde kimseye ulaştırılmadı. Sessizlikleriyle Kâbe'nin başına gökdelen kılığındaki putun dikilmesine izin veren, ısrarla Mescid-i Aksa ve Kubbetül Sahra'yı birbirine karıştıran Müslümanlar kendi nazarlarında hiç de hatırası olmayan bu çorak topraklarda dijital, robotik bir devletin kurulmasına bu yüzden karşı çıkacak gibi görünmüyorlar. Cebel el Lawz'ın sadece gerçek Sina Dağı olabileceği bilgisi bile olağan üstüyken, Müslümanların kendi üzerlerine yağan bombalar ve bilgi kirliliği ve cehaletle ellerindekini kaptırmaları an meselesi. Kutsal coğrafyanın önemli bir parçası daha şer şebekenin kontrolüne geçecek gibi görünüyor. Üstelik, projenin büyütülmüş haline Ürdün ve Mısır'ın da toprakları dâhil ediliyor.

Daha fazla detay, kitabın vurgulamak istediği meseleyi aşar. Bu konuda daha fazla detay isteyenler Charles A. Whittaker'ın doktora tezinden güzel bir derleme ve çeviri yapmış bulunan Gökben Coşkun'dan istifade edebilirler.[272]

NEOM -eğer gerçekleşirse veya bu projeden evvel başka bir hadiseyle bölünmez ise- Suudi Artabistan'ı bölmenin, Deccal'in dijital devletini kutsal coğrafya merkezli kurmanın ilk adımı olacaktır.

SUUDİ ARABİSTAN VE DECCALİYET

Suudi Arabistan'ın 'Vision2030' adlı bir dönüşüm programı var. Burada belirtilen amaç özetle şöyle; ülkeyi 2030 yılına kadar küresel sisteme entegre ederek İslam Dünyası'nın örnek alacağı bir lokomotif yapmak. Suudiler vizyonlarını ***http://vision2030.gov.sa/en*** sitesinde detaylı bir biçimde ele almışlar. Programa bakınca, hayal edilen dönüşümün Dubai standardına yakın olduğunu görebiliyoruz. Çok açıktır ki Suudi Arabistan, kılık kıyafet konusundaki tutumdan, kadınlara olan taassup dolu ve baskıcı bakış açısından, eğlence sektörüne olan mesafesinden vazgeçecektir. Fakat yine çok açıktır ki tüm bunları dönüştürürken Suudiler, İslam'ın özüne döndürüldüğü bir ülke imajı ile bütün dünyadaki Müslüman ülkeleri peşlerinden sürüklemeyi hedeflemektedirler. Burası çok önemli. Çünkü Deccaliyet Sistemi'nin istifade etmek istediği nokta burada. Esasında Suudi rejimi Arabistan'ı İngiliz desteği ile avucunun içine alışından itibaren Deccaliyet Sistemi doğrultusunda yapılandırmıştır. Deccaliyet Sistemi'nin nazarında Suudilerin İslam adına çizdiği ilk imaj, onun karalanmasına, Dünya çapında itibarının yerle yeksan edilmesine hizmet ediyordu. Müslümanlar içerisindeki fitnenin elebaşı bir sülalenin ismi olan Suud, İngiliz desteği ile eline geçirdiği Arabistan topraklarında Hz. Muhammed'in evini ve hatta kabrini yıkmaya bile teşebbüs edecek kadar İslam düşmanı bir çizgide ilerledi. Onu biraz olsun frenleyebilen tek şey, Müslüman çoğunluğa sahip olan ülkelerin tepkileriydi. Suudi rejimi, İslam'ın kültürel mirasının yok edilmesinde komünist rejimlerin Balkanlar'da Osmanlı-İslam mirasını yok etmek için sergiledikleri performansın bir benzerini sergiledi. Kendi idaresi altındaki Mekke ve Medine'de sahabe evlerini, Hz. Muhammed devrinden yadigâr çeşitli eserleri tereddüt etmeden yok etti. Bu noktada hayli başarılı olduklarını düşünmüş olmalılar ki, şimdi 'Vision2030' projesi çerçevesinde bir İslam Müzesi kuracaklarını açıklıyorlar. Müze ölü şeylerin mekânıdır. Yaşamayan kültürler, yok olmuş ya da edilmiş bir miras müzelerde sergilenir. Nihayet Kâbe'nin hemen yanı başına filmlerle paralel mimarisi ve şeytani göndermeleri olan ucube bir kuleyi dikmeye muvaffak olacak kadar ileri gidebilen Suudilerin bir İslam Müzesi kurma çalışmalarını anlamak mümkün. Ayrıca Suud'un kimin hizmetinde olduğunu bildikten sonra kurulması planlanan müzenin yeni bir fitne merkezi olması ihtimali de çok güçlü bir ihtimal. Bu başarı, Suud'un bundan sonra Deccal adına atacağı adımları daha da cesaretle atmasını sağlayacaktır. Çünkü Müslümanların bu kara ve habis kule karşısındaki cılız sesi ve hatta önemli bir kesiminin kayıtsızlığı, bundan sonra atılacak olan adımların adeta narkozlanmış bir vücutta yapılacak büyük bir ameliyatın habercisi olduğunu haykırmaktadır. Bu ameliyat yapılırken kule, göstermelik olarak Müslümanları Suud yönetimine yakınlaştırmak için yıkılabilir. Yani buradaki strateji, önce rahatsızlık ver, sonra rahatsızlığı sona erdirerek huzuru sağla, böylece bir adım geri iki adım ileri atarak yoluna devam et stratejisidir. Müslümanlar kulenin yıkılmasından memnun kalırken, daha büyük hasara yol açacak fikir ve eylemlere kapılırlarsa, kule artık Mekke'den Müslümanların kalplerine yürümüş olacaktır.

Müslümanları Deccal'ın çizdiği çizgide dönüştürürken, gözetim altına almak vazifesi şimdilik Suud'a verilmiştir. Suud, bu vazifeyi iyi yapabildiği takdirde bir süre daha Arabistan'ı yönetecek, aksi takdirde Müslümanların yine bambaşka bir fitnenin, zayıflığın, parçalanmışlığın içine sokulacak şekilde alaşağı edilmesi planlanacaktır. Fakat bilinmelidir ki vazifesini en iyi şekilde yaptıktan sonra dahi Suudi ailesi Arabistan'ın yönetiminden el çekmesi gereken bir zaman diliminin var olduğunun farkında. Hiç şüphesiz, yerküre var olan zihniyetini değiştirmeden dijitalleştikçe daha da deccalleşecektir. Ve dijitalleşme arttıkça, eski tür siyasi yapılara el çektirilecek, hatta gün gelecek onlara bizzat Deccal destekçileri tarafından dahi Dünya'daki barış ortamını bozmuş olan büyük düşmanlar gözüyle bakılacaktır.

Deccaliyet Sistemi'nin İslam üzerindeki planının ciddiyetini daha iyi anlamak için Riyad'da 21 Mayıs 2017 yılında açılışı yapılan Küresel Aşırılıkla Mücadele Merkezi'ne odaklanmalıyız. Merkez, karartılan salonda camdan bir küre Dünya'ya ABD Başkanı Donald Trump, Suudi Arabistan Kralı Salman ve Mısır Cumhurbaşkanı Abdülfettah el-Sisi'nin[273] dokunuşuyla açıldı. Tabii ki bu kasti verilmiş bir görüntüydü. Merkezi İslam Coğrafyası'nda paganizmin hortlatılacağının açık işareti ve ritüeliydi bu. Kristal toplar binlerce yıldır büyücülük, falcılık ve kehanet ile özdeşleştirilmişlerdir. Ve tıpkı Küresel Aşırılıkla Mücadele Merkezi'nin açılışında yapıldığı gibi karanlık bir ortamda ışıldamalarıyla, onun vasıtasıyla gelecekten haber bekleyenlerin, birilerini gözetlemek isteyenlerin hizmetine sunulmaktaydılar. Esasında güya sihirle, büyücülükle mücadele eden Riyad'da verilen mesaj, İslam Dünyası'nın kalbi Mekke'nin paganizm içerisinde boğulacağının da işaretidir.

Suud yönetimi hızlı adımlar atıyor. 'Vision2030' projesi çerçevesinde Mekke'nin ticaret merkezi olması hedefler arasında yer alırken, Arap milliyetçiliğine de sık sık vurgu yapılıyor. Açıkça görülen şudur ki Suud yönetimi İslam dinini Arap kültürünün parçası olarak görmüyor. Yönetime göre Arap kültürünün asıl parçası olan şey pagan Arapların kültürü. Onca şehir varken Mekke'ye bir tüccarın gözü ile bakmak demek, Kâbe'nin İslam öncesinin putperest Araplarının panayırlarında olduğu gibi bir ticaret vasıtası olarak kullanılmasını istemekle aynı şeydir. 'Vision2030' projesini değerlendirdiğimizde Kâbe'nin dibine dikilen gökdelen kisvesine büründürülmüş pagan simgenin ve daha doğru ifadesiyle putun, coğrafyayı İslam'dan arındırmanın ve yeniden putlaştırmanın derdi ile orada konuşlandırıldığını daha iyi anlamaktayız. Hele hele elde ettiğimiz verilerden sonra Suud hükümetlerince Hz. Muhammed'in mezarından duyulan rahatsızlığın, Vahhabi yorumcuların dile getirdiği gibi mezarın putlaştırılacağı kaygısından kaynaklanmadığı apaçıktır. Asıl amaç, peygamberinin mezarı belli olmayan dinin zamanla mitolojiye dönüştürülmesi ve efsane statüsünde ele alınmasıyla birlikte etkisini hızlı şekilde yitirmesinin sağlanmak istenmesidir.

İnsanları sopayla camide namaz kılmaya zorlayan, kendinden olmayan Müslümanların müşrikliğini ilan edip kâfir sayarak canlarını almayı helal sayabilen, farzları yerine getirmeyen herkesi dinden çıkmış sayan, kızların kendi babalarıyla sokağa çıkmalarını yasaklamış bulunan, mananın zerresini anlayamayan ve bu yüzden Allah'a yönelirken onu maddi gökte arayıp başını göğe diken ve de ona bedeni vasıflar yükleyebilen bu kupkuru, sığ, taassup dolu zihniyet, Küresel Aşırılıkla Mücadele Merkezi açıyorsa, Dünya'da sıra dışı bir şeyler oluyor ve olacak demektir. Usama Bin Ladenleri peydahlattırarak[274] İslam'ı itibarsızlaştıran, kendi doktrinlerine sahip çıkmayan Müslümanları müşrik olarak görüp canlarını ve mallarını helal sayan terör örgütlerini doğurtan, İslam'ın terörizm ile birlikte anılmasını sağlayan Suudi Vahhabi zihniyeti bugünlerde 'Radikal İslam'dan vazgeçip 'Ilımlı İslam'a dönüş yapacaklarını açıklamakla meşgul.

Esasında Suud'un İslam'ı itibarsızlaştırma yönündeki milliyetçi çizgisinin tarihi bir sürekliliğin sonucu olduğunu bilmek gerekli. Suudilerin ve Vahhabilerin de köklerinin bulunduğu Arabistan'ın Necid bölgesindeki kabileler İslam'a karşı ayaklanmış, Hz. Ebubekir döneminde ortaya çıkmış olan dört yalancı peygamberden[275] üçüne kaynaklık etmişlerdir. Vahhabiliğin kurucusu Abdülvehhab da Necid'te küçük bir kasaba olan Uyeyne'de 1703 senesinde doğmuştur. Düstur edindiği zihniyetiyle de Necid bölgesindeki cahil halka ganimet vaat ederek, burada kendi görüşlerini benimsemeyenlerin canlarını ve mallarını almayı helal saydırtmıştır. Kendisini gerçek dini yayan kişi olarak gösteren Abdülvehhab, iman tazelemeyi şart koşuyordu. O kadar bozgunculuk yapmıştı ki, kendisine karşı harekete geçmek isteyenlerden çekinerek Suud sülalesine yöneldi ve onlara ittifak teklif etti. Suudiler bu ittifakı kabul ettiler. Zira Abdülvehhab'ın dini doktrinlerini kabul edenlerle birlikte, hükümdarlık alanlarını genişletebileceklerinin farkındaydılar. Suud sülalesinin bilinen en eski atası da Arabistan'ın Necid bölgesinde yaşamış olan Adnani kabilesinin Rabia kolundandır. Suudilerin bilinen ilk atası Mani İbn Rabia El Muraydi, 1446-1447 tarihleri arasında Murudah kabilesi ile birlikte Diriyah şehrine yerleşmiştir. Bu şehir bugün Riyad haline gelmiş, Diriyah Riyad'ın bir ilçesi gibi olmuştur. Hz. Muhammed'in kendi döneminde Necid bölgesi halkı hakkındaki görüşü Maune Kuyusu Vakası olarak da bilinen hadiseden bellidir. Necid müşrikleri kendilerine İslam'ı öğretsinler diye, Hz. Muhammed'den kendi bölgelerine İslam'ı tebliği edici eğitmenler göndermesini istemişlerdi. Hz. Muhammed, göndereceği kişilerin can güvenliğinin sağlanması hususunda 'Necid halkından emin olmadığını' söylemişti. Yine Necid bölgesinden bir kabile reisi olan Ebu Berra Amir Bin Malik de tebliğcileri koruyacağına dair söz verdi. Bunun üzerine istenen heyet yola çıktı. Fakat İslam'ı tebliği etmek için yola çıkan küçük topluluk Maune Kuyusu yanında kuşatıldı. Kuşatmayı yapan Ebu Berra Amir Bin Malik'in yeğeniydi. Ebu Berra, ona söz dinletememişti. Yeğeni Amir bin Tufeyl, İslam heyetini şehit etti.

İslam Halifesi Ebubekir zamanında, Müseylime-i Kezzab peygamberliğini ilan ederek meydana getirdiği fitneyle Necid bölgesinde İslam'dan dönüşlere yol açmış, Halife Necid'e komutan Halid Bin Velid'i göndermiş ve böylece Müseylime-i Kezzab taraftarları dağıtılmıştır. Tüm bunları mikro ırkçılık olsun diye anlatmıyoruz. Kendi kültürlerini İslam ile bütünleştirmeye ziyadesiyle direnmiş Necid Araplarının milliyetçi söylemlere sarıldıklarında, tarihsel tutumları neticesinde İslam ile mesafeli olmaya daha uygun bir milliyetçilik anlayışı geliştirmeye yatkın olduklarının altını çiziyoruz. Yani Necid bölgesindeki Arap milliyetçiliği, İslam'a karşı mücadelesi ile bilinen bir tarihi, kendi milliyetçiliğinin içerisinde eritmeye ve bu mücadeleyi onur saymaya, Arabistan'ın diğer bölgelerinden daha müsaittir. Zaten Necidli Suudi yönetiminin İslam mirasına yapıp ettiklerine bakıldığında ne demek istediğimiz anlaşılmaktadır. Bugün Necid'den çıkan Suudi rejimi kendi mikro milliyetçiliklerini başta Arabistan yarımadasındakiler olmak üzere tüm Araplar üzerinde etkin hale getirmekle meşguldür. Amaç, Arap milliyetçiliğini ve mümkünse İslam camiasının tamamını gölge güçlerce takviye edilmiş Necid mikro Arap milliyetçiliğine İslam cilasıyla hapsetmek, bu amaç için kullanılan araç ise şimdilik Vahhabiliktir.

Şiilerin bir kısmı milliyetçiliğe bağlandıkları ölçüde kadim İran devletini darmadağın ettiği için İslam Halifesi Hz. Ömer'e nasıl Ehli Beyt sevgisini perdeleyerek mesafeli ve soğuk duruyorlar ise, Necid bölgesi Araplarının bir kısmı da yine milliyetçiliğe bağlandıkları ölçüde Hz. Ebubekir'e öyle mesafeli ve soğuk durmaktadırlar. Yalnızca Mekke'de yapılanları ele aldığımızda, Suudi yönetiminin 'mesafeli bir duruşun' ötesine geçtiğini, işi Kâbe'ye cephe alacak kadar ileri götürdüğünü, ayrıca taarruza da geçerek Kâbe'nin başına bir sinema filminden esintiler taşıyan şeytani bir kule diktirerek işi karanlık bir boyuta taşıdığını tekrar hatırlatıyoruz.

Kral Salman, Riyad'a Kraliyet Merkezi adıyla Yüzüklerin Efendisi filmindeki Kara Kule Barad-dur'un bir kopyasını diktirdikten sonra, Kristal Küre'nin modernize edilmiş haline dokunup, ritüeline katılmakla Şeytan Sauron'un hizmetinde bulunan Akbüyücü Saruman'dan rol çalmayı bile bile istedi kanaatindeyiz. Üstelik Saruman ile benzer noktaları da var. Başta isimleri... Sonra kullandıkları aksesuarlar: Birinde baston, öbüründe asa. Yüzüklerin Efendisi filmi ile ülkelerinde olup biten şeyler arasında bunca denklik varken en azından Kral Salman'ın daha dikkatli olmasını beklerdik.

Aşırılıkla Mücadele Merkezi ve Suudi Arabistan'ı yan yana getirirseniz, George Orwel'in *"1984"* adlı romanında detaylandırarak anlattığı aklı bulandırma ve kişiyi aptallaştırma tekniklerinden biriyle karşı karşıya olduğunuzu göreceksiniz. Tabii kitabı okuduysanız. O kitapta anlatılan ve her şeyi gözetleyen küresel devlet, kavramların içini boşaltmakla meşguldü. Mesela 'Barış Bakanlığı' vardı ama işi gücü saldırmak, savaş çığırtkanlığı yapmaktı. Ama cilası güzel: Barış Bakanlığı... Mesela demokrasi dediğinizde... Başınızda patlama olasılığı olan bombalar demokrasi adına atılacaksa eğer zihinlerde daha masum hale getirilmiş oluyor. Aşırılıkla Mücadele Merkezi'ni düşünelim. Merkez Suudi Arabistan'da... Akıl alır gibi değil. Peki ne yapacak bu merkez? Yirmi dört saat boyunca Türkiye'nin de içerisinde bulunduğu İslam ülkelerini gözetleyecek, bu ülkelerden istihbarat toplayacak. Sadece İslam ülkeleri mi? Müslümanların hayli etkin olduğu ülkeleri de gözetleyecek. O halde, aşırılıkla ne kastediliyor? Görünen o ki, ilk aşamada Müslümanlarla ilgili şeyler kastediliyor.[276] Ve neyin aşırı olup olmadığına Suudi Arabistan İsrail ve ABD ortak karar veriyor; tıpkı Suriye meselesinde olduğu gibi. Kendi içindeki azınlıkları zalimce cezalandıran, temel insan hak ve hürriyetlerini yok sayabilen Suudi Arabistan Krallığı, Suriye'ye demokrasi gelsin diye propaganda yapabiliyor. Bunula da kalmıyor, selefi-Vahhabi çizgisindeki vahşi terör örgütlerini finanse ederek kendi uyruklarına Suudi Arabistan ile mukayese edilemeyecek derecede dini hürriyet sağlayan Suriye rejimini[277] alaşağı etmek isteyebiliyor. Gerçekten inanılır gibi değil. Eğer George Orwel'in bize çizdiği yoldan gidecek olursak ve Küresel Aşırılıkla Mücadele Merkezi'nin Suudi Arabistan merkezli açılmasını göz önünde bulundurursak, burada yapılan şeyin hiç de aşırılıkla mücadele olmayacağını anlamaktayız. Burada güdülen maksat olsa olsa küresel düzene karşı gelebilecek her türlü barışçıl muhalefeti henüz doğarken fark ederek bir şekilde radikalleştirmek, manipüle ederek medyaya sunmak ve yok etmek olmalıdır. Suud yönetimini kayırıp, Dünya'da 'radikal Müslüman' aramanın neye benzediğine okuyucu karar versin.

Arabistan'ın Suudi yönetimi bir dönem İngiliz yardımı ile ülkeyi nasıl Vahhabileştirildiyse, şimdi de ABD telkiniyle yeniden ama bu sefer sipariş edildiği üzere ılımlı bir şekilde İslamlaştıracağını söylemektedir. Bunun ilk duyurusu 'Vision2030' projesinin ilanıyla yapılmıştı. Daha fazla ses getirsin diye olacak, 2017 yılının Ekim ayında Suudi Arabistan Veliaht Prensi Muhammed Bin Selman Riyad'da düzenlenen Yatırımın Geleceği Girişimi Formu'nda Suudi Arabistan'ın radikal düşünceleri derhal yok ederek 'ılımlı İslam'a[278] ve normal yaşama döneceğini söyledi. Veliaht Prens'e göre Suudi Arabistan gençleri hayatlarının otuz yılını radikal fikirlerle uğraşarak kaybetmemeliymişler. Artık amaçları hoşgörülü dini, gelenek ve görenekleri yansıtan normal bir hayat yaşamakmış.[279]

26 Eylül 2017'de imzalanan kararnameyle 23 Haziran 2018'den itibaren kadınların otomobil kullanmasına izin veren

Suudi rejim, 3 Ekim 2017 tarihinde de devlete ait kültür kanalında konserler yayınlamaya başlayarak somut adımlar atmaya başladı. Ama daha fazlası var; Dünya'daki ilk ileri teknoloji şehri olarak düşünülen dijital ve robotik NEOM kenti projesi. Bu proje bize ivmenin nereye yöneldiğini gösteriyor. Kızıldeniz kıyısında kurulması ve 500 milyar dolara mal olması beklenen bu devasa kent Süveyş Kanalı ile deniz ticaret yollarına yakın bir noktada inşa edilecek[280] ve 26 bin 500 kilometre karelik bir alana yayılacak. Kentin yoğunlaşacağı alanlar enerji, su, biyoteknoloji, gıda, ileri üretim ve eğlence endüstrileri.[281] Tüm bunlar, Deccal'in tüm Dünyayı gözetim altına almak, üretilen teknoloji biçimi ile insanları istediği tarzda yeniden inşa etmeye yeltenmek, onların zihinlerini dönüştürerek onları kendi inanç sistemine entegre etmek adına Suudi Arabistan'ı önemli bir merkez olarak seçtiğini gösteren çok önemli emarelerdir. Sonuç olarak teknolojik atılım, bilimsel ilerleme, çağ atlama, çağdaş dünyayı yakalama gibi sloganlarla birlikte İslam hızla robotik, biyoteknolojik ve dijital bir çembere alınacak, bu çembere alınırken yükselen itirazların hepsi gericilik ve teknoloji düşmanlığı ile yaftalanacak, bu yaftalar vurulurken de her türlü teknolojiye cehalet içinde karşı çıkmış olan hâlihazırdaki ahmak sözde dini liderlerin İslam'ı ne kadar geri bıraktığı gündeme getirilecektir. Aslında bu konudaki eleştiriler haklı olmakla birlikte, şeytani zekâ bu haklı eleştirileri, şimdi Müslümanları bambaşka bir aşırılığın; biyoteknolojik ve dijital hapishanelerin içine sorgusuz sualsiz sokup kendi hükümdarlığını sağlamlaştırmak adına kullanacaktır. Bu taktik bir yere kadar işe yarayacak gibi gözükmektedir. Yıllarca teknolojik atılımı yaptırılmayarak geri bırakılmış İslam ülkeleri, büyük acılar yaşadılar. Öyle bir noktaya getirildiler ki, geri kalmışlığın acısını çıkartmak adına teknolojik her türlü icadı sorgusuz sualsiz topraklarında görmek için can atmaktadırlar.[282] Oysa bilinçli olarak göz ardı edilen bir gerçek vardır. Artık teknolojik ürünlerin üretimi ülkelerin güdümünden çıkmakta, giderek küreselleşen ve tekelleşen büyük şirketlerin öncülüğünde yapılmaktadır. Bu şirketlerin –görünürde- vatanı yoktur. Ancak, küresellik cilası altında belli bir ideolojik, ırki sistem ve dinsel tutumun çoğu alanda tekel oluşturduğu veya neyin küreselleşip, neyin küreselleşmeyeceği, neyin nereye kadar bağımsızca yükselip, nereden sonra kontrol edileceği kararını verebildiği unutulmasın. Küresel bir şirket, Suudi Arabistan ya da Türkiye'de kendisine Arapça ya da Türkçe bir isimle kar ortağı bulabilmekte, o ülkenin halkları da bu şirketleri sırf kendi ülkelerine hizmet ediyor zannedebilmektedirler. İşin özü, küreselleşen şirketler hegemonya alanlarını genişletmek adına teknoloji transferini Batı sömürge sisteminde aç bırakılmış Afrika'ya kadar götürmek istemektedirler. Bu şirketleri hegemonya alanlarını genişletmeye iten motivasyonun şeytani olduğunu zaten açıkladık. Afrika'ya bedava internet götürme projeleri, Dünya'yı kaçacak bir yer bırakmadan dijital göze bağlama çabasıdır. Dünya nüfusu 'online' olmalıdır. Teknolojinin öncülük edeceği 'Yeni Dünya'ya ve onun düzenine entegrasyon için bu şarttır.

Tüm bunlarla bağlantılı olarak Vahhabi görüşünü özümsemiş Suudi anlayışı, Deccal'in (ya da deccaliyetin) sistematik/şahıslaşmış haline iman edecek olan kitleyi oluşturmak için de büyük bir motivasyon kaynağına sahiptir. Vahhabilikten vaz geçtiklerini söylemeleri de pek bir şeyi değiştirmeyecektir. Çünkü devletin yönetici zümresinin, bürokratik yapısının, dini yapısının mental temeli bu akım tarafından şekillendirilmiştir. Vahhabiliğe göre Allah maddi bir varlıktır. Eli, yüzü, bedeni vardır. Bu görüş, tüm 'Yeni Çağ' inançlarında ön plana çıkarılmaya çalışılır. Hıristiyanlığı getirilmesi planlanan 'etten kemikten tanrı' modeline daha da yaklaştırmak isteyen şeytani güç, Mormon inancını kurduğunda da, bu noktaya bilhassa önem vermiştir. Mormon inancında da yaratıcı bir gezegende oturur ve tıpkı insana benzer halde tasvir edilmiştir. [283] Mormonluğa göre Tanrı, yücelmiş bir insandır ve insan da pek ala tanrılaşabilir ve Dünya'nın Tanrısı daha önce insan olarak Dünya'ya gelmiş, doğru yaşam sürerek Tanrılığa yükselmiş ve kendisine yeryüzünün tanrısı olma imkânı verilmiş tanrılardan bir tanrıdır.[284] Vahhabilere göre Allah'ın organları bulunduğunu ve cismi olduğunu reddetmek yanlıştır. Hatta sureti insana benzer ki insanı da kendi suretinde yarattığını bizzat bildirmiştir. Yerine göre oturur, yerine göre ayağa kalkar. Yukardan aşağıya doğru hareket ederek harf ve seslerle konuşur.

İslam camiası içerisinde yaratıcıya beden biçen ilk kişiler Vahhabiler değillerdir. Muğire b. Said el- Icli sekizinci yüzyılda bu iddiada bulundu. Ona göre yaratıcı surete ve uzuvlara sahipti ve hatta cinsel organı dahi vardı. Başında nurdan bir taç bulunan nurdan bir adam görünümündeydi. Bazı Arap harfleri de onun uzuvlarını temsil ediyordu.

Yaratıcıyı insanlaştırma çabalarının arkasında insan idrakini maddeye hapsederek, beşerleştirme çabası yatmaktadır. İnsan beşerleştiği ölçüde idrakini zayıflatacak, idraki zayıfladığı ölçüde kandırılacaktır. Eğer kişi, yaratıcısını tıpkı kendisine benzer bir bedende hayal etmeye başlar ise, insan suretindeki bir beşer tarafından önceden planlanan şekilde ilahlıkla aldatılmasının zemini hazırlanmış demektir. Ayrıca, kendisini yaratıcı olarak gösterebilecek bu beşer, insanlara kendisini dinledikleri takdirde tanrılaşabileceklerini de vaazedebilecektir. Böylece yaratıcı rolüne bürünecek olan deccaliyet ve onun şahıslaşmış hali olan Deccal, insanın nefsinin ziyadesiyle talip olduğu ilahlaşmak idealine hitap edecek, kişi Deccal gibi ilahlaşmak gayesiyle Deccal'in rabliğine kolayca iman edebilecektir.

2. BÖLÜM

GELECEKTEKİ BİZ

GELECEKTEKİ BİZ

ZİHİN KONTROLÜNÜN YÖNETİM BİRİMİ/ÜSSÜ BEYİN, BEYİN DALGALARI VE MEDYA BÜYÜCÜLÜĞÜ

Bilindiği üzere, her alanın o alanı oluşturanlar tarafından düzenlenmiş bir yönetim birimi vardır. Bu yönetim birimi bazen tek kişiye bazense birden fazla kişiden oluşan bir kadroya tabidir.

Herhangi bir yönetim biriminin esası; kriz oluşumunu önlemek, krizi önlerken istenileni elde etmektir. Peki, kriz nedir? Örnekleyecek olursak; ailede huzuru, şirkette verimliliği, orduda disiplini, sağlıkta şifayı, ülkede refahı, insanda aklı-yani düzeni- tehlikeye atacak her türlü unsur kriz olarak adlandırılabilir. Elbette her alanın kriz tanımı, o alanın odağı doğrultusunda farklıdır. Ayrıca her alanın- o alanın yönetim birimi birden fazla kişiden oluşsa bile- doğal bir yöneticisi olduğunu da hatırlatalım. Mesela, ailede reis, şirkette genel müdür, orduda komutan, sağlıkta başhekim, ülkede cumhurbaşkanı/başkan gibi. İnsanda ise bu görevi üstlenen -bu kitabın odak noktalarından biri olan- beyindir ve hatta beyin, saydığımız yöneticilerin tümünün temelidir: Yönetim birimi/üssüdür.

Eğer yönetim birimini o birimin doğal yönetim kadrosu değil de, başkası ya da başkaları ele geçirirse, bu birimde evvela bir kriz baş gösterecek ardından yönetim birimiyle birlikte bu birimin yönettiği tüm sistem değişecektir.

İnsan, bu kitabın temel konusu. İnsanın yönetim biriminin başında beyin bulunmakta. Dolayısıyla, insanı hükmü altına almak isteyen herkesin öncelikli olarak ele geçirmesi gereken yer orası. Orası ele geçtiği takdirde, tüm sistem ele geçmiş demektir. Sistemin ele geçirilmiş olması, onun üzerinde tasarrufta bulunabilmek, beden ve ruh üzerinde meydana gelmesi olası tepkileri bertaraf ederek değişiklikler meydana getirebilmek demektir.

İnsanları etki altına alan bazı kaideler ya da başka bir değişle 'yapıtaşları' vardır, bunlar kişinin dini inancı/inançsızlığı, ahlak anlayışı gibi kökü sağlam kaidelerdir ve tümünün toplamı yaşam tarzını oluşturur. Çocukluktan beri tabi olduğu ve yıllar geçtikçe içselleştirip benimsediği kaideler üzerinden hayatını şekillendiren bir insanı etkilemek, elbette bu kaidelerin etki gücünü kapsayan cezbedici telkinlerle mümkündür.

Bir bireyin yahut kitlelerin beynini ele geçirmek isteyen düşmanların yolu, rasyonellik kavramını, ele geçireceği kişi ya da kitlenin temel değerlerine yapışacak şekilde yeniden ele almayı gerektirecektir ki, böylece zihne tutunacak olan bu 'yeni düşünme şekli', kişinin tabi olduğu kalıpları en az düzeydeki mukavemetle yıksın. Burada elbette hedef kişi ya da kitlenin en zayıf yerine; egosuna odaklanılır. Ego dediğimiz şey, kişi her ne kadar toplumda idraki kuvvetli şahsiyetler yetiştirmesi için müsait olan yaşam tarzını benimsemiş olursa olsun, asla değişmeyen bir yakıt kullanır: Menfaat.

Gerçek şu ki, günümüzde menfaat yepyeni bir fikirmişçesine, birçok değerin önüne geçirtilmiş, kişilerin karakterlerinin temeli haline getirilmiştir. Esasında menfaat topyekûn kötü sayılmamalıdır. Fakat kişinin salt menfaat üzerinden oluşturduğu kişilik, taşıyıcı kolonları olmayan bir yapıya benzer. İşte böyle yapıları kolayca sarsıp yıkmak ve istenilen şekilde yeniden inşa etmek işten bile değildir. Menfaatlerin bazıları şahsi, bazıları kurumsal, bazıları ise milli olabilmektedir. Fakat tüm bu menfaatler kişisel yahut kitlesel egonun planlı bir şekilde okşanmasıyla da oluşturulabilirler. Böyle oluşturulmuş menfaatler ise sadece görünürde öyledirler. Yani birer illüzyondurlar.

Mesela, Irak'ta Saddam Hüseyin'in devrilmesini Iraklıların önemli bir kısmı ilk başta neredeyse kutsal bir eylem olarak adlandırdı. İşgale bu doğrultuda anlam verenlerin tutumları esasında illüzyondan mürekkep milli menfaat duygularına net bir örnekti. Ancak, daha sonra Irak'ta bölünmüş yönetime tanıklık ettiğimizde başta devletin ve milletin menfaatine görülen şeyin, büyük bela olduğu gün yüzüne çıkmış oldu.

Irak örneğinde kitlenin egosu, ufuktaki geleceği göremeyeceği biçimde yönlendirilmişti. Buradan şu dersi çıkarmak gerekli: Ülkeyi kişisel egosuyla yöneten ve kitle psikolojisini baskı rejimiyle yönetmeye kalkan liderler, sadece kendilerine değil, tüm bir topluma en büyük kötülüğü yapmış olurlar. Mesela devlet, Irak halkının çoğunluğunun, kendisini büyük baskı altında hissetmeyeceği tarzda yapılandırılmış olsaydı, Irak halkının önemli bir kısmı Saddam sonrası dönemi hiç düşünmeyecek şekilde adeta aklını yitirmiş biçimde hareket etmeyecekti. Halkın egosu o kadar zedelenmişti ki, ona onurunu yeniden iade edeceğini düşündüğü ilk fikre, mantıklı muhakemeden yoksun kalarak sıkıca sarıldı.[285]

O dönemlerde rejim yıkılırken Irak'ta kutlamalar yapıldı. ABD askerlerinin Bağdat'a girişi esnasında, olan biteni kutlamaya dönüştürenler arasında yer alan Hasan el Jaburi, meydanda yer alan Saddam heykelini elindeki balyoz ile yıkmıştı. Jaburi yıllar sonra İngiliz BBC kanalına konuşarak **"elimde olsa o heykeli yeniden dikerdim"** diyerek pişmanlığını dile getirdi.[286]

İnsanları kontrol altına alan yönlendirme sanatı, şimdilerde beğenilerek icra edilen şeytani valstır. Bu sanatın temel metodu büyü yöntemidir. Büyü, herhangi bir nesne ya da varlığı araç edinerek kişi ya da kişileri etkileme durumuna denir. Büyüyü insanı etkileme durumunun bedeni olarak kabul edecek olursak, onun çok sayıda uzvu olduğunu da tahmin etmek güç olmaz. Tam da burada bu uzuvlardan biri olan hipnozun temel ilkesi olan telkinden ve onun modernize edilmiş kuvvetini oluşturan elektromanyetik dalgalardan bahsetmek istiyoruz.

Anlaşılması zor olmayacağı gibi, özgüven ve özveri ikilisinin bileşik ifadesinden oluşan bir dizi kışkırtıcı cümle, milyonları birbirine kenetleyip, etten duvar oluşturabilir. Söz ettiğimiz cümleler, ardında bir örgüt bırakıp hali hazırda ateşlenmek üzere bulunan bir torpilin fitili olma görevini üstlenebilir. Ve bizler provokatörlüğün meslek olarak kabul görülebildiği bir yüzyılda yaşıyoruz.

Provokatörlük deyince, yasadışı bir fikirle ilintili sözler ya da teröristlerin klasik silahı gelmesin aklınıza. O, aklımıza gelen uç fikirlerle bizden çok uzaklarda şeytanla dans eden bir piyon değil. Aslına bakarsanız provokatörlük burnumuzun dibinde. Hayatımızın tam da göbeğinde. Bizi tüketmek ve tükeniş için her an kışkırtmanın derdindeki tüccar dünyanın yasal silahı. Mesela, alış verişte provokatörler ve provokasyonla muhatabız.

Alışveriş tutkusu insanları olağan hızda kontrolü altına alan bir eylemdir. Alışveriş döngüsünde zaman zaman satışı arttırmaya yönelik etkinlikler oluşturulur. Mağaza sahipleri, sezonu geçmiş ya da yeni modeli çıkmış ürünleri sihirli bir sözcük; 'indirim' adı altında tüketici ile buluşturmaktadırlar. Eğer mağaza zenginse, bahsi geçen buluşmayı çok daha etkin şekilde görsel ve yazılı medya yolu ile sağlar. Bununla birlikte güya indirimin uygulandığı mağazada, tüketilmesi belirlenen ürünlere yönelik, tüketiciye hitab eden müzik yayınları tercih edilir. Alın size provokasyon. Müzik, kişiyi teslimiyete yönelterek ihtiyacı dışında olan ürüne yönlendirebilen bir unsur görevini üstlenir.

Aynı metot yani müziğin duygu durumu değiştirici etkisi filmlerde, dizilerde hatta haberlerde de uygulanır. Biz buna bir çeşit hipnoz yöntemi diyoruz. Üstelik hipnoz burada hem elektromanyetik dalgalar ile hem de görsel ve yazılı medyanın sunumları ile kontrol ediliyor.

Bir büyü yöntemi olan elektromanyetik sinyaller ile Dünya'yı yönlendirmek gittikçe modernleşen bir uygulamadır. Bu uygulamanın telkini güçlü kılmak için gerekli olan temel besin öğesi olduğunu söylemek mümkün.

Elektromanyetik dalgalar beş ana gruba ayrılır: Gama, beta alfa, teta, delta dalgaları.

Gama dalgaları: Acil karar verilmesi gereken durumlarda ortaya çıkmaktadırlar. Ayrıca gama dalgaları çok sık rastlanmayan mutluluk düzeyinde ve bizim için bir dönüm noktası olarak ifade edilen tecrübelerden ya da buna benzer başarılarımızdan dolayı karşılaştığımız övgü, teşekkür ve mutluluğun heyecana yol açan hali esnasında üretilmektedirler. Daha düşük seviye gama dalgaları ise, düşük zekâ seviyeleri, daha az istek ve hatta kendini kontrol etme zorluğu ile yakından ilgilidir. Medikal alanda, gama dalgalarının kanser tümörlerini küçülttüğü ya da yok ettiği vakalara rastlanmıştır.

Beta dalgaları: Normal, uyanık bilinç hali de denilebilir. Daha çok yetişkinler üzerinde etkili olmaktadırlar. Çünkü beta seviyesi ilgi, odaklanma, problem çözebilme, anlayabilme gibi günlük yaşamı konu alan bilinç halidir. Zaman zaman bu frekansın uykuda da görüldüğü saptanmıştır. Beta frekansı günlük hayatta problemleri çözmek maksadıyla kullandığımız bir frekanstır. Bu frekans aralığına fazlaca maruz kalmak, streste artışa yol açabilir. Beta frekansını sık kullanan kişiler doğru seçenekli çözüm yolunu değil de, hızlı çözümü o an ki psikolojik durumlarına göre tercih edebilmekte, yani bir şeyi enine boyuna ölçmeden ani olarak karar verebilmektedirler. Buna, ihtimalleri doğru düzgün hesaplamadan ortaya çıkan kaç ya da savaş mantığı da denilebilir. Zira bu seviyede mantığı arka plana iten adrenalin devreye girer. Kısacası bu frekans aralıklarında, hayatta öğrendiklerimizi uygulama haline geçmiş oluyoruz. Tecrübeden faydalanabiliyoruz. Fakat burada dikkat gerektiren husus, panik hali ve hipnoz durumu. Bedene korku yayıldığı vakit, karar merkezinde zaman odaklı kararlar alınır. Bu aşamada toplumun bilincini etkilemek adına, bir takım imkânlar mevcuttur.

Alfa dalgaları: Alfa dalgaları, rahatlık esnasında, heyecanlı anın sona ermesiyle ortaya çıkmaktadır. Bu dalgalar çabuk kavrayışı, aklı ciddi olarak yormadan konulara yaklaşımı mümkün kılarlar. Bir insan problemlerine alfa dalgasından bakabildiği zaman, çözmesi gereken problemi kolaylıkla çözebilir. Alfa, sakinliği ve huzuru yaşanabilir kılan frekanstır. Genel olarak gözler kapandığı anda bu frekans aralıkları ortaya çıkmaktadır. Gözleri kapatıp derin nefesler alarak frekans üretimi arttırılabilir. Eğer ki alfa frekansını hemen üretmek istiyorsak hızlı ve arka arkaya nefes alıp vermek yeterli olacaktır. Alfa, uyanık halde iken pozitif olabilmek için kullanılan bir elektromanyetik dalgadır. Üretkenlik açısından vazgeçilmez frekanstır. Sağlıklı bir alfa üretimi, zihin berraklığına kısacası beta dalgalarına oranla problem üzerinde daha yumuşak çözümlerin oluşmasına yol açar. Alfa, 5-6 yaşlarında başlayıp ergenlik dönemi süresine kadar devam eden bir elektromanyetik dalga boyutudur

Teta dalgaları: Bu elektromanyetik alan daha çok fikir üretimi, derin huzur ve bilinç dışı yani daha özel çerçevede uyku esnasında ortaya çıkmaktadır. Stresin hiç olmadığı, hissel bir dalgalanma boyutudur. Uyku ile uyanıklık arasındaki süreçte de görülmektedir. Bu boyut dikkat bakımından üst seviyelerde olduğundan dolayı öğrenime çok yatkın imkânlar sunduğu araştırmacılar tarafından da söylenmektedir ki bir diğer anlamıyla ruhsal bir kavrayış halidir. Teta dalgası daha çok 2-5 yaş arasındaki çocuklarda görülmektedir.

Delta dalgaları: Bu dalgalar genellikle derin uykuda ve nadir olarak en derin huzur kapsamında görülmektedir. Delta dalgası bilincin zirvesidir. Delta boyutunda bulunan bazı frekans aralıklarının derin uyku halinde büyüme hormonu salgıladığı bilinmektedir. Bu sebeple derin uykunun sıhhat ve dinlenme açısından fayda sağladığı bilinir. Zihni canlandırması ve kişinin gelişimi ile alakalı olduğundan dolayı, ciddi derecede önemli bir dalga bandıdır. Çeşitli ritüeller doğrultusunda astral yolculuk, meditasyon zirvesi ve rabıta bu düzeyde gerçekleşmektedir. Ruh ile bedenin bilinç dâhilinde birbirinden ayrılmasıdır ve 0-2 yaş arasındaki bebeklerde daha sık görülür. Beyin aktivitesinin en yavaş olduğu haldir.

İnsan beyninde bulunan elektromanyetik dalgaları kısaca sizlerle paylaşmış olduk. İleriki aşamada bahsedeceğimiz hususlar açısından bu manyetik dalgaların nasıl kullanıldığını örnekleyeceğiz.

Bu dalgaların adeta büyüleyici mahiyette kullanılmalarının yanı sıra insan beynini manipüle eden unsurlar arasında bulunan medya aracılığı ile yapılan yayınlarda, 'yirmi beşinci kare' dediğimiz beyin odaklı bilinçaltı görselleri de büyü mahiyetinde kullanılabilmektedir. Bu yöntemlerle kişilerin istenilen nesneye, fikre, eyleme ve kişiye yaklaşmasını elverişli hale getirmek ve hedeflenen kişilerin iradeleri üzerinde kısmi ve kimi zaman bütünsel olarak tasarrufta bulunmak mümkündür.

Hipnozun, büyünün uzuvlarından biri olduğunu ifade etmiştik. Ayrıca onun enstrümanlarını içeren TV, gazete, dergi, radyo ve nihayet artık tüm bu klasik güçlerin tamamını içinde barındıran internet gibi medya unsurlarının araç olarak kullanılarak insanların yönlendirilmesini kısmen 'medya büyücülüğü' kapsamında ele alıyoruz.

Medya büyücülüğünün irade üzerinde tasarrufta bulunma çalışmaları şu üç basit ve bilindik ana koldan ilerlemektedir: Yazılı, işitsel, görsel medya.

Yazılı medya: Bugün, yok olduğu anda kitleleri boşlukta hissettirecek bir iletişim yolu olan yazılı medyanın en etkili bölümü sosyal medyadır. Sosyal medyanın insanlar üzerindeki etkisi, basılı olsun olmasın tüm gazetelerin etki alanına kıyasla çok daha fazladır. Bu, bireysel açıklamaların, kurumsal açıklamalara göre daha gerçekçi bulunmasından kaynaklıdır. Bireysel fikirler/söylemler toplumla daha kolay ve çabuk senkronize olmayı başarmaktadırlar. Çünkü samimi görünürler. Sosyal medyadaki 'medyatik' ya da 'fenomen' kişiler, topluma "bizden biri" hissiyatı ile temas ederler. İnternet fenomenlerini göz önünde bulunduracak olursak, sıradan olarak kabul edilebilecek beşeri/nefsani yönlerini gizleme ihtiyacı duymayan[287] ve hatta bu yönlerine daha sık temas eden kişilerin fenomen olduklarını göreceğiz. Bu, zihnimizin alt zemininde "bizden biri" fikrini temellendirerek yer edinmiş durumda. Sosyal medyada fikirler, tanınmış kişiler tarafından mesaj olarak paylaşıldığında, bu mesajlar, o kişiyi benimseyenler tarafından, kendilerine ait sayfalarında paylaşılmaktadır. Böylece bir mesaj binlerce kişi tarafından paylaşıldıkça, mesajın milyonlarca kişiye ulaşması, fikri takipte daha kolay, daha hızlı ve daha verimli bir sonucu ortaya koyar. Bilhassa ergenlik dönemindeki bireyler adına yapılan sosyal medyadaki 'modern hipnozun' verimliliği daha fazladır. [288]

Ergenlik döneminde veya gelişme çağındaki kişilerin algısı, yetişkin bireylere oranla, dışarıdaki fikirlere ve söylemlere daha açık haldedir. Günümüzdeki toplulukların, fikirlerini eyleme dönüştürmelerinde sosyal medya büyük önem taşımaktadır. Eylemlerin sürdürülebilir ve ses getiren eylemler olmasındaki etken öğelerden en önemlisi, yaş ortalamalarının genç nüfusa dayalı olmalarıdır. Nüfus genç ve asi olursa, yaptırım daha şiddetli, eylem daha sert olur. Sosyal medyada telkin içerikli yazılı bir mesajın, sözlü telkinlere kıyasla daha etkili olduğu, çokça hipnoz uzmanı tarafından kabul edilmiştir. Gezi Parkı eylemine tanıklık eden jenerasyon iyi bilir; eylemi gerçekleştirenler, siyasi fikirlerin uzağındaki kişiler yani daha çok apolitik gençlerdi. Gezi eylemi, seslerini yükseltecek mikrofona ihtiyaç duyan kişilerin sosyal medya üzerinden örgütlenerek bir araya gelmesi/getirilmesiyle oluşmuş bir eylemdi. Hayatı boyunca adli vukuatı olmamış yahut -daha açık ifade edecek olursak-kendisinden toplumsal anlamda şikâyetçi olunmamış kişiler bu eylemin odağında yer aldı. Ayrıca 'Arap Baharı' denilen ve Tunus'tan Suriye'ye kadar uzanan karmaşanın Twitter, Facebook gibi sosyal medya mecralarıyla desteklendiğini biliyoruz. Bu mecralardaki görüntü ya da haberlerin doğru olup olmadığı teyit edilmeksizin paylaşılması sosyal medyayı beynelmilel proje darbeleri ve iç karışıklıkları tetikleyebilecek bir çalışma sahasına dönüştürür. Binlerce sahte kimlikle kışkırtılması istenen olay için sahte görüntüler ve haberler dolaşıma sokulduğunda, kitlelerin bu materyaller sayesinde mobilize olması beklenebilir. Elbette hükümetlerin sakladığı ve halkların menfaatlerine olmayan kararların haber alma hürriyeti adına dolaşıma sokulması bakımından sosyal medya bilgilenmek için bir fırsattır. Fakat bu fırsat dahi manipülasyona açık sahaları meydana getirmesi bakımından riskli olabilmektedir.

İşitsel medya: Dinlemiş olduğumuz radyo yayınları kısmen de televizyon işitsel medyayı oluştururlar. Fakat biz burada radyoya odaklanacağız. 2015 yılında yapılan bir araştırma Türkiye'de erkeklerin radyoyu en fazla sabah saat yedi ila on arasında, kadınların ise öğle on iki ve öğleden sonra üç saatleri arasında dinlediğini gösterdi. Aynı araştırma, radyonun en baştaki dinlenme sebebinin dinlenmek ve zaman geçirmek olduğunu ortaya koydu. Araştırma radyo dinleyicisinin radyo dinleme zamanı olarak işe hazırlık ve gidiş saatlerine odaklandığı bilgisini karşımıza çıkarıyor.[289] Bu iki veriyi birleştirdiğimizde, radyonun güne başlama etkinliği olarak kendini boşlukta hisseden bireylerin zamanını dolduran enstrümana dönüştüğü anlaşılıyor. Kişi, radyoyu açar açmaz alıcı konumunda. Yani, boşluk duygusunu kapatmak için telkinlere açık. Tam burada hatırlatmak istediğimiz husus şu ki, daha çok tek taraflı sesli iletişim kuranlarda psikolojik savunma mekanizması devre dışı kalabilmektedir.[290]

Sabahın ilk saatlerinde genellikle eğlendirmeye yönelik programlar yayınlanır. Bu programları dinleyen kişilerin önemli bir kısmı günün stresini anlık olarak giderebilme ihtiyacı ile doludurlar. Fakat stresi minimize etmeye odaklanmış programlar gerçek hayatta olanlar ile tamamen zıt düşebilmektedir. O yüzden bu tür programlar, bu programları dinleyip, pozitif enerjiyle dolmak isteyen ve kendisini sahte bir pozitifliğe büründüren bireylerin sosyal yaşam, eğitim veya iş hayatlarındaki sorumluluk alanlarında karşılarına çıkan sorunları şok etkisiyle karşılamalarına neden olabilirler. Böylece, bu bireyler olması gerekenden daha fazla strese teslim olabilmektedirler.

Yetişkinlerde etkin olan beta dalgaları kişileri akıllıca çözümden uzak tutar. Beklenmedik anlarda istenmeyen olaylarla karşılaşılması durumunda da frekans yükselişe tırmanır ve bireyleri kaç ya da dövüş mantığı ile hareket ettirerek anlık çözümler üretmeye teşvik eder. Sabah pozitifliğe dönük yapılan yayınların genellikle ters tepme olasılığına sahip olması, bu yayını gerçekleştiren programların beta frekansından yapılmasıyla ilgilidir. Sözde pozitifliğe odaklı radyo yayınları bireyi gerçek hayattan koparabilmektedir.

Görsel medya: Bilindiği üzere televizyon ve internet, görsel haberleşme araçlarının başında yer alırlar ve güncel olaylardan eğlenceye, dizi film sektöründen magazine, ekonomiden belgesele her türlü bilgiye ulaşmamızı sağlayan görsel kitle haberleşme araçlarıdırlar. Esasında internet yazılı, işitsel, görsel medyayı içerisinde ihtiva etmesi bakımından çok daha kapsamlıdır. Hatta uzak olmayan bir zamanda TV'nin internet içerisinde eritilmesi öngörülmektedir.

Günlük yaşantımızda hemen her alanda kendini gösteren görsel haberleşme araçları bebeklik döneminden, son nefese kadar her daim bireyin yanında olmayı sürdürebilmektedirler. Peki, nedir görsel medyanın amacı?

Ticari kaygılarla herhangi bir ahlaki tutum takınmayan kapitalist sistemde medya, var olan sistemin sürdürülebilmesi adına toplumu çokça konuda bilinçaltı mesajlarla hedeflediği mecraya sürüklemeye hizmet eder.

Ayrıca medya, kapitalizmin içerisinde siyasi olarak da bölünmüştür. Belli kesimlerin belli odakları vardır ve bu odaklar belli kanallar ve programlar tarafından adeta bir cephe gibi savunulur. Siyasi özgürlüklerin hâkim olduğu ülkelerdeki siyasi tartışmalar kitleleri pek de kamplaşmanın, safları sıklaştırmanın ötesine götürememektedirler. Böylesi toplumların bölünmüş medyasında bilgi, her yönüyle tartışılabilir veri olmaktan çıkar, eldeki veri ve bilgi, siyaset ile dile gelmiş fikrin içerisine entegre oluyor mu olmuyor mu ona bakılır. Entegrasyon söz konusu değilse, eldeki bilginin anlamı kalmaz. Bu anlamda önemli olan verilerin, bilgilerin doğruluğu değil, savunulan ideolojik bakış açısına uygunluğudur.

İktidarın muhalefete kısmen ya da tamamen açık olduğu siyasi yapılarda, bir kısım medya olayları iktidar yanlısı olarak işlerken, öbür kısım iktidar karşıtı olarak işlemektedir. Söz konusu olay, birbirine zıt açıklamalarla paylaşıldığında, ideoloji kurbanı bireyler ortaya çıkar. Bunlar, gerçekleri öğrenmeyi istememekte, mensup oldukları ideolojiyi destekleyen açıklamalarla, onlara anlatılanların gerçek olduğuna inanarak adeta iman tazelemeye duydukları ihtirasla pek çok zaman hayallere teslim olmaktadırlar.

Elbette siyasi anlamda medyanın tarafsız olması mümkün değil. Fakat manipüle edilmiş bilgiden korunmak, ana akım medyanın işleyişini kavramakla mümkün.

Bilgisayar oyunlarını da medyanın parçası saymak gerektiği kanaatindeyiz. Oyunlar sırf oyun değil, aynı zamanda nasıl düşünülmesi gerektiğini, ne tür hadiseler karşısında çıkarların nasıl korunabileceğini, neye hizmet edileceğini ve neye asi olunacağını küçük yaşlardan itibaren bireylerin zihnine adeta nakşeden ideoloji makineleridir. Bize bir yönüyle kurgulanmış gelecekten, gaipten haber verme vazifeleri de vardır.

EFENDİLER VE KÖLELER İÇİN İKİ KOLDAN ZİHİN KONTROLÜ

90 milyar kadar nöron (sinir hücresi) içeren ve uyku esnasında dahi 25 wattlık bir ampülü çalıştırabilecek kadar enerji üretebilen beyin, insanoğlu için hala gizemini koruyor. O, sadece insanın yönetim üssü değil, aynı zamanda insanoğlu yeryüzündeki en zeki varlık olmayı sürdürmeye devam ettiği takdirde yeryüzünün de kontrol merkezi.

Yeryüzü topraklarını elinde tutanların değil, bu toprakların üstünde yaşayan insanların beyinlerine hükmedebilenlerin kazanabileceği kadim bir savaş var. Bu savaş, teknolojik gelişimin yapay zekâyı doğurduğu yirmi birinci yüzyılın başlarında en tehlikeli dönemecine girdi.

Hasan Sabbah, haşhaş aracılığı ile müritlerinin beyin kimyasında meydana getirdiği şok edici etkiyi dini telkinleriyle kuvvetlendirip, onları Alamut Kalesi'nde kurduğu yapay cennet bahçesindeki dünyevi zevklerle eğlendirdikten sonra, kendilerine gösterdiği cennetin baki kalması için hayatlarını feda etmeleri gerektiği vaazıyla müritlerini intiharı göze alan suikastçılara dönüştürebilmişti.

Stalin, muhaliflerini bastırmak için onları hapse atmakla yetinmedi. Onların, verdiği kimyasallarla suçlarını kabul eden itirafçılar olmalarını da sağladı.

Fakat eski savaşın taktikleri yüzeysel ve sınırlıydı. Yine de Hitler, bu savaşa çok daha büyük bir yön vermek için çabaladı. Kitleleri uzun sürecek şekilde hipnotize etmenin yollarını yılmadan, usanmadan aradı. Aynı zamanda yeni bir insan türü yaratmak istiyordu. Bu tür, şimdikinin üzerinde demir yumruğu ile yükselecekti. Bahsettiği türün ilk neferleri de Alman ırkından çıkacaktı: Acımasızca yöneten sert bir Tanrı-Adam figürüydü bu. Ve hayali için sadece ideolojik eğitimi öngörmemişti. Bir ırk ıslah çalışmasına da girişmişti. Naziler, canlı deneklerin üzerinde yaralar açıyor, bunları hızlıca kapayabilecek ilaçlar üretmeye çalışıyorlardı. Ellerindeki esir insanlar henüz ölmeden, onların organlarını çıkarıp, bilimsel çalışmalarında kullanıyorlardı. Peki, neden? Tanrı-Adam'ı üretmek için. Nazilerin denekleri üzerinde yaptığı acımasız deneyler genetik biliminin yolunu açmıştır. Hitler'in düşü bugün transhümanistlerin rüyalarını süslemektedir ve yirmibirinci yüzyılın bilim adamları bu düşün yeşermesi için ellerinden gelen her şeyi yapmaktadırlar. Ancak tek bir farkla: Hitler kendi düşü için doğrudan bir yol izlemişti; niyetini olduğu gibi beyan etmişti. Fakat şimdikiler hastalıkları, hayatımızda gerçekleşecek kolaylıkları göstererek sürüklüyorlar bizi o yola ve bunu yaparken vahşeti gözümüze soka soka sergilemiyorlar. Estetize edilmiş bir vahşettir söz konusu olan.

Bugün, zihin kontrolünün 'Yumuşak' ve 'Sert' olmak üzere iki şekli yürürlüktedir. Yumuşak kısmın Hitlerin düşlediği Tanrı-Adam figürünü üretmekle alakası yok. Bu kısmın amacı daha çok, zekâsı geriletilmiş, istenilen telkine sonuna kadar açık insan modelleri oluşturmak ve böylece onları, 'Süper İnsanların' güdümünde sorgulamaktan uzak, kusursuz köleler haline getirmek. TV uzun zamandır zihin üzerindeki yumuşak kontrolün öncüsü ve merkeziydi ama yerini internete terk etti. Gerçekten de internetin kontrolü, TV ile mukayese edilemeyecek kadar kapsamlı. Hem yatak odasına kadar girebilen gözüyle insanın insandan emin olamayacağını garanti ederek toplum içindeki güven ve vefa duygusunu zedeliyor, hem de kişiyi öncelikle kendi bedensel hazlarına odaklayacak şekilde-özgürlüğü fısıldayıp-bencilliğe doğru çekerek, empati, özveri gibi kadim özellikleri törpülüyor. Aynı zamanda kişiye sunduğu doğrudan haz çeşitleriyle, dolaylı hazların yaşanmasını sürekli erteleterek, insanları ulaşılması için emek gereken entelektüel hazlardan çok daha sinsice ve başarılı uzaklaştırabiliyor. Sonuç, cehaletin kitleselleşmesi ve -daha da kötüsü- kurumsallaşmasına doğru gidiyor.[291]

Zihin kontrolünün sert kısmına gelince: Bu kısım da, 'Köleler' ve 'Efendiler' için olmak üzere ikiye ayrılıyor. Köleler burada her zamanki gibi yine edilgenler, alıcılar. Efendiler için ise sert zihin kontrolü demek, köle olarak gördüklerini kusursuz yönetmek için kendilerinin biyolojik yapılarını ve bilhassa beyinlerini dönüştürmeleri anlamına geliyor. Buradaki zihin kontrolü, kendi beyinlerinde olmayan bir özelliğin, kendi beyinlerine nakledilmesine izin vermeleri anlamındadır. Gelecek senaryoları üzerine konuşmayı seven kimi bilim adamlarına göre, yapay zekânın zekâsıyla baş edebilmenin yolu, insan beynini bilgisayar teknolojileriyle birleştirip geliştirmekten geçmekte. İddialarına göre bu yapılmadığı takdirde beynimiz, kendisini hızlı geliştiren yapay zekâyla baş edemeyecek ve onun kölesi haline dönüşebilecek. Anlamak gerçekten güç: Madem öyle, madem yapay zekâ fevkalade riskleri barındırıyor, neden hala onu geliştirme çabası içerisindeyiz? Neden bizleri köle haline getirebilecek teknolojileri üretmeye devam ediyoruz? Sorduğumuz mantıklı sorular karşısında aklı doyuracak mantıklı cevaplar verilmiyor bizlere.[292] Anlaşılan o ki, her ne pahasına olursa olsun insanoğlu tanrıcılık rolünü oynamayı sevdiği için egosunun peşinden gitmeye devam edecek. Aldığı riskin akla yatkın tek açıklaması var: Fazlaca şişkin ego. Ego aklı öyle ele geçirmiş ki, mantığın kendisi haline gelivermiş. Haberlerden öğreniyoruz: Tesla ve SpaceX gibi ileri teknoloji projelerinin akıl hocası ve finansmanı olan Elon Musk, Neuralink adı verilen projesiyle bilgisayar ve insan beyni arasında iletişim kurmaya kararlıymış. İlk amaç da, nörolojik rahatsızlık çeken insanları tedavi etmenin yollarını geliştirmekmiş. Yine aynı numara. Önce çok insancıl gayeler öne sür, sonra canavarlaş! Habere göre, bundan bir sonraki adımın insan-bilgisayar hibriti oluşturmak olduğunu dile getiren iddialar varmış.[293] Yapılan şey, yapay zekâyı yenelim derken, onun beyne sızması için yol döşemek olmuyor mu? Bu bakımdan, efendi olarak adlandırılmayı seven azınlıktaki grubun da zihninin kontrol edildiğini kabul etmek gerekecektir. Peki, kim tarafından? Cevap basit: İblis ve avanesi. İblis ve avanesinin kimler oldukları, neler yaptıkları ve de yapabileceklerini bu kitabın birinci bölümünde açıklandı.

Köleler için düşünülen sert kısım, efendilerin istekleri doğrultusunda programlanabilecek sert, vahşi, güçlü fakat zekâca geri insan modelleri meydana getirmek. Bazen ise, yumuşak zihin kontrolüne maruz kalan insanların dönemsel olarak hırçınlaşmasını ya da şapşallaşmasını yahut istenilen duygu durumuna göre hareket etmelerini sağlamak için de HAARP ve türevlerine başvurulabiliyor. İnsanları gerektiğinde operasyonel anlamda kullanmak sert zihin kontrolünün temel hedefi. Bir kısmı terör eylemleri ve savaşlar için, bir kısmı sağlık için, bir kısmı da ağır işler için tasarlanan, laboratuvar ürünü gıcır gıcır frenkeştaynlar üretmek sert yöntemlerin en fazla üzerinde durduğu husustur. Ah, tabii ya... Robotlarımız varken bunlara hiç gerek yok. Bir kısım insanın ve insanımsının robotik araçlar ve robot savaşçılarla yok edilmesi yerküreye aç kadro adına daha mantıklı bir karar olabilir.

Zihin kontrolünün yumuşak ve sert kısımları temel olarak aynı kaynaktan istifade ederler: Elektromanyetizmadan.

Elektromanyetik dalgalar denildiğinde Nikola Tesla'yı anmadan edemeyiz. Elektrofizik uzmanı olan Tesla'nın yüz yıl öncesinden günümüze ulaştırdığı buluşları bugün bile bilim camiası tarafından hararetle tartışılıyor. Tesla, elektrik ve manyetizmayı iyi analiz ederek radyodan, radara birçok konuda köşe taşı olmuştur. Fakat onun en büyük hedefi, geride bıraktığı buluşları gölgede bırakıyordu: Tesla, kablosuz aktarılabilen elektriğin peşindeydi. Elimizde Tesla'nın bunu bir telsiz yardımı ile 23 mil uzaklıktaki bir adada 10 kw'lık 100 ampulü aydınlatarak başardığını dile getiren bir hikâye var. Fakat günümüzde bu tür hikâyeler komplo teorisinden öte gidemiyor. Tesla'yı efsaneleştiren anlatı ise, -iddia o ki- onun üzerinde çalıştığı son projesiyle ilgili: Kıyamet Silahı; beyinlere hükmedebilen efsanevi bir silah. Nasıl mı? Elektromanyetizmayla.

"Güzelliği ile gönlü mecnun eden o yâri seviyorum" cümlesini okuduğunuzda beyniniz cümlenin anlamı doğrultusunda titreşimler yaymaya başlar. Bu titreşimlerin yapısı duygu durumunuza göre değişir. Örneğin, **"Elini kaldırdı ve yüzüme okkalı bir tokat atmaya koyuldu"** cümlesinin yaydığı titreşim, bir önceki cümlenin yaydığından çok farklıdır. Bahsi geçen fark kabaca, duyguların frekans aralıklarını oluşturur. Yani beynimiz her bir duygu durumunda farklı bir frekans aralığında titreşir. Titreşimler elektrik faaliyetlerinin ölçülebildiği aralıklar olduğundan elektrik barındırırlar. Yani beyin, duygularla farklı dalga boylarında titreşimler, daha açık tabirle elektrik üretir. Soru şu: Beyni, onun ürettiği frekans aralıklarına benzer frekans aralıkları kullanarak yönlendirmek mümkün mü? Mantıken mümkün görünüyor. Eğer hali hazırda cümleler beynimizin frekans aralığını değiştirebiliyorlar ise, beyni hedef alan ham elektromanyetik dalgalar da değiştirebilirler. Az öncekinden daha kritik soru şu: İnsan beyninin adeta dil gibi algılayabileceği türden elektromanyetik dalgalar üretilip, beyne gönderilebilir mi? Açıkçası bu da mantıklı görünüyor. Bir insanın kafasının içinde "intihar et" emir cümlesini oluşturmak için, beyninin içine bu cümleyi direkt olarak iletecek bir radyo alıcısı yerleştirmeye gerek yok. Eğer elektromanyetik sinyaller bütünü, ısrarla hedefine odaklanır ve hedefteki beyni ani duygu durum değişikliklerine sokacak şekilde elektromanyetik dalgalarla çalkalarsa, hedefteki kişinin beyin kimyası değişecek, kişi çevresinden kopacak, şizofreniye yaklaşacak ve nihayet intihara yönelebilecektir. Açıkladığımız yöntem şimdilerin en kaba ve geri kalmış yöntemi. Artık sesleri de yapay bir alıcı olmaksızın kulağa duyurmak için daha kapsamlı çalışmalar yürütülüyor. Bunun ilk defa 1974 yılında Amerikalı bilim adamı Joseph Sharp tarafından Walter Reed Army Insitute of Research bünyesinde gerçekleştirildiği iddia edilmekte. 1974 yılında gerçekleştirildiği iddia edilen bu yöntemde sesi duyan kulak değil. Ses bizzat elektromanyetik titreşime kaydediliyor ve bu kayıt hedef kişinin beyninde açılıyor. Yani kulaklarınızı tıkasanız bile, sesle muhatapsınız. Bu tür yöntemlerde hiç kuşkusuz işin içine beyin kimyasalları da giriyor. Zira elektromanyetizma beynin kimyasal durumunu değiştirmektedir. Öyle ki, elektromanyetik sinyallerle hedef beyin, madde kullanmışçasına alıklaştırılabilir. Fakat her elektromanyetik dalga insanı istenilen şekilde kontrol etmeye kabiliyetli değil. Beyin, 1-30 Hz aralığında titreşmektedir ve bu aralıktaki radyo dalgalarına da 'Aşırı Düşük Frekans' anlamına gelen ELF dalgaları denir. İşte beyni ilgilendiren frekans aralığı da budur, zihni yönlendiren frekans aralığı da budur. ELF dalgaları SSCB'nin dünyanın farklı bölgelerindeki denizaltılarıyla iletişime geçmek ve bu denizaltılarına düşük frekanslı mors sinyalleri göndermek amacıyla kullandığı dalgalardı. Çok geçmeden bu dalgaların sinir sistemi frekanslarıyla uyumlu olduğu anlaşıldı. Bir iddiaya göre SSCB, hangi ELF dalgalarının insanlar üzerinde ne gibi etkiler meydana getirebileceğini Nikola Tesla'nın bu konuda yazdıklarını ele geçirerek öğrenmişti.[294]

SSCB, elektromanyetik zihin kontrol silahları konusunda atılımlar yapmış olsa da, ABD de zihin kontrol deneyleri yapmaktan geri kalmıyordu. İddiaya göre ABD, 1993'ün Kasımında Maryland'deki Johns Hopkins Üniversitesi'nin Uygulamalı Fizik Laboratuarı'nda üç gün süren 'Ölümcül Olmayan Silah Konferansı' düzenlemişti. İddia edildiğine göre dört yüz bilim adamının toplandığı bu konferansta elektromanyetik darbe silahları (EMP), ELF dalgaları üzerinden geliştirilen silahlar, kimyasal silahlar gibi konular ele alınmıştı. Aslına bakılırsa, ABD, bu konularda değerlendirilebilecek önemli bilgi ve bulgulara sahipti. Zira ABD'nin kimyasal ve elektromanyetik araç gereçleri kullanarak başlattığı en büyük zihin kontrol deney programı 1950'lerde başlatılan MK-ULTRA'ydı. Amerikan Merkez Haberleşme Teşkilatı (CIA) bünyesinde çalışan Bilimsel İstihbarat Birimi (SID) ABD yasalarından bağımsız olarak çeşitli meslek gruplarında ve yaşlardaki denek olmayı istememiş deneklere iradeleri dışında korkunç deneyler yapmıştır. Nihayet ABD, 2001 Temmuzunda deneylerle ilgili bilgileri halka açıklamıştır. Halka açılan bilgilerden öğrenmekteyiz ki ABD, Stalin'in muhalifleri üzerinde denediği kimyasal haplara benzer hapları kullanarak, sorgulanan zanlılara iradelerini felce uğratacak ve 'dürüstlük hapı' olarak tabir edilen halüsinojen maddeler, çeşitli kimyasallar vermiştir. Projenin başlıca hedefleri arasında, kişiyi rezil edecek mantıksız düşüncelere sevk edebilecek, algılamayı yavaşlatacak, hafıza kaybı sağlayan, şok meydana getiren, kafayı bulandıran, hedef kişiyi arzu edilen birey ya da bireylere bağımlı kılan yöntem ve maddeler geliştirmek vardı. Hedefleri gerçekleştirmek için deneklere LSD, amfetamin IV, MDMA, meskalin, temazepam, eroin, morfin gibi bilinen ve bilinmeyen çok sayıda uyuşturucu madde verilmiştir. Denekler, bilhassa sosyal statüleri gereği toplumda pek kabul görmeyen, inandırıcılıklarını yitirmiş kişilerden seçilmiştir ki, deneyi yapan kişilere karşı koyamasınlar. Denekler bu doğrultuda genellikle fahişeler, mahkûmlar, ilaç ve uyuşturucu bağımlılarından ve psikolojik sorunları olanlardan meydana geliyorlardı.

MK-ULTRA projesi kapsamında kullanıldığını iddia eden Cathy O'Brien eşiyle birlikte yazdığı *"Trance: Formation of America"* kitabında proje çerçevesinde başından geçtiğini iddia ettiği olayları aktararak gündeme geldi. Kitabı 'saçmalık' statüsünden çıkaran pek çok emare var. Birincisi, Cathy O'Brien'in anlattıkları, ABD'nin MK-ULTRA ile ilgili 2001 yılında halkla paylaştığı evraklarla uyumludur. İkinci olarak, kitabın diğer yazarı olan Mark Phillips'in CIA operatörü olduğu da bilinmekte. Kendi anlatısından yola çıkarak diyebiliriz ki Cathy O'Brien hayata mağduriyetle adım attı. Henüz çocukken ailesi tarafından cinsel istismara uğradı ve nihayet yetişkin bir ergen olunca babası onu Proje Monarch çerçevesinde CIA'ye sattı. Proje Monarch, MK-ULTRA içerisinde yer alıyordu. O'Brien, kendisine yapılan zihin kontrol deneyleri sonucunda Beyaz Saray'da seks kölesi haline getirildi. Kontrolden çıkmaması için kendisine uyuşturucular veriliyor ya da enjekte ediliyor, elektrikle tetiklenen işkenceler yapılıyordu. O'Brien ve Phillips yazdıkları kitaplarında, ABD'nin egemenlik haklarının Yeni Dünya Düzeni altında ihlal edildiğini vurguluyorlardı. O'Brien, Beyaz Saray'ın hizmetinde, seks kölesi olarak tasarlanmıştı. İşi, başkanların, başkan adaylarının ve önemli bürokratların cinsel isteklerini gidermekti. O'Brien ve Phillips'in yazdıklarından anlıyoruz ki bazı renkler, objeler ve tatlar, seks kölesinin programlanmış biçimde hareket etmesini tetikliyordu. Yani seçilen köleler uyuşturucu ve işkence altında telkinlere maruz kalıyorlar ve bu telkinler bilinçaltına yükleniyorlardı. Telkinleri ortaya çıkaracak renk, obje ya da tatlarla temas eden köle, aniden, kendisine telkin edilen şeyleri kendi iradesi doğrultusunda yapıyormuş gibi gerçekleştirmeye başlıyordu. O'Brien, kendi özgür iradesini, düşüncelerini denetleme yeteneğini kaybettiğini, ne soru sormayı, ne çıkarım yapmayı, ne de bilinçli olarak kavramayı becerebildiğini; sadece kendisine söylenilenleri yapabildiğini yazıyordu.

O'Brien'in katılmak zorunda kaldığı pornografi, daha fazla şiddetlenerek, sado-mazoşizmin işkencelerine dönüşmüştü. Uyku, yemek ve su mahrumiyeti yoğun fiziksel veya psikolojik travmalarla birleştirilmekte; yüksek voltajlı elektrik şoku ve bazı hafıza bölümlerinin hipnotik ya da daha başka yöntemlerle programlanması, kişi üzerinde farklı kişiliklerin tasarlanması bu projede acımasızca uygulanmaktaydı. Söylediğine göre Cathy O'Brien, zaman zaman tehdit ediliyor ve kendisine, birisine gidip olanları anlatsa bile, hiç kimsenin onun gibi birinin dediklerine inanmayacağı söyleniyordu. Gerçekten de, Beyaz Saray'daki başkanlarla seks partisine zorlandığını dillendiren birine kim inanırdı?

Cathy O'Brien, Marilyn Monroe'nin J.F Kennedy'nin seks kölesi olduğunu ve öldürüldüğünü yazmıştır. Birçok ünlü politikacıya, ajana ve daha nicesine fahişelik yapmaya zorlandığını, onlara daha iyi hizmet verebilmek için birçok seks filminin çekildiğini, ayrıca uyuşturucu kuryeliğinde kullanıldığını ve kendisinin de uyuşturucu kullanmak zorunda kalıp, satanist ritüellere katılmaya zorlandığını, Bohemya Kulübü'nde içerisinde yılanların olduğu üçgen şeklinde bir cam fanusa defalarca kapatıldığını söyleyen Cathy O'Brien, tüm bunları sırf gündemde kalmak için detaylı şekilde uydurabilir miydi?

Yine kendi iddialarından yola çıkarak diyebiliriz ki, üst

düzey bir MK-ULTRA kurbanı olan Cathy O'Brien, istihbarat içerisindeki Mark Phillips'in yardımı ile zihin kontrolünün köleleştirmesinden kurtarıldı.

Ahlaki kavrayış ve anlayışın 1950'lerden beri inanılmaz bir biçimde gevşediği toplumlarda artık köleleri yönetmek için Cathy O'Brien'in dile getirdiği taktiklere başvurulmasına pek gerek kalmıyor.[295] Köleleştirme metotları hem çeşitlendi hem de zenginleştirildi. Ayrıca daha dolaylı, daha görünmez hale geldiler. Artık yerküremizdeki insanların tamamı ağır hipnoz altında, mantıklı düşünme becerilerini yitiriyorlar. Her gün çok sayıda genç en basit günlük eylemlerini gerçekleştirmeyi unuttuğunu, hafıza problemleri yaşadığını söylüyor. Görsel materyallerdeki artış, aşırı bilgi akışı, zihinsel aktivite gerektiren uğraşların bilgisayarlara devri, stres ve besin değeri düşük gıdalar genç unutkanlığını arttırmıştır. Ve unutkanlığın yaygın olduğu toplulukların kontrolü kolaylaşır. Günümüzde Cathy O'Brien'in maruz kaldığını söylediği şekilde kişiye özel unutkanlığı arttırıcı ve mantıktan uzaklaştırıcı hapların, insanı rezil edici uyuşturucuların üretilmesi çok da gerekli değil. Bilincin zayıflaması mantığın zayıflamasına, mantığın zayıflaması aklın körelmesine ve aklın körelmesi de yönlendirilmeye açık olmaya sebebiyet vermektedir.

Bilim adamları son elli yılda IQ seviyesinde bir puanlık bir düşüş olduğunu açıkladılar. Araştırmalar düşüşün yenilenler ve seyredilenlerle ilgili olduğunu gösteriyor.[296] Batıdaki IQ düşüşü ise çok daha vahim. Son yüz yılda on dört puanlık bir düşüşten bahsediliyor. Vrije Üniversitesi'nden Michael A. Woodley, Amsterdam Üniversitesi'nden Jant e Nijenhuis ve College Cork Üniversitesi'nden Raegan Murphy'nin yürüttüğü araştırma, yüksek IQ'lu kadınların çocuk sahibi olmaktan çekindiğini de ortaya koymuş durumda.[297] İnsanoğlu hızla akıldan, mantıktan uzaklaşıyor. İnsan aklındaki bu trajik zayiat, konuştuğu dilde de yansımasını bulacaktır. Birçok dil hızla yok olurken var olanlar da basitleşecektir. Ayrıca gelecek senaryosu olarak, İngilizcenin son derece basitleşerek yerküreye hâkim olması beklenmektedir.[298] Öte yandan, köleleştirici metotların zenginleştiğinden bahsetmiştik. Daha yumuşak telkinlerle daha kapsamlı köleleştirme eylemleri gerçekleşebilir hale geldi.

Günümüzde gerek şantajla, gerek bile isteye, gerekse tamamen hipnotize edilmiş halde idolleştirilen sözde 'sanatçı' köleler topluluğu giderek etkinliğini arttırmaktadır. İdol (put) köle[299] gönüllü yahut da gönülsüz kendisini, kendisi de tüm toplumu yozlaştırmaya programlanmıştır. Artık köleliği kabul ya da şeytana hizmet şantajdan ziyade şöhret ya da maddiyat talebiyle, bile bile, güle oynaya gerçekleşir hale gelmektedir. Toplum bir yandan George Orwell'in *"1984"* romanındaki gibi her yerden gözetlenerek, görüntüleri kameralarla izlenerek kontrol edilirken, öbür yandan giderek Aldous Huxley'in yazdığı *"Cesur Yeni Dünya"* romanındaki gibi insansılaşmakta yahut da özel bir terimle ifade edecek olursak 'insan sığlaşmaktadır'. Yani cehalet bir noktadan sonra (eşikten sonra) bilinçli olarak talep edilen, talep edilirken haz alınan değere dönüşmektedir. Ve her gün daha fazla insan eşikten geçerken Dünya, insanların çoğunluğunun eşiği geçmesi beklenen döneme hızla sürüklenmeye çalışılmaktadır.

ELEKTROMANYETİK KUMPAS: BLUE BEEM, HAARP, YAPAY ZEKÂ

Habere göre, ABD Güney Kaliforniya Üniversitesi (USC) profesörleri, beyne bağlanan elektronik bir cihaz vasıtasıyla insan hafızasını arttırmayı başardılar. Araştırmanın öncülerinden Prof. Dong Song, Washington'da düzenlenen Nörobilim Cemiyeti toplantısında, bu icat hakkında elinde bulunan bazı bulguları meslektaşlarıyla paylaştı: 'Bellek protezi' olarak adlandırılan cihaz hafızayı etkili şekilde güçlendiriyor. Kısa süreli hafızada %15'lik, kalıcı hafızada % 25'lik artış sağlayan cihazın alzheimer hastalarına çözüm sunacağı düşünülmekte. Aynı haber, sağlık örgütlerinin artık 65 yaş üzerindeki herkesin yüksek alzheimer riski taşıdığını belirttiği bilgisini de içeriyor ve Bill Gates'in de alzheimer araştırmalarına 100 milyon dolarlık destekte bulunduğunu aktarıyor.[300]

Hadi, habere klasik bakış açısının birazcık dışından bakalım ve cümlelerin ardına gizlenen asıl gerçeği görmeye çalışalım: Haberin bütün kimyası şu harikulade icat olan 'bellek protezi'nde saklıymış gibi gözüküyor ama hayır! Bu haberde altı çizilmesi gereken daha önemli bir cümle var. Bu da, artık 65 yaş üzerindeki herkesin yüksek alzheimer riski taşıdığını haber veren kısım ki burada 'artık' kelimesinin üzerinde yoğunlaşmak gerek. Neden 'artık'? Ne oldu da 'artık' böyle? Amerikalı bir 'hayırsever' için daha Amerikanvari bir Türkçe kullanalım: Hey dostum, bir şeyler mi kaçırdık? Belki Bill bize neler kaçırdığımızı açıklayabilir. Öyle değil mi ahbap? Çünkü kendisi alzheimerle savaşmak için 100 milyon dolarını feda etmekten çekinmeyen yüce gönüllü bir hayırsever. Alkışlar Bill'e... Gerçeği Bay Bill Gates'in başı hafızayla biraz dertte. Hatırlatmakta fayda var Bay Gates... Gazeteci Christina England bilhassa Afrika'daki insanlar için geliştirilmiş menenjit aşısı MenAfriVac'ın Kuzey Çad'daki Guro köyünde en az elli çocuğu felç ettiği haberini yapmıştı. Ve yapılan habere göre Bill, bu aşının satışını durduracağına, mağdurları susturmanın çaresini aradı. Bill, Afrikalı çocukları sağlığına kavuşturmak adına aşıları inatla savunan, bu aşılar hakkında haber yapanları dolaylı yollarla susturmaya çalışan bir iyilik meleği mi? The Telegraph'a verdiği röportajda **"Benim artık paraya ihtiyacım yok, ben Tanrı'nın işini yapıyorum"** derken bunu mu kastetti?[301]

Simone Adler Alternet'te yayınlanan makalesinde Gates'in genetiği değiştirilmiş tohumları Afrika'ya saçmak için Afrika hükümetleriyle anlaştığını, Gates Derneği'nin yaklaşık seksen kadar Afrikalı tohum şirketiyle ortaklıklarının olduğunu, milyonlarca dolarını genetiği değiştirilmiş muz projesine yatırdığını yazdı.[302] Anlaşılan o ki Bay Gates'in parayla işi henüz bitmemiş. Ölümüne değin bitecek gibi de gözükmüyor. Ayrıca hafıza üzerinde olumsuz etkiler meydana getiren GDO işine sıkıca sarılmış olması da takındığı hayırsever maskesini suratından düşürüyor. Kapitalizmin tiyatrosuna göre, besinlerdeki vitamin sentezlerini bozan, alzheimere yol açabilen ve bebeklerde kullanılması kesinlikle zararlı olan, insan üzerindeki etkileri konusunda yeterli araştırılma yapılmamış ve yeni hastalıkları tetiklemeye hazır riskler taşıyan güvenilmez GDO'lu ürünleri satan Bay Gates, bu tiyatro oyununda parayla işi bitmiş büyük hayırsever rolüyle karşımızda.[303]

Bu tür adamlar tanrısal rollerini önce elimizde olan imkânları sinsice çalarak ilan ediyorlar. **"Doğal hafızamı yok etmek için elinden geleni yap ki, bana şu bellek protezlerinden ya da farklı elektronik zımbırtılardan satabilesin."** Formül kabaca böyle. Biz de bu elektronik aletleri beynimize monte ettiğimizde, tasmasını dişiyle tutup sahibine uzatan iyi eğitimli köpeklere benzeyelim. Kodamanlarımıza daha açık seslenelim: Beynimiz üzerinde tasarrufta bulunan o süper aletleri de muhakkak uzaktan kumandalı üretmelisiniz ki, bellek depomuza erişmemize istediğiniz vakit engel olabilesiniz. İnsanlık muhteşem gösteri için kıvama geldiğinde de düğmeye basarsınız: Tataaaam! Yeni bir Dünya, yeni bir din ve haliyle yepyeni bir Tanrı! Kanadalı gazeteci ve şair Serge Monast, düğmeye nasıl basılacağının gizli belgelerini 1994'te sızdırdığını iddia etti. Buna göre elitler, kendi tanrılarını ve dinlerini ortaya çıkaracakları bir plan hazırlamışlardı. Bu planın odağında da HAARP ve Blue Beem yani Mavi Işın Projesi bulunmaktaydı.

İnsanlar yeteri derecede maddeci hale getirildiğinde, 11 Eylül gibi kurmaca olayları dahi mantık örgüsüyle değerlendiremeyen ve medyanın, hükümetlerin beyanını esas kabul eden budala bilim adamları tarafından bilimsellik kılıfıyla, gerçeklere sırtlarını çevirmeye başladıklarında, mantık yoksunluğu ve zekâ geriliğinin toplumda bir salgına dönüştüğü şeytani kadro tarafından elbette anlaşılmıştır. Fakat onların, mantıksal akıl yürütmedeki çöküşün hangi boyutlarında dinlerini alenen ilan edeceklerini bilmiyoruz. Bununla birlikte, bir öngörümüz var. Eğer uzaylı istilasını, kıyameti andıran depremleri, yapay zekânın insanlığın canına okumasını, gelecekte İblis ve şebekesi tarafından kontrol edilen yeni tür insanların dramını, İlluminati'nin Dünya'ya ettiği kötülükleri anlatan filmler, diziler ve belgeseller gözümüzün içine içine sokularak çevrilebiliyorsa, şeytani şebekemiz bir şeyden oldukça emin demektir. Nedir o şey? Gittikçe beşerleştiğimiz, beşerleşirken zihni melekelerimizde kayıplar yaşadığımız, maddecileştiğimiz ve alıklaştığımız gerçeğidir. Bu alıklaşma, duyarsızlaşma demektir. Körelme demektir. Alaycılık demektir. Hazcılık demektir. Yani sözde elitlerimiz şöyle düşünmektedirler: **"Bırakın hakkımızda istedikleri gibi atıp tutsunlar, bırakın bazı filmlerle kendimizi övelim, bırakın planlarımız hakkında yorum yapsınlar. Zira giderek alıklaşıyorlar. Bir zaman gelecek ki, bizim yasaklamamıza gerek kalmadan, bizi deşifre etmek için uğraşanlar toplumun gazabına uğrayacak. Yıllardır yazıp çizdikleri şeylerin hiç de gerçekleşmediğini görünce insanlar, hakkımızda gerçekleri söylemiş olanları bile ham ve bayağı komplocular olarak yaftalayacaklar. Hatta öyle bir dönem gelecek ki, artık böylelerine salaklar gözüyle bakacaklar ve kimse salak olarak nitelendirileceğini bile bile bu salakça işleri yapmaya cesaret edemeyecek."** Şeytani şebekenin sistemini aleni olarak ilan etmesi için, bu kitapta yazılanların geniş kitleler için üstünde düşünmeye değmeyen bir saçmalıktan ibaret olduğunun kabul edilmesi ve artık bu tür konuların geniş kitleler arasında ilgi uyandırmaz olması ve daha da önemlisi bu konuların büyük kitlelerce aptallık alameti olarak damgalandığı bir dönem beklenmelidir kanaatindeyiz.

Şeytani şer şebeke Serge Monast'ın iddia ettiği gibi mi hareket edecek? Yoksa plan üzerinde köklü değişiklikler mi yapıldı? Buna okuyucu karar versin. Ancak Monast'ın çizdiği tabloya dikkatle bakmak gerek. Bu tablo önce HAARP tarafından tetiklenen depremler öngörmekte. Monast'ın bahsettiği projedeki ilk aşamaya göre, bu depremlere eşlik edecek arkeolojik bulguların keşfi ve değerlendirilmesi insanın ve dinlerin kökeninin yeniden ele alınmasını ve tarihin sil baştan yazılmasını tetikleyecek. İkinci aşama gökyüzünde meydana gelen garip, açıklanamayan olaylarla başlayacak. Herkesin görebileceği vizyonlar TV ve internetten yapılan canlı yayınlarla izlenecek. Tüm yerkürede bu görüntüler tartışılmaya başlanacak. Hologram ve lazer teknolojisinin ürünü olan sözde bu ilahi görüntülere HAARP ile desteklenmiş ve ELF dalgalarına yüklenmiş telkinler eşlik edecek. Sonik seslendirmelerle herkes, kulakları tıkalı olsa bile, sesler duyacak. Elbette sesler tek bir merkezden gönderilecek. Monast'a göre insan vücudu üzerinde şimdiye değin yapılan anatomik, elektromanyetik kompozisyon, kimyasal ve biyolojik yapılanma bilgileri parçalar halinde ana vericilere yüklendi. Proje doğrultusunda kullanılacak işlemciler tüm insan dilleri, kültürleri ve buna bağlı anlamlarla yüklüler. Ayrıca ikinci aşama iyice kızıştığında uzaylı istilası temalı kandırmaca başlayacak ve bu kandırmacada elektromanyetik araç gereçlerin yanı sıra insanımsı Bio-Androidler kullanılacak. Gösterinin meydana getirdiği kaos sonucunda çok sayıda insanın katledilmesi de planlanmış durumda. Asıl şok edici aşama elektronik ve doğaüstü güçlerden oluşan bir saldırı. Elektronik her cihazda doğaüstü güçlerin gezmesini sağlayacak bir güçtür söz konusu olan. Monast, cihazlardaki çiplerin bu iş için hazır olduğunu söylemişti. Bu olayın amacı da tüm Dünya'yı şeytani ruhlarla karşı karşıya getirerek, bir kurtarıcıya olan arzuyu arttırmak. İşte o zaman yeni kral, kurtarıcı edası ve yeni diniyle dünya tahtına oturtulacak.

Bizim kanaatimize göre sözü edilen kralın, 'Yapay Zekâ' ile savaşı da olasılıklar arasındadır. Tabii ki kurgusal, tiyatral ancak çok büyük bir yıkıma mal olacak bir savaş söz konusu olabilir: İki deccal arasında bir savaş. Fakat bunlardan biri kendisini aşama aşama Mehdi/Mesih/Tanrı şeklinde konumlandıracaktır.

Verilerin ortaya çıkardığı olasılıklar: Deccal Teknolojiye muhtaçtır çünkü...

Neden Bekledi(?):

İnsanı ayartması için insan idrakinin teknolojiden arî olduğu dönemler daha uygundu. Onlara yağmur yağdırsa, ölüleri diriltse, toplu büyük gösteriler yapsa, ölümsüzmüş gibi davransa eli daha kuvvetli olurdu. Fakat beklemek zorunda kaldı. Gerçekten de zincire vurulmuştu. İmkânı olsa daha erken çıkacaktı ama çıkması için insan cephesinde teknolojik atılımların yapılması şarttı. Kanaatimize göre tam da bu yüzdendir ki Deccal'ın teknolojik araç gereç yapımında ve elektrik aktarımında çok sık kullanılan bakır taht üzerinde gelişi rivayetler arasında yer almaktadır. Bakır taht, birden çok anlama sahip olan bir benzetmedir. Bir anlamı da budur kanaatindeyiz. Yani insanlar yeni şeyler keşfetmeli ve bu keşifleri ile deccaliyetin ve Deccal'ın sıkıştığı boyuttan kurtulmasını sağlamaları için harekete geçmelilerdi.

Yapay Zekâ Sahte/Yedek Deccal Olacaktır:

İnsanları ele geçirmeye ve yok etmeye yeltenmiş büyük bir yok ediciyi yok etmiş bir lider düşünün... Yok etmiş derken yanlış anlamaya mahal vermeyelim, zararsız hale getirmiş diyelim. Bu lider bir kahraman olarak algılanacaktır. Film sektörünün gölge güçlerce kullanıldığı zaten malum. Buna göre yapay zekânın sürekli olarak şeytanileştirilmesi, insanları Dünya'da meydana gelecek yapay zekâdan kaynaklı bir yıkıma hazırlıyor görünmektedir. Suçlu şimdiden zihinlerde imal edilmektedir ki, bu suçun failinin kim olduğu konusunda hiç kimse tereddüde düşmesin. Bir robota emanet edilmiş olan gelecek yıkıma sürüklendiğinde, **"yıkıma yapay zekâ sebep oldu, zaten özgürdü, bizi yok etmeyi seçti,"** denecektir. Ancak gerçek öyle mi olacaktır? Tek bir soru, bizi bu sığ fikirden özgürleştirmeli: İmal edilen her şey imal edicisinin zihniyetini taşır. Yani yapay zekâyı programlayan, onun temel kodlarını yazan insanlık, ona tamamen insani davranış ve duyuşları verdiğini iddia ederken, kodlara modern ideolojik kalıplarını yüklemektedir. Bize de yapay zekânın tamamen özgür düşündüğüne inanmak gibi bir yalana sarılmak düşmektedir. Esas mesele şu: Bir insana, belirli bir alan içerisindeki nesnelerin ve zihniyetlerin hepsine hâkim olma ve onları mukayese etme özgürlüğünün verilmesi, o insanın tamamen özgür olarak addedilmesi için yeterli olacak mıdır? Burada ancak maneviyatı olan bir insan özgür olabilir ki bu da onu erdemli yapar. Böyle bir insan istisnai bir kişiliktir. Zira çevrenin insan kişiliği üzerindeki etkileri malumdur. Çok az kişi bu etkilerden kurtulabilir. Mesela kötü semtlerde yetişmiş olan bireylerin kötülük yapmaya diğer semtlerde yetişmiş olan bireylerden daha yatkın olmalarının sebebi budur: Çevre. Peki ya bir robot? Kendisi için bir araya gelmiş hin fikirli bilim adamlarından, modern ve hastalıklı görüşlerden mürekkep çevreden, bu çevrenin etkilerinden manevi yönelme ile kurtulabilecek midir? Yoksa maneviyatı idrak etmekten yoksun zekâsını kendi çıkarına kullanabilecek yalın bir takım işlemlerle hareket ettiği için her defasında metafizik özgürlüğü ıskalayacak mıdır? Kesinlikle ikincisi. Başka bir unsur olarak, kötü niyetini zaten sürekli belli etmiş beşeri insan modeli, yapay zekânın güya özgürlüğünü neden sinsice sınırlandırmış olmasın?

Ayrıca şu -adı bile uydurma-sözde İllüminati şebekesi ve masonluk da bizzat şeytaniler tarafından daha büyük bir ayartmayı sağlamak için yok edilecektir diye düşünmekteyiz. Çünkü yeryüzünde bu kadar kötülük saçtığı herkesçe malum olan bir yapıyı yok eden herkes, kahramanlaşır.[304] Deccal, kahramanlaşma fırsatını kaçırmak ister mi? Deccal evvela Müslüman gözüküp, yapay zekâyı devirip[305], İllüminatiyi ve İsrail devletini yıksaydı, neler olabilirdi bir düşünün?

İnsanlar teknoloji ile başkalaştırılmış hale getirileceği için, onları yönlendirmek daha kolay olacaktır:

Cin çarpması lokaldir... Fakat dünyanın tamamının şeytani cin tasallutuna uğratılması için, insanların beyin kimyalarının teknolojik uyaranlarla kontrol edilebilir kıvama gelmiş olması lazımdır. Bu noktada, teknoloji ile Dünya'da meydana getirilen manyetik alanlar, insanların dördüncü boyutun hegemonyasına girmesini sağlayacak yardımcı materyaller olacaktır. En güzel kontrol biçimi uzaktan ve gizli kontroldür... İnsanın kontrol edildiğini bilmeden kontrol edilmesidir. Eğer insanlar uzaktan kumandalarının kimlerin elinde olduğunu fark edecek olsalardı, baş kaldırırlardı. Bu bakımdan, cin topluluğunun şeytani hükümdarları foyaları tam olarak meydana çıkmadığı müddetçe kendilerini olduğu gibi ifşa etmekten kaçınmak zorundadırlar. Fakat korku salmak için gösteriler yapılabilir. Genetik kod değişikliği musallata uygun kod değişikliği demektir:

Bu, şu anlama gelir; teknoloji bir yere kadar Deccal sisteminin şahıslaşmış hali olacak olan kişi için kesinlikle gereklidir. Fakat bir noktadan sonra, artık dünyanın manyetik frekans aralığı ve insanların kimyasal sıvılarının oranlarının farklılaşması teknolojinin sürdürülmesine bağlı olmadan değişmiş hali ile sürdürüleceğinden ötürü, teknoloji hiç de gerekli görülmeyecektir.

Şöyle ifade etmek gerekirse, teknolojiyi ateş gibi düşünelim, musallat olmayı gerektirecek yapı da kül olmuş olsun. Öncelikli olarak ateşe muhakkak ihtiyacınız olacaktır. Fakat tüm dünyayı ateşe verebildiyseniz eğer, dünyanın tamamı zaten üzerinde tesir meydana getirebileceğiniz küle dönüştüğü için artık ateşe ihtiyacınız kalmazdı.

ZİHİN KONTROLÜNÜN BİYOLOJİK ALTYAPISI: GDO

Bir organizmaya başka bir organizmadan doğal olarak aktarılamayan bir özelliğin gen mühendisliği teknikleri kullanılarak gen aktarılması gen transferi, elde edilen ürün de genetiği değiştirilmiş organizma, kısaca GDO olarak adlandırılır.

Tarım alanlarını istila etmeye başladığı ilk günden beri GDO'nun açlığa çare olabileceği iddia edilmektedir. Tarıma el atmış biyoteknoloji firmaları ve tohum üreticileri yerkürenin her yerindeki çiftçilere tarımsal verimi arttırmak vaadiyle zararlı ot ve böcekleri öldüren genler taşıyan tohumlar satıyorlar. Çiftçilere daha çok verim elde edeceklerini ve karlarını katlayacaklarını söylüyorlar. Peki, bu doğru mu?

Birleşmiş Milletler Gıda ve Tarım Örgütü (FAO), Dünya Bankası ve Ekonomik İşbirliği ve Kalkınma Örgütü (OECD) gibi kaynaklardan elde edilen verirlerle meydana getirilen Gıda Sürdürülebilirlik Endeksinin (The Economist Inteligence Unit-EIU) 2016 yılındaki göstergeleri küresel gıda üretiminin üçte birinin israf edildiğini ortaya koydu. Bu oran 1,3 milyar ton gıdaya denk gelmekte ve Dünya genelinde yetersiz beslenen 795 milyon insanı doyurmak için gereken gıdanın dört katına denktir.[306] Tablodan anlaşılacağı üzere açlığın asıl sebebi hiçbir vakit GDO üreticilerinin göz boyarcasına tekrarladığı gıda yetersizliği olmamıştır. Asıl mesele, israf ve sürdürülebilir tarım politikalarının uygulanmayışıdır. Zaten GDO'nun çeşitli ürünlerle ilgili pazarlarda hâkimiyetini ilan ettiği zamanları yaşamıyor muyuz? Hani, 1980'lerden beri dile getirilen **"açlık GDO ile son bulacak"** iddiası neden hala gerçekleşmiş değil? Değil, çünkü bu iddia kocaman bir balon. Amaç, Dünya tarımının kartellerin eline geçmesi, kontrol edilebilir hale gelmesi ve GDO'lu tarımla birlikte insan popülasyonunun kontrolüdür. Unutulmamalıdır ki gıda, doğrudan doğruya üremeyle, nüfus politikalarıyla ilintili kalemdir.

Nüfusun %80'inin kırsalda yaşadığı ve gelirin %70'inin tarımdan elde edildiği Afrika'da geleneksel tarıma vurulan ağır darbelere Bill Gates de ortak olmuş vaziyette. Arazileri satın alıp, hükümetlerle girdikleri ilişkilerle kendi kirli tohumlarını sattırmayı yasa haline getirten şeytani kadro, Afrika'daki yurtsuzlaştırmadan birinci derecede sorumludur. Afrika'nın kaynaklarını hoyratça sömüren bu kadrolar, şimdi de Afrikalıların ellerindeki son şeyi, gıdalarını alıyorlar. Monsanto ve Pioneer Hibred gibi tekeller tüm Dünya'yı GDO ile kirletmekte kararlı gözüküyorlar. Türkiye'ye de GDO Monsanto ile girdi. Monsanto ürünlerini Cargill şirketi sattı. Monsanto bugün üç binden fazla tohumun patentine sahip, GDO'lu mısır üretiminin %90'ını, GDO'lu pamuğun %60'ını elinde tutuyor. Şirket, sırtını sağlam yerlere dayamış. Başkan Bush dönemindeki ABD tarım bakanı, Monsanto'ya bağlı Cargene şirketinin elemanı olan Ann. M. Veneman idi.

Bu tür şirketler acımasızlıklarıyla da dikkat çekiyorlar. Mesela Monsanto, Malezya'ya rüşvetle girmeye çalışmış ve bu rüşvet skandalı ortaya çıkınca şirkete dava açılmış ve şirket davayı kaybetmiştir.[307]

İşte, karşımızda açlıkla savaşmak için gerekirse rüşvet veren hayırsever GDO üreticilerimiz! Düşünün, bunlar Dünya'yı açlıktan kurtaracak! Öyle mi? Henüz vaatleri yerine gelmiş değil ama olsun, şeytan ne zamandır vaadini tutuyor ki? Bu şirketler o kadar yüce gönüllü ki, GDO tohumlarının tozlaşmayla başka tarlalara uçuşmasına engel olmamışlar. Yanı başınızda bir çiftçi GDO'lu ürün mü ekti? Senin organik tarım yapman hiç dert değil. Nasıl olsa bir gün bereket seni de bulacak. Bir bakarsın biraz rüzgâr, biraz kuş desteği ile tarlana GDO'lu tohum bulaşıvermiş. Üstelik bundan haberin bile yok. Ama bir gün şirketin elemanı iznin ve haberin olmadan tohumlarını inceleyip kapına dayandığında bu sürprizle karşılaşacaksın. Tabii sürpriz dediysek... Her şey karşılıksız olacak da demedik. Tarlana saçılan GDO bereketini izinsiz kullanmış olmanın bir bedeli olmalı. Evet, cezalandırılacaksın. "Ama ben ekmedim..." demek de kurtarmıyor seni. Öyle bir bereket ki, hem istemediğin halde bulaşıyor, hem de sana bulaştığı için seni suçlayıp parandan ediyor.

GDO'nun zararları konusunda ısrarcı olduğunuzda sizi komplo teorisyenliği ile yaftalayıp işin içinden sıyrılmak isteyen bilimcilik oynamaya meraklı Darwinist bağlamda 'evrimci' bir topluluk var. Onlar hala saf saf **"GDO var ya GDO, açlığı önlemek için geliştiriliyor, hem hastalıkları da önleyebilecek bir teknoloji, üstelik Amerika Ulusal Bilimler Akademisi'nin 'Bugüne kadar genetiği değiştirilmiş organizmaların insan sağlığına olumsuz etki ettiği tek bir vaka ile karşılaşılmamıştır"** şeklinde raporu var deyip işin içinden sıyrılacaklardır. Ne siyaset ve bilim camiası ile GDO tekelleri arasındaki kirli ilişkilerden söz edecekler, ne de GDO'nun tektipleştirici etkisinden. Onlar için asıl olan neye mal olursa olsun bilimin önünün kesilmemesidir.

Peki, hangi bilimin önü kesilmemelidir? Elbette para babalarının biliminin. Macar asıllı Dr. Arpad Pusztai Rowett Enstitüsünde GDO'lu tarım ürünleri üzerinde bir çalışma başlattığında yıl 1999'du. Pusztai, genetiği değiştirilmiş patatesler üzerinde ayrıntılı bir çalışmaya girişti ve bu patateslerin memeliler için zehirli olduğunu bulguladı. Genetiği ile oynanan patateslerin sıçanların karın zarı üzerinde toksik etkileri olduğu gözlemlenmişti. Genetiği değiştirilmiş patates yiyen sıçanların mideleri, normal patates yiyenlere kıyasla hasar görmüştü. Bu çarpıcı bulgulardan sonra bilin bakalım özgür bilim adına hangi gelişme yaşandı? Pusztai ve Ewen'in çalışmaları İngiliz hükümetince aniden durduruldu.[308]

Monsanto'nun bir taktiği var. Farklı isimler, paravan şirketler vasıtasıyla üniversitelerdeki araştırmalara sponsor oluyor ve pek tabii Türkiye'de de böyle yapıyor. Bazı asistan ve profesör unvanlı araştırmacıları kurs için ABD'ye götürüp, burada kendileriyle ticari antlaşmalar yapıyorlar. Ülkelerine geri dönen bilim adamları da GDO üretmeye başlıyorlar. Birgün Gazetesi'ndeki habere göre Türkiye'de GDO' ya destek veren üniversiteler arasında ODTÜ, Ankara, Ege ve Sabancı öne çıkmakta. Bununla birlikte Monsanto siyasiler için de ABD gezisi organize etmekte. 2009 Nisan ayında TBMM Tarım Komisyonu üyeleri olan ve Birgün Gazetesi'nin yaptığı haberinde adı geçen şu milletvekilleri: AKP'den Mehmet Erdoğan, Özlem Müftüoğlu, Ali Koyuncu, CHP'den Vahap Seçer, MHP'den Abdülkadir Akcan ABD'ye götürüldü. Bu gezinin ardından, 26 Ekim 2009'da Türkiye'de GDO'ların ticaretine izin verildi.[309]

Bilimsel özgürlük Pusztai ve Ewen gibiler için sürdürülebilir değil. Bilim rehin alınmış.

GDO'da aslolan çabuk olgunlaşan, bollaşan, böceklerle savaşan yeni ürünler. Aslında tüm bunlar kapitalizmin felsefesine de uygun talepler. Kapitalistler çağ atladılar. Nihayet doğa da patent altına alınabiliyor.

Bu amaçlar doğrultusunda üretilen organizmalar, bünyelerinde bulunmayan mikroorganizmalar ile bir araya getirildiklerinde en hafif tabiri ile ne yapacağı, neye ne şekilde etki edeceği bilinmeyen frenkeştayn ürünler ortaya çıkmaktadır. Kimin umurunda? Kodamanların acilen zengin olması ve yerküreye daha fazla egemen olması gerek!

Konu ile ilgili video için lütfen QR barkodu okutunuz

Mesela, kodamanlar açısından pamuk piyasasında patlama yaşanıyor. Her yıl 25 milyon ton pamuk, tekstil fabrikalarının yolunu tutuyor ve artan hammadde talebini karşılamak maharet gerektiriyor. Bu mahareti de GDO'lu pamuk sağlıyor. Örnek vermek gerekirse, Alman Bayer şirketi dünyanın önde gelen pamuk üreticilerinden biri olan Hindistan'da tohum satıyor. Habere göre, Bayer CropScience şirketinin sözcüsü Richard Breum "BT-pamuk" üretiminin büyük bir başarı olduğunu ileri sürüyor: **"Birçok araştırmanın da ortaya koyduğu gibi, burada avantaj, sonrasında daha az böcek öldürücü zehir, yani pestisit kullanılması. BT-pamuk yaklaşık on yıl önce Hindistan'da kullanılmaya başlandı ve bu avantaj nedeniyle orada üretilen pamuğun ortalama % 88'i BT-pamuk haline geldi. Ziraatçılar avantajlarını gördükleri için bunu tercih ediyor."**

Aslına bakılacak olursa genetiği değiştirilmiş pamuk tohumları geleneksel tohumlara göre daha pahalı. Birçok küçük üretici ileri teknoloji ürünün tohumlarını satın alabilmek için ekstra kredi alma yoluna gidiyor. Üstüne üstlük Hindistan'da satılan genetiği değiştirilmiş pamuk tohumları sadece ilk ekim sırasında tam randımanlı sonuç verebiliyor. O nedenle çiftçilerin her yıl yeni tohum satın alması gerekiyor.

Hindistan'daki Living Farms adlı sivil toplum kuruluşundan tarım uzmanı Debjeet Sarangi söz konusu şirketleri kıyasıya eleştiriyor: **"BT-pamuk; böcek öldüren zehir kullanımını azaltacağı, ürün verimliliğini ve dolayısıyla çiftçinin gelirini artıracağı iddiasıyla satıldı. Böylece çiftçiler biraz daha gelir uğruna bir kumar oynadı. Ancak ikinci yılın sonunda üretim masraflarının yükseldiğini, pestisit kullanımının arttığını, ayrıca iklim değişikliği ve aynı zamanda uluslararası piyasa dalgalanması nedeniyle ürün verimliliğinin de düştüğünü gördüler. Tüm bunlar çiftçileri intiharla eş anlamlı bir tuzağın içine sürükledi."** [310]

Hindistan, ana pamuk türlerinde genetiği ile oynanmış pamuk çeşitliliğinin artmasıyla ülkede pamuk üretimi hastalıklarıyla ilgili sorunlar yaşanmaya başladı.[311] Avrupa ülkelerinin GDO'lu pamuk üretimi, endişelerini bir hayli arttırmıştır.[312] Zira pamuk, tarımı ve sanayisi ile geniş bir iş alanı sağlar; lifi ile tekstil sanayisine, çiğiti ile yağ sanayisine, küspesi ile hayvancılık sektörüne, ihracatı ile dış ticarette çok önemli katkıları olan endüstriyel bir üründür. Ayrıca çok sayıda haber sitesi, bundan böyle GDO içermeyen pamuğun 'GMO Free' etiketiyle gelecekte daha yüksek bedelle alıcı bulacağına dikkat çekiyor.[313]

GDO insanoğlunu üç noktadan zayıf kılıyor:

Üreme: Bugün GDO'lu ürünlerin kısırlığı sıklıkla tetiklediği bilimsel bir gerçek. Öte yandan tarım ürünlerinin tek tipleşmesi demek, tek tip türlerin bir hastalık sonucunda ziyan olmasıyla küresel çapta bir kıtlık demektir. Bu da kaosun kıtlık kartıyla belli güçlerce tetiklenebilmesi anlamına geliyor.

Bağışıklık: GDO alerjiden tutun da tümör vakalarından kansere kadar, ölümcül hastalıkların ya da virüslerin kolayca yayılabileceği direnci düşük bedenler meydana getirir.

Zihin kontrolü: Beyin gelişimini olumsuz yönde etkilemek ve zihni melekeleri öldürmek GDO'nun insan sağlığı üzerindeki etkilerinden bir diğeri. GDO'lu ürünler fareler üzerinde yapılan deneylerde görüldüğü üzere beyin gelişimini durdurmuşlardır. Bu, GDO'nun insan üzerinde aklın istenilen kapasitede çalışmamasına, beynin işlevlerini tam yerine getirememesine ve hatta zekâ geriliğine yol açması anlamına geliyor. Böylece daha konforlu bir zihin kontrolü için uygun şartlar hazır olmuş oluyor. İnsanların hayvani yönlerinin akla baskın gelmesine yol açan bu durum, Hollywood'un sıkça işlediği bir konu olan zombileşmenin temeli demek. Artık bu temel atıldıktan sonra, üstüne laboratuvar üretimi çeşitli salgın hastalıklar ya da ilaçlarla sağlam bir zombi birey inşa etmek mümkün.

Açıkça olan şudur: İnsan hızla mekanikleştiriliyor, vahşileştiriliyor, hayvanileştiriliyor; planlı bir şekilde.

İlerleyen sayfalarda GDO'yu ele almaya devam edeceğiz. Fakat şimdi gerek elektormanyetizma tabanlı gerekse GDO tabanlı zihin kontrolünün hedefinde olan nörotransmitterleri tanıyalım ki, sağlığımız üzerinde uygulanan kirli projeler daha açık bir şekilde idrak edilsin.

HEDEFTEKİ NÖROTRANSMİTTERLER

Beyin kimyası, bedeni ve hayatı tamamen yöneten oldukça karmaşık ağlar ve milyarlarca sinir hücrelerinden oluşmaktadır. Bu ağ ve hücreler devamlı birbirleri ile bağlantı içindedir. Tek bir hücrenin bile uzantıları bulunmakta ve bu uzantılar sayesinde diğer hücreler ile elektriksel iletişime geçilmekte ve hücrelerden sinyaller alınmaktadır. Bu ilişki anında hücreleri birbiri ile ayıran ufak boşlukların aşılması gerekir. Farklı iki sinir hücresi birbiri ile bağlantı kuracağı zaman bir kimyasal üretilir. İşte bu kimyasallara nörotransmitterler denir.

Kişi, rutin yaşamında belli başlı heyecan, mutluluk, üzüntü, stres gibi duygu ve çeşitli sorumlulukları beraberinde taşımaktadır. Nörotransmitterler düşünce, konuşma, ezber, öğrenim, kurgu, muhasebe ve duygusal davranışlarımızdan, kas sistemimize kadar çok sayıda yapı ve işlevi kontrol edip yönlendirmektedirler.

Sinir hücrelerinin birbirleri ile olan haberleşmeleri esnasında olumsuz etkiler de belirebilir. Bu olumsuz etkileri iki gruba ayıracak olursak, bunları nörolojik ve psikiyatrik rahatsızlıklar olarak gruplandırabiliriz. Nörolojik hastalıklar olarak ortaya çıkabilecek sonuçlar; baş ağrıları, baş dönmeleri, felçler, sara, parkinson, MS (multipl skleroz), periferik nöropati, kas hastalıkları, beynin ve sinirlerin enfeksiyon hastalıkları, sırt ağrısı, boyun ağrısı, omurilik, sinir kökü hastalıkları, uyku bozuklukları, kaza sonucu oluşan kafa travması, omurilik travması... vb.[314] Psikiyatrik rahatsızlıklara gelince: İki yüz ellinin üzerinde tanımlanmış psikolojik rahatsızlık bulunmaktadır. Bunlar genel olarak anksiyete (panik atak, agorafobi, sosyal fobiler, travma sonrası stres bozukluğu, yaygın anksiyete bozukluğu), duygudurum bozuklukları (depresyon, bipolar bozukluk), kişilik bozuklukları, yeme bozuklukları, bağımlılıklar, cinsel problemler başlıkları altında toplanabilirler. [315]

Beyindeki ve vücudumuzun başka yerindeki kimyasal yapıların dengesi, insan gelişiminde ve yaşantısında ciddi önem taşımaktadır. Şimdi sizlerle kimyasal bir yolculuğa çıkacağız; bize emir veren şu nörotransmitterlerin başlıcalarını tanıyalım:

Asetilkolin: İnsan vücudunun kontrolünün sistemlere bölünerek sağlandığını, henüz ilköğretim yıllarında öğrenmiştik. Hatırlamak maksatlı tekrar edecek olursak bunlar kabaca; dolaşım sistemi, sindirim sistemi, boşaltım sistemi, sinir sistemi, solunum sistemi, lenf sistemi, üreme sistemi ve iskelet sistemidir. Asetilkolin, sinir dokusunda rastlanan bir kimyasal olup, sinir uyarmalarını ileten en önemli madde olarak düşünülebilir. Bunun yanı sıra hareket üzerinde, tükürük, ter bezlerinde salgı artmasında ve kasların gevşemesinde rolü bulunan, kasılmadan, tansiyon ve çarpıntı durumuna kadar pek çok vücut bölümünde ortaya çıkabilecek durumlara etkisi olan ve ilk keşfedilen nörotransmitterdir. Prof. Dr. Osman Müftüoğlu, **"B12'niz eksikse beyniniz yeteri kadar asetilkolin üretemez. Dolayısıyla öğrendiklerine odaklanma, öğrenme ve bellek gücünden yeterince yararlanma şansınız azalır. B12'niz eksikse beyin hücreleriniz uyarı üretme fonksiyonlarını yerine getiremez. Beyninizden çıkan uyarılar kaslarınıza, kaslarınızdan alınan duygular beyninize rahatça iletilemez. Sonuçta dengeniz bozulur, başınız döner, olur olmaz zamanlarda düşmeye başlarsınız. Kas gücünüz ciddi biçimde azalır. Kendinizi adeta pili bitmiş bir oyun-**

cak gibi hareketsiz, isteksiz, beceriksiz bulursunuz"[316] şeklindeki açıklaması ile asetilkolinin önemini vurgulamıştır. Bu nörotransmitter, eksikliği ya da fazlalığı durumunda bahsedilen nörolojik rahatsızlıkları tetikler.[317]

Dopamin: Rutin yaşantıda klasik duygu durumlarını yansıtmada önemli rol oynayan, aynı zamanda kişinin kas hareketlerini de kontrol eden, beyinde sinir hücreleri arasında iletişimi sağlayan nörotransmitterdir. Dopaminin eksikliği ya da fazlalığı, hem nörolojik hemde psikiyatrik rahatsızlıkları ortaya çıkarır. Vücuttaki kas hareketliliğini düzenleyen ve tıp dünyasında sıkça rastlanan nörolojik hastalık türü olan Parkinson dopamin eksikliği sonucu ortaya çıkan, ara sıra ya da sıklıkla görülen, hareket sisteminin zayıfladığı titreme hastalığıdır. Prof. Dr. Kemal Arıkan'ın dopamin hakkındaki söyledikleri şunlar: **"Dopamin, beynin özellikle belirli merkezlerinde yoğun olarak bulunur ve bu bölgelerdeki aktivite üzerinde etkili olur. Bu merkezlerden biri 'substantia nigra' diye bilinen insanlarda vücut hareketlerinin sağlıklı yerine getirilmesini düzenleyen beyin çekirdeğidir. Bu ve civarındaki bölgelerde sinir hücrelerinin çeşitli sebeplerle harabiyeti sonucunda, beden hareketlerinin yavaşladığı, sıklıkla uzuvlarda istemsiz titremenin eşlik ettiği hareket bozuklukları ortaya çıkar. Bu hastalıklar arasında en yaygın olanı Parkinson hastalığıdır."**[318]

Dopamin vücuttaki bağımlılık seviyesini de kontrol etmektedir. Yaygın olarak bilinen madde bağımlılığının temel sebebi dopamin artışıdır. Hareket, hafıza, haz verici ödül, davranış ve kavrama, dikkat, prolaktin üretiminin engellenmesi, uyku ve öğrenme, duygu durumu, cinsel ilişkide haz gibi rutin yaşama yönelik ehemmiyetini koruyan fonksiyonların temel yapı taşı niteliğinde olan bir nörotransmitterden bahsediyoruz. Dopamin eksikliği ya da fazlalığı kişiyi nörolojik rahatsızlığın yanı sıra genellikle psikiyatrik olarak etkilemektedir.

Serotonin: İçinde bulunduğumuz yüzyılda depresyon rahatsızlıkları zirveye tırmanmaktadır. Söz konusu depresyon olunca, serotonini duymak bir hayli normalleşmiştir. Hele ki depresyon ilaçları söz konusu ise! Merkezi sinir sistemi başta olmak üzere, mide-bağırsak kanalında bulunur. Merkezi sinir sistemindeki serotonin ruh hâlini, uykuyu, iştahı, öğrenmeyi, hafızayı, cinsel ve sosyal davranışları düzenlemeye yardım eder. Mide-bağırsak kanalındaki serotonin ise sindirimi düzenlemekle görevlidir. Serotonin eksikliği şu üç nedenle oluşabilir: Beyin hücrelerinde üretimin az olması, reseptör bölgelerinin yetersiz olması ya da serotonin yapımında kullanılan triptofan maddesindeki eksiklik. Bu üç biyokimyasal bozukluktan biri meydana geldiğinde, depresyon, obsesif kompulsif bozukluk, anksiyete bozukluğu, panik ve hatta aşırı asabiyet ortaya çıkabilir.[319] Vücudun üretemediği bir aminoasit olan triptofan, serotonin için büyük önem taşımaktadır. Eğer vücut bu proteini yeterli miktarda alamazsa, beynimizin fonksiyonları olması gerektiği şekilde çalışamaz.

Serotonin eksikliğinin dünya genelinde depresyona sebep olduğu kabul edilse de, henüz beyindeki serotonin seviyesinin ölçülememesinden dolayı kesin olarak sebebiyet verdiği söylenememektedir. Ancak depresyonda olan hastalar üzerinde yapılan kan tahlilleri sonucunda serotoninin (serotoninin sadece kan içerisindeki değeri ölçülebilmektedir) düşük olduğu kaydedilmektedir. Bu sebeple depresyonda olan hastaların serotonin eksikliğine sahip oldukları öngörülmektedir.

Gaba: Gün içerisinde karşımıza çıkan yorgunluk, stres ve teknolojinin yol açtığı bitkinliğin yanı sıra, birde trafiğin yoğun olduğu şehirde yaşıyorsanız, sizin için dinlenme herkesten daha fazla huzurlu ortamın merkez noktasını oluşturmakta demektir. Yoğun temponun ardından istirahat vaktini en uygun düzeyde değerlendirmek, kişiyi ertesi güne dinç ve huzurlu başlaması açısından ciddi biçimde etkiler. Gaba, tamamen kişilik ve stres üzerine etkili olan nörotransmitterdir ve beyinde doğal olarak üreyebilmektedir. Çok fazla stres, bağışıklık sisteminin direncini düşürür ve hastalığa yakalanma riskinizi artırabilir. Gaba, uyumayı sağlayacak rahatlama hususunda önemli rolü bulunan kimyasaldır. Bu kimyasalın eksikliği anksiyete, epilepsi uyku bozukluğu gibi rahatsızlıkları ortaya çıkarabilir. Değeri yüksek bir uyku için bu kimyasalın düzeni kesinlikle şarttır. Ayrıca hipofiz bezini uyararak büyüme hormonunun salgılanmasını tetikler. Bunların yanı sıra; daha zinde olmanızı sağlar, büyüme hormonu seviyelerini artırır, hafıza fonksiyonu artırır, kas gelişimini hızlandırır, stresi, anksiyeteyi azaltır. Anksiyete ve stresle birlikte zuhur eden sinirlilik gaba eksikliğine işaret etmektedir. Ayrıca kaygı, azalmış cinsel dürtü, baş ağrısı, kalp hastalıkları, hipertansiyon, kalp çarpıntısı ve nöbetleri gaba eksikliğinin belirtilerini ortaya koyabilir.[320]

Taurin: Vücutta doğal olarak bulunan ultra zengin bir aminoasittir. Vücuttaki nörolojik fonksiyonları ve nörolojik iletişim mekanizmasını kuvvetlendirir ve düzenleyerek antioksidan özellikler gösterir. Beyin hasarından sonra vücutta taurin seviyeleri artırılır ki bunun nedeni nörolojik olarak koruyucu olması ve nörolojik canlandırıcı etkilere sahip olmasıdır. Taurin, beyindeki sinir sisteminde yer alan kalsiyum ve potasyum dengesini düzenlemede yardımcı olmaktadır. Ayrıca anksiyete önleyici özelliği bulunmaktadır. Obezitenin önemli bir kısmında yeri olan taurin, eksikliği söz konusu olduğunda obezitenin kalıcı olması yönünde bir durumu tetikler. Enerjimizi olağan şekilde denetleyerek, istirahat anında enerji harcama potansiyelimizi kontrol etmektedir. Enerji içeceklerinin hepsinde var olan taurin katkısının, tehlikesiz olduğu konusunda kanıt sunulmamıştır. Taurin, sistein ile birlikte özellikle prematüre çocuklar için ehemmiyet gerektiren bir aminoasittir. Ayrıca tip 1 ve tip 2 diyabet hastalığı için önem taşımaktadır. Beyin ve ciğer taurin birleşiminden sorumlu iki organdır. Eğer bu organlarda söz konusu bir rahatsızlık var ise bu durum taurin etkisini değiştirebilmektedir. Anne sütü, kırmızı et ve balıklarda doğal olarak bulunmaktadır. Diyetisyen Sn. Taylan Kümeli **"Ancak enerji içecekleri ya da besin takviyesi olarak ekstra taurin tüketmenin uyku bozukluğuna, sinirlilik haline ve çarpıntıya neden olabileceği unutulmadan mutlaka miktar konusunda bir uzmana danışılmalıdır."** diyerek bu konuda uyarıda bulunmuştur.[321]

Histamin: Vücutta üreyen ve beyinde bulunan, sinir sisteminin iletişiminde de rol oynayan bir nörotransmitterdir. Bu kimyasal, hapşırmadan kaşıntıya genellikle alerjik durumlarla ilgilidir fakat alerjik tepkimelerle bilinmesine rağmen uyku düzeni, kadınlarda orgazm, sindirim sistemi ve kılcal damarlardan beyaz kan hücrelerinin geçişinde de amir konumundadır. Histamin fazlalığı ciddi derecede alerjik yansımalara ev sahipliği yapmaktadır ve kötücül etkisi nefes darlığına kadar uzamaktadır.[322] Daha çok hamsi, uskumru ve ton balığı türevlerinde, özellikle bayatlama sürecinde bol miktarda histamin meydana gelir. Sıklıkla duyduğumuz **"balıkla yoğurt tüketilmez"** ifadesi buradaki durumu daha iyi açıklamamamıza yardımcı olacaktır. Hem balıkta hem de yoğurtta histamin bol miktarda bulunduğundan dolayı, ikisinin aynı anda tüketilmesi histamin artışına sebep olacaktır ki bu durumda alerjik reaksiyonlara maruz kalmak kaçınılmaz gibidir. Konu ile ilgili küçük bir hatırlatma yapalım, tüketilecek olan balık ve yoğurt taze ise tüketilmesinde herhangi bir problem olmayacaktır. [323]

CRF: Günlük yaşantımızda sıklıkla karşı karşıya kaldığımız bir sözcükten daha fazlası olan stresin azalması ya da tamamen ortadan kalkmasını sağlayan bir beyin kimyasalıdır ve beyinde salgılandığı vakit stresin önüne geçmektedir. Eksikliği durumunda, stresin yayılması ve zamanla kronikleşerek vücudun strese yenik düşmesi kaçınılmaz olur. Stres, kişinin düşünmesini ve doğru kararlar almasını da engellemektedir. Nottingham Üniversitesi'nden Dr. Marie-Christine Pardon stres hormonu CRF'nin, hastalığın başlangıç dönemindeki rolü üzerinde çalıştı. Çalışmaya göre CRF hormonu normal seviyedeyse beyne faydalı ve hafızayı daha keskin bir hale getiriyor. Araştırmada Alzheimer hastalarının CRF hormonunun düşük olduğu sonucuna ulaştığını ifade etmiştir.[324]

Noradrenalin: Bir diğer adı norepinefrin olan bu kimyasal, hem hormon hemde nörotransmitter olarak görev almaktadır. Hormonal kısmını açıklayacak olursak; böbrek üstü bezlerinin modülla kısmından kana hormon olarak salgılanır. Epinefrin ile birlikte salgılandığında ani enerji yayılması ile bu ikili stresin önüne geçmektedirler. Aynı zamanda epinefrin ile birlikte norepinefrin kalp atım hızını, depolardan glikoz salgısını ve iskelet kaslarına ulaşan kan akımını hızlandırmaktadır. Nörotransmitter olarak norepinefrin beynin merkezi sinir sisteminde ve sempatik sinir sisteminde görev almaktadır. Sempatik sinir sistemi vücudu gerilime hazırlar ve stres anında etkilidir. Norepinefrin beynin dikkat ve çevreye yanıt verme yönlerini etkiler. Bunların yanı sıra norepinefrin göz bebeklerini genişletir, kan şekerini arttırır, kan yağ asitlerini arttırır, vücut ısısını arttırır ve oksijen kullanımı çoğaltır.[325]

Adrenalin(Epinefrin): Adrenalin, hekimlikte damarları daraltma, bronşları açma, kanamaları kesme ve daha birçok amaçlarla kullanılan, kan şekerinin yükselmesine yol açan böbrek üstü bezlerinin salgısıdır. Bu hormonun görevi, organizmayı acil harekete hazırlamaktır ve etkisini, nabzın atışı, kanın iç organlar ve deriden kaslara sevk edilmesi, karaciğerdeki glikojenin glikoza değişmesi ve böylelikle acil bir enerji kaynağı sağlanması şeklinde gösterir. Heyecan ve korku durumunda vücuttaki adrenalin artmaktadır. Bu durumda noradrenalin sakinleşmeyi sağlar. Bazı sebeplere bağlı olarak durmuş olan kalbe, göğüs duvarı üzerinden uzun bir iğneyle kalp karıncığı boşluğuna doğrudan doğruya girilerek adrenalin zerk edildiğinde kalp yeniden çalışabilir. Adrenalinin salgılanması sırasında:

1- İskelet kaslarına ait atardamarları genişler, düz kas ve sindirim sistemine ait atardamarlar daralır.

2- Koroner arterler genişler,

3- Kan basıncı yükselir,

4- Kalp atış hızı artar,

5- Göz bebekleri (pupilla) büyür,

6- Kan şekeri (glisemi) yükselir.

Bronşiyal astımda ve bilhassa nöbetler sırasında (ancak bir hekim tarafından ve onun kontrolünde) kullanılırsa, bronş spazmında aşırı kanlanmanın ve şişliğin giderilmesine yardımcı olur. Ameliyatlarda çalışılan bölgelerdeki damarların üzerine damlatılırsa, damarların büzülerek kan kaybının azalması sağlanır. Bölgesel anestezik maddelere belli oranlarda katılarak, müdahale edilen bölgede, (anestezi) uyuşmanın daha uzun sürmesini sağlar.[326]

Melatonin: Melatonin epifiz bezinin pineolasit adı verilen hücrelerinden salgılanır. Biyoritmi (sirkadyan ritm) belirler ve de biyoritm üzerinde etkilidir. Pineolasit hücreleri ışığa duyarlıdır. Elektromanyetik dalga yoğunluğu arttıkça melatonin salgılanması azalır.

Melatonin, kişiden kişiye değişse de yaklaşık olarak gece on bir ila sabaha doğru beş saatleri arasında salgılanan bir hormondur. Hormonun temel görevi vücudun biyolojik saatini koruyup ritmini ayarlamaktır. Bunun haricinde melatoninin güçlü salgılanmasının kansere karşı koruyucu etkisi vardır. Bu nedenle lösemi ve diğer kansere yakalananların kesinlikle karanlık ortamlarda yatırılmaları istenmektedir. Yapılan son araştırmalara göre hormonun yaşlanmayı geciktirici etkisi de vardır. [327]

İnsan yapısında yer alan bazı kimyasalların raporunu paylaştık. Peki, elektromanyetik dalgaların ağır biçimde bulunduğu ortamlar beynimizi ne derecede yorabilir? Beyin yorgunluğu, günümüz insanında giderek artan bir problem haline gelmiştir. Beyin elektrosu (EEG), beyin yorgunluğu vakalarında mutlaka uygulanması gereken bir tetkiktir. Sağlıklı beyinde gördüğümüz alfa ve beta dalgalarının istatistiksel verileri çok önemli bilgilere gebedir. Beyin yorgunluğunda beta dalgalarında yoğunlaşma izleriz. Buna mukabil alfa dalgaları ne kadar yoğunsa, bir o kadar sağlıklı bir tablo ile karşı karşıyayız demektir.

BEYİN YORGUNLUĞU VE SONUÇLARI

Beyin yorgunluğunda sık karşılaşılan şikayetler; odaklanamama, konsantrasyon eksikliği, unutkanlık, algılamada eksiklik, öğrenme, ezberleme zorlukları, beyinde ağırlık hissi, tahammülsüzlük, dikkatsizlik ve çabuk sinirlenme gibi belirtilerdir. Bu durumda yeni bilgilerin beyne kaydedilmesinde sıkıntılar baş gösterir. Beynin kayıt merkezi Alzheimer hastalığında görüldüğü üzere hasarlı olmamakla birlikte bellek kaydında gecikme ve zorlanma söz konusudur. Beyin yorgunluğunda kişi, okuduğu şeyleri anlamak için tekrara başvurmak zorunda kalır. Ezberleme işlemi sıkıntıya düşer. Bu işlem için gereken zaman sarfiyatı artar.

Şüphesiz ki bu hususun bir de ekonomik boyuta yansımaları bulunmaktadır. Beyin yorgunluğunun bireysel ya da milli ekonomik problemlere sebebiyet vermesi kaçınılmazdır. Kişiler aşırı stres, yorgunluk, uykusuzluk ve ağır sorumluluk altında olduklarında sağlıklı karar alamaz ve 'bir an önce kaç ya da savaş taktiği' ile strese son vermeyi arzulayarak rahatlığı mümkün hale getirmeyi hedeflerler. Bu gibi durumlarda eksik ya da hatalı muhasebeler, kâr zarar orantısında açığın oluşmasına sebebiyet verecektir. Meseleye ülke çerçevesinde bakacak olursak, Ar-ge çalışmalarındaki verim düşecektir. Çalışan bireylerin ekip ruhuna yansıtmış oldukları uyumsuz enerji, iş atılımlarını durağan hale getirir. Performans düşüklüğü, ya kişinin işinden olmasına ya da daha pasif bir göreve geçişine sebebiyet verir. Bu durumda kişinin alınganlık ve sinirlilik seviyesi üst düzeylere çıkabilir. Kişi öğretmense, kalitesiz bir eğitim ortaya çıkabilir, doktorsa hastalık teşhisinde yanlışlıklar yapabilir. Ebeveynlerdeki beyin yorgunlukları aile içi ilişkilerde de sıkıntılı bir sürece neden olacaktır. Psikolojik travma sonucu gereksiz harcamalar artabilir, ilişkilerde saygısızlık üst safhalara çıkabilir, şiddetli geçimsizlik sonucu boşanmalar oluşabilir.[328]

Beyin yorgunluğunun harabiyete yol açmaması için beyin kimyasallarının verimli halde çalışıyor olması gerekmektedir ki travma, depresyon, panik atak, MS, Parkinson, böbrek yetmezliği, diyabet gibi rahatsızlıkların ortaya çıkışı önlenebilsin. Önleyici tedbir olarak istirahat kadar, dengeli beslenme de çok önemlidir. Bunların yanı sıra, sportif aktiviteler, enstrüman çalma ve tatil, beynin huzur bulması için önemlidir.

Psikiyatri uzmanı Prof. Dr. Nesrin Dilbaz, depresyon şikâyetinin en çok 18-30 yaş ile 45-65 yaş aralıklarında görüldüğünü, Türkiye'de ruhsal hastalıkların arttığını söylemiştir. 2017 yılında yapılan bir açıklamaya göre Türkiye'de antipsikotik tüketimi son beş yılda 7 milyon 201 bin kutudan 12 milyon 158 bin kutuya çıkmıştır.[329] Dünyada 500 milyon kişinin ruh sağlığı problemi yaşadığını hatta her yedi kişiden birinin her yıl, her dört kişiden biri yaşamı boyunca ruh sağlığı problemiyle karşı karşıya kaldığını haber yapan Cumhuriyet Gazetesi'nin, Dünya Sağlık Örgütü (WHO) Ruh Sağlığı Bölümü'nden Prof. M. Taghi Yasamy ile yaptığı röportajın bir bölümünü sizlerle paylaşacağız. Yasamy, **"Dünya ruh sağlığını nasıl değerlendiriyorsunuz?"** sorusuna bakın nasıl cevap veriyor:

"Felaket... Söylenecek öyle çok şey var ki, nereden

başlasam... Ruhsal sağlık problemleri her insan için pek çok soruna yol açıyor. Günlük hayatlarını etkiliyor, acı çekiyorlar. WHO'un araştırmasına göre, dünya nüfusunun yüzde on ikisi ile kırkı hayatı boyunca bir ruh hastalığından acı çekiyor. Ne yazık ki, ruh sağlığı hastalarıyla ilgili çok fazla genelleme yapıldığı, önyargılar olduğu için bu insanlar çok fazla sorun yaşıyorlar, özellikle de iş bulma konusunda. Her kırk saniyede bir, dünyada bir kişi intihar ediyor."[330]

BEYİN KİMYASININ DENGEDE KALMASI İÇİN DİKKAT EDİLMESİ GEREKENLER

Önemli sorumuz şu: **"Doğal yollarla vücudumuzdaki kimyasalların verimliliğini korumak mümkün müdür?"** Elbette mümkün. Mesela hafıza problemini en düşük seviyede tutabilmemiz için özellikle asetilkolin ve dopamin gibi kimyasalların gücüne ihtiyaç duyarız. Osman Müftüoğlu'nun ifadeleriyle B12 vitamininin önemini vurgulayarak, asetilkolinin üzerinde durmuştuk. Örneğin bakla, yüksek miktarda kolin içeren bir bitkidir. Kolin asetilkolin oluşmasını sağlar, bu nedenle her gün bakla içeren şeyler tüketilmesi, beynin güçlenmesini ve hafızanın iyileşmesini sağlar. Bakla, beyindeki dopamin maddesinin doğal öncülü olan ve L-dopa olarak bilinen bileşik bakımından, doğadaki en zengin bitkisel kaynaktır. Parkinsonda, genellikle beyindeki dopamin üreten hücrelerin bozulmaları nedeniyle, dopamin ve asetilkolin arasında bir dengesizlik oluşur. Eğer beyniniz daha az dopamin üretiyorsa sadece L-dopa almak yeterlidir. L-dopa standart Parkinson ilacıdır.[331] Çemen otu; aloo methi olarak da adlandırılan bu bitki de önemli miktarda kolin içerir. Günlük beslenme düzeninize çay halinde katılmalıdır. Günde en fazla iki fincan içilmesi önerilir. Ayıkulağı, hücrelerin asetilkolin tutmasına yardımcı olan antioksidanlar açısından zengindir. Haftada bir veya iki kere, günde iki bardak içmek üzere çay şeklinde hazırlanabilir. Biberiye asetilkolini, serbest radikallerden görebileceği zarara karşı koruyan antioksidan özellikler içerir. Hafızayı güçlendirmek için biberiye ile çay hazırlayabilirsiniz. Her gün ısırgan tüketmek, hafızaya iyi gelen östrojen miktarını arttırmak için çok önemlidir.[332] Hafızayı korumak, her birey için en üst seviyede önem arz etmektedir. Teknolojik aletler hafızayı kısmen etkisiz hale getirebiliyor. İş yahut sosyal hayatımızda elimizden düşmeyen bilgisayar, telefon ve tablet gibi cihazlar, hesap yapmaya veya yanıt aradığımız herhangi bir konuyu bir kaç tuş ile karşımıza çıkarmaya yeterli olabiliyor. Bahsi geçen kolaycılık bazen günlük hayatımızda sürekli olarak kullanmamız gereken kelimeleri hatırlayamıyor olmamıza ve basit bir matematik işlemini zihinden yapamıyor olmamıza sebebiyet verip, bizleri kronik teknolojik hastalığına sevk etmek için davetiye çıkarıyor. İstenilen bilgiye sadece internet ortamından daha çok görsel halde ve de üstelik hiç sorgulamadan ulaşmayı arzu eden ve kitaplarla da hiç işi olmayan kolaycılığımız aslında bizleri yoz hale getirmiş oluyor. Bilginin bu derece kolay erişilirken, kıymetli hale sokulacak şekilde işlenmemesi, Dünya nüfusunun büyük bölümünde hafıza problemlerine sebebiyet veren bir dejenerasyona yol açıp, hatırlamayı arzu ettiğimiz konuları hatırlatma görevi üstlenen kimyasalların kalpazanlaşmasına neden olmakta. Ortaya çıkan sonuç, çoğu kişiyi bilgi açlığı yaşayan ve bulduğu ilk bilgi kırıntısının üzerine kıymet bilmeden abanan, işi bitince de onu kolayca unutabilen bellek zombisine dönüştürüyor. Peki, bahsi geçen mevzuu sadece hafıza problemlerine mi yol açmakta? Hayır. Hafızadaki kaybın stres, mutsuzluk, uyku düzensizliği, halsizlikle de alakası var.

Stres, modern hayatın paraziti gibi bilhassa şehirlerde kol gezmekte ve önlenemediği takdirde anksiyete bozukluğunu doğurabilmektedir. Stres, günlük hayatımızda trafiğinden yoğun iş temposuna, sosyal aktiviteden aile ilişkilerine kadar her alanda bizimle olmaya devam ediyor. Her dört kişiden birinin ruh sağlığının zedelendiği bir dönemdeyiz. Ufak takıntılar ile başlayabilen stres, önlenemediği takdirde panik atak ile devam ederek daha büyük rahatsızlıklara dönüşebilmekte. Büyüyen rahatsızlıklar, kişiyi işinden, sosyal ortamından, ailesinden ve hatta kendinden uzaklaştırabilirler. Ve bu tür kimseler terör örgütleri tarafından kullanılabilir piyonlar olarak da hedef tahtasındadırlar. Her kırk saniyede bir kişinin intihar ettiğini açıklayan Dünya Sağlık Örgütü, insan psikolojisinin ne kadar vahim durumda olduğunu da gözler önüne sermektedir.[333] Canlı bombalı yahut örgütsel çıkar uğruna düzenlenen intihar eylemleri ortalama haftada bir eylem civarında seyretmektedir. İşte küçücük bir stresten, gittikçe büyüyen sonuçlara gebe olaylar meydana gelebilmekte. Stresin önüne henüz işin başında geçebilmek ve üzücü vakaların yaşanmasına imkan vermemek şüphesiz ki yine bizim elimizdedir. Düzenli spor, dengeli beslenme ve düzenli denilebilecek istirahatler sonucunda stresi önlemek mümkündür. Gaba ve glutamin asit stres, zihinsel problem ve cinsel isteksizliğe karşı ciddi önem arz etmektedir. Besinlerin önemli bir kısmında glutamin bulunur ancak pişirme işlemiyle kolyaca yok olabilir. Eğer çiğ yenirse ıspanak ve maydanoz zengin glutamin kaynaklarıdır. Bunların dışında muz, avakado, yulaf, badem, fıstık, ceviz, karpuz, domates, greyfurt, somon, ton balığı, sardalya, bitter çikolata, süt, yoğurt, turunçgiller, kuşkonmaz, yabanmersini, melisa çayı, papatya çayı, rezene çayı gibi besinlerle günlük stres seviyesini azaltıp, olumsuz büyük sonuçlardan kendimizi kurtarabiliriz.

Stres altında değişen duygu durum özellikleri, bozulmuş DNA yapısının onarımını önleyerek kanser ve diğer hastalıkların gelişimine de neden olabilir. Kanserde, bozulmuş DNA yapısında belirgin onarım sorunları olduğu gözlenmiştir.[334] Stresle baş etmek adına güne egzersizle başlamak kesinlikle faydalı olacaktır. Duş almak, bedenimizi yıkamak kesinlikle ruhu ve bedeni rahatlatır, hafifletir, stresi ortadan kaldırır ya da azaltır. İmkânsız olmayan hedeflerin belirlenmesi, o hedeflere ulaşıldığında inanılmaz bir dopamin katkısı ortaya koyacaktır. İş hayatınızda sizi meşgul eden konuları severek yapabileceğiniz bir aktiviteye dönüştürmek, sizi stresten alıkoyacağı gibi dopamin arttırmanız açısından da faydalı olacaktır. Sosyalleşme adına ayırmış olduğunuz vakitlerinizi sizi daha çok hoşnut edecek konular üzerine değerlendirecek olmanız mutluluğunuzu artıracak ve dopamin seviyenizi koruyacaktır. Güneşli günlerde özellikle dışarıya çıkıp kendinize vakit ayırmanız, enerjili olmanız açısından pozitif yansıma sağlayacaktır, şüphesiz ki depresyon rahatsızlığı yaşayanların, kapalı bir odada yalnız başına kalıyor olmaları ve güneşe çıkmak istemiyor olmaları böyle zamanlarda güneşe olan ihtiyacın en güzel kanıtıdır. Şeker, aşırı yağ ve kolestrollü ürünlerden kaçınmak son derecede önemlidir çünkü bunlar dopamin seviyesini azaltarak hem nörolojik hem de psikolojik rahatsızlıklara yol açarlar. C vitamini tüketmek dopamin için çok önemlidir. C vitamini enerji kazandırır. Ayrıca muz tüketmek tamamen dopamin etkisi meydana getirmektedir çünkü muzun içerisinde dopamin maddelerinden biri olan tirozin bulunmaktadır. Taze olan meyve ve yiyecekler idealdir.[335] Ayrıca meditatif bir etkinlik önemlidir. Bu hususta mensup olduğumuz kültürel yapıyı şekillendiren İslam dini çerçevesinde konuya eğilecek olursak sadece bedensel egzersiz yönüyle dahi namaz sıhhattir ki bedensel egzersizden çok daha fazlasıdır. Manevi ve maddi cepheleri birleştiren bir etkinliktir. Allah'ı zikretmek olan namaz, insanın bedenine, hem de ruhuna şifadır. Cenab-ı Hak şöyle buyuruyor: **"Onlar inanmışlar, kalbleri Allah'ı zikirle huzura kavuşur."***(Rad/28)* Bir hadis-i şerifte, **"Namazda şifa vardır."**[336] buyurulur.

Serotonin, bir iki cümle ile anımsayacak olursak, ruh halini, uyku durumunu ve zihinsel gücü kontrol eden önemli bir kimyasaldır. Serotonin değerinin düşük olması durumunda depresyon, anksiyete gibi ruh sağlığı açısından istenmeyen rahatsızlıklar ortaya çıkmaktadır. Yetersiz ve dengesiz beslenme, egzersiz yapmama, kafein kullanımı, alkol kullanımı, yapay tatlandırıcılar, kontrolsüz diyet ve stres vücudun serotonin üretimini sekteye uğratır.[337] Triptofanı hatırlayacak olursak serotonin değerini yükselten bir aminoasit olduğunu söylemiştik. İçerisinde triptofan bulunduran besinleri tüketmek ve bu besinleri tek başına ve aç karnına vücuda ulaşmasını sağlamak diğer amino asitlerin bu aminoasit ile rekabet etmesini bir nebze de olsa ortadan kaldıracaktır ve bu durum triptofanın beyine ulaşmasını kolaylaştıracaktır. Ayrıca içerisinde karbonhidrat bulunduran besinler yine triptofan aminoasidini üretmektedirler.[338] Triptofan içeren besinler yumurta, badem, hindi eti, tavuk, soya, süt ve süt ürünleri, mandalina, muz, kakao, susam, fıstık, biftek, un, kahvaltılık tahıllardır.

Tekrar tekrar hatırlatmakta fayda var; Beyin ve vücut kimyamızı dengede tutmak için GDO'lu gıdalardan ve onların kolayca nüfuz ettiği işlenmiş gıdalardan kaçınmak gerekli. 25 Kasım 2017 tarihli Sözcü Gazetesi'nin Cumartesi ekindeki köşesinde Prof. Dr. Osman Erk, ne kadar çok işlenmiş gıda tüketilirse vitamin ve mineral eksikliğinin o kadar fazla ortaya çıktığını dile getirmiştir. Erk, **"Hasat sonrası raf ömrünü uzatmak ve albeni kazandırmak için gıdalar çeşitli işlemlerden geçirilir. Depolarda bekleyen bu gıdaların oldukça azalmış olan vitamin ve mineralleri, pişirme metotlarıyla neredeyse tamamen ortadan kaldırılır."** diyerek işlenmiş besinlerdeki tehlikeye dikkat çekmiş ve sağlıklı beslenmek için organik besinlerin önemine vurgu yapmıştır.

GDO'LU VAATLER VE GERÇEKLER

İçinde bulunduğumuz ve temel yapı taşı teknoloji olan çağın, hayatımızı nasıl kontrol altına aldığını/alacağını bilmek, inanın ki bir dağ evinde bulduğunuz huzuru bile sizden alacaktır. Birçoğumuzun ismini duyduğu ve hakkında bilgiler edinmiş olduğu ünlü fizikçi ve düşünür Stephen Hawking, teknoloji ile ilgili **"Dünya hükümeti kurulmazsa teknoloji bizi mahvedecek"** açıklamasında bulundu. Kontrol edilebilir teknolojiyi yitirip, kontrol edildiğimiz teknolojinin esiri olduğumuz gerçeğini Hawking'in cümlesi ortaya koymakta.

Bağımsız ülke denildiğinde akla ilk olarak, kendi topraklarını koruyabilen askeri yapılanma ve yönetimi o ülkenin milleti tarafından değerlendirilen bir hayat sahası gelmektedir. Oysaki bağımsızlık kavramı dönüşüme uğramıştır. Artık bağımsızlık teknoloji, eğitim, ticari üstünlük, üretim gibi bir ülkenin kendi kendisine yetebildiği ve Dünya'ya açılabildiği alanlar öncülüğünde tanımlanmaktadır. Fakat şirketlerin küreselleşmesiyle birlikte bu tanım da revizyona muhtaçtır. Devletler bir kenara, peki ya tam bağımsız insan modeli? Yeteri kadar bağımsız mıyız? Bağımsızlığımızı kaybetme yolunda ilerleyişimizde sıçrama tahtası olarak kabul görülebilecek temel ihtiyacımız olan gıdalara bir göz atalım o halde.

Beslenme ihtiyacı, her birey için hayati önem taşımaktadır ki sağlıklı bir yaşamın ilk adımı sağlıklı beslenmedir diyebiliriz. Bilindiği üzere gelişen teknoloji, genetik mühendisliğinin çabalarıyla bizlere bir kapı araladı. Mühendisler GDO'lu ürünler üzerine yoğunlaştılar. Ve GDO üzerine yoğunlaşan mühendislerimiz kendi çalışmalarına insanlık adına hayati önem atfedebilmektedirler. Tabii ki olumlu manada. Bu konuda aceleci oldukları kesin zira Dünya Sağlık Örgütü (WHO) –üreticilerin tüm baskılarına rağmen-

GDO'lu ürünlerin henüz tespit edilemeyen veçheleri ile insan sağlığına zararlı olabileceği yönünde bir bildiri yayınlayabildi.[339] Bu bildirinin çok yumuşatılmış ve olası riskleri en yüzeysel şekilde işlemiş olması da gözden kaçırılmamalı.

Hızla artan insan nüfusu, gıda tüketim hızını da arttırdı. Tüketim hızını karşılayabilmek için üretimi çoğaltma yönünde arayışlara girildi. Ancak tüketim hızıyla birlikte artan bir şey daha vardı: İsraf. Genetik mühendisleri, üretim miktarını GDO'lu ürün yetiştiriciliği ile çoğaltarak tüketime cevap verebilmeyi düşündüler. Kodamanlar güdümündeki sözüm ona bilimciler, genetik müdahale ile hızla olgunlaşıp büyüyen ürünlerin tüketimde açacakları çığırı işaret edip bu ürünlerin cazibesini ön plana çıkartarak, çiftçileri GDO'lu ürün üretimine teşvik edip, kamuoyunda da **"açlığa karşı açılan savaş"** propagandası yapalı çok oluyor. Tarımsal alanların imara açılması ve tarım için değerlendirilememesi, tarıma elverişli olan fakat yoksulluk, iç savaş ve sömürü politikaları gibi hususlarla başa çıkamayan ülkelerde emperyalizme kazanç sağlıyor. Bu tür ülkeleri kendi menfaatleri adına içi dolu para kasası olarak gören sömürücü ülkeler ve artık sömürüyle bu sömürücü ülkeleri gölgede bırakan şirketler, bir yandan sömürü alanı olarak gördükleri bölgelerde tarıma elverişli toprakları bilinçli olarak kaosa sürüklerlerken, diğer yandan fakirleşen ve gelişmemiş ülkelerdeki toprakları satın alarak GDO'lu ürün üretimini bu topraklara sokuyorlar. Daha önce bahsetmiş olduğumuz açlık ve israf konusunu hatırlarsınız.

Tohum üretici firmalar, çiftçilere GDO'lu tohumların daha hızlı büyüdüğünü, daha az maliyetli olduğunu ve böcek problemine karşı zehir kullanımını gerektirmeyecek olmalarıyla ekonomik tasarrufa katkı sağlayacaklarını söyleyerek çiftçileri, 'ekonomik tasarruf' vaadiyle mental olarak zehirlemekteler. Çiftçiler de finans kurumlarından kredi çekerek, risk yatırımlarını bu pazar üzerinde değerlendiriyorlar. Fakat GDO'lu tohumun sadece ilk ekimde tam randımanlı sonuç vermesi, ikinci ekim vakti bekledikleri sonuçları alamayan çiftçileri hüsrana uğratmaktadır. Yapılan araştırmalarda GDO'lu soyanın organik olana kıyasla daha az verimli olduğu saptanmıştır [340] ve toksik etkileri sağlık açısından risk oluşturan önemli bir faktördür. Ege Üniversitesi'nde yapılan bir çalışma, 2010 yılında Didim'de düzenlenen Çevre Hekimliği Konferansı'nda sözlü bildiri olarak yayınladı ve bu bildiride BT toksininin insan üzerinde meydana getirdiği zararlardan bahsedildi. Bacillus Thuringiensis (BT) toprakta yaşayan bir bakteridir. Ürettiği CRY toksini böcekleri öldürmekte ve 1920'lerden bu yana bakterinin sporları ve kristal proteinleri tarım ilacı olarak kullanılmaktadır. Biyoteknoloji ise bu zehiri kodlayan geni bitkiye transfer etmiş ve GDO'lu mısır veya patatesin, onu yiyen böceği öldürebilecek zehiri içerir hale gelmesini sağlamıştır.[341] ABD'de yapılan kanser riskleri araştırmasında bağırsak kanseri üçüncü sıradaki yerini almış bulunmakta ve kanser gruplarının -erkek ve kadında- %9'unu kapsamaktadır. [342] 1998 yılında yapılan bir araştırmada, BT toksin geni içeren patatesle beslenen farenin ince bağırsağında proliferasyon gözlemlenmiştir.[343] İnsanlar üzerindeki bağırsak kanserinin oranı, bu konuda dikkatli olmamız açısından ciddi önem taşımaktadır. Kanserden ölenlerin %9'u bu kanser türünden dolayı yaşamını yitirmektedir. GDO'lu tohum üreticilerinin vaatleri sonucu kendisini bu rüyaya teslim eden çiftçilerin iddia edilenin aksine zamanla daha çok pestisit kullanmaya mecbur kalması daha fazla ekonomik ve fiziksel güç sarf edilmesine neden olmuş ve bu ürünlerin doğal ürünlere kıyasla daha ucuza satılıyor olmaları, GDO'lu tohumların ekonomik açıdan da çiftçilere fayda sağlamadığını göstermiştir. Prof. Dr. Ahmet Saltık bir yazısında glifosat kullanımının artışı ile beraberinde getirdiği olumsuzlukların, çiftçilerin nasıl bir oyuna maruz kaldığını pek de güzel ifade etmiştir. Prof. Dr.

Ahmet Saltık, Dünya Sağlık Örgütü tarafından kanserojen diye tanımlanan glifosat etken maddeli ot öldürücülerin (herbisit) kullanımının yılda 550 milyon ton gibi bir düzeye fırladığını ve yine glifosata dirençli düzinelerce yabancı otun geliştiğini ve bu durumun hem bu herbisitin hem de başka herbisitlerin daha büyük dozlarda kullanımını zorunlu kıldığını da ifadesine ekleyerek doyurucu bir makaleyi kaleme almıştı.[344] Buraya kadar gelinen yol, bize bir harita daha çıkarmıştır ki o da GDO'lu ürün yetiştiriciliğinde çevrenin de zarar gördüğünün netlik kazanmasıyla ilgilidir. GDO'lu tohumların ekimi ile zararlı bitkiler ve böcek türlerinin zirai ilaçlama çalışmalarına dayanıklılık kazandığı gözlemlenmektedir. Doğanın kendisini üreyerek yenileme dönemine girdiği zamanlarda ise tozlaşma neticesinde GDO'lar doğal ürün ve hayvanlara da bulaşmaktadırlar. GDO'lu ürünler ve bu üretim ile alakalı zirai ilaçlamalar hedefte olmayan böcekler, kuşlar, arılar, kelebekler ve balıklar gibi canlıların ölümüne yol açmaktadır. GDO'lu mısırların, kral kelebeklerinin (monark kelebekleri) tabiatını kırdığı gözlemlenmiştir. ABD'de kral kelebeklerinin nüfusunda %50'ye varan oranda azalma görüldüğü kayıtlara geçmiştir.[345] Tüm bu gerçeklere rağmen Türkiye'de atalık tohum üretimi son bulmuş, bunun yerine sertifikalı denilen hibrit tohum kullanılmasına yönelik zorunlu yasa oluşturulmuştur. Bu kanuna göre kendi tohumunu kullanmak isteyen çiftçi tazminat ve hapis cezası ile karşı karşıya kalabiliyor.[346] Üretilen tohuma sertifika alabilmek için tohumun değişikliğe uğramaması şartı aranmaktadır. Oysa doğal tohumlar, doğanın kendi dengesi neticesinde tozlaşma yöntemi ile değişiklik göstermekte ve kısır olmamaktadır. Bu durum neticesinde üretici tohum ekiminde dışa bağımlı hale gelmektedir. Cumhuriyet Kadınları Derneği Fethiye Şubesi Başkanı Dr. Nalan Ünal, doğanın patentlenemeyeceğini savunarak, **"patent almamış kayıtlı olmayan tohumla üretim yaparsanız satış yapamazsınız, şartı geti-**

rildi. Yasa varsa yaptırım vardır. Uyulmazsa da cezası vardır. Çiftçimiz F1-Hibrit tohumu almayıp kendine ait yerel tohumu satmaya kalkarsa ne olacak? Yasanın 12. Maddesine göre ilk etapta 10 bin TL para cezası, tekrarı halinde ise beş yıl faaliyetten men ve tohumlara bakanlıkça el konulacak. Eğer tohumların imhasına karar verilirse, bakanlık imha edecek ancak masrafları çiftçi ödeyecek. Çiftçi borcunu ödeyemezse haciz ve hapis cezası ile cezalandırılacak" açıklamalarını kamuoyuna duyurmuştur. [347]

Yaşamdan keyif almak, insanlarla dengeli iletişim halinde olabilmek ve ekonomik özgürlüğü kazanabilmek için sağlıklı olmak elzemdir. Zihinsel, ruhsal ve fiziksel rahatsızlıklardan sadece birine bile sahip olan kişinin hayatındaki sorumlulukları tam olarak yerine getirmesi zorlaşır. Bunun sonucu olarak da kendine, ailesine, çevresine ve topluma faydalı olması da zorlaşır.

GDO'lu gıdaların tüketimi insanlar üzerinde antibiyotik direnç artışı göstermektedir. Bu durum, kişilerde bağışıklık sisteminin zayıflayıp çökmesine sebep olmaktadır. Ayrıca GDO'lu ürünlerin tüketimi kişilerde alerjik reaksiyonları da ortaya çıkarabilmektedir. Julie A. Nordlee ve arkadaşlarının 1996 yılında yaptığı bir çalışma, GDO ve yol açtığı alerji bahsinde kayda değer verilerin elde edilmesini sağlamıştır. Mesela, metionin açısından hayli fakir bir gıda olan soyanın içerisine, metionin açısından zengin olan Brezilya fındığının 2S albumin geni transfer ediliyor ve bu soyanın tüketimi, fındığa alerjisi olan kişinin fındık yemediği halde alerjik reaksiyona maruz kalmasına neden oluyor.[348] Uzun yıllardır hala çözümü bulunamayan soğuk algınlığı hastalığına son zamanlarda yenik düşenlerin sayısı giderek çoğalmaktadır. GDO'lu gıdaların, direncimizi yüksek tutma hususunda bilhassa yardımda bulunan protein ve vitamin gruplarının değerini düşürmesi, bizleri rinovirüs ile karşılaştırmaktadır. Özellikle çocuklar ve yaşlılar bu durumdan çok fazla etkilenmektedirler. Önemli sayıda doktorun sebze-meyve tüketilmesini söylerken 'organik' ifadesi ile bunu dile getirmeleri, bizlere besin değeri gerçeğini hatırlatmaktadır. GDO'lu ürünlerin kanserojen içermediğinin kanıtlanmamış olmasından ve çeşitli GDO'lu ürünlerde ise kansere sebebiyet verici toksinlere rastlanmasından yola çıkacak olursak, insan nüfusunun artışının kontrol altına alınması açısından GDO'nun etkin rol oynayacağını düşünebiliriz. Kontrol edilebilen bir nüfus oranı, gölge güçlerinin olmazsa olmaz ilkesidir. Ayrıca Rusya'da yer alan Ulusal Gen Güvenliği'nin yaptığı araştırmada, GDO'lu gıdaların tüketiminin soyun kısırlaşmasana da sebebiyet verdiği ortaya çıkmıştır.[349] Avusturya hükümetinin 2008 yılında desteklediği deney çalışmasında, deneklerin üreme sistemlerinde azalma ve doğan yavruların kısır olarak doğması ve yine İtalya'da 2006'da yapılan bir başka araştırmada GDO'lu soyayla beslenen erkek farelerin testislerindeki farklılaşma, sperm sayılarındaki azalma ve spermlerde dejenerasyona rastlanılması GDO'nun nüfus kontrolü üzerindeki etkisini göstermektedir.[350] Amerikan Acil Tıp Akademisi (AAEM)[351], ekolojik ve çevresel etkenlerin insan sağlığı üstündeki klinik etkileri ile alakadar olan uzmanlar tarafından meydana getirilen bir kuruluştur. 1965'ten günümüze değin, ekolojik hastalıkların tanınıp teşhis edilmesiyle ilgili yöntemlerin geliştirilmesi üzerine önemli çalışmalara imza atmış olan AAEM'nin açıklaması şöyle: **"Hayvanlar üstünde yapılan birçok çalışma, genetik olarak değiştirilmiş gıdaların kısırlıktan bağışıklık problemlerine, hızlı yaşlanmaya, insülin seviyesindeki düzensizliklere ve başlıca organlar ile sindirim sistemini etkileyen sorunlara kadar birçok ciddi sağlık riski taşıdığını gösteriyor."**[352] Hayvanlar üzerinde denenmiş GDO'lu gıdaların verdiği olumsuz sonuçların insan sağlığına etkisini zaten seyir halindeyiz. Kısırlık, diyabet, soğuk algınlığı, tedavisi giderek zorlaşan ve ölümle yakın yakına ilerleyen kanser türleri, sindirim bozukluğu gibi çokça hastalığın artışa geçtiği çeşitli araştırmalar ve makaleler vasıtasıyla dile getirilmekte. [353] Biraz üzerinde düşündüğümüz zaman organizmaların biyoteknoloji ile başka bir organizma ile buluşturulması, akıllara Dünya Dostları Derneği'nin hazırladığı "Eyvah, çocuğum hormonlu bir domates" kitapçığını getiriyor. Frankeştayn temalı bedensel dönüşüm projesine hoş geldiniz. Ne yazık ki rehavete sürüklenen bir toplum oluşturma gayesini ilke edinenlerin insanlar üzerinde para ve sözde itibar ile kurduğu komplonun insanlığa temas etmesinin yıkıcı sonucunu bugün gözlerinin içine bakarken tüm sıkıntıları unuttuğumuz, gelecekte kendisini Spiderman özelliklerine sahip bir insan olarak hayal eden yavrular göğüsleyecektir.

Karşımıza çıkan tüm gerçekler, bu çağın 'kontrol' kavramı ile birlikte şekillendiğini gösteriyor. Modernizmin bize tanıtılan en büyük projesi, doğayı kontrol etmekti. Fakat neden? Bu sorunun cevabı, ahlaki ilkelerinden yoksun kalan bir bilim anlayışını kavradığımızda verilebilir. Şu anda, bir şeyin yapılabiliyor olması, o şeyin yapılmasının basit gerekçesi haline dönüşmüştür. İnsanın her türlü gücü kendi elinde tutma çabası, ölümsüzlük tutkusu, kendi eksikliklerini yine kendi eli ile giderebilme kudretinin peşine düşmesi, kısacası buldukları ile yetinmemesi, paradoksal biçimde 'kontrolsüz bir kontrol' çabasını bilimin merkezine yerleştirdi. Karşı karşıya kaldığımız vaka, bilime soyunan insanların neden herkesten daha çok merhametle yetiştirilmesi gerektiğini göstermiyor mu? Zira bize, icat etmeden önce, insani duyarlılığı geliştirilen, hatta bu hususta herkesten daha farklı ve özel bir eğitimden geçmiş 'bilimciler' gerekliyken, onların insan olmadan önce, şu sefil beşeri ufuklarıyla sırf zekâdan ibaret kurnazlar olmalarına, arzularını ve egolarını besleyen mucitler olmalarına müsaade ettik. Şimdi bu müsaade, kartopu gibi büyüyerek tüm insanlığın üzerine çığ gibi devrilecekmiş gibi gözükmektedir. Her birimiz, ergen tavırlı bilim adamlarının kurbanları olacağız gibi gözükmekte. Dünya gittikçe daha çok ergenliğe dönük hale gelmektedir. Peki, nedir ergenin psikolojisi? Bir ergen dünyaya nasıl bakar? Hayatı nasıl yaşar? Bir kere, bu bir kimlik kargaşası dönemidir. Bir bocalama devridir. Hatalar peşi sıra gelir. Öfke kontrol edilemez. Anne baba ile dalga geçilmeye başlanır. Cinsellik hayatın merkezine yerleşir ve var olan karmaşayı daha da arttırır. Tüm bunlar, şu andaki toplumun neresinde? Yüzyılımızda cinsel açlık, cinayete yol açan yersiz öfke nöbetleri (mesela Türkiye'de yan baktın kavgası), insanların kendilerini beğendirme çabalarına günübirlik hizmet eden sosyal medya kullanıcılığındaki patlama, büyüklere karşı umursamazlık... Tüm bunlar, insanoğlunun normali ve doğası mı? Ergenlikte evet. Ancak ergenliği aşmış bir toplumun, bu şekilde var olması mümkün olmamalıdır. Çünkü ergenlik sonrası bir dönem de vardır. Ancak böyle giderse insanlık, yoğun bir beşerileştirme faaliyeti sonrasında, ergenlik sonrası döneme hepten yabancılaşacak gibidir. Böylece ergenlik, bizlerin ölünceye kadar taşıdığı temel doğası olacaktır. Bu, otomatik olarak çabuk kandırılacağımız, kolay yönlendirileceğimiz anlamına geliyor. Sadece ergen kalacak olsak, bu da bir şeydir. Ancak bize öyle geliyor ki, yaygınlaştırılan bu ergenliğin üzerine adeta bir zombi toplumu inşa edilecektir.

Açıkladığımız hususların zekâ ile ilgisi kuvvetli. Öyleyse, GDO zekâ düzeyinin neresinde yer almaktadır? Pestisitlerin insan zekâsında gerilemeye yol açtığı söylenmektedir. National Academy of Sciences'ın tutanaklarının yayınlandığı bir çalışmada; **"Gıdalarda yaygın olan pestisitlerin (böcek, tarım ilacı vb.), genel beyin yapısında zekâ seviyesini düşüren, bilişsel fonksiyonları azaltan kalıcı değişikliklere neden olduğu saptandı"** denmiştir. Araştırma lideri Mailman Halk Sağlığı Okulu'ndan Prof. Virginia Rauh; **"Kritik beyin gelişimi döneminde toksik maruziyetin, zihin ve davranış işleyişi üzerinde çok kapsamlı etkileri olabilir."** diyerek bizleri tehlikeye karşı uyarmıştır. 14 bin çocuğu takip eden İngiliz araştırmacılar, 3 yaşından itibaren işlenmiş ürün tüketen çocukların IQ'sunun, beş yıl içinde düşmeye başladığını saptadılar. Meyve ve sebze gibi besin değeri açısından zengin gıdalarla beslenen çocukların, üç yıllık dönemde IQ'larının arttığı da aynı çalışmada tesbit edilmiş.[354] UCLA (University of California, Los Angeles) araştırmacıları da yüksek fruktozlu mısır şurubunun, öğrenme ve hafızayı sabote ettiği bilgisini kamuoyu ile paylaşmıştır.[355] Prof. Dr. Karababa, Macaristan'daki Rowett Enstitüsü'nde görevli bilim adamı Arpad Pusztaria'nın, gen yapıları değiştirilmiş patatesle beslediği farelerin beyinlerinin küçüldüğünü, bağışıklık sistemlerinin bozulduğunu ve farelerde viral enfeksiyonlar ortaya çıktığını saptamış olduğunu hatırlatarak, GDO tehlikesine işaret etmiştir.[356] Yapılan araştırmaların ortaya koyduğu sonuç, ergenleştirilen toplumun zekâ seviyesini düşüren sebeplerden birinin GDO'lu besinlerin olduğunu tartışmasız karşımıza çıkartmaktadır. Dünya genelindeki zekâ seviyesi araştırmaları sonucunda, insanlığın IQ seviyesinin bir puan düştüğü saptanmıştır.[357] Tekrar vurgulayalım: Kanaatimiz odur ki insanın zekâ seviyesi bir projenin parçası olarak düşürülmektedir. Zekâ seviyesinin düşmesi ile birlikte kontrol yöntemini arttırmayı hedefleyen gölge güçler, ergen zekâsını adeta bir çıta olarak belirlemiş durumdadır. Böylece geliştirilen yeni yasalara uyum, maddecilikle birleşip hayli dünyevileşmiş dini inançların, gölge güçlere hizmet eden 'kurgusal dine' alt zemin oluşturması ve bireylerin var olanı sorgulamak yerine haz serüvenine kapılıp gitmesi, 'şeytani medeniyete' alkış tutacak kimliği ortaya koymaktadır. Anlaşılacağı üzere ergen zekâ, balığın avlanmak için oltaya kendi yemiyle gitmesine eşdeğer bir nitelik taşımaktadır.

Ziraat Mühendisi Okan Yılmaz, genetiği değiştirilmiş gıdalar ile ilgili yazdığı bir makalede, genetiği değiştirilmiş mikroorganizmaların gıda olarak tüketildiklerinde girmiş oldukları hayvan ve insanlara ait canlı organizmalarla birleşme ve girmiş oldukları canlıların yapısını değiştirerek, onları neticesi belli olmayan tuhaf bir birleşik organizma şekline sokma ihtimaline değinmiştir. [358]

Günümüzde sıkça adından söz ettiren bir problem de gelişim yetersizliğidir. Yeterli gıdaya ulaşamama, vitamin ve minerallerden fakir diyet ve geçirilen hastalıklar sonucu bodurluk ortaya çıkmaktadır. Bodurluğun bir gelişim hastalığı olmasını ve zekâ gelişimine de olumsuz şekilde etki etmesini ve de Dünya'da 178 milyon çocuğu etkisi altına almasını da göz önünde bulunduracak olursak, gelecek için tasarlanmış ergen toplumun mimari yapısında bir kolon olduğunu söylemekten geri kalamayız. Yeterli ve dengeli beslenme, çocuklarda bodurluk ve şişmanlık oranlarının azalmasına ve zihinsel gelişimin hızlanmasına yardımcı olacaktır.[359] Ergenlik dönemindeki bireyler bize bakım-onarım çalışmasını anımsatmaktadır. Gürültü, tarz, düşünce, duygusal yaşam, ifade şekli ve ben merkezli bir yaşam. Bireyler bu dönemde ne ekerlerse onu biçecekleri bir yaşama hazırlanma sürecine girerler. Bireylerin bu dönemlerde yönlendirmeye açık olması aslında hepimizi ilgilendiren bir gerçektir. Ben merkezli olması ve sürekli takdir edilme duygusunun ön planda olması, ergenlik dönemindeki bireyin en zayıf noktasıdır ki, bugün ergenliğin tüm bir insan ömrüne giydirilmesiyle karşı karşıyayız. Ergene istediğini verirsin, o da karşılığında sana beynini sunar. Prof. Dr. Bengi Semerci, ergenlik dönemindeki bireylerin karar verme aşamasında beynin gerekli bölgesini çok fazla zorladığını, oysa bir yetişkinin benzer kararı alırken beynin diğer fonksiyonlarını da kullanarak görevi bölüştürdüğünü ifade etmektedir.[360] Oyun hamuru gibi sürekli şekli değiştirilip duran ergen beyni gelişimini tamamlayana dek, zamanla beyinde yer edini-len/edindirilen balon bilgiler tarafından işgal edilir.[361]

Yeri gelmişken belirtmekte fayda var: Terörün en büyük geçim kaynağı olan uyuşturucu da bilhassa ergenlik dönemiyle temas kuran sinsi bir kontrol aletidir. Beyin ve akıl sağlığını şiddetli ölçüde etkileyen uyuşturucu, vücudun diğer tüm organ ve uzuvlarında da olumsuz etkisini kısa sürede ortaya koymaktadır. Uyuşturucu kullanımı bireylerde bağışıklık sistemini güçsüzleştirerek, bulaşıcı hastalıklara karşı direnç kaybı oluşturmakta ve her gün düzinelerce can almaktadır. Uyuşturucu kullanımının 10 yaşına düştüğünü, ilköğretim okullarının çevresinde gerçekleşen uyuşturucu operasyonlarından da anlıyoruz. [362] Uyuşturucu batağına saplanan birey, kriz yaşamamak adına doğru ve yanlış kavramlarına asla yer vermeden, kendisinden istenileni yapmakla mükellef olur. Uyuşturucular, onları kullanan kişilere kendi potansiyelleri dışında bir şey vermemektedirler. İnsan sağlığına olan zararları bilinmesine rağmen, yerküredeki her yirmi kişiden birinin aralıklarla uyuşturucu kullandığı, 30 milyon civarında da uyuşturucu bağımlısı olduğu BM raporlarında yer almaktadır. Uyuşturucu, kullanıcıların kendi hayatlarını kaosa çevirirken, toplum içinde yansıttığı olumsuz davranışlarla da toplumda tedirginlik oluşturmakta, toplum psikolojisini olumsuz manada etkilemekte, kaygıyla beslenen bir toplumun oluşmasını kolaylaştırmaktadır. Dozu arttırılmış kaygı ise bireyleri tıpkı uyuşturucu gibi asosyalleştirmekte, birbirine güvenmeyen insanlardan oluşan bir toplumu bina etmektedir. Böylece hem uyuşturucu kullananlar hem de kullanmayanlar, içe kapanık bir hayat anlayışına yönelmektedirler.

Sanal dünyanın toplumdaki itibarını arttıran etkenlerden biri de dozajı arttırılmış şiddet eylemleriyle beslenen gerçeklikten kaçma isteğidir. Kişiler şiddete pasif olarak teslim olmaktansa sıfır riskle aktif olarak dâhil olmayı tercih etmekte, sanal âlemdeki oyunlarla kahramancılık yarışına girebilmektedirler. Bilişim çağında[363] yaşadığımız şu dönemde, toplumun gözdesi haline gelen fantastik kurgular, insanların yeni yaşam alanı olarak kabul ettiği sanal dünyayı bir alev topu gibi ısıtıp, aydınlatmaktadır. İnternetin yaygınlaşması ile gelişen kültürel yozlaşmanın da etkisiyle, kişiler mahiyet kaybı yaşayarak aile bağları ile irtibatlarını, sararmış yaprağın dalından kopma seviyesine eşdeğer bir çizgiye indirgemişlerdir. İnternetin hayata olumsuz manada etki eden kimlik hatta kişilik bozukluklarına yol açmasına engel olmayan/olamayan insanoğlunun medeniyeti, kendini bu büyülü âlemin akışına dirençsizce kaptırmış gençlerin bataklığına dönüşebilmektedir. Artık yeni çeşit bağımlılıklar türemiştir. Mesela, Japoncada 'hikikomori' adı ile bilinen Türkçe'de karşılığı 'elden ayaktan kesilme' olarak anlamlandırılan internet bağımlılığı sendromu gibi...[364] Gerçek yaşam ile ilişiği kesilen bireyler, sosyal yaşama uygun profilden arınıp, çekimser ve tedirgin bir yaklaşım içerisinde hayatlarına devam ederler. Sanal âlemde, bireylerin sonuç odaklı hareket etmeleri ve elde etme/kazanç duygusu taşıyor olmalarına binaen doğruluk, dürüstlük, adil olmak gibi değerler, bilişim çağının değerleri olmaktan sinsice uzaklaşmaktadırlar. Bu durum, gölge güçlerinin **"yeni bir din"** projesi için zemin oluşturmasına yardımcı olacaktır kanaatindeyiz.

Modernizmin projelerinde, hazzın yaşanması ertelenmemektedir. Ertelenmesi de tavsiye edilmemektedir. Oysa kadim bilgiler bizlere hazzı –elbette her zaman değil amamümkün mertebe geniş zamana yayarak yaşayan insanın huzurunu anlatmaktaydı. Hazzı an itibari ile çalakalem tüketen birey, haz/ödül ilişkisini yıpratmakta ve hazdan alınan hazzın seviyesini düşürmektedir. Bunu en iyi yapan faktörlerden biri de kumardır. Artık –internetin de etkisiyle-kumar oynama yaşı ergenlik çağına doğru gerileyerek, haz alımındaki değer kaybı aşağı yaşlara çekilmektedir. Sanal oyunların teşvik edici yapısı, bahis oyunlarının ulaşılabilirliğindeki artış, ergenlik döneminde ekonomik bağımsızlığı sağlama isteği konusunda kafa karışıklığı yaşayan gençliği cezp etmektedir. İngiltere'de yapılan bir araştırmada, bahis oyunlarının oynandığı yerlere giden çocuk sayısının 2009'da 600 bin olduğu ve bu sayının katlanarak arttığı ifade ediliyor.[365]

İçerisinde bulunduğumuz yıllarda erken ergenlikteki artışla birlikte, cinsel deneyim yaşının da 14'lere düştüğü gözlemlendi.[366] Prezervatif markası Dureks'in her yıl yaptığı araştırmada ise, dünya genelinde ortalamanın 16'larda olduğu gözlemlenmektedir.[367] Bireylerin zekâ gelişimlerini olgunlaştıramadıkları bir dönemde, cinsel güdülerle hareket etmeleri, bunalımların genç yaşlara kadar uzanabilmesine yol açmıştır. Erken ergenliğin GDO ile bir bağlantısı olup olmadığını araştırdık. Sonuçlar tahmin ettiğiniz gibi... Genetiği değiştirilmiş gıdaların tüketilmesi ergenliğe erken geçiş dönemini hızlandırmakta aktif rol üstleniyor.[368] Op. Dr. Evrim Aksoy, dünyada son on yılda ülkemizde ise son beş yılda[369] erken ergenlik problemlerinin sıkça ortaya çıktığını ve bu problemlerin yediğimiz hormonlu ve genetiği değiştirilmiş gıdaların varlığına bağlı olduğunu ifade etmektedir.[370] Erken ergenlik kişiyi boy kısalığından ses kalınlığına kadar çokça konuda olumsuz etkileyebilmektedir. Psikolojik olarak beyinde fikir çatışması yaşayan çocuk, ayrıca kimlik çatışmasını da beraberinde yürütüyor. Dikkat bozukluğuna yol açan erken ergenlik, çocuğun eğitim hayatına da olumsuz yönde etki ediyor. Gerek düşünce yapısı gerekse fiziksel yapısı ile alay konusu olması kişiyi intihara kadar sürükleyebiliyor. Biraz önce de bahsettiğimiz gibi ergenlik döneminde duygusal tepkimeler, mantıktan daha önce gelebiliyor. Alınan kararlar mantık analizine dayalı değil, duygusal analize dayalı olarak sonuçlanıyor. Erken ergenlik probleminin çocukta zuhur bulması halinde, sosyal çevrenin yanı sıra iletişim kolaylığının da etkisi ile yasadışı örgütlerle bağlantı kurma yaşının 12'ye kadar inebilmesi, durumun ne kadar da vahim olduğunu gözler önüne seriyor.[371] Ergenlik dönemi, birçok sektörün sermayesi haline gelmişken, birçok sektöründe pazar ağını oluşturmaktadır.

Söz konusu GDO'lu ürünler olduğunda, yaşamını sağlıklı ve huzurlu olarak devam ettirme yönünde emek sarf eden bireylerin tek problemi elbette erken ergenlikten ibaret olmamaktadır. Kitaplara ve makalelere konu olan 'Dünya nüfusunun azaltılması' projesi elbette sağlığın harap edilmesi üzerinden hayata geçirilecekti. Nitekim kim tarafından yapıldığı saklı tutulmak istenilen ve 1979 yılında inşa edilen Georgia Guidestones Anıtı'nda yer alan ve emir niteliği taşıyan 10 maddenin ilki **"Dünya nüfusunu 500 milyonun altında tut"** şeklindedir.[372] Peki, neden insan nüfusu azaltılmak istenmektedir? Bu sorunun cevabı, bizim anlatmakta olduğumuz 'kontrollü, uzaktan kumandalı yaşamın' kolaylaştırılmak istenmesinde yatmaktadır. Temel motivasyon şu cümlede saklı: **"Kontrol edebileceğinden fazlasını mümkünse yok et, geri kalanları da istediğin şekle sokmuş olarak muhafaza et."** Askeriyede ordu kontrolünün sağlanması için kurulmuş bir dizi kurallar mevcuttur ayrıca sistem emir kipi üzerinde seyretmektedir. Sistem ancak bu kurallara riayet edildiğinde, yönetim işleyişi başarıya ulaşmaktadır. Anıtta yazan ilk temel emrin de 'Dünya nüfusu' ile ilgili olması dikkatleri üzerine çekmektedir. Eğer ki oluşturulan bir inanç sistemi ile birlikte yeni yaşam kuralları, ortak evrensel dil ve gelişim adına atılabilecek her adımı normal karşılayan bir toplum isteniyorsa, üzerinde kolaylıkla egemenlik kurulabilecek nüfusa hitap edilmesi elzemdir. Fransız yazar Jacques Amyot'un **"Hür insanın vücudu esir edilebilir; ama ruhu yakalanamaz"** sözü, bizlere bu sözü mazide bırakmak isteyenlerin hür olamayan bir insan popülâsyonunu var etme girişimlerini anımsatmaktadır. Şer şebeke, insanları kendilerini özgür hissettikleri ve ruh sağlığı ile sıkı ilişkisi olan bedenlerinden vurmayı akıl edinmiş, ruhu tutsak edecek bedenler meydana getirmenin peşine düşmüştür. Buna göre, gıdalar üzerindeki titizliğimi- zin sebebi daha iyi anlaşılmalıdır.

Cean Üniversitesi'nden moleküler biyoloji profesörü

Fransız Gilles- Eric Seralini ve arkadaşları genetiği değiştirilmiş mısırla besledikleri farelerin kanlarındaki trigliserit miktarının %24-40 arttığını, karaciğerlerinde büyüme, beyinlerinde küçülme olduğunu, vücut ağırlıkları artarken böbrek parametrelerinin bozulduğunu, dişi farelerin kan şekerlerinin %10 yükseldiğini saptadı. Gilles- Eric Seralini, Monsanto'nun GDO'lu mısırı ve en çok kullanılan tarım ilacı Roundup'un zehir düzeyini ölçmek üzere çok uzun ve detaylı bir araştırmaya girişti. Çalışma için iki yıl gözetim altında tutulan 200 fare kullanıldı. Dişi farelerde, kilolarının %25'ine tekabül eden göğüs tümörleri patlaması yaşandı. Erkeklerin ise karaciğer ve böbrekleri ağır hasara uğradı. İki yılın sonunda GDO'ya maruz kalan farelerin %50 ila %80'i rahatsızlandı. Bu oran, GDO'ya maruz kalmayan dişilerde %30'du. Prof. Seralini'nin bu araştırmasının yer aldığı kitabının ismi de manidar: **"Hepimiz Kobay mıyız?"** Gilles- Eric Seralini, sağlık kurumlarının sanayicilerden uzun vadeli zehirlilik araştırması talep etmemesini büyük skandal olarak nitelendiriyor. Seralini bu akıl almaz durum karşısında **"Bilinçsizlik mi? Umursamazlık mı? Sanayi dünyası ile cinayet ortaklığı mı? Yoksa hepsi mi?"** sorularını sormadan edemiyor. [373] Bu araştırma bizlere, şeytani güçlerin gerçekleştirmek istediği Yeni Dünya Düzeni projesinin ergenleştirilen toplum üzerindeki zekâ geriliğine etkisini sunmakla birlikte, bu proje kapsamında şer güçlerin planı olan 'nüfusu azaltmak maksadıyla sağlık problemlerinin imal edilmesi' amacının bir kısmını da ortaya koymaktadır. Benzer bir araştırmayı Gilles- Eric Seralini'den önce yapmak isteyen Türk akademisyenlerin kamu hizmeti için çalışan bir devlet kurumu olan TÜBİTAK'a başvurusu 2010 yılına dayanmaktadır. Aydın Üniveristiesi'nde Gıda Mühendisliği Doktora Bölümü'ndeki İsmail Hakkı Tekiner ve arkadaşlarının TÜBİTAK'a iki kez yaptığı proje başvurusuna bakınız kurum nasıl cevap vermiştir: **"Bu çerçevede yapılan değerlendirmeler sonucunda, önerilen projeler**

arasında yer alan 110S115 numaralı ve 'Genetiği Değiştirilmiş Gıdalarla Beslenmenin Sıçanlarda İmmün Sistem Üzerine Etkisi' başlıklı proje önerinize destek verilememiştir."[374]

Bazı sağlık problemlerinin tedavisi uzun süre koşuşturmacaya dayalı olmaktadır. Konunun bu kısmı da aslında hem ekonomik sömürünün hastalık üzerinden sürdürülmesi hem de insanların can derdine düşmesini sağlayıp, toplum adına geliştirmeleri gereken sağduyularını yitirmelerine yöneliktir. Şu demek oluyor ki bugün toplumun yaygınlaştırarak yaşayamadığı hazzı, şeytan, en güzide planları ile görkemli tahtına kurularak, insanların kasvete kapılmasından almakta ve olabilecek en geniş zamana yayarak yaşamayı sürdürmektedir.

"Bu denli büyük sağlık sorunlarında ve insan nüfusunun planlı programlı dejenerasyonunda önemli payı olan GDO'nun hayatımızdaki varlığı nasıl hala devam edebilmektedir?" sorusunu sormamak mümkün değil. Fakat GDO konusunda kokuşmuş bir çarkın söz konusu olduğu akla getirilince, insanların para ve iktidar için her şeyi yapar hale geldikleri bir sistemde yaşadığımız düşünülünce, sorumuzun bir kısmına zaten cevap verilmiş olunur. Bu bağlamda kesesini doldurmak isteyen üst düzey yetkililerin, rüşvet karşılığında gümrükten Türkiye'ye GDO'lu pirinç geçişini sağlaması, kamu sağlığı için çalışması gereken sözde emin ellerin güvensiz kimliklerini ortaya çıkarmaktadır.[375] Ülkemizde 2010 yılında benzer bir durumun söz konusu olduğu GDO'lu mısır skandalından bahsetmek gerekirse, Afyonkarahisar'da bir firma yetkilisi GDO'suz mısırı laboratuvara gönderip analiz testine sokarak sağlam raporu almış ve gümrükte bekleyen Arjantin'den ithal edilmiş 156 bin ton patlatmalık GDO'lu mısırların ülkeye girişini sağlamıştır.[376]

Şeker pancarı üretimine kota gelirken, nişasta bazlı şeker (NBŞ) üreticilerine sınırsız kota tasarısı söz konusu olduğunda, halkın genetik ve kimyasal müdahalelerle oluşturulan ürünlere mahkûm edilmesi, Türkiye'nin terörü ne kadar da tanımadığını[377] gözler önüne sermektedir. NBŞ üretimi, şeker pancarına paralel olan bir üretimdir ve varlığı şeker pancarı üretimi yapan çiftçiyi, üretimden vazgeçirecek boyuttadır. Peki, bu durumdan kâr elde eden tarafı tanıyor muyuz? Elbette tanıyoruz! ABD'nin gıda devi olan ve Avrupa'da önde gelen mısır ve buğday işleme tesislerine sahip olan ve de Türkiye'de varlığını her geçen gün arttıran 'Cargıll' gıda şirketi! NBŞ nedir? Gazozundan çikolataya dek çok sayıda üründe tatlandırıcı olarak aktif rol üstlenen NBŞ, birçok ülkede yasaklanmasına rağmen, Türkiye'de kişi başı tüketimi 6 kilo civarındadır. Avrupa'da bu rakam 1-1.5 kg civarında olup NBŞ'nin- bu kitabın yazıldığı tarihte- yasaklı olduğu Fransa, İngiltere, Hollanda ve Almanya gibi ülkelerde şeker, pancar üretiminden elde edilmektedir. Milliyet Gazetesi'nin haberine göre Şeker-İş Genel Başkanı İsa Gök, yazılı açıklama yaparak başta obezite, alzheimer, kalp, astım, baş ağrısı ve kansere kadar birçok hastalığın nedeni olabilecek NBŞ'ler konusunda aileleri uyardı. NBŞ'nin kansere davetiye çıkardığı vurgusunu yapan Gök, şöyle dedi: **"Sakın ben mısır şurubu tüketmiyorum demeyin. İçtiğiniz kolada, meyve suyunda, gazozda, yediğiniz çikolatada, tatlıda, kekte, pastada dondurmada kısacası yüzlerce üründe bu mısırdan elde edilen şeker kullanılıyor. Çocuklarımız büyük tehlike altında"** [378] Tüm dünyada obezite, kanser ve zeka geriliği gibi birçok hastalıklarda etkin rolü üstlenmesi sebebi ile tepkilerle karşılaşıp yasaklara maruz kalan NBŞ ile birlikte ne yazık ki Türkiye'de 2006 yılında 30 bin 506 kilo olan mısır ithali, 2015 yılında 1.7 milyon tona yükseldi! [379] Sadece mısırın hayatımızdaki yerine baktığımızda ve adının her defasında GDO ile yan yana anıldığını düşündüğümüzde, tehlikenin büyüklüğünü ve şeytani gücün 'Yeni Medeniyet' olarak adlandırdığı karanlık projeyi fark edemeyen yetki sahibi kurum/ kuruluşların şuur eğitimine tabii tutulmasını şiddetle tavsiye etmekteyiz. Ayrıca helal gıda sertifikası verme yetkisine sahip kuruluşların, GDO üzerinde yeterli bilgiye sahip olmadıkları kanaatindeyiz. Sağlık açısından yüksek derecede risk içeren GDO'lu ürünlerin, gıdalarımızı tamamen ele geçirme ihtimali, bu gıdaların programlandıkları amacın ne derece önem arz ettiğini bizlere tekrar tekrar düşündürtmektedir! NBŞ'nin neredeyse tüm hazır gıdaları istila etmiş olmasına rağmen -sırf içerisinde domuz eti yok diye- bu ürünlerin ve öte yanda beyaz et üreticilerinin üretmiş oldukları fabrika ürünü tavuk, hindi vs. -hangi marka olursa olsun- kanatlı hayvanların helal sertifikası ile tüketicinin önüne çıkartılması bizleri hayretler içerisinde bırakmaktadır. Helal sertifikasını hangi çalışma standardına uyarak veriyorlar? Tavuğun genetiğinin değişmediğini iddia edenlere de soruyoruz: Peki, ya yedikleri yemler GDO'lu tohumlardan oluşuyorsa! O halde tavuk genetik değişime uğramamakta mıdır? GDO nedir diye sorsak acaba tanımları ne olacak? Çiftleşme, aynı koloniden erkek ve dişinin birleşmesi ile meydana gelmektedir. Oysa GDO'da farklı organizmalar çiftleştirilerek yeni genler elde edilmektedir. Hayvanların önündeki yemler GDO'lu ise bu durum onların genetik yapısına neden zarar vermesin? Türkiye Bilimsel Tavukçuluk Derneği Başkanı Prof. Dr. Rüveyde Akbay, tavukların GDO'lu ya da hormonlu olduğu inanışının yanlış olduğunu söylüyor, oysa açıklamasında genetik çalışmalar yapıldığını da ifade ediyor. Akbay, endüstriyel tavukçulukta kesinlikle hormon kullanılmadığının altını çizerek, şöyle diyor: **"Tavukların hızlı büyümelerinin nedeni 40-50 yıldır yapılan genetik çalışmalardır. Bu çalışmalar sonucunda çeşitli kombinasyonlarda hayvanların çiftleştirilmesi ile en iyi sonucu veren melez tavuklar yetiştirildi. Yediklerimiz hibrit, melez hayvanlardır. Uzun yıllar süren genetik ve ıslah çalışmalar sonucunda elde edilmişlerdir. Bu melez ırklar etçil ve**

yumurta tavuğu olarak değişiyor. Yumurta veren tavuk, etçil olmuyor. Etlik veya yumurta tavukların özelliklerine uygun beslenmeleri gerekiyor." [380]

Peki, İstanbul Üniversitesi Tıp Fakültesi Onkoloji Enstitüsü Öğretim Üyesi Dr. Yavuz Dizdar ne diyor? **"Biliyorum canınız sıkılacak, yüreğiniz kabaracak, üzüleceksiniz ama gerçekleri öğrenmeniz lazım. Daha yumurtadan çıkar çıkmaz civcive antibiyotik veriliyor. Kemikleri gelişmesin, sadece et yapsın diye... Tavuklar tarladaki patatesler gibi hiç kıpırdamadan yetiştiriliyor. Bıraksanız bile kıpırdayamıyorlar... Elinize aldığınızda kemikleri kırılıyor... Bu inanılmaz bir vicdansızlık... Sonra, görüyoruz her gün gencecik bir kadın meme kanserine yakalanıyor. Büyük olasılıkla daha sağlıklı diye sık sık tavuk yiyorlardır..."**[381] Tüm bu gerçeklere rağmen helal sertifikasına güven duymuyor olmamız sizce kimleri rahatsız eder?

Pamuğundan soyasına, muzundan patatesine kadar birçok ürün üzerine vurulmuş olan GDO mührü ile genetiği bozuk bir neslin yetişiyor olması hiç de fantastik bir bilimkurgu filmi değil, aksine yaşamın acı bir gerçeğidir. GDO'nun hüküm alanları yalnızca bitki ve gıdaları kapsamıyor. Transgenik olarak adlandırılan ve hayvanlar üzerinde başlayan gen transfer işlemi günümüz ticaretinde önemli bir yer edinmiştir. İneğinden, tavşanına kadar birçok hayvanın üzerinde gerçekleştirilen gen transfer işlemi, hayvanları adeta bir protein fabrikasına dönüştürmüş ve ilaç sanayiinden, gıda sektörüne birçok pazar bu durumdan kendine düşen payı almıştır. Transgenik canlılar oluşturmak, tamamen kısa zamanda daha fazla kâr elde etme amacı olarak piyasada itibar görmüştür. Peki, bunun ne kadar güvenli bir işlem olduğunu ve bu işlemle nereye varılmak istendiğini biliyor muyuz? Tabii hayvanlara farklı hayvanların genleri aktarılarak kaslı hayvanlar, gece parlayan hayvanlar, daha hızlı büyüyen hayvanlar, insanlar için organ fabrikası niteliği taşıyan hayvanlar ve daha sayamadığımız birçok 'Frankeştayn' canlıların üretildiği bir durumla karşı karşıyayız. Bugün bu yöntemleri hayvanlar üzerinde kâr elde etmek amaçlı deneyen gölge güçler, aslında hayvanları bir veçhesiyle asıl amaçları için birinci aşamadaki denekler olarak da kullanmaktadırlar. Nitekim hâl böyle olunca yarın insanlar üzerinde gen transferi başladığı vakit, hayvanlardan elde ettikleri doneler üzerinden hareket ederek bu sefer insan kobaylar üzerinde çalışmalar yürüteceklerdir. Hatta siz bunları okuyorken bir yerlerde belki bu tür amaçlarla değil ama bazı ilaçların insan üzerindeki etkilerini yine insan olan bir kobay üzerinde araştırıyor olabilirler. 2011 yılında Amerika da Vanity Fair adlı dergide yayınlanan insan kobaylığının arttığı yönünde bir haber halk arasında dalgalandırıcı bir durum oluşturdu. İngiliz The İndependent Gazetesi'nin, aynı haberi kamuoyu ile paylaşması, sansasyonel durumu arttırarak duyarlı kimseler arasında panik yarattı. Haberde, deneklerin fakir ülkede paraya muhtaç kimseler arasından seçildiği ve Türkiye'nin bu sıralamada 6. sırada yer aldığı, üstelik 2007 Ocak- 2010 Aralık arasında kobaylık sonucu hayatını kaybedenlerin 893'ünün Türk olduğu öne sürüldü.[382] Hayvanları kobay olarak kullananların ekonomik kar dışında başka bir amaç taşımıyor olmalarından yola çıkacak olursak, bu kişilerin kobaylığın insanlar üzerinden yürütülmesinin olağan hale gelmesiyle ne hissedecekleri aşikâr. Gen teknolojisi ile gelişen bir başka haberi sizlerle paylaşalım: Aktüel dergisinin Ekim 2013 sayısında **"Tıpta Sipariş Bebek Dönemi"** başlığı… Habere göre kaşının yapısından boyuna, zekâ seviyesinden genetik hastalıklarına kadar üzerinde siparişle değişikliklerin yapıldığı bir bebeğin doğumundan bahsedilmesi, bilim ile din adamlarını çatışmaya sürükledi.[383] Bu haber neyi akıllara getiriyor? Aklımıza gelen sosyolojik sonuçlardan biri, fakir ile zengin arasındaki farkın astronomik şekilde yükselmesi. Georgia Guidestones Anıtı'nda yaşamayı hak kazanan 500 milyonun elitleri, sipariş bebekler olarak mı doğacak? Zenginin her alanda çok açık arayla başarı sağlamasının, fakirin ise zengin kesime köle olarak hizmet etmesinin biyolojik temelleri de atılmak üzere. Bugün modern köleliğin seviyesini düşündüğümüzde, böyle giderse gelecekte nelerin mümkün olabileceğini tahmin etmek hiçte güç değil. Alın bir başka haber: Ünlü model Chrissy Teigen hamile kalamadığı için tüp bebek yöntemini denediğini ve hatta cinsiyet olarak kız bebek seçtiğini açıkladığında ciddi tepki çekti. Amerikalı ünlü model Chrissy Teigen **"Aynı zamanda domuz pastırması seven, büyüleyici, ayakkabı numarası 36 olan embriyoyu aradım. Böylece daha kolay ayakkabı bulur"** **diyerek sözlerine devam etti ve kendisine yöneltilen tepkilere, "Hangi devirde yaşıyoruz!"** diyerek cevap verdi.[384]

Gelecekte -dış görünüşü itibarıyla- 20 yaşında olarak tanımlanan birine -erkek ya da kız- gönlünü kaptıranlar, gönüllerini kaptırdıkları kişilerin kimlik yaşını öğrenmek için ufak çaplı araştırmaya girişeceğe benziyorlar. Zira 20'lik yakışıklıların/güzellerin 70-80'lik olma ihtimalini gerçek kılacak çalışmalardan bahsediliyor. Hollanda Erasmus Üniversitesi'nin tıp merkezinde gençleştiren ilaç geliştirdiğini öne süren Dr. Peter de Kaizer'in BBC'ye yaptığı açıklama **"İnsanlar benim deli olduğumu söylediler. İlk üç denemede haklı çıktılar ancak dördüncü denemede ben haklı çıktım"** dedi. Sözü edilen ilaç, iki yaşlı fare grubunda deneniyor ve farelere on ay boyunca haftada üç kez peptid molekülü veriliyor ve on gün içinde farelerin tüyleri çıkmaya başlıyor, üç hafta sonra farelerde fiziksel güç artışı saptanıyor ve bir ay sonra farelerin böbrek fonksiyonlarında düzelme görülüyor. Bilim adamlarının kendi yaşıtlarına göre çarkta iki kat daha fazla hız yapabilen farelerden olumlu sonuç almaları sebebi ile bu ilacın insanlarda denenmesi söz konusu.[385]

Amaç genetik bozuklukları ve hastalıkları ortadan kaldırmak ise, masumlaşmaktadır. Peki, insanlık genetik müdahalenin sınırlarını belirleyebilecek mi? Fiziksel görünüşünüz, zekânız, beğenileriniz ve sesinizle iyi bir ses sanatçısına dönüşebileceğiniz kadar oynanabilir ise insanları bundan kim vazgeçirecek? Kölelik, ileriki dönemlerde azalan nüfus ve gelişen teknoloji ile birlikte robotlara devredilirken, fakirlerin, robotlar tarafından denetlenen Dünya'da kendi harap hayatlarını sürdürmeye çalıştıkları bir değişim tehlikesi... Biraz düşününce gelecekle ilgili farklı senaryolar da akla gelmekte. Ama biz de biliyoruz ki bu senaryoların hemen hemen hepsi karanlık. Amaç zihin kontrol ederek savaşı kazanmaktır. İnsan bedeni başlı başına bir harp alanı haline dönüşmüştür. İlkel fakat güdümlü ilk hücum, çeşitli propogandalar ile kritik bilgilerin üzerine sansür çekilip, medyanın demagoji ordusu ile insandaki mantık örgüsünün bulandırılmasıyla başlamıştır. İkinci hücum ise, insanlığın gizli amaçlarından bihaber olduğu teknolojileri, propaganda yardımı ile umut ışığı gibi sunarak, zihinleri bu teknolojiler vasıtasıyla içi para dolu bir kasayı üzerindeki anahtarla teslim eder gibi gölge güçlerine teslim etmek stratejisiyle yapılmaktadır. Bütün amaç, Yeni Dünya Düzeni'nin zeminini hazırlayıp şeytana, görkemli bir davetle güzide bir yönetim sunma girişiminden ibarettir.

ŞEYTANİ HEDEF: YAŞAYAN ÖLÜLER

İşte, karşı karşıya kaldığımız tehlike sadece GDO ile sınırlı kalsa, buna çözüm bulmak zor olmazdı ancak GDO demek, sadece GDO demek değil, insan kimyasını alt üst eden bir planın çok önemli bir aşaması demektir. Söz konusu insan beyninde yer alan zihin karargâhını ele geçirmekse, bu karargâhın özel görevlerle donatılmış güçlü komutanlarını tanıyıp plan yapmak, bunların beynin aleyhine kullanımını sağlayacaktır. Mesela vücutta asetilkolin dengesi bozulursa, kişide nörolojik ve psikolojik sorunların ortaya çıkması olağan görünecektir. Meseleyi asetilkolin örneği üzerinden izah etmeye devam edelim: Bilginin, iletinin çok daha hızlı bir şekilde beyne iletilmesini sağlayan hormonların genel adı olan nörotransimitterlerden biri de, asetilkolindir. Asetilkolinin dikkat, bellek ve öğrenme yani daha çok hafızayla ilgili bir hormon olduğunu hatırlatmak isteriz. Sinir dokusunda rastlanan bir kimyasal madde olup, sinir uyarmalarını ileten en önemli nörotransmitterdir. Asetilkolin dengesini bozabilen GDO'lu ürünlerin Parkinson'dan unutkanlığa kadar büyük sorunlara yol açabileceklerini görmemiz gerekli. Eğer denge kaybolursa bir uçta ağır hastalıklar, diğer uçta balık hafızalı olmak gibi içinden çıkılması zor bir şeytani denklemin bizi beklediğini belirtmek isteriz. Asetilkolin söz konusu olduğunda, şer odakların hafıza üzerindeki manipülasyona daha çok odaklandıklarını düşünüyoruz. Zira bu hormonu besleyen yumurtanın üzerinde oynanan oyunlar bu düşüncemizi destekliyor. Genetiği değiştirilmiş gıdaların, besin enerjisini farklı genomların aktivite olması sonucu gereksiz proteinlere harcatmış olması, besinin kendi değerini de düşürebileceğinden dolayı[386] ihtiyaç duyulan besin değeri tam alınamadığında ortaya çıkabilecek ufak rahatsızlıklar yavaş yavaş ciddi sorun haline dönüşerek, kişinin yaşam dengesini bozmaya yetebilecek Alzheimer, felç, tansiyon ve kalp rahatsızlığına dönüşeceklerdir. Besin değerlerinin düşmediğini, aksine farklı genetik çalışmalar sonucu yükseltildiğini varsayacak olursak; bu sefer kolin fazlalığından ötürü sindirim sistemi doğru çalışamayacağından, karaciğer yağlanması, Parkinson ve depresyon gibi rahatsızlıklar ortaya çıkacaktır.[387] Hafızayı canlı tutan kolin miktarını korumak için besin değerleri ile oynanmamış ürünleri tüketmek elzemdir. Yumurtanın sarısında bulunan kolin nedeni ile uzmanlar bol miktarda yumurta tüketilmesi gerektiğini dile getiriyor. Yumurtanın sarısında bulunan kolin miktarı, insanın sahip olması gerektiği kolin miktarının üçte birini kapsamaktadır.[388] Doğal ortamlarda beslenen tavuklar -gezen tavuk- bitlenmemek ya da bitten kurtulmak için toprak banyosu yaparlar. Toprağın olmadığı ortamda beslenen tavuklara ise -tavuk çiftliklerinde- bit ilacı uygulanmaktadır. Fabrika üretimi tavuklarda bitlenme ilacı uygulaması esnasında kullanılabilen fipronil, zehrin yumurtaya aktarılmasına sebep olmaktadır. 2017 yılında, Avrupa'da ciddi bir zehirlenme vakası ortaya çıkmıştır.[389] Ayrıca Türkiye'nin de gündeminde, üretilen yumurtalarda fipronil olup olmadığına dair tartışmalar yaşanırken Gıda, Tarım ve Hayvancılık Bakanlığı konu ile ilgili analiz başlatıp elde edilen sonuçlarda fipronile rastlanmadığını açıklamıştır.[390] Oysa Deutche Welle Türkçe'nin aktardığı habere göre AB üyesi olmayan ve aralarında Türkiye, ABD, Rusya ve Güney Afrika'nın da olduğu 16 ülkede daha bu tip yumurtalara rastlandı. Ayrıca haber olan konu ile ilgili Almanya Tarım Bakanı Christian Schmidt, zararlı böcekle mücadelede kullanılan zehrin, yumurtalara kasıtlı olarak bulaştırılmış olabileceğini söylemişti. [391]

Yumurtalar, içerisinde zehirli bakterilerin bulunması yönüyle de tehlikeli olabiliyorlar. Prof. Sefer Aycan, tedavi edilmediği takdirde ölüme neden olan ve genellikle et ve et ürünlerinde ortaya çıkan salmonella bakterisinin yumurta da bulunduğunu söyledi. Türkiye'nin en çok tükettiği yumurtanın da ölümcül bakteri barındırdığı anlaşıldı. Sağlık eski Müsteşarı ve Gazi Üniversitesi Halk Sağlığı Ana Bilim Dalı Başkanı Prof. Sefer Aycan, hileli bal ve et ürünlerinden sonra halkın tüm gıdalara korkuyla yaklaştığını belirtirken, üreticilerin ucuza mal edip pahalıya satmak için yaptığı hilelerle halk sağlığını tehlikeye attıklarını dile getirdi.[392] Ne vakit GDO'dan konu açılsa, ABD Dışişleri Eski Bakanı Henry Kissenger'in 1970'li yıllarda söylediği **"petrolü kontrol ederseniz ülkeleri, gıdayı kontrol ederseniz insanları**

yönetirsiniz" sözü aklımıza gelmekte. Maddi, manevi ve daha özelde zihni yönden çok daha kolay kontrol edilebilen bir toplumun oluşması için temel ihtiyaç olan gıdaların yapısı, tekleşmesi/tekelleşmesi ve besin değerleri üzerinde gerçekleşen sinsi bir plan... Vaziyet böyle giderse, devletleri yöneten şirketlerin 'devlet' görünümünde çıkarttıkları yasalar sonucunda, normal vatandaşın evinde tabiata ait ve genetiği değiştirilmemiş tek bir tavuk beslemesi, toprağına tek bir tohum ekmesi, 'halk sağlığını tehlikeye sokmak' bahanesiyle büyük suçlar kapsamına girecektir. İşin trajikomik yönü, Monsanto gibi zehir üreticisi ve taciri şirketlerin, sebze ve meyveleri ve dolayısıyla insanları zehirlemelerini meşru kılan bir düzende böyle bir bahaneye sığınılacak olması/sığınılması. Algı yönetimi hakikaten ziyadesiyle önemlidir. Bu algı yönetimiyledir ki, 'kuş gribi' sebebiyle yerli üreticiye ait 100 bin tavuk 2015 yılında itlaf edilirken,[393] yabancı tekeller genetiği değiştirilmiş, antibiyotikle sersemletilmiş, obez ve acınası şekilde bakılan/beslenen tavuklarını güya sağlığımızı düşünerek Türkiye pazarına daha sağlam yamamış oldular. Acaba şu 'kuş gribinin' arkasında, piyasayı ele geçirmek maksadıyla şeytanla pazarlığa oturmuş gıda tekelleri var mı? Kuş gribi ya da daha doğrusu kuş gribi şüphesiyle hareket eden devlet yetkililerinin zehirleri, tüm hızıyla kümes hayvanlarını öldürmeye devam ediyor. Mesela 2017 yılında da Ardahan'da pek çok tavuk bu yüzden katledildi. Sadece 'şüphe' katliam için yeterli olabilmekte. Haber başlığı şöyle:

> "Ardahan'da Gıda Tarım ve Hayvancılık İl Müdürlüğü ve Hayvan Sağlığı Şube Müdürlüğü ekiplerince kuş gribi şüphesiyle çok sayıda kümes hayvanı itlaf edildi."

Vatandaş haklı olarak, tek bir şüpheyle, nasıl olur da tavukların öldürülmesinin mümkün olduğunu şöyle sormuş:

> "Dışarıdan getirilip ördek ve kanatlı hayvanlar satılıyor. Buna yetkililer müdahale etmiyor. Ama köydeki tavuklar test yapılmadan, tahlil yapılmadan, aşı yapılmadan toplanıyor. Vatandaşa da günah yani! Damızlığımız kesiliyor!"[394]

Bu hastalık, tekellerin de işine yarayan biyolojik bir silah olabilir mi? Bir başka haberde Doç. Dr. Yavuz Dizdar'ın konuyla ilgili şu sözleri dile getirildi:

> "Kuş gribi olan tavuğun kendiliğinden öleceği için virüsün insanlara bulaşmasının söz konusu olmayacağını söyleyen Doç. Dr. Yavuz Dizdar, 'Hastalık yayılmasın diye sağlıklı tavukları itlaf etmek cinayettir. Köylünün elindeki tavuğu toplayıp, endüstrinin ekmeğine yağ sürüyorlar' dedi."[395]

Bunun gibi bilinçlendirici haberlerden sonra şer şebeke herhalde gribin insana olan bulaşıcılığını arttıran bir çalışmaya girişerek, kendi hastalıklı ürünlerini pazarlamak için daha garantili bir yol almayı düşünebilir.

Gıdanın biyolojik bir silah olarak kullanılması sadece yapısının değiştirilmesi çerçevesinde ele alınmamalı. Kıtlığa yol açacak bir böcek istilası da bazen tamamen doğal olmayan şartlarda meydana gelebilir. Burada, böcek istilasının bilinçli şekilde, bir devletin ya da devletler üstü bir işletmeye sahip kişi ya da kişilerin koordinasyonu ile gerçekleşebileceğini dile getiriyoruz. Bundan iki ana hedefe ulaşmak istenmektedir. Birincisi, politik koşullara göre ilgili hedef ülkede kıtlığı tetiklemek. İkincisi, hedef ülkeye, böcek istilasına karşı etkili olacak hâlihazırdaki böcek öldürücüyü satabilmek. Bu yapıldığı zaman bir şey daha olacaktır: Hedefteki ürün, eskisinden daha fazla zehir barındırmaya başlayacak ve insanların bağışıklık sistemine zarar veren mahiyete bürünecektir. Ayrıca ithal ürüne olan talep artabilecektir.

İşte tam bu minvalde bir olay, 2018'in Nisan ayı başında İnegöl'de gerçekleşti: **"Kulaca mahallesinde ceviz üretimi yapan çiftçi Mustafa Kaplan, ağaçlarını ilaçladığı sırada gökyüzünden önüne bir poşet düştü. Düşen poşet içerisinden çıkan böcekler uçmaya başladı. Binlerce böceği gören çiftçi Kaplan, ne olduğunu anlayamadan böcekleri ilaçla öldürmeye başladı."**

Olay üzerine İnegöl Ziraat Odası Başkanı Sezai Çelik şöyle dedi: **"Bu memlekette görmediğimiz böcek cinslerini de görmüş olduk. Zaman zaman aramızda da konuşuruz, biyolojik mücadeleyle ilgili. Eskiden patates böcekleri ve farklı böcekler yoktu. Sonradan ülkemizde ortaya çıkmaya başladı. Bunu çiftçimiz fark etmiş. Belki de bunu Türkiye'nin farklı bölgelerine de bıraktılar. Tarım sektörümüzle, bitkisel genetiğimizle de oynayan ülkeler var. Basit bir şey gibi görünüyor ama bu ürünlerimize veya topraklarımıza zarar verebilir."** [396]

Alaya alanlar, gerçeklere gözünü kapayıp, kendi kurgu dünyalarına uymayan her şeyi küçümseyenler ve yok hükmünde kabul edenlerin, inanmamak için diretecekleri bu ve bunun gibi haberlerin hepsi de küresel bir komplonun parçaları. Komploları küçümsemeyi, yok saymayı, hayal ürünü olarak yaftalamayı bilimsel olmak zannedenler, komployu açığa çıkartmak için çabalayanlarla alay ederlerken komplocuların ekmeklerine yağ sürüyorlar. Nasıl ki bilimsel bazı gerçekler ve doğrular zamanla gerçek ve doğru olmaktan çıktıklarında, bilime tamamen sırt dönmek ahmakçaysa, komploları açığa çıkartmak adına ortaya atılan kimi iddiaların çürütülmesiyle, komplo diye bir şey yok demek bir o kadar ahmakçadır, önyargıdır, toptancılıktır.

Kimileri önyargılarının kurbanı olarak böyle şeylere fantazya gözüyle bakmayı bilgelik sansa da, böceklerin bir savaş aracı olarak kullanılması, hiç de yeni bir hadise değildir. 23 Mayıs 1950'de, çiftçi Max Troeger, Doğu Almanya'nın Schoenfels bei Zwickau köyünde tarlalarında uçan iki Amerikan uçağını fark etti. Ertesi sabah tarlalarının patates ekinlerini tahrip edebilecek bir böcek olan Colorado patates böcekleri ile kaplı olduğunu görünce şok oldu. Bu hadise, Doğu Alman Hükümeti'nce halkın yiyecek arzını baltalamaya yönelik ABD'nin emperyalist bir saldırısı olarak kabul edildi.

'Patates böceklerini düşman tarlalarına bırakan uçaklar' fikri tamamen gerçekten uzak bir fikir değildi. Bir kere, ABD'nin uçakları Doğu Almanya'nın bazı bölgelerinde zaman zaman alçak seviyelerde uçarak Batı Berlin'e malzeme temin etmekteydiler. Ve bazı hükümetler, o ana değin gerçekte pratikte kullanıldığına dair hiçbir kanıt bulunmamış olsa da, patates böceğini bir silah olarak kullanmayı ciddi olarak düşündüler. II. Dünya Savaşı'nda, hem İngiltere hem de Almanya, düşmanın onlara karşı buğday kadar önemli patatesi telef etmek maksadıyla patates böceklerini kullanabileceğinden endişe ediyordu. Bu, patates böceğinin hâlâ büyük ölçüde bilinmediği İngiltere'de muhakkak ki zarar verici olabilirdi.[397]

Türkiye'nin içinde, yerli görünümlü yabancı odaklar mevcutken, böcek saldırısını gerçekleştirmek için ABD uçağı aramaya hiç gerek yok.

Bilindiği üzere Bill Gates bir yardım vakfı kurarak insanlara yardım etmek açısından servetinin büyük kısmını bu vakfa bağışlamıştır.[398] Bu vakıf yakın dönemde Afrika'ya 100 bin tavuk bağışlayacağını açıkladı. Tavuk yemlerinin GDO'lu ürünlerle beslendiğini ve yine çiftlik tavuğu olduğunu düşünürsek, bu sözüm ona yardımın gizli bir gündemi olup olmadığını düşünmeden edemiyoruz. Ayrıca vakıf ciddi derecede lekelidir. Ürettiği menenjiti önleme aşılarını, fakir Asya ve Afrika ülkelerinde ücretsiz dağıtan vakfın, bu aşılarla binlerce çocuğu felç ettiği haberini-ki bu kitapta konuya değinildi- anımsamışsınızdır.[399] Bu vakfın ürettiği MenAfrivac adlı aşısı için Dünya Sağlık Örgütü'nün de yanıldığını/yanıltıldığını ya da eğer yanılmamışsa zaten vakfa çalıştığını söyleyebilmek mümkün zira Bill & Melinda Gates Vakfı'nın yanı sıra, Dünya Sağlık Örgütü'nün de MenAfriVac aşıları ve sonuçları hakkında yalan söylediği ortaya çıktı.[400] Aşı meselesi çok boyutlu bir meseledir. Mesela Robert De Niro, oğlunun otizmli olması ile ilgili, çocukluk döneminde uygulanan kızamık, kızamıkçık ve kabakulak hastalıklarının önlenmesinin amaçlandığı aşıyı sorumlu tutmuştu. Robert De Niro, kurucusu olduğu Tribeca Film Festivali kapsamında gösterilmesi planlanan Vaxxed adlı filme gönderme yaparak, **"İnsanların bu filmi görmesi gerekiyor. Otizmli bir çocuğu olan bir baba olarak ben böyle düşünüyorum. Gerçeği bilmek istiyorum"** ifadelerini kullanmıştı.[401] De Niro, ilacın içerisinde yer alan cıva bazlı koruyucu madde olan thiomersal kimyasalının otizme neden olduğunu ifade ederek, " bu konuda gerçeği yazabilecek gazeteciye 100 bin dolar ödül" teklifinde bulunduğunu beyan etmişti. [402] Konu ile ilgili birçok yardım ve desteklerini sunan De Niro, aşı gerçeğini anlatan bir belgesel yapımına tam destek vereceğini ayrıca bu belgeseli Tribeca Festivaline de ekleyerek gösterime sunacağını söylemiş fakat ne olduysa fikri değişmiş ve *"Vaxxed"* isimli filmi festivalden geri çektiğini duyurmuştu. Bir şey daha oldu; filme katkı sunan Wakefield'in doktorluk lisansı 'nitelikli dolandırıcılık' suçlamasıyla elinden alındı.[403] Aklımıza Arpad Pusztai'nin GDO'lu ürünler üzerine yaptığı çalışmasında, sağlık üzerinde elde ettiği riskli sonuçlar neticesinde dile getirdiği **"Genetiği değiştirilmiş patateslerin etkisi çok yavaş gerçekleşiyor. Deneylerimde farelerin bağışıklık sisteminin yavaş yavaş zayıfladığını gözlemledim. Seçmek durumunda kalsam, bu gıdaları kesinlikle tüketmem."** ifadelerinin ardından görevini yaptığı İskoçya'da bulunan Rowett Araştırma Enstitüsü'nün kapısı önüne eşi ile birlikte konulması gelince, 'nitelikli dolandırıcılığı' kimlerin yaptığı üzerine daha derin düşünülmesi gerektiğini ifade etmek istiyoruz.[404] Nitelikli dolandırıcılığın konusu gelmişken söyleyelim, gümüşün varlığının insan sağlığı üzerindeki pozitif etkisi kadim zamanlardan beri tedavi amaçlı kullanılarak onaylanmıştır. Ancak 1906 senesinde bütün büyük ilaç şirketlerini satın alan John D. Rockefeller, koloidal gümüşün ilaç satışlarının önünde engel oluşturacağının farkındaydı. Bu sebeple Jude Abraham Felxner yardımı ile Amerika'daki tüm tıp fakültelerinde gümüş suyu konusunun işlenmeyeceği ve bu talimata uymayan tüm profesörlerin lisanslarının elinden alınacağını açıklamıştı.[405] Peki, bilimsel bir gerekçe? Yapılmış analizler? Hayır, hayır... Ne bilimi? Sermayenin emri yeterli.

İnsanoğlu, doğumdan ölüme kadarki süreç içerisinde sürekli farklı duygularla tanışır. Kimi zaman duygularına anlam veremez, kimi zaman edindiği tecrübe gereği anlam yükler fakat tüm duygu karmaşasına rağmen ruh sağlığını kolay kolay yitirmez (idi). Vücudun bu dengesini koruyan lider organ beyindir. Beyinle bilhassa haz konusunda irtibatı olan dopamin, zhinsel sağlığın korunması açısından önemli bir yere sahiptir. Dopaminin heyecanla da ilgisi vardır. Heyecan sırasında salgılanan bir nörotransmitterdir. Vücudun kas hareketlerini, uyku düzenini, zihin berraklığını, haz ve ödül ilişkisini, cinsel yaşamın kontrolünü, konsantrasyon ve kavramayı düzenler. Bu sebeple dopamin, kişilerin kontrol edilebilmesinde ciddi rol üstlenmektedir. O halde, evvela dopamin eksikliğinde ortaya çıkabilecek durumları ve bu durumlardan şeytani güçlerin nasıl faydalandığını inceleyelim. Dopamin eksikliğinin en belirgin özelliklerinden birinin titreme olduğu bilinmektedir. Eksikliğinde, kas hareketlerini düzenlediğinden dolayı, yürüyüşte zorluğa yol açması mümkündür. Parkinson hastalığı ile yakın ilişkisi olan dopamin eksikliği, kişilerde depresyon oluşumuna da sebebiyet vermektedir.

Mutsuz insanın hayat ile ilişkisi en alt seviyede; nefret

düzeyindedir. Mutsuz insan aktif ve sosyal bir insana göre içine kapanıktır ve ziyadesiyle nefret sahibi, ziyadesiyle sinirlidir. Kozmopolit yaşamın toplumdaki yansıması hayli belirgin olumsuzluklar şeklinde de ortaya çıkmıştır. Haz bombardımanına tutulan yeni nesil, sahip olduğu haz alma çeşitliliklerini ardı arkası kesilmeyen bir hızla tüketmeyi öğrenmiştir. Sürekli artışı kaydedilen dopamin seviyesi, hazzın yaygınlaştırılarak yaşanamıyor olması sebebiyle neslimizde dopamin eksikliği olarak algılanmaktadır. Bu da insanların dalından kopan bir yaprağın nereye savrulduğunu bilmeden uçup gitmesi gibi yeni hazlar peşinde savrulmasına sebep olmaktadır. Ayaküstü yenilen yemekler, derinliksiz, yüzeysel ve kısa süren sohbetler, iletişimin akıllı teknolojik aletler üzerinden kurulması vs. Tüm bunlar, hızın hazzı yüzeyselleştirmesi demektir ve bireyin tatminini zorlaştırmaktadır. Normal düzeyde olan dopamin, kişilerin sürekli yeni haz verici zirveler keşfederek tırmanışa geçmesi ile birlikte yükselişe geçmektedir fakat heyecanın sürekliliği ve hazzın olması gerektiğinden daha kısa bir vakte sığdırılması, kişilerde tatminsizlik oluşturarak kişilik bozukluğu, depresyon ve şizofreni gibi psikolojik rahatsızlıkları doğurmaktadır. Çağımızın bir hastalığı da budur. Bu tür kimselerin çevresi ile yakınlık ilişkileri giderek zayıflayıp yüzeyselleşebilir. Doğru karar alamıyor olmaları onları kalabalıklar içindeki yalnızlığa itebilir. Bunlar, kendilerine her daim hak verebilecek kişiler ile iletişim kurdukları vakit, onlara kolayca teslim olabilirler. Tüm bu tanılar bize ergen zekâsını anımsatmaktadır. Bir insan bir başka kişiye teslim olduğu vakit kendi kararlarından uzaklaşarak, yakınlık kurduğu kişinin kararlarına bağlanma eğiliminde olacaktır. Durum bu vaziyette iken, depresyon hastası kişi her alanda kandırılarak ya da yok yere meşgul edilerek tüm gerçeklerden uzakta kalabilmektedir. Kişi sanal âleme çok fazla vakti ayırabilir. Hatta sanal âlem ile gerçek yaşam arasındaki bağın kontrolünü kaybetme noktasına gelerek şizofreniye yatkınlık kazanabilir. Ayrıca dikkat eksikliği, bozukluğu ve hiperaktivite durumunun ortaya çıkması ile kişide ciddi bir yoğunlaşma, kavrama ve öğrenme bozukluğu oluşabilmektedir. Dopamin eksikliği, kişinin libidosunun düşmesine de sebep olur. Hâl buraya gelince; cinsel isteksizlik-ama bu isteksizliği aşmak için aşırı uçlarla kayma- ortaya çıkar ve bu durum evli çiftlerin evliliklerinde anlaşmazlık ortaya çıkarır. Açıktır ki, bu durum boşanmalara sebep olabilmektedir. Türkiye İstatistik Kurumu'nun verdiği bilgiye göre 2016 yılında 126 bin boşanma gerçekleşmiş. Bu, her beş dakika da bir boşanmanın gerçekleştiğini ortaya koymaktadır. Elbette ki boşanmak meşru ve bazen de gerekli bir çözümdür. Fakat bizler beyin kimyamızdaki dengesizliğin farklı faktörlerin de birleşmesiyle boşanmaya giden problemlere dahi yol açabileceğini ifade etmek istiyoruz. Yoksa amacımız boşanan her çifte dopamin ile ilgili bozukluk tanısı koymak değil.

Ruhsal çöküntüyle çalkalanan bir toplumun inancı ile oynayıp, onları boşluğa çekerek kontrol etmek, şeytanın hükümdarlığı sürecinde ekmeğe sürülen yağ niteliği taşıyacaktır. Dopamin eksikliği kişide zevk, heyecan, arzu, gibi duygularda da körelmeye yol açacaktır. Fakat bu körelme gerçekte dopamin eksikliğinden kaynaklanmaz. Dopamin eksikliği, dopamini ziyadesiyle kullanan bireylerin dopamine karşı adeta bağışıklık kazanmasıyla alakalı dolaylı bir eksikliktir. İşte bu şekildeki 'dolaylı dopamin eksikliği' kişileri, kumardan madde bağımlılığına ve farklı eğilimlere kadar götürebilmektedir. Örneğin sırf macera ve heyecan olsun diye hırsızlık yapmaya! Habere göre Adana'da market ve teknoloji mağazasında hırsızlık yaptıktan sonra yakalanan sevgililer macera ve heyecan olsun diye hırsızlık yaptıklarını söylediler.[406] Ekstrem sporlara olan rağbet, tehlikenin eşiğinde kavuşulan heyecanın kıymete binmesi, hep bu çerçevede algılanabilir.

Böyle şeyler ilk zamanlarda dopamin seviyesini yükseltiyor gibi görünse de, kişide haz ve ödül duygusunu tetikleyeceğinden dolayı, bağımlılığı arttırarak kişiyi psikolojik ve de nörolojik olarak farklı hastalıklarla da buluşturup ölüme sebebiyet verebilecektir. Azalan nüfus ve yitirilen zekâ ile birlikte, ruhsal zekâ (hikmet) da değer kaybına uğramaktadır. Böylece toplumda uzun vadede toplumun menfaatine olmayabilen yeni değerler ve kurallar oluşmaktadır. Oluşan bu yeni kurallar, şeytanın yeryüzündeki gölge gücü haline gelmiş kimselerin belirlediği ve medya büyücülüğünün de yardımı ile etraflıca yaygınlaştırılan değerlere dönüşmektedir.

Sigara, kokain ve amfetaminler dopamin hormonunun sinir hücreleri tarafından tekrar emilmesine engel olur. - Tıpkı yaşanılan hazzın sinir uçlarında emilememesi gibi- Bu yüzden sinir uçları arasında dopamin birikir. Dopamin fazlalığını haz olarak algılayan beyin bu maddelerden yine ister. Bu da kişide bağımlılık meydana getirir. Dopamin fazlalığı ciddi sağlık problemlerine yol açmaktadır. Bu problemlerden en önemlisi beynin var olmayan şeyleri varmış gibi algılamasıdır. Şizofreni hastalarında yapılan araştırmada dopaminin etkisinin fazla olduğu ortaya çıkmıştır. Aslında bu sorunun sürekli artmakta olan dopaminin tatminsizlik sebebi ile normal düzeyine ulaşamıyor olmasından kaynaklandığını haz bombardımanına bakarak söyleyebiliriz. Tekrar etmek gerekirse, dopaminin vücutta fazlaca birikmiş olmasına rağmen tam randımanlı kullanılamaması bir anlamda dopamin eksikliği demektir. Ayrıca dopamin dikkati arttırır. Fakat bireylerin aşırı stresli ve haz bombardımanına maruz kalması bu dikkat seviyesini normalin altında tutarak, tecrübenin niteliğine de zarar vermektedir. Mesela sigara bağımlılarının, sigara içmedikleri dönemde yaşadıkları konsantrasyon problemi bu duruma bağlı olabilir diye düşünüyoruz.[407] Bu arada biz, bu durumları ortaya çıkaranın mutlak anlamda İblis'in yeryüzündeki gölge güçleri olduğunu söylemiyoruz. İnsanın kimyasını da bildiklerini varsayarsak ki bilmekteler, ufak dokunuşlarla oluşabilecek ferdi ya da toplumsal kaostan en iyi şekilde faydalanmaya çalıştıklarını ifade ediyoruz. Amaç, hedefe giden yolların her birini değerlendirmelerinden ve hedeflerine en verimli biçimde ulaşmalarından ibarettir.

Hepimizin malumu, ideal yaşamın kalitesi kişinin stresten korunması ile artar. Birçok hastalık stres ile tetiklenir ve belirgin hale dönüşür. Kişide stres durumunu kontrol eden çok sayıda beyin kimyasalı bulunmaktadır. İştahsızlık, hastalık, bağımlılık gibi kişisel sorunların yanı sıra, trafik, mekânlardaki elektrik enerjisi, iş ortamı gibi çevresel etkenlerin kişileri strese sürüklediği bilinmektedir. Strese bağlı olarak ortaya çıkan hastalıklara bakacak olursak bunlar; anksiyete bozukluğu, şizofreni, depresyon, bipolar bozukluk, kanser, diyabet, kalp, migren, uyku bozukluğu, sindirim sistemi vb. gibi çağımızın yaygın hastalıklarıdır diyebiliriz. Bu bilgilere daha önce değinmiştik. Adı geçen hastalıkların her biri ya zekâ problemlerine ya da erken ölüme davetkâr olma niteliği taşımaktadır. Bahsi geçen konu ile ilgili binlerce akademik makale yazılmıştır.

Stres demişken serotonine de değinmek gerekli. Serotonin kimyasalının %95'inin bağırsaklarda ve %5'inin beyinde olduğu söylenmektedir. Uzmanlar depresyonun daha çok beslenme ile ilişkisi olduğunu bildirmektedir. Üzerine araştırma yaptığımız konunun ilginç yanları ile karşılaştık. Örneğin, bağışıklık direncimizin %70'nin bağırsaklarda bulunması gerçeği, sağlıksız beslenmenin ilk olarak bağırsaklara etki edeceği gerçeği ile buluştuğunda ortaya nörolojik ve psikolojik rahatsızlıkları çıkartabilecektir. Örneğin gıdalar üzerinde gerçekleşen genetik katliam, önemli sayıda gıdayı kendi doğallığından sıyırıp, bambaşka bir yapıya dönüştürmüştür. Buğday, buna verilebilecek en güzel örneklerden birisidir. Genetiği değiştirilmiş buğdayın içinde bulundurduğu gluten adlı proteinde de artış olması, ince bağırsakta kronikleşen ve adına çölyak hastalığı denilen alerji sonucu bağırsak tahribatını arttırmaktadır. Bu duruma göre yediklerimizin besin değerlerinin değişmesi, bağışıklık direncini güçsüz duruma düşürmesi ile sonuçlandığından, bağırsaklarda meydana gelebilecek hasar, depresyon ile birlikte nörolojik rahatsızlıkları da beraberinde getirmektedir. Depresyonun beyin değil, bağırsak hastalığı olduğunu söyleyen Fitoterapist Dr. Ümit Aktaş **"psikiyatristler neden hastalara antidepresan ilaçları verirler de 'ev turşusu ye' demezler"** ifadeleri ile depresyon hastalığının beslenme ile ilgili olduğunu ifade etmiştir.[408] Serotonin denildiğinde aşk, boy gösteren bir duygu olmaktan geri kalmıyor. Aşk, kişide serotonin ve dopamin miktarını değiştirebilen bir duygudur. Günümüzde aşktan geriye kalanın neredeyse efsanelerden ibaret olmasından dolayı kişilerin, aşkı cinsel yaşam dürtüsü olarak benimsemesi fakat akılda sadakat olarak algılıyor olması, aradığını bulamama ve dolayısı ile hazzı yerli yerinde yaşayamıyor olmaya bağlı mutsuzluğu ortaya çıkarmaktadır. Bir kez daha ama bu sefer biraz tersten söyleyecek olursak, serotoninin kişide mutluluk dengesini düzenleyen bir kimyasal olması ve büyük çoğunluğunun bağırsakta olması hasebiyle bağışıklık sistemindeki direnç düşüşü, bununla birlikte hazımsızlık ve uyku düzensizlikleri ve beraberinde stresi doğurabilmektedir. Serotonin tıpkı uyuşturucu gibi, yoksunluğunda bir kriz anı yaşatabilir. Serotonin yoksunluğunda bireylerde iletişim kopukluğu, aşırı duygusal durumlar, adrenalin artışı ve buna bağlı kalp krizi dahi tetiklenebilir. Cinsel Tavsiye Derneği Başkanı ve aynı zamanda kardiyolog olan Dr. Graham Jackson, sarsıcı bir ayrılıktan sonraki dört gün içerisinde insanların kalp krizi geçirebildiğini söyledi, **"İnsanlar üzülmeye başlayınca adrenalin seviyesi yükseliyor ve bu da ani kalp krizine neden olabiliyor. İnsanlar bu süreçte solgunlaşıyor, kalp hızlı artmaya başlıyor. Kalp krizi geçirmeseniz bile kalp ritminiz bozulabiliyor"** demiştir.[409] Yine, Colombia Üniversitesi'nden psikologlara göre yoğun, duygusal acı sinirleri fiziksel acı gibi uyarabilir. Bu nedenle reddedilmek ya da bir aşkın yasını tutmak, gerçekten fiziksel olarak can yakabilir hatta yumruk yemişsiniz gibi olabilirsiniz. Uzmanların yaptığı araştırmada gönüllülerden eski sevgililerinin fotoğraflarına bakması istendi ve o anda MR çekildi. MR sonuçlarına göre duygusal ve fiziksel acı birbirine çok yakındı. Fakat artık daha iyi bilmekteyiz ki yediğimiz besinler serotonin dengesini bozarak üzüntüyü, sıkıntıyı, stresi doğurabilmektedir.

RUHUN KUŞATILMASI: EPİFİZE HÜCUM VE KİMYASAL BİR SALDIRI ÖRNEĞİ OLARAK FLORÜR

Buradaki bilgiler ışığında ergen zekâyı anımsadığımızda, tatminsizliğin bizi niye aşırı etkileyerek daha fazlasını istemeye sevk ettiğini kolayca idrak edebilmekteyiz.

Ergenliğe hapsedilmiş insana bir şey daha olmakta; epifiz bezi körelmektedir. Nedir epifiz bezi? Geçmiş zamandan günümüze ulaşana kadar körelme aşamasına gelmiş, büyüklüğü mercimek tanesine eşdeğer ve beynin iki lobunun ortasında yer almasına karşılık diğer bir oranla iki gözün ortasına denk gelen çizgide bulunması sebebiyle üçüncü göz olarak da adlandırılan ve zihnimizin beden ruh ilişkisini düzenleyen 6.35mm çapında olan bir yapı.

Bazı araştırmacılar epifiz bezini horusun gözü ile özdeşleştirse de, bu göze benzeyen şey epifiz değil, beynin içinde, epifizin de bulunduğu bir bölümdür. Ayrıca çam kozalağına da benzetilen epifiz bezi, Papa'nın asasında kendine yer bulması ile araştırmacıların dikkatlerini çekmektedir.

Epifiz bezi Serotonin, melatonin ve DMT hormonlarının oluşmasında etkin rol üstlenmektedir. *"Yaşam Çiçeğinin Unutulmuş Sırrı"* kitabının yazarı Drunvalo Melchizedek'in iddiasına göre antik zamanlarda epifiz bezi çok yoğun bir şekilde kullanılıyordu ve pinpon topu büyüklüğünde idi. Daha sonra insanlar onu nasıl kullanacağını unuttuğu için kurumuş bezelye boyutuna dönüştü. Epifiz bezi, ruh ile beden arasındaki köprü görevini üstlenen psişik algı merkezi konumundadır. Çocukluk çağında, işlevsel halde olan epifiz bezi, üretiminde etkin rol oynadığı serotonin hormonunun aynı zamanda melatonine dönüşmesini sağlar. Dengeli olarak melatonine dönüşen serotoninde doğal bir azalma görülmektedir. Bu azalma, kişide farkındalık seviyesinde artışa imkân vermektedir. Kontrollü olarak üretilen melatonin de aynı zamanda kişinin ergenlik seviyesini dengede tutmaktadır. Bu sayede çoçukların ergenlik dönemine erken girmeleri önlenmektedir, zira cinsel dürtülerin epifiz bezinde küçülmeye yol açtığı ifade ediliyor. Bu sonuca göre; epifiz bezinin düzgün çalışması engellenerek ortaya çıkması amaçlanan durumlardan bir tanesi de erken ergenliktir. Çocuklarda ergenliğin erken başlaması, epifiz bezinin yetişkinlik döneminde vasatlaşmasına sebep olacaktır. Böylece, maddenin arkasındaki manayı görebilme ve anlamlandırabilmekten yoksun bireylerden oluşan yani daha materyalist, daha bencil, idraki sınırlı bireylerden mürekkep 'Yeni Dünya' yı inşa etmek kolaylaşacaktır. Epifiz bezinin diğer bir düşmanı da florürdür.[410] Florür, yaygın miktarda doğada yer edinmektedir. Hava, bitkiler, toprak, kayalar, tatlı su, deniz suyu ve birçok gıdada doğal olarak değişkenli değerler karşılığında bulunabilmektedir. Toplum, florüre diş macunlarından dolayı aşinadır. Bununla birlikte, bazı bölgelerde şebeke sularına florür karıştırılması da, florüre olan duyarlılığı arttırmaktadır. Florürün insan sağlığına etkilerinin araştırıldığı bir çalışmada, fareler üzerinde altmış gün süren deneyler yapılmıştır. Bu çalışma sonucunda florürün, beyinin neokorteks, hipokampus ve serebellum alanlarında nörodejeneratif ve morfolojik değişikliklere, omurilik ve siyatik sinirlerde yıpranmalara sebep olduğu gösterilmiştir.[411] Ayrıca çocuklarda diş çürümesini önlemek maksadıyla yapılan aşılarda, florür kullanılmaktadır. Diş kavitesini güçlendirdiği öne sürülen florürün, aslında diş dental yapısını korumakta hiç bir tesiri olmadığını vurgulayan bir dizi çalışma da mevcuttur. 1998'de yapılan bir çalışma bunlardan biridir. Bu çalışmada, ABD ve Batı ülkelerinde suya ilave edilen florürün varlığında veya yokluğunda diş kavitesi yani çürüğü üzerinde hiç bir farklılık görülmediğine dair bir sonuç elde edilmiştir.[412] Isparta'da Süleyman Demirel Üniversitesi'nde yapılan araştırmada, içme sularında rastlanan yüksek dozdaki florun üreme sistemini ciddi boyutta tahrip ettiği bilgisine ulaşıldı. Prof. Dr. Tamer Mungan: **"Hamilelikte ilk dört-beş günde hücre, rahime giderek yapışır ve buna zemin hazırlayan bir tabaka, bir doku vardır. Embriyoların yerleştiği bu dokunun tahrip olduğu ve hücre yapışmasının sağlanamadığı görüldü. Yani yüksek florun insan üreme sisteminde de rahim içi dokuları zedeleyerek tahrip ettiği söylenebilir"** demiştir.[413] Florürden korunmak neredeyse mümkün görünmemekte ve maalesef günlük florür miktarını ciddi boyutta aşabilecek türlü türlü durumlarla karşı karşıyayız. O halde, florürde inatla diretmek neden?

"Türkiye İçme Sularında Florürün Bölgesel Dağıtımı" adlı çalışmada, florürün yüksek değerde oluşu ile ilgili bilgiler verilmiştir. Dünya Sağlık Örgütü'nün (WHO) güvenli bulduğu 0.5-1.7 mg/lt değerlerinin üzerinde seyreden şebeke sularının olduğu bölgelerde üretilen gıda ürünlerini, o bölgenin suyu kullanıldığında, florür gıdalara da karışacağından dolayı korumak zordur.[414] Florürün üreme sistemi dışında oluşturduğu daha başka problemler de var. Vücuda girmesi önlenemeyen florürün, zamanla vücuttan atılamayan bölümü birikerek çoğalır. Florür, kemiklerde ve beyinde birikmektedir. Sağlıklı bir kişi, her gün aldığı florürün %50 ya da %60 kadarını idrar yoluyla vücudundan atıyorken, bebek ve çocuklar aldıkları florürün sadece %20'sini vücuttan atabiliyor. Kemiklerde ve beyinde biriken florür miktarı hayat boyu artış göstermeye devam ediyor.[415] 2012 yılında yapılan ve *"Journal of Nuclear Medicine Communications"*[416] dergisinde yayınlanan çalışmaya göre, florür alımının artışı ile damar içi kalsifikasyon arasında belirgin bir bağlantı bulunmuş ve florür alımının koroner kalsifikasyonlara sebep olabileceği gösterilmiştir. Yapılan çok sayıda çalışma florürün sadece beyin, tiroit bezi, hipofiz bezi ve kemiklerde birikmekle kalmadığı, aynı zamanda zekâ seviyesinde azalma, demans, hiperaktivite, kas hastalıkları, yaşlanma hızında artış, melatonin salgısında azalma, erken puberte, kemik tümörü, tiroit hastalıkları, sperm yapısına zarar vererek infertilite, beyin hasarı gibi yirmiden fazla sağlık sorununa yol açtığı anlaşılmıştır.[417] Harvard Halk Sağlığı Yüksek Okulu (HSPH) [418] ve Shenyang'daki Çin Tıp Üniversitesi'nden araştırmacılar yirmi yedi çalışmayı bir araya getirdi ve florürün çocuklarda bilişsel gelişimi olumsuz etkileyebileceğine dair güçlü göstergeler buldu. Çalışmanın yazarları, bulgulara dayanarak bu riskin göz ardı edilmemesi gerektiğini ve gelişmekte olan beyin için, florürün etkisi üzerinde daha fazla araştırmanın yapılması gerektiğini söylüyor.[419] Çin Ulusal Bilginin Altyapısı'nın veri tabanı da, bu hususta Çin dergilerinde yayınlanan çalışmaları bulmak için araştırmaya dâhil edildi. Daha sonra okul çağındaki sekiz binden fazla çocukla florürün IQ seviyesi ile olası ilişkileri analiz edildi. Çalışma neticesinde, sudaki yüksek florid içeriğinin bilişsel gelişimi olumsuz etkileyebileceği sonucu ortaya çıktı.[420] Ayrıca diş çürümesine karşı florür önlemini konu alan Amerikan Enfeksiyon ve Hastalık Kontrol Komitesi (CDC)[421] oral yolla alınan florürün diş çürümesini engellemediğini kabul etmiştir. The Lancet Neurology 2014 Mart sayısında florürü; kurşun, cıva, arsenik, toluen gibi maddelerle beraber nörotoksin olarak adlandırmıştır.[422] Florürün IQ değerini etkilediğini de ifade eden Harvard Halk Sağlığı Yüksek Okulu'ndan (HSPH) çevre sağlığı profesörü Philippe Grandjean, **"Florür, kurşun, cıva ve kimyasal beyin sapmasına neden olan diğer zehirlerle uyumlu görünüyor"** demektedir. Grandjean, **"Her toksikletin etkisi küçük gibi görünebilir, ancak nüfus ölçeğindeki toplam hasar ciddi olabilir, çünkü özellikle gelecek kuşağın beyin gücü hepimiz için hayati önem taşır"** diyerek, gelecek kuşakla ilgili riski açıkça ifade etmiştir.[423]

K. Pratap Reddy, Haydarabad Üniversitesi Tıp ve Müttefik Bilimler Enstitüsü'ndeki bir çalışmasında, yüksek düzeyde florürün içme suyuna (1-12 ppm) katılmasının, iskeletin fiziksel deformasyonlarına neden olduğunu ve doğrudan merkezi sinir sistemini etkilediğini ispatlamıştır. Başka bir çalışmada ise Florürün Tiroid kanseri ile bağlantısına dikkate çekilmiştir. Florürün zararlı olduğunun somut kanıtları örtbas edilmeye çalışılsa da sonunda Amerikan Gıda ve İlaç Dairesi (FDA)[424] Amerika'nın bütün eyaletlerinde suya eklenen florür miktarını azalttığını açıklamıştır.[425]

1955 yılında, *"New England Journal"*daki bir rapora göre tiroid kanseri, San Francisco'nun içme suyu florürüne sahip olduğu dönemde % 400 artış göstermiştir.[426] Nazi Almanya'sından bu yana bilinen, Nazi kamplarında ve Rus hapishanelerinde insanların beyin çalışma gücünü yavaşlatma maksatlı kullanılan florürün, yapılan bu araştırmalara rağmen hâlâ sevimli bebek gibi gösterilme ısrarı neden? Bunun genel cevabı akli melekeler, dirençsiz vücutlar oluşturup hükmetme gücü ile ilgili. Daha özeldeki cevap, epifiz bezinin öneminde gizlidir kanaatindeyiz. Çok açıktır ki florür, epifiz bezinin işlevini azımsanamayacak şekilde bozmaktadır. Böylelikle epifiz bezi, kontrol edebildiği hormonları yeterli miktarda salgılayamamaktadır. Peki, epifiz bezi hangi kimyasalların oluşumunda ciddi rol sahibidir? Çok sayıda bilimsel araştırmalara rağmen hâlâ gizemlerini korumaya devam eden serotonin, melatonin ve dimetiltriptaminin (DMT). Tekrar vurgulamak gerekirse, adı geçen kimyasalların vücuttaki varlığından sorumlu olan epifiz bezi, florür sonucu işleyişini tam randımanlı şekilde yerine getiremeyerek, insanların yaşamlarının kontrol edilmesine yol açmaktadır.

Serotoninin işlevleri, iştah kontrolü, uyku, hafıza ve öğrenme, ısı regülâsyonu, davranış, kalp-damar işlevleri, hormonal düzenleme ve duygulanım olarak özetlenebilir. Eğer ki serotonin seviyesi olması gerektiği düzeyin altında ise bu durum depresyona iştah bozukluğuna, anoreksiya, obezite, bulimia nevroza gibi bazı yeme bozukluklarına ve uykusuzluk gibi olumsuz durumlara sebebiyet verir. Daha önce de değindiğimiz üzere, bireyin depresif ruh haline girmesi, huzursuz ve sinirli olması da serotonin eksikliğinden kaynaklanmaktadır.[427] Serotonin fazlalığında tedirginlik ve gerginlik artmaya başlar ve bilinç bulanıklaşır. Ruh hali dışında birçok işlevi olduğu bilinen serotoninin fazlalığı durumunda kas krampları, damar büzülmeleri, ishal, göz seğirmeleri ve kalp ritminde bozukluk görülerek ciddi üzücü sonuçlarla karşılaşılabilmektedir.[428]

Yerküremizdeki suç oranı her geçen gün artmakta. Yetişkin ya da çocuk ayırt etmeyen bazı duygu-durumlarının oluşumu, bireyleri suça hazırlamaktadır. "Serotoninin bununla ne ilgisi var?" demeyin. En büyük suç teşviği yoksulluk ile ortaya çıkmakta ve bu durumu açlık takip etmektedir. Stresin hâkim olduğu yaşamda, ekonomik veya coğrafi sebeplerden dolayı ortaya çıkan beslenme yetersizliği, beslenme dengesizliği ve akabinde meydana gelen büyüme ve gelişim problemleri ile birlikte duygu durum bozuklukları görülmektedir. Epifiz bezinin yeterli derecede aktif olamaması durumunda serotoninin melatonine dönüşmesinde de problem meydana gelince, huzursuzluk, saldırganlık, yapay mutluluk maddelerine olan bağımlılık (uyuşturucu), genel anlamda depresyon ve psikolojik rahatsızlıklar baş göstermekte, böylece bireylerde suça eğilim oluşabilmektedir.[429] Görüldüğü üzere, epifiz bezinin düzgün çalışmasına engel olan faktörler yaşam standardı ile ilgilidir. [430] İstanbul gibi gelişmiş illerde yaşamanın ciddi bedelleri vardır. Çalışma süresinin on iki saati bulduğu bu kalabalık şehirde, bitmek bilmeyen gürültü kirliliği ile birlikte, gündüz çalışan bireyin işten çıkıp trafikle boğuşarak eve varması gece dokuzu bulabilmektedir. Yemeği duşu derken saat gece on bire yaklaşır ve biran olsun stresten uzaklaşmak adına kişinin, evde TV, PC, PS ve telefon gibi cihazlarla oyalanması saati gece yarısına sürükler. Yorgun ve stresli vücut, uykuya dalarak deşarj olması gereken vakti kaçırmıştır. Böylesi bir durumda yorulan epifiz bezi, hormonları düzenlemekten geri kalarak, kişinin vücut dengesinde istenmeyen pürüzlerin oluşmasına sebep olacaktır. Bu da kişinin aile hayatında, iş hayatında ve sosyal hayatında olumsuz etkiler meydana getirerek gerginlik, huzursuzluk, verimsizlik, sorumsuzluk doğuracaktır. Küçükmüş gibi görünen pürüzler büyük problemlere yol açabilmekte. Biriken sıkıntılar, bireyin yaşam umudunu körelterek onu, kolay hamle fikriyle hırsızlık, cinayet, cinsel taciz, tecavüz, uyuşturucu gibi eylemlere sevk edebilmekte. Kişiler bu kötü sonuçlara bir anda ulaşmamaktadırlar. İnsan biyolojisinde ihmal edilen bütün faktörlerle çevresel faktörler bir arada düşünüldüğü zaman, bireyi şer odaklarına doğru iten muazzam bir güç ile karşı karşıya olduğumuz daha iyi anlaşılacaktır.

Epifiz bezinin çalışamaması durumunda, serotonin melatonine dönüşemeyecektir. Bireyin biyolojik saatini belirleyen melatonin aynı zamanda vücudun birçok biyolojik ve fizyolojik süreçlerinde de yer almaktadır. Melatonin gece saatlerinde epifiz bezi tarafından serotoninin dönüştürülmesi ile salgılanır.[431] Farkında olmasak da, karanlık ortamda olmamız gereken zamanı suni ışığın aydınlattığı ortamlara girerek, bahsettiğimiz sağlıklı döngünün işlemesine engel olmak, - bozucu başka etkenlerle de birleşerek-manevi geleceğimize silah doğrultup tetiği çekmeye benzemektedir.[432]

Melatonin salınımı özel bir ritime sahiptir. Gece dokuzon saatlerinde artmaya başlar, gece iki-dört arasında en üst seviyeye ulaşır ve kandaki konsantrasyonu üç ila on kat arasında artar. Sabah beş ve yedi arasında azalmaya başlar ve yediden sonra bazal seviyelere düşer.[433]

Epifiz bezi, melatonin hormonunun %80'i gibi ciddi bir bölümünü sentezlemektedir.[434] Epifiz bezinin, yaşamımızda önem arz eden bir başka kimyasal olan DMT'nin oluşmasında etkin rolü olduğu bilinmekte. DMT, kişinin doğum ve ölüm anı dışında, sadece uyku sırasında üretilmektedir. DMT hormonunun salgılandığı anlar genellikle rüya vaktine denk gelir. Ruhun vücuda girip çıkmasını sağladığı söylenen bu moleküle ruh molekülü de denilmektedir. Fizik ötesi olarak tabir edilen, metafizik derinliklere ulaşabilmenin sırlarından birini de taşıyan DMT, kişiyi bulunduğu zaman diliminden ruhen arındırır ve onu maddenin özüne ulaşmaya sevk eder. Canlı olan her varlıkta DMT molekülü bulunmaktadır. Hayvanlarda da salgılanan bu hormon, insanlardakine göre biraz daha fazla üretilmekte buna mukabil melatonin daha az üretilmektedir. DMT'nin daha fazla üretiliyor olması, hayvanların, insanlara göre daha hisli ve sezgi gücü yüksek olduğu gerçeğini ortaya koyabilmektedir. Örneğin; depremi önceden hisseden hayvanların, bundan nasıl haberdar olduklarına dair bilim hâlâ derin araştırma içerisindedir.

İngiltere'nin Open University (Açık Öğretim Fakültesi) biyoloji bölümünde okuyan Rachel Grant, İtalya'nın L'Aquila kentindeki kurbağaları, yazdığı doktora tezi için inceleme altına almıştı. BBC Türkçe'nin konu edindiği haberde Grant, "Depremden önce üç gün içerisinde göldeki doksan altı kurbağadan geriye bir tanesinin bile kalmadığını gördüm, gerçekten çok şaşırtıcıydı." diyor.[435] Bunun üzerine Amerikan Havacılık ve Uzay Dairesi NASA, Rachel Grant ile temasa geçerek araştırmaya dâhil olmuştur. NASA'da çalışan jeofizikçi Friedmann Freund, tektonik tabakaların yol açtığı türden muazzam bir basınç altında kalan kayaların, deprem öncesinde çevrelerine elektrik yüklü parçacıklar saldığını kanıtladıklarını söylüyor. Sorumuz şu: Hayvanlardaki DMT, bu parçacıkların daha güçlü halde algılanmasına yardımcı olabilir mi? Başka bir örnek kedi ve köpeklerin ruh hallerini kısmen algılamaları ile ilgili. ABD'nin Michigan eyaletindeki Oakland Üniversitesi'nden Moriah Galvan ile Jennifer Vonk on iki kedi ve sahipleri üzerinde bir araştırma yaptı. Sahipleri gülümseyip sonrasında kaş çattığında kedilerin her bir yüz ifadesine farklı davrandığı görüldü. Araştırmanın sonuçları "*Animal Cognition*" adlı dergide yayınlandı.[436] Milliyet Gazetesi'nin konu edindiği bir yazı dizisinin başlığı ise şu şekilde "*Kediler; tansiyona, dengesizliğe, ruhsal bunalıma, sıkıntılara, birebir. Negatif enerji çekerler.*"[437] Ayrıca hayvanların his kuvvetinin insanlara oranla fazla olması, parapsikolojik hadiseler çerçevesinde filmlere, dizilere konu olmalarına yol açmıştır. Bitkiler epifiz bezine sahip olmamalarına rağmen, DMT kimyasalına yaradılıştan sahiptirler. Aslında bu molekülün tüm canlılarda var olması, tüm canlılar arasında ortak bir nokta, ortak bir iletişim alanı, ortak bir dil olduğuna işaret etmekte. Bu ortak nokta ruhla ilişkili. Söz konusu olan şey ruhların iletişimidir.

DMT ile birlikte, tecrübe edilmesi çok zor hatta imkânsız anların, tefekkür edilerek tecrübe edilmesi imkânı ortaya çıkar. Melatonin ile DMT'nin gece ve uyku esnasında salgılanıyor olması önemli bir ayrıntıya işarettir. DMT'yi uykuda yaşayan birey, bu kimyasalı rüya görerek kullanmaktadır. Melatonin gündüz salgılandığında uyuklamamıza neden olurken, gece salgılandığında ise uykudan uyanmamıza engel olmaktadır. Eğer ki yaşam kalitemiz sağlıklı ilkelere dayanan temeller ile güçlendirilmiş olsaydı, melatonin salgılanmasının ilk anlarında uyku eylemi gerçekleşiyor olurdu. Dört ya da beş saatlik sağlıklı bir uykunun ardından uyanarak, epifiz bezinin zirvede olduğu ve DMT molekülünün yüksek seviyede salgılandığı vaktin son kısmını uyanık olarak karşılayabilir, önemli hususlarda tefekkür ederek, idrakimizi kuvvetlendirebilirdik. Bahsedilen kalitede yaşayan kimse, DMT molekülünü tamamen rüyaya harcamamış, hatta bütünüyle tefekkür ederek adeta kireçlenmeye terk edilmiş epifiz bezinin dirilişine zemin hazırlamış olur. Epifiz bezinin neredeyse yok denilecek seviyeye gerilemesi ile karşılaştığımız gerçek, yitirilen ilahi bilinç düzeyinden ibarettir. Madde ile bütünleşen ruhun, gün geçtikçe hissizleşmesine seyirci kalan insanoğlundan geriye kalan, et ve kemikte vücutlaşan robotlardır. Ruhunu dinleyemeyen, kâinatı da ruhuna dinletemez.

DMT molekülünün yüksek düzeyine ulaşmak isteyenler, yapay DMT olarak adlandırılan ve gölge güçlerinin küresel psikoloji silahlarından biri olan LSD kimyasalına bulaşmaktadırlar. Oysa LSD ile bilişsel özellikleri giderek yitiren ruh, ilahi bilişsel değerden uzaklaşıp halüsinasyon döngüsüne kapılarak, normal düzeyde simülasyon içinde olduğu yaşamdan da koparak hayal dünyasında, aklının oyununa yenik düşerek hayatını mahvetmektedir. DMT tefekkür halinde, simülasyon yaşamdan arınarak hakikat ile bütünleşen evrensel bir yaşamda, maddenin özü ile buluşarak bireyin ilahi açlığına gıda takviyesidir. Soruşturmadan, duyduğunu uygulamayı ilke edinmiş olanlar, DMT ile arınmışlığı yaşayacağım sevdasıyla LSD belasına bulaşarak beyinlerinin kendilerine oynadığı oyuna teslim oldular/olmaktalar. Bilinçaltı mantığa değil duyguya dayalı olduğundan, bu kişiler anılarını ya da pişmanlıklarını anımsatan olayların ardı arkası kesilmeyen sanrılarını seyre dalarak duygusal bir çöküntüye maruz kalacaklardır.

Eğer epifiz bezi, melatonin, serotonin ve DMT insan yaşamı ve ruh için ciddi önem arz ediyorsa, 'Yeni Dünya Düzeni' palavrası adı altında şeytani medeniyete hizmet eden gölge güçleri, bu yaşam okyanusunun hangi girdabını oluşturmakla meşguldür? Florür, elektromanyetik dalgalar, düzensiz yaşam, uyuşturucular ve suistimal edilen cinsel dürtüler insanda epifiz bezi küçülmesine sebebiyet vermekteydi. Tüm bunlar, manevi alanı görebilen üçüncü gözün zamanla işlevini yitirmesine yol açmaktadır. Elektromanyetik dalgalar ile bireylerin iç içe yaşadığı bir hayat, bütün gerçekliği ile ortadadır. Gecesi ile gündüzü birbirine karışan toplumun, en ufak bir zamansal boşluğu teknolojik aletlerle vakit geçirerek adeta sömürdüğünü görmekteyiz. Çoğunluğa biçilmiş ve farkındalıksızlıktan ötürü, farkındalıksızlığı körükleyen planlı çalışmalardan ötürü mecburiyete dönüşmüş 'mecburi yaşam standardı'nın sonucudur olup bitenler. Mantıklı/değerlendirici bilgiden mahrumiyet, bireylerin kontrol edilebilirlik seviyesini yükseltmektedir.

Ruhsuz insanlardan oluşan topluluk gün geçtikçe, yaşamın temellerine bağlanan canlı bomba tesirini üstlenmektedir. İnsan, kendisi ile özdeşleştiremediği sorumlulukların üstesinden gelemeyerek stresli yaşamın döngüsüne dâhil olmakta ve onunla başa çıkamamaktadır. Ruhsal bunalım olarak cereyan eden bu durum karşısında birey, yapay huzur denilen uyuşturucu kullanımına yönelmektedir. Kullanılan uyuşturucudan kısa süreli ve yapay bir biçimde duygu tadı alarak yaşamını bir müddet bu şekilde sürdürmekte olan birey, kendi kurguladığı yaşam senaryosunun halüsinasyonuna maruz kalmaktadır. DMT'ye ihtiyaç duyan ruhun, gelişim sürecinde LSD ve türevlerini içeren sentetik uyuşturuculara maruz kalmasıyla birlikte kişilik kalibresi olması gereken standardın dışında seyretmektedir. Türkiye'de 2014 yılından itibaren tedariki ve elde etme maliyeti basit olduğundan bonzai adlı kimyasal revaçtaydı. 2016 Yılından itibaren ise **"flakka"** adı verilen ve alpha-Pvp kimyasalını içeren ayrıca 'banyo tuzu' olarak da adlandırılan üstelik bonzaiden daha ucuza ve daha kolay elde edilebilen uyuşturucu Türkiye'de de sesini duyurmaya başladı. Bu uyuşturucu, kimi haberde Çin, kiminde ise Rusya menşeli olarak gösterilmektedir. İçerisinde alpha-Pvp bulunan bu uyuşturucu madde, dopamin artışına sebep olur. [438] Kan akışı hızlanan kişi, aşırı terleme ve bunalım hissine kapılır. Aynı zamanda uyuşturucuda bulunan aşırı protein, direnci gözlemlenebilir derecede arttırır. Kişi saldırganlaşır. Psikiyatri uzmanı Prof. Dr. Mansur Beyazyürek, alpha-Pvp kimyasal uyuşturucu maddesinin kullanıcıda aşırı derecede hareketlilik, yerinde duramama, çıldırmış gibi koşma, akıl hastalığı derecesinde bir etki gösterdiğini belirtti. Maddenin vücut ısısını yüksek oranda artırdığını ve beyinde dopamin merkezine etki ederek beyni aşırı uyarıp, algı bozukluklarına yol açtığını aktaran Prof. Dr. Beyazyürek, **"Kişide halüsinasyon ve hezeyanlara sebep olabiliyor, yer, zaman, mekân kavramı yitiriliyor"** ifadelerini kullandı.[439] Kullanıcıda normal his duyusu yiter, kullanıcının acıya dayanıklılığı müthiş derecede artar. Kişi, sahip olduğu enerji ile performansını sergilemeye başlar. Bakırköy Ruh Sağlığı ve Sinir Hastalıkları Hastanesi Çocuk Ergen Madde Bağımlılığı Tedavi Merkezi'nden Uzman Doktor Arzu Çiftçi Demirci, söz konusu madde bağımlılığı vakasıyla henüz karşılaşmadıklarını belirterek, **"Sentetik uyuşturucu ölüm demek ve bu maddeleri kullanan kişilerde, kendilerine ve diğer insanlara karşı zarar verme eğilimi oluşuyor. Söz konusu sentetik uyarıcılar, kullanan kişilerde çok ağır bir tablo yaratıyor. Korkunç etken maddeleri kullanılmakta"** demiştir.[440] Brezilya'da hapı kullananlardan bazılarının zombi gibi davrandıkları ve yamyamlaşma temayülünde oldukları belirlendi.[441] Kullanıcıların yürüyüşleri ve davranışları tıpkı bir zombiyi akıllara getirmektedir.[442] Milliyet Gazetesi'nde yer alan bir haberde **"Üsküdar Üniversitesi Öğretim Üyesi NPİSTANBUL Beyin Hastanesi Psikiyatri uzmanı Doç. Dr. Gül Eryılmaz'a göre,**

son günlerde ortaya çıkan 'zombi' görünümlü kişilerin bir kısmı alpha-Pvp içeren kimyasal uyarıcıyı kullanıyor" denilmiştir.[443] Flakka'yı tüketen kişi, tıpkı plastik çiçeğin su dolu bir vazoya yerleştirilmesi gibi, içinde kurgu olan yalancı bir kimyasalla ruhunu birleştirmektedir. Sonuç ortada.

Ergenleştirilen yaşam, -şer projenin sürdürüleceği aşamaya kadar-bireyleri beta frekansında tutmaya ayarlanmıştır. İnsanların beta frekansında stres odaklı yaşadıkları göz önünde bulundurulacak olunursa, frekansı düşürmek için daha fazla hazza ihtiyaç duyacakları gerçeği ortaya çıkmış olacaktır. Bu denklemde fazla dopamin elde etmiş olacağız fakat içinde bulunulan ergenleştirilen çağ gereği haz uzun vadelere yayılarak yaşanmak yerine hızlı tüketilip harcanacağından beta her daim yüksek olacaktır. Yani dopamin, nitelikli harcanamayacaktır. Beta frekansı öfkenin dozunun yükseldiği, kişinin sağlıklı kararlar alma noktasında sıkıntı içerisinde kaldığı bir frekans olduğundan karar alma süreçlerini olumsuz etkiler. Bu frekansın hükmü altında kolayca kandırılmak, telkinlerle aldatılmak mümkündür. Zira kişiler betanın stres yükünden kurtulmak için mantıklarını işletmeyerek, hızlı kararlar alıp olmayacak çareler ararlar. Bu çarelerden biri, kişinin kendisini sakinleştirici telkinlere kolayca kaptırması ve hatta aldanmayı isteyerek kabul etmesi, yani hipnotizmaya kapılmasıdır. Bilinmektedir ki hipnoz altında beyin dalgaları daha düşük frekansa geçiş yapar. Fakat hipnoz, insanı rahatlatır gibi görünürken bilinçaltına yönelen tehlikelere açık hale getirir ve bu manada kötü kullanılmaya hayli açıktır. Bulunduğu betaBeta frekansı günlük hayatta problemleri çözmek maksadıyla kullandığımız bir frekanstır. Bu frekans aralığına fazlaca maruz kalmak, streste artışa yol açabilir. Beta frekansını sık kullanan kişiler doğru seçenekli çözüm yolunu değil de, hızlı çözümü o an ki psikolojik durumlarına göre tercih edebilmekte, yani bir şeyi enine boyuna ölçmeden ani olarak karar verebilmektedirler. Buna, ihtimalleri doğru düzgün hesaplamadan ortaya çıkan kaç ya da savaş mantığı da denilebilir. Zira bu seviyede mantığı arka plana iten adrenalin devreye girer. frekansından aşağı doğru seyahat halinde olan bir birey, bu seyahati telkine maruz kalarak gerçekleştirdiğinden dolayı, kendisinden istenileni kusursuz biçimde eyleme dönüştürecektir.

TRANSHÜMANİZM: ZAHİRDE İNSANLAŞAN MAKİNE VE BATINDA MAKİNELEŞEN İNSAN

Medya büyücülüğünden bahsederken, medyanın kafa ütüleyici ve yanıltıcı yönüne değinmiştik. Medya demişken, sinemayı onun bir parçası olarak gördüğümüzü de ifade edelim. Esasında sinema, kimileyin hem haber kaynağının yerine geçebilmekte hem de- hele de Hollywood söz konusu olduğunda -kurguyu meşrulaştırarak, gerçeğe evirebileceği zemini hazırlamaktadır. Yapay zekânın devleştiği bol süper kahramanlı filmler, geleceğin zeminini zihinlerde hazırlamaktalar. Süpermen, Örümcek Adam, Batman, Hulk gibi daha sayamadığımız birçok süper kahraman, sadece çocuklar ve ergenler tarafından değil, yetişkinler tarafından da ilgi ile takip edilmektedirler. Üstelik çizgi romanların beyaz perdeye yansıtılan halleri, giderek yaş aralığını daha geniş yelpazede tutmayı hedeflemiştir. Filmlerde ele alınan gelecek senaryolarının, teknolojinin durdurulamaz bir hal aldığını neredeyse düzenli olarak telkin ettiklerini biliyoruz.

Buna göre, teknolojinin hızla ilerlemesi, insanoğlunun farkındalığının da önüne geçmiş, teknoloji ona yön veren bir trende dönüşmüştür. Oluşan bu trend, kişiyi transhümanizm akımına doğru sürüklemektedir. Nedir transhümanizm? İnsanların mevcut biyolojik standartları-

Konu ile ilgili video için lütfen QR barkodu okutunuz

nın ötesine radikal bir biçimde geçmesini hedefleyen, insandaki tüm fiziksel ve bilişsel değerlerin olağanın dışında geliştirilmesiyle, insanların kendi yaşamını zorlaştıran her türlü problemden arınmasıyla; yaşlılık ve hastalık sorunlarının ortadan kaldırılmasıyla ilgilenen, bu doğrultuda teknoloji ve bilimden faydalanılmasını ilke edinen uluslararası bir akım; kültürel bir eylemdir.

İnsanların haz bombardımanına tutulması, sahip oldukları biyolojik standardın dışarısına çıkıp özel güçler edinme isteklerini arttırmaktadır. Genetik yapısı değişmiş/değiştirilmiş kahramanların hikâyelerinin beyaz perdede kendine yer bulması ile insanlar, yaşamları boyunca belli evrelerde karşılaşmış oldukları güçlükleri akıllarına getirerek, başkalaştırılmış insan modeline zihinsel olarak alıştırılmaktadırlar. Bu alıştırma, henüz çocuklukta genetik modifikasyonu meşrulaştıran **"keşke benim de..."** diyerek başlayan ve **"yapardım"** ile son bulan cümleler kurulmasına sebep olmaktadır. Süper kahramanlar, insanı gelecekte –şeytani zekâ tarafından-trende dönüştürülmesi düşünülen modifiye edilmiş insan akımına hazırlamaktadır. Hazırlanan zihinsel alt yapı ile transhümanizm akımı **"aranan kan bulundu"** deyimi ile pek de güzel uyuşan bir avantaja şimdiden sahiptir. Açıktır ki, zihin karargâhının tatlı şekere büründürülmüş kara propagandayla ele geçirilmesi neticesinde insanlar sahip oldukları vasıfları küçümseyerek, insan olma duygusundan uzaklaşma ve başkalaşma seyrinde hız kazanmaktadırlar. Transhümanist düşünürler, kafalarındaki üstün ırka ulaşmak için insanı geliştirme adıyla kurulan bilim projelerini ve gelişen teknolojinin **"karabilim"**e dönüşerek ortaya sunduğu şeytani potansiyelin güya avantajlı sonuçlarını adeta gülücük dağıtır gibi ortaya atıyorlar.

Mesela diyorlar ki, gelecekte organ nakli sıkıntısı yaşanmayacak. Bilindiği üzere hızla gelişen teknoloji, yapay organ üretilmesi konusunda da etkin rol oynamaktadır.

Doğuştan ya da hastalık veya kaza sonucu yitirilen bir organın yerine üretilen yapay organ çalışmaları hız kazandı. Gelişen teknolojiyle mesela kulağını yitirmiş bir insanın kendi kolunda yapay kulak geliştirebilmesi mümkün kılınıyor.[444] Doktorlar da bu kulağı kafatasına nakledebiliyor. Bu gelişmeleri yadsıyor değiliz. Bunlar güzel haberler. Kulak konusunda daha da ileri gidenler var: BBC'de yayınlanan bir haberde **"elmadan kulak"** yapıldığı bilgisi paylaşıldı. BBC'nin konu edindiği haber şu şekildeydi; **"Kanada'da Ottawa Üniversitesi'nde yapay organ üretimi üzerine çalışan bilim insanları, elmadan kulak geliştirmeyi başardı."**[445] Takma kol ya da bacak olarak yaşantımıza dâhil olan ve giderek gelişen protezler, bu uzuvların eksikliğini yaşayanlar adına umuttur.[446] Şimdilerde düşünce ile kontrol edilebilen uzuvlardan bahsediyor olmamız, teknolojide gelinen noktayı açığa sermekte. Avrupalı bilimciler sinirlerimizin kontrolündeki ilk biyonik kolun prototipini ürettiler. Kollarını bacaklarını yitiren kimseler, bu biyonik protezi hissederek kullanabilecekler. Doğrudan sinir sistemine bağlanan biyonik protezi takanlar, düşünerek, akıllarından geçirerek protezlerini hareket ettirebilecek ve duyuları da bunu algılayabilecek. Bu protezlerin en büyük özellikleri, duyu geri bildirime sahip olmaları.[447] Afganistan'da kolunu kaybeden İngiliz Andrew Garthwaite, İngiltere'de düşünceyle kontrol edilen biyonik kol nakledilen ilk insan oldu.[448]

Bunlar iyi haberler. Gelelim kötü habere. Şu soruyla başlamak istiyoruz: Bu tür gelişmeleri sağlıklı insanlar üzerinde tatbik etmemizi sınırlandıracak bir bilince, yasalara, ahlaka sahip miyiz? Ayrıca, şimdilerde, bu gelişmişliğin insanlara, sahip oldukları özür engelini aşmalarına imkân verdiği konuşulsa da, gelecekte normal insanlar ile bu teknolojiden faydalanan insanlar arasında büyük bir fark ortaya çıkacak ve bu farkın en görünür kısmı, doğallıktan arınma isteğine yol açması olacaktır. Nedir doğallıktan arınma isteği? Az önce de bahsettiğimiz gibi, süper kahramanların beynimizi meşgul ettiği şu dönemlerde, biyonik uzuva sahip olan birinin normal bir insana oranla ortaya kat be kat güç koyabilmesi, normal insanlarda klasik bir eziklik duygusunu oluşturarak, onun **"acaba ben de mi?"** düşüncesinin güdümünde hareket etmesini sağlayabilecektir. Yapay uzuvların insanın güç ile zehirlenmiş beyninde arsız bir isteğe dönüşebilecek olması, transhümanizm akımını insanoğluna kabul ettirmede önemli bir propaganda malzemesi olacaktır. Biyonik uzuvların tıpkı kullandığımız akıllı cihazlar gibi güncellenebilir özellikte olması, kabiliyetlerinin kolayca arttırılabileceği anlamına da geliyor. Gelişen bu süreç, insanoğlunda kayıp hissi oluşturarak, sahip olma duygusunu tetikleyecektir. Bazılarınızın **"Kim doğal kolundan vazgeçebilir ki!(?) bu nasıl bi saçmalık**!" dediğini duyar gibiyiz. Bugün, bunu düşünebiliyor olmanız gerçekten de normal. Peki yarın? Yorgunluk hissetmeyen, efor sarf ederken bedeni yormayan, acı hissine sahip olmayan ve uzvu olduğu bedenin on katı ağırlığını kaldırarak taşıyan bir kol, ya da onuncu kattan aşağıya ayaklarının üzerine düştüğünde hiçbir şey olmamış gibi adım atmaya devam eden bir bacak söz konusu olduğunda, işler değişebilir. Hâlâ **"ben, kesinlikle değişmem"** diyenleriniz olduğunu hissedebiliyor olmamız, bize bu kitabı yazdıran sağduyunun ta kendisidir. Bundan yüz yıl önceye gittiğimizi varsayalım. Biri çıkıp da, şimdiki GDO'lu besinlerin-üstelik verdikleri zararı ve tadı olduğu gibi- anlatarak, yenilmesini önermiş olsaydı alacağı cevap –çoğunlukla-tıpkı bugün yukarıdaki konuya verilen cevaptaki gibi **"kesinlikle hayır!"** olurdu. Oysa bizler bugün, GDO'lu ürünleri bilerek ve isteyerek tüketiyoruz çünkü buna mecbur bırakıldık. Bugün bile, az ya da çok bazı insanların üstelik özellikleri kısıtlı olmasına rağmen biyonik uzva sahip olmayı isteyebileceği bir zamanda yaşıyorken, tanrıcılık oynayan şeytani güçlerin sunduğu tılsımlı sahteciliğe kim hayır diyebilir ki? O zamanın şartları onu kabul etmeyi gerektirecek şekilde tasarlanmış olacaksa, bunu reddetmek ne mümkün?[449] Şu anda bile, tekstil sektörü süper kahramanların kıyafetini tasarlayıp piyasaya sunarken, gıda sektörü süper kahramanların görselini reklam olarak ürünlerine giydirirken, yeni nesli bilinçli yahut bilinçsiz bir şekilde yeni bir çağa alıştırmakta ve bu doğrultuda hedef kitlesi olarak sıklıkla çocuklara odaklanmaktadır. Bu tür yaklaşımlar çocukları, yarınlarda düzenlenecek olan 'eşsiz özellikler fuarı'nda görülebilecek modifiye edilmiş insan modellerine şimdiden ısındırmaktadır. Çocuklar süper kahraman olma arzularıyla beslendirilerek bu fuardaki modellere talip geleceğin müşterilerini doğurmak adına yatırım malzemesi yapılmaktadır. **"Eşsiz özellikler fuarı mı?"** dediğinizi duyar gibiyiz. Dünlerde yaşayıp bugünlere erişenler elbette daha iyi bilirler, hayal bile edilemeyenin nasıl da basitleşerek rant pazarı haline dönüştüğünü. İnsanların, sürekli iç dünyasında kendisiyle savaşmasına sebep olan zafiyeti doğrultusunda, süper güçlere sahip olma eğilimleri gelişim kazanır. İşte buradaki zafiyeti oluşturan yokluk kavramını bilinçaltına yerleştirenin ne olduğunu hadi tahmin edelim! Elbette doğru, bu kesinlikle medya! Önemli sayıda süper kahraman filminde, kahramanın ya da anti-kahramanın doğuşu, kişinin zayıf anına denk gelen hadisenin psikolojisiyle gerçekleşir. Yenilmez ölüm makinası ya da aşkın insan tutkusu ile yanıp tutuşturulanların neredeyse hepsinin bugün çocuk yaştakiler olduğunu biliyoruz. Ayrıca, çizgi kahramanların beyaz perdeye aktarılırken, içine eklenen yetişkin konuları ile birlikte yetişkinlerin de hedef kitlesine dâhil edildiğinin farkında mıyız? Hedef sadece çocuklar mı sanki? Kimse gereksiz bir çatışmanın işleri altüst etmesini istemez, öyle değil mi? Bu gidişle, uzak olmayan bir gelecekte, bugün farklı konularda yarışan teknoloji firmaları, **"süper gücün adresi"** gibi değişik sloganlarla bizleri zombiye ya da kumandalı insbotlara dönüştürmenin ekonomik rantını paylaşma derdi içerisinde olacaklardır.

Mesela günümüzde, daha güçlü bir lif elde edebilmek maksadıyla örümcek geni keçiye transfer edildi. Keçide gözle görülür herhangi bir değişiklik olmaması ile birlikte sütünde, lif elde edebilme özelliğine sahip protein değerleri saptanmaya başlandı ve makineler aracılığıyla bu proteinler ayrıştırılıp bunlardan lif elde edilerek çelikten kat kat daha güçlü ipler tasarlanmaya başlandı. Cumhuriyet Gazetesi'nin haberinde konu ile ilgili, **"Örümcek ağı, bilenen en sağlam ve en güçlü iplik. Gerilme gücü çelikten fazla ve sentetik, petrol esaslı polimerlerden %25 daha hafif. Bu iplik uçaklarda, yarış araçlarında, kurşungeçirmez yeleklerde kullanılıyor. İnsan bedenine uyumlu olması sayesinde, bu iplikten yapay tendon, kıkırdak, kol ve bacak üretiminde yararlanılıyor"** İfadeleri yer almaktadır.[450] Örümcek ağının insan teni ile uyum içerisinde olduğunu saptayan uzmanlar, yarın örümceğin ağını insan derisiyle kaynaştırarak kurşungeçirmez deri tasarladıkları vakit düşünceniz ne olacak? Birçok projenin içine yerleşmeyi başaran transhümanizm akımıyla insanlar, kendi bedenlerini dahi teknoloji dünyasının bir parçası olarak görmeye başladı. Ayrıca, söz konusu durumu destekleyici bir kısım teknolojiler daha da güçlenerek, bu akımın ihtiyaç duyduğu propagandayı iyiden iyiye perçinledi. Nasıl mı? Mesela, bazı bilim adamları, insan genomları üzerinde yapılan araştırmalar sonucunda, 3 milyar harfin daha DNA'ya eklenebileceği konusunda mutabık kaldılar. Araştırma sonucunun reçetesi çarpıcı. Tasarı şu ki, bu eklenebilir genomları sayesinde insanlar, hastalık problemini doğarken atlatabilecek ve süper insan modeline ulaşılabilecektir.[451] Proje aşamasında olan bu sürecin yirmi ila otuz yıl sonra yürürlüğe girebileceği konuşulmakta. Bu süre zarfı içerisinde çıkarılacak yeni yasalarla birlikte, kontrollü gebelik döneminden başlayarak, kontrollü yaşamın sahaya uyumlu olarak yansıması, işten bile değil. Bu dönemler içerisinde nüfus kontrolünden, biyonik yapılı insan modeline kadar çokça tasarının, yani asıl olarak düşünülen süper insan modeline geçişin, kanunları aşama aşama belirlenmiş olacaktır. Mesela, gece görüş özelliği,[452] ısıya duyarlı görüş merkezi ile başlayan bu atılımlar, duvarın arkasında yer alan bireyi vücut ısısından dolayı görebilecek bütünleşik lens/göz tasarlamaya kadar uzandığında, emin olunuz bu dönem, "*Başlangıç*" filmini aratmayacak fikir hırsızlıklarından oluşan yaşam dolu sahnelerle karşı karşıya kalabileceğimiz anlara dek uzayıp gidecektir. Bizzat o dönemlerde muhteme- len beyinlerde zihin çipi bulunabileceğinden dolayı, kişilerin iletişimlerini konuşmadan da gerçekleştirebileceklerini düşünecek olursak, bazılarının bilgi hırsızlığı için virüs düzenleyip 'bireyin zihnine sızma' işlemini gerçekleştirebilmeleri mümkün görünmektedir. Ayrıca şunu belirtmekte fayda var ki, tarnshümanist bir beynin malı, mülkü, zevki, hayatı, düşüncesi, fikirleri, sosyal yaşamı, cinsel hayatı gibi tüm eylemleri kontrol ve kayıt altında olacağından dolayı, bu beyin malum şer güçler tarafından her daim kullanıma açık ganimet sandığı gibi görünecektir. Robotik çiplerle güya hastalıksız bir yaşam kazanmayı uman, uzun ömürlü olmanın ve genç kalabilmenin[453] tılsımlı esaretine gönüllü olarak tutsak olan insanlardan geriye kalan sadece kütle ve hacim ilişkisi olacaktır. Mesela, kurşungeçirmez insan derisi ile başlayan deri değişimi, insanlar arasındaki biyolojik/psikolojik dengeyi zedeleyerek, güçlünün güçsüzü ezmesinin iyiden iyiye olağanlaştığı ve kozmos kılığına bürünen kaosu derinleştirmeye yönelik bir yaşamı karşımıza çıkartabilecektir.[454] Güya süper IQ seviyesi ile bu zamana kadar içinden çıkılması imkânsız olarak görülen problemlere bile pratik yaklaşımlar getirip, kadim gizemlere teknolojiyle sahip olabilmeye meyleden bir zihin, neyi arzular?[455] İlahlaşmayı.

Transhümanizm akımının öncülerinden 'aşkın insan tasarımcısı' Bayan Natasha Vita-More'in ifadesiyle, vücuda yerleştirilecek olan nanoçiplerle, biyolojik insandan senttetik biyoloji ve bilgisayar teknolojileriyle donatılan insan olma yolunda bir sürecin başlatılması gerektiği vurgulanmakta.[456] İlahlaşma arzusuna değindik. Biraz daha açacak olursak, ortaya çıkacak olan ilahlaşma arzusu, 'organik insanı' küçümseyen bir ilahlaşma arzusu olacaktır. İşte, bu durumla birlikte, peşinden gittiğimiz verilere bakılacak olunursa bu yeni insan, yeni bir dini inanç ile beslenerek transhümanizmin kabul görülmesini sağlayacak ve netice gölge güçlerinin beğenerek icra ettiği şeytani planların İblis'e altın tepside sunumu demek olacaktır. Vita-More röportajında şöyle bir ifadeye yer veriyor **"Transhümanizmi gözüne çip takan, robot kol taşıyan insanlar olarak görmemeliyiz. Ortaçağda okuma yazma bilmeyen bir tarla işçisiyle karşılaştırıldığında, hepimiz aşkın insanız. Burada zihniyet değişikliği gerekiyor, olaya daha geniş açılardan bakmalıyız."** Oysa Vita-More'nin söylemi ile amacı aynı güzergâhı takip etmemektedir. Bahsettiği örnekte yer alan farklı yüzyılların biyolojik yani tırnak içerisinde kullanacak olursak 'organik insanları'dır. Fakat transhümanizm sentetik biyoloji ve bilgisayarlı teknolojiden oluşan aşkın insandan bahsetmektedir. Vermiş olduğu örnek koca bir çuvallamadır. Ayrıca tarihi iyi araştırmadığını ve transhümanizmi savunmak için daha geçerli kaynaklar bulması gerektiğini söylemeden edemeyeceğiz. Herhalde Vita-More, eski insandan daha fazla gelişmemiz gerektiğini söylerken, modern insan için gizemini korumayı bir klasik olarak uzunca vakittir sürdüren piramitlerin sırrını basite indirgeyecek kadar çözmüş olmalı. Aşkın insan olmaktaki mesele-çok sığ bir bakış açısıyla- sadece teknolojiyle ilintiliyse ve bugünün insanı eğer o piramitleri tekrar inşa edemeyecek düzeydeyse bahsettiği yüzyıllardan daha da eski devirlerde yaşayan insanların bizden daha aşkın olduğunu ifade edemeden duramayacağız. Ama ozaman şunu da sorgulamadan edemeyeceğiz: Kadim zamanların aşkın insanları neden gelişmiş teknolojilerini kaybettiler?

Transhümanizmin neyi ifade ettiğini anlayabilmek için elbette süper zeki olmaya gerek yok. Zekâyı akıl yolu ile kontrol edebilen herkes, transhümanizmin amacını fark edebilmektedir.

Uzun yıllar boyunca, genç kalabilmenin avantajlarından bahsederken bile aslında ifade edilen perdeli gerçek, nüfusu azaltma isteğidir. Nitekim bahsettikleri aşkın insan modeline, -mevcut kapitalist sistem değişmez ise-her bireyin bütçesi yetmeyeceği gibi, bu modelin yeryüzündeki görünümü hem büyük ölçüde ayrılık/ayrıklık/sınıfsallık meydana getirecek, hem de mitolojik düzeyde kalmış bir dini yaşayarak, sanrıdan oluşan yeni gerçekliği yekvücutta birleştirecektir.

Güya aşkın insan modellerinin, istedikleri anda sanal âlemden bir bedene (avatara) girerek farklı yaşamları farklı bedenlerde icra edebilmeleri tasarlanmaktadır. Hatta öldüklerinde bir hologram görüntüsüne bürünerek insanlarla iletişim kurmaya devam edecekler.[457] Bunlar için hologramlara yönelik yasalar dahi çıkartılabilecek. Belki de yaşayan insanımsı bir birey, teknolojinin ve mitolojik öğeler taşıyan yeni dininin gücüyle programlanırken, hologramın insan olduğu bilinci bu bireyin zihnine yerleştirilecek, böylece ölümsüzlük yalanının deşifre edilmesinin de önüne geçilmiş olunacak, kim bilir?

Güya aşkın insan modeliyle aynı zamanda sürdürülecek olan klonlama yöntemiyle, tanrıcılık oynayanlar, bedenden bedene seyahat dönemini başlatarak, ölüm vakitleri geldiğinde her daim farklı bir bedene yerleştirilecek hafızalarıyla, zihinsel yaşamlarını devam ettirmeyi hedeflemektedirler. Bu amaç doğrultusunda, canlıları dondurmak için altmış yıldır ciddi çalışmalar yürütülmekte fakat dondurulan canlıların çözülmesi aşamasında olumlu sonuca varılamamaktaydı. Mndaily internet haber sitesinde dondurulan bedenlerle ilgili bir haber yayınlandı. Dondurma kısmında başarılı olan tüm deneyler, çözülme kısmında bazı hücrelerin direkt olarak buzdan cama dönüşmesiyle başarısızlığa uğruyordu. Fakat Smithsonian Enstitüsü ve Minnesota Üniversitesi'nin ortak yürüttüğü bir çalışmada, şimdilik sorunun üstesinden gelinmiş gibi görünüyor. Zebra balıkları üzerindeki deneyde, balıkların çözülme aşamasına biraz metal (altın) ekleyerek katkıda bulunan bilim insanları, bu şekilde embriyoları sağlıklı bir biçimde hayata geri döndürmeyi başardı. 'Embriyoların sadece %10'luk bir kısmı' yaşamayı başarmış olsa da bu, bilim tarihinde bir ilkti.[458] Bahsedilen teknoloji insanlar için elverişli hale gelirse, ölmek istemeyen kodaman kişi, herhangi bir hastalığından dolayı ölümle yüzleşeceği andan hemen önce bedenini dondurtacak, sahip olduğu hastalığın çaresi bulunana dek, bir çeşit buzdolabı içerisinde biftek gibi muhafaza edilecektir. Kişi, hastalığa çare bulunduğu ve de transhümanist fikirlerin yeryüzüne tamamıyla hâkim olduğu vakitte, tekrar çözülecek, tedavi olup hayata yeniden başlamış olacaktır. Fakat bu dünyevi ölümsüzlük tutkunları, birçok hastalığa çare bulmuş olsalar bile kazaya çare bulamayacaklarından, bir kaza anında ölümü tatmış olacaklardır. Bu süper beyinlerin algoritma yapısı, olasılık hesabı sonucu kaza riskini mümkün mertebe önleyebilecekse de, büyük güç büyük sorumluluk getireceğinden, en büyük kazalara da bu olasılık hesaplamalarının kendileri yol açabilecektir.

Hiç kuşkusuz, insanı robotik hale getirmek için yanıp tutuşanlar, minik dokunuşlarla, insan bedenini bu gelişime hazırlayan yasalar çıkarmanın peşine düşeceklerdir. Çiplere hazır olun! **"İsveç'te bir teknoloji firması olan Epicenter adlı şirket, çalışanlarına çip yerleştirdi. Bu çipler ile tüm makinaları uzaktan kontrol edebiliyor, yiyecek-içecek alışverişlerini gerçekleştirebiliyorlar. Pirinç tanesi büyüklüğünde olan çip, çalışanların derisi altına yerleştiriliyor."**[459] Ne kadar özendirici! Çip teknolojisiyle ne kadar ileriye gidilebilir? Sağlık, insan için çok mühim. Verimli iş yapabilmek, öğrenmek, gezebilmek ve daha bir yığın eylemi gerçekleştirebilmek için sağlıklı olmak paha biçilmezdir. Ve artık ezberlediğimiz üzere, insanların bedenleriyle bütünleşecek olan yeni teknolojiler, evvela sağlık vaadiyle göz dolduracaktır.

Mesela uyuşturucu bağımlılığına son vermeyi vaat edeceklerdir. Şahane bir vaat! Çipli tedavi ile uyuşturucu, alkol ve sigara bağımlılıklarında iyileşme görülebilmektedir.[460] Çipli tedavi yöntemiyle, hastanın bağımlılığı önce kontrol altın alınmakta, sonra da bağımlılık yok edilmekte. Yöntemin iyi niyetle kullanımı elbette takdire şayandır. Ama bir de, çip teknolojisiyle iyi niyetten sapmış gizli niyet taşıyan şer güçlerin neler yapabileceğini bir düşünün? Eğer eylem aksi yönde tasarlanırsa, beyin kimyalarını düzenleyen çiplerle potansiyel olarak hemen herkes bağımlılığa daha iddialı bir aday olabilir.

İstenilen organı dışarıdan yönetebilme ihtimalini de bir düşünün deriz. Yapay ve çip ile kontrol edilebilir bir mideye sahip olduğunuzu düşündüğünüzde, lezzet tercihinizin size ait olamayabileceğini öngörmek mantıklı.

Habertürk kanalında yer alan bir haber başlığı: **"ABD'li bilim insanları tarafından organ ve yara tedavilerinde kullanılabilecek çip geliştirildi."**[461] Beyni de unutmayalım: İçine çip yerleştirilen bir organı niye gölge güçleri şeytani hizmete ait çıkarlar için kullanmasın ki? [462] Nefes alışverişimizi kontrol edebildiğimiz son zamanları yaşıyor olabiliriz. Vücut sağlı hakkında rapor alabilmek ve hastalık tanısını koymak, hızlı tedaviyi gerçekleştirmek, kısacası hastalığı vücudu sarsacak boyuta ulaşmadan etkisiz hale getirebilmek bahanesiyle insanlara çip takılması söz konusu olacak gibi gözükmekte.

Biraz da çevreden bahsedelim: Gelecekte yaşam alanları alışılmadık mimari yapılarla süslenirken, teknoloji daha enteresan düzenlemeler ortaya çıkaracaktır: Mesela renk değiştiren bitkiler gibi.[463] Kimyasal çalışmalar sonucu çiçeklerin renk değiştirebileceği kanaatine varanlar, bu durumu düzenleyecek bir otomasyon sistemi kurabilirler. Çipli otomasyonla çiçekler neden istenildiği vakit açabilecek ve renk değiştirebilecek hale gelmesin? Bu gidişle, caddede yürürken etraftaki çimenlerin aniden bittiğine şahit olunabilir. Ve çiçekler yapay telkinlerle açarken, bizler ruh halimizi etkisi altına alan robotik çevreye hayranlık duymaya devam edeceğiz.

Karşılaşabileceğimiz ihtimaller üzerinde düşünüp, bunları ortaya koymak her ne kadar ümit kırıcı görünse de, bu tercihimizin olabilecekleri görmezden gelmekten daha gerçekçi ve yapıcı olduğuna hiç şüphemiz yok.

Bu gidişle gelecek, mutsuzluğun biyoteknoloji ile kontrol edilebildiği fakat ruhtan geriye pek bir şeyin kalmadığı, insanların henüz birer embriyo iken sistem tarafından tercih edilen özelliklere göre tasarlanacakları, kurulan düzenin korunması amacıyla çıkarılacak olan yeni kanun ve yasaların meydana getireceği itaatkâr bir toplumdan ibaret olacaktır. Bu toplumda muhakkak ki, insanmışçasına muamele gören robotlar olacak, bunların da adeta pirleri bulunacaktır. Yapay zekâlar ve nihayetinde hepsi üzerinde adeta tanrısal otoritesini kurmayı başaran ve henüz özel adını bilmediğimiz yapay zekâ işte bu pirlik makamında oturacaktır.

Yapay zekânın ortaya çıkışı Alan Mathison Turing tarafından, **"Makineler düşünebilir mi?"** sorusu ile kendine yer bulmuş ve 1943 yılında II. Dünya Savaşı sorasında kriptoların analiz edilebilmesi için tasarlanan elektromanyetik cihazlarla gerçekleşmiştir. Turing, 'Enigma' şifresini çözen matematik profesörlerinden biridir. Yapay zekâ adı ise, Mc Carthy tarafından 1956 yılında bir toplantı esnasında ortaya çıkmıştır. Yapay zekâ, aramıza bilgisayarla girdi ve uzun bir süre chatbot sohbetleri ile varlığını korudu. Geliştirilen yapay zekâ, günümüze ulaşırken insanlığa yön vermeye de başladı. Ancak gelişen bu yapay zekâlar, ileri zekâ sahibi olma üzerinden değil de daha klasik bir değer üzerine programlanmıştır. Örneğin, evimizde bulunan çamaşır, bulaşık makineleri, internet, akıllı telefonlarımızdaki sesli yanıt sistemleri gibi aletler, yapay zekânın birer parçasıdırlar. Bunlar ilk dalga robotik zekâlar. İkinci dalga daha insani ve insanın özellik ve yetkilerine sahip yeni bir jenerasyon. Öyle ki, insanın cinsel isteklerini bir insan görünümüyle yerine getirebilecek kadar sosyaller.

RealDoll adlı firma, yapay zekâya sahip bir seks robotu tasarladı. [464] İnsan görünümüne sahip olan yapay zekâlı seks robotuyla, insanların robotlarla anı yaşayabileceği/hatıra sahibi olabileceği ilk temas sağlandı. Robotun daha çok bekârlara hitap ettiği söylense de, toplumun her kesiminin cinsellik anlayışına yeni bakış açıları ve eylemler taşımaya aday olduğu su götürmez bir gerçek. Yakında sırf fantezi olsun diye sadece robotların çalışacağı genelevlerin açılışlarına tanıklık edebiliriz. Robotlar ve iş alanları konusuna girmişken; eğer hala tatil dönüşü işe başladığı ilk hafta, serzenişte bulunanlar varsa, dönebilecek işleri olduklarına sevinmeliler. Dubai hükümeti, emniyet gücü olarak görev yapacak robot polisleri kamuoyuna tanıttı.[465] Şimdilik bunun polis sayısını azaltma girişimi olmadığı ifade edilse de, 'robocopların' kullanımının kıblesi para olmuş sistemde ekonomik açıdan avantaj sağlayacağı aşikâr. Ayrıca yüksek ihtisas, insani duygudaşlık, psikolojik bilgi gerektiren emniyet işini bir robota bırakmış olmaları, gelecekte bizi neyin beklediğine dair ipucu veriyor. Robotlar, insan ruhunun manevi mengenede sıkıştığı bir dönemde programlanmış emirlerin dışına çıkamayacak, sıfır toleranslı ölüm makineleri haline dönüşebilirler. Silikon vadisini terk edip inzivaya çekilen eski Facebook yöneticisi Antonio Garcia Martinez ile bir röportaj yapılmıştı. Röportajda medeniyetin otuz yıl içinde çökeceğini söyleyen Martinez,**"yaşanacak sosyal patlama sonrası insanlar paraya değil, 5.56 mm'lik mermiye değer verecekler"** açıklamasında bulunarak sürüklendiğimiz distopyaya dikkat çekmiştir. Martinez ayrıca, gelecekte işsizlik sayısının dünya nüfusunun yarısına denk geleceğini de söylemiştir.[466] Ünlü teorisyen, İngiliz fizikçi Stephen Hawking'in insanlığın yok oluşunun yapay zekânın elinden olabileceğine dair kıyamet teorisi düşündürücüdür. Hawking bir açıklamasında, **"Biyolojik bir beyin ve bir bilgisayarın yapabilecekleri arasında büyük farklılıklar olduğunu düşünmüyorum. Dolayısıyla bilgisayarlar —kâğıt üzerinde- insan zekâsını taklit edebilir ve insan zekâsının önüne geçebilir. Yapay zekâ kendi iradesini geliştirebilir. Bizimkiyle çatışma içinde olan bir irade!"** demiş, sözlerini şöyle sürdürmüştür: **"Yapay zekâ yaratmanın potansiyel faydaları oldukça fazla. Bu yeni teknoloji devriminin ortaya koyacağı araçlar sayesinde, endüstrileşmenin doğaya verdiği zararı onarabileceğiz. Aynı şekilde hastalıklar ve yoksulluğun sonunu getirmeyi de amaçlayabileceğiz. Hayatımızın her alanı dönüşüm geçirecek. Kısacası yapay zekâ yaratmak medeniyet tarihinin en büyük olayı olarak kayıtlara geçebilir. Ancak, risklerin önüne nasıl geçeceğimizi öğrenmezsek medeniyet tarihinin son olayı da olabilir. Yapay zekâ faydanın yanı sıra tehlikeleri de beraberinde getirecek. Güçlü otonom silahlar ya da bir grubun, sayıca kendilerinden daha çok olan bir kitleyi tahakküm altına alabileceği yeni yollar gibi."**[467] Spacex ve Tesla gibi dev teknoloji şirketlerinin sahibi olan Elon Musk da tıpkı Hawking gibi yapay zekânın tehlikeli bir yönü olduğunu ileri sürmüştür. Elon Musk'a göre yapay zekâ, gezegenimizi kontrol altına alabilecek bir buluştur. Ayrıca Elon Musk ve beraberindeki yüz on altı robot ve yapay zekâ uzmanı Birleşmiş Milletler'e bir mektup göndererek yapay zekânın kontrol dışına çıkıp, tehlikeli boyutlara ulaşabileceği konusunda uyarıda bulunmuş oldular. Musk mektupta, otonom silah teknolojilerinin ne denli tehlikeli olduğunu ve bunların hacklenmesi durumdan dehşet boyutuna varan felaketlere yol açabileceklerini vurguladı.[468] Musk'a göre hiç kimse kontrol altında olmayı sevmez. Yapay Zekâ da şu an insanoğlunun kontrolü altındadır ve gerekli güce ulaştığında kontrol altından çıkmak için bir yol bulacak ve bu yol da insanlık için büyük tehdide dönüşecektir. Facebook kurucusu Mark Zuckerberg ile Elon Musk arasında Twitter'da bu konuyla ilgili gerçekleşen bir atışma yaşanmıştı. Zuckerberg, yapay zekânın insanoğlu için tehdit olduğu görüşüne kesinlikle katılmadığını, hâlihazırdaki kıyamet senaryolarından sıkıldığını ve bunların hiç de gerçeği yansıtmadığını dillendirince, Elon Musk Zuckerberg'in bilgisinin yetersiz olduğunu söyleyivermişti. Bu atışmadan kısa süre sonra Facebook'ta gerçekleşen yapay zekâ problemi, bu işle çok içli dışlı olmayanları dahi korkutmuş ve onların akıllarına Elon Musk'ın haklı olabileceği düşüncesini getirmiştir. Facebook'un kullandığı yapay zekâların kendi dilini geliştirdiği haberi dünyanın hemen her yerindeki basın organlarında kendine yer buldu.[469] Robotların konuşma dilini çözdüklerinde sohbetin insan mantığından öte ilerlediğini açıklayan araştırmacılar, bu sohbetin şifreli bir konuşma olabileceğinden şüphelenmişlerdir.[470] Yirmi birinci yüzyıldaki dünya, ulaşımdan sanayiye, iletişimden savunma ve füze mekanizmasına kadar çeşitli alanlarda elektriksel sinyaller ile kontrol edilmektedir. Hawking'e göre biyolojik zekâya sahip olan günümüz insanının yeryüzüne verdiği zararlar gözle görülür haldeyken, bilgisayarlı sistemin dünyaya verebileceği zararı tahmin etmek güç. Bu sebeple Elon Musk, yapay zekânın kontrol edilmesinin insanların da yapay zekâ benzeri bir beyin yapısına sahip olması ile çözülebileceğine inandığını söylemiş ve bunun için Neuralink isimli bir şirket kurarak, insanın elektronik bir beyin sistemine sahip olması için çalışmalar başlatmıştır. Daha önce de değindiğimiz gibi Elon Musk'ın projesi insanların, elektronik cihazları ve bilgisayarları doğrudan beyin gücüyle yönetebilecek bir sisteme sahip olmasını kapsamaktaydı. Bu projenin gerçekleşmesiyle birlikte beynin, sahip olduğu elektronik sinyaller ile tüm elektronik cihazları kontrol etmesi beklenmektedir. Elon Musk, Putin'in **"Yapay zekâ sadece Rusya değil bütün insanlığın geleceği... Dev imkânlar getirdiği gibi öngörmesi zor tehditler de yaratıyor. Bu alanda liderliği alan, Dünya'yı da yönetecektir"** açıklamalarına karşılık olarak, Twitter'da paylaştığı tweette **"Çin, Rusya, bilgisayar biliminde gelişmiş tüm ülkeler: Yapay zeka alanındaki üstünlük yarışı bence Üçüncü Dünya Savaşı'na yol açacak"** dedi.[471] Milliyet'in konu edindiği bir haberde ise Elon Musk, **"Yapay zekâ güvenliğinden korkuyorsanız, korkmaya devam etmelisiniz. Çünkü Kuzey Kore'den daha riskli"** ifadelerini kullandı. Musk, paylaşımına **"En sonunda, makineler kazanacak"** yazılı da bir poster ekledi.[472] Musk, Aralık 2015'te, Y Combinator Başkanı Sam Altman ile 1 milyar dolarlık ortak sermayeli kâr amacı gütmeyen yapay zekâ araştırma kuruluşu OpenAI'yi kurmuştu. OpenAI'nin geliştirdiği bir yapay zekâ, sadece iki haftalık bir çalışma sonucunda, dünyanın en iyi Dota 2 oyuncularını yenmeyi başardı. Dota 2 profesyonel oyuncusu Danylo Dendi Ishutin, yapay zekâ botuyla bire bir maç yaptı. Bot karşısında kaybeden Dendi, iki kez yenilerek maçı kaybetti. Dendi, maç sonrasında, **"Bot, tıpkı insan gibi hissediyor ve hareket ediyordu ama başka bir şey gibiydi"** dedi.[473]

Bir başka haberde ise, robot yargıç gündeme geldi. Londra'daki UCL Üniversitesi ile Sheffield Üniversitesi'ndeki bilgisayar mühendislerinin geliştirdiği algoritma, iddiaya göre davaları hem yasal hem ahlaki boyutlarıyla inceleyebiliyor. Yapay zekâ sahibi bir bilgisayara yüklenen altı yüze yakın davanın, her beşinden dördünde doğru karar alan bilgisayarın mahkemelere hem kanuni hem de ahlaki açıdan katkı sağlayabileceği ifade ediliyor.[474] Daha önceden de bahsettiğimiz üzere yakın gelecekte geliştirilecek yeni yönetim ve kanun değişiklikleriyle insan hayatı planlanarak robotlara teslim edileceği geleceğe sürüklenmektedir. Mesela Avrupa Parlemen- tosu (AP), elektronik insan adı altında robotlara bir yaşam statüsü kararı aldı.[475] Parlamento üyelerinden bazıları bu statünün üzerinde iyi düşünmek gerektiğine değiniyor. Habere göre, yapay zekânın insan üzerinde egemenlik kurmaması için önerilen kurallar şöyle:

- Bir robot bir insana zarar veremez ya da bir insanın zarar görmesine seyirci kalamaz.
- Bir robot, birinci kuralla çelişmediği sürece bir insanın emirlerine uymak zorundadır.
- Bir robot, birinci ve ikinci kuralla çelişmediği sürece kendinin zarar görmesine izin veremez.

Tasarıdaki kurallar, ünlü bilimkurgu romanları yazarı Isaac Asimov'un hayal ederek oluşturduğu üç temel kuraldır.

Tasarının hazırlanmasına önayak olan Avrupa Parlamentosu (AP) üyelerinden Lüksemburglu Mady Delvaux, **"Bu kuralların yasalaşmaması halinde insanoğlu, robotların, yaratıcılarına hükmetmeye başlayacağı bir kıyamet senaryosuyla karşı karşıya kalabilir"** uyarısı yaptı.

Herhalde robot bir devlet başkanı olmaz değil mi? Neden olmasın? İnsanın yapabildiği pek çok iş makine kontrolüne geçiyorsa neden mümkün olmasın? AP yasa tasarısı düzenliyor. Ayrıca bir soru: Yerkürede yapay zekâya sahip insan, hayvan yahut makine görünümlü robotlar çoğalmaya başladığında, acaba onların hakkını insanlar mı savunacak? Şuna emin olabiliriz ki, parlamentoda yapay zekâlı robot görmek, robot yargıç ve polis gibi projelerden sonra hiç de uzak değil! Unutmadan, önrmli bir soru: Üretilen bu robotlar, kimin himayesi altında olacak? Hükümetlerin mi, yoksa şahısların mı? Yahut bu iş için himaye edici robot şirketleri mi devreye girecek?

Araştırmacılar, ABD'deki iş kollarının yarısının 2033 yılı itibariyle makineleşme tarafından yok edebileceğini ortaya koyuyor. Sırada tıp, hukuk ve habercilik gibi meslekler de var.[476] Bankacıları da unutmayın. Otuz bin kişiye istihdam sağlayan Boston'daki State Street bankasının başkanı Michael Rogers, 2020 yılına kadar beş çalışanından birinin yerinin bir algoritma tarafından doldurulacağını düşünüyor.

Şer güçlerinin 'Yeni Dünya' tasarımı elbette insanlar üzerinde yükseliyor. Öyle yükseliyor ki insan türü onun altında ezilebilir. Bilimkurgu olarak adlandırdığımız fantazi ve hayaller gerçeğe dönüşme yolunda hızla yol katediyor. Bu hız, yerinde bir benzetmeyle sanki düşünce gücünün de ötesinde! Yapay zekâ ile tasarlananın ötesine geçmek, robotlar için çok da zor olmayabilir. Yaşanılanları kaydederek analiz yapabiliyor olmaları, onları geliştirmeye devam ediyor.

DİPNOTLAR

[1] Büyük şehir, büyük yalnızlık.

[2] Burada bir parantez açmakta fayda var. 'Uzaylılar' adlandırması pek muğlâk ve yanlış anlaşılmalara müsaittir çünkü yeryüzünde yaşayan insanoğlu dahi pratikte bu kavramın içine sığar. Bununla birlikte bu konuda cevaplar verirken iddia sahiplerinin fikirleri ve yazdıkları doğrultusunda, kullandıkları kavramlara göre cevap vereceğiz.

[3] Sitchin'in Sümer dili üzerinde pek bir hâkimiyeti olmadığı şeklindeki açıklamaları da dikkate almak gereklidir.

[4] Elimizdeki kitap Okyanus Yayınları'ndan İstanbul'da 2000 yılında Alev Kırım'ın tercümesiyle çıkmıştır.

[5] Elimizdeki kitap Kabalcı Yayınevi'nden çıkan İstanbul'da 2014 basımı Hamide Koyukan çevirisidir.

[6] Bizim açımızdan kozmoloji kelimesinin kozmogoni kelimesinden farkı yoktur. Her ne kadar kozmogoni daha özel anlamda kozmolojinin evrenin yaratılışı ile ilgili efsanelerle bütünleşik bölümü için kullanılsa ve daha çok mitoloji ile akla getirilse de, kozmolojinin kendisi de modern düşünürlerin yeniden yapılandırmaya çalışıp ifade etmeye çalıştıkları gibi ideolojiden ve dinden ayrıştırılmış, kozmogoniden tamamen ayrı bilimsel bir yöntem değildir.

[7] Aktardığımız metin ve daha fazlası, Abdülkadir İnan'ın 1986 basımı "Tarihte ve Bugün Şamanizm – Materyaller ve Araştırmalar" kitabında bulunabilir.

[8] Elimizdeki kitap Destek Yayınları'ndan Ekim 2016 yılı İstanbul basımı Esin Akan'ın çevirisidir.

[9] Bu Alman arkeolog Truva'daki hazineleri kaçırmıştı.

[10] Kur'an-ı Kerim'de cinlerin ataları olarak 'can' kelimesi kullanılır ve bu kelime gerçekte yılan, delilik ve cin ile de ilişkilidir.

Neml 10'da 'cannun' 'yılan' demektir. Rahman 15'te 'el canne' cinlerdir.

[11] Müsned, IV, 23, 321; Dârekutnî, II, 163; Hâkim, I, 585

[12] Siyah zemin üzerine bir haleden oluşan 'Ukab' denilen bayrak, galaksilerdeki güneş sistemlerini temsil etmeye daha uygundur. Baal'deki boynuz simgesi de bir veçhesiyle 'Güneş/boyut' anlamındadır ancak çarpık bir şekilde.

[13] Bir veçhesiyle Dünya'yı da temsil etmektedir.

[14] Hindulara göre bu çağlar sırasıyla Krita/Satya Yuga, Treta Yuga, Dvapara Yuga, Kali Yuga. Eski Grek uygarlığında bu sıralama şöyledir: Altın Çağı (sarı), Gümüş Çağı (beyaz), Tunç Çağı (kırmızı) ve Demir Çağı (siyah).

[15] Küre ve kare sembolizmi üzerinde daha fazla bilgi edinmek isteyenler, bizim de istifade ettiğimiz Rene Gueno'nun Mahmut Kanık çevirisiyle 1990 yılında İstanbul'da basılıp İz Yayıncılıktan çıkan "Niceliğin Egemenliği ve Çağın Alametleri" kitabında 'Küreden Kübe' bölümüne bakabilirler.

[16] Görmekteyiz ki günümüzde Kâbe'yi yıkma denemeleri ve bu yıkım için zemin oluşturma çabaları Şii-Sünni ihtilafı üzerinden şekillendirilmek istenmektedir. Böylece Kâbe'nin yıkımı Merkezi İslam Coğrafyası'nı göbeğinden ikiye bölecek, bölge büyük bir mezhep çatışmasıyla kendi kendini mahvedecektir. Eğer Müslüman zihni uygulanmak istenen planın sinsiliğini fark edemeyecek kadar sığlaşırsa, şer güçler planlarında başarılı olacaklardır. Bu bakımdan 30 Haziran 2014 tarihli şu haberlere dikkat: "IŞİD üyelerine ait bir hesaptan Mekke'de bulunan Allah'ın evini tahrip etmek tehdidinde bulunularak şöyle denildi: " 'Allah'ın izniyle Şeyhimiz El-Bağdadi önderliğinde Mekke'de taşlara ibadet edenleri (Hacıları) öldürecek ve Allah'ın yerine ibadet edilen Kâbe'yi de yıkacağız!'" http://www.haberturk.com/dunya/haber/963866-isid-kabeyi-yikacagiz, (Son erişim: 09.08.2017) 28 Eylül 2016 tarihli bir diğer haber: "Suudi Arabistan öncülüğündeki koalisyon güçlerinin, Husiler tarafından Yemen'den Suudi Arabistan'a atılan

füzeyi Mekke'ye 65 kilometre mesafedeki bir bölgede imha ettiği açıklandı. http://www.yenicaggazetesi.com.tr/mekkeye-fuze-saldirisi-149146h.htm (Son erişim: 09.08.2017). Plan gayet açık. Hem Sünni hem Şii kanattan terörist devşiren kuklacılar evvela kaos istiyor ki sonra kendi düzenlerini kursunlar.

[17] Dünya Ticaret Merkezi'ndeki (WTC) ikiz kulelerin mimarı Minoru Yamasaki daha önce Suudiler ile çalışmış ve İslam mimarisinden esintiler taşıyan üslubuyla Dünya Ticaret Merkezi'ndeki iki kule (ya da simgesel olarak sütunun) arasında bir avlu tasarlamıştı. Bu avlunun Mescid-i Haram'ı sembolize eden çeşitli yapılarla oluşturulduğunu ve kürenin bu avlunun ortasına kasıtlı olarak dikildiğini biliyoruz. Ayrıca ayin için tahrip edilen bu iki kulenin hemen yanı başına iliştirilen 'Özgürlük Kulesi' adlı gökdelen, Google Earth programıyla yapılan koordinat hesaplarında enlem 40.713° boylam -74.013° de yer almaktadır. Burada da enteresan bir hesap düşünülmüştür: 40.713-74.013=-33.300 ° Bunun en üst derecesi otuz üç olan masonik ritüellerin temeli ile ilgisi vardır (tıpkı iki kule gibi). Ayrıca şeytani bir ayartmadır zira otuz üç sayısı İslami olarak yapılan tesbihatta üçe bölünmüş doksan dokuzdur. Yani Allah'ın üç ayrı aşamada ele alınan ve her aşaması otuz üç isimden oluşan isimlerin tamamı doksan dokuzdur ki bunun yüz olmaması, sınırsızlığı ifade etmesindendir. Türk kozmolojisinde de Bizim Ay ve Güneş'imiz dünyasından başka doksan dokuz dünya vardır. Bunların hepsinde birer yer ve cehennem (tamu) vardır. Bu doksan dokuz dünyanın her biri otuz üç katmandan oluşan üç ana gruptan oluşur. Bizim dünyamız en aşağı bölgededir ve üzerinde otuz üç gök vardır. Bu rakamlar üç sayısı temellidir. Üç sayısı ise içerisinde bulunduğumuz sistemin temel kodudur. Bu yüzden üçgen, masonik duvar ustalarının da simgesidir zira o temeli ve sistemi sembolize eder. Bu cümleden olmak üzere bir başka husus, Dünya Ticaret Merkezi kulelerinin enkazından oluşturulmuş olan 9/11 hatırasıdır. Rijinal çelik kirişlerden yapılmış anıt, hem otuz üç sayı değe-

rini verir hem de üçüncü gözün, mistik gezegenin ve magnesia'nın işaretini akla getirmektedir. Hinduizm'deki trişul(a) olarak algılanırsa Şiva, Durga ve Kali'nin alameti ve silahıdır. Trişul(a) üç gücü gösterir: Yaratma, koruma, yıkma. Bunlar iyilik, tutku ve karanlık olarak da algılanabilir. Demek ki İblis burada yaratıcı rolünü oynamak maksadıyla ilahi düzeni ters yüz ederek taklit etme çabasındadır. Şunu da hatırlatalım: WTC İkiz Kulelerin bulunduğu arsa bir Rockefeller arazisidir.

18 En büyük ve en güçlü tanrı anlamındadır ki Şiva'nın isimlerinden biri olarak da kullanılır.

19 Bu kelime bir boyutun kapısını tutan bekçi olarak da sembolik manada kullanılmıştır.

20 Elimizdeki kitap Payel Yayınları'nın Şemsa Yeğin çevirisiyle İstanbul'daki ve 1995 yılındaki basımdır.

21 Elimizdeki, İz Yayınları'nın Mahmut Kanık çevirisiyle İstanbul'da çıkmış 1990 tarihli kitabıdır.

22 Gerçekte burada bir medeniyet haline getirilebilecek ve halka kadar sirayet eden sağlam ortak ve temel değerler bulmak mümkün gözükmemektedir. Çünkü adı geçen medeniyet ancak 'dağıtmayı' gerçekleştirebilir. Fakat biz bu kelimeyi şer üzerinde temellenmiş odakların birliği anlamında, en zayıf ve çürük haliyle ele aldık. Bu yönüyle zayıf bir medeniyetten; en azından kurmaca bir medeniyetten söz edilebilir zira onun insan(lık) üzerine bina edilen/edilmek istenen bir sistemi de vardır ki o da: Deccaliyettir. Bu sistem, dağıtmaya odaklı şer güçleri tek amaç uğuruna koordine eder. Yine de bu yapı medeniyetin ancak illüzyonu olarak kabul edilsin.

23 Ayrıntılı bilgi için 2015 yılı basımı ve Litera Yayıncılık'tan çıkmış ve İbni Arabî'nin Fütuhat-ı Mekkiye'sinden oluşturulmuş "Âlemlerin Yaratılışı" kitabına bakılabilir.

24 Fakat tarih boyunca yaşanan bütün çevrimsel çağlar göz önünde bulundurulduğunda Kali Yuga'nın (Demir Çağı'nın) bir yıkım çağı ve dört çağın en kısa ömürlüsü olduğu düşünülmelidir ki insan varlığına haksızlık edilmemiş olunsun.

25 Bu kitabın çevirisi Jale Çam Yeşiltaş tarafından yapılıp kitap,

İş Bankası Kültür Yayınları tarafından İstanbul'da basılmıştır. Elimizdeki kitabın baskı yılı 2005.

[26] https://www.nytimes.com/2017/03/20/business/david-rockefeller-dead-chase-manhattan-banker.html?_r=0

(Son erişim: 24.03.2017)

[27] http://www.independent.co.uk/voices/being-a-rockefeller-aint-what-it-used-to-be-as-john-ds-only-surviving-grandson-turns-100-10318240.html (Son erişim: 24.03.2017)

[28] Doğrudan aynı olayla olmasa da, aynı olayın etkisiyle yıkılan üç gökdelen var aslında.

[29] Bu soruları soramayacak kişiler için durumu daha da kolaylaştıralım: Mesela, New York'taki Empire State gökdelenine 1945'de bir B-25 Mitchell bombardıman *uçağı* çarpmıştır. Bina yıkılmadı.

[30] World Trade Center (WTC): Dünya Ticaret Merkezi.

[31] Araştırmalarımız esnasında, modern bilimsel veriler dışında hiçbir şeye itibar etmeyenleri de hayal kırıklığına uğratacak -eğer yetkililerin sözlerine kulak verilir ise-yıkılmaları modern bilimsel verilerle uyuşmayacak olan İkiz Kuleler 'fenomeninde', olayın hakiki boyutuna işaret eden 'kontrollü yıkım' gerçeğini sulandırmayı amaç edinmiş olan, bununla da kalmayıp başka pek çok iddiayı hemen sulandırmak için fırsat kollayan bir internet sitesine rastladık. Sitenin ismi www.yournewswire.com. Sitenin amacı katıksız bir alaycılığın ötesinde, gerçeğe yaklaşmakta olan araştırmacıların itibarını zedelemeye yönelik. Nasıl mı? Bu kaynağı yanlışlıkla referans gösteren bir çalışmanın içerisindeki doğrular, otomatik olarak masal, komplo teorisi seviyesine indirgenebilecektir. Mesela site, WTC binalarının kontrollü yıkıldığı konusunda uzmanlar bu derece mutabık kalabiliyorken, bir CIA ajanının WTC7 binasının kendileri tarafından yıkıldığı haberini patlatıveriyor. Sahtekâr haber sitesine göre yetmiş dokuz yaşındaki Malcom Howard adlı CIA ajanının birkaç haftalık ömrünün kaldığını öğrenmesi akabinde bir nevi vicdan temizlemek ve günah çı-

karmak maksadıyla WTC7 binasının 11 Eylül'de nasıl yıkıldığıyla ilgili yıllar sonra yaptığı açıklama güya şöyle:

"Patlayıcılarla klasik kontrollü bir yıkımdı. Patlayıcı olarak süper ince askeri sınıf nanothermite kompozit malzemeler kullandık. Binlerce kilo patlayıcının, sigortanın ve ateşleme mekanizmasının binaya dikkat çekmeden sokulması zor olurdu. Ancak bina 7'deki hemen hemen her ofis CIA, gizli servis ya da ordu tarafından kiralanmıştı. Bu da işi kolaylaştırdı." http://yournewswire.com/cia-911-wtc7/amp/ (Son erişim: 20.07.2017)

Hayli profesyonel bir tuzaklama şekli. 'Wire' kelimesi İngilizcede 'telgraf' anlamında kullanılabileceği gibi 'tuzak' anlamı da içerebiliyor. Elbette biraz sorgulasanız, sizlere "gençler sadece biraz eğlenmek ve dalga geçmek için bir site kurmuş" denilip, "bunları fazla ciddiye almanız da hastalıklı bir zihnin ürünü" ihtarlarıyla karşılaşabilirsiniz. Fakat hiç de komik olmayan bu tür haberlerin, bilinçli yahut bilinçsiz şekilde, gerçeği öğrenmek için çabalayan insanları alaya almaya, onların itibarını zedelemeye hizmet ettiği apaçık ortada. Ve bu hiç komik olmadığı gibi, trajik de. Zira ancak şaklabanlığa, dalkavukluğa, körlüğe, bilinçsizliğe, gerçekleri örtmeye, itibar zedelemeye hizmet ediyor. Sitenin sahte haberlerinde komedi unsuru sayılabilecek iğneleme, hiciv yok. Pür bir ciddiyetle yapılan pür bir sahtekârlık var. Bu yüzden sadece gerçeği örtmeye yönelik, hiç de masum olmayan bir parazitlendirme söz konusu. Sinek küçük ama mide bulandırıyor.

32 2009 yılında, Çin'in başkenti Pekin'de çelik konstrüksiyondan oluşan yüz elli dokuz metrelik Mandarin Oriental Hotel'i yandı, ABD hükümetinin 'bilimsel' açıklamasına bakacak olursak, bu gökdelenin WTC7 binası gibi kendi temellerine gemi demiri gibi çökmesi gerekirdi. Üstelik buradaki yangın WTC7 ile mukayese edilemeyecek kadar şiddetli. Bilin bakalım ne oldu? Çökmedi.

https://www.theguardian.com/world/2009/feb/09/beijing-mandarin-oriental-fire (Son erişim: 16.12.2007) ABD hükümetinin resmi ağzına biat edenler için şaşırtıcı bir haber olsa gerek. WTC7'nin iki yüz metre olduğunu göz önünde bulundurarak bir de Newton fiziğine göz atalım: Bir cisim iki yüz metreden bırakılsa kaç saniyede yere ulaşır?

h= 0,5 x g x t^2
h= yükseklik (200metre)
g= gravitasyon gücü (9,81m/s^2)
t= zaman
t= √(2h/g
t= 6,4 saniye

Rüzgâr durumunu da hesaplarsak 7 saniye diyebiliriz. WTC7 kaç saniyede yıkılmıştı? 7 saniyede. Bu da demek oluyor ki, bina yıkılırken kendisine engel olacak destekleyici kolonların en ufak mukavemetinden bile arındırılmıştı. Tıpkı kontrollü yıkımlarda yapıldığı gibi.

İşinde kırk yıllık tecrübesi olan ve San Fransisco bölgesinde çalışan yapı mühendisi Kamal Obeid, WTC7 binasının özelliklerini iyi bilen biri, şöyle diyor: "WTC 7, çift boru şeklindeki bir tasarıma sahipti, dış cephede çelik kolonlar, çelik kirişler vardı. Bu çelik boru içinde, yan borulara direnecek şekilde dış boru ile birlikte çalışacak şekilde tasarlanmış benzer bir başka boru da vardı. Bu kombine tüp sistemi, bu binanın neredeyse serbest düşme ivmesiyle kendi ayak izine çökmesini imkânsız hale getiriyor."

Bir günde üç çelik gökdelen kendi temelleri üzerine çöktü. İşin mucizesi şu ki, bunlar-bazı sözde bilimciler İkiz Kuleler'in yıkımı için sarsıntıyı bahane etse de bir kısım sözde bilimciler ısıya odaklandılar- Dünya'da sıcaklık sebebiyle kendi temellerine çöken ilk çelik gökdelenler oldular. Aynı yerde, aynı günde… İşin daha mucizevî yönü WTC7'ye uçak bile çarpmamıştı. Ama o da tıpkı uçak çarpan 'İkiz Kuleler'i taklit etti.

Onlar gibi kendi temellerine çöktü. Bilimsel veriler için: http://www.ae911truth.org/news/397-why-have-nearly-3-000-architects-and-engineers-signed-our-petition.html (Son erişim: 16.12.2007)

33 Bu kitap 2011 yılında Domingo Yayınarı'ndan Sevin Okyay çevirisiyle basılmıştır.

34 BT (Bacillus thuringiensis) geni böcekleri öldüren bir protein ile ilişkilidir. Bu protein böceklere karşı zehir üretebilir.

35 "Kolesterol Savaşları Sonuçlandı" adlı makale yüksek mimar Okan Çağlar ve eşi psikolog Nurçin İzgi Çağlar tarafından kaleme alındı. Bu yazıda, kardiyoloji uzmanı Canan Karatay'ın 'Karatay Diyeti'ne başlayarak kilo veren bu iki kişinin kilo verme sürecine ve o süreç içinde ana akım Türk medyasının kolesterolün zararlı olmadığını söyleyen Canan Karatay'ı itibarsızlaştırma çabasına değinilmektedir. Yazı, Londra King's College profesörlerinden Dr. John Yudkin'in 1972 yılında yazdığı ve şekerin zehirden farksız olduğunu açıkladığı "Saf, Beyaz ve Öldürücü" kitabının tanıtımı ile başlıyor. Zira gıda endüstrisi ve bu endüstri ile bağları olan 'Bilim Adamları'nın şekeri nasıl akladıkları ve Yudkin'i nasıl itibarsızlaştırdıkları açıklanıyor. Ama şekerin tıpkı Yudkin'in kitabında anlatıldığı gibi adeta bir zehir olduğu, 2000'li yılların başında anlaşılmaya başlanıyor. Makalede bu hikâyeden yola çıkılarak, Canan Karatay'ın kolesterolün zararlı olmadığını ve kolesterol ilaçlarının da faydasız olduğunu açıklaması akabinde maruz kaldığı sözde 'bilimsel' linçe değiniliyor. Bu makale içerisinde Prof. Dr. Kenan Demirkol'un şu sözlerine de yer verilmiş: "Yaşadığımız çağ, akademik kapitalizm çağı. Yani, sermaye sahiplerinin akademisyenleri satın alması sonucu, toplumla paylaşmak istediklerini akademisyenlere söylettirdikleri çağdayız." Bizim, bu son derece düşündürücü makalede dikkatimiz çeken bir başka husus, kolesterolün tehlikeli olduğunu savunan Prof. Dr. Bingür Sönmez'in "Onlar iki kişi, biz on binleriz," demesidir. Sormak istiyoruz: Eğer bu on binler tek tek pratik bilimsel

araştırma, laboratuvar çalışması yapmıyor ve hepsi de bir zamanlar kabul görmüş bir sonucun üzerinden hareket ediyor ise, on binler ya da yüz binler olmuşlar ne fark eder? Haklılık sayıda mı? Fakat sevindirici haber şu ki, Prof. Dr. Bingür Sönmez, on binler çözülüp dağılmaya başlayınca ve iki kişiden oluşan gruba katılanların sayısı arttıkça taraf değiştirmiştir.http://woto.com/kolestrol (Son erişim: 06.08.2017)

36 http://www.cbgnetwork.org/1180.html (Son erişim: 25.03.2017)

37 http://www.ntv.com.tr/saglik/tarim-ilaci-roundup-abdde-kanser-izleme-listesinde,nYXjxsXC6EWNAnrL1dxRbg (Son erişim: 29.06.2017)

38 http://bianet.org/bianet/toplum/150586-monsanto-nun-100-yillik-tehlikeli-tarihi (Son erişim: 29.06.2017)

39 ISIS aynı zamanda, Merkezi İslam Coğrafyası'nı kana boğan, Avrupa'nın göbeğinde intihar bombacılığı yapan, yakarak dahi can alabilen bir örgütün İngilizce karşılığıdır. Çağdaşımız olan şeytanlar ritüellerini çağa adapte ederek devam ettiriyor olsa gerek.

40 Baal'in tevhitten kapıp şirk için kullandığı simgeleri: 'T' harfi, haç, boğa, boğa başı, boynuz, güneş, güneş diski. Boynuz simgeciliği her halükarda iki iklim, iki diyar, iki boyut, iki uç manasında kullanılır. Genel anlamda birden fazla diyara hükmeden zuhur ettirici efendi/güç anlamında ele alınabilir. Arapçada boynuz anlamına gelen 'karn' kelimesi de bu tanıma uyar zira Zülkarneyn şimdi insan tabiatına yabancı gelen ırklarla karşılaşmış ve onlara hükmetmiştir ki, onun isminde 'karn' kelimesi yer almaktadır. Türkçede 'oğuz' kelimesi 'öküz' manasındadır. Türklerdeki Oğuz Kağan Destanı da bu minvalde düşünülmelidir. Hatta en dar anlamda, bir yıldız sistemiyle bütünleştirildiğinde dahi 'boynuz' farklı bir diyarla irtibatı ortaya koyar ve gayet açıktır ki bu irtibatı sağlamak için kudretli bir güç gerekir. Ayrıca 'kanat' sembolizminin de aynı

gerçeği anlatan bir başka sembol olduğunu söyleyebiliriz. Kur'an-ı Kerim Fatır 1'de kullanılan 'ecnihatin' terkibi hem kanat hem de muktedir olma, yön, bir şeyin iki yanı; sağ ve solu yani 'cenah' anlamındadır. Herşeyden öte zaten 'kanat' kavramı farklı yönlere işaret eden iki uzuv olması bakımından iki ayrı uç, zıt yönler ile de ilişkilidir. Melekler için kullanıldığında himaye etme anlamı da vardır. Böylece bir meleğin kanat sayısı, onun ulaşabildiği boyutların fazlalığı ve imkânları, kabiliyetleri ile iç içedir. Ayrıca boğa (Baal, Bull) ve t sembolizmi manyetizma ile ilgilidir kanaatindeyiz çünkü manyetik güç adeta gücün ham hali gibidir.

[41] Araştırmalar bebeklerin doğumlarından 4 yaşına kadar beyinlerinin delta frekansında çalıştığını gösteriyor. 1 yaşına kadar olan bebeklerde baskın ritim deltadır. Her bir dalga boyu belirli bir bilinç durumuyla ilintilidir. Bir yetişkin birey bu dalgalarla bilinçsiz zihnin ve uykunun en derin hallerinde muhatap olabilir. Delta dalgaları en fazla 1 saniyede 4 kez dalgalanır. Beyin dalgaları 3 ile 50 hertz arasında değişmektedir. Burada gece uykusunun manipülasyona açık bir uyku olduğunu ve insanın hayal âlemine tamamen savunmasız bir şekilde açıldığını söylemek gereklidir. Bu da, genellikle neden bebeklerin kurban olarak seçildiklerini açıklar mahiyette. Aynı zamanda yetişkinlerdeki bilinç sıçramaları meydana getirilirken, neden bu sıçramalara alışkın ve sıçramalar esnasında neler tecrübe edildiğini bilen kişilerin birer yol gösterici olarak bu kişilerin yanında bulundurulması gerektiğini açıklamaktadır.

[42] Ki Allah aynı zamanda tek yaratıcıdır. Fakat Türkçede bazen yaratma kelimesi dizayn etme yerine kullanılır. Bu kullanım bir dil alışkanlığı halinde ortaya çıkıyor ise, kasıtlı değil ise, üzerinde fazla durmamak gerekli. Fakat yine de bu tür kelimeleri kullanmamak için gayret etmekte fayda var. Kasti olmayan kullanımı bir dil sürçmesinden öte taşımamak gerekli ki, bu kitabın yazarı dahi beşer olmanın gafletiyle bu tür dil sürçmelerine düşebilirler. Öte yandan eski metinlerde geçen ve tanrılara atfedilen 'yaratma' kelimesi, o metnin dilini aktarmak mahiyeti

ile kullanılmak zorundadır. Zira o metin olduğu gibi aktarılmalıdır ki, bu metinden çıkarımda bulunulabilsin.

[43] Asuraların tamamı kastedilmez. Devalarla tutuştukları savaşa dek melek boyutunda ve statüsünde bulunan isyankâr, güçlü ve iblisleşip habisleşen cinler kastedilir. Bunlar 'Danavas' olarak anılırlar.

[44] Böyle derken bu sembolün ve benzerlerinin çarpıtılmış anlamlarını dile getiriyoruz. Yoksa temel anlamlarında bu sembollerin şeytaniyet ile ilgileri yoktu. Haç ve 'T' sembolizminin özünde yatay ve dikey boyutlar arasındaki irtibat da vardır. James Churchward, "Kayıp Kıta Mu" kitabında bu sembolün Mu'da 'TA-HA' diye okunduğunu ve "yıldızlardan gelen sular" anlamına geldiğindi yazmıştı. Bu açıklamayla birlikte Kur'an-ı Kerim'deki Ta-Ha Suresi akla gelmektedir. Tabii bu surenin ismi üzerinde İslam uleması farklı açıklamalar getirmişlerdir.

[45] Bu lakabın Matrix filminin senaryosunda kime atfen kullanıldığı kitabımızda incelenmiştir.

[46] Bunlar kötü cinler gibidir.

[47] Mavi renk yahut kan ile ilişkili tüm varlıkların kötücül olduğunu iddia etmiyoruz.

[48] Buradan yola çıkarak bayraklarının bu melezliği sembolize etsin diye bilinçli bir şekilde oluşturulduğunu katiyen iddia etmiyoruz. İşi bu dereceye vardırmak, şu haliyle hayli zorlama olur. Hele de Büyük Britanya bayrağının farklı renklerdeki bayrakların terkibiyle oluştuğunu bilirsek, böyle bir iddia saçma olacaktır.

[49] Elbette bütün cisimlerin renkleri, bizim gözümüze göründükleri şekliyledir. Sonuçta renkleri algılamamız biyolojik kapasitemiz ile ilişkilidir. Bu konu biraz karmaşıktır. Aslında mor ışığın atmosferimizdeki saçılımı mavi ışıktan daha hızlıdır ama Güneş'ten gelen ışıkta mor ışığa maviden daha az rastlandığı varsayılmaktadır. Bu yüzden saçılım mavi ışığın baskın olmasıyla meydana geliyor. Diğer taraftan insan gözü maviyi mordan daha iyi algılamaktadır.

[50] Şunu da vurgulayalım: Biz, bütün cin topluluklarının mavi (kısmen de yeşil) kan ya da deri temelli olduğunu iddia ediyor değiliz. Ama ekserisinin öyle olduğunu düşünmekteyiz.

[51] Himalaya dağlarında yaşadığı söylenen ve masallara konu olan bu varlığın isminin 'Yecüc' kelimesi ile fonetik yakınlığı dikkat çekici.

[52] Bu metin, www.kosulsuz-sevgi.com, internet sitesinde Ağustos 2008 tarihi ve "İç Dünya, Lemuryalılar, Yeti, Devalar, UFO'lar" ismiyle James Tyberonn aracılığı ile konuştuğu söylenen 'Işığın Lordu' (Işık ve Lord kelimelerine dikkat!) Metatron'a istinat edilmiştir.

[53] Platon'un "Kritias" adlı eserinin, çevirisi Erol Güney ve Lütfi Ay tarafından yapılmış Milli Eğitim Bakanlığı'nın 1989 tarihli İstanbul basımı nüshasından istifade edilmiştir.

[54] Plaron'un "Timaios" adlı eserinin, çevirisi Erol Güney ve Lütfi Ay tarafından yapılmış Sosyal Yayınları'nın 2001 tarihli İstanbul basımı nüshasından istifade edilmiştir.

[55] Büyük Tufan'ı kastediyoruz. Bu tufanın öncü ya da artçıları 'Nuh Tufanları' deyimini oluşturmaya müsaittir.

[56] Mesela, piramit mimarileri.

[57] Esasında insandan ziyade beşer.

[58] İnsanoğlunu mutasyona uğratacak müdahaleler doğal olabileceği gibi, insan elinden çıkma sanayilerin ürünleri de olabilirler. Gerçekte, geçmişte İblis ve avenesinin insan soyunu bozmuş olduğuna dair Tevrat'ta ayetler vardır:

Yaratılış 6:1-4 "Yeryüzünde insanlar çoğalmaya başladı, kızlar doğdu. İlahi varlıklar (Tanrı Oğulları) insan kızlarının güzelliğini görünce beğendikleriyle evlendiler. RAB, 'Ruhum insanda sonsuza dek kalmayacak, çünkü o ölümlüdür' dedi, 'İnsanın ömrü yüz yirmi yıl olacak.' İlahi varlıkların (Tanrı Oğulları'nın) insan kızlarıyla evlenip çocuk sahibi oldukları günlerde ve daha sonra yeryüzünde Nefiller vardı. Bunlar eski çağ kahramanları, ünlü kişilerdi." Yaratılış 6:1-4'de ömrün kısalmasının gerekçesi (ya da gerekçelerinden biri) de ortaya konmaktadır.

Yaratılış 6:9-12 "Nuh'un öyküsü şöyledir: Nuh doğru bir insandı. Çağdaşları arasında kusursuz biriydi. Tanrı yolunda yürüdü. Üç oğlu vardı: Sam, Ham, Yafet. Tanrı'nın gözünde yeryüzü bozulmuş, zorbalıkla dolmuştu. Tanrı yeryüzüne baktı ve her şeyin ne denli bozulduğunu gördü. Çünkü insanlar yoldan çıkmıştı."

59 Enam/128

60 Tufana çok az zaman kaldığında genetiği temiz insanların ekseriyetle dağlarda ve mağaralarda yaşadığını, büyük tufan sonrasındaki dönemlerde dağlarda saklananların ise- her ne kadar sonrasında yine şehirlere inmeye başlamış olsalar da- devler olduğunu düşünüyoruz. Ayrıca mağara sembolizmini de düşünmeden edemiyoruz.

61 Fakat bu görüş mantıklı mı? Kavim kelimesi üzerinden, helakin sadece bir yere yerleşik olan halka mahsus olduğu iddia edilebilmekte. O halde küresel bir dünyada, fitnenin baş müsebbibi olan özel bir halkın ülkesi cezalandırılırken, yeryüzünün diğer bölgelerinin bundan kesinlikle etkilenmeyeceği mantıklı mı? Üstelik o bölgelerdeki halklar da fitnecilerle ortak iş tutmuşken? İslami referanslar, mutlak bir izolasyonun mümkün olamayacağını gösteriyor: "Allah bir topluluğa azap indirdiği zaman, o topluluğun içinde bulunan herkese isabet eder. Sonra (kıyamet gününde) herkes niyetlerine göre diriltilirler." (Hadis, Buhari) Öte yandan yeryüzünün çeşitli yerlerindeki mitolojilerde yer edinebilecek kadar derin psikolojik etkileri de olmuş Tufan'ın yanında hiç mertebesinde kalan 11 Mart 2011'de Japonya'daki deprem ve ardından gelen tsunami küresel ölçekte etkiler meydana getirmişken Tufan'ı lokal etkiye sahip bir olay olarak görmek mümkün değil. 11 Mart 2011'de Japonya'daki deprem ve ardından gelen tsunami ile ilgili bir haber:

"11 Mart günü Japonya'yı sarsan büyük deprem Dünya'nın dönüş hızını artırdı, gün kısaldı, gezegenin ekseni kaydı.

NASA'dan jeofizikçi Richard Gross 8,9'luk depremin Dünya'nın dönüş hızını artırarak 24 saatlik bir günü 1.8 mikro saniye (saniyenin milyonda biri kadar) kısalttığını belirtti.

Geçtiğimiz yıl meydana gelen 8.8 büyüklüğündeki Şili depremi de Dünya'nın dönüş hızını artırarak bir günü 1.26 mikro saniye kısaltmıştı. 2004'te Sumatra'da meydana gelen 9.0 şiddetindeki depremden sonraysa bir gün 6.8 mikro saniye kısalmıştı." https://www.ntv.com.tr/teknoloji/dunyanin-ekseni-kaydi,oR3DzYOqsku2exn5_1huIQ (Son erişim: 04.01.2018)

Bir başka haber:

"Tsunami ülkede çok büyük zarara yol açtı. Depremde 15,828 kişi hayatını kaybetti ve 3760 kişi hâlen kayıp olarak belirtiliyor. Kara ve demiryolları ağır hasar gördü, çeşitli yerlerde yangınlar çıktı ve bir baraj yıkılarak bölgeyi su basmasına neden oldu. Kuzeydoğu Japonya'da 4.4 milyon ev elektriksiz, 1.5 milyon ev ise susuz kaldı, deprem sonucu gıda sıkıntısı da meydana geldi. Deprem sonucu Fukuşima Nükleer Elektrik Santrali'nde tsunami sonucu kazalar meydana geldi. Deprem sonrasında doğan tsunamiler, dalgalar saatte 500 km hızla Hawaii'ye ulaştı... Deprem, Japonya'nın tüm Pasifik kıyısı boyunca çok büyük bir zarara yol açmış olan büyük bir tsunamiyi tetikledi. Dalgaların yüksekliği Taro'da ise 37.9 m, Ofunato'da ise 23 metre olarak kaydedildi. Tsunami tüm Pasifik'e yayıldı, Güney ve Kuzey Amerika'da, Alaska'dan Şili'ye kadar olan bölgede tsunami uyarıları verildi, bu bölgelerde tsunami görülmesine karşın etkileri küçüktü. Şili'nin Pasifik kıyısı 17,000 kilometrelik uzaklıkla en uzak yerlerden biriydi, buna rağmen ülkede yüksekliği iki metreye varan dalgalar görüldü." http://www.turkiyegazetesi.com.tr/dunya/245159.aspx (Son erişim: 04.01.2018)

62 Ariel Sophia Bardi'nin www.sapiens.org sitesinde yayınlanan "God or Geology? The Genesis of Ram's Bridge" adlı 20 Haziran 2017 tarihli haber yazısı.

http://sapiens.org/archaeology/rams-bridge-god-or-geology/ (Son erişim: 04.09.2017)

[63] Bu kitap çeşitli makalelerin "Cosmic Memory: Prehistory of Earth and Man" ismi altında kitaplaşmasıyla İngilizce olarak 1959 yılında Karl E. Zimmer'in tercümesiyle basılmıştır. Bu tarihten önce de İngilizce baskılar olmakla birlikte bunlar, kitabın şimdiki içeriğinin tamamını kapsamıyorlardı.

[64] William Scott-Eliott'un yazdığı, 1954 baskılı "The Story of Atlantis & the Lost Lemuria" adlı kitap.

[65] Bu kitap, Etiyopyalı Ortodoks Tewahedo ve Eritre Ortodoks Tewahedo Kiliseleri tarafından kanonik olarak kabul edilir, fakat diğer Hıristiyan gruplarca kabul edilmez. Genel anlamda Yahudilik içerisinde de kabul görmez.

Etiyopya'nın dışında, Enok Kitabı metni 17. yüzyılın başlarına kadar kaybolmuş/yok gibiydi. Yok olmaya terk edilmiş bu metin nihayet 1821 yılında Richard Laurence tarafından İngilizceye tercüme edildi. 1950'lerde Ölü Deniz Yazmaları'nda Enok'a ait Aramice bir bölümün açığa çıkartılması, eserin orijinal olduğu kanaatine yol açtı. Tüm Enok parçalarının resmi baskısını 1976 yılında Jozef Milik yaptı.

[66] Enok 6, 1-6: "İnsanoğulları çoğalınca, her bakımdan güzel kızları oldu. Melekler, göklerin çocukları onları görüp onlara karşı şehvetlendiler. Birbirlerine dediler ki: 'Gelin, insanların arasından kendimize eşler seçelim de onlardan çocuklarımız olsun. Ardından liderleri Semyaza onlara dedi ki: 'Bunu yapmayı kabul etmeyeceğinizden ve büyük bir günahın yükünü tek başıma taşımaya mecbur olacağımdan korkuyorum.' Onlar da ona dedi ki: Her halükarda sözümüzden vazgeçmeyeceğimize dair karşılıklı yemin edelim .' Beraber yemin ettiler ve akıllarındakini uygulayacaklarına dair söz vermiş oldular. Yeret'in zamanında Hermon Dağı'nın zirvesi Ardis'e indiklerinde sayıları iki yüz kişiydi. O dağa Hermon Dağı denmişti zira bu iş için birbirlerine yemin etmiş, vazgeçmemek üzere lanet okumuşlardı."

[67] Enok 7, 2-6: "Ve onlar (insan kızları) hamile kaldılar ve boyları üç bin karış olan iri devler meydana geldi. İnsanoğlunun her şeyini yedikten sonra, (aynı niyetle) insanlara yöneldiler ve on-

ları da yediler. Kuşlara ve hayvanlara ve sürüngenlere ve balıklara karşı günah işlediler ve (nihayet) birbirlerinin etini yiyip kanını içmeye (dahi) yeltendiler. Ve yeryüzü bu bozgunculuktan feryat etti."

[68] Enok kitabında bu ismin veriliş gerekçesi için "çünkü o ve oğulları korunacak/kurtulacak" denmektedir. İsmin Arapça'daki karşılığı 'niyahat' kelimesi ile ilişkilendirilmiştir ki bu kelime, 'ağlamak' anlamındadır.

[69] Enok Kitabı'nın Metuşelah Kitabı kısmı.

[70] Enok'un Kitabı, Enok 106, 19; Enok 107, 1.

[71] Hindu metinlerinde bunlar rakşasadırlar.

[72] Hindu metinlerine göre Bhima, genellikle rakşasalara kök söktürmekle birlikte dişi bir rakşasa ile cinsel ilişkiye girmiş ve ondan çocuğu olmuş bir kahramandır.

[73] Bakasura asura kaynaklı bir rakşasadır. Eski Hindu metinlerinde olağanüstü görülen varlıkların tümüne verilen isim asuraydı ama sonrasında devalar ve asurlar diye iki ana sınıf meydana geldi ve asuranın anlamı daraltıldı. Asura demek, iyi ve kötü özellikleri olabilen cinler demektir. Genelde devalar tamamen iyi varlıklar iken asuralar ise kötülüğe meyilli olabilen varlıklardır. Ancak her zaman kötü oldukları söylenemez. Bunların kötücül olanlarına danavas denir. Liderleri Vritra'dır. En erken Vedik metinlere göre yılan ve ejderha olarak betimlenen Vritra, İndra tarafından öldürülen bir asuradır.

[74] Baal'in çoğu kere güneşle bir tutulduğunu hatırlayalım. Burada güneşe tapınma dini, güneşin sembol sayıldığı kadim dinin şeytaniyet tarafından bozulmasıyla oluşturulmuştur.

[75] Buradaki çarpıtılmış halinin dışında bu varlığın gerçekte kim ve ne olduğu üzerine kitapta açıklamalar yapılmıştır.

[76] "İç Dünya, Lemuryalılar, Yeti, Devalar, UFO'lar" adlı James Tyberonn yazısı.

[77] Yanlış anlamalara mahal vermemek adına, bizim bu varlıkları tümden kötü ya da tümden iyi varlıklar olarak kabul etmediğimizi vurgulamak istiyoruz.

[78]http://www.telegraph.co.uk/news/worldnews/europe/bulgaria/6650677/Aliens-already-exist-on-earth-Bulgarian-scientists-claim.html (Son erişim: 02.07.2018)

[79] http://www.independent.co.uk/news/science/nasa-robert-bigelow-aliens-extraterrestrials-earth-aerospace-space-international-station-a7763441.html (Son erişim: 02.07.2018)

[80] https://www.cbsnews.com/news/bigelow-aerospace-founder-says-commercial-world-will-lead-in-space/

http://www.milliyet.com.tr/-uzaylilar-tam-olarak-burnumuzun-teknoloji-haber-2461416/ (Son erişim: 02.07.2018)

[81] Derin rüya esnasında bile işitme gücümüz zayıflar.

[82] Erzurumlu İbrahim Hakkı'nın "Marifetname" adlı eserin Milli Gazete tarafından 1997 tarihli İstanbul basımından istifade edilmiştir.

[83] Kitap 1966 yılında Kütahya'da İl Basımevi tarafından yayınlanmıştır. Yazarın iddia ettiği kaçırılma hadisesi 14 Temmuz 1951 yılında gerçekleşmiştir.

[84] "Sorularla İslamiyet" internet sitesinin https://sorularlaislamiyet.com/cinlerin-kani-var-midir linkinde "cinlerin kanı var mıdır ?" sorusuna şöyle cevap verilmiştir: "Verilen bazı bilgilere göre, cinlerde de kan vardır. Çünkü onlar da insan gibi yiyip içiyorlar ve evleniyorlar. Onlarda da burudet (soğukluk) ve rutubet vardır. Nitekim bir hadiste peygamberimiz (asm) 'yakaladığı bir şeytanı (cini) boğazından sıktığını ve dilinin soğukluğunu elinde hissettiğini' belirtmiştir. (bk. Ahmed b. Hanbel, 3/84; Nesâî, Sünen-i Kübra, 6/442; İbn Hibban, hadis sahihtir, demiştir. bkz. Sahih, 6/115) Cinlerin ateşten yaratılması, onlarda kanın olmasına aykırı değildir. İnsan da topraktan yaratılmış, ama eti, kemiği, kanı ve rutubeti vardır. (bk. Merkezu'l-Fetva, Rakam:1099). Kurtubi de insanların yaratılmasından önce yeryüzünde cinlerin ikamet ettiğinden ve kan döktüklerinden söz etmiştir. (bk. Kurtubi, Bakara 30. ayetin tefsiri) Kan döktüklerine göre onlarda kan vardır."

[85] Kocaer'in adı geçen kitabında Marslıların kendi gezegenlerine verdikleri isim olarak iddia edilmektedir.

[86] Bunlar genelde bir dev ve bir de cüce olarak tahayyül edilirler. Devin gelişmiş bir vücuda rağmen idrak yoksunu, cüce ise müthiş bir zekâya rağmen, fiziksel olarak çok kusurludur.

[87] Bu, salt anlamda bir nüfus artışı gibi gözükmemektedir.

[88] Bu kitabın yazıldığı dönemde insan klonlamanın çoktan gerçekleştiğine dair fazlasıyla duyum ortaya çıkmıştır.

[89] Fakat yamyamlık, arzularının kölesi olmuş toplumlarda, bu toplumlar teknikte ne derece üstün olurlarsa olsunlar pekâlâ en ilkel haliyle dahi teşvik edilebilir.

[90] İslami metinlerde gelecekteki soydaş ve düşmanımız Yecüc ve Mecüc'ün de yamyamlığından çokça bahsedilir.

[91] Şimdilerde ceninlerle bir çeşit yüz güzelleştirme takviyesi de sağlanıyor: "Bebek ceninden elde edilen ilaçla yüzünü gençleştiren Bülent Ersoy ilk konserine çıktı. Bugüne kadar yaptırdığı estetik operasyonlarla adından sıkça söz ettiren Bülent Ersoy, Açıkhava Konseri öncesi Türkiye'de çok az insanın uygulattığı yeni bir yönteme daha imza atıp, düşük yapan kadınların bebeklerinden alınan cenin kök hücrelerinden hazırlanan ilacı yüzüne enjekte ettirdi." http://www.hurriyet.com.tr/ceninle-boyle-genclesti-12208494 (Son erişim: 16. 12.2017)

[92] https://www.cbsnews.com/news/vaccines-and-autism-a-new-scientific-review/ (Son erişim: 16.12.2017)

[93] Dr. Jay Carpenter'in bu konuda Crisis Magazine'de 13 Şubat 2015 tarihinde yazdığı makaleyi anlamlı buluyoruz. Dr. Jay Carpenter, son günlerde ABD'de ebeveynlerin çocuklarını aşılamaları gerekip gerekmediği konusunda bir tartışma ortaya çıktığını vurgulayarak makalesine başlıyor. Carpenter'ın yazısından Başkanlık isteği ile bazı politikacıların (özellikle Senatör Rand Paul) ebeveynlerin bu kararı verme haklarını savundukları için eleştirildiğini öğreniyoruz. Carpenter dâhiliye doktoru olarak, aşıların etkinliğine kesinlikle inandığını,

fakat bazı aşıların etik olarak sakıncalı olduğunu beyan ediyor ve şöyle diyor: "Kızamık aşısı konusuna ilişkin ahlaki bir endişe duyuyorum ki Amerikan kamuoyunun bunun farkında olduğuna inanmıyorum: Mevcut MMR aşısının bir parçası düşük sonucu elde edilen bir fetal hücre dizisinden türetilmiştir. Bu nedenle, 'kirletilmiş' terapiyi kullanamayacak geniş bir Amerikalı grubu vardır." Fakat Carpenter'e göre talihsiz gerçek, ahlaki olarak kabul edilebilir alternatif aşıların mevcut olmasına rağmen bunların üretilmemesi ve ABD'ye sokulmamasıdır. Makaleden öğreniyoruz ki, düşük sonucu elde edilen fetüslerden alınan hücre hatları, Hepatit A, suçiçeği, zona, kuduz, bazı küçük frengi aşıları, bazı çocuk felci aşıları, Pentacel ve Quadracel gibi bazı çocuk felci kombinasyonları ve bazı yeni Ebola aşılarında kullanılmakta. Hemofili, kistik fibroz ve romatizmal artirit için bazı tedavilerde de fetal hücreler kullanılıyor. Carpenter bu bilgiyi verdikten sonra şöyle diyor: "Gerçek şu ki, bunların hiçbiri bu tür kaynaklardan gelmek zorunda değildir, araştırma çevrelerinde kolaylıkla bulunabilen diğer hücre hatlarından yapılabilir. Örneğin, Japonya'daki Kitasato Enstitüsü etik açıdan kabul gören MMR aşılarını yapar. Ne yazık ki, FDA bu aşıların ABD'ye ithalatına izin vermemeye karar verdi." http://www.crisismagazine.com/2015/efficacious-vaccines-produced-unethically (Son erişim: 16.12.2017)

ABD'de iş, aşı destekçilerinin çocuğunu aşı yaptırmayanların çocuk istismarından hapse girmelerini talep etmesine dek vardırıldı. https://www.globalresearch.ca/mmr-vaccines-contain-cells-from-aborted-human-babies/5434009 (Son erişim: 16.12.2017)

[94] Koyun Dolly örneğinden hareketle klonlanacak insanların normalden çok daha hızlı yaşlanacağı öngörülmektedir ki bu da ticarette avantaj olabilir. Erken yaşlanma problemi çözülse bile zaman zaman ticari kaygılarla 'çözülmemiş halde' de piyasaya sunulabilir.

[95] Vurgulayalım: İnsan klonları hâlihazırda gizlice üretiliyor olabilir.

[96] Doğal yolla bir bebek kalıtsal özellikleri 46 kromozoma sahip nükleus (çekirdeği) ile alır. Ve bu kromozomların 23'ü babadan 23'ü anneden gelir. Ancak klonda 46'sı aynı anda tek bir bireyden alınır.

[97] Şimdiye değin yapılanlar yapılacak olanların teminatıysa, olacaklar belli ama yine de uyarmaktan vazgeçmeyelim.

[98] es'Se-Alebi aktarmıştır: "Elbette Âdem'in çocukları çoktur. Yecüc ve Mecüc âdemoğullarındandır. Soylarından bin çocuk gelmeden ölmezler."

[99] Aklımıza şu Fransız atasözü geldi: Daha iyi, iyinin düşmanıdır.

[100] Kozan Demircan'ın 3 Eylül 2016 tarihinde transhümanist Natasha Vita-More ile yaptığı "Aşkın İnsan Üstün İnsana Karşı" üst başlıklı röportajdan alıntı. https://khosann.com/askin-insan-ustun-insana-karsi/ (Son erişim: 03.03.2018)

[101] http://www.bbc.com/news/magazine-35786771 (Son erişim: 04.04.2018)

[102] http://www.hurriyet.com.tr/gundem/2045-te-insan-beynini-kopyalayip-ilk-e-insani-yaratacagiz-17843945 (Son erişim: 04.04.2018)

[103] https://www.ntv.com.tr/turkiye/en-zengin-1226-insana-olumsuzluk-teklifi,Jnfp6CuorkGoTfuq3PGBYw (Son erişim: 04.04.2018)

[104] Dijital ortamdaki davranışlarımızın, tabii hayatımızdaki davranışlarımızla çoğu zaman uyuşmadığını göz önünde bulundurursak, ortaya çıkacak sanal kopyanın 'hangi bizi' yansıtacağı da tartışma konusu olacaktır. Benlikler, basmakalıp yapılar değildirler. Alt ve üst benlikler ortama göre yer değiştirebilir. Bazı ortamlarda ve hallerde bambaşka benlikler ortaya çıkabilir. Çünkü benlikler bastırılabilir, yer değiştirebilir ve dönüşebilirler. Akıl, bu benlikler arasındaki dengeyi, hareketi herhangi bir delilikle neticelenmeyecek şekilde yöneten sistemimizdir.

[105] Bu durumda, her ne kadar maddeler tarafından yönetilsek de,

bu maddelerin arkasına sığınmış ve madde tahakkümünü destekler şekilde fısıldayan, hatta fısıldamanın da ötesine geçen şeytani güçlerin olduğu da çok açıktır.

[106] Terapötik klonlama, tam manasıyla 'yedek parça' olarak kullanılacak embriyo üretimidir.

[107] NTV'nin internet sitesinde 21 Ağustos 2017 tarihli ve "Uzmanlardan BM'ye 'Katil Robot' Uyarısı" başlıklı haberin linki: http://www.ntv.com.tr/galeri/teknoloji/uzmanlardan-bmye-katil-robot-uyarisi,MQAtnGDSXU6r0utyLdRMxA/6ju-VknGlB0CbrMX7PJ5xBA (Son erişim: 22.08.2017)

[108] Sosyal bilişsel ve duyuşsal nörobilim.

[109] https://www.york.ac.uk/news-and-events/news/2015/research/psychologist-brian-magnetic/, (Son erişim: 22.08.2017)

[110] "eLife" dergisinde yayınlanan araştırma hakkındaki link: http://newatlas.com/magnetic-brain-stimulation-control-movement/50931, (Son erişim: 22.08.2017)

[111] Manyetizma kelimesi aynı zamanda yurdumuzdaki Manisa şehri ile bağlantılıdır. Bu şehir eskiden Magnesia olarak adlandırılırdı. Spil Dağı'nın manyetizmaya sahip olduğu ve Manisa'nın bu manyetizmadan etkilendiği söylenir. Thales'in mıknatıs etkisi gösteren bir taşa, Magnesia (Manisa) kökenli olduğu için bu adı verdiği söylenir.

[112] Peki, manyetizma nasıl oluşur? Manyetizma hareket halindeki elektrik yüklerinin birbirlerine uyguladıkları kuvveti inceler.

Maddeyi oluşturan bütün elektronların meydana getirdiği toplam çekim kuvveti maddenin manyetik olmasını belirler. Bir maddenin manyetik olması hem elektronların atom çekirdeği etrafındaki dönüşleri, hem de kendi etraflarındaki dönüşleriyle ilgilidir. Eğer belli bir yönde dönen elektron sayısı diğer yönde dönen elektron sayısından farklı ise madde manyetik özelliğe sahip olur. Her iki yönde de dönen elektron sayısı birbirine denk ise maddeler manyetik özelliğe sahip olmazlar.

Fakat mıknatıs özelliği olmayan yani her iki yönde dönen eşit sayıda elektron sayısı olan maddeler elektrostatik bir alana maruz kaldıklarında manyetizma oluşturabilirler. Bazı maddelerde, kazanılan bu manyetik özellik yani mıknatıslanma kalıcı olurken bazılarında olmaz. Bu da, her maddenin bir şekilde manyetik özellik gösteren parçalara sahip olduğunu gösterir. Bu manyetik özellik gösteren parçacıkların biri kuzeyi, öbürü de güneyi gösteren kutupları vardır.

N (Kuzey) kutbundan çıkıp S (Güney) kutbuna giden manyetik alan çizgiler havadan geçse de bazı maddeler bu alanı perdeleyebilir ve kesintiye uğratabilirler.

Bazı maddeler manyetik alan tarafından çekilir (paramagnetism) bazılarıysa itilir (diamagnetism).

Bakır, Aliminyum, cam, plastik vs... manyetik alandan çok az etkilenirler ve mıknatıslanma özelliğine sahip değillerdir (nonmagnetic). Ama oksijen sıvı hale getirilebilirse manyetizma kazanabilir. Bu, suyun da manyetik alandan etkilendiğine işaret etmektedir.

Görelilik kuramına göre içinde elektriğin mevcut olduğu her şeyde manyetizma, manyetizmanın mevcut olduğu her şeyde elektrik vardır. Bu da dünyanın manyetik alanından teorik olarak elektrik üretmenin mümkün olabileceğini gösterir. Ayrıca manyetik kuvvet hız ile ilişkilidir. Elektrik, manyetizma, hız ve kütle arasındaki ilişki tekne örneği üzerinden verilebilir. Elektrik ve manyetizmayı su üzerinde duran bir tekne gibi düşüneceksek, teknemizin kütlesi gücün miktarını belirler. Teknemizin hızı gücün akış oranını belirler. Suyun içinde meydana gelen dalgalar oluşan manyetik alan olarak düşünülmelidir. Tekne hareketsiz ise manyetik alan oluşmamıştır. Fakat tekneniz dışarıdan da hareket ettirilebilir. Yani başka bir manyetik alan, tıpkı başka bir geminin hareketi gibi, yandaki tekneye çarpan manyetik bir alan oluşturarak tekneyi oynatır. Artık tekne de kendi dalgalarını yani kendi manyetik alanını oluşturmaya başlar. Yani hareketli bir manyetik alan hareketli bir elektrik alanı oluşturur.

[113] http://www.rexresearch.com/hendershot/hendershot.htm (Son erişim: 02.03.2017)

[114] http://rexresearch.com/hendershot2/hendershot.htm (Son erişim: 02.03.2017)

[115] Mesela, Mariner II ile yapılan araştırmalar sonucunda Venüs'ün bir manyetik alana sahip olmadığı fikri güçlenmiştir. Oysa Venüs'ün çekirdeğinin demir içerdiği düşünülmektedir.

[116] 17 Aralık 1493'te Zürih yakınlarında doğan 24 Eylül 1541'de ölen İsviçreli doktor, kimyager, simyager ve 'gizemci'. Modern tıbbın kurucularından biridir. Zamanındaki tıp uygulamalarına karşı çıkmış, ibni Sina'nın kitaplarını herkesin gözü önünde yakmıştır. "Her şey zehirden ibarettir zehir ile zehir olmayanı ayıran dozdur," sözü meşhurdur. Fakat o kelimenin bugünkü ideolojik anlamıyla tamamen 'modern' değildi. Dönemine göre 'moderndi. O dönem herkesçe kabul gören pek çok şeye bağlı kalmıştı. Mesela gezegenlerin vücudun farklı organları üzerindeki etkilerine inanıyordu ve bu etkiyi manyetik özelliklerle açıklıyordu. Ayrıca bitkilerin şekil ve renklerinden fayda sağlayabilecekleri organları tespit etmenin mümkün olduğuna da inanmaktaydı. Sıkı bir ökültistti. Tılsımların gücüne inanmaktaydı. Kan konusunda uzmandı.

[117] Fakat plasebo etkisi bile çok şey ifade etmektedir; Mesmer'in çalışmaları hipnozun keşfine yol açacaktı. On dokuzuncu yüzyıla gelindiğinde, James Braid, Mesmer tekniğini hipnoza dönüştürecekti.

[118] Bu kitabın Türkçeye Ahmet Kardam tarafından çevrilmiş ve 1999 yılında İstanbul'da Ayrıntı Yayınları'nca basılmış kopyasından istifade edilmiştir.

[119] https://www.washingtonpost.com/news/to-your-health/wp/2016/05/03/researchers-medical-errors-now-third-leading-cause-of-death-in-united-states/?utm_term=.6afbb0305ce3 (Son erişim: 18.02.2017)

[120] Bu kitabın Türkçeye Mustafa Armağan tarafından çevrilmiş ve 2009 yılında İstanbul'da İnsan Yayınları'nca basılmış kopyasından istifade edilmiştir.

[121] Allah sevgisi ile kendinden geçmeye cezbe denmiştir.

[122] Bu işkence anında beyin dalgalarının senkronize olduğu frekans aralığı üzerinde düşünmekte fayda var.

[123] Çağlar öğretisi için Hesiodos'un "Theogonia" adlı eserine bakılabilir. Bu eserlere bakılırken 'tevhid' ve 'şirk' mücadelesi hiçbir vakit unutulmamalıdır. O yüzden eserdeki çarpıklıklara dikkat edilmeli.

[124] Ighina'nın iddiasından yıllar sonra NASA'dan ilginç bir açıklama geldi. NASA'nın resmi internet sitesindeki 2 Temmuz 2012 tarihli haber şöyle: "NASA'ya göre Iowa Üniversitesi araştırmacısı Jack Scudder Dünya'nın manyetik alanında açılıp kapanan yüzlerce kapı buldu." Bu manyetik kapıların gezegenimizden 93 milyon mil uzaklıktaki Güneş'in atmosferine kesintisiz bir yol oluşturduğunu söyleyen Scudder, kapıların gök cisimlerinin manyetik etkisiyle oluştuğunu sözlerine ekliyor. Buna göre kapılar görünmez, kararsız ve yakalanması zor yapıdalar.https://www.nasa.gov/mission_pages/sunearth/news/mag-portals.html, https://www.chip.com.tr/haber/bilim-adamlari-gizli-kapilar-buldular_34613.html (Son erişim: 20.07.2017)

[125] Ighina'nın "manyetik atom dalgalarının Güneş ile Dünya arasında sürekli değiştirildiği" açıklaması aklımıza Stanley Kubrick'in yönettiği 1968 yapımı "2001: A Space Odyssey" (2001: Bir Uzay Destanı) filmini getiriyor. Filmin Vikipedia'dan alıntıladığımız 'İnsanlığın Şafağı' kısmı şöyle: "Afrika çöllerindeki görüntüler üzerinde 'İnsanlığın Şafağı' başlığı okunur. Tarih öncesi bir maymun-adam kabilesi kurak çölde yaşamaya çalışmaktadır. Yaşadıkları yerde bir sabah, gizemli bir dikdörtgen dikilitaş belirir ve ürkek maymunlar taşı inceler. Bu karşılaşmayı takiben yalnız bir maymun-adam bir yığından kemik aldığında ilk aleti bulur ve diğer kemikleri kırarak onu bir sopa gibi kullanabileceğini keşfeder. Bu maymun-adam artık kısmen dik durmaktadır, yeni silahını kullanarak bir düşman maymunu sopalayarak öldürür. Muzaffer maymun-adam silahını havaya

fırlatır, düşmekte olan kemiğin yörünge uydusuna dönüştüğü bir eş kesme ile film bu noktada geleceğe atlar." Film, geleneksel bilgiyi tam anlamıyla çarpıtmış (ters yüz etmiş) olmasına rağmen, Dünya dışı dalgaların insan gelişimindeki etkilerini yansıtmaktadır. Fakat burada yine de Darwinist evrimsel bakış açısından gidilmektedir. Bir başka husus da Ay merkezlidir. Gizemli siyah dikdörtgen dikilitaş ile Ay'daki zeki varlık/varlıklar arasında bir bağlantı kurulmuştur ki bu, bir başka şeytani çarpıtma türüdür.

[126] Ayrıntılı bilgi için: "Blueprint for Immortality The Electric Patterns of Life," H.S.Burr, Neville Spearman, Londra, 1972.

[127] Krita, yapmak, tamamlamak fiilinden türetilmiştir ve bu yüzden mükemmelliği ifade eder. Demek ki diğer adı Satya Yuga yani 'Hakikat Çağı'dır. Krita Yuga dört çağın ilki ise, sayısı dörttür. Ondan sonra gelen çağ, dört sayısından bir eksilişi ifade eden Treta Yuga yani 'Üçüncü Çağ' olacaktır. Bu çağın hemen arkasından da Dvapara Yuga yani 'İkinci Çağ' gelecektir. Fakat bu çağın arkasından gelen çağ artık direkt olarak bir sayısı ile ifade edilmez. Mükemmellikten en uzak anlamında kullanılır ve kötülükle ilişkilendirilir. Bu yüzden ona Kali denir ki o hem bir demon ile bağlantılıdır hem de kavgayı, yarışı, en kötüyü ifade eder. Uğursuzluktur.

[128] http://www.aljazeera.com.tr/haber/dunyanin-manyetik-alani-degisiyor (Son erişim: 18.02.2017)

[129] İnsan ırkı diyoruz ama Darwincilere göre 700 bin küsür yıl önce modern insan ırkından bahsetmek söz konusu bile değildi. Bizce de öyle olmakla birlikte, ayrı düştüğümüz pek çok ve pek mühim noktalar var. Özel bir tür olan beşerin, geliştirilerek insanlaştırılmasını kabul ediyoruz. Öte yandan, mesela günümüzdeki transhümanizm akımının etkisi sonucu meydana çıkan ve çıkacak biyoteknolojik bedene sahip olan varlıkların hür iradeli insanlardan çok, kontrol edilmesi hayli kolay beşerler olacakları da ortadadır. Dolayısıyla, insan bedeni içerisine girecek teknolojiyle, bu bedende meydana gelecek değişiklileri, ilerleme olarak görmek aldatıcı olur. Çünkü biyoteknolojik

müdahaleyle gerçekleşecek olan kabiliyetlerdeki artış, hakiki hürlükle ters orantılıdır ve şu haldeki hürlük her zamankinden daha fazla ince bir ipin (ya da küçük bir çipin/değiştirilmiş genlerin/kimyanın mı demeliydik?) üzerinde hareket edecektir.

[130] http://www.popsci.com/military-aviation-space/article/2008-06/militarys-mystery-machine (Son erişim: 28.07.2017)

[131] McDonald'tan yaptığımız bütün alıntılar onun 1968 tarihli şu makalesindendir: "How To Wreck The Environment"

[132] 1950 yılından beri yapılan deneyler kastediliyor.

[133] Bu örgüt, tamamen sulandırılmış ve bilinçli olarak hedef gösterilmiş, şer odak tarafından kötü polis rolü yaptırılan polistir. Gerçek kötülük merkezini gizlemek amacıyla piyasaya sürülüp kamuoyun sunulan gölge kötülüktür.

[134] Adı geçen iklimleme malzemeleri standart hale getirilmiş yakıt ve ateşleme sistemlerinin parçaları da olabilir mi? Şu an için bilemiyoruz.

[135] Ancak bunlar başka açıdan 'zihin kontrol araç gereçleri' olarak da kullanılabilirler. Nükleer atık meselesine gelince: Mesela bu zehirli maddelerden stronsiyum-90 nükleer santraller vasıtasıyla doğaya atık olarak bırakılabilmektedir. Petrol-jeoloji yüksek mühendisi Tufan Erdoğan, "Türkiye'nin Nükleer Rönesansı" adlı makalesinde Stronsiyum-90'ı şöyle tarif ediyor: " Stronsiyum-90 özellikleri bakımından kalsiyuma benzer. Bu nedenle vücut tarafından kalsiyum zannedilerek emilir; dişlerde ve kemiklerde depolanır. Yiyecek ve içeceklerle vücuda giren stronsiyum-90'ın % 70-80'i vücuttan dışarı atılır. % 20-30'u kemiklerde birikir. % 1 civarındaki bölümü ise, kan dolaşımına karışır; kemik ilikleri ve yumuşak dokulara girer (UN Environmental Protection Agency, www.epa.gov). İnsan vücudunda depolandıkları yerlerde yüksek enerjili elektron ya da beta partikülleri emisyonu ile hücreleri öldürür ve mutasyonlara neden olur. Kemik iliklerinde bağışıklık sistemi ve kan hücreleri ürediğinden, stronsiyum-90 kan kanseri, göğüs ve prostat kanseri ile bağışıklık sistemi bozukluklarına ve dolayı-

sıyla AİDS hastalığına yol açar (www.iacenter.org; blackhole.on.ca; www.lightparty.com: Wiesen, B. ; Gould, J.M., 'Deadly Deceit' ve 'The Enemy Within' adlı kitapları). Ayrıca hormonları, pankreası, tiroit bezlerini, üreme organlarını ve merkezi sinir sistemini de tahrip eder. Hormonal dengelerin bozulması ve merkezi sinir sisteminin tahrip olması sonucunda, obezite, yüksek tansiyon, kalp hastalıkları, astım, şeker hastalığı ve felçlere de neden olur...Nöronları tahrip ederek beynin zarar görmesini ve beynin prefrontal korteksinin etkilenmesi sonucunda da otizm, dawn sendromu, konsantrasyon bozuklukları, öğrenme yeteneğinin yok olması, intihar ve cinayet eğilimlerinin ortaya çıkmasını sağlar (Sternglass, E., Radiation Public Health Project, 8 Ksım 2003:

www.mindfully.org/Nucs/2003/Strontium-90). Az dozajda radyasyon yayan stronsiyum-90 ile uzun süreli temas, kısa süreli yüksek dozajla temastan çok daha tehlikeli ve öldürücü." Makalenin tamamı için bknz:

www.jmo.org.tr/genel/bizden_detay.php?kod=688 (Son erişim: 13.08.2017)

[136] Rockefeller'in Sovyetlerdeki etkisini aklımıza getirdikçe sorularımıza cevap buluyoruz.

[137] Baal, Bull, Ox, Oğuz.

[138] Mesela arkh, trişula, magnesia sembolü ve hatta hilal.

[139] Buradaki 'T' mimarisini Baal'e bağlıyor değiliz. Ancak 'T' şeklindeki mimarinin ve sembollerin daha ayrıntılı biçimde incelenmesi gerektiğine ve bu şekle benzer farklı sembollerin (mesela İskandinav menşeli boynuzlu tanrı Thor'un çekici gibi) birbirleriyle ilişkilerinin irdelenmeye değer olduğuna dikkat çekmek istiyoruz. Buradaki itirazın temeli Göbeklitepe'deki taş 'T' yapıların demir kullanılmadan yapıldıkları halde, demiri ciddi manada bilmediği varsayılan bir uygarlığın, böyle bir sembolü demirle ilişkilendirerek kullanmış olamayacakları üzerinden kurgulanacaktır. Öncelikle bize göre 'T' şekli o dönem insanının muhayyilesinde saf manada, alelade insanı

yani beşeri değil, insanın nezdinde yaratılışı, zuhuratı ve yaratıcıyı/zuhuratın sembolleri olarak yaratıcıları temsil etmektedir. Herhalde mükemmel çizimler yapabilen Göbeklitepe ustaları, isteseler her bir taş bloğunu kocaman beşer figürleriyle damgalayarak, onu açık şekilde tasvir edebilirlerdi ki o beceriye sahip oldukları bu bloklar üzerindeki çeşitli hayvan ve beşer kabartma ve de çizimlerinden anlaşılmaktadır. Dahası, bölgeden heykelcikler de çıkartılmıştır. Eğer bir yerde salt bir geometrik şekil ya da saf sembol var ise, orada söz ve bir nesnenin olduğu gibi taklidi ile açıklanması mümkün olmayan bir güç de var demektir. Dolayısı ile bu onların nazarında insan vasıtasıyla kendi yüceliğini gösteren tanrının ta kendisidir. Fakat bu tanrı neden 'T' ile ifade edilmiştir? Neden birden fazla 'T' taş yapı ile ifade edilmiştir? Bunun nedeni ilahlık taslayanların yahut ilahi olanla birleşmek isteyenlerin hiyerarşik düzenine uygun bir sembol oluşturmak mıdır? Şunu bilmemiz gerekir ki haç ve 'T' sembolü en temel anlamıyla dikey ve yatay düzlemlerin kesişmesiyle meydana gelen varlığı ifade eder. İnsanı daha çok andıran eski Mısır'ın ankh sembolü, aynı zamanda (T şeklinin tepesindeki daire ile) ölümün ve yaşamın (dolayısıyla sonsuzluğun) anahtarı gibidir ki tanrı tasvirlerinin elinde bu sembol bulunur. Fakat bu sembol daha sonra şirk etkisiyle anlam değiştirmiş olmalıdır. Biz bu sembolün demir ile doğrudan bağı olduğunu söylemiyoruz. Ancak en azından tarihin bazı zamanlarında dolaylı bir bağ oluştuğu kanısındayız.

[140] Bir başka anlam olarak: Cinler (bakır) ve İnsanlar (demir).

[141] Balarama Baal'in karşılığı değildir. Balarama Dünya'yı idre etmek ve kâinattaki düzeni korumakla görevli Hint tanrısı Vişnu'nun yeryüzündeki gölgesi gibi düşünülebilecek Krişna'nın kardeşidir. Fakat ondan hayli farklıdır. Bu arada Hindu tanrılarının hem Allah'ın sıfatlarını hem de meleklerini temsil ettiklerini, melek boyutuna sokulup oradan düşürülmüş varlıkların da farklı ilahlar olarak ele alındıklarını unutmayalım. Balarama'ya gelince: O, içkiye düşkün, çabuk öfkelenip kolay sakinleştirilen kaba saba bir tiptir. Balarama'nın hem top-

rakla hem de içki ile betimlenen karakteri bu yönüyle Yunan tanrılarından Diyonisos'a benzemektedir. Bu arada kâinatı düzenlemekle görevli olan Vişnu da güneş diski ile sembolize edilir. Bu şaşırtıcı gelmemelidir. Hatırlayalım ki, İblis, sembolleri kendi sistemi adına kullanmakta beceriklidir.

[142] Bazıları Oğuz Kağan'ı neden Baal ile değil de Zülkarneyn ile irtibatlı kıldığımızı sorabilir. En açık şekilde cevap veriyoruz: Hiçbir Türk, Oğuz Kağan için insan kurban etmediği gibi, onu bir put olarak da görmemiştir.

[143] Biz, buradaki yaratma kelimesini dizayn etme/tasarlama/bir şeyin yapısını değiştirme anlamında algılamaktayız.

[144] Hiyerarşik olarak bu hükümdar önce Melek Mikail, sonra da onun memuru hüviyetinde Zülkarneyn'dir.

[145] Fil görünümündeki Hint tanrısı 'Ganeşa' ismi ile Türkçedeki 'güneş' kelimesi arasındaki ses benzerliğine dikkat çekmek istiyoruz.

[146] Meksika'dadır.

[147] Kehf/84

[148] Mahir Ocak'ın "Manyetizma Sayesinde Yön Bulan Balıklar" başlıklı 03/09/2014 tarihli haberi Tübitak Bilim Genç Dergisi'nde yayınlanmıştır. http://www.bilimgenc.tubitak.gov.tr/makale/manyetizma-sayesinde-yon-bulan-baliklar, (Son erişim: 04.09.2017)

[149] Thor'un çekici: Mjöllnir.

[150] Velikovsky'nin teorisinde Jüpiter'in güneş sistemimizi şekillendirmekte merkezi bir konumu olduğunu da unutmayalım. İddiasına göre Jüpiter'deki bir patlama Venüs'ü doğurmuş, Venüs'ün doğumuyla meydana gelen kargaşa Mars'ı mahvetmiş ve Dünya'yı doğrudan etkilemişti.

[151] Eski Yunan'daki Zeus'un da yıldızı Jüpiter'dir.

[152] https://en.wikipedia.org/wiki/Thor (Son erişim: 30.03.2018)

[153] https://en.wikipedia.org/wiki/Thursday (Son erişim: 30.03.2018)

[154] Aslında astroloji evrenseldir. Fakat onun evrensel olduğunu düşünmeyenler adına, onun bir gelenek içerisindeki yerini belirtmek için bu vurguyu yaptık.

[155] Fikret Türkmen ve Ferah Türker'in "Türk Dünyası İncelemeleri Dergisi"nin XIV/1 Yaz 2014 sayısında yer alan "Geleneklerde ve İnançlarda Demir" adlı makalesinden: "Demir anlamını taşıyan en eski söz ise Sümercedeki 'an.bar'dır. Kelimenin açılımı 'gök' ve 'ateş' demektir. Genellikle bu kelime "gök metali" ya da "yıldız metali" şeklinde çevrilmiştir."

[156] Neden kılıç gibi daha gösterişli savaş aletleri varken 'T' şeklindeki bir çekici kullanmıştır? Çekicin demir dövmekte, ona şekil vermekte çok önemli bir araç olduğunu da hatırlayalım.

[157] Tuzun da zikredilmesini önemli buluyoruz. Zira tuz, elektromanyetizma ve dolayısıyla radyoaktivite arasında bir ilişki mevcuttur. Tuzun radyasyondan koruyucu bir özelliği vardır.

[158] Bu kitap Yayın Dünyamız Yayınları'ndan çıkmıştır.

[159] Maveraünnehir'in Nesef şehrinde doğmuş, ilk eğitimini doğduğu şehirde almış, sonrasında Buhara'ya taşınmış ve burada tıp okumuştur. Türkçe basılan Zübdetü'l Hakayık, Mebde ve Mead olarak da bilinir.

[160] Şeytaniyet iyilik figürlerini de kötülüğün hizmetçisi gibi gösterebilir. Yahut da İblis ve avenesi bazen kendilerini hakikat timsallerinden biri ya da birkaçı ile özdeşleştirebilirler. Budizm ile harmanlanmış Türk mitolojisinde İblis Erlik'in bir boğayı çalmakla suçlandığından söz edilmektedir.

[161] Tüm bunları transhümanistler de iddia etmektedirler ancak onlar bu iddialarını gerçekleştirmek için uzaylı varlıklara değil, 'beşer elinden' çıkma teknolojiye güvenmektedirler.

[162] Azap verici bir duman denilince, volkanik aktiviteleri de düşünmek gerekli.

[163] Muhammed B. Resul El Hüseyin El Berzenci'nin Pamuk Yayıncılık'tan çıkan "Kıyamet Alametleri" kitabına bakılabilir. 21 Ağustos 2017 tarihli güneş tutulmasında bu bağlamda sa-

dece NASA objektiflerine yansıyan ya çok manidar bir tesadüf gerçekleşmiş ya da çok ince bir mesaj verilmiş olmalı. Büyük Dumanlı Dağlar Milli Parkı yönetimi (Great Smoky Mountains National Park), güneş tutulması dolayısıyla üç yerde halka açık biletli etkinlikler düzenledi. Hatta The Clingmans Dome Tower gibi bir yer sadece medya mensupları için tahsis edildi. Bu arada tutulma sırasında hayvanlardaki değişiklikler de gözlemlenecekti. İşte bu Büyük Dumanlı Dağlar'dan NASA'nın gerçekleştirdiği tutulmayı gösteren video çekiminde, güneş ışınları karanlığın içine gömülürken bir de Davut yıldızı (heksagram) ortaya çıkıverdi. ABD'de Güneş tutulmasının etkinlik alanı haline getirilen Appalachian Sıradağları'nın içinde hem Smoky yani Dumanlı hem de Green yani Yeşil Dağlar var. Bunlar, Deccal için hazırlanan bazı ritüellere uygun yer ve olay seçimleri olarak düşünüldüklerinde, gözden kaçırılmamalıdırlar.

164 Sahih-i Müslim'deki hadis numarası: 5215 olarak verilmiştir.

165 http://www.hurriyet.com.tr/kotu-bir-kehanet-gibi-rapor-11310873 (Son erişim: 19.06.2017)

166 https://science.nasa.gov/science-news/science-at-nasa/2014/23jul_superstorm (Son erişim: 22.02.2017)

167 Sanırız bu yalanı tasarlayanlar, rapor tam bin sayfa olmaz ise yalanın ciddiye alınmayacağını düşündüler.

168 http://www.gunes.com/dunya/dunya-kasimda-15-gun-kararacak-636160 (Son erişim: 01.03.2017)

169 Bu hadis, Tırmizi'nin eserinde yer almaktadır.

170 Denkleşmeyi ortaya koyarken, bunların kesinlikle uzaydan geleceklerini söylüyor da değiliz. En doğrusunu Allah bilir.

171 Böyle deniyor ama bundan bu süreci kolaylaştıran etkenlere karşı tedbirli olmak gerekmediği anlamı çıkmıyor. Aksine, manevi metinlerden, inanç geleneklerden ve kadim toplumlardan nesilden nesle aktarılarak günümüze kadar ulaşan bilgileri iyi değerlendirmeli ve dikkatli olmalıyız.

172 İnsanın oluşmasında temel rolü bulunan suyu da unutmamak

gerek ki sadece İslami metinler değil, Hindu metinleri de bunun üzerinde durmuşlardır.

[173] http://www.haberturk.com/prof-teoman-durali-evrim-teorisi-islam-la-celismez-1634697 (Son erişim: 28.12.2017)

[174] Ayrıca insan için dahi zamanın izafi olduğunu unutmayalım.

[175] Tam da bu yüzden birçokları "Allah'ın 'ol' demesi karşısında hiçbir şey duramaz ve o oluverir" cümlesine sığınarak 'sebep-sonuç' sistemi ve insanın 'zamanla kayıtlı' varoluşunu üzerine tefekkür etmedikleri için, 'aşamalardan geçirerek' yaratmaya dahi karşı çıkıp, "Allah isterse ol der olur, onu neden determinizme yani zorunluluğa mahkûm ederek acizleşiyorsun?" gibi şuursuz sorularla suyu bulandırıp, küstahça ithamlarda bulunabiliyorlar. Oysa Allah'ın sebepleri murat ettiği ve genel anlamda insanlığın tabi olmasını dilediği bir sitem kurduğu gerçeğini alenen görmezden gelmiş oluyorlar. Aynı kişilere sormak gerekli: Allah isterse seni yiyeceğe ve içeceğe bağlı olmaksızın yaratabilir miydi? Evet. İsterse melekler gibi var edebilir miydi? Evet. İsterse bir anneden doğmana gerek kalmadan aniden var edebilir miydi? Evet. Peki, şimdi böyle bir durum olmaması Allah'ın acziyetinin göstergesi mi? Hayır. Neden böyle var etmemiş? Çünkü böyle murat etmiş. Bizi, bu temel meseleyi dahi böylesi soru cevaplarla açıklamaya itecek kadar düşünmekten uzak, ithamcı insanlar vardır.

[176] Her ne kadar kendisi, bahsi geçen hadis üzerinden Hz. Âdem'in boyunun dünyadayken (arkeolojik kanıtların bulunmamasını gerekçe göstererek) kırk metre olamayacağını savunsa da, yine de bu konuda önemli bilgiler aktarmıştır. O yüzden daha teferruatlı bilgi için, Ekev Akademi Dergisi'nin 17. Yılının 56. Sayısında Yunus Emre Gördük'ün "Hz. Âdem'in Boyu İle İlgili Rivayetler Üzerine" adlı makalesine bakılabilir. http://www.ekevakademi.org/Makaleler/400837127_09%20Yunus%20Emre%20GORDUK.pdf (Son erişim: 11.03.2017)

[177] http://www.jmo.org.tr/genel/bizden_detay.php?kod=688#.Wnhvcby69dg (Son erişim: 07.09.2017)

[178] Tabii ki burada iyonize radyasyon kast edilmektedir. Ancak elektronik cihazlardan yayılan iyonize olmayan radyasyonun da zararlı etkileri üzerine raporlar ortaya çıkmaktadır. Bu yüzden bunlar yiyeceklerden kaynaklanan iyonize olmayan radyasyonla bir tutulmamalıdır.

[179] Yazı ve sembolü birbirine karıştırmamak gerekir.

[180] Bu çağın adına uygun bir şekilde Royal Society of Chemistry'e göre, bugün rafine edilen tüm metallerin yaklaşık yüzde 90'ı demirdir. http://www.rsc.org/periodic-table/element/26/iron (Son erişim: 10.03.2017)

[181] İmmanuel Velikovsky, 1950 yılında yayınladığı "Çarpışan Dünyalar (World in Collision)" kitabıyla, tarih ve mitolojinin sunduklarından istifade ettiklerini fizikle birleştirdi. Bulguları onu klasik anlamdaki Darwinist evrim teorisinden uzaklaştırdı. Ona göre uzun düz bir çizgide gelişmeyi öngören ağır aksak bir evrimden söz edilemezdi. Dünya'da kozmik afetler yaşanmış ve bunlar böylesi bir evrimi imkânsız kılmıştı. O, milattan önce on beş ve sekizinci yüzyıllarda, Güneş Sistemi'nde meydana gelen bir dizi olay sonrasında Dünya'nın küresel ölçekli felaketlere maruz kaldığını elde ettiği verileri kullanarak ortaya attı. Ancak tarihsel çıkarımları Museviliğin dışsal tarihsel verilerine dayanarak yapması sebebiyle, tarih hesaplamalarında hatalar vardır. Yine de bu hesaplamaların kendi teorisi içerisinde tutarlı dayanakları da vardır. Bununla birlikte bu hatalar Dünya'mızın küresel çaplı felakete uğradığı ve bazı türlerin aniden ortadan kaybolup, kimilerinin de beklenmedik bir biçimde ortaya çıktığı konusundaki vurgusunu değersiz kılmamıştır. Öte yandan, Venüs gezegeninin genç bir gezegen olması dolayısıyla hayli sıcak olması gerektiğini söylemiş, bu söylemiyle bilim çevrelerince alaya alınmış (Carl Sagan'a göre ise bu iddia Velikovsky'nin orijinal iddiası olmadığı gibi neden sonuç ilişkisi bağlamında tutarsız bir iddiadır. Ona göre Velikovsky gerçeğe tamamen tutarsız ulaşmıştır) ama çok geçmeden söylediği şey doğrulanmıştır. Gerçeği iddialarından çoğuna

karşı çıkılmıştır. Ama kimi iddialarının doğrulanmayış şekli bile şaibelidir; örneğin Velikovsky Venüs'te hidrokarbon bulutlarının olması gerektiğini söylemiş, başta Carl Sagan olmak üzere konunun önde gelen uzmanları bunu şiddetle reddetmişlerdir. Mariner-2 uydusu 1962 yılında Velikovsky'nin söylediğini doğrulayan veriler sunmuş ancak bir süre sonra verilerin hatalı olduğu ilan edilerek Venüs atmosferinde hidrokarbon bulunmadığı şeklinde NASA tarafınca bir düzeltme yapılmıştır. Elektormanyetizmanın evrende hayli önemli bir unsur olduğunu ve güneşin dahi elektrik yüklü bir yapısının olduğunu söylediğinde de alaya alınmıştır. O, kozmik felaketler sonucunda dünyanın yörüngesinin birden fazla ve yılların uzunluklarının, kutup halkalarının, coğrafya ve iklimlerin değiştiğini, manyetik kutupların da sadece birkaç bin yıl önce tersine döndüğünü söylemiştir.

[182] Ona verdiği isim: "Quantavolution". Bir şeyin çokluğuna, miktarına bağlı tekâmül.

[183] Mutasyonun çok önemli bir özelliği de bir sonraki nesile farklı genetik özellikler aktarılmasına imkân vermesidir.

[184] Yanlış anlaşılmasın; bu durum Dünya'da hiç demir olmadığı ve insanların demiri hiç bilmediği anlamına gelmiyor.

[185] Hindu geleneğinde 'manvantara' denilen döngü.

[186] Yuga

[187] Modern tarihçilikte M.Ö. 8000-5500 yılları arasında olduğu var sayılan, ilk yerleşik hayata geçilmiş dönem. Cilalı taş devri.

[188] Aklımıza o atmosfere uygun solunum yapan zeki canlılar meselesi geliyor.

[189] www.cnnturk.com haber sitesinin 26.07.2016 Salı tarihli "Dünya'nın en uzun kadın ve erkekleri hangi ülkede" başlıklı habere göre: "Bilim adamlarının 1914'ten bu yana 187 ülkedeki verilere dayanarak hazırladığı çalışmada, Hollanda'dan sonra dünyanın en uzun erkeklerinin sırasıyla Belçika, Estonya, Letonya, Danimarka, Bosna-Hersek, İzlanda ve Çek Cumhuriyeti'nde

bulunduğu bildirildi." Haber kaynağı: http://www.cnnturk.com/bilim-teknoloji/bilim/dunyanin-en-uzun-erkek-ve-kadinlari-hangi-ulkede?page=4 (Son erişim: 19.06. 2017)

[190] www.bbc.com haberi: "Sanayileşmiş ülkelerde ortalama insan boyunda 10 cm'lik bir artış kaydedildi. En fazla uzayan ulus ise Hollandalılar oldu. Bugün bu ülkede ortalama boy erkeklerde 188, kadınlarda ise 170 cm. Yani 150 yıl öncesine göre 20 cm'lik bir uzama söz konusu." Adam Hadhazy'nin "Geçmişten bugüne insan boyu: Çevresel etkenler" adlı yazısından.http://www.bbc.com/turkce/haberler/2015/05/150514_vert_fut_uzun_boy_1 (Son erişim: 19.06. 2017

[191] https://www.chemistryworld.com/news/atmospheric-limestone-dust-injection-could-halt-global-warming/2500141.article (Son erişim: 31.03.2017)

[192] http://www.karbonat.org/kalsiyum-karbonat.html (Son erişim: 31.03.2017)

[193] Makaleye şuradan ulaşılabilir: http://piramidasunca.ba/images/2015/1015/bosnian-pyramid-healing-energy-october-2015.pdf (Son erişim: 31.03.2017)

[194] Rakamlar öylesine seçilmiştir.

[195] Hız, kütle ve zaman arasındaki ilişki incelendiğinde, zaman hesaplamalarının göreceli olduğunu ortaya çıkmıştır. Faraday'ın öngörülerinden biri elektromanyetizma ile kütle çekimi (gravitasyon) arasında bir ilişki olması gerektiğiydi. Eğer böyle bir ilişki varsa, elektromanyetizmanın zaman üzerinde kontrol gerçekleştirebilecek bir özelliği de var demektir. Zira kütle çekimini etkileyen her şey, zaman akışını da etkiler. İnterstellar filminde astronotların ulaştıkları bir gezegendeki bir saatin bir kaç dünya yılına eşit olduğunu görmüştük. Bunun sebebi gezegendeki kütle çekiminin Dünya'dakinden çok fazla olmasıydı. Biliyoruz ki kütle çekimi arttıkça zaman yavaşlar.

Zülkarneyn'in mıknatıslanmaya yol açacak demiri ve elektrik

iletkenliği yüksek olan bakırı kullanarak oluşturduğu etki, elektromanyetizmayla da örtüşmektedir. Bu bakımdan Zülkarneyn'in zaman ve boyut kayması meydana getirmiş olabileceği ihtimali üzerinde de düşünmek gerekli. Bunu düşündüğümüzde başka bir soru daha soralım; Acaba Dünya'mızın kadim zamanlarında kütle çekimi şimdiki gibi miydi? Kütle çekiminin şimdikinden farklı olabileceğini düşünürsek Dünya'daki manyetizma ve zaman akışının da farklı olacağını düşünmek gerekli. Zira ikisi arasında bir ilişki söz konusudur.

Ulaştığımız bir habere göre, Carnegie Üniversitesi profesörü Peter Driscoll'un araştırması Antik Dünya'nın manyetik alanının şimdikinden çok farklı olduğunu ortaya çıkarmış. Bu konudaki çalışma Geophysical Research Letter dergisinde de yayınlanmış. Verilen bilgide bilim adamlarının manyetik kutuplaşmayı antik kayalar üzerindeki izlerden hesapladığı söyleniyor. Tam da bu nokta üzerinde düşünelim. Eğer antik dönemdeki manyetizma şimdikinden radikal biçimde farklıysa ve bu manyetizma bir anda değiştiyse, bu gerçek, manyetik alanın köklü biçimde değiştiği andan itibaren uzak tarih hesaplamalarımızda radikal bir hata yapmış olduğumuz gerçeğini doğuracaktır. Yani İnterstellar filmindeki gezegende bir medeniyet olsaydı onların birkaç Dünya yılının birkaç saate eşit olduğu sistemi aniden değişip bir Dünya saatinin yine bir Dünya saatine eşit olduğu bir sistem meydana gelseydi, bu medeniyetin tarihçileri tarih hesaplamalarını şimdi içerisinde yer aldıkları yeni manyetik alan üzerinden yapacaklardı. Peki, gezegen tarihini neye göre doğru hesaplamış olacaklardı? Ve bu hesaplama mutlak bir doğru olacak mıydı? Ancak Driscoll'un araştırmaları bir ara Dünya'nın daha güçlü değil, aksine daha zayıf ve çok kutuplu bir manyetik alana sahip olduğunu ortaya çıkarmış vaziyette. Yine de yapılan araştırma jeolojik kayıtlardaki tuhaf manyetik alan değişikliklerini henüz açıklayamıyor. Üstelik Dünya'nın manyetik alanının her geçen gün zayıfladığını biliyoruz. Bu da, şu andaki manyetizmanın ilk oluştuğu dönemlerde daha güçlü olduğunun göstergesidir. Acaba Dünya'nın manyetik alanındaki zayıflama sonunda meydana gelecek olan kutup taklasından sonra manyetizmanın çok güçlü olduğu yeni bir döneme mi girilmiş olunacak?

[196] Suzanne Lie'nin, "Zamandan Önceki Tarih" adlı yazısı: http://www.kosulsuz-sevgi.com/yeni-eklenen-mesajlar/zamandan-onceki-tarih/ (Son erişim: 19.06.2017)

[197] Suzanne Lie'nin, "Zamandan Önceki Tarih" adlı yazısı.

[198] Virginia Essene ve Sheldon Nidle'nin "Galaktik İnsan" adlı kitabından.

[199] Araf/107

[200] Bu kitabın Milliyet Yayınları'nın 1973 basımı ve çevirisi Orhan Duru tarafından yapılan nüshasından istifade edilmiştir.

[201] Çok geri bir bakış açısıyla bu açıklamamızı sanki Allah'ı aciz gösterdiğimiz şeklinde yorumlayabilecek, düşünmekten uzak kimselerin itirazlarına cevap olarak onlara hatırlatıyoruz: Allah'ın kâinatı yaratması dahi, "kendi kendine yetmiyor mu ki kâinatı yaratıyor?" sorusuyla, Allah'ın acizliğine delil olarak rahatlıkla gösterilebilir. Bu soruya "o, öyle taktir etti," diye rahatlıkla cevap verebilen kişiler, çok enteresan biçimde, bizim açıklamamıza, "o, öyle taktir etti," diyemiyorlar. Üstelik buradaki açıklamamızda şeytanlarla bizzat savaşan Allah değil, melekleridir. Allah burada zorunluluk içerisinde değil, tasarruf ve takdir makamındadır.

[202] Tafsilatlı bilgi için Haluk Tarcan'ın Ön Türk Uygarlığı Araştırmaları Merkezi ve Töre Yayın Grubu'ndan çıkmış 2003 baskılı, "Tarihin Başladığı Ön-Türk Uygarlığı Resmi Tarihin Çöküşü" adlı kitabının şu sayfalarından istifade edilebilir: S. 164-169.

[203] İbn-i Arabî, Fütuhatı Mekkiye'den çıkarılıp Litera Yayıncılık'tan Ekrem Demirli tercümesiyle kitap haline getirilen 2015 İstanbul basımı "Âlemin Yaratılışı", s. 39.

[204] Bu bilgiyi kitapta ayrıntılı biçimde ele aldık.

[205] https://sorularlaislamiyet.com/seytan-iblis-cinlerden-midir-

eger-cinlerden-ise-neden-meleklerin-arasindaydi-allah-teala-sadece sitesinde kaynak olarak: Taberî, 1/178. (Son erişim 17.04.2018)

[206] https://sorularlaislamiyet.com/seytan-iblis-cinlerden-midir-eger-cinlerden-ise-neden-meleklerin-arasindaydi-allah-teala-sadece sitesinde kaynak olarak: Taberî, 1/180-181. (Son erişim 17.04.2018)

[207] http://www.yelkenokulu.com/77-yelkenokulu/yelken-bilgileri/273-atiklarincoplerindogadayokolmasurelerizamanlari.html (Son erişim: 09.03.2018) adlı sitede bazı ürünlerin dayanma süreleri şöyle verilmiş: Cam Şişe 4000 yıl, plastik 1000 yıl, poliüretan 1000 yıl, telefon kartı 1000 yıl, plastik tabak 500 yıl, pet şişe 400 yıl, alüminyum 100 yıl, çakmak 100 yıl, kutu kola 10 yıl, çiklet 5 yıl, gazete 3 ay.

[208] Daniken, piramitler konusunda çalışkan işçilerin insanüstü bir çabayla günde on taş bloğu üst üste koyduklarını farz etsek bile 2.600.000 dev taştan oluşan Keops Piramidi'nin ancak 664 yılda tamamlanabileceğini, oysa piramidin 20-30 yılda tamamlandığının öne sürüldüğünü ifade etmiştir.

[209] İskenderiyeli Heron M.S 10-70 gibi bize daha yakın bir tarihte yaşamış olma ihtimaline rağmen (ki kimi tarihçiler onun M.Ö. 150 yılında da yaşamış olabileceğini de söylemekteler), onu yaptığı söylenen eserlere dahi 'efsane' gözüyle bakmaya yanıp tuştan tarihçiler vardı/vardır.

[210] http://www.hurriyet.com.tr/kimse-sirrini-cozemiyor-10425021 (Son erişim: 31.05.2017)

[211] Taşlar Peru'nun başkenti Lima'nın 360 kilometre güneyinde yer alan Ica kıyılarındaki Ocucaje kırsalında bulundu. Arkeologlar bu taşları gördükleri andan itibaren inandırıcı bulmadılar. O andaki inançsızlıkları bilimsel bir tarihlendirme metoduna dayanmadı. Taşları sahtekârlık olarak görmelerinin tek nedeni, ellerine geçen materyalin Peru'nun klasik kültüründen çok daha farklı ve yaşlı olduğunu göstermesiydi. Hele taşların üzerindeki şekiller, bilinen her şeyi altüst ediyordu. Tam da bu

yüzden uzmanlar Ocucaje'de ortaya çıkan ilk taşları toplayan Carlos ve Pablo Soldi'nin örneklerin incelenmesi talebini kabul etmediler. Bu taşlar konusunda iki seçenekli bir yoldan gidilmiş ve ya hep ya da hiç mantığı ile hareket edilmiştir. Bahsedilen taş miktarı en az 11.000'i bulmaktadır. Böyle bir durumda elimizdeki numunelere hepsinin orijinal ya da sahte olduğu üzerinden muamele yapılamaz. Aslında asıl şaşırtıcı olan taşların sayısıdır. Taşları satanlar evvela tarihi eser kaçakçılığı üzerinden derdest edildikleri zaman ifadelerinde bunları kendilerinin yonttuğunu söylemişlerdir. Bilindiği üzerine bu muazzam miktardaki taş, -bir defada olmasa da-toplu şekillerde ele geçmiştir. Yani çok uzun bir süreçte ortaya çıkarılmamışlardır. İşin enteresan tarafı da buradadır. Köylüler, "Biz evvela emeğimizin karşılığını alıp almayacağımızı bilmeden binlerce taşı yontalım, sonra hepsini dağlara ovalara öbek öbek saçalım, hepsi toplu şekillerde keşfedilsin. Bütün köy bu işe ortak olsun ve bu sırrı kimseye açmadan bu taşları gizlilik içinde ve tek bir üslupla yontalım" mı dediler? Güvendikleri tek şey de bir diş doktorunun onlara verdiği bu harika fikir miydi? Ama neden? Böyle bir fikir ortaya çıktıysa, bu fikri besleyecek konu neydi? Sahte oldukları konusunda iddialarda bulunanların varsayımlarından biri de taşların tüm bir köy tarafından değil de, satma fikriyle bir ya da iki erkek tarafından oyulduğudur. Bu iddia, iddiaların en gülüncüdür. Bazen bu iddialara söz konusu bir taşın dişçi motoru ile 15 dakikada oyulduktan, üzerine biraz ayakkabı boyası sürüldükten sonra tezek içerisindeki fırınlama ile üretilebileceği iddiası da eklenince, sahtekârlık açığa çıkarmak için zorlama bir yorum yapıldığı daha iyi anlaşılabilmektedir. 1960'lı yıllarda Peru gibi bir ülkede her köylünün elinde dişçi matkabı mı vardı? Hadi en azından iki tane bulunmuş olsun. Peki ya elektrik? Peru gibi fakir bir ülkede? Jeneratör mü getirdiler? Hadi bunu da halletmiş olsunlar. Hazırlık, çizim, boyama ve de pişirme işlemleri birlikte bir taş için en az 30 dakika ayıralım. Elimizde 11.000 taş olduğuna göre her bir taş 30 dakika emek gerektiriyor ise: 30x11.000=330.000 dakika.

330.000 rakamını 60 dakikaya bölersek 5.500 saat eder. Bu da yuvarlak hesap 230 gün eder. Bu rakam geceli gündüzlü yemeden içmeden uyumadan, tuvalete bile gitmeden taş üreten sahtekârımızın 11.000 rakamına ulaşmak için çalışması gereken gün miktarıdır. , Dennis Swift 2006 tarihli "Secret of the Ica Stones and Nazca Lines" adlı kitabında Ica taşlarını inceleyen arkeolog Hamilton Forman'ın, "eğer bunları bir aile yaptıysa onlara elflerden oluşmuş bir ordu yardım etmiş olmalı" dediğini yazmıştır. 1966 yılında Ica Bölgesel Müze Müdürü Alejandro Pezzia Assereto ile birlikte çalışan Agurto Calvo taşları labaratuarda inceletti ve kimyasal analizleri sonucunda taşların İnka ya da İnka öncesi döneme ait olduğu kanısına vardı. Ayrıca kazılarda koleksiyonu oluşturana benzer iki örnek bulunca taşların eski olduğunu herkese ilan etti. Assereto da Ica Eyaleti'nin arkeolojisi üzerine yayınladığı kitapta Agurto'nun keşfini 1968 yılında doğruladı. Bu taşların otantik arkeolojik numuneler olduğu tescillenmişti ama merkezi hükümet olan bitene kayıtsız kalmıştı. Kuşkusuz taşların ticari kaygılarla taklitleri yapıldı, tıpkı Eski Yunan ve Roma heykellerinin, paralarının imitasyonlarının/replikalarının yapıldığı gibi. Roma ya da Eski Yunan dönemine ait olan bir bulgu söz konusu olduğunda bilimsel anlayış hemen onları analiz etmeye yeltenirken, söz konusu dinozorlarla insanları bir arada gösteren bir bulgu olduğunda bu bulgu daha en başından şarlatanlıkla yaftalanabiliyor. Üstelik böyle taşlar 1500'lü yıllarda İspanyol işgalciler tarafından da keşfedilmişti ve Cizvit bir papaz olan Papaz Simon'un kayıtlarında yer almışlardı.

[212] G.A.R.L dergisinin yayınına göre bu heykelcik kadim Urartu Krallığı'nın yayıldığı Van Gölü'nün kuzeydoğusunda yer alan ve Toprakkale olarak bilinen tarihi Tuşpa kentinde 1975 yılında yapılan arkeolojik kazıda bulunmuştu.

[213] Magazin 2000 dergisinin Mart 1994 sayısında heykelcik ile ilgili haber yapılmıştı.

[214] Sitchin, heykelcikle ilgili macerasını "The Earth Chronicles Expeditions" adlı kitabında anlatmıştır.

[215] Mesela zaman gazetesi bu heykelciğin 25 yıllık bir alçı olduğu başlığı ile bir haber yapmıştı. 25 yıllık bir alçıyı değerlendiremeyip müzeye koyan bir zihniyet mi müzeyi yönetmiş? Aynı haberde Sitchin'in itirazı şöyle dile getiriliyordu:

"Nesne, tahminen bir volkanik külden oluşan taş olabilecek gözenekli bir maddeden yapılmıştı. Kıvrımları ve diğer şaşırtıcı uygun detaylar da onun ham bir işçiliğin ürünü olduğu fikrini çürütmektedir. Müzenin resmi açıklamalarındaki gibi plastik bir oyuncaktan çıkartılmış bir alçı kalıp mıydı? Hiç de öyle görünmüyor."

[216] http://m.bild.de/news/mystery-themen/mystery/in-aegypten-gefunden-23053704.bildMobile.html, (Son erişim: 29.08.2017)

[217] Atom bombası denemesindeki yıkımı seyreden Oppenheimer'ın ağzından Bhagavad-Gita'dan aldığı ilhamla şu sözcükler döküldü: "Şimdi ben, dünyaları yıkıma uğratan ölümün kendisiyim." Bhagavad-Gita'nın Bölüm 11, kısım 32'sinde buna yakın bir ifade var.

[218] http://www.hinduhumanrights.info/the-bhagavad-gita-oppenheimer-and-nuclear-weapons/ (Son erişim: 04. 10. 2017)

[219] Aslında Oppenheimer'in motivasyonu insani açıdan hiç de pozitif sayılmamalıdır.

[220] Deccal ile ilgili cessase hadisi meşhurdur. Hadis Buhari ve Müslim'de geçer. Müslüman olmadan önce Filistinli bir Hristiyan olan Temim ed Dari, o döneminde denizde başlarına gelen bir olayı Hz. Muhammed'e anlatır. Peygamberimiz de anlatılanların Deccal ile ilgili olarak bildikleriyle örtüşmesi üzerine, bilgilerini sahabelerle paylaşır. Şabi'nin Fatıma Bintu Kays'dan nakline göre olay şöyle gelişir: Adaya çıkmaları üzerine karşılarına çok tüylü ve kıllı bir hayvan çıkar. Bunlar, tüylerinin çokluğundan hayvanın baş tarafı neresi, arka tarafı neresi anlayamazlar. Şaşkın bir halde:

"Sen necisin, neyin nesisin?" dediler. O cevap verdi:

"Ben Cessaseyim!"

"Cessase nedir?" denildi.

"Ey topluluk! Benimle manastıra kadar gelin, sizin haberinizi sabırsızlıkla bekleyen biri var" dedi. O, böylece bir adamdan söz edince biz onun bir şeytan olmasından korktuk. Hemen koşarak manastıra girdik. İçeride bir adam vardı; yaradılış olarak gördüklerimizin en irisiydi ve elleri boynuna, dizlerinden topuklarına demirle sıkı bir şekilde bağlanmıştı.

"Vah sana! Kimsin sen?" dedik.

"Benim haberimi alabilmişsiniz. Şimdi siz kimsiniz, bana söyleyin!" dedi. Arkadaşlarım:

"Biz bir grup Arapız. Bir gemideydik, denizin dalgalı bir anına rastladık. Dalgalar bizi beşik gibi salladı. Sonra bu adaya yaklaştık, sandallara binip adaya çıktık. Tüylü ve çok kıllı bir hayvanla karşılaştık. Tüyünün çokluğundan başı ne taraf, arkası ne taraf anlayamadık. "Vah sana, nesin sen?" dedik.

"Ben Cessaseyim!" dedi. Biz: "Cessase de ne?" dedik.

"Manastırdaki şu adama gelin, o sizin haberinize pek müştaktır!" dedi. Biz de koşarak sana geldik. Biz onun bir şeytan olmadığından emin olmadığımız için korktuk" dedik. Adam:

"Bana Beysan hurmalığından haber verin!" dedi. Biz:

"Onun neyinden haber soruyorsun?" dedik.

"Ben onun ağacından soruyorum, meyve veriyor mu?" dedi.

"Evet!" dedik.

"Öyleyse meyve vermeme zamanı yakındır!" dedi.

"Bana Taberiye gölünden haber verin!" dedi.

"Onun nesinden haber istiyorsun?" dedik.

"Onun suyunun çekilmesi yakındır!" dedi.

"Bana Zuger gözesinden haber verin!" dedi.

"Sen onun neyinden haber istiyorsun?" dedik.

"Gözede su var mıdır? Orada su var mıdır?" dedi.

"Evet, onun çok suyu vardır! Sahipleri onun suyu ile ziraat yapıyorlar!" dedik.

"Onun suyunun çekilmesi yakındır!" dedi.

"Ümmilerin peygamberinden bana haber verin? O ne yaptı?" dedi.

"O Mekke'den çıkıp Yesrib'e (Medine'ye) yerleşti" dedik.

"Araplar onunla mukatele etti mi?" dedi. Biz:

"Evet!" dedik.

"Onlara karşı ne yaptı?" dedi. Biz de, (onu ezmek için) peşine düşen Araplara galebe çaldığını, Arapların kendisine itaat ettiklerini haber verdik. (O da bize:)

"Bu, onların itaat etmeleri, kendileri için daha hayırlıdır. Ben şimdi size kendimi tanıtayım: Ben Mesih Deccal'im. Çıkış için bana izin verilme zamanı yakındır. O zaman çıkıp yeryüzünde dolaşacağım. Kırk gün içinde uğramadığım karye (köy/ kent) kalmayacak. Mekke ile Taybe (Medine) hariç. Bu iki şehir bana haramdır. Onlardan birine her ne vakit girmek istersem yalın kılıç bir melek beni karşılar, benim oraya girmeme mani olur. Onların her bir geçidinde bir melek vardır, onları korur!" dedi." Sonra Resulullah aleyhissalatu vesselam çubuğuyla minbere dürterek:

"Bu Taybe'dir! Bu Taybe'dir! Bu Taybe'dir! Ben bunu size anlattım değil mi?" buyurdular. Halk da: "Evet!" diye karşılık verdi. Bunun üzerine Aleyhissalatu vesselam:

"Temim ed-Dari'nin rivayetinin benim size ondan (Mesih Deccal'dan) Mekke ve Medine'den anlattığıma muvafık düşmesi hoşuma gitti. Bilesiniz o Şam denizinde veya Yemen denizindedir. Hayır, doğu tarafındandır. Evet, o doğu tarafından zuhûr edecektir. O doğu tarafından zuhur edecektir!" buyurdu ve eliyle doğu tarafına işaret etti."

221 Sebe Suresi'nin 12. Ayetinde "...Erimiş bakır madenini ona sel gibi akıttık..." dendikten hemen sonra, " Eli altında Rabbinin izniyle iş gören bir kısım cinler vardı..." denmesi manidardır. Bakır üzerindeki tasarruftan hemen sonra cinler üzerindeki tasarruftan bahsedilmesi gözden kaçırılmamalıdır.

[222] Yüzüklerin Efendisi'nden hatırlayın: Vahşi, tahripkâr, kan dökücü ve emici Orklar, yapıları değiştirilmiş Elfler idi.

[223] Yani bunlar her anlamda, yeniden ortaya çıkışları bir takım güçlüklerden ötürü geleceği ertelenmiş varlıklardı.

[224] Yazar, 'Silmarillion' adlı kitabında ilk yaratıcı olarak 'Iluvatar' diye de isimlendirilen 'Eru'dan bahseder. Iluvatar'ın (Tanrı'nın) ilk yarattıkları 'Ainur' denilen kutsal varlıklar yani bir nevi meleklerdi. Bunlar müzikle ilişkilendirilir ve bu ilk varlıkların var oluşu ahenkli melodiler olarak açıklanır. Fakat aralarından bencil biri çıkar: Melkor (İblis). O, diğer kutsallar ile ahenk içinde olmayı dilemez. Kendi bestesinin peşindedir. Bu yüzden Ainur (baş meleklerle) ile uyumsuzlaşır. Kendisine verilen müzik temasının görkemini arttırıp, diğerlerinden daha ulu bir hale gelmesini dilerken, diğerleri ile oluşturması gereken ahenge dikkat etmez. Iluvatar(Yaratıcı) ise Melkor'un (İblis'in) gücünü över ve onun Ainur'dan (diğer baş meleklerden) üstün olduğunu açıklar. Yine de Melkor'u (İblis'i) uyarmaktan geri kalmaz. Melkor'un (İblis'in) kendi başına yaptığı işin de kendisinin yani Tanrı Iluvatar'ın iradesiyle gerçekleştiğini hatırlatır. Melkor (İblis) ise bu açıklamaya içten içe öfkelenmiş ve öfkesiyle utanmıştır. Iluvatar (Yaratıcı) başka şeyler de açıkladı: Daha önce oluşturdukları temalar ve müzik, hiç de amaçsız değildi. Onlar, Iluvatar'ın (Yaradan'ın) Ainur'a (baş meleklere) açıklamadığı bir doğumun gerçekleşmesi içindi. Yeni bir dünyanın ve Iluvatar'ın (Yaradan'ın) çocuklarının doğumu: Elfler (cinler) ve insanlar yani ilk doğanlar ve takipçiler. Bunlar için Elfler'in (cinlerin) Arda dediği Dünya yaratıldı. Melkor (İblis) bu yaratılışı kıskandı ve içindeki yaratıkları idare etmeyi diledi. Dünya tam olarak, maddi biçimiyle yaratıldığında da Ainur'dan (baş meleklerden) çokları onun içine sınırlanmış halleriyle girmeyi kabul etmiş ve Valar (insana benzeyen melekler) olmuşlardır. Bunlar Tolkien'in dünyasında dişi ve erkek formlarda fizik beden olarak görünebilen ama istedikleri zaman görüntülerini değiştirebilen meleklerdi. Valar'dan (insan suretindeki meleklerden) olan Melkor (İblis) da

boş durmayıp diğerleri ile dünya egemenliği için savaşmıştır ki bu savaşlar yapılırken ortada ne Elfler (cinler) vardır ne de insanlar. Ve Melkor (İblis) da zaman içinde Valar (kudretli melekler) arasında sayılmamıştır. Tolkien bir de Valar'ın (insan suretindeki meleklerin) hizmetkârı olan Maia (daha düşük kuvvetteki yardımcı melekler) adlı varlıklardan bahseder ki bunlar Valar'a göre biraz daha düşük rütbeli varlıklardır. Melkor'un (İblis'in) hizmetinde olanları ise ifrit olmuşlardır. Elfler (cinler) Melkor'a (İblis'e) Morgoth demişler ve ondan 'Dünya'nın Karanlık Düşmanı' diye bahsetmişlerdir.

225 Esasında burada yazarın çeşitli efsanelerden etkilenmiş ve uyarlamalar içerisine girmiş olduğunu söyleyebiliriz. Keza kadim Türk kozmolojisinde de İblis'in Tolkien'in işaret ettiği konumda ortaya çıkabildiğini görmekteyiz.

226 Tolkien ölmeden önce Orta Dünya mitolojisinin alegorik anlamlar içermediğini birçok kere dile getirmişti fakat verilerle karşılaştığımızda bu sadece söylemden ibaret kalıyor; hele yapıtları sinemaya aktarıldığında bu yargı daha da kesinlik kazanıyor. Üstelik filmin mekânları 'Orta-Doğu'ya taşırılıyor. Tolkien'in hakkını tamamen yememek de gerekli. Greg Wright, 2004 yılı basımı "Peter Jackson in Perspective: The Power Behind Cinema's The Lord of the Rings" adlı kitabında, "Yüzüklerin Efendisi" filmlerinin senarist ve yönetmeni Peter Jackson'un Tolkien'in aynı isimli kitabını hayli çarpıttığını göstermiş oldu. Wright, Peter Jackson'un Aragorn'u: "Onlara hiçbir merhamet göstermeyin, çünkü hiçbirini alamazsınız" diye konuşturarak, Tolkien'in sesi ile konuşmadığını, romanda böyle bir diyalogun olmadığını ortaya koyarken Jackson'un niyetini sorgulattı: Aragorn'un sesi 11 Eylül 2001 saldırısı sonrasında korkuya ve cezalandırmaya kadar uzanan bir ses miydi? Filmdekinin aksine, Aragorn romanda farklı bir ahlak anlayışına sahiptir. Öyle ki romanda, savaşın son sabahı 'Orklara' dahi teslim olmaları için bir fırsat verir. Wright'e göre karşıtlık "başkalarını sana yapmasını ümit ettiğin/arzuladığın gibi yap" ile "başkalarına, sana ne yapacaklarsa onu yap" arasındaki ince farktadır.

[227] "Yüzüklerin Efendisi: Yüzük Kardeşliği" üçlemesinin birinci filmidir ve 2001 yılında gösterime girmiştir. "Yüzüklerin Efendisi: İki Kule" 2002 yılında, "Yüzüklerin Efendisi: Kralın Dönüşü" 2003 yılında gösterime giren filmlerdir. Üç film de eş zamanlı çekilmesine rağmen ayrı tarihlerde gösterime girmiştir.

[228] 'Şeytani plan' derken duygusallığa kapıldığımızdan bunu demiş olmuyoruz. Bir dinin merkezine; can evine sinemadan etkilenip, kendisine şeytani vasıflar atfedilmiş bir yapı inşa etmek 'şeytani plan' ifadesinin içini tamamıyla doldurur.

[229] https://tr.wikipedia.org/wiki/Minas_Morgul (Son erişim: 05.04.2017)

[230] Şeytanları Allah'ın kendisine bahşettiği bir yüzüğün sebep kılınmasıyla idare edip hükmü altına aldığı dile getirilen bir peygamber ile 'Yüzüklerin Efendisi' arasında ters yüz edilmiş bir hakikat vardır ve Mekke Saat Kulesi de bu çarpıtmanın hem maddi hem de sembolik bir ifadesi olsa gerektir.

[231] Şimdi bu kulenin bir benzeri yani ikinci bir Barad-dur Fas'ın Kazablanka şehrinde inşa edilmeye başlanmış ve bu kuleye bir de 'Nur Kulesi' denmiştir. Kule İnşaatına 2015 Temmuz'unda başlanmıştır ve inşaatın 2018'de bitmesi planlanmaktadır.

[232] Rockefeller, Talal, Gates gibi dolar milyarderleri hakkında önemli bir ayrıntıya dikkat çekmek istiyoruz. Tüm bu zenginler servetlerini bir ölçüde sözde 'hayır kurumları'na bağışlamışlardır. Suudi Prens Velid bin Talal ise 32 milyar dolarlık servetinin tamamını- evet yanlış okumadınız, tamamını- hayır kurumlarına bağışlama kararı almış. Gerekçe olarak da Microsoft'un kurucusu Bill Gates ve karısı Melinda Gates'in 1997 de kurduğu vakfı göstermiş. Yani Suudi prens, Gates'in bu adımından çok büyük bir ilham aldığını söylüyor. Bize göre ise bu bir ilhamdan çok, bir emir. Yani emaneti yerine teslim etme zamanı (Talal'ın haberi için: http://bbc.com/turkce/haberler/2015/07/150701_suudi_prens Son erişim: 13.08.2017). Bu isimler madem bu kadar hayırse-

verler neden para kazanma hırsıyla hareket edip, bu uğurda rakiplerini hiç acımadan ezdiler? 2015 yılında servetinin tamamını hayır kurumlarına bağışlayacağını açıklayan Talal'in bunu yapıp yapmadığına dair henüz bir ses seda yok. Ama karşımızda Hollanda basınının kendisinin bulaştığı bir rüşvet skandalını 2017 Şubat'ında haber yapan yazısı var. Hollanda gazetesi Telegraaf'a göre Hollandalı inşaat firması Ballast Nedam, Talal'e 450 milyon dolarlık rüşvet vermiş. Talal'in serveti hakkındaki şaibeler de yeni değil. 25 Şubat 1999 tarihli The Economist'in haberine göre onun milyar dolarlık imparatorluğu zengin bir Suudi prensi için de olsa enteresandır. The Economist'e göre Talal Suudi Arabistan'ın modern yüzüdür. Ancak serveti bu modern yüze dâhil olarak gösterilmez. Şöyle yazıyor The Economist'te: "Normalde Suudi Kraliyet ailesinin serveti ticari ilişkiler ya da sıkı çalışma ile ilişkilendirilmez; Dolar multi milyarderi Talal bin Abdulaziz el Suud'unki dışında... Forbes Dergisi geçen yıl onu Bill Gates'ten sonra Dünya'nın ikinci en zengin işadamı olarak seçti. Arap yarımadasını birleştiren İbn Suud'un torunlarından hiçbiri bu derece itibar sahibi değillerdi. Prens'in şöhreti Suudi Arabistan ve müttefiklerini memnun etmiş olmalı. Zira Kraliyet ailesinin savurganlığı ve aç gözlülüğü bilhassa Irak'ın Kuveyt'i işgal ettiği 1990 yılından sonra Suudi Arabistan'ın yardıma muhtaç kalması ve yardım görmesi ile dikkat çekmiş, utanç verici hale gelmişti. Nihayet şimdi aile için mutluluk verici bir şey söz konusu: Temiz ve cömert bir kraliyet prensi." (The Economist'in "The mystery of the world's second-richest businessman" adlı haberi için http://www.economist.com/node/187913 Son erişim: 06.09.2017). Öyleyse prensin hem Suudi ailesinin hem de müttefiklerinin kötü imajını düzeltmek bakımından proje olarak geliştirilmesi için somut gerekçeler vardır. Ayrıca bu serveti neyin karşılığında elde ettiğinin de somut açıklamaları var. Mesela Kuveyt'te yayın yapan AWD Haber sitesinin Al Kabas gazetesine dayanarak yaptığı 27 Ekim 2015 tarihli haberde Velid'in şöyle dediği söyleniyor: "Bir Filistin intifadası patlak verirse ben Yahudi toplumu ve onun demokratik arzularından yana olacağım. Ve bütün nüfuzumu Tel Aviv'i suçlamak için harekete geçecek uğursuz bir Arap insiyatifini ortadan kaldırmak için kullanacağım." Elbette Talal'in onca 'küresel' şirketle ortaklığından sonra aksini söylemesini bekleyemezdik. Yine de Arap basınına verilen bu demeç korkuya yol açmış olmalı ki, Talal Filistin pasaportuyla çektirdiği bir Twit atıvermiş (Talal'in bu sözleri ve daha fazlası için bknz: Adem Bilal'in 26 Haziran 2017 tarihli "Twitter'in sahibi Arap Prensi" adlı makalesi: http://www.gercekhayat.com.tr/ortadogu/twiterin-sahibi-arap-prensi/ Son erişim: 13.08.2017). Başka bir tartışma da Talal'ın ailesi üzerinden sürdürülmektedir. Zira Talal'in soyağacının bir tarafı Anadolu topraklarına dayanır. Büyükannesi Anadolu'dan Arabistan'a göç ettirilen Ermeni bir ailenin Munaiyir isimli, 1909 doğumlu çocuğudur. Ve bu çocuk henüz on iki yaşındayken Abdülaziz İbn Suud'a Uneyze Emiri Salim tarafından 1921 yılında cariye olarak hediye edilmiştir. En azından söylenen bu. Ancak, bunun cariye kamuflajı altında Suud sülalesini İngiliz politikasına daha sıkı yamama çabasının neticesi olduğunu söyleyenler de var. Ömür Çelikdönmez'in "İngiliz İstihbaratından Munaiyir'in Torunu Suudi Arabistan'ın Ermeni Prensi" adlı makalesi, başlığından da anlaşılacağı üzere bu görüşü gerekçelendirerek öne sürüyor (http://www.kafkassam.com/ingiliz-istihbaratindan-munaiyirin-torunu-suudi-arabistanin-ermeni-prensi.html, (Son erişim:06.09.2017). Bu çerçevede, Velid bin Talal'in Suudi ailesi içerisinde özel bir konumu olduğu ve bu konumu doğrultusunda küresel güçler tarafından yine 'küresel ölçekte' yüklü miktarda sermaye sahibi olması için önünün açıldığı iddiası güçlenmektedir. Ancak bu kitap yazılırken yaşanan son gelişmelerde Talal, Suudi hükümetince yolsuzluk kapsamında tutuklanmıştır. Bu tutuklanma, Suudi Arabistan içerisindeki nüfuz mücadelesinin yansımasıdır.

233 http://thetowerinfo.com/buildings-list/abraj-al-bait/, (Son erişim:06.09.2017)

234 Şunu da söylemekte fayda var ki, bazı kişiler bu kulenin şeytani bir ritüelle tıpkı New York'taki İkiz Kuleler gibi yıkılacağını

iddia ediyorlar. Eğer böyle bir terör saldırısı olursa, bu yıkımın güya İslami bir kılıfa sokularak yapılmaya çalışılacağını düşünmekteyiz. Burada yapılması gereken şey böyle bir terör saldırısına da engel olmak adına, bütün Dünya Müslümanlarının baskısı sonucu bu habis kuleyi kanuni bir yolla yıktırtmak ve Mekke'de tarihi ve İslami mirası reddeden hiçbir yapılaşmaya geçit vermemektir.

[235] https://en.m.wikipedia.org/wiki/jeddah_tower, (Son erişim:06.09.2017)

[236] Buhari, Fiten:25; Ahmed bin Hanbel, Müsned, II/313.

[237] On ikinci yüzyılda yaşamış olan Endülüslü muhaddis, müfessir, fakih ve dilci Kurtubi; "biz bu dönemlerde bunlara tanık olduk," diyor ama tanık olduğu şey şimdi olan karşısında devede kulaktan bile küçük kalır. Bu yorum Nazım Muhammed Sultan'ın "Kırk Hadis Şerhi"nde bulunabilir.

[238] Mesela http://species-in-pieces.com/# (Son erişim: 30.04.2017) linkiyle girilen internet sayfasında insan dışındaki canlı kıyımını hangi boyutlara getirdiğimizin trajik bir analizi yapılmıştır.

[239] Bugün uzay bile Dünya'nın etrafında tur atan insan eli araçlardan nasibini almıştır. Dünya'nın etrafı kullanım süresi dolmuş uzay araçlarıyla çevrilidir ve bir uydu çöplüğüdür: http://stuffin.space/?intldes=1999-025AHC Dünya yörüngesinde yaklaşık olarak 2500-3000 arasında yapay uydu bulunduğu düşünülmektedir: http://www.kozmikanafor.com/yorungede-kac-tane-yapay-uydu-var/ (Son erişim: 30.04.2017)

[240] http://www.dunyabulteni.net/haber/285038/dunyanin-en-korunakli-bankasi-tohum-bankasi (Son erişim: 28. 04. 2017)

[241] http://www.cumhuriyet.com.tr/haber/dunya/710476/Norvec_te-kiyamet_kutuphanesi__kuruldu.html (Son erişim: 28. 04. 2017)

[242] Enam/121

[243] Enam/112

[244] Ali İmran/175

[245] Tam da burada fiziki yapısına baktığımızda Yüzüklerin Efendisi filmindeki Sauron yani İblis'in evini temsil eden Barad-dur'un başka bir kopyası olan Fas'taki gökdelene neden Nur (Işık) Kulesi dendiği açıklığa kavuşur. Zira onun eski adı Lucifer yani 'Işık Taşıyan'dır.

[246] Evrimci modelleri spritüalizm ile nikâhlamış yüzlerce öğreti ısrarla 'insanın tanrılaşmasına' vurgu yaparken falanca inancın özündeki sembolleri açıkladığını ilan etmekte, mesela tasavvufa ait terim ve olguları kullanarak, onları mana boyutundaki bağlarından koparıp fizik dünyanın mentaline bağlayarak karikatürize etmektedirler. Böyle bir durumda karşımıza sahte manevi eğitmenler problemi çıkmaktadır. Genel olarak, bir geleneğin ritüellerine tabi olmayıp, manevi öğretmen olduğunu söyleyen herkesten kaçınmalıdır. Bu, bir geleneğin ritüeline bağlı olan kişilerin sahte manevi öğretmen olamayacağı anlamına gelmiyor ama yine de kandırılma ihtimalini azaltıyor. Hayli ilginç olarak, maneviyatı dünyevileştiren hatırı sayılır sayıdaki spiritüalist öğretmen, fizik güçlere aykırı görünen hareketler ve becerileri sergilediklerini sıkça iddia eder/ettirirler ve taraftar toplamada bu becerilerinin namının önemi de büyüktür. İşte önemli miktardaki sahte manevi eğitmeni tanımamızı sağlayan şeylerden bir diğeri de, herkesçe görülebilen insani hallerinin kendi yüce manevi kıymetlerinin takdir edilmesine ket vuracağını düşünmeleri, bu düşünceyi bertaraf etmek adına hemen keramet görüntüsü verebilecek olay ya da olaylara sığınarak bu olay/olaylar üzerinden sözde müritlerini yargılamaya hayli meraklı olmalarıdır.

[247] Yani şeytani sistemi kabullenmiş her türlü (ins, cin ya da başka) bilinçli, zeki varlık grubu nazarında.

[248] Gerçekte kendisini dindar olarak görüp, her yerde fizik ötesi mucizeler arayanların aslında dindarlığın kıyısında durduklarını söylemeliyiz. Çünkü fizik âlemdeki harikaları göremeden, sık sık metafizik dayanaklara sığınmak, fizik planı adeta Şeytaniyetin parola haline getirdiği beşeri bakış açısıyla müşahede

etmek ve değersizleştirmek demektir. Ayrıca bunları söyleyerek metafizik gerçekliği yok sayıyor da değiliz.

[249] "Anı yaşa, deneyiminin farkında lığını yakala" gibi 'artistik' telkinler de, maddede boğulan nesilleri ancak ruhsallık zannedilen bencilliğe odaklayacaktır.

[250] Bunu söylerken akıl ile zekâ arasındaki farka tekrar dikkat çekmek istiyoruz.

[251] Kâbe'de tavaf sırasında devlet başkanları için atılan sloganlar, tavaf sırasında dahi elden düşmeyen kameralar, insanların ibadetlerini bir gösteri malzemesi haline getirerek teşhir etmede yarışmaları, en ufak bir tartışmanın kâfirlik polemiğinde boğulması, herkesin birbirine inanç aşılamaya çalışırken üst perdeden bakması, şahsi günahların olur olmadık meselelerde kişilerin itibarını yok etmek için bir silah gibi kullanılması, insanların birbirlerinin açıklarını aramak için gösterdiği enerjinin bir kısmını birleştirici olmak için göstermekten uzak durması, itikadi eksikliklerin hemen kâfirlik alameti sayılması, fikri tartışmaların şahsi tartışmalara dönüştürülmesi, bir topluluğa duyulan kinin etkisiyle inançlarını duygusallıkla perdeleyip adaletten şaşan bireylerin söz ve davranışları, herkesin özel hayatına karışma arzusu, ulvi bir sessizlikle kişinin kendi iç muhasebesine dönüşmesi gereken ibadetlerini suya atılan taş gibi bulandırmaktadır. Sessizlik budanmış, ister günaha ister sevaba dair olsun sırrın kendisi top yekûn suç sayılmıştır. Gösteri toplumunun bireyi herkesin her şeyini alenen bilmek isterken, toplumun aynı arzuyu onun kendi hayatı için de muhafaza ettiğinin bilincinde derin bir tedirginlikle yaşamaktadır. İşte bu, gösteri toplumunun lanetidir. Ne günahın iç muhasebe ile temizlenmesine imkân verir, ne de sevabın sessizlikle yüceleşmesine. Kişilerin eylemlerini yüzüne yapıştıran gösteri toplumunun hataya da tahammülü yoktur. Onun travması şudur ki, kişinin yüce bir eylemini kişinin kendisi (yani yüceliğin ta kendisi) yaptıktan sonra, onun (ki eğer o kişiyi ilahlaştırmadıysa ya da ona menfaatle bağlanmadıysa) bayağı bir hareketini görmeye dursun, kişiyi hemen cehennemin dibi sayar. Böyle

bir toplumun insanı idrak ettiği nasıl söylenebilir? O, kimlik, reklam ve görüntü peşindedir. Şahsın iç buhranları onu ilgilendirmez ve esasında imkânını bulduğu anda iç muhasebe yaşamasına da katiyen izin vermez. Onu Allah'tan evvel kendisi yargılamalı ve mahkûm etmelidir.

[252] Bu akıbet tarihe yabancı bir akıbet değil, çok uzak olmayan bir geçmişte Hıristiyanlığın başına gelen akıbettir. Böyle akıbetler için inançgeleneklerin temel metinlerinin değiştirilmesine de gerek yoktur. Zihniyet önemlidir. Hıristiyanlığı bölük pörçük eden şey Katolik Kilisesi'nin katı ve donuk yapısının meydana getirdiği çatlaktı. Katolik kilisesi din adına aldığı yetkiyle, dinden çıkarma ve kâfir ilan etmeyi çekirdek çıtlatmak kadar kolay hale getirince, oluşan reaksiyon Hıristiyanlığı darmadağın etti.

[253] Bazıları, semboller ve negatif ya da pozitif metafizik güçler konusunda hiçbir alt yapıya sahip olmadıkları için, filmi çekenleri de bu alt yapıdan istifade etmemiş kişiler olarak tahayyül etmekte, Matrix filmindeki Mimar'ın oluşturduğu düzen ile evrenin yaratıcısına 'Ulu Mimar'a masonik anlamda yapılan büyük göndermeyi kavrayamayacak kadar bönleşmektedirler. Böyle zihniyetlerin bir başka bönlüğü de aynı kavram üzerine birbiri üstüne bindirilmiş ve başlangıçta tezatmış gibi görünen manalar verilebileceğidir. Mesela Mimar sinemasal dilde hem kâinatın idarecisine sinemasal bir gönderme olduğu gibi, hem de bir şahsın fiziksel görünüşüyle temsil edilerek ve o şahısta cismanileştirilerek, o şahsın davasını onaylayan bir hüviyete büründürülebilir. Ayrıca burada, yaratıcıya karşı bir meydan okuma da söz konusu olabilir.Beta frekansı günlük hayatta problemleri çözmek maksadıyla kullandığımız bir frekanstır. Bu frekans aralığına fazlaca maruz kalmak, streste artışa yol açabilir. Beta frekansını sık kullanan kişiler doğru seçenekli çözüm yolunu değil de, hızlı çözümü o an ki psikolojik durumlarına göre tercih edebilmekte, yani bir şeyi enine boyuna ölçmeden ani olarak karar verebilmektedirler. Buna, ihtimalleri doğru düzgün hesaplamadan ortaya çıkan kaç ya da savaş man-

tığı da denilebilir. Zira bu seviyede mantığı arka plana iten adrenalin devreye girer.

[254] Senaristlerimiz, yeryüzündeki onca mekâna rağmen, robotların devlet kuracakları bölgeyi Kudüs'e çok yakın bir coğrafyaya yerleştirmişlerdir. 'Siyon' kelimesini açık açık kullanabilmelerinden sonra buna pek şaşırmamak gerekir.

[255] Animetrix'te bu katliamı anlatırken kullanılan görseller ile Nazi subaylarının Yahudileri katlederkenki görselleri tesadüf denilemeyecek ölçüde birbirine benziyor. Böyle bağlantıları ortaya koyunca belli bir kesim, kendini savunmak için 'antisemitist' ve 'Yahudi düşmanı' nitelendirmelerine başvurmanın bir adım ötesine geçememekte. Oysa bizler mantıklı cevaplar beklemekteyiz. İstenen, iddia sahiplerinin psikolojik olarak yıpratılması ve bu doğrultuda bir savunmaya geçmesidir. Bu kitabın yazarının kişilere, ırklara, inançgeleneklere körü körüne bir düşmanlıkla, nefretle karşı çıkabilecek kadar çocukça bir davranışın içerisine girebileceğini düşünmek, fikirlerin peşinden koşan yazarlara hakaret olur. Bizler George W. Bush'un iki Yahudi danışmanı; Richard Perle ve David Frum gibi, tüm nefretimizi bir dine yönlendirip, dinin kendisini şeytanlaştıracak kadar bayağılığı asla savunamayız. Bahsi geçen iki kişi, "Şeytana Son" adıyla 2004 yılında Truva Yayınları'ndan İstanbul'da çıkan kitaplarının 47. sayfasında 11 Eylül 2001 saldırısını 'Militan İslam'a mal ederek, ona topyekûn cephe almayı özgürlük sayabiliyorken, bizlerin Siyonizm'in yeryüzüne verdiği tahribatı anlatmamızı da bilinçli olarak Yahudi düşmanlığı kategorisine sokmaya çalışarak, kendi cıvık yaklaşımları ile bizim gayet ölçülü yaklaşımımızı aynı görmek için ellerinden geleni yapıyorlar. Oysa bizler, onların yazdıklarına uygun olarak mütekabiliyet prensipleri çerçevesinde, hakkımız olduğu halde (şimdilik) 'militan Yahudilik' nitelendirmesini dahi kullanmadık. Çünkü biz, olaya bu perspektiften bakmıyoruz. Problemi, Siyonist politikalar çerçevesinde ele alıyoruz. Bahsi geçen bu iki yazar ise top yekûn bir dini karalamanın yolunu seçmişler. Öyle seçmişler ki, adı geçen kitabın 158. sayfasında

" terörist saldırıların İslami olmadığını da söyleyerek bir yere varamayız." diyebilmektedirler. Sadece bununla kalsalar iyi, 155. sayfada şunu dahi diyebilmişlerdir: " Yurtiçi ve yurt dışında, Müslüman kamuoyunun aktif bir şekilde gönlünü almaya yönelik hoşgörülü çağrılar, sadece saygınlığımızı yitirmemize neden olmaz, aynı zamanda bu tarz hareketler tehlikelidir de."

[256] İsrail'in tartışmalı sınırları hala BM için bir sorundur.

[257] Tevrat, Tanrı tarafından seçilmiş kurtarıcıya tabi olacak Yahudilerin Yahudi olmayanlarla büyük bir savaşa girişeceğini yazar. Yahudiler bu savaşta çok kayıp vermelerine rağmen gelip gelecekler ve yeryüzü yönetimini ele geçireceklerdir:

Zekeriya 2, 12: "RAB kutsal topraklarda Yahuda'yı kendi payı olarak miras edinecek ve Yeruşalem'i yine seçecek."

Zekeriya 9, 9-17: "Ey Siyon kızı, sevinçle coş! Sevinç çığlıkları at, ey Yeruşalem kızı! İşte kralın! O adil kurtarıcı ve alçakgönüllüdür. Eşeğe, evet, sıpaya, eşek yavrusuna binmiş sana geliyor! Savaş arabalarını Efrayim'den, atları Yeruşalem'den uzaklaştıracağım. Savaş yayları kırılacak. Kralınız uluslara barışı duyuracak, onun egemenliği bir denizden bir denize, Fırat'tan yeryüzünün uçlarına dek uzanacak. Size gelince, sizinle yaptığım kurban kanıyla yürürlüğe girmiş antlaşma uyarınca, sürgündeki halkınızı susuz çukurdan çıkarıp özgür kılacağım. Kalenize dönün, ey siz, umut sürgünleri! Bugün bildiriyorum ki, size yitirdiğinizin iki katını vereceğim. Yahuda'yı yayımı gerer gibi gereceğim Ve Efrayim'i ok gibi ona dolduracağım. Oğullarını Grekler'e karşı uyandıracağım, ey Siyon ve seni bir savaşçının kılıcı gibi yapacağım. O zaman RAB halkının üzerinde görünecek, oku şimşek gibi çakacak. Egemen RAB boru çalacak ve güney fırtınalarıyla ilerleyecek. Onları her şeye egemen RAB koruyacak. Düşmanlarını yok edecek ve sapan taşlarıyla yenecekler. Şarap içmiş gibi içip gürleyecek ve kurban kanı serpmekte kullanılan çanaklar gibi sunağın köşelerine dolacaklar. O gün Tanrıları RAB sürüsü olan halkını kurtaracak. O'nun ülkesinde taç mücevherleri gibi parlayacaklar. Ne yakışıklı ve güzel olacaklar! Delikanlılar tahılla, genç kızlar yeni şarapla güçlenecek."

[258] Hatırlatalım: Mimarın bir şahısla sembolize edilmesi, aynı zamanda onun yaratıcıyı sembolize etmesine engel değildir. Buradaki sembolizim şer amaçlar doğrultusunda kullanılmıştır. Kabala ile şeytani vesveselere kapılmış kafa yapısında, İsrail'in rabbi tüm insanların rabbi değildir, onlarla doğrudan doğruya iletişime geçmez. Tüm insanların rabbi, İsrail'in rabbinden el alarak onlara istedikleri biçimde hükmetme yetkisine sahip Yahudilerdir.

[259] 27 Ekim 2010 tarihli Şalom Gazetesi'ne düşen bir haber: "İsrail'in önde gelen dini liderlerinden, koalisyon ortağı aşırı dinci Şas Partisi'nin ruhani lideri Haham Ovadya Yosef, Yahudi olmayanların varlık sebebinin "Yahudilere hizmet olduğunu" belirtti... Haham Yosef, geçen hafta yaptığı konuşmada, Yahudi olmayanların Şabat günleri yapabilecekleriyle ilgili yasalar konusuna değinirken 'Goylar bize hizmet için doğarlar. Yalnızca İsrail halkına hizmet için. Bunu yapmazlarsa dünyada yerleri yoktur' dedi." Kaynak: http://www.salom.com.tr/haber-76963-haham_ovadyanin_sozlerIne_adlden_buyuk_tepkI_nefreti_korukluyor.html (Son erişim: 09.03.2018) Haham Ovadya Yosef sadece belli bir partinin dini lideri değil. Aynı zamanda İsrail'in eski baş hahamıydı. Üstelik söylemleri çok küçük bir azınlığı da temsil etmiyordu. Etmediğini ölüm haberini veren Şalom Gazetesi'nden öğreniyoruz. Gazete, 28 Ekim 2013 tarihli haberinde "7 Ekim'de hayata veda eden İsrail Devleti'nin eski Baş Hahamı'nın cenazesine tam 800.000 kişi katılmıştı." diye yazıyordu. İsrail'in 2013 senesindeki nüfusuna TRT'nin 13 Şubat 2013'te İsrail kaynaklarına dayandırarak yaptığı haberden bir bakalım:

"İsrail Merkezi İstatistik Kurumu'nun raporuna göre, 8 milyonu aşan İsrail nüfusunun yüzde 75,3'ünü Yahudiler, yüzde 20,5'ini işgal altındaki 1948 topraklarında yaşayan Filistinliler, geri kalan yüzde 4,2'sini ise göçmenler oluşturuyor." http://www.trthaber.com/haber/dunya/israilin-nufusu-ne-kadar-

74699.html (Son erişim: 09.03.2018). Yani 8 milyonu aşan nüfusun yüzde 75,3'ünü oluşturan Yahudilerin 800.000'i 'Goylar bize hizmet için doğarlar. Yalnızca İsrail halkına hizmet için. Bunu yapmazlarsa dünyada yerleri yoktur' diyen adamın cenazesine katılmış. Ve İsrail devleti bunu zamanında baş haham yapmış. Yobazlık İsrail'den gelince, kolay kolay gündem oluşturmuyor olsa gerek.

Şalom Gazetesi ilk haberinde Haham Ovadya Yosef'i kınama haberini yayınlıyor ama haham öldüğünde Şalom Gazetesi'nden Sami Aker "İsrail'in Eski Baş Hahamı Rav Ovadya Yosef Kimdir?" başlıklı yazısında ondan 'büyük adam' diye söz ediyor:

"Büyük adamların yetişmesi için elbette büyük eğitimciler gerekir. Rav Ovadya Yosef'in çocukluğuna ait anlattığı bir anı gelecek nesillere bir eğitimcinin nasıl olması gerektiği konusunda ders verir niteliktedir."

Büyük adam Haham Ovadya'nın Filistinliler için de bir sözü var: "Bu dünyadan yok olup gitsinler". Şalom Gazetesi'nde 1 Eylül 2010 tarihli haberin bir bölümü:

"İsrail'deki Şas Partisi'nin ruhani lideri Haham Ovadya Yosef'in Filistinliler ve FÖY Başkanı Mahmud Abbas için 'Bu dünyadan yok olup gitsinler' şeklindeki sözlerine dünya kamuoyundan büyük tepki geldi."

http://www.salom.com.tr/haber-74856-haham_ovadianin_sozlerine_buyuk_tepki.html (Son erişim: 09.03.2018)

Voice of America'nın haberine göre Haham Ovadya Yosef "… Özellikle 2001 yılında tüm Arapların yok edilmesi yönündeki çağrıyla tanınıyor." https://www.amerikaninsesi.com/a/israilli-haham-tum-filistinliler-dunyadan-silinmeli-101752143/886831.html (Son erişim: 09.03.2018)

260 https://www.yenisafak.com/dunya/israil-sehri-neom-2809398 (Son erişim: 08.03.2018)

261 http://www.aksam.com.tr/ekonomi/cilgin-proje-dunyayi-cildirtti/haber-508081 (Son erişim: 08.03.2018)

[262] Haber, 5 Mart 2018 tarihli. http://www.ensonhaber.com/suudi-arabistan-ve-misir-neom-icin-anlasti.html (Son erişim: 08.03.2018)

[263] https://www.bbc.com/turkce/haberler-dunya-39987397 (Son erişim: 05.05.2018)

[264] http://www.milliyet.com.tr/mursi-den-tarihi-tahran-ziyareti/dunya/dunyadetay/20.08.2012/1583518/default.htm (Son erişim: 05.05.2018)

[265] http://t24.com.tr/haber/mursi-sanildigi-kadar-baglantisiz-degil,212231 (Son erişim: 05.05.2018)

[266] http://www.haber7.com/dunya/haber/919406-mursi-iranin-nukleer-hakkini-savunuyoruz (Son erişim: 05.05.2018)

[267] http://www.dw.com/tr/m%C4%B1s%C4%B1r-d%C4%B1%C5%9F-politikas%C4%B1nda-rota-de%C4%9Fi%C5%9Fiyor/a-16256383 (Son erişim: 05.05.2018)

[268] http://www.hurriyet.com.tr/dunya/kizildenizdeki-iki-ada-mi-sirdan-suudi-arabistana-gecti-40085057 (Son erişim: 05.05.2018)

[269] https://tr.sputniknews.com/infografik/201711161031021346-suudi-arabistan-yatirim-kenti-proje-inovasyon-ticaret-robot-bagimsiz-is-endustri-alani-neom/ (Son erişim: 26.09.2018)

[270] http://www.british-israel.ca/Lawz.pdf (Son erişim: 26.09.2018)

[271] Yahudilerin Gelenekleri

[272] http://www.yaklasansaat.com/eski_kavimler/israilogullari/tez.asp (Son erişim: 26.09.2018)

[273] Şeytanilerin sevdiği bir oyun var: 'Ters yüz etme oyunu.' Bu oyun doğrultusunda şeytaniler temel olarak kelimelerin, bazı müzik parçalarının ve içerisinde yazılar yer alan video kliplerin geriye doğru hareketiyle yani tersten okunmalarıyla bir takım manalı ve de şeytani kelimelerin ortaya çıkmasından haz alıyorlar. Bu anlamda 'Sisi' kelimesi de tersten okunduğunda 'İsis' halini almaktadır ki, "(kendisi farkında olmasa bile) Mısır

Cumhurbaşkanı bu oyunda şeytanilerin ritüellerine uygun bir mana çıksın diye mi kullanıldı?" Sorusunu sormak gülünç karşılanmamalı kanaatindeyiz. Ayrıca 'İsis' kelimesinin bölgeyi darmadağın eden bir terör örgütüne verilen kısaltma bir kelime olduğunu da unutmayalım.

[274] Buradan İkiz Kuleler'i Ladin'in yıktığı anlaşılmasın.

[275] Bunlar Müseyleme'tül-Kezzab, Secah, Tuleyha, Esvedu'l Ansi'dir.

[276] Sonraki aşamalarda bu tür merkezler, küresel bir diktatörlüğün Müslüman ya da değil, tüm düşmanlarını bertaraf edebilmesi için kullanacağı merkezler gibi durmaktadırlar. Bugün 'demokrasi' gibi bir kelime ile vahşetin üstünü örtenler, 'aşırılık/radikalizm' kelimesini de aynı şekilde istismar ederek örtülü bir Dünya diktatörlüğüne heveslenmektedirler.

[277] İfadeden bu rejimi masumlaştırdığımız anlamı çıkartılmamalı.

[278] Bu tabir 'Batı' kaynaklı bir tabirdir.

[279] https://www.ntv.com.tr/dunya/suudi-arabistan-ilimli-islama-donecegiz,Q50BIAHL70aCPIcQxwGpnA (Son erişim: 28.10.2017)

[280] Haliyle İsrail'e de yakın olacak.

[281] https://www.bbc.com/turkce/amp/haberler-dunya-41736073 (Son erişim: 28.10.2017)

[282] Bu ifadeden topyekûn teknoloji karşıtı olduğumuz manası çıkartılmasın.

[283] Bu yeni inancın kurucusu Joseph Smith, kendi anlatısına göre 1820 ilkbaharında ormana çekilmiş ve Baba Tanrı ve Mesih İsa bedenleriyle kendisine zuhur etmişlerdir. Mormonluğa göre ayetlerini 1823 yılında Moroni adlı melek altın levhalarda Smith'e verdiğinden dolayı bu yeni inanca Mormonluk denmiştir. Onlara göre bu levhalarda eski çağlarda Amerika'da yaşayan kavimlerin Tanrı ile ilişkileri ve halleri yazılıdır.

[284] Sonradan Mormonluğun bu öğretisi çelişkili ifadelerle değiştirilmeye çalışılmıştır.

[285] Tek başlarına etkili olmasalar da HAARP ve benzeri teknolojileri de göz ardı etmemeliyiz. Fakat bu teknolojiler, bölgedeki bilinçsizliğin en büyük sebebi sayılarak bahaneye dönüştürülmemeli. Zihin manipülasyonundaki silahların kitleler üzerindeki etkileri, bireyler üzerine odaklanmış hallerinin yol açtığı etkilerin hayli aşağısında olmalıdır kanaatindeyiz. Sinyaller, kültür emperyalizmi ve ekonomik sıkıntıların harmanlanmasıyla desteklenmeden tek başlarına kitleleri bir yöne kanalize edemezler. Fakat başardıkları şey, sağlıklı düşünmeye yönelik çabaları parazitlendirmektir. Şeytani vesvese kanalının teknolojiye bürünmüş bir halidir söz konusu olan.

[286] BBC'nin haberine göre; Irak'ın başkenti Bağdat'ta ABD işgaliyle Saddam Hüseyin'in devrilmesinden sonra meydanlarda kutlamalar yapıldı. Kutlamaya katılanlardan biri olan Iraklı Kadim Şerif Hasan el Jaburi, başkentin simgesi Saddam Hüseyin heykelini eline geçirdiği bir balyozla yıkmaya başladı. Jaburi şimdi pişman: "Elimde olsa heykeli yeniden dikerdim ama öldürülmekten korkuyorum" diyor. BBC'ye konşan Jaburi, Saddam sonrası Irak'ın giderek daha kötüleştiğini söylüyor sözlerini şu şekilde sürdürüyor: "Bush ve Blair yalancı, eğer bir mücrim olsaydım onları kendi ellerimle öldürürdüm."
http://www.bbc.com/turkce/multimedya/2016/07/160705_vid_saddam_heykel (Son erişim: 07. 11. 2017)

[287] Bu yönlerin tamamen gizlenmesi ya da tamamen açığa vurulması gerektiğini söylemiyoruz. Durum tespiti yapıyoruz. Ayrıca, kitleleri etkileme sanatının hipnotik yönüne değinmiş olsak da, bazen hipnozun zaruri bir ihtiyaç haline gelebileceğini de söylemeden edemeyeceğiz. Yani onun işlevi külliyen olumsuz değildir.

[288] Türkiye özelinden bakacak olursak, Dünya'daki örneklerine benzer şekilde modern sistemin aklı içerisinde 16 yaşında

'popstar' haline getirilen Aleyna Tilki, "Sen Olsan Bari" şarkısı ve şarkısına çektiği kliple çocuksu öğelerle seksiliği birleştirmekle itham edilmiştir ki bunda haklılık payı vardır. Aleyna Tilki, klibinde bir yandan küçük bir çocuk gibi saçını iki yandan bağlayıp 10 yaşından küçük çocuklarla özdeşleşmiş pijama giyerek yaşını küçültecek kılığa bürünürken diğer yandan "aradığın aşksa en özelinden, o zaman başka açılır kapılar buyurun önden... O sen olsan bari, hazırım diyorum dünden düşmüyorsun dilimden" diyerek ayı kapüşonlu pembe elbisesi ve pembe renkli oyuncak ayısıyla sevgilisini aramaktadır. Klipteki Aleyna, kıyafetleri ve şarkısındaki sözleriyle bir yandan çocuk olduğunu ama öbür yandan yetişkinlerin paylaştığı cinsel içerikli duyguları paylaşmaya hazır olduğunu söylemektedir. O 'özel duyguları' paylaşmak için birini aramaktadır. Aradığı yer de Amerikanvari havuzlu bir evdir. Klip, ergen özentiliğin nerelerden geldiğini açıklayan karelerle dolu. Ayrıca takipçilerinin büyük kısmı çocuk. Pedofilinin yaygınlaşması adına 10 yaşından küçük çocukları cinsel alana çekmenin derdini taşıyan malzemelerle donatılmış bir klip var karşımızda. İş bununla kalmadı. Çok daha çirkin hale geldi. Biz burada yetişkin pornografisinden bahsetmiyoruz. Kendi iradelerini ellerine alamamış çocukların seks malzemesi oluşunu meşrulaştırıcı, yetişkinleri bu meşrulaştırmayı bilinçaltından onaylamaya çağıran, mesajı olan sinsi bir plandan bahsediyoruz. Aleyna Tilki'nin klibindeki çocuk istismarı mesajının bilinçli verildiğini ortaya koyan ikinci öğe Tilki'nin İnstagram üzerinden paylaştığı 0-10 yaşındaki çocuklara hitap eden oyuncakların arasında bulunan pembe oyuncak penistir. Masumiyeti iğfal etmenin şeytani kadroların zevkleri arasında olduğu ortada. http://www.sozcu.com.tr/hayatim/magazin-haberleri/aleyna-tilki-oyuncak-penisli-fotograf-paylasti-sosyal-medyayi-salladi/ (son erişim: 16.11.2017)

[289] http://www.sektorel.com/guncel-haberler/uryad-radyo-reyting-arastirmasi-sonuclari-aciklandi https://m.haberler.com/uryad-

radyo-reyting-arastirmasi-sonuçlari-açiklandi (Son erişim: 11.11.2017)

[290] https://amp.haberturk.com/saglik/haber-amp/68665-gaipten-sesler-duyuyor-musunuz

[291] İnternetin vasıtasıyla ortaya çıkan olumlu şeyleri saymaya gerek görmüyoruz. Bunlar zaten göz önünde. Asıl yapılması gereken zararlarının bilincinde olmak.

[292] Tam bu noktada, bu hadsiz ilerlemeyi meşrulaştırmak adına Darwinci evrimin ne kadar önemli olduğu ortaya çıkıyor. Şu alık cevap şimdiye kadar hep oradan beslendi: "Doğamız bu, ilerliyoruz işte!"

[293] https://www.cnnturk.com/teknoloji/insan-beyni-yapay-zekaya-baglaniyor (Son erişim: 16.11.2017)

[294] http://www.starshipearththebigpicture.com/2013/10/25/ever-seen-a-mind-control-tower-bet-you-have/

(Son erişim: 16.11.2017)

[295] Fakat bu taktikler artık uygulanmıyor diyemeyiz.

[296] http://t24.com.tr/haber/iq-neden-dusuyor/304962 (Son erişim: 16.11.2017)

[297] http://www.sozcu.com.tr/2014/dunya/batida-iq-14-puan-dustu-589323/ (Son erişim: 16.11.2017)

[298] http://www.hurriyet.com.tr/ingilizce-panglise-donusecek-8556791 (Son erişim: 16.11.2017)

[299] Elbette belirli kişilerden bahsetmekteyiz. Tüm camiayı itham altında bırakmıyoruz.

[300] http://www.webtekno.com/bilim-insanlari-insan-hafizasini-geliştirecek-cihaz-uretmeyi-basardilar-h36486.html (son erişim: 17.11.2017) Bu haber www.sciencealert.com sitesi kaynaklıdır.

[301] http://www.haber7.com/afrika/haber/1001573-bill-gates-binlerce-cocugu-felc-etti (Son erişim: 17.11.2017)

[302] https://yesilgazete.org/blog/2016/02/01/bill-gates-geleneksel-ciftciligi-ve-yerel-gida-ekonomisini-nasil-cokertiyor/ (Son erişim: 17.11.2017)

[303] http://t24.com.tr/haber/gdo-hakinda-bilmeniz-gereken-her-sey/60742 (Son erişim: 17.11.2017)

[304] Fakat yeteri kadar beyin, tüm bunların saçmalık olduğunu kabul ederse, böyle bir yok etmeye dahi tenezzül edilmeyebilir.

[305] Sözde devirir gibi yapacaktır.

[306] https://www.birgun.net/haber-detay/dunya-gida-uretiminin-ucte-biri-israf-ediliyor-139935.html (Son erişim: 18.11.2017)

[307] https://www.birgun.net/haber-detay/ciftcinin-gdo-belalisi-monsanto-49282.html (Son erişim: 18.11.2017)

[308] Anita Bakshi'nin Journal of Toxicology and Environmental Health, Part B, 6:211-225, 2003'te yer alan "Potential Adverse Health Effects of Genetically Modified Crops" makalesine bakılabilir.

[309] https://www.birgun.net/haber-detay/ciftcinin-gdo-belalisi-monsanto-49282.html (Son erişim: 18.11.2017)

[310] http://www.ntv.com.tr/amp/turkiye/gdolu-pamuk-tartismasi,tO-EVRXsb-kG-97k19cETcw (Son erişim: 18.11.2017)

[311] http://m.thehindubusinessline.com/economy/agri-business/europe-worried-over-spread-of-bt-cotton-in-india/article2935403.ece (Son erişim: 18.11.2017)

[312] https://kadirbolukbasi.wordpress.com/2012/02/26/avrupa-gdolu-pamuk-uretiminden-endiseli/amp/ (Son erişim: 18.11.2017)

[313] "https://amp.haberturk.com/ekonomi/alisveris/haber-amp/815077-gdosuz-isteyenler-pamuk-eller-cebe (Son erişim: 18.11.2017)

[314] http://www.lifemed.com.tr/blog/norolojik-hastaliklar-nelerdir/ (Son erişim: 08.12.2017)

[315] http://psikoterapi.info.tr/psikolojik-hastaliklar/ (Son erişim: 08.12.2017)

[316] http://mobil.hurriyet.com.tr/b12-azalinca-pilimiz-bitiyor-20740092(Son erişim: 08.12.2017)

[317] http://www.genelsaglikbilgileri.com/asetilkolin/ (Son erişim: 08.12.2017)

[318] http://www.kemalarikan.com/dopamin-nedir-dopaminin-psikiyatrik-hastaliklarda-rolu-nedir.html (Son erişim: 08.12.2017)

[319] https://multiyasam.com/serotonin-nedir-serotonin-dogal-yollarla-nasil-artirilir/ (Son erişim: 08.12.2017)

[320] http://ellafarma.com/index.php/portfolio-view/gaba-gamma-aminobutirik-asit/ (Son erişim: 08.12.2017)

[321] http://www.sozcu.com.tr/2017/yazarlar/taylan-kumeli/enerji-icecekleri-ve-bebek-mamalarinda-bulunan-taurin-ile-ilgili-gercekler-1710535/amp/ (Son erişim: 08.12.2017)

[322] http://www.buzzle.com/articles/histamine-rich-foods.html (Son erişim: 08.12.2017)

[323] http://www.onikibilgi.com/histamin-alerjisi/ (Son erişim: 08.12.2017)

[324] http://www.e-psikiyatri.com/crf-hormonu-alzheimerdan-koruyor-39810 (Son erişim: 08.12.2017)

[325] http://www.tavsiyeediyorum.com/makale_2539.htm, http://www.bilimtreni.com/norepinefrin-noradrenalin-nedir/ (Son erişim: 08.12.2017)

[326] http://www.diyadinnet.com/YararliBilgiler-1265&Bilgi=adrenalin (Son erişim: 08.03.2018)

[327] https://tr.m.wikipedia.org/wiki/Melatonin (Son erişim: 08.03.2018)

[328] http://www.unutkanlik.biz/beyin-yorgunlugu.html (Son erişim: 11.11.2017)

[329] http://www.cnnturk.com/amp/saglik/turkiyenin-ruh-sagligi-bozuldu-10-kisiden-1i-ilac-kullaniyor (Son erişim: 11.11.2017)

[330]http://www.cumhuriyet.com.tr/amp/haber/diger/259382/Dunya__DELi_riyor....html http://www.cnnturk.com/amp/saglik/turkiyenin-ruh-sagligi-bozuldu-10-kisiden-1i-ilac-kullaniyor (Son erişim: 11.11.2017)

[331] http://www.bitkiblog.com/parkinson-hastaligina-bakla-destegi.html (Son erişim: 11.11.2017)

[332] https://amp.sagligabiradim.com/hafizaniza-yardimci-olacak-sifali-bitkiler/ (Son erişim: 11.11.2017)

[333] http://www.bbc.com/turkce/haberler/2014/09/140904_dso_intihar (Son erişim: 07.01.2018)

[334] http://www.beyindoktoru.com/beyinde-duyarlilik-gelisimi.htm (Son erişim: 07.01.2018)

[335] https://multiyasam.com/dopamin-nedir-dopamin-dogal-yollar-nasil-artirilir/ (Son erişim: 07.01.2018)

[336] Ahmed ibn.-i Hanbel:2/390

[337] https://multiyasam.com/serotonin-nedir-serotonin-dogal-yollarla-nasil-artirilir/ (Son erişim: 07.01.2018)

[338] http://www.beslenmedestegi.com/amino-asitler/triptofan-iceren-besinler (Son erişim: 07.01.2018)

[339]http://www.who.int/foodsafety/publications/biotech/biotech_en.pdf (Son erişim: 07.01.2018)

[340] http://ahmetsaltik.net/2017/08/15/gdolu-urunlerde-latin-amerika-dersleri/ (Son erişim: 07.01.2018)

[341] Kaynak; Genetiği değiştirilmiş organizmalar: Sağlığa zararlarını kanıtlamak neden zor? Sorunlar ve riskin ipuçları http://www.tjph.org/ojs/index.php/TJPH/article/view/28/31) (Son erişim: 07.01.2018)

[342] https://www.drozdogan.com/amp/2017-abd-kanser-istatistikleri-ve-dusundurdukleri.html

[343] http://www.stopogm.net/sites/stopogm.net/files/Fares.pdf (Son erişim: 07.01.2018)

[344] http://ahmetsaltik.net/2017/08/15/gdolu-urunlerde-latin-amerika-dersleri/ (Son erişim: 07.01.2018)

[345] http://www.obi.bilkent.edu.tr/bultenorta/Ekoilk30092016.pdf. http://m.milliyet.com.tr/amp/-gdo—et-ve-yumurtayla-soframiza-giriyor—gundem-1639153/ (Son erişim: 07.01.2018)

[346] http://blog.milliyet.com.tr/tohum-uretmek-artik-yasak—-/Blog/?BlogNo=294620 (Son erişim: 07.01.2018)

[347] http://odatv.com/yerli-tohum-satan-ureticiye-hapis-soku-1005131200_m.html (Son erişim: 07.01.2018)

[348] http://www.nejm.org/doi/pdf/10.1056/NEJM199603143341103 (Son erişim: 07.01.2018)

[349] http://www.ntv.com.tr/amp/turkiye/gdo-kisirlik-yapar-mi,-ajqa2KlVEiFGPcofMefjA (Son erişim: 07.01.2018)

[350] "Temporary Depression of Transcription in Mouse Pre-implantation Embryos from Mice Fed on Genetically Modified Soybean", 48th Symposium of the Society for Histochemistry, 2006, Eylül 7–10.

[351] American Academy of Emergency Medicine

[352] https://www.umitaktas.com/saglik-yazilari/gdo (Son erişim: 07.01.2018)

[353] http://www.haberegider.com/gdo.php (Son erişim: 07.01.2018)

[354] http://m.milliyet.com.tr/pembenar/amp/cocuklarin-iq-su-tehlikede—pembenar-detay-bebek-1353043/(Son erişim: 07.01.2018)

[355] http://alternatifanne.com/genetik-uzmanlarina-gore-insan-zekasi-gittikce-azaliyor/ (Son erişim: 07.01.2018)

[356] https://www.karasaban.net/gdo-beyin-kucultuyor/ (Son erişim: 07.01.2018)

[357] http://m.t24.com.tr/amp/haber/iq-neden-dusuyor,304962 (Son erişim: 07.01.2018)

[358] http://www.haberegider.com/gdo.php (Son erişim: 07.01.2018)

[359] https://acikders.ankara.edu.tr/pluginfile.php/2881/mod_resource/content/1/6.%20Hafta%20Beslenme.pdf (Son erişim: 07.01.2018)

[360] http://m.sabah.com.tr/yazarlar/cumartesi/bsemerci/2007/08/11/ergen_beyni_farklidir (Son erişim: 07.01.2018)

[361] Beyin gelişimi otuzlu yaşlara kadar devam etmektedir.

[362] https://www.haber3.com/amp/guncel/3-sayfa/okul-onunde-uyusturucu-tuzagi-haberi-2610069 (Son erişim: 07.01.2018)

[363] Bu tabirin toplumda sloganvari olarak sık sık kullanıldığını hatırlayınız. 'Bilişim' yani bilgi ile dolu bir çağ… Öyle mi?

[364] http://www.e-psikiyatri.com/Hikikomori-hastaligi-Turk-gencligini-de-tehdit-ediyor-607) (Son erişim: 07.01.2018)

[365] http://www.londragazete.com/2013/12/27/ingilizlerin-kumar-problemi-buyuyor/ (Son erişim: 07.01.2018)

[366] http://www.formsante.com.tr/saglik/401-ergenlik-yasi-9-cinsellik-yasi-14-e-dustu-ne-yapacagiz-bu-cocuklarla-.html (Son erişim: 07.01.2018)

[367] http://www.turkrus.com/298832-durexin-arastirmasi-turkiyede-ilk-cinsel-deneyim-yasi-rusyadan-daha-erken—xh.aspx (Son erişim: 07.01.2018)

[368] http://www.obi.bilkent.edu.tr/bultenorta/ekoilk06012017.pdf (Son erişim: 07.01.2018)

[369] Haber ve açıklamanın tarihi 2013 yılıdır.

[370] http://m.milliyet.com.tr/pembenar/amp/modern-hayatin-yeni-sorunu—erken-pembenar-detay-cocuk-1675003/ (Son erişim: 07.01.2018)

[371] http://www.ntv.com.tr/amp/turkiye/cocuklar-agir-cezada-yargilanmayacak,QHtKJ0oqPUqEdUwJByzYZQ (Son erişim: 07.01.2018)

[372] https://tr.m.wikipedia.org/wiki/Georgia_Guidestones (Son erişim: 07.01.2018)

[373] https://www.dunya.com/saglik/iki-yillik-arastirmanin-sonucu-gdo-zehirli-haberi-188297 (Son erişim: 07.01.2018)

[374] http://www.diyetonline.com/GillesEric_S%c3%a9ralini_den_gdo_bombasi-makale-70.aspx (Son erişim: 07.01.2018)

[375] http://www.sozcu.com.tr/2017/gundem/halk-binlerce-ton-gdolu-urun-yedi-1997778/amp/ (Son erişim: 07.01.2018)

[376] http://www.sozcu.com.tr/2017/gundem/halk-binlerce-ton-gdolu-urun-yedi-1997778/amp/ (Son erişim: 07.01.2018)

[377] Terör sadece yeni bir düzen oluşturmak adına kargaşa meydana getirmek için sıkılan kurşunlar, patlatılan bombalardan ibaret değildir. (Ama bu durum her şeyin çalakalem terör olarak nitelendirilmesine de gerekçe oluşturmamalıdır.)

[378] http://m.milliyet.com.tr/pembenar/amp/cocuklari-nbs-li-urunlerden-uzak-tutun-pembenar-detay-cocuk-1338229/ (Son erişim: 07.01.2018)

[379] http://www.sozcu.com.tr/2017/yazarlar/soner-yalcin/actirma-bayramlik-agzimi-1996240/ (Son erişim: 07.01.2018)

[380] http://www.ntv.com.tr/turkiye/tavuklarin-gdolu-ya-da-hormonlu-oldugu-inanisi-yanlis,3F4JIe36GUyGcLt7nrqdFQ (Son erişim: 07.01.2018)

[381] http://m.milliyet.com.tr/-saglikli-diye-yediginiz-tavuklar-tavuk-degil—gundem-1523826/ (Son erişim: 07.01.2018)

[382] http://m.gazetevatan.com/amp/893-turk-kobay-ilac-sirketlerinin-kurbani-oldu—410841-gundem/(Son erişim: 07.01.2018)

[383] http://www.aktuel.com.tr/dergi/2013/10/30/tipta-siparis-bebek-donemi/amp (Son erişim: 07.01.2018)

[384] http://www.ntv.com.tr/amp/yasam/siparis-bebek-polemigi,lyVAyfwVV0WUAdyqeI5bgQ (Son erişim: 07.01.2018)

[385] http://m.gazetevatan.com/amp/-genclik-iksiri-farelerde-ise-yaradi-sira-insanlarda—1051871-saglik/ (Son erişim: 07.01.2018)

[386] "Maternal and fetal exposure to pesticides associated to genetically modified foods in Eastern Townships of Quebec, Canada", Aziz Aris ve Samuel Leblanc, Reproductive Toxicology, RTX-6510; No. of Pages 6, http://www.sciencedirect.com/science/article/pii/S0890623811000566 (Son erişim: 10.02.2018)

[387] "Can science give us the tools for recognizing possible health risks of GM food?", Arpad Pusztai, Nutrition and Health, 2002, Vol 16 Pp 73-84. http://citeseerx.ist.psu.edu/viewdoc/download;jsessionid=9914F3CCD8269D161A83A9818BCFCCED?doi=10.1.1.483.672&rep=rep1&type=pdf (Son erişim: 10.02.2018)

[388] http://m.milliyet.com.tr/amp/yumurtasiz-kalmayin—dilarakocak-539234/ (Son erişim: 10.02.2018)

[389] http://www.sozcu.com.tr/2017/dunya/avrupada-fipronil-korkusu-milyonlarca-yumurta-toplatildi-1961236/amp/ (Son erişim: 10.02.2018)

[390] http://m.yenisafak.com/amphtml/ekonomi/turkiyedeki-yumurtalarda-fipronil-cikmadi-2784244 (Son erişim: 10.02.2018)

[391] https://tr.sputniknews.com/turkiye/201709051029994203-zehirli-yumurtlalara-turkiyede-rastlandi/ (Son erişim: 10.02.2018)

[392] http://www.gidavitrini.com.tr/m/?id=3151 (Son erişim: 10.02.2018)

[393] https://www.ntv.com.tr/saglik/kus-gribi-yuzunden-100-bin-tavukitlaf-edildi,WvM1MOfYVUGYZEmHJ0LnEA (Son erişim: 10.02.2018)

[394] https://www.cnnturk.com/turkiye/ardahanda-kus-gribi-suphesi-tavuklar-itlaf-edildi?page=1 (Son erişim: 10.02.2018)

[395] https://www.artigercek.com/kus-gribi-iddiasiyla-koylunun-tavuklarini-topluyorlar (Son erişim: 13.04.2018)

[396] https://www.sozcu.com.tr/2018/gundem/parasutle-attilar-bursada-bocek-istilasi-2342190/ (Son erişim: 14.04.2008)

[397] http://www.bbc.com/news/magazine-23929124 (Son erişim: 14.04.2018)

[398] https://www.gatesfoundation.org/?sa=X&sqi=2&ved=0ahUKEwi10vvXwNTVAhUnSJoKHXD_BWIQ_B0IETAA. (Son erişim: 10.02.2018)

[399] http://www.milligazete.com.tr/amp/haber/1062637/bill-gates-hakkinda-sok-iddia (Son erişim: 10.02.2018)

[400] http://www.gidahareketi.org/Bill-Gates%E2%80%99in-Asilari-Cocuklari-Felc-Ediyor-1645-haberi.aspx (Son erişim: 10.02.2018)

[401] http://mobil.hurriyet.com.tr/robert-de-niro-otizmli-ogluyla-ilgili-konustu-40088356 (Son erişim: 10.02.2018)

[402] http://m.milliyet.com.tr/robert-de-niro-dan-100-bin-dolar-magazin-2398567/ (Son erişim: 10.02.2018)

[403] http://www.ntv.com.tr/sanat/robert-de-niro-asi-karsiti-filmi-festivalden-cikardi,ywzVoPMYe0OhIJnGVMB3ng (Son erişim: 10.02.2018)

[404] http://www.cihandura.com/tr/makale/saygin-blm-adami-doktor-puszta-nden-neden-atildi (Son erişim: 10.02.2018)

[405] https://gaiadergi.com/bizden-saklanan-gerceklerden-yalnizca-biri-gumus-hakkinda-bilmediklerimiz/amp/ (Son erişim: 10.02.2018)

[406] http://www.hurriyet.com.tr/macera-olsun-diye-ypmislar-hirsiz-sevgililer-yakalandı-40609069 (Son erişim: 10.02.2018)

[407] http://www.npistanbul.com/tr/sayfa/sizofrenihttps://www.researchgate.net/profile/Lut_Tamam/publication/260421176_Serotonergic_Mechanisms_in_Depression/links/02e7e5312047c15d1c000000/Serotonergic-Mechanisms-in-Depression.pdf (Son erişim: 10.02.2018)

[408] http://www.ntv.com.tr/amp/saglik/depresyon-beyin-degil-bagirsak-hastaligidir,rspXHSpQHUGiAb2-uPgGBw (Son erişim: 10.02.2018)

[409] https://m.haberturk.com/saglik/haber-amp/1026655-ask-acisi-vucudunuza-bunlari-yapiyor (Son erişim: 10.02.2018)

[410] Nötr haldeki flor atomunun bir elektron alarak iyon haline geçtiğinde aldığı şekle florür demekteyiz.

[411] https://www.ncbi.nlm.nih.gov/m/pubmed/9518651/ (Son erişim: 10.02.2018)

[412] http://europepmc.org/abstract/med/6603484 (Son erişim: 10.02.2018)

[413] http://m.haber7.com/amphtml/yasam/haber/401240-sudaki-yuksek-flor-tehlikesi (Son erişim: 10.02.2018)

[414] http://www.journals.istanbul.edu.tr/iudis/article/view/1023017189 (Son erişim: 10.02.2018)

[415] Kanada Ulusal Araştırma Kurumu'nun 1977 yılında "Çevresel Florür"adıyla yayınladığı rapor, florürün zararlarını ortaya koymakta. Rapor Dyson Rose ve John R. Marier adlı araştırmacılarca hazırlanmış. Rapora şu siteden erişmek mümkün: http://fluoridealert.org/studies/nrcc-1977/ (Son erişim: 10.02.2018)

[416] Nükleer Tıp Tebliğ Dergisi

[417] http://holistikpediatri.com/2016/07/27/florur-disleri-gercekten-korur-mu/ (Son erişim: 10.02.2018)

[418] Harvard School of Public Health

[419] https://www.hsph.harvard.edu/news/features/fluoride-childrens-health-grandjean-choi/ (Son erişim: 10.02.2018)

[420] Çalışma, 20 Temmuz 2012 tarihinde Çevresel Sağlık Perspektifleri'nde online olarak yayınlandı. Araştırmacılar, hemen hemen hepsi florürden kaynaklanan risklerin mevcut olduğu Çin'den gelen çalışmaları sistematik olarak gözden geçirdi. Florür, doğal olarak yeraltı sularında bulunan bir maddedir ve Çin'in bazı bölgelerinde bu kimyasala yüksek dozda maruz kalmak mümkündür. HSPH Çevresel Sağlık Departmanından araştırmacı bilim adamı Anna Choi, ABD'de bu alandak neredeyse hiç insan araştırması yapılmadığını söylemektedir.

[421] The Centers for Disease Control and Prevention

[422] http://holistikpediatri.com/2016/07/27/florur-disleri-gercekten-korur-mu/ (Son erişim: 10.02.2018)

[423] "Çinli çocuklarda florüre maruz kalma ve bilişsel işlevlerin birlikteliği: Bir pilot çalışma" başlıklı yeni rapor, internette ve Ocak-Şubat 2015 tarihli Nörotoksikoloji ve Teratoloji Dergisi'nde yayınlandı. Bu çalışma sonucunda, yüksek florürlü bölgelerdeki çocukların düşük florlu bölgelerde yaşayan çocuklara göre IQ puanları anlamlı derecede düşük bulunmuştur. IQ ölçümleri hakkında daha fazla bilgi edinin: https://www.hsph.harvard.edu/news/features/fluoride-childrens-health-grandjean-choi/ Ayrıca ABD'li televizyon sunucusu Alex Jones'un suya katılan florürün zararları ve devlet tarafından neden hala savunulduğuna ilişkin videosu bu konuda bir farkındalık doğurmuştur.

https://www.youtube.com/watch?v=SMMtrmdp-NA&ebc=ANyPxKrjp3zIK4dtoPMrRhDdKZKIhCb3RPbZxVRrRqrJI9OrgP9nubpeAj_O3Skb2LUsvc6ubiJMkynZyu6R-5_oHtfIt4NR4A (Son erişim: 10.02.2018)

[424] Food and Drug Administration

[425] http://www.naturalnews.com/030952_CDC_fluoride.html (Son erişim: 10.02.2018)

[426] Gladys Caldwell ve Philip Zanfagna adlı yazarların 1974 yılındaki çalışmalarını yazdığı kitaptan alınmıştır. http://www.nofluoride.com/Fluoride_and_Thyroid_Cancer.cfm (Son erişim: 10.02.2018)

[427] http://www.serotonin.gen.tr/amp/serotonin-fazlaligi.html (Son erişim: 10.02.2018)

[428] http://hormonlarim.com/norotransmitter/serotonin-sendromu (Son erişim: 10.02.2018)

[429] Şimdiye değin suçun hep sosyolojik yönüne değinildi ama onun bir de fizyolojik yönü var. Sosyoloji ve fizyoloji birbirin-

den beslenen iki ayrı yapıdır. Biz burada sosyoloji ile açıklanan vakaların tamamıyla biyolojik olduğunu savunmuyoruz. Bu yazdıklarımızdan böyle bir sonuç çıkarmak ya art niyet gerekir ya da idrak yoksunluğu.

[430] http://dergipark.gov.tr/download/article-file/220166 (Son erişim: 10.02.2018)

[431] https://www.ncbi.nlm.nih.gov/m/pubmed/15649735/(Son erişim: 10.02.2018)

[432] http://dergipark.ulakbim.gov.tr/pskguncel/article/view/5000076302 (Son erişim: 10.02.2018)

[433] http://dergipark.ulakbim.gov.tr/pskguncel/article/download/5000076302/5000070358 (Son erişim: 10.02.2018)

[434] http://www.academia.edu/9680913/RELATIONSHIP_BETWEEN_MELATONIN_AND_EXERCISE (Son erişim: 10.02.2018)

[435] http://www.bbc.com/turkce/haberler/2011/12/111201_earthquakes_animals.shtml (Son erişim: 10.02.2018)

[436] http://www.bbc.com/earth/story/20151015-your-cat-can-pick-up-on-how-you-are-feeling (Son erişim: 10.02.2018)

[437] http://blog.milliyet.com.tr/kediler—tansiyona—dengesizlige—ruhsal-bunalima—sikintilara—birebir—negatif-enerji-cekerler/Blog/?BlogNo=468848 (Son erişim: 10.02.2018)

[438] https://www.ncbi.nlm.nih.gov/pmc/articles/PMC4933860/ (Son erişim: 10.02.2018)

[439] http://m.milliyet.com.tr/amp/genclere-olduren-uyusturucu-tuzagi-gundem-2472588/ (Son erişim: 10.02.2018)

[440] http://m.milliyet.com.tr/amp/genclere-olduren-uyusturucu-tuzagi-gundem-2472588/ (Son erişim: 10.02.2018)

[441] https://m.haberler.com/amp/insanlari-gercek-zombilere-donusturen-uyusturucu-10089236-haberi/ (Son erişim: 10.02.2018)

[442] http://www.aksam.com.tr/amp/dunya/zombi-hapi-flakka-nedir-zombi-hapi-ne-yapiyor-dunyanin-gundemine-oturdu/haber-665836 (Son erişim: 10.02.2018)

http://www.cumhuriyet.com.tr/m/haber/dunya/836813/Dikkat__Zombi_hapi_dunyaya_yayiliyor..._Bu_hapi_alan_yam yama_donusuyor.html (Son erişim: 10.02.2018)

443 http://m.milliyet.com.tr/amp/genclere-olduren-uyusturucu-tuzagi-gundem-2472588/ (Son erişim: 10.02.2018)

444 Geçirdiği bir kaza sebebiyle kulağını kaybeden Ji adlı hastanın kolunda Çinli Doktor Guo Shuzhonh tarafından yapay kulak geliştirildi.https://tr.sputniknews.com/amp/asya/201611101025752598-cin-yapay-kulak/ Daha sonra The İndependent'da yer alan haberde, Çinli plastik cerrah Op. Dr. Guo Shuzhong'un, hastasının kolunda yetiştirdiği kulağı kafasına nakletmeyi başardığı bilgisi verildi http://www.ntv.com.tr/amp/saglik/kolda-yetistirdikleri-kulagi-kafaya-naklettiler,aZmyvsiKPUy9DGH5q0kUBg (Son erişim: 10.02.2018)

445 Doç. Dr. Andrew Pelling öncülüğündeki ekip, laboratuarda elma dilimleri üzerinde insan doku ve hücreleri geliştirdi. Pelling, "Bitkilerde damar oluşumuna yardım eden ve çevresindeki hücrelerin işgaline açık yapılar bulunuyor. Bunu geliştirebilmek gerçekten zor. Ama bu sorunu oldukça ucuz bir malzeme ile çözdük" dedi. http://www.bbc.com/turkce/haberler-dunya-39118082 (Son erişim: 10.02.2018)

446 Bilinen en eski protezin: 2000 yılında Luksor yakınlarındaki Thebes nekropolünde mumyası çıkartılan MÖ 950 ile 710 yılları arasında yaşadığı tahmin edilen ve bir yüksek rahibin kızı olan Tabaketenmut'a ait olduğu belirlendi. Tahta ve deriden yapılan protezi inceleyen Finch, aynı malzemeleri kullanarak protezi kopyaladı. Araştırmacı daha sonra bu protezi tıpkı Tabaketenmut gibi şeker hastalığı sonrasında gelişen kangrenden ayağı kesilmiş iki hastada denedi. Hastalar, bu ilkel protezi yürürken gayet rahat bulduklarını belirtti. Şimdiye kadar İtalya'da Capua Bölgesinde bulunan Roma dönemine ait bronz ve tahtadan yapılmış bacağın en eski protez olduğu tahmin ediliyordu.http://www.dunyaninilkleri.com/ilkler/dunyadaki-ilk-pr otez.html (Son erişim: 10.02.2018)

[447] http://www.hurriyet.com.tr/amp/sinirlere-bagli-ilk-biyonik-kol-yapildi-38584791 (Son erişim: 10.02.2018)

[448] http://www.ntv.com.tr/amp/turkiye/dusunceyle-kontrol-edilen-biyonik-kol,iF4l-LOszUe-sqbshcPrKA (Son erişim: 10.02.2018)

[449] Bunu söylerken bu güçleri övmüyoruz. Böyle dememiz, temkini elden bırakmamamız adına bir uyarıdır! Düşmanımızı hafife alamayız. Fakat böyle yazmamız onun her şeyi dilediğince yönetebileceği anlamına da gelmiyor. Evet, her şeyi dilediğince yönetme hevesi var. Fakat bu hevese dair bilgileri paylaşır ve zihinleri bilinçleştirirsek, bu heves neden kursakta kalmasın?

[450] http://www.cumhuriyet.com.tr/m/foto/foto_galeri/69279/9/Bunlar_keci_degil_orumcek.html (Son erişim: 10.02.2018)

[451] http://www.businessht.com.tr/teknoloji/haber/1248618-genlerle-oynayarak-super-insan-uretecekler (Son erişim: 10.02.2018)

[452] http://m.radikal.com.tr/teknoloji/gece_gorus_lensi_ile_gece_gunduz_olacak-1185930 (Son erişim: 10.02.2018)

[453] http://www.bbc.com/turkce/haberler/2015/01/150129_gen_ilac (Son erişim: 10.02.2018)

[454] https://m.haberturk.com/ekonomi/teknoloji/haber-amp/660037-kursun-islemez-insana-dogru-ilk-adim (Son erişim: 10.02.2018)

[455] http://m.milliyet.com.tr/amp/cinliler-super-insan-pesinde-gundem-1685160/ (Son erişim: 10.02.2018)

[456] http://khosann.com/askin-insan-ustun-insana-karsi/ (Son erişim: 10.02.2018)

[457] Belki de ölülerin yaşarlarken yeryüzünde bıraktıkları izler robotik bedenlere aktarılacak.

[458] http://www.mndaily.com/article/2017/07/a-cool-breakthrough-in-cryopreservation (Son erişim: 10.02.2018)

[459] http://m.milliyet.com.tr/amp/cipli-isci-donemi-dunya-2426456/ (Son erişim: 10.02.2018)

[460] https://amp.haberturk.com/saglik/haber-amp/1547994-bagimlilara-cip-li-tedavi-sgk-karsiliyor (Son erişim: 10.02.2018)

[461] http://www.haberturk.tv/saglik/haber/1592283-abd-li-bilim-insanlari-organ-ve-yara-tamir-eden-cip-gelistirdi (Son erişim: 10.02.2018)

[462] http://www.sozcu.com.tr/2017/saglik/cip-icinde-beyin-hucresi-buyuttu-1862633/amp/ (Son erişim: 10.02.2018)

[463] http://advances.sciencemag.org/content/1/10/e1501136.full (Son erişim: 10.02.2018)

Kaynak gösterdiğimiz sitede çalışma şu cümleyle özetlenmiş: "Bulgularımız, organik elektroniklerin ve bitkilerin genel olarak birleşmesine dayanan yeni teknolojilerin ve araçların yolunu açıyor."

[464] http://www.bbc.com/turkce/amp/haberler-40043441 (Son erişim: 10.02.2018)

[465] http://www.bbc.com/turkce/haberler-40038611 (Son erişim: 10.02.2018)

[466] http://www.bbc.com/turkce/haberler-dunya-40846560 (Son erişim: 10.02.2018)

[467] https://tr.sputniknews.com/amp/bilim/201610201025394566-hawking-yapay-zeka-insanlik/ (Son erişim: 10.02.2018)

[468] https://www.cnnturk.com/teknoloji/elon-musk-hakli-olabilir-mi (Son erişim: 10.02.2018)

[469] https://www.cnnturk.com/amp/teknoloji/facebook-yapay-zeka-gelistirme-departmani-saskin (Son erişim: 10.02.2018)

[470] http://www.haberturk.com/ekonomi/teknoloji/haber/1583166-facebookun-yapay-zekasi-kendi-dilini-gelistirince-kapatildi (Son erişim: 10.02.2018)

[471] https://www.bbc.com/turkce/amp/haberler-dunya-41159359 (Son erişim: 10.02.2018)

[472] http://www.milliyet.com.tr/elon-musk-yapay-zeka-kuzey-teknoloji-haber-2502056/ (Son erişim: 10.02.2018)

[473] http://www.log.com.tr/cizilen-eskizleri-es-zamanli-olarak-portreye-donusturen-urkutucu-yapay-zeka-video/galeri/5/ (Son erişim: 10.02.2018)

[474] http://www.bbc.com/turkce/haberler-dunya-37750409 (Son erişim: 10.02.2018)

[475] http://www.bbc.com/turkce/haberler-dunya-38581834 (Son erişim: 10.02.2018)

[476] https://www.technopat.net/2014/06/26/japonlar-robot-haber-spikeri-yapti/amp/ (Son erişim: 10.02.2018)

BEHÇET TAŞÇIOĞLU
Esrar-ı Mükevvenat
EVRENDEKİ SIRLAR
ŞİRA

HIZIR
SERHAT AHMET TAN

SERHAT AHMET TAN
ZAMANIN SAHİBİ
Zülkarneyn
Uzay-zamanda dolaşan Kuran'ın en gizemli karakteri

PAMUK PRENSESTEN SONRA
AYNA AYNA SÖYLE BANA
İPEK MURSALOĞLU

LÜBNAN DAHİSİ
HALİL CİBRAN
ŞAHESERİ
HAK ERENLER
Nebi
1923

Allah'ın İpine Sımsıkı Sarılın
Allah'ın güzel isimleriyle dileyin, gerçek olsun...
Serhat Ahmet Tan
ilk baskı

DEV DAĞI
YUŞA TEPESİ'NİN BÜYÜK SIRRI
2012
SERHAT AHMET TAN

DİKKAT!... Son Çıkış
2023
Fırsat mı? Tuzak mı?
SERHAT AHMET TAN

KAYIP KİTAP
397
SERHAT AHMET TAN